DRC
国务院发展研究中心 研究丛书2015
Development Research Center of the State Council

丛书主编 · 李 伟

信息化促进
中国经济转型升级

下

国务院发展研究中心课题组 著

CHINA:
INFORMATIZATION
DRIVING ECONOMIC TRANSFORMATION

中国发展出版社
CHINA DEVELOPMENT PRESS

图书在版编目（CIP）数据

信息化促进中国经济转型升级（上、下）/国务院发展研究中心课题组著. —北京：中国发展出版社，2015.8

（国务院发展研究中心研究丛书.2015／李伟主编）

ISBN 978-7-5177-0359-4

Ⅰ.①信… Ⅱ.①国… Ⅲ.①信息化—作用—中国经济—经济发展—研究 Ⅳ.①F124

中国版本图书馆 CIP 数据核字（2015）第 168759 号

书　　　名：信息化促进中国经济转型升级（上、下）
著作责任者：国务院发展研究中心课题组
出 版 发 行：中国发展出版社
　　　　　　（北京市西城区百万庄大街 16 号 8 层　100037）
标 准 书 号：ISBN 978-7-5177-0359-4
经 销 者：各地新华书店
印 刷 者：北京科信印刷有限公司
开　　　本：710mm×1000mm　1/16
印　　　张：43.75
字　　　数：630 千字
版　　　次：2015 年 8 月第 1 版
印　　　次：2015 年 8 月第 1 次印刷
定　　　价：108.00 元

联 系 电 话：（010）68990642　68990692
购 书 热 线：（010）68990682　68990686
网 络 订 购：http://zgfzcbs.tmall.com//
网 购 电 话：（010）68990639　88333349
本 社 网 址：http://www.develpress.com.cn
电 子 邮 件：fazhanreader@163.com

信息化促进农业现代化研究

信息化作为一种新型生产力，是农业现代化的核心要素，是现代农业的制高点，支撑和引领农业现代化发展、转型和升级的方向。

一、信息化与农业现代化的关系

当今时代，信息化与现代农业发展相关性越来越高，其对农业的影响程度甚至超过了对工业化、城镇化的影响。据农业部信息中心研究，中国农业信息化指数与现代农业发展指数的相关系数高达 0.9945，在影响农业现代化的诸多因素中，信息化的影响程度接近 10%（0.0892）。据安徽工业大学研究，我国信息化水平每提高 1 个百分点，工业化水平提高 0.055个百分点，城镇化水平提高 0.1109 个百分点，而农业现代化水平则提高 0.1724 个百分点。学者的研究在各项指标选择上见仁见智，但信息化正在全面、系统、深刻地影响农业现代化进程却是不争的事实。

（一）信息化的内涵与特征

1. 信息化的内涵

信息化是 1963 年由日本学者梅棹忠夫（Tadao Umesao）在题为《论信息产业》的文章中提出的，他认为"信息化是指通讯现代化、计算机化和行为合理化的总称"。随后国内外很多学者和机构对信息化的涵义进行了研究和论述，比较典型或权威的表述列举如下。

（1）1998年联合国教科文组织出版的《知识社会》中提出，信息化既是一个技术的进程，又是一个社会的进程。它要求在产品或服务的生产过程中实现管理流程、组织机构、生产技能以及生产工具的变革。

（2）1997年召开的首届全国信息化工作会议对信息化和国家信息化定义为："信息化是指培育、发展以智能化工具为代表的新的生产力并使之造福于社会的历史过程。国家信息化就是在国家统一规划和组织下，在农业、工业、科学技术、国防及社会生活各个方面应用现代信息技术，深入开发广泛利用信息资源，加速实现国家现代化进程。"

（3）2006年中共中央办公厅、国务院办公厅印发的《2006－2020国家信息化发展战略》提出，信息化是充分利用信息技术，开发利用信息资源，促进信息交流和知识共享，提高经济增长质量，推动经济社会发展转型的历史进程。

（4）国内很多学者也从不同角度给出了定义。如汪向东（1998）认为，信息化是指人们凭借现代电子信息技术等手段，通过提高自身开发和利用信息资源的智能，推动经济发展、社会进步乃至人们自身生活方式变革的过程；乌家培（1999）认为，信息化是从工业经济向信息经济、从工业社会向信息社会演进的动态过程；周宏仁（2008）认为，信息化是利用现代信息技术对人类社会的信息和知识的生产进行全面的改造，并因而导致人类社会生产体系的组织结构和经济结构发生全面变革的一个过程，是一个推动人类社会从工业社会向信息社会转变的社会转型的过程。

借鉴以上表述的要点和本质，本报告认为，信息化是一个连续的、不断演进的动态过程，是一种在经济社会各个领域采用信息技术作为生产力，以提高社会生产率、管理、教育和创新效率的过程，是一种推动人民生活质量提高、造福人类社会的历史过程，是从工业社会向信息化社会演进的过程。

2. 信息化的基本特征

正因为信息化是一个动态的演进过程，是一个发展的概念，随着知识和技术的进步、创新，信息化的发展和重点也具有明显的阶段性特征。20世纪50年代的信息化以数字化为特征，20世纪80年代以来以网络化为特征，21世纪初期以来则以智能化发展为特征，特别是2008年以来物联网、大数据、云计算、移动互联以及4G等新技术迅速发展，进一步丰富和拓展了信息化的领域内涵。但不论怎样表述，认识信息化，需把握两个要点：第一，信息化并不仅是简单的现代信息技术的应用过程，更重要的是一个社会的进程，即社会发展和演变的过程；第二，信息化不仅具有生产力（生产技术与生产工具等）的内涵，更重要的是它意味着生产关系（管理流程和组织机构等）的变革。在各国积极推动下，信息技术快速扩散，信息化迅猛发展，对国际政治、经济、社会和文化产生了深刻影响。概括讲，信息化具有知识含量高、业务综合性、行业合作性、市场竞争性、广泛渗透性、数字化、网络化、智能化和虚拟化等诸多特征。

本报告认为，信息化的基本特征有如下六点。一是信息基础设施完善，互联网和计算机技术普及应用，主要表现为网络化、数字化、泛在化。计算机和网络广泛融入人们的工作、生活空间，形成一个"无时不在、无处不在而又不可见"的环境。在这样的环境中，计算不再局限于桌面，用户可以通过手持设备、可穿戴设备或其他常规、非常规计算设备，无障碍地享用计算能力和信息资源。二是全球化进程加快。信息技术的普及应用，使得各种信息能够很快超越个人或国家的界限，在更广阔的范围内配置各种资源，加速全球化进程。三是知识的生产为主要的生产形式，主要表现为智能化，人力资本要素更为重要。信息正在取代物质资源而成为创造财富的主要源泉，产业结构中劳动密集型产业比重下降，技术密集型和知识密集型产业上升，凸显知识化趋势。四是社会生产率和产业效率大幅度提高，主要表现为生产过程中的自动化、智能化、电子化等。五是服务业在经济社会结构中占主导，主要表现为社会经济结构的转型。六是服务系统综合化，主要表现为业务的综合性和行业的合作性。

当前，围绕促进技术创新和产业转型升级，全球再次掀起加快信息化发展的浪潮，主要国家纷纷加快推进信息技术研发和应用，综合信息网络向宽带、融合、泛在方向演进，信息技术、产品、内容、网络和平台等加速融合发展，新的经济增长点不断催生。中国也不例外，正在积极推进国民经济信息化，利用信息技术改造和提升传统产业，推进设计研发信息化、生产装备数字化、生产过程智能化和经营管理网络化。用信息技术改造和提升传统农业也是重点内容。

（二）农业信息化的内涵与特征

1. 农业信息化的内涵

关于农业信息化的概念，各界也有不同角度的表述。主要列举如下。

（1）农业信息化是以各种信息传播技术和手段为基础，依靠信息网络化和数字化，实现农业生产、流通和消费信息在农业生产者、经营者、消费者和管理者之间有效传递，促使农业资源、环境和社会、经济等方面协调、科学发展的过程。

（2）农业信息化是培育、发展以计算机为主的智能化工具为代表的新的生产力并使之利用于农业的历史过程。

（3）农业信息化是农业全过程的信息化，是在农业领域全面地发展和应用现代信息技术，如精细农业、精准农业中所应用的技术，使之渗透到农业产前、产中、产后各个过程，以及生产、消费、市场等各个具体环节，以加速对传统农业改造，大幅度地提高农业生产效率和农业生产力水平，促进农业持续、稳定、高效发展的过程。

（4）农业部副部长陈晓华（2012）在《农业信息化概论》中提出，农业信息化是在农业生产、经营、管理和服务等各个领域应用计算机技术、网络与通信技术、电子技术等现代信息技术的过程。

以上从不同角度阐述了农业信息化的内涵，本报告认为，农业信息化是指充分利用现代信息技术最新成果装备农业，建立完备的信息服务体系，大力提高各类主体对农业信息与知识产品的获取、处理、传播和利用效率，加速传统农业的改造，大幅度提高农业生产效率和管理决策水平，促进农业持续、稳定、健康发展，实现农业现代化的过程。

2. 农业信息化的特征

信息化概念起源于日本，但农业信息化的研究与实践却一直由美国引领，德国、日本紧随其后。发达国家的农业信息化大致经历了三个发展阶段：20世纪50～60年代，主要是利用计算机进行科学计算；70年代工作重心是农业数据处理和农业数据库开发；80年代，特别是90年代初以来，研究重点转向知识的处理、自动控制的开发以及网络技术的应用。现在，计算机以及网络应用已经渗透到农业的各个方面。据欧美标准，当一个国家信息产业在农业中的附加值达到农业总产值的50%时，就标志着实现了农业信息化，美国的农业信息化强度已高于工业81.6%，欧美国家的农业信息技术已进入产业化发展阶段。我国农业信息化进程起步较晚，始于20世纪70年代末遥感技术的引进并应用于农业，随后电子信息技术、网络通信技术以及自动控制技术等逐渐在农业领域获得应用，21世纪以来，农业信息化进入快速发展阶段。

分析农业信息化发展的历程、内涵演变，本报告认为，农业信息化具有以下5个特征。一是农业信息基础设施完备。信息技术应用于农业生产、经营、管理、服务各领域各环节具备便利条件。二是农业生产智能化。信息技术在农业生产各领域广泛应用，农业生产智能化水平达到较高程度，引领农业产业升级。三是农业经营网络化。电子商务普遍应用，农产品流通方式得以创新，农产品产销衔接更为高效。四是农业行政管理高效透明。信息技术在农业管理部门广泛应用，推动"三农"管理方式创新，切实提升农业部门行政效能；五是信息服务灵活便捷。信息技术在农业技术、政策、市场、信息咨询服务中深入应用，信息服务领域拓宽，农民信息获取能力提升。

（三）信息化背景下农业现代化的内涵与特征

1. 农业现代化的内涵

美国经济学家西奥多·舒尔茨认为，发展中国家的传统农业是不能对经济增长做出贡献的，只有现代化的农业才能对经济增长做出重大贡献。而推进传统农业向现代农业转型升级的过程一般被认为是农业现代化的过程。关于农业现代化的定义，各界也有不同的表述，如百度百科中定义为：农业现代化是指从传统农业向现代农业转化的过程和手段。在这个过程中，农业日益用现代工业、现代科学技术和现代经济管理方法武装起来，使农业生产力由落后的传统农业日益转化为当代世界先进水平的农业。实现了这个转化过程的农业就叫作农业现代化的农业。有学者认为，农业现代化实际上是农业的科学技术化，是以传统经验和铁器木质工具为基础的传统农业转变为基于现代科技和机械的现代农业的过程。换言之，即用现代科学技术手段和工程设施装备农业，用现代科学管理方法调控农业经济活动，用现代科技知识武装劳动者的过程。也有学者认为，农业现代化是中国化的概念，是指利用技术改造传统农业的历史过程，即传统农业不断向现代农业转变的过程，此过程指先进生产要素不断应用于传统农业中引发的包括物质、人力、技术、制度等一系列要素的变革和更新，表现为农业综合生产能力的增强并实现经济效益、社会效益和生态效益的显著提升。

农业现代化是一个历史的动态的发展概念，其内涵和领域随着知识、技术的创新及时代任务的不同而不断拓展、丰富。新中国建立初期，我国百业待兴，农业生产以人力畜力为主，基本靠天吃饭，生产力水平低下，于是借鉴苏联模式提出机械化、水利化、化学化、电气化的四化目标。这实质上也是对农业的工业化改造。改革初期又提出实现农业基础设施现代化、农业生产技术现代化、农业经营管理现代化的农业三化目标。在中国经济高速增长30多年及工业化、城镇化、国际化深入发展的今天，农业长期粗放式经营积累的深层次矛盾逐步显现，农业生产成本不断上升，国内主要农产品价格超过进口价格，耕地、淡水以及劳动力等资源日趋紧张，农业生态环境受损，农业持续稳定发展面临的挑战前所未有。为此，党的十八大做出了"加快实现农业现代化，并充分发挥信息化对工业化、城镇化和农业现代化的支撑作用，实现工业化、城镇化、农业现代化和信息化协调发展"的战略部署，并进而提出中国特色新型农业现代化的概念，即依靠科技支撑和创新驱动，努力走出一条生产技术先进、经营规模适度、市场竞争力强、生态环境可持续的中国特色新型农业现代化道路。

不管农业现代化的内涵和涉及领域如何发展，但其基本内涵依然是指不断地引入现代科学技术提升农业生产力，实现传统农业向现代农业跨越的历史进程。本报告认为，农业现代化就是用现代物质条件装备农业，用现代科学技术改造农业，用现代产业体系提升农业，用现代经营形式发展农业，用现代新型农民推进农业，用现代发展理念引领农业，转变农业发展方式，不断提高土地产出率、资源利用率和劳动生产率，提高农业效益和竞争力的过程。

2. 农业现代化的基本特征

现代信息技术在农业生产、管理、经营、服务各环节各领域的广泛深入应用，正在加速传统农业向现代农业转型、升级的过程。信息化背景下，农业现代化呈现出农业管理智能化、农业决策科学化、农业经营网络化、农业生产适度规模化、农业产业体系现代化、农业发展方式集约化等基本特征。具体如下。

一是农业生产过程管理以智能化为主。随着技术发展，时代进步，我国农业生产从种到收经历了由人力畜力为主，向人工与机械动力相结合，再到如今越来越多地依靠智能化机械管理的转变。农业物质装备机械化、自动化、智能化水平不断提高。如通过在设施大棚安装传感器实时测知环境温湿度等参数，生产者可根据作物需求进行远程调控；养殖行业采用饲料自动投喂机等，劳动生产率大大提高。同时，生产者也根据采集的生产环节实时数据信息进行生产管理决策。

二是农业增长主要依赖于科技支撑和创新驱动。传统农业产出增长更多地依赖于化肥、农药等物质以及劳动投入，受天气等自然因素影响大。而现代农业生产从育种、栽培、管理到收获、加工，各环节都广泛采用生物技术、信息技术，一批高产优质多抗新品种成功选育并推广应用，一批区域化、标准化高产高效技术模式集成组装和应用，有效促进了主要农产品大规模增产。农业科研成果转化速度加快，农业发展中科技进步贡献率显著提高，"藏粮于技"越发地成为现代农业发展的潜力所在。

三是电子商务逐渐成为农业经营的主要方式。在信息技术的支撑下，农产品销售由过去单一的农户到农村集贸市场、批发市场销售，向互联网销售、手机 App 销售、微信微商等现代化方式转变，销售半径迅速扩大，新型流通业态逐步成为主流。通过电子商务平台，农产品产销信息快速、有效对接，农户经营由盲目入市，由生产什么卖什么，到以市场为导向，市场需求什么生产什么卖什么转变。信息成为重要的农业经营决策要素，为农业经营由"生产导向"向"消费导向"转变提供重要依据。

四是现代农业产业体系逐步完善。信息技术引领下，农业产业结构由传统农业以初级产品生产为主向现代农业初级产品生产、初加工产品、精深加工产品相结合转变。农业纵向一体化经营和横向一体化经营不断深化，产业链、价值链等现代产业组织方式引入农业，促进一、二、三产业融合互动，农民增收渠道不断拓宽。

五是农业生产经营主体的组织化、规模化程度明显提高。传统农业生产经营主体以一家一户分散农户为主。随着工业化、城镇化深入发展，越来越多的农村劳动力离农弃农，一批规模化、职业化、高技能的新型农业经营主体涌现出来并蓬勃发展，包括专业大户、家庭农场、农民专业合作社、农业产业化龙头企业等，他们积极采用先进的农业生产技术、信息技术，促进了农业农村经济发展，也正在成为推进农业现代化的主体力量。同时随着这种农业生产关系的创新，农业社会化服务体系也不断健全和多元化。

六是农业发展方式集约化和可持续化。传统农业发展方式粗放，种植业中土地产出率低，化肥、水资源利用率低，养殖业中普遍存在投入品浪费、饲料转化率低等问题。现代农业采用信息技术，通过精量播种、精准施肥、精准饲喂、智能监控等措施，推进资源节约、集约利用，促进了农业发展方式转变，从主要追求产量增长和拼资源、拼消耗的粗放经营，向数量质量效益并重、注重提高竞争力、注重可持续的集约发展转变。同时，通过减少化肥、农药等投入品的使用以及废弃物的循环利用，减少对土地、水域等的环境污染，实现农业经济社会生态效益相协调。

七是品牌化成为现代农业的重要标志。品牌化是现代农业建设成果价值实现的重要标志。传统农业以满足消费者数量需求为主要目标，在数量需求得到满足、消费者更多追求营养和安全食品的当今社会，品牌化产品越来越显示出特有的竞争力。在消费者眼里，品牌就是质量和安全的象征。农业企业借助信息化手段、现代传播方式，迅速在消费者中扩大品牌宣传，提高消费对品牌的认知度。同时，通过建立农产品溯源系统，实现产品生产、农事、仓储、配送供应链等全程信息化和质量可追溯，有助于产品品牌塑造，增强消费者的品牌忠诚度，最终实现产品价值。

农业现代化是国家现代化的基础和支撑，没有农业的现代化，就谈不上全面建成小康社会，也就没有中国整个社会的现代化。当前我国农业现代化是"四化"中的短板，必须重视并加快以信息化促进农业现代化建设。

（四）信息化与农业现代化的关系分析

信息化与农业现代化相互促进、协同发展，随着二者的加速融合、深度融合，将由信息化支撑农业现代化向信息化引领农业现代化过渡。

1. 信息化与农业现代化相互促进

农业现代化为信息化应用实践提供了广阔空间，同时也为信息化创新发展提供了源源不断的需求。我国农业现代化发展要通过"转方式、调结构"来突破资源环境约束，确保国家粮食安全、食品质量安全，实现生态化农业可持续发展，为农民增收和乡村美丽奠定坚实基础，这为信息化应用广泛深入发展带来了重大机遇。我国农业有其独有特点：规模化比重小、区域不均衡、生产经营主体弱势等，这为信息化应用提出了更高要求，也为信息化应用创新突破树立了靶子、提供了试验场，信息化在促进农业现代化发展中必将迎来一波信息化理念和技术的创新高潮。

当前我国正处于推进现代农业和新农村建设的重要时期，发达国家经验表明，信息技术的推广普及推动了农业生产技术变革，提高了农业生产的精准化、集约化、智能化、规模化水平，对农业生产乃至农村生活及社会组织方式的变革产生了深远的影响。信息化快速发展，已成为农业现代化的重要组成部分，对农民收入产生重要影响。没有农业的信息化就没有农业的现代化，不仅是发达国家实现农业现代化的经验总结，也是我国发展农业现代化的必然选择。

2. 信息化与农业现代化加速融合

在由原始农业、传统农业发展至现代农业的过程中，信息与农业发展联系密切，信息的重要性逐步凸显。随着信息技术的快速发展，以及信息化引发的经济社会变革，在当前农业发展阶段（见表1）中，信息化与农业现代化正加速融合。

表1 农业发展阶段划分

	原始农业阶段	传统农业阶段	工业化农业阶段	信息化农业阶段
工 具	石器农具	铁器木制农具	现代农业机械	信息智能装备
科 技	简单劳动	经验技巧	现代科技	信息科技
经 济	维持生存	自然经济	商品经济	信息经济
社 会	刀耕火种	手工业社会	工业化社会	信息化社会
劳动者	原始人	传统农民	新型经营主体	信息人

注：参考梅方权："农业信息化带动农业现代化的战略分析"（2001年）。有关内容进行了修订、补充、完善。农业发展历史阶段的划分标准主要有两个：一是经济和社会发展水平，二是科学技术发展水平。其中，一个主导判断指标是生产工具的变化，每一代新的生产工具革命，都标志着农业发展进入到一个新的历史阶段，劳动者也被赋予新的阶段特征。

新技术正逐步融入农业的各个环节中。2009年，时任国务院总理温家宝提出"感知中国"，短短几年间，物联网、云计算、大数据、移动通信等新技术得到了不断发展和应用，同时，伴随着移动终端和4G网络的普及，以及宽带网络的发展，移动互联、电子商务等应用技术越来越深入生活，也融入了农业生产、经营、管理和服务的各个环节。使用物联网，可以用传感器与农作物进行"交流"，成为智慧农业时代的"新农人"。物联网可以快速感知光照强度、土壤温度、土壤湿度和土壤养分等农作物生长环境信息。智能装备的应用，可以大大降低人力成本，提高劳动生产率。利用云计算和大数据技术，可以对农业数据进行处理，对农业气象、病虫害、生产消费、价格波动等进行预测，可以有效地指导农业生产和经营。电子商务的应用，可以实现小生产与大市场的对接，促进传统农产品流通方式变革。移动终端和 4G 网络的普及，使得信息网络泛在化，可以把农民从农事中解放出来。利用 4G 网络，可以开展农业双向视频诊断，对未来的农业信息服务也将带来变革。

3. 信息化支撑并引领农业现代化稳定快速发展

中国是一个农业大国，由于历史的原因，我国农业信息化基础设施薄弱，农民文化素质及信息素质不高，信息技术在农业发展中一直处于辅助性地位，单纯注重硬件投入，基本上围绕农业发展中的某一个点而设计应用。长期以来，我国农业信息化工作一直是政府主导，政府出资建设和改善农业信息基础设施，建设农业信息资源，然后采用自上而下的方式向农民单向推广。

我国通过围绕农业信息化开展有效探索，物联网、大数据、云计算、移动互联、4G 等新一代信息技术加速应用于农业生产、经营、管理、服务领域，政府引导、市场运作、多元参与的农业信息化发展机制初步形成。随着信息基础设施的不断改善和农民信息素质的不断提升，农民对信息的需求逐步从过去的被动接受开始向主动需求转变，信息技术在农业中的应用也逐步走向需求驱动型，从过去"有什么用什么"开始转向"做什么用什么"。通过引入现代信息技术手段，农业生产条件有了很大改变，农业智能设备、装备逐步推广应用，为农业生产带来了很大便利，对于发展精准农业、引领农业产业升级发挥了积极作用。如今，我国农业信息化已从信息系统开发和信息资源建设并重，多种信息技术集成组装，进入到全面推进农业生产、经营、服务、管理全过程和全要素信息化的发展阶段。以集成应用支撑业务流程优化，促进组织结构合理化、运营一体化和决策科学化。

信息化支撑并引领农业现代化发展转型升级。信息化推动信息技术在农业生产各领域的广泛应用，引领农业产业升级，提高农业生产智能化水平；信息化推动电子商务创新农产品流通方式，促进农产品产销衔接和农业经营网络化；信息化推动"三农"管理方式创新，切实提升农业部门行政效能，实现农业行政管理高效透明；信息化完善农业综合信息服务体系，拓宽信息服务领域，提升农民的信息获取能力，提供灵活便捷的信息服务；信息化创新"新型经营主体培训体系"，提高开展新型经营主体职业技能培训能力、提升新型经营主体自主学习能力，新型经营主体职业培训手段多元化、形式多样化、交互灵活化，培训效率大大提高，培养效果明显。

（五）农业现代化对信息化发展提出新需求

2014 年的中央农村工作会议明确提出，要积极推进结构调整，加快转变发展方式，不断提高农业综合效益和竞争力。如何在新常态下，既要确保国家粮食安全和农产品质量安全，又要实现农业规模化生产、产业化经营、品牌化运作、社会化服务，农业现代化发展面临新的挑战，借鉴发达国家农业信息化的成功经验，我国农业现代化对信息化发展提出了新需求，集中表现为以下四个方面。

1. 农业现代化生产需要信息技术的深度融合

当前，我国农业生产正逐步从不过分追求高产向高效农业与可持续发展农业转变。农村耕地开始从分散的一家一户流转到专业合作社、农机合作社以及家庭农场等新型经营主体，农业规模化生产比例不断扩大，面积快速增加。但是，发展规模化农业生产面临土地和水资源趋紧的约束，需要科学种植、精细化管理，才能在节本增效的前提下实现农业可持续发展的目标。我国在设施园艺中水肥药精准控制系统取得初步应用，如北京市大兴区采育镇鲜切菊花生产基地，通过使用网络型精准灌溉管理系统，用水量节省了 69%；通过采用精准施肥系统，肥料利用率提高 10% 左右；通过精准施药系统，节省农药 20%。美国特大型农场已经形成了"计算机集成自适应生产"模式，即将市场信息、生产参数信息（气候、土壤、种子、农机、化肥、农药、能源等）、资金信息、劳力信息等集中在一起，经过优化运算，选定最佳种植方案。在作物生长过程中，根据当地不同地块小气候的变化，进行自适应喷水、施肥、施药，以保持良好的生长条件，使农业生产形成良性循环，达到风险最小、利润最高的目的。

在发达国家，以信息技术为核心的精准农业，可以根据作物生长的需要和环境的影响因素，因地制宜确定种子、化肥、农药、灌溉水等生产投入品的数量，在提高劳动生产效率和土地产出率的同时，还能实现降低对环境和野生动植物的无意识影响，达到现代农业可持续发展的目标。借鉴国外的成功经验，我国农业现代化发展需要信息技术与农艺、农机技术的深度融合。

2. 农业现代化经营需要信息化手段全方位推进

2013 年，农业部市场与经济信息司发布的《农业部关于加快推进农业信息化的意见》明确指出，着力提高农业生产经营信息化水平，促进信息化与农业现代化相融合、与农民生产生活相融合，全面支撑现代农业和城乡一体化发展。近年来，我国发达地区的农民通过电子商务平台，可以足不出户完成农产品或服务的销售、购买和支付，在减少交易环节和流通成本的前提下，拓宽农产品的销售渠道，提高农产品经营效益。据农业部信息中心研究表明，2013 年，在我国上海、江苏等发达地区，使用农业电子商务平台的农户农业经营收入是没有使用农户的 1.67 倍。在一些发达国家，农产品已经在电子商务领域占据一席之地，如在日本颇具影响力的"乐天市场"，水产品、肉类、蔬菜、面类、米等众多农产品，既可以在"购物商场"购买，也可以在"自由拍卖所"销售，还可以通过竞标的方式获得自己想要的东西。农产品进入"乐天市场"流通具有两大好处：一是通过商、物分离形式的网上交易，较传统的批发市场更有效率；二是"乐天市场"共同销售所引发的品牌效应，比生产者在网上开设直销更具竞争力。

可见，不论是我国的发达地区，还是世界上的发达国家，电子商务等信息技术手段正在加快推进农业产业转型升级，并将全面提升现代农业经营方式。新形势下，我国农业全产业链发展的势头和新型经营主体的兴起，更需要信息技术在生产、经营、管理、服务方面全方位渗透。

3. 农产品量增向质优的转变需要信息化全程跟踪溯源

联合国粮农组织认为，要保障粮食安全必须解决四个方面的问题，即总量问题、质量与营养问题、购买力问题以及粮食生产能力问题。2014年我国粮食生产再获丰收，现阶段看，粮食总量安全问题已经基本解决。但从数量增长向质量保证转变将是新形势下我们面临的一个挑战。食品质量与营养问题关乎民生，随着人民生活水平的不断提高，人们对食品质量和营养的要求标准也越来越高。然而，我国粗放的生产方式对改善农田环境的投入严重不足，增加了农产品质量安全隐患。如何让人们明明白白吃上放心农产品，除了从农产品生产源头加强防范和治理外，在农产品产业链也要建立原料、半成品、成品各环节的质量追溯，利用物联网和互联网等信息技术，实现农产品从田头到餐桌的全程监管。德国基本实现食品安全可追溯管理，其商店出售的农产品（或食品）在包装盒上都贴有可供识别的条形码或者数字，通过扫描条形码或在计算机上输入数字即可以检索到该农产品的来源和生产方式等信息，一旦发生质量安全问题，即可进行追溯。如在德国超市出售的鸡蛋上，都印有一串数字，表示鸡蛋的产地、喂养方式、饲料种类等。

我国农产品质量安全监管信息化水平不断提高，农产品质量安全水平相对稳定。据农业部监测，2014年全国31个省（区、市）151个大中城市5大类产品117个品种，总体合格率为96.9%。其中，蔬菜、畜禽产品和水产品监测合格率分别为96.3%、99.2%和93.6%，与2013年相比，蔬菜和畜产品合格率分别下降0.3和0.5个百分点，水产品上升0.8个百分点。虽然我国农产品质量安全合格率已经稳定在较高的水平，但离食品安全的要求还有差距，质量安全与人民生活密切相关，没有小事。新常态下，全面保证农产品质量安全刻不容缓、迫在眉睫，要从农产品源头抓起，要加速推进信息化对农产品质量安全全程跟踪溯源。

4. 规避市场和自然双重风险依赖信息资源监测预警

在经济全球化背景下，农产品市场影响因素日趋复杂，面临市场和自然双重风险。

一是农产品面临国际市场竞争和国内供求阶段性、结构性失衡。加强农产品监测预警，掌握影响农业和农村经济运行的多方面信息，是政府农业部门履行"经济调节"职能的必要前提。利用大数据等现代信息技术，通过对信息资源的有效开发整合，为政府宏观决策提供依据，保障农产品安全，抵御国际市场冲击，提高我国农业的国际竞争力和抗风险能力。

二是农业生产面临病虫害和自然灾害频发的影响。日益严峻的气候危机，全球温度上升，干旱、洪涝等极端气候，以及病虫害加剧等问题，严重影响农业生产。在病虫害及自然灾害防治方面，依托地面自动气象观测站、数字化天气雷达、病虫害数据录入系统及病虫害数据管理测报专家系统，实现病虫害及自然灾害监测与预防的智能化。德国农林生物研究中心开发建设的植保文献数据库系统（PHYTOMED）、农药残留数据库 INTER-PRET、害虫管理数据库等，农户通过电话线与数据库系统联机，可随时获得作物病虫发生情况、病虫预报警报、防治方法和技术。我国初步搭建了全国草原防火和鼠虫生物灾害防控信息平台，建立了"农业部草原防火综合管理系统"，实现草原防火值班信息传送、卫星监测热点反馈、防扑火物资储备信息调度等功能；建成农业部草原防火指挥系统，可与农业部办公厅应急指挥平台进行音视频对接；建立了"草原生物灾害监测与治理信息统计分析系统"，在全国 600 多个县及其所在地市、省运行，同时在小范围内进行了基于 3S 技术的监测预警示范。

总之，利用信息技术及时监测、客观分析、公开发布农产品生产、市场等相关信息，利用信息和通信卫星技术对灾害性天气进行预报，对病虫害灾情进行测报，对规避市场和自然双重风险作用日趋重大，对稳定人民生活、维护社会安定意义深远。

二、信息化促进农业现代化作用分析

我国农业从传统农业向现代农业演进的标志就是现代信息技术在农业

中的大量、广泛、深入应用，用信息化改造我国传统农业、转变农业发展方式正在发挥着越来越重要的作用。通过信息化，对大田种植、设施园艺、畜禽养殖和水产生产的各种要素实行数字化设计、智能化控制、精准化运行、科学化管理，能够大大提高农业生产的标准化、集约化、自动化、产业化及组织化水平，从而变革农业生产方式、改善农业经营方式、提升农业管理能力、创新农业服务方式、促进新型经营主体培养，提高资源利用率、土地产出率和劳动生产率，进而加速农业现代化进程。信息化与农业现代化作用关系参见图1。

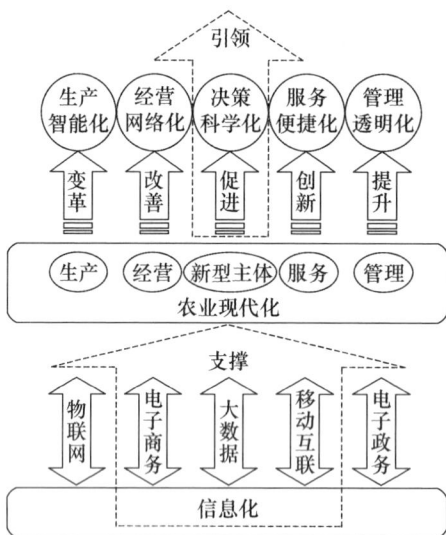

图1 信息化与农业现代化作用关系

（一）信息化变革农业生产方式

物联网、大数据、云计算、移动互联、电子商务和4G等新兴信息技术在农业生产领域的应用，推动了农业产业升级，进一步提高农产品产量和质量。耕地质量管理、肥水药精准实施、农机导航与调度等信息技术与装备的应用，实现大田种植的数字化、精准化；温室环境监控、植物生长管理、设施自动化控制等信息技术产品的应用，实现设施园艺生产的自动化、智能化；设施养殖环境监控系统、自动饲喂、疫病诊断与辅助决策等信息技术产品的应用，实现集约化健康养殖管理的智能化；船舶自动识别、捕捞作业、船舶调度指挥等信息技术产品的应用，提高渔业生产作业的信息化水平。例如，物联网技术在大田种植、设施园艺、畜禽养殖、水产养殖等领域的应用，实现了农业资源、环境、生产过程等环节信息的实时获取和数据共享，农户在自己家里，就可以借助信息化平台或移动智能终端实时查看大田里土壤的温度、湿度、光照度，实现畜禽精细投喂、个体行为监测和疾病诊断，了解养殖塘内的溶氧量、温度、水质等，从而及时进行相应的远程调控，有效提高了农业劳动生产率。

（二）信息化改善农业经营方式

市场经济条件下，信息化作为一种催化剂，改变了农业经营的理念和模式，实现了农业经营的网络化。从内部看，农业种养大户、龙头企业、农民专业合作社、家庭农场以及一些农户等农业主体借助信息化手段，对内部生产过程、投入品、成本核算、人员情况等进行管理，有效地提高了经营的组织化和产业化水平。同时，信息化应用还促使一家一户分散的耕地逐步走向集中连片经营，大大提高了农业经营的规模化水平，提高了资源利用率。从外部看，农业电子商务的兴起，带来了农产品、农业生产资料等销售方式的改变，对于引导农业生产资料和生活用品下乡、建立新的流通模式、打造农产品品牌等方面提供了快捷通道，大大提高了市场流通效率，促进了农产品产销衔接，也使得市场竞争更加自由、充分，农业生产要素的交换和配置更有效率。例如，吉林省好汇购农业电子商务交易平台，在16个县市进行试点，投资建设村级信息服务站（终端网店）870个，全省有10家企业4大类农资产品进入平台，并与省农业银行、农村信用联社等合作，成立农业信息化服务联盟，探索解决电子商务发展遇到的各种问题。截至2014年底，好汇购平台已销售化肥、种子、农药等3.5万吨，交易额突破1.5亿元。

（三）信息化提升农业管理能力

信息化为"三农"宏观管理提供了有效支撑手段，推动了"三农"管理方式创新，提升了农业部门行政效能，实现了农业管理高效透明。随着农业行业每天产生大量的数据资源，通过大数据分析技术应用，使得数据资源的挖掘更加便捷高效，为农业科学决策提供了有力支撑；通过信息系统建设，对农业生产经营要素、市场、资源等方面的信息监测更加及时可靠，分析处理结果更加精准；通过网络、通信、视频等技术的综合应用，使各级农业部门在应对自然灾害、处置突发事件、重大动物疫病防控等方面的反应更加迅速，应急指挥能力明显增强。例如，国家重大电子政务建设项目"金农工程"一期项目建成的农药进出口监管系统，与海关总署建立了信息共享机制，不仅大大提高了协同办公效率，有效降低了农药企业成本支出，而且堵住了原有的农药进出口管理漏洞，有效规范了农药进出口监管秩序，从源头上打击了违法。农机监理系统建立了全国集中的农机监管数据库，实现了农机监理行政审批和业务监督管理的规范化、标准化、网络化处理，提高了工作效率，增加了业务透明度，为农机所有人和驾驶员提供了便捷高效的服务。

（四）信息化创新农业服务方式

信息化完善农业综合信息服务体系，拓宽信息服务领域，提升农民信息获取能力，提供灵活便捷的信息服务。信息化为面向"三农"的信息服务开辟了多种现代化的渠道，拓宽了信息服务领域，丰富了信息服务手段和模式，实现了服务的灵活便捷。通过电脑、电话、电视、广播以及微博、微信、移动终端等载体，各级农业部门及时发布与农民生产、经营、生活息息相关的信息，为农民提供了政策、市场、科技等全方位的信息服务，大大缩短了小农户与大市场的距离。在"三农"信息服务日渐综合化、多样化的同时，信息服务模式也不断丰富，为各类涉农主体及时获取信息、加快农业技术推广、缩小城乡"数字鸿沟"、推动农民生产生活方式改变、促进城乡经济社会协调发展等方面发挥了积极作用。例如，以"12316"全国农业系统公益服务统一专用号码为纽带，农业部门在全国范围内打造了公益性的 12316 "三农" 综合信息服务平台。目前，12316 热线已经覆盖全国 1/3 的农户，已经成为农民和专家的直通线、农民和市场的中继线、农民和政府的连心线。

（五）信息化促进新型经营主体培养

通过信息化的、开放共享的新型经营主体培训平台，整合农业远程教育培训信息资源，基于移动互联网络，开展无所不在的、需求定制、线上线下、双向互动的远程教育培训，围绕我国农业农村经济发展的总体目标，以现代农业发展和农民科技需求为导向，利用云计算、物联网、大数据等现代信息技术，实现科研单位、农广校、农业职业院校的科教资源的共建共享与互联互通，促成新型经营主体与农业专家、农技人员的远程对接，充分利用网络化、移动化、可视化、情景化的远程教育平台，对以家庭承包农户为基础，专业种养大户、家庭农场和合作农场、农民专业合作社、农业龙头企业为骨干，其他组织形式为补充的新型农业经营主体队伍进行培训，加快培养造就有文化、懂技术、会经营的新型农民和农村实用人才，能够为加快农业转型升级，推进农业产业化、农村社区化、农民现代化提供强有力的信息化支撑，带动现代农业发展、带动农民增收，促进大多数农民平等参与农业现代化、共享农业现代化成果。例如，"农技云服务" 通过移动终端武装基层农技推广员，从而改善农技推广工作手段、提高服务效能。通过农技云后台及时获取各类新政策、新技术、新品种、农业预警、病虫害防治及农业突发事件信息，以便及时应对，提高工作效率；通过平台内制的通讯录、易信群等模块，基层农技人员可及时找到有关县区、市农业专家，甚至省级专家，实现农户、农技推广人员、专家三方互通，远程交流农业生产经营中遇到的问题；开设农技人员业务知识更新相关学习培训课件，农技人员可随时随地参加学习并接受考核，实现科学动态管理。

三、信息化在农业现代化发展中的应用情况

（一）农业信息化发展现状

我国农业信息化起步晚，但发展快。特别是 21 世纪以来，党中央、国务院高度重视农业农村信息化，自 2005 年起，连续多个中央 1 号文件对农业农村信息化都做出明确部署，2013 年、2014 年连续两年中央 1 号文件进一步明确提出了加快用信息化手段推进现代农业建设的要求，提出了建设以农业物联网和精准装备为重点的农业全程信息化和机械化技术体系。党的十八大报告更是将"促进工业化、信息化、城镇化、农业现代化同步发展"提升到国家战略高度。当前，我国农业信息化进入快速发展的上升期，从发达国家农业信息化的发展进程看，我国农业信息化发展将迎来技术产品化、信息市场化、装备智能化、作业精准化和服务个性化的良好开端。

1. 农业信息化基础设施日趋完善

一是计算机拥有量有望超过"十二五"农业信息化发展目标。截至 2012 年底，我国农村居民计算机拥有量为每百户 21.4 台，较上年增加 3 台，增长 18.9%（见图 2）。据此，仅需保持年均 12% 的增长速度，到 2015 年即可实现"十二五"我国农村居民计算机的拥有量每百户达到 30 台的发展目标。

二是农村网民比例相对稳定，城乡网民规模的差距继续缩小。2008 年以来，我国农村网民占整体网民的比例连续保持在 28% 左右。2013 年，农村网民规模的增长速度为 13.5%，城镇网民规模的增长速度为 8.0%，城乡网民规模的差距继续缩小。随着城市化进程加大，我国农村部分相对发达地区的人口逐步转为城市人口，将导致农村网民占比有所下降。截至 2014 年 6 月，我国网民中农村网民占比 28.2%，较 2013 年下降 0.4 个百分点（见图 3）。

三是行政村通宽带加速推进，互联网接入初具规模。在全国已实现乡

（台）

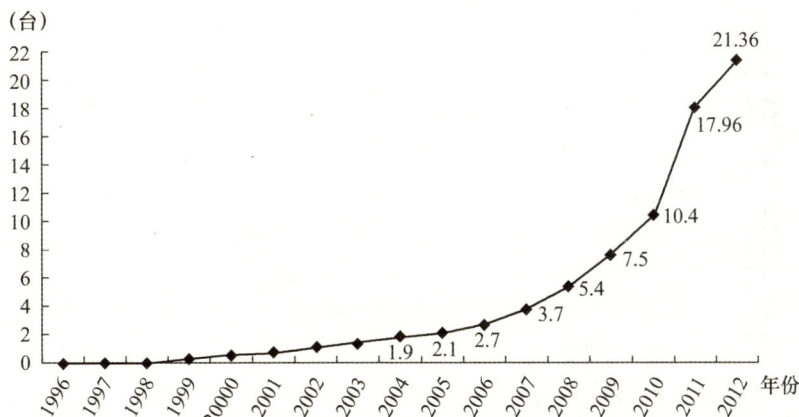

图2　1996～2012年农村电脑每百户拥有量变化情况

资料来源：《中国农村统计年鉴》。

（%）

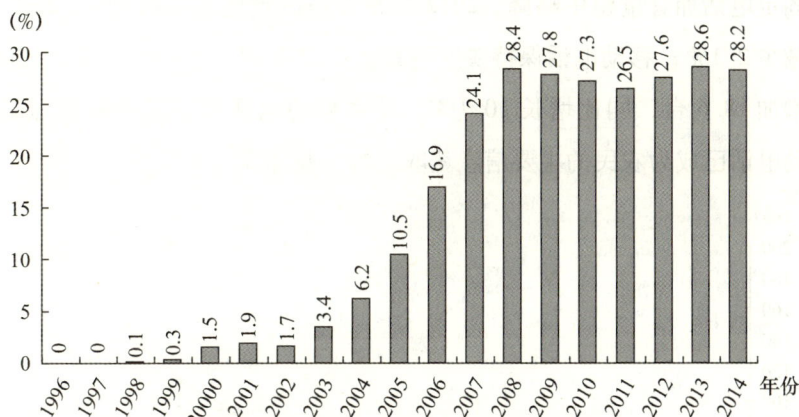

图3　1996～2014年农村网民比重变化情况

资料来源：《中国互联网络发展状况统计报告》。

镇通宽带的基础上，发改委联合工信部编制印发《"宽带中国"战略及实施方案》，重点加强农村公共服务领域和农村文化事业领域的基础设施建设。工信部实施了农村宽带普及工程，截至2014年底，全年新增1.4万余个行政村开通宽带，通宽带行政村比例从年初的91%提高到93.5%。2013年，我国农村互联网普及率达到27.5%，比上年提高3.8个百分点，保持加速增长态势（见图4）。

四是农村通信水平显著提升，移动电话成为主要的信息获取工具。农

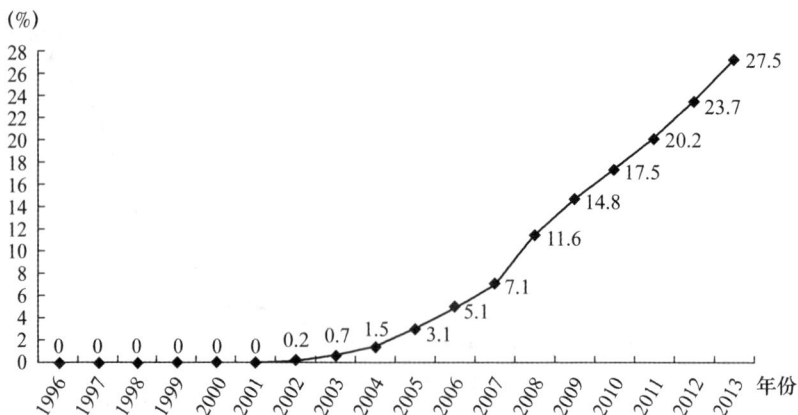

图4 1996～2013年农村互联网普及率
资料来源：《中国互联网络发展状况统计报告》。

村固定电话拥有量稳中略降，2012年每百户固定电话拥有量42.2部，同比减少2.1%；移动电话保持快速增长，2012年每百户197.9部，比2011年增加18.6台，同比增长10.1%，城乡移动电话拥有量差距明显缩小，移动电话已成为农民的主要信息获取终端（见图5）。

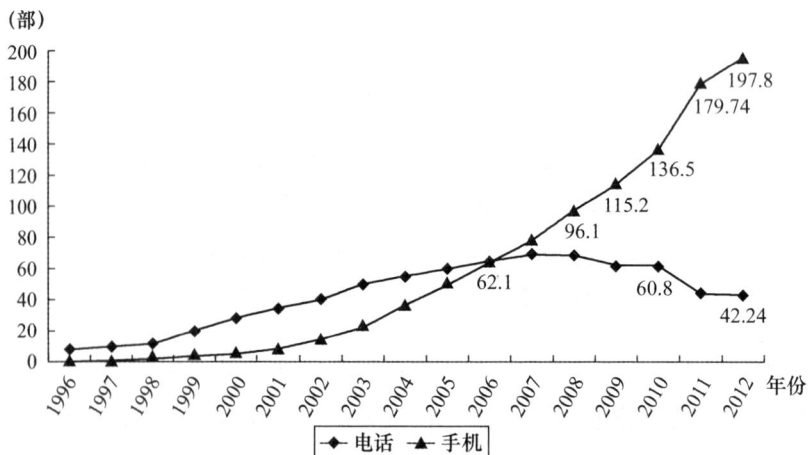

图5 农村移动电话、固定电话每百户拥有量
资料来源：历年《中国农村统计年鉴》。

五是农村广播电视覆盖向"户户通"迈进。截至2011年底，全国共开通直播卫星"户户通"用户394万户，农村广播节目综合人口覆盖率达到96.1%，农村广播电视正朝着"户户通"稳步迈进，48%的县村通有线电视，农村有线广播电视入户率由 2010 年的 29.4% 上升到 32.4%。据国家新闻出版广电总局最新数据，截至 2014 年 12 月 14 日，全国共开通直播卫星"户户通"用户超过 1800 万户。

六是农业网站更加实用。全国涉农网站总数已超过 4 万个，其增长远远高于全国互联网站平均增长速度。其中，涉农企业和组织主办的网站占到了 90% 以上，农业企业成为网站建设的主力军。行业类农业网站的活力不断增强，充分发挥了市场引导作用；农业电子商务网站迅速发展，出现了网上商城和网上交易两大特色鲜明的农业电子商务网站类型，特别是农业龙头企业的大量涌入，推动形成了许多具有特色的农业网站商业模式，大大增强了农业网站的商用性。

七是涉农数据库建设初具规模。据调查，全国 31 个省（区、市）共建有 305 个涉农数据库，68.59% 的县建有涉农数据库，共计 8147 个。其中，50.0% 的县建设了 5 个以下的数据库，13.3% 的县建立了 5 ~ 10 个数据库，20.0% 的县建立了 10 ~ 20 个数据库，16.7% 的县建立了 20 个以上数据库。

2. 信息技术与种养殖技术深度融合

在种植方面，信息技术已经融入大田育种、按需施肥、节水灌溉等方面。在水稻育种环节，黑龙江农垦智能程控水稻催芽浸种系统，仅需 2 ~ 3 名技术人员在监控室内进行远程集中监控管理，精确控制和促进水稻芽、种的生长，实现了水稻浸种催芽的科学化、标准化、智能化生产管理。在农田施肥环节，利用 GPS 进行农田信息定位获取，包括产量监测、土样采集等，计算机系统通过对数据的分析处理，决策出农田地块的管理措施，把产量和土壤状态信息装入带有 GPS 设备的喷施器中，实现农田地块精确施肥。在农田灌溉环节，利用信息技术采取作物的生理特性信息，通过农田膜下滴灌自动控制系统，以及渠道流量计、监、测自动化管理系统，实现对农田的自动化控制、智能化决策。在设施园艺环节，水肥药的精准化智能控制系统可实时定量监控农作物在不同生长周期所需要的环境参数，使水肥药的投入实现精准化、减量化、资源化利用，保护生态环境，显著提高资源利用率。辽宁省农委信息中心与辽宁省移动公司合作推出的"棚室智能控制系统",能够时时监测棚室内的温度、湿度、二氧化碳浓度、光照,超过临界值时,会自动向农户手机上发送短信报警。

在养殖方面,信息技术已经融入养殖环境监测和制动投喂等环节。在畜禽养殖环节,信息技术与设施化养殖相结合,可实现畜禽育种及养殖、肉蛋奶生产、饲料生产、养殖场管理、畜禽舍环境控制、疫情监测及防治等环节的自动化、智能化。江苏如东众大牧业养鸡场应用智能化环境监测控系统后,养鸡场用工量减少35%,减少鸡场环境应急反应95%以上,养鸡成活率由93%提高到了98%以上,经济效益提高了20%以上。在水产养殖环节,江苏、山东、广东、上海、浙江、天津等省市的水产养殖企业利用最新的农业物联网技术,配置水产养殖实时远程监测系统,对水产养殖环境进行实时在线监测。江苏省宜兴市实施的河蟹养殖物联网项目覆盖全市20%的农户,示范面积达20000亩,通过对养殖水质的智能控制,有效提高了河蟹养殖的成活率和产量,年增产约10%~15%,每亩平均增收约1000元,每亩电费节省80元,农户劳动强度明显降低,真正实现了"省心、节本、增效"。自动投喂系统应用成效显著。浙江省一些地方采用了智慧鱼塘系统,可以监测到鱼塘中饲料的情况,并能实现预警功能,养鱼人可以自己设定时间,在全球有电脑网络或者3G智能手机信号的地方,就能"遥控"指挥自动投料机给鱼喂料,实现轻松养鱼、科学养鱼。

3. 农产品电子商务尚处于积极探索阶段

农产品直供直销模式既有利于及时、按需调整农产品种植结构,又能在产销双方信任的前提下确保农产品质量,还能降低物流成本、增加农民收入、缩短与消费者的距离,实现了生产者和消费者的双赢,已逐渐成为农产品流通新型业态。

大型电商平台积极布局农产品电子商务。随着国内电子商务环境的逐步完善,各大电商平台开始倾力发展农产品电子商务,致力于将现代流通方式、销售渠道、信息系统逐步引向农村,力争将千家万户的小生产与数字化、现代化的网络购物市场对接起来,构建市场经济条件下的产销一体化链条，实现渠道、商家、农民、消费者共赢。贵州借力淘宝网，打造了"特色中国·贵州馆"，通过网络向全国甚至全世界叫卖贵州的特色农产品，仅上线当日，贵州馆的交易额就接近3000万元，成交4万瓶贵州名酒，卖出1.5万份茶叶、1万斤野核桃、1万袋波波糖、近2万包蕨根粉和24万袋土豆片。

特色专业化涉农电子商务平台发展迅速。由中国网库联手好想你枣业股份有限公司共同打造的中国红枣交易网以红枣单品为聚合点，快速吸引行业上下游供求商入驻，集中资源，实现低成本、高效率的产品推广和企业品牌宣传，目前类似中国红枣交易网这样的农产品品类网站，中国网库已经建设了200多个。成都天地网信息科技有限公司推出的中药材电子商务交易平台彻底改变了中药材行业传统的交易模式。

涉农企业、国有农场和农民专业合作社等不断创新农产品流通渠道和经营方式。例如，武汉市家事易公司"电子菜箱"，直接将菜送到订户楼下的智能生鲜柜里，它把电子商务平台系统、中央厨房系统、仓储管理系统、自动分拣系统、物流管理系统、ERP系统、生产供应链管理系统、农产品追溯系统和呼叫中心系统九大信息系统融为一体，创造了全新的产品经营模式，截至2012年底，该公司已累计在680余个小区投放了1100组"电子菜箱"，发展会员12万人，每天为5500个家庭提供生鲜配送服务。如成都龙泉驿区十陵禽业合作社信息服务平台商务网站，每天定期抽检社员生产鸡蛋，实时在合作社网站更新检测结果。目前，合作社成功打入成都、重庆、云南、贵州、西藏等市场，带动2600户社员发展蛋鸡养殖，社员年户均增收1.9万元以上，有效解决了农村劳动力就业和农民增收问题。

4. 农业电子政务管理成效初显

农业部结合工作需要开发了一系列信息管理系统，经济和社会成效斐然。如国家农产品质量安全监测信息平台建成运行，为监测资源统筹、信息共享和上下联动提供了有力支撑，大大提高了农产品质量安全监管部门的监测数据处理效率和水平，增强了农产品质量安全风险防范能力和预测前瞻性。农资打假监管信息系统全面推广应用，农资打假监管信息系统由

"案件信息管理""案件协查管理""案件综合查询""案件信用管理""信息上报""报表统计"六个部分组成，基本涵盖了农资打假各项工作，有利于全面准确地掌握全国农资打假信息，有效提升了农资打假监管工作的信息化水平。农药行政网上审批系统，规范了审批行为，增强了审批透明度，提高了审批效率，实现了申报、预审、审批、监督、查询等业务的一体化管理和运行。农情调度系统作用日益明显，该系统农情调度信息已成为各级领导对农业生产实施动态监测和过程管理的重要手段，各级政府及时掌握农业灾情、组织抗灾救灾和恢复生产的重要方式，农业部门科学预测产量和正确判断形势的重要途径，在农业管理中发挥着独特作用。

5. 农业信息服务领域不断拓展

2006年以来，农业部以实施"三电合一"工程建设为抓手，积极探索信息服务进村入户的途径和办法，在全国范围内全力打造了公益性的"12316"农业综合信息服务平台，信息服务手段更加多元化。在农业部指导下，各地农业部门以面向"三农"服务为目的，统筹规划电话、手机短（彩）信、广播电视、互联网络等现代传播手段，以电脑、电视和电话"三电合一"项目为推手，利用社会力量，创新工作方法，逐步建立起了集12316"三农"热线电话、农业信息网站、农业电视节目、手机短（彩）信服务于一体，多渠道、多形式、多媒体相结合的农业综合信息服务平台。据调查，全国13个省份建设了专家视频系统，15个省份建设了短（彩）信平台，8个省份开通了涉农手机报。在技术信息咨询与服务的基础上，各地充分挖掘信息服务新方法，拓展服务新领域，及时发布与农民生产、经营、生活息息相关的政策信息和市场信息，为农民提供了科技、市场、政策、价格、假劣农资投诉举报等全方位的即时信息服务，服务范围已经延伸到了法律咨询、民事调解、电子商务、文化节目点播等方面。

6. 农业服务体系初具规模，省市县乡村五级信息服务体系基本建成

全国31个省（区、市）均设有农业农村信息化主管部门及信息化专职行政管理机构，其中 25 个省（区、市）成立了农业农村信息化工作领导小组，统筹推进农业农村信息化工作。除安徽省外，各省农业部门均设有信息中心，共有正式编制人员 528 人，平均每省（区、市）17 人。97%的地市级农业部门、80%以上的县级农业部门设有信息化管理和服务机构，70%以上的乡镇成立了信息服务站，村级信息服务点逾 100 万个，"县有信息服务机构、乡有信息站、村有信息点"的格局进一步巩固。村级信息点在建点方式上，53.6%依托村委会建点，30.8%依托党员远程教育点及阳光书屋等合并建点，25.4%依托农民专业合作社建点，9.5%专门建点，此外还有一部分依托农资店、零售店以及电信代办点建点。

专家队伍和农村信息员队伍稳步壮大。各级农业部门在农业科研、教学及农技推广单位，遴选责任心强、专业水平高、经验丰富的种植、水产、畜牧、兽医、农机等工作人员，逐步建立起一支专业门类齐全、结构合理、服务到位的信息服务专家队伍。各级农业部门高度重视农村信息员的培训和培养工作，截至 2012 年底，我国农村信息员队伍已逾百万人，据调查，村级信息员主要来源于村干部、大学生村官、农资店或零售店主，分别占 43.07%，27.49%和 15.34%。

政府引导社会参与机制不断完善。在农村信息服务方面，农业部先后投入财政资金和基建资金 1 亿多元，在全国先后搭建了 32 个省级平台、78个地市级平台、352 个县级平台，惠及全国 1/3 以上农户。中组部开展了"农村党员干部现代远程教育工程"、工业和信息化部开展了"村村通电话工程"、国家广电总局开展了"广播电视村村通工程"、商务部开展了"万村千乡市场工程"、文化部开展了"文化资源共享工程"，科技部目前在全国 7 个省市组织实施"国家农村信息化示范省"项目，政府引导仍然是当前农村信息服务的主流。各地积极探索社会参与机制。农业部分别于 2009年和 2010 年与中国移动、中国联通签署了战略合作协议，2012 年与中国电信签署了《共同推进农业农村信息化合作框架协议》，为涉农信息服务平台建设开辟了多元筹资渠道。在农业部的指导下，各地农业部门充分利用社会力量，与电信运营商、电视台、涉农企业等合作。

（二）信息化在农业中的典型应用模式

近年来，全国农业信息化工作取得了长足发展，各级农业部门不断地加强信息化在农业各环节中的应用推广。课题组通过对已有农业信息化案例的整理，将信息化在农业中的应用模式分为整体推动型、生产应用型、经营应用型、政务应用型和服务创新型五类，通过对这些典型应用案例的总结，探索农业信息化发展的新经验，以便更好地服务于农业信息化建设实践。

1. 整体推动型

该模式主要是依靠地方政府，在加强组织领导与顶层设计的同时，充分调动市场对资源的配置作用，采取自上而下的方式推动农业信息化的发展。

（1）山东东营市委、市政府先后出台了《东营市农业农村信息化专项规划》等规范性文件和政策性规定，批准农业局成立了农业信息化科，各区县、乡镇都成立了农业信息化工作科室，各行政村配备了信息管理员及设备，形成四级信息化建设工作体系，并连续 5 年将农业农村信息化工作纳入市委、市政府年度综合考核。深度实施"数字东营"和"村村通工程"。市财政每年安排 200 万元专项资金用于农业农村信息化工程建设，逐步建成了覆盖城乡的高速光纤传输网络和移动网络，并建设了一支 1800 多人的农业信息化建设人才队伍。

东营市通过资源整合，搭建了全市统一的农业信息化综合服务平台，重点建设了黄河三角洲（东营）高效生态农业综合服务平台；实现了"一乡一站""一村一页"上网工程；建成了新型农民网络互动课堂数据库等九大农业数据库，实现了农业信息资源的共享；实施了"信息化示范村"和"百村示范、万户上网"工程；建成了全市农业信息监控指挥中心，对全市、县、乡三级农业示范园、农民专业合作社、农产品质检中心、粮食生产基地、农资经营点等进行远程监控与管理，利津县、广饶县等根据产业特色建设了农产品质量安全监管系统；建成了全市农业协同办公系统，实现了农业行政办公无纸化；积极探索了农业电子商务、农产品流通信息化管理模式。

（2）2001 年，昌吉州政府就成立了农业信息化工作领导小组，并出台了《自治州进一步加强农村信息化建设的意见》，提出了"州有中心、县有平台、乡有服务站、村有发布点"的工作目标。目前，全州有 70 个乡镇建立了综合信息服务站，占乡镇总数的 97.2%，551 个村建立了信息发布点，占行政村总数的 94.5%。全州 228 个专业协会、168 家农业产业化龙头企业也设立了信息服务点。

2012 年率先装备了 GPS 卫星导航应用与拖拉机播种，定位导航自动驾驶并进行农作物播种，每天可播 250～300 亩，2013 年，该项技术已在全州多个县市推广应用；在大田灌溉中实现了自动控制节水技术，提高单产；完成了农业综合信息服务平台建设，建立双向视频诊断系统和远程视频监控系统，整合农业信息资源，利用电话、电脑和电视三种载体向农户提供产前、产中和产后全程服务和政策、技术、市场全方位服务；运用视频监控装置和环境数据采集仪器，实现对设施农业示范基地温室内外的生产情况实时监控。

2. 生产应用型

该模式主要是通过信息技术在农业生产领域中的应用来推进农业信息化的发展，利用现代信息技术改造传统农业，不断提高农业资源利用率和劳动生产率，推动农业发展向集约型、规模化转变，提升农业现代化水平。

（1）江苏宜兴鹏鹞生态农业示范园通过实施水产养殖智能监控系统项目，让农户养殖池塘的溶解氧、水温、PH 值等水质参数在现场设备屏幕上实时显示，农户通过手机就能对现场设备进行定时、自动、短信、网络四种控制。养猪场通过引进物联网技术，可以准确地分离出不同妊娠阶段的母猪，实现养猪的远程操作，通过新技术的应用可以为该养猪场节约一半的劳动力。

在螃蟹养殖示范户中启用先进的农产品质量溯源系统，只要用手机对准"二维码"一照，螃蟹的价格、产地、养殖者以及喂养的饲料、用药情况等信息都一目了然。在规模农贸市场推行蔬菜"条码制"，对蔬菜的生长、加工、运输、仓储以及零售等环节进行标识，实现了信息流和物流快速准确无缝对接。

（2）湖南省农作物种质资源保护与良种繁育中心建设"百果园"。该园是基于 CNGI（中国下一代互联网示范工程）的物联网现代农业应用示范项目，在 7000 多平方米的智能温室（大棚）里，蝴蝶兰、红掌、仙客来等数万盆花卉生长繁茂。系统通过 300 多个传感器的数据采集、互联网传输和电脑、手机等终端登录和操作，可对温室内的温度、光照、土壤（基质）含水量等进行远程精准监控，通过轻点鼠标或触摸相应按键，可远程控制温室内的风机、水帘、天窗、侧窗、内外遮阳网及灌溉、施肥（药）等设施的运行。

2009 年建设了现代设施农业智能监控系统。该系统实现了对现代农业温室各项传感数据的远程采集和智能监控，便于农业科研和温室生产管理人员实时、精准掌握温室内温度、光照、湿度、苗床基质含水量等动态数据及作物生长发育实况，采取相应的调控措施，有效调节植物花期、调控作物生长发育。

总之，通过物联网技术在生产中的应用，既节约了劳动力，又能确保各项操作和培养措施的准确性，显著提高劳动生产效率和资源利用率。

3. 经营应用型

该模式主要是拓展信息技术在农业经营中的应用，为新型农业经营主体提供有效信息服务来促进农业信息化的发展。

（1）中国农垦经济发展中心（简称农垦中心）作为农业部直属事业单位，始终坚持以信息化推动农业现代化。农垦中心为了加强国有农场土地资源的管理，以超图地理信息平台为支撑，运用 3S 技术开发了国有土地信息化管理系统。该系统以航片卫片矢量化处理为基础，能够提供土地权属管理、土地利用现状专题图分析、农用地承包经营、农业生产管理、建设用地及房屋资产管理等多方面功能。截至 2012 年，该系统已在垦区 76 家国有农场得到推广应用。

　　针对我国农产品从业主体多样化、生产管理水平差异大的实际，农垦中心研究开发了农垦农产品质量追溯信息系统。该系统由定制、采集、汇总、查询、监管五个子系统组成，能提供从源头到生产到流通消费的全链条溯源管理功能。该系统能够有效地满足谷物、水果、茶叶、蔬菜、肉禽、水产、蛋、奶等各类农产品追溯要求，且能够适应农产品生产企业、农民专业合作社、农户等各类从业主体，在功能上兼顾了生产者、消费者、管理者等各方面的需求，将生产、监管、消费综合于一体。截至2012年，农垦农产品质量追溯系统已在25个省（市、区）220家农产品生产企业（农民专业合作社）、2242家农户（专业户）得到推广应用，种植业追溯面积达483万亩，养殖业追溯数量达6713万只（头）。

　　（2）王大伟兄弟四人是福建省安溪县西坪镇南岩村的普通茶农，2009年5月，兄弟四人经营的中闽弘泰旗舰店在淘宝商城开业。传统茶叶销售，要经过批发商的多次流通，才能到达零售店里，消费者购买价格因此高出了很多。中闽弘泰通过电子商务销售，实现让铁观音从茶园直达客户的茶杯。为了保证货源的充足和产品质量，中闽弘泰发起成立了一个茶厂（龙珍茶厂）和85户农户参加的一个农民茶叶专业合作社，目前拥有茶园3256亩，采用产地直销的销售方式进行铁观音茶叶的销售。

4. 政务应用型

　　该模式主要是信息技术在农业行政管理中的应用，进而促进政府职能转变、提升政府行政效能和管理水平、提高服务社会和公众的能力。

　　（1）金农工程一期是农业电子政务建设和农业信息化的重要基础项目，建成了互联互通的国家和省两级农业数据中心、国家农业科技数据分中心、国家和省级粮食购销调存数据中心、国家农业综合门户网站和农业监测预警、农产品和生产资料市场监管、农村市场和科技信息服务三大类应用系统；构建了部省两级信息安全管理体系、技术体系、运维体系和农业电子政务标准规范体系。

　　农药进出口监管系统与海关总署建立了信息共享机制，不仅大大提高了协同办公效率，有效降低了农药企业成本支出，而且堵住了原有的农药进出口管理漏洞,有效规范了农药进出口监管秩序,从源头上打击了违法。农机监理系统建立了全国集中的农机监管数据库,实现了农机监理行政审批和业务监督管理的规范化、标准化、网络化处理,提高了工作效率,增加了业务透明度,为农机所有人和驾驶员提供了便捷高效的服务。农产品监测预警平台研发了小麦、玉米、稻谷、生猪等关系国计民生的 18 类重要农产品动态监测预警系统,实现从供求安全、生产波动、市场价格波动、国际竞争力、进口影响指标等方面开展实时在线分析预警,支持部省联动分析。应急指挥系统建设了集通信、指挥、展示、监控、会议、网络于一体的农业部应急指挥场所,实现了部省之间的双向高清视频会议直播。

(2)上海市农委信息中心依托现代化信息网络技术,积极探索以"制度加科技"预防腐败。从 2010 年起,上海市建立了涉农补贴资金监管平台,并同步推进了农村土地承包流转信息管理平台和农村集体"三资"监管平台建设。

涉农补贴资金监管平台具有宣传、公开、查询、咨询、投诉等功能,水稻种植补贴、农村村庄改造奖补资金等七大类 44 项涉农政策(项目)及资金情况已在该平台上公示。农民只需在本村的"农民一点通"就可以查询到"本人应得、本人实得、别人应得、别人实得"的信息。

农村集体"三资"监管平台包括资金管理、资产管理、资源管理、合同管理、报表分析、预警预报、"三资"公开和领导查询八大板块,结构上分为市、区县、乡镇、村四级。其中,乡镇一级是平台的核心,负责六个模块的具体操作管理,市、区县两级设置了查询分析功能,村级则设置公示功能。农民可以利用"农民一点通"查询到本村的资产概况、收入情况、支出情况、集体土地收益、预决算等九个方面的内容。截至 2012 年 12 月底,全市 9 个涉农区县、5 个中心城区共有 126 个涉农乡镇(包括相关涉农街道和开发园区)1711 个村、22595 个队的农村集体"三资"数据都录入平台,涉及总资产 3428 亿元,净资产 1024 亿元。

农村土地承包经营信息管理平台具有土地承包、土地流转、纠纷调解仲裁和政策管理四大功能。全市建立了农村土地承包经营权流转信息数据库，实施农村土地承包经营权证书信息化管理，实施了农村土地承包经营权证书信息化管理，实现了农村土地承包和流转信息实时统计和实时查询，管理业务都可以在网上办理。截至 2012 年 12 月底，全市农村 66.5 万份承包合同（占总承包户的 99%）已建立了电子档案，农村集体承包流转面积为 138.3 万亩，流转率 59.3%。

5. 服务创新型

该模式主要是采用现代信息技术，以数据库为核心，将农业实用技术、市场信息和管理信息进行集成，针对农村需求种类多、地域广、分散性强、个性化明显的特点，充分发挥各种通信渠道（农业信息网络、手机、其他便携式信息产品）在广大农村地区的优势，全面、高效、快捷地为基层干部、农技人员、农业企业和广大农民提供交互式的信息服务。

（1）农业综合信息服务平台（12316 中央平台）建设了一个中央级的农业综合信息服务平台，完成了"一门户五系统"的开发建设，包括 12316 农业综合信息服务门户（含 12316 实名用户服务系统）、12316 语音平台、12316 短彩信平台、农民专业合作社经营管理系统、双向视频诊断系统、12316 农业综合信息服务监管平台系统。建立起了集 12316 热线电话、网站、电视节目、手机短彩信、移动客户端等于一体，多渠道、多形式、多媒体相结合的 12316 中央平台。

平台建成以来，12316 服务已经基本覆盖全国农户，并在 11 个省（区、市）实现了数据对接；同时，作为农业部机关和部属单位开展业务工作的重要手段，12316 短彩信平台上已有 65 家用户注册使用；"中国农民手机报（政务版）"通过该平台每周一、三、五向全国 5 万多农业行政管理者发送；农民专业合作社经营管理系统已注册备案合作社 8700 余家，受到了合作社及农户的广泛欢迎；12316 语音平台融合了农业部所有面向社会服务的热线。12316 中央平台开辟了服务"三农"的现代化信息渠道，提升了信息服务质量，实现了信息服务的灵活便捷，取得了良好的经济和社会效益。

（2）福建蓝田"世纪之村"是中国第一大农村信息化综合服务平台，该平台是集村务管理及公开、村财管理、乡风文明、农家店、劳务供需、星火科技、企业展品、百姓新闻八大功能为一体的网上办事公开平台，建立"三资"网络台账。此外，该平台服务内容还涵盖了便民服务、电子商务、电子农务三大职能，36项功能模块、650多项使用功能。世纪之村通过"借壳经营"，利用农村已有的小店铺、卫生所等实体店建设信息点，减少推广中的硬件投入，整合农村草根配送资源，组建草根物流配送队伍，降低物流运输成本。通过平台智能数据分析系统，将"一村一品"整合为"全市、全省一品"，以集体议价、采购等方式获得竞争优势，构建"网络+实体超市+信息点"的营销模式。依托信息点、农家店等，世纪之村形成了具有自我造血、可复制的农村信息化建设模式。

（三）农业信息化发展趋势

随着新型经营主体的大量涌现、农村土地流转制度的完善和工商资本向农业的涌入，农业现代化进程必将加快，未来我国农业信息化发展将呈现技术产品化、装备智能化、信息市场化、管理透明化和服务个性化五大趋势。

1. 技术产品化

信息技术的快速发展，使各种高科技产品不断涌入到我们的生活中。随着信息技术与工业技术的融合，德国率先提出并开始实践工业4.0（第四次工业革命）。未来农业信息技术的研发成果转化也会加速，信息技术研发企业将会加速在农业信息类产品的投入，进而推动农业信息化方面的自主创新，解决拥有自主知识产权和核心技术产品缺乏的问题。加快信息技术的推广应用，促进我国农业信息技术及产品产业化发展。

2. 装备智能化

随着传感器、RFID等物联网技术的发展，农业在生产、管理方面的装备已从传统的功能型逐步向自动化、智能化方向发展。智能农业是具有感知、分析、推理、决策和控制功能的农业装备的统称，它是先进制造技术、信息技术和智能技术在农业装备产品上的集成和融合，体现了农业信息化的数字化、网络化、精准化和智能化的发展要求。未来的农业生产，农业作业全链条各个环节的要素高度细化，全球定位系统、农业遥感监测、电脑自动控制等现代信息技术深入运用，定时、定量、定位的实施耕作，实现对农业资源的精细利用与管理。

3. 信息市场化

信息本身属于一种商品，在信息产品交换和信息服务中，引入市场竞争机制，实现信息市场化，是国家信息市场以及市场经济快速发展的必然要求。我国粮食产量迎来了"十一连增"，但是农产品买难卖难问题一直存在，"小生产"与"大市场"之间的信息不对称问题一直存在。未来应该充分发挥网络的作用，实现信息的互联互通，同时充分发挥市场信息在资源配置中的决定性作用，发展农业电子商务，促进信息流通，发展信息经济，促进农业现代化的快速发展。

4. 管理透明化

利用信息技术的手段，可以将政府政务管理、企业管理等过程流程化，加速管理方式的创新。对于政府来说，信息化可以让各部门之间信息互联互通，提升行政效率，同时使得行政管理的手段更加规范，行政内容更加透明，对打造服务型政府有积极作用。金农工程一期的完成，使农业部门管理信息化的水平大幅提升，随着管理信息化工作的不断推进，未来农业管理将会更为透明。

5. 服务个性化

服务个性化就是要求以信息需求主体为中心，根据不同信息需求主体的不同需求，向其提供和推荐相关信息，以满足个性化需求。随着农民、各类涉农企业、合作组织等新型经营主体信息意识的提高，信息需求的多样性和针对性将越来越突出。有了个性化的需要，就要有个性化的服务。随着以手机为代表的智能终端的普及，HTML5、App等技术的成熟，第三方社交平台的大量使用，农业信息服务通过终端直接延伸到个体，服务手段更为多样，服务内容更为多元。

四、信息化促进农业现代化发展的主要问题

虽然信息化在促进农业现代化发展中面临着难得的机遇，已经具备了一定的发展基础，但同时也面临着极大的挑战。在社会环境层面存在认识不到位、投入严重不足的问题，工作层面缺乏统筹协调、组织体系不健全，技术层面存在创新能力不足、产业化程度低的难题。这些问题具体表现如下。

（一）认识不到位，投入严重不足

认识决定行动，我国各级政府部门和人员对信息化促进农业现代化的作用和意义的认识还不到位，限制了政策支持的力度，农业信息化投入严重不足，效率不高、效果有限。

1. 对农业信息化的作用认识不够，政策支持力度不足

从各地工作实际来看，各级政府部门特别是农业部门的工作者缺乏对加快推进农业信息化重要性和紧迫性的深刻认识和理解，尚未认识到信息化是农业"转方式、调结构"、突破资源约束、提高生产力、提升装备水平和科技含量的重要途径，是实现城乡统筹、衔接农户与市场、提高农产品附加值、促进农民增收、实现农业可持续集约发展和农业现代化的重要手段和必然选择。相比其他行业，农业生产受自然环境的影响比较大，农业比较效益低，而农业信息化建设作为一项长期性、战略性和前瞻性的基础工程，前期投入往往巨大，所发挥的经济、社会和环境效益尚缺乏科学、量化的评价标准，又难以马上显现。种种因素导致我国各级政府部门在农业信息化建设方面政策支持力度不够，缺乏完善配套的政策法规，缺乏财政、金融、税收等方面的鼓励扶持政策，缺乏投入长效保障机制等，导致农业信息化创新、研发与应用等成为国民经济各方面信息化的短板，实际上也严重制约了农业现代化的快速发展。

2. 多元投融资渠道尚未形成，投入比例不足、效率不高

从美、日、澳等发达国家的经验来看，农业信息化建设通常以政府为主导，农业协会、合作社、专业公司等社会化及市场化力量共同参与，进而促进农业现代化的发展。目前，我国农业信息化投入体制机制并未从根本上有效解决这个问题，农业信息化项目主要由政府买单，政府投入负担过大；专业从事农业信息化工作的市场主体规模小、抗风险能力弱，项目研发与应用多依靠政府支持和参与；社会资本进入农业信息化领域还处于起步和探索阶段，未与各方形成有效的商业运作模式。在政府投入方面，各级农业部门相比水利、工信、气象、发改、财政、科技等部门，缺少长期稳定的财政专项支持信息化建设，农业系统内部用于信息化建设的比例和绝对量也相对较低，还没有针对农业信息消费和农业信息化产品的补贴。有限的农业信息化资金投入未能充分按照市场需求进行合理配置，投入方向和领域不尽合理，"重建设、轻运维"导致运维资金严重不足；农业比较效益低、生产经营主体规模偏小，自主投入能力弱。这些都导致信息化投入效率的降低，未能有效发挥信息化对农业现代化的支撑和引领作用。

（二）缺乏统筹协调，总体推进困难

中央和地方政府对农业信息化建设缺乏统筹规划，有限的支持政策和资金投入被部门分割，无法形成拳头效应。农业信息化基础薄弱，数字鸿沟依然明显，总体推进存在很大的困难。

1. 信息化工作缺乏统筹协调、标准不一，孤岛严重

农业信息化工作参与部门众多，各自为战、叠床架屋，缺乏相互协调配合。中央层面缺乏统筹协调，对农业信息化建设缺乏整体部署和宏观发展规划，即便有部分规划，也存在规划与实际脱节的问题。中央与地方政府在农业信息化建设中的功能定位模糊，各自在农业信息化各发展阶段的目标、重点任务、实施方案和各自分工不明确。农业信息管理与服务分散在各经济部门和系统，在资源配置方面缺少统筹协调，各自为政、多头投

入、重复建设，在站点、人员、服务内容等方面缺乏整合利用，形不成互为补充、互为支撑的局面。同时，农业信息化建设缺乏统筹规划和标准体系指导，已有信息资源和信息系统难以互联互通、协同共享，导致信息孤岛大量存在，数据的价值难以发挥，更严重的是信息资源鱼龙混杂，有效信息资源的开发利用严重不足，农民真正看得见、听得懂、用得上的信息十分匮乏。此外，由于缺乏统一的农业信息服务体系标准规范和法规制度，服务标准、信息质量、绩效评估、权益保护、知识产权等难以保障，造成当前农业信息化推进工作管理不力、运行不畅、建设无序的局面。

2. 信息化基础薄弱、发展不平衡，总体推进困难

长期以来，由于中央和地方偏重于城市信息化建设投资，对农业信息化建设的投入十分有限，不但造成农业信息化的基础设施薄弱，农业信息化网络和传播体系不健全，而且导致农业信息技术研发不足、信息资源稀缺、信息服务落后，信息进村入户难。目前，农村仍有9%的行政村没有开通互联网宽带，拥有计算机的农民家庭比例不足30%[1]，还有70%以上的农民没有利用互联网[2]。有些基层农业部门的办公自动化条件仍然很差，部分地方计算机普及率还很低。目前，信息技术在农业领域的应用大多停留在试验示范阶段，信息技术转化为现实生产力的任务异常艰巨。同时，与其他国民经济产业信息化相比，农业信息化整体发展水平还不高，城乡间、地区间信息化水平差距比较大，2012年城乡数字鸿沟指数为0.44，地区数字鸿沟指数为0.32[3]。城乡与地区间发展的不平衡，不仅关系到国家信息化战略目标的实现，也将对统筹城乡和区域发展产生深远影响。此外，即便是在农业信息化内部，发展也不平衡，电子政务和信息服务水平较高，但生产和经营环节推广应用信息技术亟待加强；农业内部的种、养、加信息化发展不平衡，这些都导致农业信息化整体推进及有效促进农业现代化发展存在很大的困难。

---

① 国家统计局：《中国统计年鉴2013》，中国统计出版社2013年版。
② CNNIC：《第34次中国互联网络发展状况统计报告》。
③ 张新红，国家信息中心《中国数字鸿沟研究》课题组：《中国数字鸿沟报告2013》。

（三）组织体系不健全，人才队伍建设滞后

农业信息化的建设和发展，离不开组织体系保障和多层次、复合型信息化人才队伍的支撑。建立健全农业信息化组织体系，加强信息化人才培养，提升信息化素质，迫在眉睫。

1. 信息化组织体系尚不健全

要发挥信息化对农业现代化的支撑和引领作用，农业信息化的组织体系是保障。当前，农业信息化组织体系建设中，存在政府主导作用发挥不够，没有强有力的自上而下推动信息化建设的专门组织机构，且管理体制不合理，部门协调分工不明确，配套政策和激励机制不完善，农业信息服务机构不健全等问题。目前省级农业信息化部门存在职能不完备、编制数量不足、业务领域窄、人员能力参差不齐等困难和问题。截至目前，尚有3%的地市级农业部门、超过40%的县级农业部门没有专门负责信息化工作的机构推进有关工作，61%的乡镇还未设立农业信息服务站①，农业系统内部各单位缺少业务领域的信息管理部门。以政府推动为主的农业专家咨询队伍，以农民合作社、农资门市、龙头企业、农村经纪人等社会主体发展的农村信息员队伍，以从事农业信息化研发、服务等为主要经营业务的市场化公司，无论是发展规模、人员数量还是知识水平、服务能力等，还远不能满足现代农业发展的需要。组织体系的不健全成为农业信息化快速推进和深入发展的严重制约因素。

2. 农业信息化缺乏复合型人才，信息化素质亟待提高

农业信息化是一项复杂的系统工程，需要一批既熟悉农业生产经营和"三农"领域又精通农业信息技术和信息管理的复合型人才，但是，目前我国的这类信息化人才非常缺乏。市、县、乡三级农业信息技术、信息管理和信息服务人员以兼职为主，既对计算机网络信息知识和现代信息技术的应用了解掌握不够，又无法专心致志地从事信息化方面的工作，搜集的信息质量不高、时效性不强，信息服务质量低、效果差。同时，由于农村

---

① 2014农业信息化专题展暨农业信息化高峰论坛。

条件艰苦，大专院校信息技术和信息管理专业人才不愿去县以下地区就业，已经在那里工作的年轻人流动性也很大，基层农业部门很难留住信息技术和信息管理方面的人才。即便是近些年实施的大学生村官计划，真正能够留在农村、扎根农村的大学生村官也是寥寥无几。尽管到2013年底，全国依法登记注册的专业合作、股份合作等农民合作社达98.24万家①，但总体规模偏小、合作社质量不高，对于其在生产、经营、管理过程中实际应用信息技术手段和工具提高生产效率、增加农业收益等的信息化能力和信息素质都亟须培训、引导和扶持。而更多的在乡务农人员年龄偏大、文化知识水平偏低、接受新事物意愿不强，各级部门也通过多种形式开展过信息化方面的培训，实际效果非常有限。这将严重影响农业信息技术的推广应用，进而影响农业现代化的发展速度。

（四）研发创新能力不足，产业化程度较低

应用源于创新，农业领域的特殊需求环境和产业特点，导致农业信息化的研发创新能力不足，尚未形成良性循环的农业信息化产业链和生态圈。

1. 研发与集成创新能力不足

受农业生产自然环境的影响，信息技术在农业领域特别是生产领域的应用，必须结合实际的生产环境进行定制研发和集成创新，这也就意味着农业信息技术研发创新投入大、周期长、风险大、成本高，需要企业除了具备熟知农业领域和信息领域知识的技术人才外，必须具有雄厚的资金和风险承受能力。当前，我国农业信息科技企业数量少，一般规模较小，资金实力不足，加上国家在农业信息化领域创新研发投入资金和支持扶持政策有限，难以研发掌握农业信息化核心技术，如农业专用传感器核心部件等，尚未形成有效的科技创新成果，研发能力和集成创新示范应用能力不强。农业信息化领域研发创新出成果不易，对信息化高科技人才的吸引能力不足，研发创新人才短缺，现有科研力量分散，企业的创新主体地位还

---

① 全国农民合作社发展部际联席会议第二次全体会议。

没有完全确立，面向农业的信息技术创新意愿不强、投入不足，导致农业信息技术的创新成果不多，科研与生产脱节。此外，我国也没有形成完善的农业信息技术创新模式，而且多数农业科技企业对信息技术创新认识不清，在农业信息技术应用方面存在一定的盲从性和投机性，很少能够创造出品牌产品。

2. 农业信息产业化发展环境欠缺

农业在我国国民经济中既是重要的基础产业，更是弱势产业、低收益产业，农业生产的特殊环境状况使得信息技术和产品在农业领域的研发应用成本收益远远低于信息化在国民经济其他领域的应用。政府支持引导力度弱、企业创新研发成本高、技术产品量产难度大、市场推广应用困难多、实际运行维护成本高、农业生产经营效益差、使用人员信息素质低等多种制约因素，使得难以形成良性循环的农业信息化产业链和生态圈。农业信息技术产品科研成果转化率和产业化程度不高，集成示范应用能力偏弱，适合于农业生产经营的多功能、低成本、易推广、见实效的信息技术和设备严重不足，阻碍了我国农业信息技术的应用与推广，不能有效达到与现代农业发展深度融合的要求。我国农业信息化发展尚没有形成长效的运营机制和产业化发展环境，政府、农业企业、电信运营商以及 IT 企业等主体在农业信息化推进过程中的角色定位不明确，政府不够主动，企业不够积极，也在很大程度上制约了农业信息产业化发展的进程。

五、信息化促进农业现代化发展的目标和任务

针对当前信息化在促进农业现代化发展中遇到的困难和存在的问题，结合我国农业现代化发展规划和农产品优势区域布局，提出下一步信息化促进农业现代化的发展思路、发展目标、重点任务和区域布局。

（一）发展思路

2014 年中央农村工作会议指出，随着我国农业国内外环境条件变化和

长期粗放式经营积累的深层次矛盾逐步显现，农业生产成本不断上升，农业生态环境受损，耕地、淡水等资源紧张，农业持续稳定发展面临的挑战前所未有。因此，必须按照党的十八大要求，坚定不移地走中国特色新型农业现代化道路。

实现传统农业向现代农业的跨越式发展，必须发挥信息化支撑、引领农业现代化发展的重要作用，大力提高农业信息化水平，用科学技术和信息及其物化了的设备工具和生产资料来武装农业。

在信息化促进农业现代化发展的过程中，要以农业现代化发展规划为指导，以信息化工程建设和信息资源开发利用为重点，以信息技术和智能装备在农业生产经营中的应用为突破口，以信息技术创新为动力，以农业信息化示范基地为载体，以信息化人才、信息服务体系为依托，以政策法规和多元化投入为支撑，将农业信息技术研究、信息化工程建设与应用、信息市场培育、农业信息人才队伍建设以及农业生产经营者信息素质提升等相结合，采用"抓两头带中间"的工作方法，既推广一般性应用技术，又要研究开发具有方向性的高端技术；在重点地域选择上，既扶持落后地区应用适用技术，也支持先进地区进行先进技术示范性应用；进一步改善农业信息基础设施和公共服务，全面推动现代信息技术在整个农业领域的渗透、应用与融合，加速农业产业化和现代化进程，引领农业"转方式、调结构"，培育新的经济增长点，提升农业综合效益和竞争力，实现农业的集约化和可持续发展。

（二）发展目标

信息化促进农业现代化的发展要以提高农业生产智能化水平为目标，推动现代信息技术在农业生产各领域广泛应用，引领农业"转方式、调结构"，实现农业产业升级和可持续集约发展；以促进农业经营网络化为目标，大力发展农业电子商务，创新农产品流通方式，促进农产品产销衔接，增加农业收益；以实现农业行政管理高效透明为目标，推动"三农"管理方式创新，切实提升农业部门行政效能；以提供灵活便捷的信息服务为目标，构建农业综合信息服务体系，拓宽信息服务领域，提升农民信息获取能力，加快缩小城乡和区域数字鸿沟。力争用 5 年时间，农业信息化基础设施进一步夯实，信息技术与现代农业更加深入融合，农业部门行政效能明显提升，"三农"综合信息服务体系更加健全，农民获取信息的能力显著增强。

1. 农业信息化基础设施明显改善

在"国家宽带"战略实施和加快农村地区宽带网络建设，提高宽带普及率和接入带宽的前提下，促进农村电脑、电视、电话的进一步融合，逐步提高我国农村居民计算机和智能手机的拥有量。推进农机及农业装备与现代信息技术的全面融合，发展智能作业机具及装备，促进智慧农业研发建设及示范应用。积极推动国家农业云计算中心的建设，构建基于空间地理信息的国家农业自然资源和生态环境基础信息数据库体系。加强物联网、大数据、云计算、移动互联等现代信息技术应用于数据采集、整理及开发利用。鼓励和引导社会力量积极开展区域性、专业性涉农信息化基础设施和信息资源建设，不断健全农业信息资源建设体系，丰富信息资源内容。不断提高农业领域信息技术应用水平，促进农业现代化的健康、快速发展。

2. 农业生产信息化水平显著提升

种植业信息化建设稳步推进，设施农业、园艺业信息技术应用水平显著提高；养殖业信息化建设大力推进，规模化畜禽养殖业信息技术应用逐步扩大，渔业信息化迈上一个新台阶；农业生产信息化整体水平实现 5 年内翻番，达到30%。

3. 农业经营信息化水平明显提高

农业企业、农民专业合作社信息化快速推进，农产品批发市场信息化水平大幅提高，建成农业电子商务数据支撑公共服务系统，推动农业电子商务快速发展，农业经营信息化整体水平实现 5 年内翻番，达到40%。

4. 农业管理信息化建设稳步推进

建成农业电子政务云平台，农业资源管理、农业应急指挥、农业行政审批和农业综合执法等实现信息化，农产品质量安全监管信息化水平显著提升，农业行业管理信息化全面推进，农业管理信息化整体水平达到80%。

5. 农业服务信息化水平显著增强

"三农"综合信息云服务平台基本建成，实现部、省、地市、县、乡、村六级农业综合信息集成与精准信息服务，信息资源与农业知识库实现全国共建共享，信息服务专家队伍更加壮大，信息处理、信息服务能力进一步提升，信息服务机制更加灵活有效，信息进村入户取得显著成效，农业服务信息化整体水平达到70%。

（三）主要任务

当前，"四化同步"发展战略、农业转型升级对信息化促进农业现代化发展从生产方式、经营方式、管理方式、服务方式等多方面提出了强烈需求。未来一个时期，农业信息化建设将紧紧围绕加快农业转型升级，提高农业生产经营信息化水平；强化农业信息资源深度开发利用，提升支撑宏观决策能力和政府服务水平；加快建设农产品质量安全监测、监管、预警信息化，提高监管效率及水平；完善动植物疾病防控网络和应急处理机制，持续提升重大动植物疫病的防控能力；完善农产品监测预警体系，着力强化市场信息服务能力；建设农村集体"三资"、耕地流转监管平台，显著提升农村经营管理水平，切实保障农民权益；建设上下协同、运转高效、调度灵敏的国家农业综合指挥调度平台，提升农业生产指挥调度能力；加强农业适用信息技术研发和产品创新，不断提高农业科技创新与推广信息化水平；积极探索农业电子商务，创新农产品流通方式；整体推进国家现代农业示范区信息化建设等十大工作重点，着重开展重大工程建设和技术示范应用，统筹建立国家"三农"数据中心，全面完善农业信息化体系建设三个方面的工作任务。

1. 开展重大工程建设和技术示范应用

在国家层面实施农业信息化专项，始终坚持把项目带动作为推动工作的重要抓手，注重发展的成效。鼓励各类农业生产经营主体积极示范应用现代信息技术，着力探索信息化发展模式和可持续发展机制，打造一批农业信息化发展典型。尽快实施金农二期工程，加速实现中央与地方互联互通，推动农业电子政务公共服务延伸到乡村。农业电子政务系统的应用和推广，将进一步促进政府职能转变，增强决策和管理能力，提升办公效率和服务水平。加速推进农业物联网示范应用，用现代信息技术改造传统农业、装备农业，提升农业生产信息化、标准化水平，提高农作物单位面积产量和农产品质量，通过自动化生产、最优化控制、智能化管理、系统化物流、电子化交易等全程信息化监管与应用，推动信息化与农业现代化深度融合，进而实现农业"集约、高产、优质、高效、生态和安全"的目标。广泛普及农业综合信息服务，建设全国 12316 农业综合信息服务云平台，最大限度地推动部省平台对接，为农业生产、经营、管理、服务等相关系统应用提供支持，推进信息进村入户，促进农业生产技术的推广、政策法规的普及、农业投入品和农产品市场的产销衔接等，提升农民的信息化应用水平，让农民享受信息化服务，实现农民增收和农村的社会和谐稳定。

2. 统筹建立国家"三农"数据中心

随着大数据时代的到来，"三农"信息资源的整合、开发和利用将成为农业信息化的重要内容和迫切需求，"三农"信息资源的开发利用将为农情调度、粮食安全、土壤治理、病虫害预测与防治、动植物育种、农业结构调整、农产品价格、农村环保、农民生活等提供有效预测和干预，为农业生产经营、政府决策、涉农企业发展、新农村建设等提供决策支持，决策行为将由凭经验直觉向基于数据分析转变。按照云架构要求，统筹建立国家"三农"数据中心，打破部门、区域、学科界限，推进农科教、产学研与推广应用的紧密结合，有效整合"三农"相关资源，不断提高"三农"信息资源开发利用效率，为现代农业发展提供全方位、立体化、可靠的数据保障，以支撑"三农"领域相关战略布局及政策制定。

3. 全面完善农业信息化体系建设

农业信息化建设不能由各部门盲目进行，必须由统一部门领导，建立组织机构，制定战略规划，统一标准规范，全面完善农业信息化体系建设，制订实施方案，落实任务，明确分工。一是完善农业信息化学科体系建设，加强农业信息化理论基础研究，探寻农业信息化自身发展规律，在高校和相应科研机构设立相关专业，利用农业行业科研专项加强信息化创新能力建设，为吸引人才、培养人才和留住人才营造良好的环境氛围。二是完善农业信息行业体系建设，打造一支左右协同、上下畅通、互联互动、共建共享的推进农业信息化的联合"舰队"，加大对农业行政管理人员、技术推广人员、农业生产经营主体、农村信息员及农民的培训力度，不断提高应用主体的信息素养，更好地为农业行政管理、科研推广及信息化推进提供技术和服务支撑。三是完善农业综合信息服务体系建设，构建以 12316 平台为纽带，农业专家和信息资源为依托，村有信息点、乡有信息站、县有服务中心、省和国家有云服务平台的国家农业综合信息服务体系，加大对农村信息员和农民信息方面的培训力度，全面提升农业综合信息服务能力和水平。四是完善社会化信息服务体系建设，通过资金补贴方式扶持一些信息意识强的农村人才自办信息服务点，扶持专门从事农业信息服务的专业合作社、涉农企业等开展社会化信息服务，调动各类社会市场主体的积极性，由市场来发挥主导作用。

（四）区域布局

由于我国各地农业自然资源条件、经济社会发展水平和农业发展基础等因素差异比较大，按照发展思路和目标，将信息化与现代农业结合区域重点设在粮食生产核心区、东部沿海先导农业区、城市郊区多功能农业区和现代农业示范园区。

1. 粮食生产核心区

粮食生产核心区主要指在《全国新增 1000 亿斤粮食生产能力规划 (2009 – 2020 年)》中确定的 24 个省（区、市）800 个粮食生产大县（市、区、场）。在这个区域，信息化与现代农业结合重点主要表现如下。一是利用信息化手段提升农田机械作业的智能化水平。二是依托信息技术积极推广智能节水灌溉技术，提高水资源的利用率。三是依托遥感、物联网技术的田间农情监测系统，积极采用测土配方施肥系统，实现大田作物精准施肥、病虫害防治和自然灾害防治的智能化和自动化。四是利用信息技术手段开展规模化种养、标准化生产、产业化经营，积极推动特色农产品质量安全追溯系统建设，实现特色农产品质量的全程追踪。五是逐步利用信息技术手段实现畜禽规模化养殖，重点实现畜禽育种、饲料配方与喂料、饮水、施药、畜禽舍环境控制，以及捡蛋、挤奶的智能化和自动化，推动现代养殖业的发展。六是利用信息化手段搭建农产品信息服务平台，通过网络、手机、视频等方式为农产品种养户提供技术指导、市场信息，开展特色农产品电子商务。

2. 东部沿海先导农业区

东部沿海先导农业区主要指环渤海、长江三角洲、珠江三角洲地区和海峡西岸经济区等发达地区。信息化与现代农业结合，重点在精准、高效和精品推广。一是发展物联网、遥感、地理信息系统等现代信息技术在农情监测、作物估产、病虫害和自然灾害防治、预报气象和病虫害、精细施肥灌溉、动态仿真模拟农业综合发展，以及土地资源管理等方面的应用，逐步实现对农田生产管理的智能化。二是积极推进信息技术在园艺产品、畜产品、水产品为重点的高效农业、精品农业、外向型农业和生态休闲农业方面的应用，推动设施园艺信息化、畜禽水产规模化养殖信息化建设，逐步实现传统农业向精准农业、智慧农业、休闲观光农业等现代农业转变。三是依托信息化手段推进农业的标准化生产和集约化经营，发展基于龙头企业的农产品物流系统、农产品期货交易平台和农产品电子商务。四是依托互联网技术、物联网技术、移动技术等现代信息技术，建立主要批发市场的"菜篮子"产品信息采集平台、产销信息公共服务平台，实现"菜篮子"产品生产、供求、质量、价格等信息采集，信息供求信息发布，信息分析预测的智能化和自动化。

3. 城市郊区多功能农业区

城市郊区多功能农业区主要指直辖市、省会城市、中小型城市等的城市郊区。根据我国城市的发展规模和发展阶段将我国城市分为三种类型：一是特大型城市（如北京、上海、广州、重庆等）；二是大型城市（包括各省区的省会城市以及一些东部沿海城市等，如杭州、武汉、大连等）；三是中小型城市（如山东烟台、甘肃平凉、福建武夷山以及河南三门峡等）。不同类型的城市由于其地理区域、经济发展水平、城市定位等方面的差异，信息化与现代农业的结合重点也不相同。特大城市郊区农业信息化的发展相对比较完善，因此，信息化与现代农业结合的重点是采用精准农业型模式进行城市郊区农业信息化建设，同时要向农产品食品安全追溯、农业生产管理等信息技术应用的高端方面发展。大型城市郊区应借鉴特大城市郊区农业信息化的建设经验，着力于农产品生产管理和市场网络的信息化建设，注重本地区都市农业生态功能、旅游功能、创汇功能和辐射功能的发挥，并进一步带动周边中小城市都市农业信息化的发展。因此信息化与现代农业结合的重点是依托现代信息技术，由传统单一种植业逐步发展为集设施农业、旅游观光农业、休闲农业、绿色无公害农业和花卉产业以及出口创汇型农业。对中小城市来说，经济水平的提高是城市发展的首要环节，农业生产功能对城市的发展最为关键。信息化与现代农业结合的重点应着力于农产品生产管理、农产品市场网络以及农业休闲旅游等信息化建设，注重发挥本地区城市郊区农业的生产功能和创汇功能。

4. 现代农业示范园区

现代农业示范园区是我国运用高科技技术改造传统农业、探索实现农业现代化途径的实验示范基地，信息技术是示范园区建设的基础性和先导性技术。首先，依托信息技术，建设示范园区现代农业基础信息系统，包括农情监测系统、实时通信系统、信息处理系统、专家决策系统、远程会商系统和信息发布系统。其中，农情监测系统是依托卫星遥感、安装在农田中的传感器，实现对示范园区内的气象、土壤、农作物等农情信息的实时、智能监控；专家决策系统基于采集到的园区实时数据，依托农业科技专家分析判断、预测预警，为示范园区农业生产和防灾、减灾提供信息服务；远程会商系统可实现专家远程对园区生产工作进行现场指导。其次，信息化与示范园区生产管理结合。在灌溉方面，通过对土壤水分状况，作物需水指标，抽水、排水时间，灌溉水量信息自动传输与控制，实现示范园区高效农业灌溉自动化。在病虫害防治方面，设置病虫监测信息系统，在病虫害多发的田间实现病虫害预测预报和防治的智能化。在畜禽养殖方面，通过埋置于禽畜体内的微波器或微型电脑及时发出禽畜新陈代谢、生长发育等状况信息，通过计算机模拟运算，判断禽畜对于饲养条件的要求，及时自动输送饲喂配方饲料，实现科学饲养和规模化养殖。再次，信息化与示范园区农产品流通相结合。以信息化为基础建立起的农产品市场信息网络系统，对内能够对农产品市场价格信息、供求信息进行采集、加工、发布，对外能够通过互联网发布农产品价格信息和供求信息，实现生产与市场对接。总之，通过信息化与现代农业结合构建一个具有现代农业示范园区特色的农业信息网络体系，确保农业基础设施的运转、农业技术的操作、农业经营管理的运行通过网络信息的传输，全面实现农业生产经营的自动化调节和控制。

六、信息化促进农业现代化发展的对策建议

推进农业信息化，进而促进农业现代化发展，是一项复杂的系统工程，需要多措并举，从投入机制、基础设施、示范应用、电子商务以及人才培养等多元路径出发，提供切实有力的保障。

（一）建立长效投入机制

中央财政设立专项资金对农业信息化建设进行稳定支持，由国务院领导，国家发展改革委、财政部参与设计，农业部统筹协调，在中央财政预算中设立农业信息化发展专项资金并逐年增加资金额度，确保投入的长效增长机制。地方各级财政逐步建立农业信息化发展专项资金，与中央专项资金形成配套和呼应，形成稳定、整体的农业信息化投入预算机制。出台优惠政策和利益保障措施，广泛吸纳社会资本参与农业信息化投资建设，

建立多元化的投入机制。由国家出台农民信息消费补贴政策，直补终端用户。加大对农业电子商务扶持及奖励力度，支持发展涉农信息服务业，并逐步发展壮大具有可持续性的涉农信息服务业。设立信息技术产品推广补贴专项，将农业生产领域的各类传感器、智能监测设备等农业信息技术新产品纳入政策补贴范围，加速推进信息技术及产品产业化。

（二）夯实农业信息化基础

加强农业信息化基础设施建设，建立规范化、统一的农业信息技术标准，统一接口，积极研发、集成农业适用的信息技术。依托重点项目建设，抓好国家农业信息化支撑平台建设、农业基础资源数据库建设，完善网络与信息系统安全设施，开展重要信息系统建设。建立与农业信息基础设施相配套的保障体系，积极发展村级信息服务站建设，逐步构建国家"三农"综合信息服务体系。建立健全农产品信息采集体系、农业大数据平台、信息会商机制和信息统一集中发布等制度，推进农业经济信息资源共建共享、信息系统互联互通和业务协作协同，逐步实现农业经济信息公开、开放和共享。加强国际化功能，逐步使我国农业信息化基础设施建设与国际接轨。

（三）强化试验示范应用

推动农业信息化试验示范项目实施，发挥农业信息化试验示范基地在推动信息技术与传统农业深度融合，带动不同地区、不同领域农业信息化水平整体提升的典型引领和示范作用。优先认定应用现代信息技术在提高农业生产效率、农业经营水平、农业行政管理能力和为农服务质量等方面取得显著的经济和社会效益，并具有典型示范作用的地（市）、县（市、区），农业行政部门和事业单位，教学、科研机构，有关企业及农民专业合作社等作为示范基地。遵循信息化与农业现代化发展趋势，创新探索支持农业信息化发展的技术、模式和机制，支持产、学、研、用联合攻关，鼓励建立农业信息化科研、应用创新基地，找准农业发展创新的着力点，打造一批农业信息化发展典型。

（四）着力发展农业电子商务

顺应电子商务向农村下沉的发展态势，政府部门和市场主体要明确角色定位，发挥各自优势，大力发展农业电子商务。通过推进电子商务发展，提高农产品标准化、物流标准化水平，倒逼农产品标准化生产、产业化经营、品牌化营销，进而加速促进现代农业。政府部门要在制定政策、做好规划、抓好基础设施建设、搞好监管及服务、培植发展环境等方面着力。充分发挥市场在资源配置中的决定性作用，让市场主体在发展农业电子商务中扮主角、唱大戏。就近期而言，政府部门应完善农产品质量标准和追溯检测体系，加大冷藏、冷链等基础设施建设的支持力度，尤其应扶持田头市场仓储、冷藏等设施建设，加大金融财税政策对农业电子商务企业的扶持力度，强化对市场主体的引导、培育和服务。

（五）加快体系队伍建设

在各级农业部门设置农业信息化工作机构，增加人员编制，乡、镇两级应单独建立或在涉农站所加挂乡镇信息服务站牌子。组建一支集中央级各行业权威专家、各省专家、各大协会行业分析师、行业网站专业人士于一体的全国农业信息化专家团队，并规范管理，制定激励政策和措施。探索设置乡镇综合信息服务站和农业综合信息员岗位，在县、乡两级吸纳有业务专长的农技推广人员组建信息服务员队伍，在村级加大与"一村一名大学生"工程对接。充分整合农村实用人才培训工程、新型职业农民培育工程、阳光工程等各类农民培训项目，设立百万农民信息素质培训工程；引导高校定向培养基层农业信息化急需适用人才；加强对种养大户、农业经纪人等农业生产经营主体的信息技术应用培训。

参考文献

［1］张兰婷，洪功翔．信息化推动工业化城镇化农业现代化发展实证研究．安徽工业大学学报（社会科学版），2013，30（3）

［2］周宏仁．信息化蓝皮书：中国信息化形势分析与预测（2014）．北京：社会科学文献出版社，2014

［3］周宏仁．信息化论．北京：人民出版社，2008

［4］蓝庆新，彭一然．论"工业化、信息化、城镇化、农业现代化"的关联机制和发展策略．理论学刊，2013（5）

［5］郭永田．信息化是推动农业现代化的重要支撑．农民日报，2015－1－1

［6］赵国锋，段禄峰．国外"四化"发展经验对中国西部地区"四化"同步发展的启示．世界农业，2014（12）

［7］郭永田．中国农业农村信息化发展成效与展望．电子政务，2012（3）

［8］卢丽娜．国外农业信息化发展现状及特点．中国小康科技，2007（4）

［9］中华人民共和国科学技术部．农村与农业信息化科技发展"十二五"重点专项规划．2011

［10］梅方权．农业信息化带动农业现代化的战略分析．2001

［11］陈晓华等主编．中国农业农村信息化发展报告2010．北京：中国农业出版社，2011

［12］陈晓华．农业信息化概论．北京：中国农业出版社，2012

［13］陈晓华．抓住机遇 迎接挑战 扎实推进信息化与农业现代化全面融合．陈晓华副部长在2013年全国农业信息化工作会议上的讲话

［14］陈晓华等主编．中国农业农村信息化发展报告2013．农业部市场与经济信息司内部资料

［15］中国互联网络信息中心．第34次中国互联网络发展状况统计报告．2014

［16］郭作玉主编．百宝箱：中国信息化与现代农业案例及分析．北京：中国农业出版社，2011

［17］国家统计局．中国统计年鉴2012．北京：中国统计出版社，2012

［18］国家统计局．中国统计年鉴2013．北京：中国统计出版社，2013

［19］国家统计局农村社会经济调查司．中国农村统计年鉴2013．北京：中国统计出版社，2013

［20］国家统计局农村社会经济调查司．中国农村统计年鉴2014．北京：中国统计出版社，2014

［21］中国互联网络信息中心．第33次中国互联网络发展状况统计报告．2013

［22］赵慧清．推进中国农业信息化发展的思路探讨．中国农学通报，2006（22）

［23］李昌健．我国农业农村信息化势头强劲，服务体系逐步健全，产业支撑作用逐渐显现．农民日报，2012－11－2

［24］李昌健．紧紧抓住农业农村信息化发展的重要战略机遇期——对进一步推进农业农村信息化工作的几点认识．农民日报，2012－11－6

［25］李昌健．我国农业信息化建设重点、难点及路径选择．农业科技管理，2014（33）

提高制造业信息化水平　推动经济转型升级

一、制造业信息化内涵及对经济转型升级的影响

随着信息技术的不断进步，制造业开始更多地运用信息技术，并与信息技术融合发展、互相促进。这一发展趋势，可以概括为"制造业信息化"。

（一）制造业信息化的基本含义

从信息技术在制造业发挥的作用上看，"制造业信息化"包括三个不同的维度（见图1）。

一是制造业企业采用信息化的经营管理和销售服务方式，可简称为"制造管理和服务信息化"。例如，企业内部的管理信息系统、电子商务平台，以及大数据、云计算等。这些运用信息技术的方式，也是服务业、农业企业可以采用的。

二是紧密围绕"从原材料到产品"的生产全过程，特别是在研发设计、加工制造流程中，直接运用信息技术，可概括为"制造过程信息化"。例如，智能制造技术、工业机器人辅助制造和工厂自动控制系统等。这些信息技术的运用方式与制造业的本质特征密切相关，是制造业信息化的核心，也是工业化与信息化"两化融合"的实质所在。它不仅包括企业内部制造过程的信息化，也包括企业之间协同研发和制造的信息化。

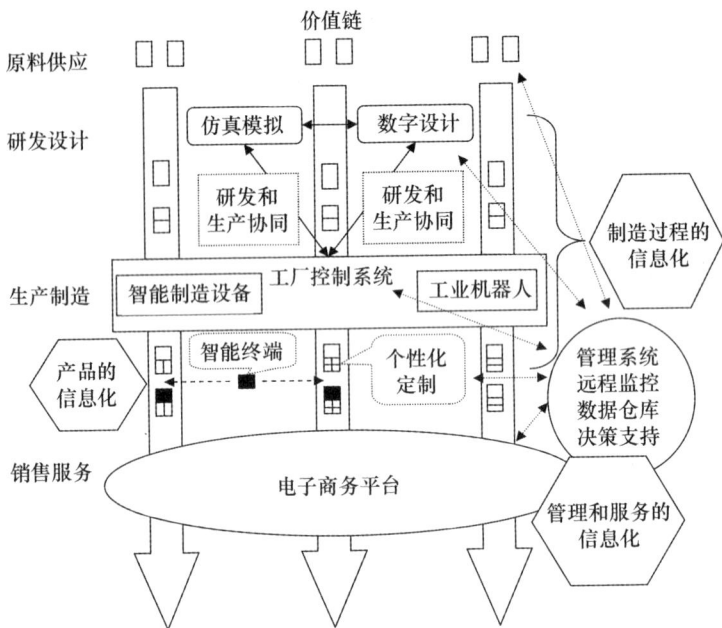

图1 制造业信息化全景示意图

三是伴随着信息网络技术对实体产品的渗透，数字化、智能化产品大量涌现，即"制造产品信息化"。一方面表现为，智能手机、平板电脑、可穿戴产品等信息技术产品发展迅猛，在制造业的比重不断扩大。另一方面，传统产品嵌入信息技术硬件、软件系统，转变为智能终端产品。

（二）新时期制造业信息化的核心要素

近年来，伴随着移动互联网、物联网、云计算、大数据等新一代信息技术发展和信息基础设施的完善，制造业呈现出全方位、全过程的信息化趋势，新一代网络基础设施、智能化生产制造装备、数字化研发设计能力、开放型在线服务平台成为新时期制造业信息化的核心要素。

1. 新一代网络基础设施是制造业信息化发展到更高水平的根本保障

制造业更高程度的信息化，对网络基础设施提出了更高的要求。在研发设计和生产制造环节，数字化设计的在线合作、基于云计算的虚拟环境测试、智慧工厂（工厂自动化系统）的远程监控等一系列新技术运用方式，都要求制造业企业的网络接入由"简单通讯型"提升至"实时大容量传输型"，由"骨干连接型"提升至"全面互通型"。这就需要以整个网络通信能力的扩容为基础，重点提高中小城镇、城市新区等工业密集地带的网络通信能力。

另一方面，企业生产制造环节与供应链管理、售后服务之间的联系更加紧密，也要求加强网络基础设施的建设，特别是物联网基础设施的建设。例如，委托企业与代工企业之间，需要在制造流程、质量控制、库存管理、运输物流等环节进行全面对接，将"企业间管理系统"升级为"工业互联网"（见图2）。产品售后的服务保障、增值服务销售，以及客户反馈信息向研发设计、生产制造部门的传递，也对移动互联网、物联网基础设施提出了更高要求。

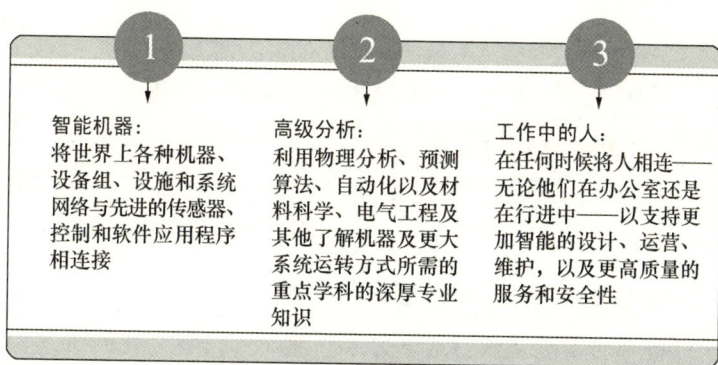

① 智能机器： 将世界上各种机器、设备组、设施和系统网络与先进的传感器、控制和软件应用程序相连接

② 高级分析： 利用物理分析、预测算法、自动化以及材料科学、电气工程及其他了解机器及更大系统运转方式所需的重点学科的深厚专业知识

③ 工作中的人： 在任何时候将人相连——无论他们在办公室还是在行进中——以支持更加智能的设计、运营、维护，以及更高质量的服务和安全性

图 2　工业互联网的关键元素

资料来源：Peter C. Evans 与 Marco Annunziata：《工业互联网——打破智慧与机器的边界》，GE。

2. 智能化生产制造装备是信息技术转化为先进制造技术的主要载体

生产制造装备的智能化是新一轮产业革命背景下制造业信息化的核心（见图3）。近年来，高精度数控机床、程序化激光切削蚀刻加工设备、数码喷印染色设备、工业3D打印机，以及智能化的焊接、搬运、检测机器人，在高端制造业发挥着日益重要的作用。这些智能化生产制造设备，密集运用了程序控制技术，并与精密测量技术、传感技术、新材料技术等其他"高精尖"技术相融合，是信息技术在制造业领域深度运用、融合发展的主要载体，也是先进制造技术的代表。

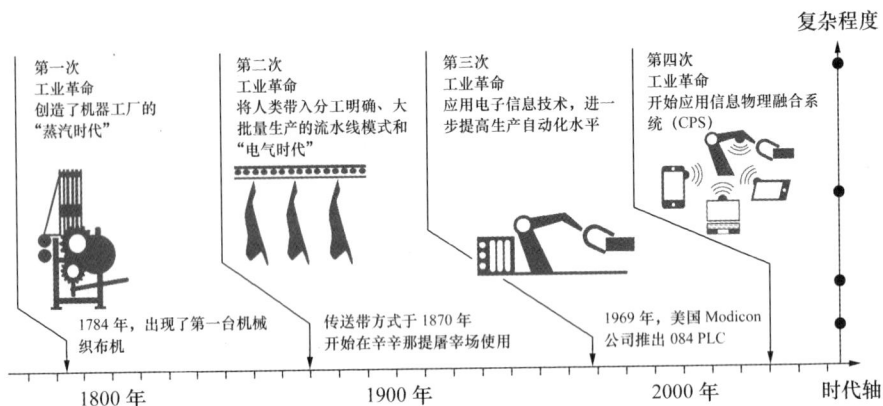

图3 工业1.0到工业4.0

资料来源：鲁思沃：《制造业的未来》，西门子公司。

在制造业的国际竞争中，是否掌握智能化生产制造装备的核心零部件制造技术，是否具备其系统集成、配套软件开发能力，决定着一个国家制造业研发生产体系的完备性。从全球主要经济体的情况看，仅仅拥有先进的信息技术，并不足以获得智能化生产制造装备的核心技术。在传统的制造技术上"补课"，夯实前几次工业革命的基础，使制造业体系能够跟上智能化发展的新趋势，也是制造业信息化的一个重要方面。

3. 数字化研发设计能力是制造业服务化、提升产品附加值的必然要求

对于以技术研发确立核心竞争力的企业而言，数字化的研发设计能力与智能化生产制造装备是相辅相成的"软硬件组合"。只有在数字化的研发设计体系中，企业才能跟上技术进步的潮流，形成个性化、服务化生产的能力，充分提高产品的附加值。

数字化研发设计技术，在智能制造技术产生之前，就已开始发展。早期的数字化设计，仅仅意味着计算机辅助下进行三维建模。目前，数字化研发设计的表现形式更为丰富多样：一是在虚拟环境中进行仿真测试。企业积累了大量产品测试数据后，可以建立虚拟测试环境，在计算机内完成材料力学、空气力学等方面的仿真测试，减少原型试制和测试的需求。二是虚拟测试和真实测试的密切配合。通过3D打印等技术，使仿真测试和样品试验无缝衔接，优势互补，加快研发设计的进度。三是开源设计、在线合作，实现研发设计的资源整合。企业通过特定的在线研发设计平台，可实现远程合作研发。一些数字设计方案可以在互联网上传播、销售，使中小企业和"创客"（自行设计制造的个人）得到技术支持。

4. 一体化在线服务平台是制造业信息化与整个经济社会信息化的连接点

制造业的信息化，离不开整个经济社会的信息化，最终目标是建成一个"以最终消费者为中心"的信息体系。近年来，围绕着制造业信息化和服务化的需求，一系列在线服务平台已经出现：电子商务平台、技术服务平台、信息服务平台、金融服务平台等，呈现蓬勃发展的态势。在未来，这些平台将在市场机制下实现整合，进一步形成"网络效应""规模经济"，并且将制造业信息化与整个经济社会的信息化连接为一体。在充分互联、高度开放、安全可靠、自由流动的大服务平台上，企业、政府、消费者都会自觉提供相应的信息，找到各自所需的信息，以信息调动资源，提高市场运转的效率，实现经济社会资源的优化配置。

（三）制造业信息化新趋势带来的深刻影响

近年来，数字化、网络化、智能化制造赋予了制造业信息化新的重要内涵，将对生产效率、制造方式、产业组织、产业形态、国际产业竞争格局产生深远的影响。

1. 数字化、网络化、智能化制造将推动生产效率提升和产业结构升级

由于信息技术的使用范围扩展，机器（包括生产设备及其控制软件）对人的替代途径也更加多样化。由最早的"机械＋电气自动化"替代手工操作，扩展到"工厂＋信息系统"替代人的控制、"生产线＋传感器"替代人的监督、"精密加工装备＋算法"替代人的技艺等，进而出现"智能工厂""无人工厂"。

数字化、网络化、智能化制造将大幅提升生产效率。根据 GE 分析，即使工业互联网 15 年内效率提高 1%，其效益也是巨大的（见表 1）。而且相比于人工操作，机器在一致性、稳定性上具有比较优势，有助于产品质量提高。同时，由于机器对人的替代，一线操作工人大量减少，劳动者由加工制造环节流向基础研发、定制设计和售后服务等环节，使产业层次得到提升，并形成规模庞大的智能制造和服务需求，形成新的经济增长点。

表1　　　　　　　　　　　工业互联网：1%的威力

主要部门的潜在收益		
行　业	部　门	节约种类	15 年内的估计价值（单位：10 亿名义美元）
航　空	商　用	节约 1% 的燃料	300 亿美元
电　力	天然气发电	节约 1% 的燃料	660 亿美元
医　疗	整个系统	系统效率提高 1%	630 亿美元
铁　路	货　运	系统效率提高 1%	270 亿美元
石油天然气	勘探与开发	系统效率降低 1%	900 亿美元

资料来源：Peter C. Evans 与 Marco Annunziata：《工业互联网——打破智慧与机器的边界》，GE。

2. 数字化、网络化、智能化制造将推动制造的个性化、就地化、分散化、服务化和绿色化

越来越多的制造业企业开始依托数字设计、智能制造，实现大批量个性化生产，丰富产品的种类。在生产布局上，为更快更好地满足消费者需求。企业通过网络进行内外协调的能力提高，使产业链的下游出现分散化、本地化的发展趋势。制造业服务化趋势进一步凸现，且服务的附加值占比不断提高。一些企业从过去的"卖产品、送服务"的商业模式，逐渐过渡到"卖产品也卖服务"，甚至是"送产品、卖服务"的新模式，打开更加广阔的市场空间。

通过工业互联网、3D 打印、智能电网、分布式能源等技术，制造流程得到进一步优化，制造业也将呈现绿色化的趋势。

3. 数字化、网络化、智能化制造的兴起将会进一步加剧各国制造业的竞争

信息化与制造业的深度融合和广泛渗透是当前发达国家再工业化、再制造化的重要抓手。德国提出了工业4.0战略，旨在通过信息网络技术与制造业的结合，进一步巩固和提升德国制造业的领先优势。美国提出先进制造伙伴1.0、2.0和工业互联网等战略，依托其信息网络和服务优势，加快制造业复兴和竞争力提升。这种竞争不仅将在发达国家之间展开，也体现在发达国家和新兴国家之间。

发达国家凭借领先的数字化、网络化、智能化制造技术和设计研发、销售网络优势，推动原来向发展中国家转移的部分高端制造业回流到本国，加快推进"再工业化"，重塑其制造业竞争优势。而数字化、网络化、智能化制造使得发展中国家要素成本优势的重要性明显弱化，一些新兴经济体承接产业转移和技术转移的难度加大，产业升级将会面临发达国家制造业整个价值链环节的激烈竞争。

二、我国制造业信息化的基本现状

（一）制造业管理和服务信息化具备后发优势，形成了符合我国国情的电子商务模式，但也存在意识、体制等薄弱环节

我国制造业企业内部的管理信息化建设起步较晚，在20世纪90年代以后才开始大范围推广。在这一时期，ERP已在实践中发展成熟，成为制造业企业管理信息化的首选方案。同时，企业内部网络与互联网对接，也已成为通行的做法。因此，我国大型工程企业、制造业企业，在信息化建设中愿意投入大量资源，要求一步建成理念领先、功能完善的企业系统，避免了发达国家同类企业在历史上多次建设、修补升级造成的问题。

在电子商务平台带动下，我国传统制造业的"网状"供应链初步形成，打破了地域之间存在的市场壁垒，降低了显性和隐性的物流成本。电子商务的平台化竞争，促使传统制造业的产品更加多样化、个性化，形成更多的细分产业和细分市场，使中小企业在激烈的市场竞争中能够找到立足之地。

虽然我国中小企业运用电商平台的意识逐渐增强，但中小企业内部的

管理信息化水平仍相对较低，通过信息技术手段加强企业内控、改善公司治理的能力不足。在管理体制上难以与国际接轨，利用互联网融入国际市场的意识也十分薄弱。中小企业之间的 B2B 市场尚不发达，企业间供应链的信息化程度较低。即使在电子商务相对发达的浙江省，中小企业运用 B2B 的比例也仅为 15% 左右。电子商务平台作为制造业企业知识产权转让市场、信用评定信息源、网络融资渠道的功能都处于萌芽阶段，不利于企业的转型升级发展。

此外，一些制造业门类的行业主管部门（或协会组织）的信息化程度较低，与企业主动对接、及时掌握行业信息的意识不足。加之不同地域的企业在信息共享方面存在的固有体制机制障碍，导致一些行业存在严重的"信息孤岛"问题，产能信息不够透明。

（二）制造生产过程信息化在局部领域取得突破，但整体水平相对较低

当前，制造技术的前沿已经朝着智能化的方向发展。在这一轮技术演进中，我国的技术研发起步并不晚于发达国家。然而，由于在传统制造技术领域，特别是制造自动化控制、测控传感技术、精密加工等方面，与发达国家相比仍有不小差距，我国制造技术的信息化程度整体水平不高。据"德勤 2013 中国智能制造与应用企业调查"，49% 的企业没有使用智能设备，没有使用智能设备的企业中又有 54% 认为，现有设备和人工已满足需求，不需要进行智能化升级（见图 4）。

在数字设计方面，我国大型制造业企业已具备运用 CAD、CAPP 进行产品设计的能力，但受到企业竞争策略、知识产权保护机制、高端数字设计人才储备等方面的约束，还很少有企业能充分使用 3D 设计和仿真模拟驱动的研发体系，导致中高端产品的个性化程度、附加值含量都显著低于发达国家。

在智能加工方面，3D 打印（我国曾称为快速成型技术）是我国制造业领域独立开展技术研发的领域之一，目前整体水平接近全球"第一梯

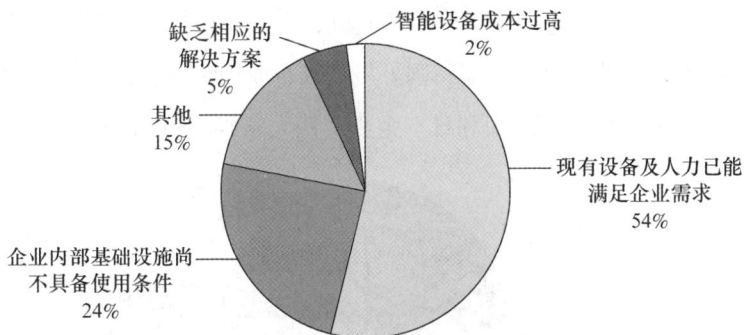

图 4 受访企业未使用智能设备的原因

资料来源："德勤 2013 中国智能制造与应用企业调查"。

队"，在航天航空、生物医疗等领域的应用还存在一些局部优势。2012 年我国 3D 打印占到全球市场的 10%（见图 5）。

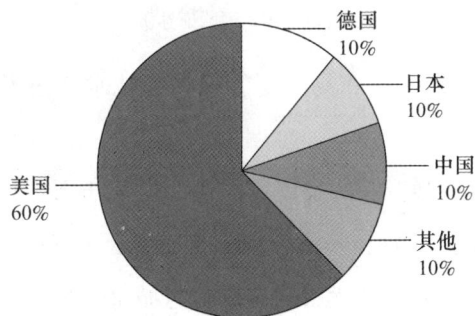

图 5 全球 3D 打印市场份额

资料来源：《麦肯锡，城市中国计划》，2014 年 10 月。

在制造控制系统方面，我国工厂管理自动化水平仍然较低。在大多数的中小企业，生产设备之间的传感控制网络尚未形成、制造工厂和办公区域间的网络连接不够密切。在工厂的质量控制、库存储放、能源节约、环境监测、危险排除等环节，运用信息技术的意识和能力普遍不足。

我国工业机器人市场近年来保持了高速增长，目前已经成为全球最大的市场。但与我国制造业的规模相比，我国工业机器人的运用率仍然较低，万名员工机器人保有量低于世界平均水平，不到日本、韩国、德国等国家的 1/10。尽管国内的机器人生产商数量较多，一些自主品牌在国内市场也具备一定的竞争力，但大部分核心零部件还依赖进口。面对市场爆发性增长的机遇，国外品牌可能会采取并购延伸产业链、合资建厂扩大产能等方式，进一步抢占我国市场份额。2012年，国外机器人企业销售的机器人占中国机器人销售市场的90%以上，欧洲和日本企业"四大家族"占到53%（见图6）。

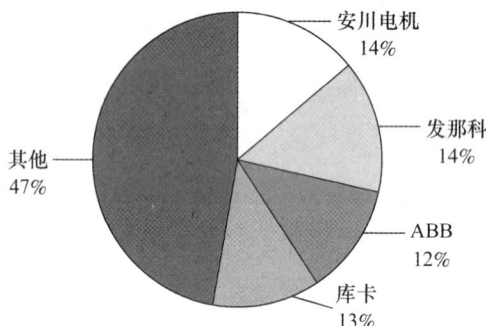

安川电机 14%

发那科 14%

ABB 12%

库卡 13%

其他 47%

图6 工业机器人"四大家族"在中国的市场份额（2012年）

资料来源：IFR，国联证券研究所。

（三）制造产品信息化布局广泛，但核心技术的研发和运用能力有待提高

我国信息化设备制造业的发展起点高，立足于形成网络效应，目前已经形成若干细分特色产业。一是智能楼宇和家居设备产业，体现了安全、节能、环保、便利、宜居等特点，为"智慧城市"做好了铺垫。二是智能交通产业，如汽车导航、轨道交通信号系统、小型无人飞行器等，通过引进技术和消化吸收再创新，形成了自主知识产权，产值增长较快。三是智能化工程机械，在传统工程机械的基础上实现了远程操控，带来了商业模式的变革。四是港口机械、海关检验设备的信息化集成，拥有核心技术和国际标准，成功实现出口。五是生物医疗相关的信息化设备，包括生物芯片、可穿戴医疗保健设备等细分领域，发展水平处于领先地位。

尽管我国在信息化设备领域发展迅速，目前仍存在两方面的薄弱环节。第一，各类中高端传感器芯片主要依赖进口，由智能化设备构成的物联网存在"空芯化"的危险。第二，信息化设备数量大，原始数据来源多，但大多数都是独立应用。数据分析、系统集成和综合调控的能力弱，未能充分发挥出"智能化"优势。

三、制约我国制造业信息化的深层次原因

与发达的工业强国相比，我国制造业信息化还处于较低的水平，尽管在局部领域取得了长足进步，但差距并未缩小。从深层次的原因看，存在以下几方面的"瓶颈"。

（一）"重制造、轻设计"的企业发展理念，限制了信息技术发挥价值的空间

制造业信息化的主体是企业。提高制造业信息化水平，关键要提高企业应用信息技术的预期价值，增强投资于信息技术的内生动力。目前，我国绝大多数制造业企业还停留在低端产业导入、低成本竞争、代理加工、模仿设计等发展阶段。多数企业只注重短期的经济效益，满足于制造过程，忽视产品的研发设计，"数字化的研发设计"就更加遥不可及。少数能够自主研发设计、以"高价值"而非"低成本"占据国际市场的制造业企业，由于缺乏国内合作伙伴的支持，信息技术难以形成"网络效应"，自身信息化建设的价值也相对有限。诸如"在线合作研发"等高层次的信息化应用，还只能停留在设想中。

（二）传统企业管理文化与标准化、制度化的信息管理还存在不相容的地方

在我国，在以个人和家族创始的企业中，老一代创始人仍然发挥着核心作用，尚未形成职业经理人的制度。在"政企分开"形成的国有企业中，一些领导干部习惯于行政命令式的管理思维。从我国的企业管理文化上看，内部治理方面，管理者都希望"随机应变"，尽可能发挥主观能动性；对外合作方面，管理者更相信"人脉网络"而不是"信息网络"。总之，我国传统的企业管理文化，与标准化、制度化的信息管理方式并不相容。许多企业管理者"畏惧信息技术"，不愿将企业管理体系建设在信息系统上，造成了很多信息技术应用项目的失败。

（三）由政府推动制造业信息化，仍存在体制机制障碍

我国目前已制定了具有前瞻性，且符合我国国情的制造业信息化战略，但中央有关部门在宏观层面缺乏有效推进制造业信息化的抓手，面对不同行业、不同地区、不同规模的制造业企业，很难提出对信息化建设的整体扶持方案，而建设基础设施、制定发展规划、推出示范工程等已采取的措施，也难以获得短期直接效果。另一方面，各级地方政府虽然熟悉本地区企业的具体情况，可因地制宜地采取直接措施，但大多考虑到地方财政和社会效益，希望企业上项目、扩产能、增税收、促就业，而不是搞信息化建设。

（四）在当前我国人口结构、劳动力结构的条件下，制造业信息化还面临着社会就业和稳定压力

在我国人口红利处于历史高峰的时期，由于劳动力成本较低，我国制造业"机器替代人"的进程较为缓慢。近年来，我国新增劳动力有所减少，"90 后"一代人也大多不愿从事制造一线的工作。然而，新增的高层次就业岗位也十分有限，受教育水平较低的一部分中年劳动力也只能留在劳动密集的行业。中低端的制造业，仍是实现充分就业、保持社会稳定所必不可少的。在主观感受上，制造业信息化可能会造成一定程度的"结构性失业"问题。如图 7 所示。富士康、娃哈哈等大量用工的制造业企业，未来要推进数字化、智能化，除了面临成本和收益的权衡，还面临着较大的社会舆论压力。

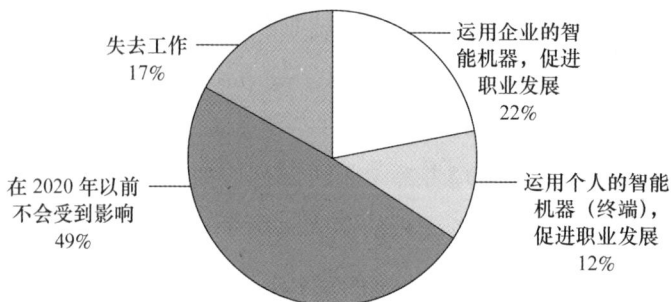

图 7 智能制造对就业的影响

资料来源：Gartner。

四、以信息化战略推动我国制造业转型升级的路径选择

（一）依托互联网和电子商务平台，形成完善的"服务化制造"商业模式

我国电子商务目前的发展偏重于企业到个人的销售，仅改造了制造业下游的物流和销售体系，而对上游的研发、生产环节的贡献较为有限。未来，电子商务的发展重点应当是企业间的"服务化制造"：大量制造业企业通过 B2B 电子商务平台连接起来，开展广泛的生产外包、研发合作，使企业之间的分工更加精细，各自占据产业链的细分环节，最终织成一个庞大的"制造服务网络"。

与此同时，将企业间的服务化制造与面向消费者的个性化产品定制生产相对接。依靠小微企业、个人，参与个性化设计制造（"创客"），深入挖掘个性化需求、细分市场；同时，在电子商务平台上调动闲置产能，形成新的零部件组合、设计方案，将我国制造业产能多样化、供应链完备的优势转化成为"长尾"市场效益。

（二）加快应用智能制造技术，妥善处理技术进步和社会就业关系

我国制造业的生产自动化水平与发达国家还有较大差距。面对劳动力成本上升的趋势，我国应加快智能制造技术的应用，实施"机器换人"战略。主要目标有两方面：一是"提质增效"，改进生产工艺，提高加工精度和稳定性，提升产品质量，降低人工费用；二是"绿色制造"，通过程序化、精细化的工厂管理体系，保障安全生产，促进节能减排。

具备技术和资金实力的企业，还应运用物联网技术，探索部署"机联网"，在工厂内部、工厂与工厂之间、本企业与合作伙伴之间，搭建生产管理系统，实现协同生产，进一步提高生产制造和供应链管理的效率。

与此同时，处理好智能制造业与社会就业、社会稳定的关系。加强技

能性人才培训，促进劳动力知识更新，完善社会保障和社会稳定机制，避免因"技术性失业"带来的社会稳定问题。

（三）坚持市场需求导向，打造智能产品新兴产业集群

智能产品的制造，为制造业提供了新的增长点。目前，诸多领域的智能设备产品研发、应用都还处于初期阶段，尚未形成完整、兼容的体系，未来发展前景广阔。我国应抓住这一时机，紧密结合我国的市场需求和产业转型升级需求，根据适用性的原则，加快发展机器人、3D打印、人工智能以及智能交通工具、智能楼宇设备、智能医疗器械等产业，大力推进技术研发和推广应用，完善数字化产品的知识产权、信息安全等法律法规，形成新兴产业集群。

大力发展智能化产品，可以使我国制造业由"加工过程劳动密集"转向"算法设计劳动密集"，保持制造业的就业规模，同时提升劳动层次。智能化产品将以更高的经济效益吸引资金和人才，持续投入到制造业的技术研发中。

（四）因地制宜，加强中西部地区制造业信息化能力建设

在市场竞争充分开展、生产要素自由流动、信息渠道更加通畅的新形势下，中西部地区的制造业信息化建设对我国制造业延伸产业链、巩固规模优势、实现区域协调发展，都具有重要的意义。

我国广大中西部地区的制造业信息化基础薄弱，必须因地制宜，发挥低成本的竞争优势，稳步推进制造业信息化。在承接东部地区产业转移的过程中，一方面要同步实施技术改造，使新工厂的技术标准高于东部地区的原有厂房；另一方面又要控制投资规模，适度保留劳动密集型的生产方式，增加本地区就业机会。此外，还应抓住"一带一路"重大机遇，加快建设网络基础设施、物流集散中心，以信息化的管理方式，降低运输物流成本，提升区域综合竞争力。

五、解决制造业信息化领域重点问题的相关政策建议

针对我国制造业信息化存在的问题和瓶颈，从"硬实力""软环境"两方面的能力建设入手，提出以下的政策建议。

（一）积极投资建设信息技术基础设施，为制造业信息化建设提供保障

围绕我国制造业转型升级的需要，国家有关部门及网络通信服务商应坚持推动信息技术基础设施建设，为制造业企业的内外信息联络提供便利。将硬件设施建设重点，锁定于中西部地区，以及县域、乡镇的互联网基础设施，提高网络通信能力，降低网络通信成本，为制造业产业转移、合理布局提供必要的保障；以物联网带动下一代互联网，在智能制造装备、智慧城市基础设施等一些正在大量部署智能终端的领域，要求率先普及 IPv6，以增量撬动存量；发展适应制造业需要的企业网络服务产业，依托部分公用网络设施，搭建企业虚拟专用网络、大型无线局域网等新型企业网络，提高企业对商业机密的信息安全保障能力，满足企业各地区分部间、不同厂房设施间的数据快速传递需求。

（二）大力发展工业机器人、智能储运检测设备，实现更高程度的自动化、智能化生产

面对人力成本日益上升、装备制造精密度要求不断提高的形势，我国必须大力发展工业机器人和智能储运检测设备，进一步提高制造业的自动化、智能化水平，替代劳动密集型生产、粗放式管理的模式。在工业机器人领域，应扶持自主品牌，用十年左右的时间，赢得国内市场的主导权。对于立足国内市场需求、成功研发运用工业机器人和智能储运检测设备的企业，在资本市场融资和银行信贷等方面应予以倾斜。支持机器人系统集成、改装定制服务外包产业发展，引进国外先进技术，设法用于低成本、高适应

性的中低端工业机器人，并提前布局中西部等欠发达地区的市场，赢得市场份额。鼓励大量运用机器人的装配加工企业开展机器人技术的自主研发，先满足于自身需要，而后发展成为机器人、制造解决方案服务商。

（三）重点加快航天军工产业的信息化进程，促进制造业相关信息技术研发的军民融合

"强国先强军"。空天陆海通信全覆盖、指挥一体化，是现代战争的必备技术条件之一。航天军工产业也是为数不多的国有企业仍处于绝对主导地位的产业，是政府推动企业信息化的重要抓手。我国应将航天器、军事装备作为信息化设备的先导产业，提高武器装备的信息化水平，以新一轮军用技术研发竞争带动民用领域的进步，实现制造业信息化的军民融合发展。加强地面卫星通信辅助设备、车载卫星通信设备等领域的军民融合，提高通信传输可靠性、位置识别精确度和系统兼容度，使民用交通工具能够完成从平时到战时的切换，增强应对传统威胁和新型威胁的能力。在模式识别技术、无人操控驾驶设备等方面，实现技术共享，尽快开发出具有自主知识产权、可以广泛应用的无人驾驶汽车，占据新兴支柱产业的主导地位。坚持军事装备（设施）通信联络系统与民用物联网技术同步发展，提高关键信息技术设备的国产化水平，确保国家信息安全能力。

（四）集团企业示范工程和中小企业开放平台并举，突破制造业信息化的瓶颈

在国企改革的进程中，信息化建设是实现企业现代化治理的基本条件之一。在信息化程度仍然较低，或者组织结构相对松散、协同效应未充分发挥的一些大型国有企业，信息化建设需常抓不懈。在国家层面，应当在金属加工、机械装备、电站设施器材、特种车辆、造船等领域，选择若干家中央企业集团，实施集团企业示范工程，以信息技术改造传统制造技术和管理体系，实现企业生产流程、技术研发、市场营销、售后服务等数据的一体化分析运用，做到"研发入平台、数据有仓库、分析靠系统"，"一

线出方案、条块可调度、集团能管控"。

另一方面，针对中小企业信息化面临成本高、收效差的问题，相关行业主管部门和地区应结合企业的普遍需求，分别扶持一些公共平台，以通用软件服务、云计算等形式降低成本，实现中小企业的信息化，使中小企业彼此联结起来，增强调用外部研发和制造资源的能力，进一步锁定细分环节和市场，形成各自的核心竞争力。

（五）重视制造技术标准的制定和传播，保护数字设计的知识产权

随着制造业信息化程度的提高，技术标准、质量认证体系和数字设计资源等"软实力""无形资产"在制造业的地位愈发重要。因此，我国需采取有针对性的方案，及时补上短板：由国家相关部门和行业协会组织牵头，研究制定一批技术标准，使制造业在运用信息技术时，与我国信息产业的相应技术标准实现接轨。针对战略性新兴产业，特别是涉及信息化装备的行业，要加快抢占技术标准制高点，夺取全球主导权。着力研发数字设计文件加密技术，并加强相关立法，保护企业的数字设计知识产权，同时严格禁止窃取和滥用国外的技术资源，对国外企业通过提供免费解决方案、渗透其技术标准体系的扩张行为保持警惕。此外，各行业协会应投资建设各行业的合作研发平台、数字设计方案网上交易市场，使企业的核心技术研发能力、研发成果能够转化为应得的经济效益。

（六）提升企业的数字设计能力，培育一批面向全球的制造服务企业

制造业企业依靠信息化形成核心竞争力，关键在于提高数字设计能力、强化数字设计意识。有关部门和行业协会应采取综合措施，大力提升我国制造业企业数字设计能力。在制造业密集地区，建设一批数字设计、仿真模拟测试服务中心，以技术扶持的形式引导中小企业投资提升自身研发水平。在教育体系方面，将数字设计贯穿于工艺设计、机械制造等领域的职业技术人才培养，使广大中西部地区也有一批适应数字设计的技术人才队伍。

我国制造业企业在全球化进程中，应坚持产品出口和生产服务出口并

重。在与发达国家合作研发、开展"云制造"中，努力吸收先进技术和管理理念，搭建起我国自主的制造管理与控制系统，实现互利双赢。同时加大对东南亚、中亚、非洲、南美等地区的制造业"模式输出"，打造一批"海外制造基地"，实现中国品牌、中国规格产品的本地化生产。

（七）构建制造业领域的数据管理体系，作为企业决策、金融支持、政府调控的重要依据

我国制造业未来的提质增效、转型升级，需要有充足的信息源。制造业的数据管理体系建设，要依靠多方面共同完成。在宏观经济、信息化主管部门协调下，整合税务、工商、质检、统计等部门对工业企业信息采集的数据格式、接口，促成不同部门、地区间的信息共享，使制造业产能、技术、供需、质量、环保等方面的信息充分自由流动，提高市场机制的运作效率，加快资源整合和优胜劣汰。扶持一批咨询公司、财经信息服务商，深入制造业企业进行调查，形成具有商业价值的数据库，提供有偿的产能信息服务。以政府购买服务的形式，获取一部分商业信息，进一步丰富政府掌握的信息体系。鼓励企业与政府进行对接，在提供更加准确、完整信息的同时，也获得政府提供的信息服务。政府和金融机构应依托电子商务平台，获取制造业企业网上销售数据，与企业信用信息连接、比对，用于企业资信审核，引导互联网金融向实体经济的特定需求倾斜，尤其是服务于以中小企业为主体的制造业细分行业。

参考文献

［1］赵群，张翔，杜呈信. 基于物联网时代的我国制造业信息化发展趋势. 机械制造，2012（4）

［2］程慧慧，蔡红霞，俞涛. 制造业信息化绩效考核指标体系研究. 现代制造工程，2012（2）

［3］田利娟. 浅谈制造业信息化存在的问题及对策研究. 电子制作，2013（24）

［4］李伯虎. 云制造：制造业信息化的新模式与新手段. 中国信息化周报，2014－4－28

信息化促进我国服务业发展的
机制、问题与对策研究

　　服务业作为国民经济发展的重要组成部分，具有涉及行业多、覆盖面广、关联度高、带动性强等特点，服务业的发展和繁荣是经济增长的重要动力。进入 21 世纪以来，全球产业结构特别是发达国家的产业结构呈现由"工业经济"向"服务经济"转变的显著特征，服务业在全球范围内得到快速发展，其在一国国民生产总值中所占的比重不断上升。服务业的发展水平也成为衡量一国经济现代化程度的重要标准。然而，我国的服务业发展仍然滞后，产值和就业比重都明显低于发达国家水平，也低于不少发展中国家水平。因此，加快发展服务业是我国推进经济结构调整、产业结构优化升级的重大任务，是适应对外开放新形势、提升综合国力的有效途径，也是扩大就业、满足人民群众日益增长的物质文化生活需要的内在要求。

　　促进服务业的快速发展离不开信息化。20 世纪 60 年代以来，随着信息技术、通信技术和网络技术的发展，信息技术革命席卷全球，信息化成为当今世界的主流趋势。信息化的发展为人类提供了新的生产手段，带来了生产力的大发展和组织管理方式的变化，也引起了产业结构和经济结构的变化。信息技术在服务领域的广泛应用，改变了传统服务业的模式和结构，催生了服务业的新业态即现代服务业，极大提高了服务业的生产效率、经济效益和竞争力。随着服务业与信息化的融合日益紧密，服务业信息化已成为信息化的重要内容。新时期以物联网、云计算、大数据以及移动智能终端为主要代表的新一代信息技术正深刻改变 IT 产业及整个信息化建设的格局，也将给服务业带来重大影响。从本质上说，信息化催生并促进现代服务业的发展，将在未来一段时期影响整个服务业的升级，并对我国经济转型升级起到关键作用。本报告总结信息化给服务业带来的革命性变革，在全球化进程中展望其未来的发展趋势，通过分析信息化促进服务业发展的作用机理及我国服务业发展的问题，提出若干共性政策建议。

一、信息化给服务业带来的革命性影响

（一）基本概念界定

根据《2006～2020 年国家信息化发展战略》的定义，信息化是指充分利用信息技术，开发利用信息资源，促进信息交流和知识共享，提高经济增长质量，推动经济社会发展转型的历史进程。由于信息技术具有应用广泛、高度渗透等特点，信息网络加速普及并日趋融合，信息资源成为重要的生产要素、无形资产和社会财富。信息化与经济全球化相互交织，也推动着全球产业分工深化和经济结构调整，重塑着全球经济竞争格局。加快信息化发展，已经成为世界各国的共同选择。

服务业的概念源于"第三产业"，是指从生产和生活领域独立出来的，以获得经济效益为目的，提供无形产品为主的行业。虽然服务业和第三产业在日常应用上有所差别，但我国在统计上明确将二者等同。根据国家统计局 2013 年修订的《三次产业划分规定》，服务业（第三产业）包括 15 个门类和 3 个大类，分别为：批发和零售业，交通运输、仓储和邮政业，住宿和餐饮业，信息传输、软件和信息技术服务业，金融业，房地产业，租赁和商务服务业，科学研究和技术服务业，水利、环境和公共设施管理业，居民服务、修理和其他服务业，教育，卫生和社会工作，文化、体育和娱乐业，公共管理、社会保障和社会组织，国际组织，以及农、林、牧、渔业中的农、林、牧、渔服务业，采矿业中的开采辅助活动，制造业中的金属制品、机械和设备修理业。

现代服务业是服务业的延伸和发展，一般是相对于传统服务业而言，但在西方，现代服务业的概念并不常用。其最早见于1997年党的十五大报告，此后现代服务业即成为研究热点，促进现代服务业发展也成为促进服务业发展的代名词。

现代服务业的概念有狭义和广义之分。狭义的概念是指在工业化比较发达的阶段产生的、主要依托信息技术和现代管理理念发展起来的、信息和指示相对密集的服务业。与传统服务业相对，更突出高科技知识和技术密集的特点，也可以认为是传统服务业所无法涵盖的新兴服务业。广义的概念则包括对传统服务业的升级改造，是指伴随着信息技术和知识经济的发展产生，用现代化的新技术、新业态和新服务方式改造传统服务业，创造需求，引导消费，向社会提供高附加值、高层级、知识型的生产服务和生活服务的服务业。

实际上，传统与现代是相对的、动态的概念，其在不同时间和国别中是有差别的。现代服务业或许因国民经济的发展在几年之后就会变为传统服务业；对于一些国家而言被归类为传统服务业，对另一些国家而言就可能是现代服务业。因此，本研究认为现代服务业应是升级和综合的概念，现代服务业的本质是服务业的现代化，只要是依托现代信息技术和现代管理理念组织和发展起来的服务业，都是现代服务业。既包括直接因信息化及其他科学技术的发展而产生的新兴服务业形态，如计算机和软件服务、移动通信服务、信息咨询服务、健康产业、生态产业、教育培训、会议展览、电子商务、现代物流业等新兴服务业，又包括通过应用信息技术，从传统服务业改造和衍生而来的服务业形态，如银行、证券、信托、保险、租赁等现代金融业，建筑、装饰、物业等房地产业，会计、审计、评估、法律服务等中介服务业等。

（二）信息化促进服务业发展的机理

1. 信息技术在服务业中的应用

从现代服务业的概念中可以看出，现代服务业离不开信息化。从本质上说，随着信息技术的快速发展，各种新技术在服务业中广泛应用。信息化催生了现代服务业并促进其不断发展，也引领服务业的高效发展和结构优化，给服务业带来革命性变革。

从通信技术、广播电视技术、多媒体技术、网络技术、软件技术等在内的现代信息通信技术群，到以物联网、云计算、大数据以及移动智能终端为主要代表的新一代信息技术，不仅改变了信息化建设的格局，也给服务业发展带来重大影响。这些高新技术群的迅速发展，为行业应用和服务提供了强大的技术支撑。以现代物流业为例，结合卫星定位系统、地理信息系统技术和无线通信技术，可以实现对货物的全程跟踪；射频标签（RFID）技术的应用与 IPv6d 的普及使得物流管理、物品管理、销售模式以及用户消费群体和特性分析等方面发生革命性变革（见图1）。

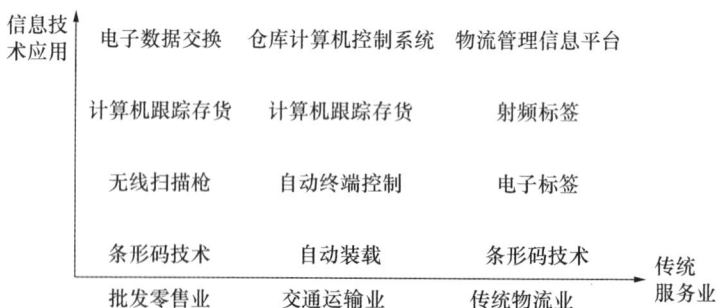

图1　传统物流业的信息化

资料来源：吉丽等："信息消费——经济增长新动力"，《通信企业管理》，2013 年第 3 期。

表1列举了信息技术在服务业典型行业中的实际应用，可以说，所有的服务业，包括最传统的餐饮业都大量应用了信息技术。这些技术的应用，大大提高了劳动生产率、降低了成本、增加了利润，彻底改变了传统的经营和运行模式，同时也促进了信息技术的进一步发展和应用。

2. 信息化促进服务业发展的作用机理

与农业、制造业所生产的有形产品不同，服务业以提供无形产品为

表1	信息技术在服务业中的应用
服务业门类	信息技术的实际应用
金融保险证券	证券交易转账清算系统、自动记账和支付处理系统、自动提款机、电话银行、网络银行、信用卡支付系统
物流	电子数据交换（EDI）、销售时点信息管理系统（POS）、企业管理系统（ERP）、条形码与识别系统、无线通信（WAP）、互联网技术（WEB）、电子订货系统（EOS）、供应链管理系统（SCM）、全球卫星定位系统（GPS）、地理信息系统（GIS）、射频标签技术（RFID）
运输、仓储	铁路智能终端控制技术、自动装载和卸货技术、仓库计算机控制技术、通信技术支持下的大规模门对门集装箱服务系统、自动记录的条形码技术、JIT（just in time）技术、供应链管理技术、射频标签技术（RFID）
餐饮	电子订餐系统、自主餐厅旋转流水线服务系统、营养配餐专家系统
传播、媒体	电子出版系统、电视电话会议系统、电子邮件
休闲、娱乐	电脑游戏机、网络游戏、自动喷水系统
批发、零售	条形码、POS系统、仓库管理系统、自动收款机、网上销售、结算系统、电子商务付款
旅游业	电子登记、结账系统、电子门锁、语言翻译机、触摸式指示系统
教育	计算机辅助教学、多媒体教学、远程网络教学、图书馆检索系统
医疗保健	重症患者监护系统、在线医疗信息系统、自动检测分析、专家诊断系统、射频标签技术（RFID）
邮政与公共服务	电子分拣系统、电子报税、电子政务、社区在线医疗系统、社区就业服务与老人服务系统

资料来源：郭怀英："以信息化促进服务业现代化研究"，《经济研究参考》，2008 第10期。

主，即"服务"，与商品交易相比，具有无形性、不可分割性、不可存储性、品质差异性和不可感知性等特点。因此，服务业与农业、制造业在发展所需要的要素投入上也有本质性的差异。虽然服务业发展也需要资金、土地、设备、基础设施等物质或有形资产投入，但其更多的是依靠非物质要素投入，包括知识、信息、创新创意、人力资源特别是高素质人力资源。尤其是现代服务业具有高人力资本含量、高技术含量、高附加值的特点，决定了服务业的核心要素构成是信息和人力资源的有机结合。同时，在促进技术创新方面，由于服务业生产无形产品，因此其发展路径与制造业开发"新产品—建立新产业—促进产业创新"的路径不同，服务业的发展路径为信息技术首先带来服务业生产方式和生产过程的创新，然后产生新的服务产品和新的服务产业。从本质上说，以开发利用信息资源、促进信息交流和知识共享为目的的信息化恰是发展服务业的核心要素。信息化的发展从要素投入和创新来源方面，给服务业的发展带来革命性变革。

一是提高劳动生产率。一方面，信息技术本身作为生产要素，可以极大地提高服务过程效率，比如物流业利用大量的数字化服务设备与设施，如 PDA、基于 RFID 的电子产品代码及相关的读写设备、自动化立体仓库等，大幅提高了劳动生产率。另一方面，信息化可以极大提高生产者素质，从而提高劳动生产率。信息化使生产者的信息知识能力，即认识世界的知识含量和获取、创新、传递、处理、运用信息的能力空前增强，提升了人力资本价值，并促进产生大量主要或专门从事信息生产的新型人才，从而极大地提高了劳动生产率，为高效的服务业奠定了基础。

二是在一定阶段和一定程度上实现收益递增。在传统的经济理论中，生产活动存在着边际收益递减的规律。然而，在信息化条件下，许多产品特别是信息产品的生产却突破了这一规律。与以往依靠劳动和资本为主要生产要素不同，知识和信息成为现代服务业特别是信息服务业的主导性生产要素，但其同时又具有可复制性、无排他性的特点，一经获得，即可多次使用。其成本不再随使用量的增加而成比例增加，反而会出现边际收益递增的现象，并且会在信息网络的影响下得到强化。以现代金融业为例，随着网络银行、手机银行、数字银行的出现，经营费用实现大幅减低，成本的降低使银行获得可以进一步改善服务的资金，在一定程度上进入了边际收益递增的阶段。同时，信息化降低了服务业生产者和交易者的交易成本，增强了服务供给的及时性，减少了差错，增加了市场交易机会，提高了交易的针对性，降低了交易的不确定性，有助于生产者对投资、研发做出正确决策。而且，网络集成化系统等可以对消费者的需求信息进行快速反馈，提高企业响应市场的速度，大幅降低交流沟通成本和库存占用费用。而自助服务的兴起，更节约了生产者的劳动力成本，提高了收益。

三是创造新需求和新产业。一方面，随着信息化的发展，产生了一批依托信息技术本身发展起来的现代服务业，如电子商务、信息服务、数字媒体、网络教育、计算机和软件服务等行业，这些行业也在不断深化和细化。同时，信息技术在服务业中的普及使自助服务变为可能，极大地改变了某些服务业的传统经营方式，特别是零售、餐饮、银行、健康服务、电信服务等，实现了传统服务业的转型升级。另一方面，信息化深刻改变了制造业企业的组织模式和管理模式。企业内部分工越来越细化、生产越来越柔性化，原先固化在内部的中间投入服务业务逐渐从生产中分离出来，企业通过外包从外部获取，产生了生产性服务业。借助信息技术，新型设计、客户定制、集成制造系统、产品开发、市场营销、物流、供应链管理、质量管理、测试和认证、金融服务等方面的服务活动成为制造业增长的源泉。制造业正变得越来越像服务业，例如，IBM 和西门子 50% 的营业额来自于销售服务。

四是扩大服务贸易。信息技术改变了服务的不可分割性、不可存储性等传统特性，使得生产和消费原本需要同时进行的服务实现生产与消费的分离，且过去需生产者和消费者双方实体接触的服务现在都可以采用远程信息传递的方式实现交易。原先被认为是不可贸易的商品，如技术咨询、商务服务等如今都成了可交易的商品，使服务贸易的领域和范围得到进一步扩展，极大地提高了服务的可贸易性。可以说，信息化推动了跨境服务贸易的发展。随着信息技术的发展，这种改变使得服务的可贸易性得到，特别是跨国公司可以更好地在全球配置资源，如可以选择在地租等生产要素更为便宜的地区或者远距离提供服务，从而促进了全球范围内远程服务外包的兴起。例如 IBM 已经从全球最大的电子硬件设备供应商转变为全球最大的信息技术服务提供商。据麦肯锡公司的预测，2015 年全球 IT 服务外包市场规模将达 6000 亿美元。此外，跨国公司在更大范畴内利用全球的廉价智力资源，进行研发外包。英特尔、IBM、微软等信息领域的跨国公司纷纷在中国建立研发中心，这种新的研发外包进一步扩大了服务贸易的规模和市场容量。2000～2009 年全球服务贸易进出口总额年均增速为

9.2%，比 1980 ~ 2000 年的年均增速加快了 2.2 个百分点。信息网络基础设施的发展和信息化的推进，保证了服务业跨国公司的经营管理更具规模经济效益，在技术上保证了其国际化战略的顺利实施，这必然会扩大服务贸易的规模，促进国际分工。

（三）信息化促进服务业发展的趋势特征

信息技术的快速发展和广泛应用，对服务业产生了革命性影响，提高了劳动效率、降低了成本、实现了规模收益递增。服务业发展也在信息化的推动下呈现以下新趋势。

1. 专业化分工

一般来说，分工会带来效率的提高，但同时会增加交易成本和协调沟通成本，因此行业分工必须在二者之间做出权衡。但信息技术的发展很好地解决了这个问题。广泛利用信息技术，能够降低交易成本和协调沟通成本，因此专业化分工成为必然趋势。随着信息化的发展，服务业的专业化分工将更加深入，这不仅体现在分工的地域范围将扩展到全球，更重要的是，这种分工是基于价值链的分工。企业内部的组织、管理、研发、营销、测试、供应链、会计、交易、教育培训、融资等将逐渐独立出去，衍生出新的、独立的专业化服务部门，如商务服务业、信息服务业、现代物流业等。随着以云计算、移动互联网、物联网和 3D 打印为代表的新一代信息技术的不断发展，服务业领域的专业化分工将继续深化，同时也会创造出新需求，产生新的服务部门。

2. 跨界融合

一是服务业和制造业的跨界融合。依靠信息技术，服务业不断向制造业渗透，特别是与生产相关的现代服务业直接作用于制造业的生产流程。企业的生产和服务功能融合在一起，作业管理也由制造领域延伸到服务领域，模糊了二者的界限，许多企业的经济活动甚至已由以制造为中心转向以服务为中心。而像个人计算机、手机等电子产品，其附加值大多数来自服务。服务不仅成为制造业中越来越重要的生产要素，而且也已成为制造业产品不可分割的组成部分。同时，信息技术的普及使得服务业的自动化和标准化水平大幅提高，大规模、低成本的服务可以采用制造业的自动化流水线作业的生产方式。

二是服务业内部各部门的跨界融合。信息技术的使用，改变了传统服务业的提供方式，扩大了服务的内容和范围，使以往单一领域中的服务行业能够跨越多个领域提供服务，这就模糊了生产性服务业、生活性服务业和公共性服务业之间的界限。同时，服务业的特性决定了其比其他行业更依赖信息，信息技术的推广运用为服务业中信息的快捷、便利、畅通扩展提供了基础，促进服务业效率和效益的提升，实现传统服务业的转型升级。例如，网上银行就是融合传统银行、信息技术和互联网等多个行业发展起来的新兴业态，而数字教育、数字医疗等则是传统的教育、医疗行业与信息技术产业的融合。

3. 商业模式创新

在科技进步和组织创新的推动下，全球服务企业特别是生产性服务企业根据商业环境的变化，正不断创新商业模式、服务方式和经营业态，开拓新的市场空间。商业模式创新指企业在供应链、销售渠道、产品、服务方式、盈利模式、客户关系等方面开展的创新。商业模式创新以知识、智慧和技术作支撑，不单纯是就某一个环节、某一项职能进行的创新，而是充分利用企业的核心竞争力，有效整合内外部资源，对企业整体的经营模式进行的创新。当前，商业模式创新已成为决定企业成功与否的至关重要的因素。唯有通过持续不断的商业模式创新，企业方能在复杂的竞争环境中脱颖而出。IBM 公司 2008 年发布的调查报告指出，在 40 多个国家的 1130 位 CEO 中，80% 都认为巨大的变革正在迫近，几乎所有的 CEO 都在调整企业商业模式，2/3 的 CEO 正在实施大规模的创新，以便抓住全球整合的商机。

商业模式创新的三个核心层面包括销售模式创新、运营模式创新和资本模式创新。销售模式指的是产品或服务的销售方式，这是商业模式的最基本体现，是商业模式的实现通道。如果缺乏有效的销售模式，再好的商业模式也难以取得成功。麦当劳与肯德基的连锁销售、戴尔的数字化定制生产和直销、微软的客户捆绑销售、eBay 公司与淘宝网的网络销售、百度的竞价排名销售、小米的饥饿营销等均为比较典型的成功销售模式。运营模式指企业内部人、财、物、信息等各要素的结合方式，这是商业模式的核心层面。如果缺乏合理有效的运营模式，即使再高效的销售模式也会由于缺乏持续而优质的服务供应而变得空心化。资本模式指企业获得资本的方式以及资本运行的方式，这是商业模式的支撑体系。若缺乏有效的资本模式，前两种模式都可能会遇到财务危机而导致整个商业模式陷入困境。

现在企业管理环境变得越来越复杂，商业模式变革的速度越来越快。在激烈的市场竞争压力下，服务企业必须根据资源与环境的变化不断创新商业模式，进行企业内外部资源的有效整合利用，细分市场，创造需求，实现增值服务。在商业模式创新方面，美国苹果股份有限公司为我们做了生动的诠释。进入 21 世纪后，苹果公司以持续的技术开发和产品创新为基础，推出了将硬件、软件、服务融合在一起的"终端 + 应用"商业模式，赢得了消费者的认可，市场反响热烈，苹果公司的营业收入和盈利迅猛增长，成为全球市值最高的公司之一[①]。随着信息技术的不断发展，未来服务企业的商业模式创新将愈发激烈。某家企业商业模式的成功可能导致强烈的强者恒强、弱者恒弱的"马太效应"，甚至出现只有第一、没有第二的"赢者通吃"的局面。

4. 互联网龙头企业整合产业链

交易是一切经济活动的本质，交易服务是服务业的核心。现代交易服务以信息技术特别是互联网为基础工具平台，以营造交易环境、促进交易为基本功能，是传统交易服务在信息化时代的转型与创新，处于现代服务业的中心位置。随着互联网应用的深入和扩展，现代交易服务逐渐改变传统交易服务所处的位置，从"居间型"中介向"平台型"中介转型，从以撮合交易为主向以营造交易环境、促进交易为主转型。近年来，全球电子商务交易平台的发展十分迅速，对社会经济的影响越来越大。全球比较

---

① 来有为：《生产性服务业的发展趋势和中国的战略抉择》，中国发展出版社 2010 年版。

著名的电子商务交易平台有 eBay、Amazon、Craigslist、CafePress 等，我国有淘宝网、慧聪网、中国制造网等。而由若干互联网龙头企业提供平台，不断整合产业链成为服务业发展的新趋势。这一趋势实际上是建立在专业化分工、跨界融合和商业模式创新的基础上，体现在若干龙头企业的发展战略中，反过来又加强前三个趋势发展，并将对行业发展产生深远影响。以淘宝为例，淘宝自 2008 年开始推进"大淘宝战略"，借助与电子服务商的合作，逐步转换电子商业服务领域的模式，扮演"电子商务基础服务提供商"的角色，提供水、电、煤等方面的服务，把整个电子商业网络的上下游紧密联系起来。为实现这一战略，淘宝于 2009 年 6 月发布了"淘宝开放平台"，2009 年 12 月正式推出"淘宝合作伙伴计划"，召集为数众多的电子商务外包供应商，在 IT、渠道、服务、营销、仓储物流等电子商务生态链的各个环节，为淘宝卖家、企业提供个性化产品、个性化服务，从而保证整个电子商务领域的良性运行及更快发展。淘宝已与 20 余家供应商达成了战略协议，还将在各个环节上召集更多的服务商，并且与这些服务商在技术、市场、销售层面进行更为广泛、更为深入的合作。淘宝与合作伙伴将要提供的服务，几乎涵盖了传统意义上从生产到销售的大部分获利环节。这一崭新的商业模式将冲击目前的商业传统，使淘宝从更多的商业链条中获得收益。

二、信息化促进我国服务业发展的现状与问题

我国高度重视服务业和信息化的发展。自"十一五"规划提出要大力发展现代服务业、运用现代经营方式和信息技术改造提升传统服务业以来，信息技术与服务业加速融合，服务业发展水平迅速提高，信息化成为服务业发展的催化剂和推动力的作用日益显现。2013 年，我国服务业占GDP 的比重达 46%，首次超过制造业，标志着我国服务业发展进入新阶段。然而，我国在信息化促进服务业发展方面仍存在突出问题，这些可能阻碍信息化作用的发挥和服务业发展。

（一）信息化促进我国服务业发展的现状

1. 信息化建设取得显著进展

"十二五"以来，我国信息化迈入全方位、高效益、深层次发展的新阶段。信息终端和信息网络大面积普及，互联网用户数、移动电话用户数、宽带用户数、移动互联网用户数均跃居世界第一。信息通信产业快速成长，信息化指数大幅度提高。据测算，2010～2012年，我国信息化指数年均增长18.9%，其中网络就绪率指数年均增长28.3%，信息通信技术应用指数年均增长17.1%，企业信息化应用指数年均增长11.43%，信息化应用效益指数年均增长12%[①]。信息化建设特别是基础设施建设为服务业发展提供了物质保障，并成为促进信息技术相关产业如信息传输、计算机服务、软件业等发展的有力杠杆。

2. 传统服务业信息化水平不断提升

随着信息技术的运用，传统服务业信息化水平不断提升，传统服务业转型加快。如金融信息化推进了金融业产品发展和服务创新，金融业建立了比较完整的网络系统、结算系统、在线交易系统，发展了现代化的支付工具和客户服务系统，提供理财等多种金融服务产品，现代化金融服务体系初步形成；科技、教育、文化、医疗卫生、社会保障、环境保护等领域信息化步伐明显加快；传统的生活类服务业如零售、餐饮等也不断运用信息技术，包括RFID、云计算、移动终端等，从粗放式、经验式的管理向集约化、精细化的管理方向转变，提升利润和竞争力，出现了餐饮业O2O模式等新的经营方式和服务业态。

3. 依托信息技术的现代服务业快速发展

一方面，直接依托信息技术所产生的现代服务业发展迅速，如信息服务业和软件业等。据统计，2013年全国规模以上软件和信息技术服务企业达3.3万家，共完成软件业务收入3.06万亿元，同比增长23.4%，占电子信息产业的比重达25%；软件和信息技术服务业实现利润总额3830.5

---

① 秦海等：《中国信息化发展水平评估报告2013》，人民出版社2014年版。

亿元，同比增长 13.8%。软件业对社会经济的贡献日益提升，2013 年软件业创造的增加值超过 1 万亿元，占第三产业的比重达到 4%，软件从业人员 470 万人，占全国城镇就业人员的 1.2%，新增就业人员占全国城镇新增就业的 4%[1]。另一方面，新兴现代服务业不断产生和发展。随着信息资源的开发与共享，数字化、网络化和多媒体技术等高新技术的广泛应用以及管理理念的不断创新，我国出现了电子商务、电子认证、创意产业、地理信息、动漫游戏、检验检测、气象服务等新型服务业态。以文化产业为例，近年来我国文化产业平均增长率达 20% 以上，2013 年文化产业规模达到 20890 亿元，并明显高于电子信息等行业的增速。北京、上海、广东等省的文化产业增加值占 GDP 的比重已突破 5%，成为区域经济的战略性支柱产业和经济的新增长点[2]。

4. 部分行业取得突破，达到国际领先水平

伴随着我国现代服务业的快速发展，一些信息化水平较高的行业如电子商务等发挥"后发优势"，不断取得突破，达到国际领先水平。华为成为全球领先的电信解决方案供应商，产品和解决方案已经应用于全球 100 多个国家；百度成为全球最大的中文搜索引擎；腾讯成为全球第二大互联网综合服务提供商。特别是我国近年来的电子商务交易额增长率一直保持快速增长势头，2013 年我国电子商务总交易额超过 10 万亿元，5 年来翻了两番，网络零售交易额约为 1.85 万亿元，5 年来平均增速达 80%。我国网络零售市场规模在 2013 年已经超过美国，成为世界上最大的网络零售市场[3]。而 2014 年 11 月 11 日阿里巴巴"双十一"节日交易额在 39 分钟内超过 100 亿元，更是让人们看到我国网络零售市场发展的巨大潜力。毫无疑问，电子商务正在成为拉动国民经济保持快速可持续增长的重要动力和引擎。同时，作为中国互联网企业的代表，阿里巴巴市值首次超过 3000 亿美元，成为世界第二大的互联网企业，也超过了中国石油等制造业企业。

---

① http：//www.ce.cn/xwzx/gnsz/gdxw/201410/25/t20141025_ 3774101. shtml。
② 现代服务业领域总体专家组：《2014 现代服务业发展战略报告》，科学出版社 2014 年版。
③ http：//www.100ec.cn/zt/2013ndbg/。

（二）信息化促进我国服务业发展的突出问题

从现代服务业的发展特征和发展潜力来看，生产性服务业是现代服务业的核心部分，而生产性服务业正是依托信息技术产生和发展的，像技术研究与开发、工业设计、专业技术服务、计算机服务、信息传输服务和软件服务、科技交流和推广服务、数字内容服务等行业的发展都离不开信息技术的发展。因此，生产性服务业发展水平决定了服务业信息化的程度，也是衡量信息化促进服务业发展作用的重要标志。20 世纪 60 年代以来，发达国家生产性服务业的增长速度超过了服务业的平均水平，在服务业中所占的比重逐步上升，地位日趋显要，目前生产性服务业在美国等西方发达国家服务业总量中占到了七成。而我国生产性服务业尽管近年来发展速度快，在国民经济和服务业中所占的比重均呈现持续上升态势，但总体来看生产性服务业所占比重低，发展滞后，2009 年，生产性服务业仅占我国服务业增加值 40% 左右的比重。且我国生产性服务业在自身的发展中还存在着产业总体规模小，标准化、产业化、国际化程度低，专业化程度不高，服务的层次和技术含量偏低，产业竞争力不强，缺乏有影响力的国际品牌，生产性服务需求不足等方面的问题。因此，生产性服务业发展的相对滞后说明我国信息化在促进服务业发展方面与发达国家仍存在较大差距，并表现为以下突出问题。

1. 对信息化促进服务业发展的理论和认识有待提高

我国是在工业化不断发展的条件下推进信息化建设的，并坚持"以信息化带动工业化，以工业化促进信息化"为主的发展道路，因此对信息化促进服务业发展的理论和实践还不够成熟，很多领导干部尚未认识到信息化对于服务业特别是现代服务业发展的巨大作用，对二者的发展规律和相互作用缺乏系统、深入的了解。

同时，受政绩考核和财税体制的影响，我国各地长期存在"重制造、轻服务，重硬件、轻软件，重建设、轻应用"的观念，未能充分发挥信息化对服务业发展的促进作用。比如，以扶持制造业发展的思路和手段支持技术创新和信息服务业发展；信息基础设施和技术设备重复建设，未能充分利用。

另外，服务业从业人员自身对信息化的认识也有待提升。或是盲目迷信信息技术的作用，只追求技术的先进性，而忽视自身管理模式和使用能力的培养，重技术、轻管理，使得管理能力与技术能力不匹配，难以发挥信息化的实际效果。或是轻视信息化的作用，认为信息化投入巨大，但对提升服务业竞争力效果有限，使得许多服务行业特别是规模相对较小的行业信息化进展缓慢，制约其进一步发展。

2. 信息化建设质量仍有待提升

信息化建设特别是基础设施建设是服务业快速发展的基础，尽管近年来我国在信息化建设特别是总体建设水平上有所突破，但质量仍有待提升。根据国际电信联盟（ITU）发布的《2013年衡量信息社会发展》[①] 报告显示，以"全球信息通信技术发展指数"（IDI）衡量，2012年中国在157个经济体中仅排名78位；以"数字原生代"（具有丰富信息通信技术经验、能推动信息社会发展的青年）人口比例衡量，中国排名89位。而2012年我国人均国际带宽水平位4165比特，仅相当于人均国际带宽水平最高的卢森堡的0.1%，我国桌面互联网平均网速为1.4Mbps，远低于世界平均水平2.7Mbps，排第90名。

同时，我国信息化发展的主要推动力量是信息基础设施改善，信息终端普及和重要应用提升。其中，网络就绪率指数增长明显快于信息通信技术应用指数和应用效益指数，说明虽然我国信息化基础设施建设较快，但应用能力和应用效果还有待提高[②]。另外，我国在信息技术发展的新兴领域如云计算、移动互联网、物联网等的核心技术为国外企业所掌控，阻碍我国相关服务产业的发展，无法获得领先地位。在云计算领域，自主知识产权云计算操作系统的缺失，导致金融、能源等一些涉及国家命脉的行业采用的大型商用服务器操作系统仍来自国外厂商，极不利于我国构建自主

---

① http://www.itu.int/en/ITU-D/Statistics/Documents/publications/mis2013/MIS2013 - exec - sum_ C.

② 秦海等：《中国信息化发展水平评估报告2013》，人民出版社2014年版。

可控的云计算系统和信息化应用环境；在移动互联网领域，过分依赖国外操作系统平台，导致我国多数企业处于弱势地位，且随时面对专利禁止、市场销售、软件闭源等各种封杀，产业安全保障无从谈起；物联网领域核心技术和标准的缺失，同样制约产业健康发展。信息化建设是服务业发展的基础和推动力，未来信息化建设的质量将决定我国服务业特别是处于领先地位行业的发展上限。

3. 政府监管体制改革明显滞后

目前我国服务业监管仍然是行政性监管体制，与市场经济体制和服务业发展要求不相适应，存在监管过度和监管空白并存的情况。

一是对于信息化促进服务业发展中出现的新业态、新商业模式等，有关政府管理部门的管理理念还相对保守，缺乏互联网思维，对于法律法规没有明确规定可以做的不敢放手让企业大胆尝试，关注的重点还是在审批、规范和整顿上，而不是根据产业发展的实际情况，帮助企业解决发展过程中遇到的困难和问题。同时在新兴服务业领域，监管缺失的问题又尤为突出，比如我国金融行业的监管重点是机构和准入，而对于金融创新推出的各种新业务和新产品缺乏有效的监管，在出现风险时往往以"一刀切"式的暂停手段予以处理。

二是多头监管问题比较突出。信息化促使服务业不断出现具有跨界性、综合性、混业性特征的行业领域，如金融、物流、信息服务、文化创意、中介服务等，这些行业及业务往往涉及不同部门和不同地区，都面临多头监管、交叉监管的问题，各政府部门之间的政策和管理办法有时存在不衔接和不配套之处，造成政出多门甚至监管政策相互抵触的状况。以信用评级业为例，我国信用评级业没有统一的归口管理部门，现在对评级机构的管理，主要根据不同的业务类别，分别由不同的业务归口管理部门对从事这类业务对象评级的资格进行管理。如中国人民银行对从事银行间债券市场和信贷市场评级业务的评级机构进行监管，国家发改委对从事企业债券评级业务的评级机构进行监管，证监会对从事证券市场信用评级的评级机构进行监管，形成了事实上的多头管理。这一方面造成监管政策不一致，使许多评级机构靠牺牲评估质量来获取业务，评级市场的运作很不规范；另一方面，造成了事实上的无人监管和评级机构的权力寻租，加剧了我国评级市场的无序竞争。

4. 服务业信息化投资不足

我国坚持"以信息化带动工业化，以工业化促进信息化"为主的发展道路，在服务业信息化领域的投资水平相对滞后。据测算，2010～2012年我国企业的ERP普及率年均增长仅10%，远低于固定宽带普及率、移动宽带普及率等基础设施近30%的增长率水平。从行业来看，2003～2010年我国信息传输、计算机及软件服务业固定资产投资年均增长率为6.27%，远低于全社会固定资产投资25.8%的平均增速。2010年，信息传输、计算机及软件服务业固定资产投资占第三产业全部固定资产投资的比例约为1.61%，相对2009年还下降了0.9个百分比[①]。在零售等传统服务业领域，我国企业的信息化投资水平更是远低于国际先进水平。2010年，中国零售行业信息化投入达到96.2亿元，增长率达到15.6%，中国连锁零售企业在信息技术上的投资平均每年增长15%左右。这一数据看上去并不算低，但总投资占零售总额的比例还不到0.2%，而国际零售巨头的这一比例一般要到2%以上。国际零售巨头一般每隔18个月就对门店信息系统进行升级换代，而中国零售业升级换代信息系统的时间一般是两三年以上[②]。投资的相对滞后制约着我国服务业信息化发展，也说明我国服务业信息化尚缺乏企业自我发展的动力机制。

5. 综合性高层次人才缺乏

人力资本是现代服务业特别是生产性服务业发展中的关键要素，生产性服务业的发展需要大量专业人才。我国虽然是人力资源大国，但服务业人才的培养也没有得到足够的重视，导致综合性高层次人才储备不足，人才供给结构也不合理，服务业各领域的中高级管理人才、具有熟练操作能

---

① 魏君英、张明如："信息化对现代服务业发展的影响研究"，《科技信息》，2012年第16期。
② "2012年零售及餐饮服务业信息化发展机遇、趋势及战略"，《信息与电脑》，2012年第5期。

力的普通白领、服务业高级专业人才缺乏。目前，精通国外法律、国外市场的国际型和开放型专业人才十分紧缺，其中注册精算师、注册金融分析师、软件设计开发、注册房地产评估师等高级专业服务人才尤为缺乏。调查显示，在"企业国际化中面临的主要困难"中，选择"缺乏合格的国际化人才"的占 64.5%，位居第一①。在软件产业尤其缺乏软件系统分析师和高级软件设计师等专门性人才和技术、管理方面的复合型人才。以我国服务业发达的上海为例，其高级人才仅占人口比例的 0.51%，远低于新加坡的 1.56%，美国的 1.64% 和日本的 4.97%。另外，在人才使用上存在不合理现象。如软件业的高端人才严重缺乏，但同时大批本科、硕士毕业生从事国外软件蓝领才从事的编程工作，造成资源浪费。

（三）信息化促进我国传统服务业发展——以 O2O 模式对餐饮业的作用为例

1. O2O 模式概述

O2O 即 Online To Offline，即将线下商务的机会与互联网相结合，让互联网成为线下交易的前台。其核心是把线上的消费者带到现实的商店中，在线支付购买线下的商品和服务，再到线下去享受服务②。这种消费方式特别适合必须到店消费的商品和服务，餐饮业就是其中之一。

从目前中国餐饮行业 O2O 市场来看，该商务模式依然处于早期发展阶段。据相关统计数据显示，2012 年中国餐饮行业 O2O 在线商务用户规模为 0.98 亿，2013 年将达到 1.39 亿。市场规模方面，2012 年中国餐饮行业 O2O 市场为 386.6 亿元，2013 年增长 61.1%，达到 622.8 亿元，O2O 在线用户突破 1 亿人次。预计到 2015 年，我国餐饮业的 O2O 市场规模将达到 1200 亿元左右③。

---

① 国务院发展研究中心中国企业家调查系统实施的"2009 中国企业经营者问卷跟踪调查"结果。

② 高巍："O2O 看上去很美"，《程序天下事》，2011 年第 8 期。

③ 高煜欣、朱文燕、陈军："中国餐饮业 O2O 平台分类比较与启示"，《商业时代》，2014 第 33 期。

从宏观层面来看，国务院 2012 年发布的《服务业发展"十二五"规划》中，明确提出要在 2015 年实现服务业在国民生产总值中的比重将比 2010 年提高 4 个百分点。国家将出台相应的扶持政策、法律依据、服务标准。

2. O2O 模式对餐饮业的作用

一是有助于餐饮行业的创新发展。O2O 模式有助于加速行业创新，寻找新的客户，开发新的产品，以满足客户需求。而线上客户信息精准、及时、低成本的搜索和收集，也方便企业对客户资源进行积极主动的开发。

二是有助于餐饮行业降低成本。一方面，O2O 模式有助于以较低的价格获取更广的信息传播面和更迅速的信息传播速度，更方便地通过线上平台对客户进行管理，与客户之间的沟通也更加顺畅。另一方面，通过在线有效预订等方式，餐饮业可以合理安排经营，节约成本。

三是有助于餐饮企业的品牌塑造。餐饮业自身 O2O 平台的建设，有助于促进品牌的塑造和推广。通过互联网多层次与客户形成良好的互动并引流至线下，也能帮助餐饮企业聚集人气、塑造口碑。

四是有助于建立良好的管理机制和服务体系。O2O 模式要求线上和线下打通，需要建立一套高效、标准化的服务体系、订单体系以及支付体系，有助于餐饮企业管理机制和服务体系的整体提升。

五是有助于公司处理公关事件。餐饮业可借助 O2O 平台与用户进行及时、有效的沟通，即时获取危机处理的最新进展，澄清事实并有效引导舆论，从而有效减少甚至规避可能引发的信任危机[①]。

3. 餐饮业 O2O 发展模式

一是团购网站 O2O 模式。2013 年餐饮服务类的团购基本占到整个团购总额的 50% 左右，巨大的市场份额和高额回报吸引了很多餐饮电子商务网站积极关注团购模式。餐饮电商网站采用的方法是给团购成功的客户发电子券，客户凭券就可以到餐厅享受一定折扣的餐饮服务。线上团购方式，吸引了很多年轻顾客到店体验消费，商家通过走量来赢利；而顾客在

---

① 吕丽莉："餐饮业电子商务 O2O 新运营模式研究"，《中国市场》，2014 第 10 期。

买了团购单到店消费时，也会顺带消费其他菜品，从而带动门店整体销量和毛利的提升。团购餐饮的特点是灵活的时间安排以及较高的折扣，形成了一定的消费市场。

二是餐饮企业自建 O2O 平台。餐饮企业 O2O 模式一般由餐饮商家自行进行线上线下的运作、维护、管理。企业一般通过社交网络、公司企业网站、实体店铺的服务来实现对于顾客的线上吸引。

三是线上订餐网站。随着互联网技术的快速发展及网上订餐的便捷性和直观性，更多的顾客习惯于订餐的消费模式。在许多城市，商家的外卖送餐业务已发展成为争夺市场占有率的商战。国际巨头肯德基、必胜客和国内的丽华、吉利都具有自己独立的在线订餐网站，而且在送餐服务方面也加大了投入力度。三种模式的比较见表2。

表2   餐饮业 O2O 商业模式比较

餐饮业 O2O 商业模式	优　势	劣　势
团购网站 O2O 模式	1. 资源量优势 2. 商品价值传递优势 3. 技术优势	1. 顾客自由选择的权限很低 2. 顾客在购买虚拟商品进行体验不满意后往往不能得到很好的解决 3. 难以实现精准的团购销售 4. 实际获得利润有限
餐饮企业自建 O2O 平台	1. 第一时间了解到客户的真实需求和意见，改进菜品和服务的质量 2. 可省去合作费用和给团购网站佣金的费用 3. 通过对于数据的分析、挖掘就可以实现餐饮企业的精准营销 4. 可实现高峰时段的引导功能，增加翻台率 5. 通过社交网络工具的营销，降低商家的投入成本	1. 电子商务沟通的平台需要特定的电子商务人员维护和管理 2. 商家定期或不定期举行的优惠活动、电子券的发送、品牌的推广都需要专门的团队进行运作

续表

餐饮业 O2O 商业模式	优　势	劣　势
线上订 餐网站	1. 客户具有更高的粘性 2. 具有更高的购买频率 3. 对于商户的准入门槛比较低 4. 投入成本较低 5. 支付方式比较灵活，顾客可以选择在线支付或是货到付款	1. 前期投入的推广费用可观 2. 区域性要求更高 3. 一般不提供物流配送服务，准时配送的任务完全交给了合作商户，无形中又增加了合作商户成本 4. 外卖配送的单品一般价格较低，商家很难在短期内就能通过平台获得巨大利润 5. 在线订餐平台的合作商家较多，各商家所提供外卖商品的质量较难控制

资料来源：高煜欣等（2014）。

（四）信息化促进我国现代服务业发展——以信息咨询服务业为例

信息咨询服务业是适应社会信息化、科学化、现代化发展而兴起的现代产业，是咨询业的一个重要组成部分。信息咨询业是通过利用各种信息处理技术，对各类信息开展搜集、加工、整理、分析、传递，向企业、政府及其他社会组织提供策划、咨询、调研、可行性论证、人力资源培养等各种智力成果与服务的知识型产业，又是一种知识密集、技术含量高、社会效益显著的综合性服务业[①]。

1. 我国信息咨询业的发展历程

我国的信息咨询业起步于 20 世纪 70 年代末，80 年代后逐步发展壮大，90 年代后迅速发展并初具规模，步入 21 世纪，信息咨询业面临巨大的发展机遇和空前的严峻挑战。

---

① 鲍志华："信息咨询业联盟体系的构建"，《图书馆学研究》，2012 年第 9 期；万玲玲："我国信息咨询业发展分析"，《农业图书情报学刊》，2010 年第 22 期。

初期萌芽阶段（20 世纪 70 年代末到 80 年代初）。我国信息咨询业的发展首先起源于政府创办的咨询企业，其服务范围主要集中在投资、科技和财务咨询领域。这一时期，最初的咨询企业规模较小，改革开放以后逐渐发展壮大，其服务的水平、规模不断提升。80 年代"咨询热"的出现，使信息咨询业有了更进一步的发展，其服务范围也得到了一定程度的扩大。

稳步成长阶段（20 世纪 80 年代中期到 90 年代初期）。从 20 世纪 80 年代中期到 90 年代初期，我国的信息咨询业伴随经济体制改革逐步崛起。随着改革开放的进一步深化，经济文化水平不断提高，社会各界对信息的需求日益增加，各种咨询机构先后建立。根据国家工商管理局的统计，1985～1995 年的 10 年间，信息咨询机构、从业人员的数量在逐步增加，信息咨询企业的注册资金也在攀升，企业规模更是日益扩大[1]。

迅速发展阶段（20 世纪 90 年代后期以来）。随着信息化进程的推进，20 世纪 90 年代后期，我国信息咨询业的发展进入了一个新的时期。咨询服务市场逐步形成，国外的咨询公司也纷纷进入中国开展业务。面对迅速发展的各种咨询团队和各不相同的服务质量，社会相关机构和一些业内人士开始对信息咨询的内涵、作用、价值以及行业发展情况等问题进行深入的探讨和反思[2]。中国入世并融入世界咨询业后，麦肯锡、波士顿、安达信等一批在国际上都比较著名的咨询公司先后在我国设立了分支机构。

2. 我国信息咨询业存在的问题

我国信息咨询业自 20 世纪 80 年代开创以来，从无到有、规模从小到大，得到了快速的发展，现已建立了包括政策咨询、管理咨询、工程咨询、国际咨询或涉外咨询等几乎涵盖各个领域的信息咨询服务体系。但不容忽视的是，我国信息咨询业受起步晚、基础差、水平低等因素制约，信息咨询服务市场尚处于初级发展阶段，咨询服务市场机制不完善，与国外

---

[1] 吴景素："我国信息咨询业发展对策研究"，《内蒙古科技与经济》，2012 年第 11 期。

[2] 任欣："中国信息咨询业的发展状况及对策分析研究"，《图书情报研究》，2014 年第 3 期。

发达国家相比还存在很大差距。

一是信息产品知识含量低。目前，我国信息咨询业普遍服务质量不高，多数信息咨询机构只是向客户提供原始信息，而没有对信息产品进行深加工和二次开发。在信息资源的来源上，许多咨询机构也无法保证信息的准确全面，由于现有的数据库品种少，尤其缺少大型综合性的数据库，不能满足用户的信息需求和咨询业的发展需要，因此信息资源的匮乏也成为我国信息咨询业发展的瓶颈之一[①]。

二是缺少核心竞争力和明确的市场定位。决定信息咨询行业竞争能力的要素很多，其中核心竞争力和市场定位至关重要。现代企业竞争在根本上依靠的是企业的核心竞争力。各企业本身价值链发展不但要有自身特色，而且在资源优化整合和技术创新方面都要突出自身的核心产品或服务。目前，我国相当一部分信息咨询企业还没有明确的发展理念和市场定位，眼前的短期利益代替了公司长远发展的战略需要，这样最终将在竞争日益激烈的市场上被淘汰出局[②]。

三是缺乏有效的行业监督和管理模式。信息咨询业的知识产品综合性较强，这就要求咨询机构所提供的服务要具有一套完善的执行规范和评价标准体系，信息咨询人员也应具备较高的业务素质和服务能力。目前我国还没有一个对咨询业进行管理的统一机构，没有一个对咨询师和咨询机构进行认证的统一标准，这必然导致咨询市场秩序的混乱，阻碍整个咨询产业的发展。

四是全民科技信息化意识薄弱。信息消费意识和信息需求是发展信息咨询服务业最直接的推动力。目前，我国社会对科技信息需求意识不强，没有认识到科技信息能带来巨大的经济效益和社会效益。尤其企业对信息的重视不够，缺乏面对市场的长远目光[③]。

五是信息咨询人员综合素质参差不齐。我国目前还没有统一的资格认

①　鲍志华：“信息咨询业联盟体系的构建”，《图书馆学研究》，2012 第 9 期。
②　吴江梅：“我国信息咨询业发展综述”，《福建图书馆理论与实践》，2011 年第 32 期。
③　李鸥、杜峰、白玲：“浅谈我国信息咨询业的发展”，《科技与企业》，2013 年第 18 期。

证和考核制度，咨询人员的素质参差不齐。受过专门训练、精通咨询理论、方法和操作的人员较少，多数咨询人员的专业与咨询工作所需的知识技能相去甚远，既缺乏咨询的专业技能知识，又缺乏足够的实际操作经验[①]。

六是信息咨询企业规模小且集约化水平低。我国的信息咨询服务业与世界发达国家相比，尚处于规模较小、基础较差、手段较落后的阶段，难以融入国际市场。另一方面，我国的信息咨询机构集约化水平低，没有形成一个资源互补的集团或联盟，信息资源封闭，这种各自为营的格局导致我国信息咨询业总体上表现平庸、缺乏特色。

七是缺乏完整的政策条理和法律法规。国家政策对信息咨询服务业的发展有着重大的影响。我国政府部门虽然对信息咨询业已经相当重视，但是仍未出台一个完整的信息咨询产业政策，也还没有制定出明确的有关信息咨询行业的法律法规，制约了信息咨询产业发展的步伐。

3. 未来我国信息咨询业的发展潜力

一是我国市场经济的发展对信息咨询服务的需求迫切。目前，信息作为一种资源已经逐渐受到人们的重视，市场经济的顺利运转需要发达的信息咨询业提供信息保障。信息咨询机构已经成为市场主体中不可或缺的一部分，我国拥有广阔的需求市场，是信息咨询业发展的持久动力。

二是我国信息化的发展催生多元化服务项目。随着我国信息化的进展，信息咨询业也呈多元化发展趋势。我国的国有、私营、合资咨询机构数量迅速增加，规模不断扩大，档次不断提高，民间咨询机构数量已远远超过国有咨询机构，并且出现了一些非营利的咨询组织。另一方面，随着国外咨询机构纷纷进入我国开展业务，我国咨询业的格局已初步形成了国有、民营、外资三足鼎立的态势。虽然它们在规模、市场定位、营销手段、面临的问题等方面有很大差异，但三者之间也正在产生越来越多的合

---

① 李东业："我国信息咨询业的现状及发展对策"，《科技情报开发与经济》，2006 年第 22 期。

作关系，正在形成越来越多互补互利的业务联盟①。

三是中国加入 WTO 推动信息咨询业融入国际市场。中国加入 WTO，不仅为我国信息咨询业的发展带来难得的机遇，也开辟了广阔的发展空间。同时，国内的信息咨询市场也会对外开放，促使我国的信息咨询市场形成新的发展目标和服务方向。另外，加入 WTO 后我国的其他行业都将面临新的机遇和挑战，出现很多新的困惑和问题，需要通过信息咨询机构获取建议和支持，这在一定程度上扩大了信息咨询业的国内市场。

四是政府的支持和帮助促进信息咨询业的快速发展。目前，我国政府已经开始加大对信息咨询产业的投资力度，并在税收方面给予特殊照顾，这对我国信息咨询业的发展有着重要意义。另外，政府相关部门还通过宏观调控引导信息咨询企业内部的优胜劣汰和兼并重组，有利于该行业的健康稳步发展②。

五是管理技术和信息技术的变革推动着信息咨询业发展。一方面，改革开放以后，我国在管理思想、管理技术、管理理论及高新技术方面与国际实现了很好的接轨，在高新技术产业发达的地区，咨询产业也比较发达③。另一方面，信息技术的应用加速了咨询业的发展，互联网拥有信息资源和信息服务两方面的优势，不仅可以为咨询业提供大量的信息资源，还促进了咨询企业的信息化；人工智能技术的应用，为咨询服务过程中信息分析提供了技术支持，使得咨询过程更科学，提高了咨询产品的技术含量；数据库技术为咨询产业建立知识库，使大范围知识共享成为可能。

三、信息化促进我国服务业发展的政策建议

综上所述，信息化特别是新一代信息技术正给服务业发展带来革命性

① 吴江梅：“我国信息咨询业发展综述”，《福建图书馆理论与实践》，2011 年第 32 期。
② 任欣：“中国信息咨询业的发展状况及对策分析研究”，《图书情报研究》，2014 年第 7 期。
③ 马彩虹：“KST 咨询公司的发展战略研究”，南开大学硕士学位论文，2009 年。

影响，大力发展服务业是我国经济转型升级的重要内容。为进一步发挥信息化促进服务业发展的巨大作用，提出以下政策建议。

（一）制定具有中国特色的服务业信息化发展规划

开展信息化对促进服务业发展作用的理论研究，科学分析信息化对于促进服务业发展的直接贡献和间接效益，把服务业的信息化提升到"两化融合"的同一高度。结合我国服务业和信息化发展现状及特点，把服务业发展规划和信息化发展规划相融合，将服务业信息化列入"十三五"规划的重点内容，明确其发展方向、发展重点和发展路径。确立服务业信息化的组织协调牵头部门，加强各部门之间以及中央和地方之间的事权关系，形成分工合理、权责明确、聚合力量的推进工作机制。引导各领域、各地区加强服务业信息化发展的统筹规划，重点抓好重大信息化项目的统筹协调。

（二）提升信息化建设质量

各部门、各地方加强信息化建设的协调与配合，避免重复建设，重视利用现有的基础设施和技术设备，提高信息资源利用效率，提升应用能力和应用效果。着眼于当前和未来信息领域科学技术发展的需求，加大对前沿技术研究和关键共性技术研究与开发的投入，为高端技术突破和服务业升级提供有力支撑。

（三）加快服务业监管体制改革

深化服务领域的监管主体及监管方式的改革。参考互联网思维，创新行业监管思路和方式方法，以开放竞争、创新发展的原则对待新兴行业和业态的发展。根据不同服务业发展特点和要求，建立包括经济性规制、社会性规制及安全性规制的监管规范体系，最大限度减少行政性审批，重点加强合规性监管。同时加快推进行业协会、商会转型发展，在专业资质认定、服务资格认可、服务标准制定、服务行为管理等方面，注重发挥行业协会等中介组织的行业管理作用，加快形成合理有效的社会化管理机制。

（四）推动服务业信息化多元化投资

强化各类专项资金向服务业信息化领域项目倾斜，加大对前瞻性、公共性、示范性、创新性项目的支持力度。发挥政府的引导作用，鼓励服务企业不断提高其信息化应用水平，拓宽融资渠道，完善多层次资本市场建设，引导社会资本重点流向服务领域信息化，使私营部门在信息技术扩散中发挥重要作用。积极发展服务业信息化风险投资基金，在提供启动基金、营造良好金融环境、健全退出机制等方面提供积极的政策。政府资金和社会资金联合设立产业发展和创新基金，采取市场化运作。

（五）加强服务业信息化人才队伍建设

加大信息技术专业技能培训与信息化人才教育培训投入，积极引导高校进一步完善相关服务业信息化理论与管理的学科建设，培养适应服务业信息化和现代服务业发展需要的各类专业技术人才和高层次复合型人才。支持各类培训教育机构开展服务业信息化应用人才培训与职工教育工作，鼓励和支持企业的相关培训活动，多渠道强化继续教育及在职培训，提高服务业不同层次人才的业务能力。全面推进职业资格证书制度，建立服务业职业资格标准体系。从财政、税收等方面给予服务业信息化领域的高端人才更多优惠政策。

参考文献

[1] 2006～2020 年国家信息化发展战略 . 2006

[2] 服务业发展"十二五"规划 . 2012

[3] 国务院关于加快发展服务业的若干意见 . 2007

[4] 本刊编辑部 . 2012 年零售及餐饮服务业信息化发展机遇、趋势及战略 . 信息与电脑，2012（5）

[5] 鲍志华 . 信息咨询业联盟体系的构建 . 图书馆学研究，2012（9）

[6] 高巍 . O2O 看上去很美 . 程序天下事，2011（8）

[7] 高煜欣等 . 中国餐饮业 O2O 平台分类比较与启示 . 商业时代，2014（33）

[8] 郭怀英 . 以信息化促进服务业现代化研究 . 经济研究参考，2008（10）

［9］国务院发展研究中心信息中心 2013 年重点课题．电子商务经济促进中国经济转型升级战略．2013

［10］吉丽等．信息消费——经济增长新动力．通信企业管理，2013（3）

［11］来有为．生产性服务业的发展趋势和中国的战略抉择．北京：中国发展出版社，2010

［12］雷小清．信息化背景下的服务业发展．当代财经，2006（8）

［13］李东业．我国信息咨询业的现状及发展对策．科技情报开发与经济，2006（22）

［14］李鸥等．浅谈我国信息咨询业的发展．科技与企业，2013（18）

［15］吕丽莉．餐饮业电子商务 O2O 新运营模式研究．中国市场，2014（10）

［10］吕薇等．中国制造业创新与升级——路径、机制与政策．北京：中国发展出版社，2013

［16］马彩虹．KST 咨询公司的发展战略研究．南开大学硕士学位论文，2009

［17］秦海等．中国信息化发展水平评估报告 2013．北京：人民出版社，2014

［18］任欣．中国信息咨询业的发展状况及对策分析研究．图书情报研究 2014（3）

［19］任兴洲、王微．服务业发展制度、政策与实践．北京：中国发展出版社，2011

［20］商务部．中国电子商务发展报告．2012

［21］王耀中、张阳．信息化是现代服务业发展的重要推动力．光明日报，2009 - 12 - 8

［22］万玲玲．我国信息咨询业发展分析．农业图书情报学刊，2010（22）

［23］魏君英、张明如．信息化对现代服务业发展的影响研究．科技信息，2012（16）

［24］吴江梅．我国信息咨询业发展综述．福建图书馆理论与实践，2011（32）

［25］吴景素．我国信息咨询业发展对策研究．内蒙古科技与经济，2012（11）

［26］现代服务业领域总体专家组．2014 现代服务业发展战略报告．北京：科学出版社，2014

能源领域的信息化发展研究

一、信息化对能源技术创新和能源体系演化的影响

过去几十年间，大多数 OECD 国家的能源生产和消费系统有两大特点：高度集中和化石燃料为基础。尽管在可预见的未来，这种集中的系统仍然十分重要，但是我们也看到了可利用低碳能源的分布式配置的部分转变：朝着一个较为分散但是更加可持续的能源发展的未来为我们提供一种被称为"能源转变"（Jefferson，2008；Loorbach and Verbong，2012）的新的发展道路。可以预见，未来能源信息化将会逐步向以智能电网为链接，生产侧侧重于可再生能源、需求侧则电动汽车、智慧家电良好互动的智慧、低碳、安全的能源体系演进的态势。信息通信技术将对能源消费带来重大且深远的影响，概括起来可以分为三个层面（见图1）。

第一个层面是直接影响，重点是将更先进的信息通信技术融合到能源技术的发展中，促进能源技术的创新发展。

第二个层面是用能的影响，重点是利用先进的信息通信技术促进先进能源技术（包括可再生能源技术）等的广泛应用。

第三个层面是系统性影响，通过改变人们看待能源的认识及使用能源的习惯等，最终改变人们的能源消费行为。

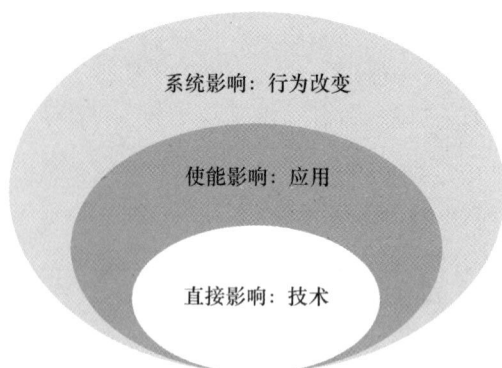

图1　信息通信技术影响能源系统的三个层面

【专栏1】　　　　**能源互联网与传统互联网的区别**

　　能源互联网是什么？里夫金（Jeremy Rifkin）所著的《第三次工业革命》提到："在即将到来的时代，我们将需要创建一个能源互联网，让亿万人能够在自己的家中、办公室里和工厂里生产绿色可再生能源。多余的能源则可以与他人分享，就像我们现在在网络上分享信息一样。"这里所说的能源互联网，实际上是一种隐喻，其实际意义是指"从分布集中的传统化石燃料以及铀能源向分散式的新型可再生能源转移"。

　　由于需要更加稳定、高效、安全的电网，以及实现以风能和太阳能为代表的新能源大规模替代化石能源，电网将不可避免地走向智能化和分散化。而这一趋势，正在从隐喻意义上的"互联网式的电网"转向真正的能源互联网，即用互联网、云计算、大数据技术来对能源系统进行现代化的管理。

　　此外，还有学者提出，能源互联网主要可以包括：传统煤电燃气的清洁高效利用、高耗能动力设备装置的节能降耗、风电光伏可再生能源的利用、分布式能源的广泛利用、新能源汽车和储能的应用、电力系统的智能化互联网化六个方面。因此，从特定意义上说，所谓能源互联网就是把以上六者有机串联融合起来的纽带。能源互联网是个价值经济体：安全、稳定、可靠、高效、节能、环保。

　　但是，能源互联网并不能同传统的信息化进行简单的类比，也无法照搬已有的信息系统技术。能源信息化所依赖的网络与传统的信息网络并不尽相同，其无法做到完全的去中心化。主要表现如下。

　　（1）传统信息网络为虚拟网络，以信息的流动为主要特点；而能源网络则为物理网络，以能源的流动为主要特点。

　　（2）信息在传输的过程中自身并无损耗，而能源在传输的时候则会发生较大比例的自身损耗。

　　（3）信息的传输限制较少，可以自由的进行交换；而能源则需要考虑安全、调度等条件限制。

　　因此，无法将能源信息化与传统信息系统等人为简单的技术移植。能源信息化的发展需要信息技术的进一步发展，将其进一步的融入能源网络中来，使能源流动与信息流动有机地结合起来，做到交互、分享、合作的发展要求。

　　除了按照以上三个层面来梳理信息技术与能源系统之间的逻辑关系之外，还可以从信息技术的进步对能源系统的安全、效率以及清洁发展等方面的影响进行分析。

　　在能源安全方面，信息化进一步保障了能源系统的稳定性。通过实时监测，可以有效地降低系统性风险和误差，使能源系统可以更加坚固地抵挡一般性物理冲击。而在系统遭遇到外来扰动时，信息设备可以及时、准确的定位故障点，从而可以最为高效的修复故障。

　　在能源效率提高方面，通过生产侧 ERP 技术的应用，可以大幅度优化行业生产销售链，从而降低成本，提高利润；而大量利用 GIS 信息模拟，则为能源的勘探、开采提供更为精确的参照，降低开采难度，加强对于相关人员的保护；同时，在可再生能源大量接入电网以及安装智能电表之后，通过在生产侧更好地进行调度，而在消费侧更为规范地引导合理的能源消费行为，从而大幅提高发电、输电、配电、用电等方面的效率。

在绿色发展方面，对于传统能源行业，通过信息化，优化生产行为，从而可以使用更少的原材料，消耗更少的能源，减少生产、运输、存储时的自身损耗，从而可以达到最优生产，节能减排。而在引入信息技术之后，可以更好地消纳可再生能源，对可再生能源发电进行更为准确的预测和优化调度之后，可以在能源系统中提升可再生能源的比例，这会进一步加强节能减排的成效，真正的实现绿色发展。

【专栏2】 信息技术对于能源系统安全、效率和绿色发展的影响
——以智能电网为例

在控制温室气体排放和应对气候变化挑战的大背景下，世界能源供需的理念正发生着重大而深刻的变化。通过发展清洁低碳能源、提升能源利用效率和保障能源的可靠安全供给来加快经济社会的绿色低碳转型已经成为全球共识。

近年来，我国可再生能源发展迅速，其中2006~2009年间并网风电装机容量年均增长约100%，增速位居世界第一。面向未来，我国提出到2020年非化石能源占整个能源消费的比重要提高到15%。鼓励在条件适宜地区以集中开发和分布利用相结合的方式，大力发展风能、生物质能、太阳能、地热等可再生能源，是实现这一目标的关键措施之一。但由于可再生能源的间歇性和不确定性特征，目前利用可再生能源发电还面临着上网难、消纳难和运行难的突出问题。

智能电网是电网发展的高级阶段，是能源技术和信息技术的充分融合。智能电网为实现清洁能源大范围配置或就地消纳提供了基础平台。发展智能电网，有利于增强电网对可再生能源的吸纳能力，优化能源供给结构，减少经济发展对化石能源的依赖。基于先进的信息、自动化、储能、运行控制以及调度技术，智能电网能够对新能源和可再生能源发电进行更加准确的预测和优化调度，改善其功率输出特性，既可以解决大规模新能源和可再生能源发电大规模上网带来电网安全运行的问题，也能够灵活接纳分布式清洁能源发电，从而促进清洁能源的开发，提高其在整个能源消费当中的比重，降低温室气体排放。

　　和传统电网相比，智能电网在管理高峰负荷、提高传输效率和可靠性、促进可再生能源开发以及改善需求侧响应等方面的功能更为强大。通过发展智能电网，能够改进在发电、输电、配电、变电、用电以及用电终端等各个环节的效率（见表1），降低能源消耗，减少温室气体排放，推动传统发展模式的绿色低碳转型，从而提高经济、社会和环境的可持续发展能力。

表1　　　　　　　　智能电网技术采用前后各环节效率比较　　　　　单位：%

项　目	不采用智能电网技术	采用智能电网技术
各种可再生能源的接入	<13	>30
用户响应	5	15
接入电网的用户端		
小型发电设备	<1	10
发电设备利用率	47	90
传输设备利用率	50	80
配电设备利用率	30	80

　　数据来源：美国国家能源技术实验室（NETL）。

　　美国能源部西北太平洋国家实验室（PNNL）2010年的一项研究表明，如果智能电网能够得到广泛应用，到2030年美国的二氧化碳排放量将降低18%。其中，智能电网技术的直接应用贡献12个百分点，而节约能源成本进一步投资到低碳技术上还可以贡献6个百分点。

　　根据研究估算，如果我国能够在2020年基本完成对传统电网的智能化改造，通过降低电网的线损、减少发电燃料消耗、提供用户用电效率、发展电动汽车以及新能源和可再生能源的发展，相对于不采用智能电网的情景，2020年可以减少约2.2亿吨标煤的消耗，相当于减少近5亿吨二氧化碳、490万吨二氧化硫、220万吨NOx以及380万吨总悬浮颗粒的排放（见表2）。

表2	我国发展智能电网的节能减排效益（2020年）			单位：万吨	
具体环节	能源	CO$_2$	SO$_2$	NO$_x$	TSP
降低线损	210	445	5	2	4
减少发电燃料消耗	6100	12932	134	61	104
节约用电	12000	25440	264	120	204
新能源和可再生能源	000	8480	88	40	68
电动汽车	—	2100	—	—	—
合计	22310	49397	491	223	379

注：节能量的估计来自国家电网能源研究院（2010），二氧化碳、二氧化硫、氮氧化物以及总悬浮颗粒减排量则根据节能量和相应的排放系数乘积得到。

资料来源：DRC，施耐德。

两种思路分别从信息技术对于能源系统的演进的角度以及对于能源系统各方面的影响来进行阐述。本报告以前一种角度进行论述，即通过说明信息技术对于能源技术、应用以及人们行为规范为线索，来说明能源信息化的历史、现状和发展。

1. 信息技术对能源生产侧：以可再生能源为例

风力、太阳能发电具有变化性和不确定性。电力行业的变化性以及不确定性在电力系统中一直存在，近几十年来，通过调整需求水平以及停止一些发电机组，人们已经降低了这种不确定性。但是风能以及太阳能发电所带来的随机性却与之前的不尽相同。风能可能会以更快的速度以及更广的范围改变，其大大超过了电力需求的变化。与风力相比，太阳能大体来看更加符合周期特性以及与负荷的关系更为密切。但是，在没有储能设施的小型太阳能发电工厂，太阳能发电可能会比风电波动更大，更难预测。而在阴雨天气，太阳能发电同样也会有大幅的下降。考虑到每天的风速以及云量很难及时预测，因此，电网中如果接入大规模的可再生能源，势必需要更多的备用发电机组，这将导致成本的上升。

在这种情况下，提高可再生能源发电的准确预测就显得更为重要了。IBM在2013年对外发布了一项结合大数据分析和天气建模技术而成的能源电力行业先进解决方案，来提高可再生能源的可靠性。这个名为"混合可再生能源预测"的解决方案，利用天气建模能力、先进的云成像技术和天空摄像头，实时跟踪云的移动，并且通过涡轮机上的传感器监测风速、温度和方向。通过与分析技术相结合，基于数据同化系统，能够为风电厂提供未来一个月的精准天气预测或未来 15 分钟的风力增量。

除了加强对新能源所必需的天气预测之外，信息技术还对新能源机组本身进行了改造，如江苏江阴远景能源所研发制造的"智能风机"。远景能源研发的"智能风机"在叶片和风机内部加装温度、风速、转速、压力、电量、振动等多种先进传感器，使风机能够准确感知自身状态和外部环境。这些传感器采集的数据将汇集到每台风机上的 PLC 控制器中，该控制器集成了数据分析系统、主动性能控制系统和决策算法等技术，可使风机根据不同情况自主优化控制策略和运行方式，从而让每台风机都能"思考"。单台智能风机将根据风向、风速等数据对风机朝向、叶片角度等进行调整，让每一丝风都"物尽其用"，提升风力发电效率、增加风电并网的容量，并可精确控制整个风场的输出电量。远景能源还将机组智能化控制与云计算相结合，突破性地将智能机群升级为智能风场，通过与相邻机组的信息共享，每台机组不仅可以感知自己的工作状态，也能依此判断出与相邻机组的相互影响，从而通过智能协调优化全场发电量，提升发电效率 20% 以上。高效率智能风机的出现提高了风电资源的开发范围，使得占中国风资源 60% 以上的低风速区域得到有效开发。以安徽省为例，最初，由于风资源条件限制，该省没有风电发展规划，随着低风速风机的发展，将安徽风电开发规划从零增加到 150 万千瓦。

2. 信息技术对能源消费侧的影响：以能效管理和需求响应为例

长期以来，制约能效提高的一个重要障碍就是无法精确量化能源数据，使得没有对能效问题产生足够的重视，也错失了很多提高能效的潜在机会。随着信息技术的发展，对能源数据进行精确量化的技术障碍基本不复存在。在工业领域，较为先进的能源管控中心可以实现对电力、蒸汽、水等多种能源数据的采集和监控；在建筑领域，也能够实现耗电量、耗水量、耗天然气量、耗冷量、环境传感器参数、配电参数等能源数据、环境数据、监控数据的实时采集，以及发送至远程能源管理平台（如图 2 所示）。

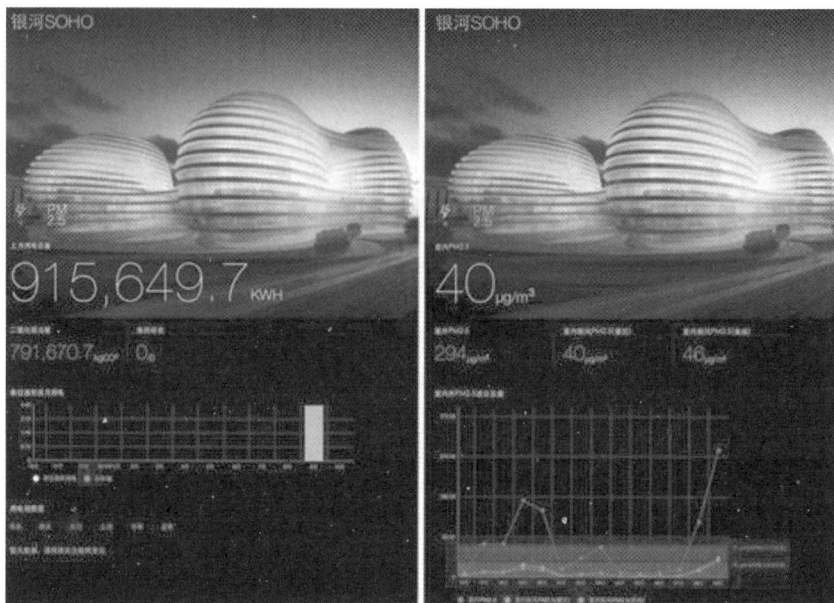

图 2　北京银河 SOHO 能耗及 PM2.5 信息实时显示情况

先进能效管理技术带来的精确量化又可以分为两个层面：一是数据化，能够全面、实时地监测不同流程、不同环节、不同设备的多种能源使用数据。二是可视化，即能够将能源数据以一种更易理解、更直观的方式呈现在相关利益主体特别是决策者面前，可视化只是在数据化的基础上前进了一小步，但带来的潜在影响可能是巨大的。

除了要有精确量化的基础之外，还需要在此基础上开展综合评估工作，这就需要使用集中处理的平台软件。利用这种软件，可以将分散化的能源数据集中到一个统一平台上，进而可以全面综合地评估能源使用现有方式的问题所在，为系统解决提供坚实基础。这主要是由于先进信息通信技术的快速发展，平台软件已经成为现实。在工业领域，先进的能源管理技术已经融合了集中式的能源管理调度指挥手段和信息化平台；在建筑领域，可以用一个系统对建筑各子系统进行整体的智能化管理，将多种技术整合在开放的、灵活的技术平台上（需要用到 IP 和网络服务），并能够连接特定应用并设置不同级别。如图 3 所示施耐德 HIVE 大楼一体化控制软件平台。

图3 施耐德电气 HIVE 大楼一体化控制软件平台 Struxureware

在精确量化和平台处理的基础上，就有可能利用能效管理技术和专业知识提供一种系统性的能效解决方案，综合运用技术改造、流程再造、管理提升、观念认识和行为模式改变等一揽子手段实现能效提高和能源节约的目标。

信息技术对消费者行为影响的另一个方面便是需求响应（demand response）。它是指电力用户根据市场价格信号或者激励机制做出及时响应并改变自己的电力消费模式行为状态，改变了以往电力用户单方面被动纳入市场体系中的角色，使得用户更为主动、积极地调节自己的行为习惯，以更加深入地参与市场。其可以划分为基于价格的需求响应，如分时电价、实时电价等，以及基于激励的需求响应，如直接负荷控制、需求侧竞价等。

除了需求响应之外，信息技术的发展还促进了家居以及汽车的革新，新一代的智能家居以及电动汽车反过来又可以进一步推动能源信息化的发展。80 年代末，由于通信与信息技术的发展，出现了通过总线技术对住宅中各种通信、家电、安防设备进行监控与管理的商用系统，这在美国被称为 Smart Home，即智能家居。智能家居利用先进的计算机技术、网络通信技术和综合布线技术，将与家居生活有关的各种子系统有机地结合在一起，通过统筹管理优化人们的生活方式，帮助人们有效地安排时间，增强家居生活的安全性，甚至为各种能源费用节约资金。智能家居对于人们的用能行为有了更加深刻的影响，如定时控制功能。通过无线遥控器或液晶控制面板操作，设计家电的定时启停计划，如利用夜间电费比白天便宜的情况，实施热水器定时开启的设备运行计划，达到节约电费的目的。又如空调智能控制系统，其具有设置、规划、控制、统计、分析、记录、查询、提示、报警等功能，实现在不同领域内对各个空调智能终端的个性化管理，根据不同需求（开启时间、关闭时间、房内的实时温度、适度、负离子含量等）实时智能启动相应的程序，同时，用户可以自由设置访问权限，利用互联网实现远程监控。

【专栏3】   **电动汽车对能源系统平衡的作用**

电动汽车的出现在一定程度上解决了智能电网可再生能源出力不稳定的困境。智能电网中由于可再生能源发电受天气和气候的影响很大，出力难以控制。为了解决这一问题，可从两个角度入手，一是在负荷高峰通过需求侧管理调整用户用电习惯，二是通过大量储能设备，在电力丰富的时候储存能源，在电力短缺的时候释放能源。电动汽车及其动力电池则恰恰可以扮演这两种不同的角色，电动汽车的动力服务作为一项庞大的负荷，将可能占据整个电网负荷的极大比重，其运行对于电网安全会产生重大影响；而另一方面，电动汽车的动力电池作为一种储能装置，其能量存储的总量对于电网来说又是一种保障和优化电网运行的积极资源。当电动汽车作为负荷时，可以通过技术手段和经济手段合理安排充电时间，实现有序充电管理，达到移峰填谷的效果，提高系统运行效率，减少对电网安全的影响；当动力电池作为储能装置时，可以将其

作为系统的备用。据统计，如果把北京所有公交车更换为电动车，其用电容量可达到全市用电负荷的 10%。北京的电力峰谷差基本在 40% ～ 50%，如果电动车全部夜间充电，那么至少可以减少 10% 的峰谷差。通过智能电网相关技术，在大规模接入电网时实现充电过程智能化管理，把电动车的需求尽量转移到低谷时期，从而提高电网对于电动汽车的接纳能力，取得更大的节能减排效果。

3. 信息技术对能源系统效率的提升：智能电网

"能源转变"发展道路中不得不提的便是智能电网以及智能电表，其将信息技术引入电力生产与消费之间，增强了电力用户与供应方的双向联系，从而重塑电力行业的面貌，使得能源系统变得更为稳定、高效，为信息技术应用于能源生产和消费端奠定了坚实的网络基础。

智能电网（Smart grid）可以被描述为"以动态管理能源流和信息流为特征的社会 – 科技网络，以更好地控制分布式发电、储能、消费和灵活电能需求"[1]。目前，人们普遍认为智能电网具有提高能源效率、减小对环境的影响、提高供电的安全性和可靠性、接入分布式发电、实现与用户间的互动等多个优点。鉴于此，欧盟提出了将智能电网作为"低碳电力系统的基石"[2]。智能电表则是智能电网中的重要组成部分。作为"笨拙"的传动电表的电子"继任者"，智能电表可以使得用户更为细致地调控能源的消费（生产），同样可以在用户和电力供应方之间提供双向交互的能源和信息流。

其中，信息流主要体现在需求响应实施机构可以随时收集、统计、分析用户的需求，在电网运行中动态整合该信息，以提高电网稳定性、安全性以及可靠性。而用户则可以随时了解电网实时动态，更加合理安排自己的用电方案，以更好地管理、优化、节约电力的使用。而电能流主要体现

---

① Wolsink，2012，

② European Commission，2011. European Commission，2011. Smart Grids：from innovation to deployment，European Commission Directorate – General for Energy，Brussels. Available at：〈http：//eur – lex. europa. eu/LexUriServ/LexUriServ. do？ uri = COM：2011：0202：FIN：EN：PDF.

在电力用户打破了原有的只消费电力的模式，转变供需双方可以双向供电。在智能电网中，借助于智能电表——具有双向计量和通信功能的系统工具，用户可以向电网供电。

在用电方式上，交互式智能电网相较传统电网也发生了重大变化。传统电网下，用户收到电费账单才能了解每个月的用电情况，电力分配缺乏透明性，而且用户也无法获知用电来自各种一次能源（如煤炭、核能）或其他可再生能源（如太阳能、水能、风能）的比例，以及这些能源的发电设备在发电过程中排放的有害物质数量。而在智能电表可视化用电功能的帮助下，则可以解决这些问题。可视化用电属于云计算服务的一种实际应用，其利用配电板等设置传感器，通过互联网采集电力消耗数据，并实时显示迄今为止使用了多少电力，一旦超过节电目标，可发送信息提醒用户。

智能电表除了可以实现对用户实时用电信息的记录，使用户可以更好地了解自身的用电习惯；还可以使得发电公司更好地掌握用户的用电规律，以实现按动态电价收取用户电费；除此之外，还可以实现故障定位、电能质量监测与窃电监测等功能。

【专栏4】　　　　　　　　　**天然气行业信息化**

天然气企业因为面对众多用户，经营着庞大的管网以及设备，需要更为先进的信息化系统才能满足需求，为用户提供优质的服务。

目前天然气行业的信息化主要集中在营业收费管理系统、客户服务中心、实时监测自动维护系统以及终端警报设备等方面。

天然气的营业收费十分复杂，涵盖安检、收费和银行间收费等数据。目前的智能气表，可以实现远程电子抄表功能，省去了大量的人力，更为方便快捷地读取、存储用户消费信息，从而为进一步准备预测用户需求、优化天然气调度提供了良好的基础。

实时监测以及自动维护则极大地提高了管网的安全性，通过在不同的管道放置安全阀监测压力，从而可以实时对管网进行监控。当管网发生泄漏事故等，即可通过压力异常信息快速确定泄漏点，提高了天然气管网维修的快速反应能力和系统的安全性。此外，在管网维修过程，使用了如机器人等高科技设备，代替人力进入到比较狭窄危险的地段进行设备维修工作。

在终端用户方，则安装了安全警报阀，对一定范围的天然气浓度进行实时监控。当气体浓度超过一定限度的时候，则会立即切断气体的供应，保障消费者的人身财产安全。

在发生电网故障时，传统电网是由用户通过各种渠道告知供电公司，供电公司接到故障信息后，经过人工派单，由抢修人员赴现场进行故障排除，用户在家被动等待故障修复。而在智能电网下，用户可通过多种途径保修故障，供电公司也可通过电力故障抢修管理系统（Trouble Call Management System，TCM）实时了解线路运行情况，在发生电网故障时，TCM 通过集成的生产管理系统（Production Management System，PMS）、数据采集与监视控制系统（Supervisory Control And Data Acquisition，SCA-DA）、分组无线服务技术（General Packet Radio Service，GPRS）等显示并快速定位故障点。双向的故障信息流通实现了抢修资源的最优调度，提高了抢修效率。在故障修复过程中，用户可通过电脑互联网、手机等门户网站实时了解故障抢修情况，故障抢修信息更透明公开，提升故障抢修业务的客户满意度。

4. 信息化技术对于煤炭行业的影响

随着信息化的不断发展，其与关系各产业的结合日趋紧密，目前国际上的煤炭信息化多集中于煤矿安全生产、行业数据采集以及节能减排等方面。具体如下。

在煤矿安全生产方面，主要包括数字矿山以及煤矿井下信息系统开发等。目前对于采矿机器人、地学模拟、矿山定位、矿山地理信息系统等方面的研究较多，但由于矿下地质条件复杂、恶劣，很多在地面上已获得广泛应用的信息技术无法在井下使用。

行业数据采集则侧重于整合行业数据平台，建立相应的数据库，达到信息交流和监督，对于进一步规划行业发展、检测行业发展状况有着积极的意义。另外，在历史数据收集的基础上，可以进一步发展煤炭交易中心、现代煤炭物流、煤炭战略储备、在线交易等贸易方式，这些都需要信息技术的大力支持。

在节能减排方面，不同于煤矿安全生产、行业数据采集，多集中于大量消费煤炭的部门。其可以通过优化生产以及实施监控两大手段实现。信息化可以部分实现生产作业过程中的自动化，精确控制原料投入等，减少能源、原材料的消耗以及污染排放，同时，也可以降低在管理过程中的煤炭损耗等。而对于实时监控系统来说，在实行了碳市场或者碳税政策之后，企业将把自己的排放数据实施进行联网上报，因此，可以随时调整自己的生产或者升级改造技术手段，以达到节能减排的目标。

长期以来，我国一次能源结构一直以煤炭为主，煤炭行业在能源供应以及能源安全的保障上有着突出的战略意义。然而，其又有着碳排放大、矿下作业安全问题较为突出等短板。煤炭行业的健康发展不仅关系着居民的日常生活，更关系着电力、化工、供热、钢铁等基础产业的发展，因此，煤炭信息化程度日益成为衡量工业现代化水平的重要标志之一。

目前来看，随着煤炭工业的快速发展，我国煤炭信息化发展迅速，取得了一定的阶段性成果。但同时我们也可以看到，目前煤炭信息化基础仍然较为薄弱，对于行业信息化界定不够清晰，缺少整体发展规划以及政策支持，关键技术处于瓶颈期，人才队伍建设梯队落后等问题也并未完全解决，因此，如何在"新常态"形势下切实做好煤炭工业清洁可持续发展、产业升级转型，仍需要克服很多难题。

5. 信息化对于石油行业的影响

国际上的石油行业信息发展同煤炭行业相比，有着较大的不同。煤炭行业市场参与主体多，存在着"搭便车"的现象，因而对于煤炭生产测信息化的投入仍相对不足。而石油行业由于行业聚集度较高，因而其对于信息化的资金、人才投入相对积极。如大型石油企业均集成了数据库技术，通过互联网，可跨地区实现生产现场管理，同时通过 ERP 系统，对于石油行业的供应链进行优化分析，在行业上、中、下一体化的背景下，对于产业的购进、调运、销售、库存等方面进行精细化管理，从而降低系统风险，扩大整体利润。

而在国家层面上，信息化对于石油行业的影响则更多地集中于应急信息的处理和响应方面。通过建立能源储备预警系统，实施监控石油储备数量、地点等信息，从而可以切实保障能源供应的安全和稳定。

二、国内外能源领域的信息化进展

国外能源信息化发展较快，能源体系正逐步转变；国内也较早提出智能电网等概念，尽管在局部领域有所推进，但在实际发展的过程中仍存在一些问题。

1. 可再生能源领域的信息化发展

目前，美国在天气的预测精度和实时性上处于领先位置。IBM 的"混合可再生能源预测"的解决方案，利用天气建模能力、先进的云成像技术和天空摄像头，实时跟踪云的移动，并且通过涡轮机上的传感器监测风速、温度和方向。通过与分析技术相结合，基于数据同化系统，能够为风电厂提供未来一个月的精准天气预测或未来 15 分钟的风力增量。此项目是基于另一个 IBM 与丹麦的全球风电涡轮机制造商 Vestas Wind Systems 合作开发的智慧分析创新方案。Vestas 借助 IBM 的大数据分析和超级计算技术，使之能够整合来自天气预报、潮汐、传感器、卫星图像、林砍伐地图、天气建模研究所得到的海量级数据，进而策略性地设置风力涡轮机组。这不仅改善了能源的产出，同时可以降低整个项目生命周期所需的维护和运营成本。

我国在可再生能源智能化发展方面也取得了长足的进步。远景能源率先研发创新并设计出"智能风机"，利用自主研发的核心智能控制技术，彻底突破并超越了传统风机的技术禁锢，使得风机发电效率提升15%～20%，从而显著提高了开发商的资产投资回报。比如，远景能源推出的采用全球首创的局部变桨技术和碳纤维主轴技术的3.6MW新概念海上风机在丹麦风场独树一帜，能有效应对台风工况，并大幅降低海上风电建设成本20%以上，成为全球未来风机的标杆；另一款是专门针对中国近海风电开发而设计的高可靠性、高效稳定的4MW海上风机。其运用全球首创的激光雷达测风技术和智能化控制技术，使得发电效率要比同类产品高20%，成为中国近海风电开发的首选机型。远景能源是目前业内装机规模最大和业绩时间最长的智能风机设备提供商，累计装机超过200万千瓦。远景能源全球首创的基于智能传感网和云计算的智慧风场全生命周期管理系统，迅速占领全球市场，已经成为全球领先能源资产管理公司的管理操作系统，为其提供全生命周期的能源资产管理软件服务。远景目前管理着包括美国最大的新能源公司之一Pattern能源、美国大西洋电力公司以及中广核集团等在内的1000万千瓦的全球新能源资产，预计未来2～3年内达到1亿千瓦规模，成为全球第一的智慧能源管理企业。

2. 能源需求侧的信息化发展

为了应对能源危机以及日益严重的气候问题，美国29个州建立了可再生能源标准，要求在电网中保持一定比例的可再生能源。由于分布式能源的间断性和非峰时时段性，需求侧通过可中断负荷、动态能源储备等手段减少高峰时段的能源需求。Georgia power公司推行世界上最大规模的实时电价项目。同时一些IT企业瞄准商机，展开软件开发，如Google公司的智能电表软件powermeter，OATI公司的WEB smart retail软件。

欧盟的需求项目的状况为：现今欧盟15国广泛使用的系统ECMS（针对终端用户的电力设备），为了降低成本以及完善的利用作为通信媒介的配电网，该终端提供了可编程的自动用电管理方案。而ADDRESS项目是利用需求侧的广泛资源建立一个实时、高效、灵活、高质量的电价参与响应模型，且将受用群体扩大到整个需求侧用户，大到工商业用户，小到家庭用户，均可参与。

由于国内电力市场的建设远不如国外开放，现国内实行的需求侧项目仅限于政策手段，通过一定的政策支持改变现有电力用户的用电习惯，从而产生对节能及负荷整型的目标。上海市电力公司的需求侧管理项目，通过采取调整轮休制度和调整作业程序，将高峰负荷时的大用户用电调整时段作业，配合蓄冷空调和一定的政策宣传，从而做到移峰填谷，达到一定负荷整型的效果。这些远远不能适应交互式智能电网对需求侧管理的目的。

【专栏5】　　　　　　　德国售电侧的信息化服务

很多新兴的能源互联网服务公司也专门在售电侧进行了商务拓展和开发。如德国"能源大门"的能源互联网公司，其推出了一个在线的能源交易信息查询和服务平台，以及手机及 iPad 平台的移动应用版，可以方便地让售电公司或个人用户查询实时电力交易信息和交易量、日前市场的变化和期货市场的批量交易信息。除此之外，重要的行业消息，涉及电力、天然气、煤、石油和可再生能源的相关动态和分析报告也可免费浏览。

而在个人用户端，不少售电公司都纷纷推出了移动账户管理端应用App。如德国鲁尔区的传统电力公司 RWE 推出的一系列移动应用，包括企业群、个人电费管理、智能家居控制和电动车充电等各种应用，除了可以方便地管理自己的电费账单、查阅用电数据和各种价目，同时还可搜寻附近的充电桩，控制家里可远程调控的电器设备，了解最新的电价和能源信息。

除此之外，很多售电公司最需要的服务是如何阻止客户流失和吸引客户加入。因此，新型的客户数据库管理和智能分析系统是很多售电公司急需的互联网端服务，也有很多公司应运而生提供各种专项服务。如IQ1 的柏林公司就可以依旧 SAP 的客户信息系统直接分析客户数据，若通过大数据分析得到客户将要更换电力公司的结论，就会主动联系客户进行新价目的游说活动，以最大限度地留住主导客户。

---

3. 智能电网发展进展

美国发展智能电网大致有以下几方面：一是关注现有电网基础设施的升级和更新，提高供电的可靠性，避免发生大面积停电事故，防止恐怖袭击；二是最大限度地利用其突飞猛进的信息技术、通信技术和计算机技术，将其与传统电网紧密结合起来；三是利用其先进的表计基础设施（advanced metering infrastructure，AMI）和需求响应（demand response，DR）等技术，实现与用户间的双向流动，促进电力公司在不断开放的电力市场中更好地为客户服务。

欧洲发展智能电网大致有以下三个方面：一是供电的安全性问题，包括一次能源的缺乏、提高供电能力、供电可靠性和电能质量；二是环境问题，包括实现京都协议，关心气候变化，保护自然环境；三是国际市场问题，包括提供低廉的电价和提高能效，进行创新和提高竞争能力，有关垄断的管制规程等。

而在智能电表的发展方面，各国的发展思路以及推动力量也有所不同。在日本，IT 企业无疑是推动可视化用电的主要力量。目前日本已经存在着许多以企业管理部门为对象的电力消耗量可视化服务。

在欧美国家，主要由电力公司引进和设置智能电表，并积极推广可视化用电，IT 企业则起到了推波助澜的作用。其中一个实例，就是由美国谷歌公司和微软公司提供的以普通家庭为对象的可视化用电服务。谷歌公司的"PowerMeter"以及微软公司的"Hohm"，均利用互联网采集电力消耗量，除了实现可视化服务之外，还提供与邻居家庭的比较、节电建议等信息。提供 PowerMeter 的电力公司，有美国的蓝岭电力公司、圣地亚哥煤气电力公司以及英国的 Firstutility 公司等。上述电力公司通过在用户家中设置对应于 PowerMeter 的智能电表，采集电力消耗量数据。Hohm 则由美国埃克西尔能源公司以及西雅图城市之光公司等签约公司，负责向微软提供电力消耗量数据，普通家庭即使不安装智能电表，也能够看到电力消耗量。

我国发展智能电网的驱动力与欧美稍有差别，我国把充分满足用户对电力的需求放在首位。由于我国国民经济的持续高速发展和能源基地与负荷中心相距甚远的特点，以及我国的经济发展水平，使得我国将以特高压电网为骨干网架、各电压等级电网协调发展的坚强电网建设作为发展智能电网的物理基础。由于我国在输电网侧的智能化技术已经取得较大的成果，因此智能电网技术的开发重点还是应该放在配电和用电侧。

4. 中国能源信息化工作的进展

总体来看，目前我国能源信息化在能源的供应侧方面取得了一些较大的发展；而在需求侧、应用侧方面则存在着投入不足、发展滞后等问题。

在能源供应侧，我国信息化工作发展迅速，取得了显著的效果。不仅有相关政策支持，取得了一定的成果，并在标准化工作上也取得了较大的进展。在政策支持方面，2010 年和 2011 年政府工作报告中都提出了"加强智能电网建设"，并将智能电网建设纳入国家国民经济和社会发展"十二五"规划纲要中。2012 年 5 月，科技部发布《智能电网重大科技产业化工程"十二五"专项规划》，明确提出了"十二五"期间智能电网科技发展思路与原则。2013 年 3 月 11 日，科技部和发改委印发《"十二五"国家重大创新基地建设规划》，将智能电网与特高压入围国家重大创新基地建设。而作为国家电网运行主体，国家电网公司于 2009 年发布了"坚强智能电网"发展规划，将智能电网发展分为三个阶段：2009～2010 年为规划试点阶段，重点开展坚强智能电网发展规划工作，制定技术标准和管理规范，开展关键技术研发和设备研制以及各环节试点工作；2011～2015 年为全面建设阶段，加快特高压电网和城乡配电网建设；2016～2020 年建成统一的"坚强智能电网"。国家电网制定了《坚强智能电网技术标准体系规划》，明确了坚强智能电网技术标准路线图。2010 年，国家电网公司发布《关于加快推进坚强智能电网建设的意见》，确定了建设坚强智能电网的基本原则和总体目标。而在主要成果方面，通过智能电网试点及推广建设，取得了一些重要的成果，如特高压交、直流工程；取得多项大规模新能源发电并网关键技术的研究成果，支撑了新能源的开发、消纳和行业发展；一批智能输电技术得到广泛应用，实现了输电业务的精益化管理和电网安全运行决策。智能电网调度技术支持系统全面推广应用，建成投运了31个省级以上的智能电网调度技术支持系统，提升了大电网安全运行水平。

在天然气的信息化发展方面，则实现了数字化管网技术以及数据采集监控系统（SCADA）、燃气管网信息系统（GIS），同样有效地促进了能源信息化在天然气行业的发展。SCADA（数据采集与监控）系统最先在陕京线天然气管道中应用，之后广泛应用，技术水平逐渐提高，目前基本实现"有人值守、无人操作、远程控制"的目标。SCADA可对主干管网输配系统进行数据采集和监视管理任务，其将各个远程站的数据进行处理、分析、存档，并向各远程站发送调度以及控制指令。GIS则提供管网规划、电子图档、管网设施管理、日常维护等，同时包括抢修车辆GPS/AVL定位等。

在需求侧方面，能源信息化同样也取得了一些成果。但相对来说，并不如供应侧那么显著。在智能电网的发展方面，目前已在15个省完成了输变电设备状态监测系统部署。加快了配电自动化以及配电网自愈控制等技术的研发和建设，在64个城市核心区域建设配电自动化系统，提升了配电网的智能化运行水平，对用户用电信息进行了采集。除此之外，还新建了电动汽车充换电服务网络，带动了电动汽车相关产业的快速发展。而在天然气领域，则引入了客户信息管理系统（CIS）。CIS主要应用于主干网大用户信息管理、实时用气工况管理以及用户报修信息管理等。该系统的建立，可以进一步掌握天然气大用量客户动态，及时为客户提供服务，受理用气故障及进行报修等。

虽然目前来看取得了一些进步，但需求侧以及应用侧的信息化仍然有着很大的发展空间，其原因是多方面的，如能源价格固定，很多能源终端成本管制，价格相对较低，而能源产品下游的信息化是以价格具有相当大的弹性，因而可以实时变动，从而对消费者产生影响的。因此，相对较低的价格，导致了能源生产测没有积极性在下游推动信息化。供需双方缺乏互动，无法充分发挥效益。在下游，目前最多相对成熟的技术设备便是电子抄表，但还是集中在能源生产者对消费者信息的收集上，信息包括能源均是单向流动，缺乏双向流动，能源信息化多集中在上游，下游的设施应用很少。

三、我国能源领域信息化发展存在的主要问题和体制原因

从能源领域信息化发展的角度来看，存在以下问题。

1. 能源生产和传输领域的软硬件投入较大，但实际应用不够

我国能源生产和传输的环节在生产设备和信息化设备上的投资力度都较大，网络基础设施比较完善，信息化的应用水平较高。但是，管理信息化的应用水平还较低。以电网调度为例，省级及以上调度日前和实时调度计划、安全校核功能及可视化展示与分析等方面的研究与应用尚处于起步阶段，与国外先进水平有较大差距；跨区域（大流域）水电优化调度、水火互济和风电场出力预测技术仍处于研究阶段。现有各应用系统大多是针对不同调度业务要求单独进行设计和定制开发，造成现有调度技术支持系统的整体性差、结构不合理、运行维护困难、安全防护和数据共享能力弱，难以实现扩充和升级。

2. 需求侧设施不足，用户与能源企业的信息互动少

仍以电网为例，电网企业缺乏较先进的与用户进行双向信息交互的技术支持系统，因此，无法处理从用户端收集的海量信息，无法根据业务需要分析生成相应策略，并将用户需要的信息传递给用户。配电网没有形成具有高速率、大带宽、不间断特性的信息交互通信网。这些问题客观上制约了智能电网的发展。终端用户智能电表的应用还处在起步阶段。目前，我国终端用户的电表大部分仅能显示电量，不能为用户提供更多有用的信息。

3. 关键设备的核心技术尚未完全掌握

关键设备依然缺乏，不能满足智能电网建设的技术需求，更为重要的是缺乏建立统一规范技术标准体系的主导机构。智能电网是最先进的能

源、电力、通信、IT、新材料等产业的集成，它需要电力传输网技术、网络技术、通信技术、传感器技术、电力电子技术、储能技术等的有力支撑，需要形成跨不同行业、不同技术领域的统一规范的技术标准体系。但是，智能电网标准体系的建立是一项庞大的工程，非一个组织之力能完成。而当前，我国正缺少建立统一规范技术标准体系的主导机构。

当然，上述信息化发展中存在的问题，有发展时间较短、发展基础较差的原因，也有体制机制上的障碍。

第一，战略定位不清，落实推进不实。欧美国家多将能源信息化上升为国家战略，得到国家的立法保证。我国虽然将发展智能电网列入"十二五"规划，但对其发展的方针和政策尚无明确的法律法规，而对其他包括天然气在内的能源则缺少整体的规划。这便增加了能源信息化建设的不确定性和分散性，降低了其战略地位。

第二，尚未建立可支持能源信息技术大规模部署的市场机制。一个合理、有效的动态价格体系是智能电网实现各主体间互动化的基础。如电动汽车发展、需求响应的实施都需要建立相应的市场机制和商业模式，而中国由于缺乏用户侧电价，对用户参与电网运行管理造成了障碍。

【专栏6】　　　　　　　　**需求响应与价格机制的关系**

信息技术对消费者行为影响最为显著的方面便是需求响应（demand response），其是指电力用户根据市场价格信号或者激励机制做出及时响应并改变自己电力消费模式行为状态，改变了以往电力用户单方面被动纳入市场体系中的角色，使得用户更为主动、积极地调节自己的行为习惯，以更加深入地参与市场。其可以划分为基于价格的需求响应，如分时电价、实时电价等，以及基于激励的需求响应，如直接负荷控制、需求侧竞价等。

峰谷分时电价是指对不同用电时间段采取不同的电价。电力公司根据电网的负荷特性来确定用电高峰和低谷时段，从而制定相应的电能价格。用电高峰时期提高电价，用电低谷时期则降低电价，用户根据电价

的高低采取相应措施，改变自身的用电情况，从而达到削峰填谷、调整负荷曲线的目的。峰谷分时电价机制能够促使用户主动根据分时段的电价来调整自己的用电方式和用电习惯，将部分高峰时期用电转移到低谷，以节约电费，从而实现需求响应。

实时电价是指在电力市场条件下，以电能边际成本为定价依据，着重于电力的瞬时供需平衡，兼顾电力系统安全运行的一种定价方法。实时电价使边际成本电价原理更清晰地表达出来，反映各时刻供应与需求的关系，由自动反馈调节用户负荷，由用户自行决定自己的用电时间，达到削峰填谷的效果。

直接负荷控制（DLC）项目是指电力供应机构或系统运营商在系统或地区配网出现紧急状况时，在不提前通知用户或提前很短时间通知用户的前提下，采用给用户一定电费折扣或给用户一定奖励作为条件，遥控操作或关闭用户电器设备的项目。可削减和可中断负荷是指供电公司和用户达成协议，通过折扣电价或者抵扣电量等形式作为对用户在系统紧急情况时削减负荷的一种补偿措施。反之，如果用户没有如约执行削减或中断负荷，将向供电公司进行违约赔偿。可削减和可中断负荷项目与紧急需求响应项目不同，前者是由供电公司和负荷服务机构来运作，后者主要由系统运营机构运作。

需求侧投标和回购项目是近年来兴起的激励型需求侧响应项目，需求侧投标和回购项目是希望鼓励大用户参与电力市场投标竞价，用户若愿在竞标价格下削减一定的负荷数，则对该用户进行激励，即中标者可以按最高投标价格获得与发电商供应电能相类似的支付。

第三，能源体制还存在一定的障碍，特别是电力体制尚不适应智能发展需要。比如，由于电网末端尚未实现真正开发，电力的双向流动还存在一定的障碍。另外，最为输配领域的垄断性企业，电网公司还直接拥有信息化设备和自动化装备的生产企业，容易形成市场垄断，不利于公平竞争。

四、政策建议

（一）明确支持能源领域的信息化发展

能源领域信息化建设基础投入多，风险波动大，目前技术成本仍然较高，创新壁垒仍未完全突破，仍未形成市场竞争优势。但信息技术对能源发展意义重大，对于推动我国低碳化发展、形成新的经济增长点以及更好地优化能源产业布局、大规模的利用可再生能源有着相当重要的战略意义。因此，需要积极支持能源信息化发展，在"十三五"能源规划中，将推进能源信息化和智能化发展作为重要任务。通过建立信息能源激励机制、能源价格形成机制等提高信息能源产业的供给能力，大力推动信息能源相关产业的发展。除此之外，还应该加强能源信息化中的信息披露，监管主体以及相关利益方核实信息的准确性、可信性以及连续性，切实让能源信息化提高行业效率、降低风险成本以及增加社会福利。在投融资方面，要积极促进多元化投融资体制建设，切实落实支持能源信息化发展的金融政策。

（二）形成能源信息化激励机制，引导资金投入能源信息化过程

目前在能源信息化过程，尤其在电力行业，存在着激励不足的问题。当前，较为固定的电价使得电网机构缺少足够的激励进行信息化改革。电网的信息化集中在智能电表的安装中，侧重于消费者信息的收集，能源和信息仍然是单向流动。因此，需要进一步加强电价改革，利用供需平衡的市场机制调节电力价格，刺激智能电网的建立和能源、信息的双向流动。如建立电力峰谷价差，通过变动的电力价格反映发电边际成本，促进电力生产者的供电能力；建立电力现货市场，通过市场竞价的方式优化市场参与者行为，降低成本。建立合理、有效的动态价格体系，加快形成和推广有利于智能电网效益发挥的分时电价、阶梯电价制度。建立规范、高效、透明的电价监管制度。对于既可自用又可将多余电量反送电网的可再生能

源项目（如太阳能建筑一体化），应改变现行的监管政策，允许其向电网售电，并享受可再生能源优惠电价，同时要求电网公司给予技术及其他方面的支持，形成良好的激励机制。

（三）加强需求侧管理，促进终端用户的需求响应

能源信息化多集中于网络结构的能量流动，通过对能源网络的优化，从而推动效率提升，增加居民福利。而在网络优化中，最重要的便是确定需求信息，由于用户需求信息很难准确预测，因此，增加了额外的能源调度、储存等成本，但通过需求侧响应方案可减轻因需求波动带来的额外成本。如在电力系统中，通过与大用户签订降低波峰负荷合同，可以有效地降低波峰时发电出力以及电力调度的成本。

（四）推动创新技术发展，加强相关政策支持

在目前的能源信息化过程，存在着企业未能掌握核心技术、缺少行业龙头企业等弊病。目前我国能源信息化设备制作企业对于软硬件结合的能力较弱，很难为用户提供整套的解决方案，多集中设备研发，在系统的更新换代方面，同国外同行相比相对滞后。实时监控系统的硬件设备不够成熟，需要进一步加大创新投入，形成真正的产业优势。

应该进一步培养创新主体，如设立重大科技专项，在能源行业以及信息行业设立交叉项目，加强能源信息化的研究工作，抓紧组建由政府、产业链上下游企业、科研院所、金融、行业协会等在内的智能电网创新战略联盟，围绕关键业务领域和支撑技术领域，特别是在大电网安全稳定运行、风电大容量远距离输送、新材料、大容量储能、电动汽车、分布式电源、智能调度等方面，不断完善智能电网关键技术研究框架，力争形成更多更好地具有自主知识产权的产品、技术和品牌，逐步把我国建设成为智能电网技术发展的重要引领者。同时，强化系统集成机制、统筹协调机制和产学研用结合机制，创新多元化科技投入机制，加快科技成果产业化步伐。围绕自主发展、自主创新的战略目标，开展示范应用。结合国家关于

智能电网的战略目标和市场需求，在需求应用条件和产业基础相对成熟的重点领域、重点地区、重点行业开展先试先行，加强技术研究、标准制定、工程试验与创新应用的衔接。

针对产业链发展上的短板和瓶颈，采取有效措施加以克服，加快形成强大成熟的能源信息化产业链条。一方面要着力培育本国"大而强"的行业龙头企业，发挥导向作用，带动配套企业发展，尤其要大力培育整合能力强的系统集成商。另一方面要促进"小而精"企业发展，为产业发展提供基础性力量，创造大量就业机会。完善大中小企业的共生模式和产业发展生态环境，实现龙头企业和中小企业双轮驱动态势，增强产业国际竞争力。

同时，为了降低能源信息化发展初期的不确定性对相关行业盈利风险的负面影响，建议国家在充分调研和分析的基础上，本着灵活、实用、适用的原则，给予智能电网建设、维护和管理主体企业税收政策倾斜。例如，对于智能家电企业、新能源发电企业等给予一定的所得税优惠；对于成本较高的智能电网关键设备，可以考虑给予相关企业一定的增值税减免政策；对于为风电等间歇性发电提供的调峰调频服务的常规发电企业，可以考虑应给予适当的补偿；对于积极进行电力系统智能化的电力企业，可在土地使用税、房产税等方面适当给予减免等。

附件1　信息安全和能源安全的若干认识

1. 网络安全已成为全球能源安全的重要组成部分，应完善对能源设施保护的思路

2006年是能源设施遭受攻击的分水岭。在1906～2006年这100年里，能源设施遭受的主要是物理攻击。2006年后，通过网络对能源设施实施攻击的严重性要大于物理攻击。2013年美国256次重大网络攻击事件中，有50%以上是针对能源系统的。英国石油公司（BP）首席执行官公开披露，该公司每天遭受5万多次网络攻击，而过去40年中全球能源系统遭受物理攻击的次数总和只是20万次。

2. 网络攻击对能源系统的危害与日俱增

黑客可以通过病毒软件进入能源系统的控制中心，轻则导致系统瘫痪，重则造成灾难性后果。2012 年，一个名叫 Shamoon 的病毒感染了沙特阿美石油公司的 3 万台电脑，导致该公司关门 15 天。2010 年，在伊朗潜伏了两年多的 Stuxnet 病毒软件突然爆发，摧毁了伊朗 Natanz 核工厂的1000 台离心机。最近有新的病毒软件可以掌控工业控制的 SCADA 系统，可修改系统监控数据，直接影响系统自动化决策，可对电厂、电网、石化工厂、水电站等自动化程度很高的能源工业设施带来巨大的危害。

3. 能源设施遭受网络攻击的损失巨大，可能的后果不堪设想

英国政府估计，网络攻击已经给英国的油气行业造成了每年 4 亿英镑的损失。其他潜在的风险更为巨大。全球各地的深水油气生产平台都有动态定位系统，该系统目前都与外部网络保持连接。如果黑客控制了这一定位系统，所造成的损失可能是高达 500 亿美元的环境灾难。装有全美国8100 座主要大坝敏感数据的数据库在 2013 年被黑客盗取，如果黑客控制大坝开闸放水，后果不堪设想。

4. 网络攻击的来源呈现多元化趋势

任何通过芯片连接的能源系统都存在被黑客攻击的风险。能源系统联接的设备越多，范围越广，风险越大。智能电网在能源利用效率方面具有优势，但同时又在网络安全方面留下隐患，美国许多地方因公众反对潜在的信息泄露或网络攻击，智能电表无法入户。曾有黑客通过联网的咖啡机制造线路过热最终引发了火灾。

5. 实施网络攻击的主体多元，以非国家力量为主

攻击者包括遭遇不顺或被解雇的员工、极端的环保主义者、无政府主义者、对社会不满者、恐怖分子和他国政府的网络部队等。

6. 当前能源系统的网络安全防护远远落后于 IT 系统

应加强对能源系统的网络安全的重视，包括认知、理念、措施、合作等诸多方面。全球对 IT 系统的安全相当重视，但对能源领域的网络安全还没有充分的认识。未来的战争很可能不是通过武器的摧毁，而是网络的打击。通过网络打击，可以使敌国的能源和工业系统瘫痪，从而不需要流血牺牲而达到目的。

7. 全球对网络安全的风险和危害的评估机制尚未建立

世界各国还没有建立网络安全的风险危害评估机制，也就没有一个相应的险种可以赔偿网络攻击带来的损害。如果能源系统遭受物理攻击而受到损失，保险公司可以依规赔偿，但基于网络攻击可能带来不可估量的损失，全球保险公司拒绝为网络攻击担保。

8. 保障能源系统免受网络攻击仍面临诸多挑战

一是日常危险检测方面，某些病毒有相当长的潜伏期，一旦爆发猝不及防；二是攻击源搜寻方面，只有找到攻击源才能彻底解决网络安全问题；三是网络隔离方面，一旦病毒爆发，必须立即采取隔离措施，尽量降低损失；四是可持续运行方面，在网络隔离后，能源系统必须具备孤立运行的能力，为此，维护数据系统电力供应的可靠性尤为重要；五是网络攻击的手段和途径在不断演变，今天的解决方案预防不了明天的攻击。

9. 中国在网络安全领域的重视度和国际参与度有待提高

黑客攻击影响能源安全在国际上还属于前沿领域，各国都在探讨应对措施，以色列为此已经成立了国家虚拟空间管理局（National Cyber Administration），并每年主办有上万人出席的全球大会，但中国一直缺席。

从防范能源系统预防网络攻击方面，可采取以下措施。

（1）在技术、人员、制度三个方面加强网络安全建设。一是在技术层面提高能源系统的网络安全防护措施；二是加强网络安全的教育和培训，增强企业和个人主观的防护意识；三是加强国家层面的网络安全制度建设，在法律上严惩黑客犯罪行为。大型能源企业要有专门负责网络安全的部门与机构，在企业内落实各种防范措施。

（2）建立网络安全的信息共享机制。从全球来看，网络安全的信息共享机制还没有达成共识，能源企业因意识或竞争原因不愿披露受网络攻击信息，导致更多企业受害。如2012年，沙特阿美公司因没有及时分享遭受攻击的信息而导致卡塔尔天然气公司随后又遭受攻击。建议在煤、油、气、电、管网及其他基础设施的经营企业之间建立更广泛的网络安全合作机制，统筹协调各大能源领域的网络安全应急与防护措施。建议能源领域的相关行业协会建立网络安全的信息共享机制。

（3）建立国家层面的网络安全决策和执行机构。信息安全已经被列为国家安全委员会所关注的 11 类国家安全事项之一，但信息安全并不等于网络安全，可以考虑在国家安全委员会下设立网络与重大基础设施安全领导小组，远期还可以参照以色列考虑设立"国家网络安全管理局"，在国家层面制定网络安全防护战略，并督导对国民经济有重大影响的企业落实网络安全的相关规定。

（4）建立网络安全国际合作机制。网络军队与网络武器已经成为各国国防力量的重要组成部分，但各国都面临着黑客攻击对能源与其他工业基础设施造成损失的共同挑战。应该将网络武器与民用设施保护分开对待，加强各国之间就能源设施保护的信息与经验交流。作为维护全球能源安全的主要机构，国际能源署（IEA）在协调各国在网络能源安全的信息共享与应对措施方面可以发挥重要作用。

（5）在网络安全的背景下，重新评估与设计智能电网。智能电网连接了众多智能终端设备，任何一个接口都可能成为黑客攻击的突破口，因而在构建智能电网时，不应只考虑其带来的高效和便利，更应该考虑在网络安全前提下的电力可靠供应。

（6）加强中国在国际网络安全方面的参与度。在能源领域的网络安全国际会议中，还没有中国的参与。中国作为能源生产和消费大国，必须积极面对能源系统的新挑战。能源企业、网络企业、科研咨询机构、各行业协会应积极参加网络安全国际会议，也可以考虑在华举办"网络与能源安全"国际会议，交流相关信息，探讨应对措施。

附件 2　数据处理中心的能耗问题

1. 数据处理中心能耗现状

能源信息化后需要新建大量的数据处理中心。其建设的初衷是为了更好地优化系统能源配置、降低系统能源消耗。一直以来，数据中心的能耗问题并未引起较大的关注。很多人认为，数据处理中心是一个没有污染的绿色产业，但实际上，数据中心比高能耗、高污染的造纸业还要耗电，随着数据中心的规模和数量越来越多，耗电量无疑会逐步加大。根据美国环境保护署的报告，数据中心的能耗每 5 年就会翻一番，能源成本占到了数据中心运营总成本的 50%。研究表明，全球数据中心在 2006～2010 年中电能消耗增长率为 56%，是 2000～2005 年间增长率的 2 倍。2010 年全球数据中心用电量占全球总用电量的 1.1%～1.5%。在美国，这个比例范围是 1.7%～2.2%。美国自然资源保护委员会的报告则指出，2013 年全美数据中心耗电量为 910 亿千瓦时，超过纽约生活用电总量的 2 倍。到 2020 年，预计数据中心年用电量将达到 1400 亿千瓦时。反观国内，2011 年中国数据中心的能源消耗已经相当于北京年用电量的 1.72 倍，超过 1400 亿千瓦时，占中国发电量比例的 3% 左右，而能耗逐年增长的势头还比较快。绿色和平在 2011 年对全球多家企业数据中心进行调查之后得出结论，"如果将全球的数据中心整体看成一个'国家'，那么其总耗电量将在世界国家中排名第 15 位"。

2. 数据处理中心能耗分析

在典型的数据中心，IT 设备直接消耗一半以上的能源：存储占 15%，而服务器是最费电的——占到 30% 以上。数据中心所消耗的电力中有很大一部分并不是直接用来驱动服务器的，而是要用来维持一个强大的散热系统保证那些服务器不会过热而宕机。几台单独的计算机所散发的热量是不容易察觉的，但在互联网数据中心，所有的服务器散发的热量都集中在一个小范围内，如果热量不能及时散发，则服务器就有宕机的危险。现有的互联网数据中心散热系统一般采用巨大的抽风机将凉爽的空气吹到机架之间，并通过架空楼层来保证机器下方也有空气对流空间。根据已有的数据显示，约 50% 的数据中心能源是被服务器/网络设备所消耗。制冷系统是数据中心内第二大能耗系统，排在服务器/网络设备之后，其耗电量占数据中心总耗电的 30%。另外，供电系统占

10%，照明和其他占3%。

3. 解决数据中心能耗过大的方法

目前，针对数据中心的电力消费规模大以及排放较多，主要有以下两种手段：一是通过虚拟化等技术提高资源利用效率。IBM 等公司通过将物理机转化为功能完备的虚拟机，避免服务器数量剧增，减少数据中心的供电和制冷消耗。用户在使用其虚拟化技术整合数据中心后，将系统的利用率从10%提至80%以上，并节省了80%的设备能耗。二是通过降低能耗来降低PUE。PUE（Power Usage Effectiveness）是数据中心消耗的所有能源与IT负载使用的能源之比，其基准是2，比率越接近1，表明能效水平越好。目前，国际大型企业数据中心的PUE大多接近1.6~1.8。Facebook 数据中心则简化了服务器及其他硬件的设计，并运用户外空气冷却硬件，改造传统数据中心电力系统的运作方式，将PUE减至1.06左右。佐治亚理工大学（Georgia Tech）的一些研究者则提出了一种高效的数据中心散热系统。其发现，机架的组织方式是决定散热系统消耗的一个重要因素。他们在搭建的模拟数据中心试验了各种机架组织模式和散热模式之间的组合，并仔细测量了各种热量产生和传播数据。进一步，该研究组开发了一套面向散热控制的数据中心负载平衡系统。随着不同任务的到达，每台服务器的散热量也是在不断变化的。新的负载平衡系统可以自动地把非关键性的任务分配到当前散热量相对较小的服务器上运行，以免造成数据中心局部的过热。此外，研究组还在寻找排放的热能被有效利用的可能——尽管它们还没有热到可以用来发电的程度。这些热能可以用来给附近的楼宇供暖或给用水进行预热。经过试验，新的散热系统可以为整个数据中心节约多达15%的耗电。

4. 政策建议

从政策的角度来看，一是要推进资源的节约利用，对数据中心的建设速度和布局进行管理，提高数据中心的资源利用效率。二是建立数据中心的能源消耗标准。出台适应新一代绿色数据中心要求的相关标准，优化机房的冷热气流布局，采用精确送风、热源快速冷却等措施，从机房建设、主设备选型等方面降低运营成本，确保新建大型数据中心的 PUE 值达到 1.5 以下，力争使改造后数据中心的 PUE 值下降到 2 以下。

参考文献

［1］ MIT. The future of electric grid. 2011. http：//web. mit. edu/mitei/research/studies/the – electric – grid – 2011. shtml.

［2］ Ali Ipackchi and Farrokh Albuyeh（2009）. Grid of future. IEEE power & energy magazine.

［3］ 北极星电力网新闻中心科技部 . IBM 发布混合可再生能源预测技术方案提高可再生能源可靠性 . 2013

［4］ S. Massound Amin and Bruce F. Wollenberg（2005）. Toward a smart grid. IEEE power & energy magazine.

［5］ 薛飞，雷宪章，张野飚，刘红超，高赐威 . 电动汽车与智能电网从 V2G 到 B2G 的全新结合模式 . 电网技术，2012，36（2）

［6］ 张迎迎 . 电动汽车在智能电网环境下的发展与应用 . 聊城大学学报，2010，23（4）

［7］ 康海云，杭乃善，卢桥，詹厚剑，康海兵，成煜，苏毅 . 分布式光伏发电在智能电网中的作用分析 . 电网与清洁能源，2013，29（10）

［8］ 童晓渝，房秉毅，张云勇 . 物联网智能家居发展分析 . 移动通信，2010（9）

［9］ 张钦，王锡凡，付敏，王建学 . 需求响应视角下的智能电网 . 电力系统自动化，2009，33（17）

［10］ 胡学浩 . 智能电网——未来电网的发展态势 . 电网技术，2009，33（14）

［11］ 曹军威，万宇鑫，涂国煜，张树卿，夏艾瑄，刘小非，陈震，陆超 . 智能电网信息系统体系结构研究 . 计算机学报，2013，36（1）

［12］ 吕莉，罗杰 . 智能家居及其发展趋势 . 计算机与现代化，2007（11）

［13］ 王凯明 . 智能家居系统的研究 . 西安科技大学硕士论文，2005

［14］ 陈养才 . 煤炭工业信息化现状与发展趋势研究 . 工矿自动化，2011（8）

［15］ 吉慧 . 能源信息化应用初探 . 智能建筑与城市信息，2012（11）

信息化与物流业现代化

一、信息化对物流业发展的战略意义

（一）信息化是物流业适应经济社会发展要求的必由之路

在现代市场经济条件下，信息是一种重要的经济资源，拥有信息和信息技术是获取经济效益的重要途径。社会经济活动由获取资源和如何配置资源两方面构成。但市场对资源的配置作用主要是通过市场价格信号的调节作用实现对生产经营活动及其供求关系的调节。由于这种调节具有时滞性，因而只有那些具有较强信息处理能力的企业才能通过缩小市场时滞来减少生产的盲目性。因为对信息的把握可以节约资源，提高效率，产生物质替代作用，所以企业的竞争优势主要源于经济信息处理能力的优势。企业在获取利润的过程中实施的每一步计划或决策，都需要根据新的信息做出相应调整，以增强企业竞争力。同时，信息可以避免经济活动中的各种不确定性。市场竞争越激烈，企业面临的不确定性越多、风险越多。为保持竞争优势，企业必然要高度关注信息处理问题，提高信息处理能力。由于信息可以用于处理经济活动中种种不确定性，因而可以为企业减少和避免损失带来利润。在获取利润和维持竞争优势的双重推动下，企业由单纯的生产活动转向经济信息活动，大量的资金和社会资源将被投入到企业的信息处理活动中去。

通过信息化提升传统物流，是物流业适应经济社会发展要求的必由之路。从理论上讲，物流信息化既是物流发展的必然趋势，也是物流发展的内在需求。物流信息化是物流活动发展到一定阶段对信息化管理的客观要求。物流活动虽然从有商品交换开始就已经存在，但在现代经济活动中，传统的物流活动或生产部门、流通部门从事的物流活动则难以满足经济发展的需要。

（二）信息化是物流业专业化、规模化、网络化发展的必然要求

通过提高物流业的信息化水平，有助于解决物流业长期面临的行业分割、专业水平低、规模效益差、网络化程度低和成本高等问题，促进行业健康发展。物流信息化、对信息资源的开发利用和信息化管理是现代物流发展的必然选择。

一方面，物流活动的专业化、规模化产生了信息管理、信息控制的实际需求。在市场经济条件下，物质生产活动是以分工和交换为前提的，而分工使人们专心于自己所擅长并拥有优势的领域，这样分工使得提高社会生产率有了无限的可能性。现代物流业不同于传统物流的本质区别在于，它把包含在生产、流通活动中的分割作业环节分离出来，转变为用系统工程整合的、相互联系与整体运作的专业化活动。同时，规模经济成为现代经济的主流，而规模经营又往往是与技术管理的进步相一致的。先进技术的采用常常伴随着专业化分工和大规模生产。大规模生产经营活动是以生产的专业化分工和管理链条的延长为条件的，是一种更大范围的社会分工协作和生产控制。为了保证大规模生产经营活动的有效进行，信息化管理势必成为必要手段。因为生产过程的自动控制、对市场需求的快速把握、降低成本和提高效率，都需要信息化的管理。

另一方面，随着经济一体化进程的加快，物流活动需要新的沟通和交易方式，同时社会对物流企业所提供的服务质量和服务费用又提出了双重要求，也使得物流企业必须采取新的技术手段来提高服务效率、节约成本。而信息技术的出现和发展使计算机及通信网络不断更新换代，为物流

企业使用先进的通信工具在更大的范围内安排原料进货、加工、装配及销售以获取最佳经济效益成为可能。追求成本的降低不单在生产过程中寻找，而且是在寻求订单、原材料采购、及时销售、降低库存及有效管理等各个环节及其有效的协同配合中获取。因此，物流领域广泛应用信息技术、实行信息化网络化管理成为必然。

（三）信息化是推动物流业和相关产业协同联动、适应经济全球化发展的战略选择

提高信息化水平有助于促进物流企业间以及物流业与相关产业间的协同联动，提高我国产业国际竞争力，也是应对当前全球性经济危机、适应经济全球化发展的战略选择。物流信息化通过整合物流环节，改善物流的时空效应，为物流企业带来成本优势。传统物流由于信息管理手段落后，信息传递速度慢、准确性差，而且缺乏共享性，使得各功能之间的衔接不协调或相互脱节。物流信息化通过利用现代信息技术对物流环节进行功能整合，通过引进、开发物流信息管理系统，将供应商管理、原料采购、中间库存与成品配送等环节控制整合在一起，有效避免了可能发生的采购数量上的浪费或因供应不及时造成的成本加大等现象，并可以通过信息系统实行生产过程限额领发料制度，有效降低物耗，控制生产成本；通过信息化建设，能快速准确地传递有关物流信息，解决采购与消耗在时间上的矛盾，以及商品生产与消耗在空间上的矛盾，实现零库存，从而大大降低了物流企业的库存成本。

信息化能帮助物流企业及时了解客户的需求动态，并及时提供满足客户需要的个性化产品，为物流企业带来差异化优势。物流企业的业绩来源于提供的物流服务，而服务是否能满足市场需要则取决于客户需求，能否满足客户需求、让客户满意成为企业竞争力高低的一个标志。我国企业的现代化程度参差不齐，对物流服务的需求呈现多样化的特点。信息化特别是通过营造客户关系管理理念、应用客户关系管理系统，能使物流企业及时获取有利于决策的信息，掌握市场的发展动态，准确进行市场细分，了

解客户的个性化需求，并及时设计出能满足客户需要的物流服务产品，提高物流服务的质量，从而不断提高客户的满意度，为物流企业赢得差异化竞争优势。

物流业与相关产业的协同联动，即物流企业与相关企业间互相深度介入对方的管理、组织、计划、运作和控制等过程，共同追求资源集约化经营和企业整体优化的协同合作。目前，制造业与物流业的联动主要体现在制造业物流分离外包、制造企业业务流程改造以及适应制造业物流需求的第三方物流企业培育和能力提高、制造业与物流业联动发展的环境营造等。制造业和物流业的社会化和专业化水平互相促进、互相提高。标准化和信息化是制造业和物流业互相促进、互相提高的主要技术途径和实施手段。信息化平台建设和应用应朝着跨行业、跨企业的信息平台联动方向发展。物流产业是与其他产业共生的行业，对直接带动实体经济的作用有限，但对其他产业（特别是制造业）核心竞争力的提升、生产效率的提高以及营运成本的降低等有着至关重要的作用。物流信息化的建设和发展对于推动制造业和物流业的协同联动，应对当前全球性经济危机、适应经济全球化发展具有重要的战略意义。

（四）信息化是发展低碳物流和绿色物流的首要条件

提高物流信息化水平，利用信息流调度物流，可以提高物流的效率和效益，有助于节能减排和发展低碳经济；无纸化也极大地促进绿色经济。高度的信息化是绿色物流发展的首要条件。物流自动化系统、物流管理软件等先进的信息技术可以全面改进和提升物流企业的运作效率和管理水平。先进的信息技术包括全面质量管理（TQM）、数据交换（EDI）、射频技术（RF）、全球定位系统（GPS）、企业资源计划（ERP）等，能够实现利用信息流调度物流，进而全面提高企业信息管理水平，通过信息化实现物质的科学合理配置，实现企业物流的经济、高效、低成本、低库存甚至零库存运行。利用好信息技术，不仅能够提高物流效率，而且可以减少运输、储存、装卸、搬运、包装、流通加工、配送过程中的能耗和环境污染。

　　完善的物流信息系统是发展绿色物流的重要基础，有助于提高物流资源的利用率和经济性。公共网络信息平台的建设，能够加快构筑全国和区域性物流网络，实现不同物流部门、物流企业的资源共享、数据共用、信息互通，消除信息不对称，为物流信息交流的畅通和高效创造条件，有利于实现资源的有效配置，提高节能减排水平，减轻资源和环境压力，促进绿色物流的发展。此外，计算机、通信、机电一体化、语音识别等信息技术与信息设备的采用和推广，使得生产与物流实现无纸化运作，从而促进绿色经济的发展。

（五）信息化是物流业转型升级的推动力量

　　促进物流信息化和现代物流业发展，对于应对国际金融危机，保增长、调结构、促转型有着重要的意义。信息化是现代物流业最重要的时代特征。随着信息技术的高速发展，利用信息流来管理、控制和引导物流，已经成为历史的发展潮流，使得物品流动能够更加高效率、低成本、网络化、协同化、机械化和智能化。在人类社会开始迈进信息社会的同时，物流业也将在信息化条件下进行一次脱胎换骨式的再造和升级。信息化覆盖物流业的各个环节、各个层次，并将在根本上改变物流业的增长方式和发展方式。没有信息化，就没有现代物流，就没有物流业的现代化。

二、信息化条件下物流业现代化的内涵和主要特征

（一）物流业现代化的内涵

　　物流业是利用信息和网络技术以及运用现代组织和管理方式，将运输、仓储、货代、装卸、流通加工、包装、配送、信息等环节，进行整合并进行一体化经营的新兴产业。

　　物流业现代化是一个动态的发展过程。它是以流通体制的优化和多元化、规模化、管理制度化、组织社会化和专业化、先进劳动手段、高素质

劳动者为标志，以系统性、动态性、经济性、综合性为发展特点，涵盖物流信息化、物流标准化、物流市场化、物流装备技术现代化、物流组织运营现代化、供应链管理现代化、物流绿色化和智能化为具体特征和内容。物流业现代化意味着物流过程不仅包括实物的全程流动，也包括与之相关的信息的全程流动，以及对实物流和信息流进行有目的、有计划的管理、协调和控制，使物流的各项基本功能达到有机结合、整个过程达到最优化，全社会物流成本占 GDP 的比重在 9% 以下，其最终目的是全社会物流效益最大化。

图 1 是物流业现代化的基本框架。

（二）物流业现代化的主要特征

1. 物流信息化

物流信息化是指物流企业运用现代信息网络技术对物流过程中产生的全部或部分信息进行采集、分类、传递、汇总、识别、跟踪、查询等一系列处理活动，以实现对货物流动有效控制、降低成本和提高效益。

物流信息化包括企业信息化、信息标准、统一相互机制建立、行业公共信息平台建设，以及区域信息平台建设和政府监管部门的公共信息平台建设等内容，概括起来包括以下两大内容。

（1）基础环境建设：包括制定物流信息化规划和相应的法律、法规、制度、标准、规范，开展物流关键技术的研发和应用模式的探索，以及通信、网络等基础设施建设。在国家的中长期科技规划研究中，把信息化和标准化列为物流科技最主要的两大关键技术。

（2）物流信息平台建设：指基于计算机通信网络技术，提供物流信息、技术、设备等资源共享服务的信息平台。具有整合供应链各环节物流信息、物流监管、物流技术和设备等资源，面向社会用户提供信息服务、管理服务、技术服务和交易服务的基本特征。物流信息平台的信息服务需要大量权威的政务信息，管理服务是物流相关管理部门的政府职责，这两项功能由相关政府管理部门负责建设提供；物流公共信息平台的技术服务

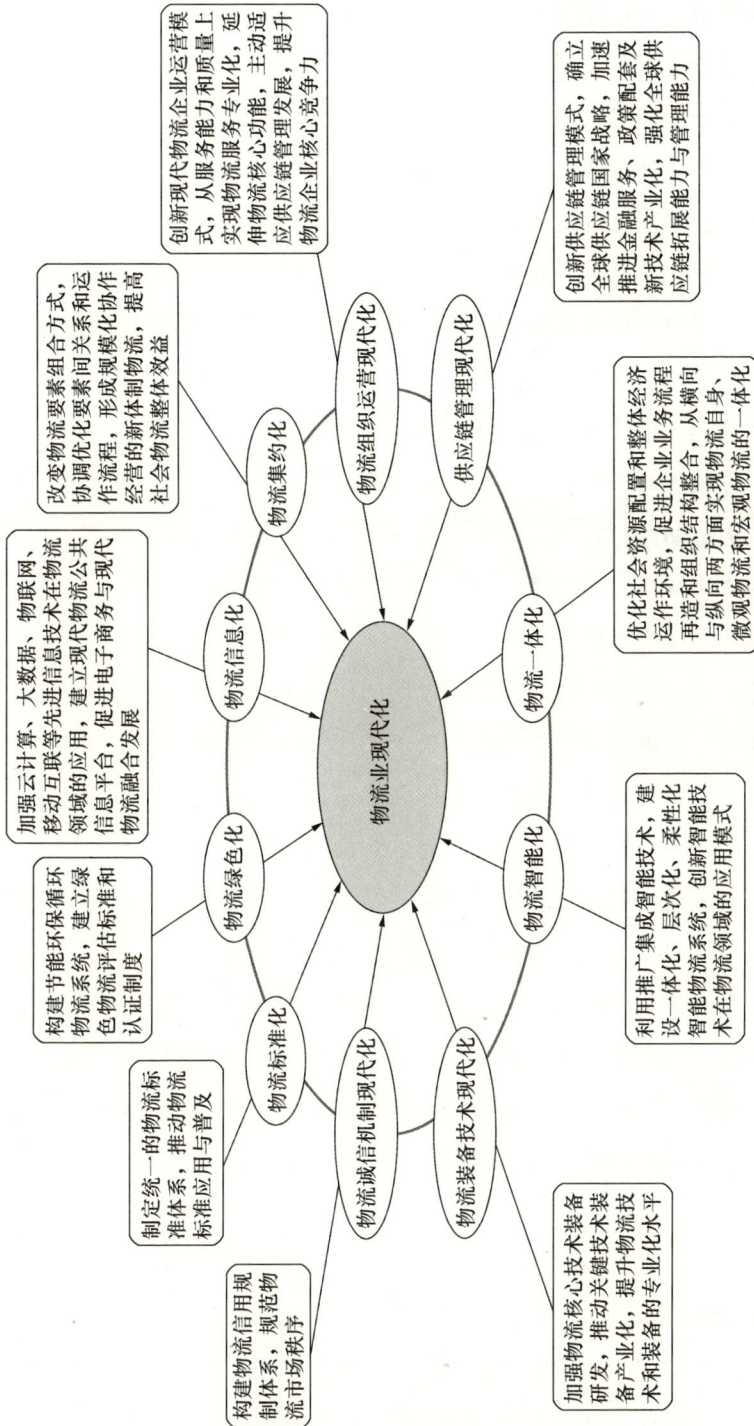

图 1　物流业现代化基本框架

和交易服务可采用市场化机制建设和运行。

推动物流信息化发展，主要来自于以下三个层面的因素。

第一，信息技术、网络技术的普及和发展，特别是互联网技术解决了信息共享、信息传输的标准问题和成本问题，使得信息更广泛地成为控制、决策的依据和基础。只要解决信息的采集、传输、加工、共享，就能提高决策水平，从而带来效益。在这个层面上可以不涉及或少涉及流程改造和优化的问题，信息系统的任务就是为决策提供及时、准确的信息。

第二，企业在利益机制的驱动下，不断降低成本和加快资金周转，将系统论和优化技术用于物流的流程设计和改造，融入新的管理制度之中。此时的信息系统的作用有两点：一是固化新的流程或新的管理制度，使其得以规范地贯彻执行；二是在规定的流程中提供优化的操作方案，例如仓储存取的优化方案，运输路径的优化方案等。此时信息系统的作用主要在于固化管理和优化操作。

第三，供应链的形成和供应链管理的作用上升，其中物流管理是其主要组成部分。要解决的问题是提高整个供应链的效率和竞争力，主要是通过对上下游企业的信息反馈服务来提高供应链的协调性和整体效益，如生产企业与销售企业的协同、供应商与采购商的协同等，物流信息系统不仅是供应链的血液循环系统，也是中枢神经系统。供应链的基础是建立互利的利益机制，但是这种机制需要一定的技术方案来保证，信息系统的主要作用是实现这种互利机制的手段。例如，销售商的库存由供应商自动补货系统来管理，生产商的生产计划根据销售商的市场预测来安排等等。

三个层次的需求是由浅入深的，在我国的发展也是逐渐展开的。后一阶段往往以前一阶段的基础为起点，即流程改造和过程的优化控制是要有信息化基础为起点的，而供应链的形成和供应链管理又要以各企业流程设计和运行优化为基础的。

2. 物流标准化

物流标准化是指以物流为一个大系统，制定系统内部实施、机械装备、专用工具等各个分系统的技术标准；制定系统内各分领域如包装、装卸、运输等方面的工作标准；以系统为出发点，研究各分系统与分领域中技术标准与工作标准的配合性，按配合性要求，统一整个物流系统的标准；研究物流系统与相关其他系统的配合性，进一步谋求物流大系统的标准统一。

（1）基础编码标准。这是指对物流对象物编码，并且按物流过程的要求，转化成条形码，是物流大系统能够实现衔接、配合的最基本的标准，也是采用信息技术对物流进行管理和组织、控制的技术标准。在这个标准之上，才可能实现电子信息传递、远程数据交换、统计、核算等物流活动。

（2）物流基础模数尺寸标准。基础模数尺寸指标标准化的共同单位尺寸，或系统各标准尺寸的最小公约尺寸。在基础模数尺寸确定之后，各个具体的尺寸标准，都要以基础模数尺寸为依据，选取其整数倍数为规定的尺寸标准。由于基础模数尺寸的确定，只需在倍数系列进行标准尺寸选择其他的尺寸标准，这就大大减少了尺寸的复杂性。物流基础模数尺寸的确定，不但要考虑国内物流系统，而且要考虑到与国际物流系统的衔接，具有一定的难度和复杂性。

（3）物流建筑基础模数尺寸。主要是物流系统中各种建筑物所使用的基础模数，它是以物流基础模数尺寸为依据确定的，也可选择共同的模数尺寸。该尺寸是设计建筑物长、宽、高尺寸，门窗尺寸，建筑物柱间距、跨度及进深等尺寸的依据。

（4）集装模数尺寸。它是在物流基础模数尺寸基础上，推导出各种集装设备的基础尺寸，以此尺寸作为设计集装设备三向尺寸的依据。在物流系统中，集装起贯穿作用，集装尺寸必须与各环节物流设施、设备、机具相配合。整个物流系统设计往往以集装尺寸为核心，然后在满足其他要求前提下决定各设计尺寸。集装模数尺寸影响和决定着与其有关的各环节标准化。

（5）物流专业名词标准。为了使大系统有效配合和统一，尤其在建立系统的情报信息网络之后，要求信息传递异常准确，要求专用语言及所代表的涵义实现标准化，如果同一个指令，不同环节有不同的理解，这不仅会造成工作的混乱，而且容易出现大的损失。物流专业名词标准包括物流用语的统一化及定义的统一解释，还包括专业名词的统一编码。

（6）物流单据、票证的标准化。物流单据、票证的标准化，可以实现信息的录入和采集，将管理工作规范化和标准化，也是应用计算机和通信网络进行数据交换和传递的基础标准。它可用于物流核算、统计的规范化，是建立系统情报网、对系统进行统一管理的重要前提条件，也是对系统进行宏观控制与微观监测的必备前提。

（7）标志、图示和识别标准。物流中的物品、工具、机具处于不断运动中，因此识别和区分显得十分重要，对于物流中的物流对象，需要有易于识别又易于区分的标识，有时需要自动识别，如用复杂的条形码来代替用肉眼识别的标识。

（8）专业计量单位标准。除国家公布的统一计量标准外，物流系统还有许多专业的计量问题，必须在国家及国际标准基础上确定本身专门的标准。同时，由于物流的国际性很突出，专业计量标准还需考虑国际计量方式的不一致性，还要考虑国际习惯用法，不能完全以国家统一计量标准为唯一依据。

3. 物流一体化

物流一体化可分为三个层次：物流自身一体化、微观物流一体化和宏观物流一体化。物流自身一体化是指物流系统的观念逐渐确立，运输、仓储和其他物流要素趋向完备，子系统协调运作，系统化发展；微观物流一体化是指市场主体企业将物流提高到企业战略的地位，出现了以物流战略作为纽带的企业联盟；宏观物流一体化是指物流业发展到这样的水平，即物流业占到国家国民生产总值的一定比例，处于社会经济生活的主导地位。它使企业从内部职能专业化和国际分工程度的提高中获得规模经济效益。

物流一体化是通过竞争来实现的，它体现了竞争的活力，可以达到资源的优化组合，以提高整个社会的经济效益。在企业还有增长潜力空间时，实行物流一体化战略是十分必要的。其主要形式有以下几点。

（1）纵向一体化。20世纪90年代以来，随着全球制造、敏捷制造、虚拟制造等先进制造模式的出现和市场竞争环境的快速变化，以及以动态联盟为特征的新的企业组织形式的出现，使原有的企业生产组织和资源配置方式发生了质的变化，企业的生存必须更多地利用外部资源。供应链一体化已从企业内部的采购获取、制造支持和实物配送，向后延伸到顾客，向前延伸到供应商。也就是采购物流、生产物流和销售物流的一体化，即实现整个供应链一体化。

纵向一体化一般是指上游供应商与下游客户之间在所有权上纵向合并。以前人们认为这是一种理想的组织模式，但现在企业则是更注重发挥其核心业务功能，即所擅长的、具有明显优势的业务，其他属于"资源外购"，即从企业外部采购。作为被弱化的环节，企业可以从其他同行企业退出本市场而获得较大的生存空间，以及利用规模经济等方式来解决；也可将本企业定义在不同供应链上，使企业同时利用不同的供应链带来多个局部利益。这样也就产生了物流的横向一体化。

（2）横向一体化。横向一体化物流也称作水平一体化物流，是指通过同一行业中多个企业在物流方面的合作而获得规模经济效益和物流效率。例如，不同的企业可以用同样的装运方式进行不同类型商品的共同运输。当物流范围相近，而某个时间内物流量较少时，几个企业同时分别进行物流操作显然不经济，于是就出现了一个企业在装运本企业商品的同时，也装运其他企业商品的物流现象。从企业经济效益上看，它降低了企业物流成本；从社会效益来看，它减少了社会物流过程的重复劳动。显然，不同商品的物流过程不仅在空间上是矛盾的，在时间上也是有差异的。这些矛盾和差异的解决，就要依靠掌握大量物流需求和物流供应信息的信息中心。此外，实现横向一体化的另一个重要条件，就是要有大量的企业参与，并且有大量的商品存在，这时企业间的合作才能提高物流效益。当然，产品配送方式的集成化和标准化等问题也是不能忽视的。

（3）物流网络。物流网络是纵向一体化物流与横向一体化物流的综合体。当一体化物流每个环节同时又是其他一体化物流系统的组成部分时，以物流为联系的企业关系就会形成一个网络关系，即物流网络。这是一个开放的系统，企业可自由加入或退出，尤其在业务最忙的季节，最有可能利用到这个系统。因为，在业务繁忙的季节，生产企业原有供应链的物流体系仍然存在，同时还必须增强业务外包，这时以物流企业为结点的物流网络就显得尤为重要。物流网络能发挥规模经济作用的条件就是一体化、标准化、模块化。实现物流网络，首先要有一批优势物流企业率先与生产企业结成共享市场的同盟，把过去那种直接分享利润的联合发展成优势联盟，共享市场，进而分享更大份额的利润。同时，优势物流企业要与中小型物流企业结成市场开拓的同盟，利用相对稳定和完整的营销体系，帮助生产企业开拓销售市场。竞争对手成了同盟军，物流网络就成为一个生产企业和物流企业多方位纵横交叉、互相渗透的协作有机体。由于先进信息技术的应用，当加入物流网络的企业增多时，物流网络的规模效益就会显现出来，这也促使了社会分工的深化，"第三方物流"的发展也就有了动因，整个社会的物流成本会由此大幅度下降。

物流一体化的实质是一个物流管理的问题，即专业化物流管理人员和技术人员，充分利用专业化物流设备、设施，发挥专业化物流运作的管理经验，以求取得整体最佳的效果。同时，物流一体化的趋势为第三方物流的发展提供了良好的环境和巨大的市场需求。

4. 物流交易诚信化

在经济全球化进程加快，国内外企业竞争日益激烈的市场化环境中，诚信已成为企业界的一种稀缺资源。现代市场经济从产品竞争、价格竞争、品牌竞争，进入到文化竞争，诚信始终是贯穿于竞争中的核心问题。信用的缺失将成为制约物流业发展现代化的瓶颈。由专业物流企业为顾客"量身打造"，提供一系列专业服务的较长期（通常为 1～3 年）的契约物流模式。物流供应商必须与顾客、企业建立紧密的合作、联盟与信任关系，才能深度嵌入顾客、企业价值链，提供优质服务，达到"双赢"效果。这种紧密关系的建立是以物流企业长期的诚信经营和良好商誉为前提的。构建物流信用规制体系，重塑物流市场信用新秩序，是现代物流业发展的迫切要求。

物流交易诚信化涵盖"五位一体"的物流信用规制体系总体框架，旨在形成一种相辅相成、相互"制衡"的体系结构。

（1）合同规制。在第三方物流服务的交易过程中，通过制定激励性或惩罚性的合同条款，可以促使"自利"的物流供应商在"自愿"的基础上选择信守承诺，提供符合合同约定标准和质量的服务。收益分成合同是典型的激励性合同，即在合同中规定当供应商提供的物流服务达到一定标准时，给予供应商一定的额外奖励，通过协调交易双方的收益达到激励兼容的效果。

（2）物流企业内控。内部控制制度，指利用物流企业内部因分工而产生的不同部门及相互间的制约与联系，形成一系列具有控制职能的方法、措施和程序，并使之制度化、系统化，组成一个严密的、较为完整的体系，进而达到提高企业服务能力和履约能力，最大限度防止供应商客观失信行为（即经济主体履约意愿未变情况下因某些不可控因素导致的履约能力丧失形成的失信）的效果。

（3）政府管制。以企业为规制主体的信用治理机制的失灵，为政府部门介入创造了理由。有学者将政府管制定义为"社会公共机构依照一定的规则对企业活动进行限制的行为"。作为政府管制依据和手段的各项规则，可能是法律，也可能是法律效力较低的各项规定，都具有相当的强制力。强制性是政府管制的最基本特征。

政府管制对于规范市场有以下优点：第一，政府可以组织一支专业化队伍，通过分工，专精于某些行业技术，以弥补信息不对称的缺陷；第二，在合约不完善的情况下，管制可以发挥与合约类似的作用，节约交易成本；第三，有些涉及法律的问题，管制比通过法院解决有更高的效率；第四，市场合约由于新技术、新市场的出现而过时，但合约的"刚性"使其通过市场机制本身难以及时调整，而管制机制可弥补这一不足。

（4）行业协会自律。行业协会是介于政府和企业之间的一种中间性组织，是由同一行业内的企业、相关事业法人和其他组织依法自愿组成的、不以盈利为目的的社会经济团体。我国的物流业协会的基本特点在于试图建立政府与社会合作、官民协调的宏观管理模式，强调政府推进建立行业协会。协会组织很可能被政府所控制，成为政府的附属物，不具备独立的管理和规制能力，而政府部门规制决策的失误和规制方式、手段的低效率也将直接影响协会组织。为此，政府管制者在向协会组织转移信用管制职能的同时，不仅要保证其独立性、权威性，还必须对其规制行为进行必要的监管。

（5）社会公众监督。社会公众是一个非常广大的群体，包括消费者、企事业单位、社会团体等方方面面的力量。社会公众在第三方物流信用规制体系中的作用，不仅表现为对物流供应商信用行为选择的监督，还表现为对政府管制者行为、决策的公正性和合理性的节制。

公众对物流供应商信用行为选择的规制，是辅助性的、间接的。如失信行为检举，是将物流企业的违约、失信信息传递给政府规制者或行业协会，由这些强制性规制机构对被检举企业进行调查、裁决，并给予相应的处罚；另一方面，公众所传递的信息也包括诚信企业的守信信息，有助于诚信企业在市场上树立良好的商誉，缓解物流市场信用信息引发的"逆向选择"问题。在公众监督意见反馈和意愿传达渠道通畅的环境下，公众监督将成为约束政府管制者决策、行为的重要机制。

5. 物流技术装备先进

物流现代化离不开先进的物流装备和物流技术，通过广泛采用现代化物流设备、计算机管理、物流系统化和集成化，现代物流中的生产、供应、运输、配送、信息等各个环节得到有机的结合。物流装备和技术水平的高低是物流现代化程度的重要标志。

物流设备是物流活动各环节中所使用的物流机械、电子设备和器具的总称。物流设备门类多、品种复杂、功能各异，按功能可分为运输设备、装卸搬运设备、集装单元设备、仓储设备、包装设备、流通加工设备以及信息技术设备等多个类别。物流技术是构成物流系统的重要组成因素，是加快物流现代化的重要环节，多项新物流技术的研究开发为现代物流的发展做出了积极的贡献。

现代化的物流设备和信息应用的一个具体实例是企业自动化物流系统。它是集光机电信息设备和技术为一体的系统工程，是能够适应信息、物流、商流的集成和分流，适应电子商务，适应发达工业社会和知识经济时代特征的自动化物流系统。它主要包括：自动化、立体仓库系统、自动输送系统、自动导引搬运车系统、机器人作业系统、自动控制系统、实时监控系统、计算机模拟仿真系统以及计算机机场管理系统等。它可使各种物料或货物以最合理、最经济、最有效的流动，并使物流、信息流、商流在计算机的基础控制管理下实现物流的自动化、智能化、快捷化、网络化、信息化。自动化物流系统广泛应用于生产、流通等诸多领域，极大地提高了物流企业的运营效率。

6. 物流组织高效运营

健康优质的组织运营模式是物流企业核心竞争力的体现。现代物流企业的运营模式是物流企业在生产经营中，应用物流功能要素进行生产经营并获得收益的业务运作方式。现代物流企业在治理结构、经营理念、运作模式、服务内容、信息化程度、物流技术、企业制度等方面都有较高的要求，以反应快速化、服务系列化、作业规范化、目标系统化、手段现代化、组织网络化的显著特征区别于传统物流企业。

首先，现代化的物流企业运营模式必须实现服务的专业化。现代物流的本质是创造时空价值的专业化社会化服务。客户除了要求提供运输、仓储等一般性服务外，还希望物流企业提供物流网络设计、库存管理、订货管理、流通加工、订单处理等一系列增值服务。围绕物流本质特性所进行的服务技术开发将为物流企业创新服务并形成核心服务能力提供强大的动力。

其次，现代化的物流企业应延伸物流服务。物流企业延伸服务的起点就是其各种物流服务功能，特别是运输、仓储、信息集成、存货管理、订单处理、物料采购等核心功能。服务的延伸要主动适应供应链管理的发展，对供应链中的物流、业务流、价值流、资金流和信息流进行计划、组织、协调及控制，这就对物流企业的功能提出了更高的要求。物流信息服务和金融物流服务等新型运营模式已经成为服务竞争力的集中体现。借助网络平台和金融平台来整合现有物流服务资源，提升物流企业的服务水平已成为物流企业发展的必然趋势。

7. 供应链管理

创新高效的供应链管理模式是现代物流业可持续发展的重要基础。供应链管理模式可以高度概括为"一库一平台"的开发建设，即物流数据库的开发应用和第四方物流服务平台的建设。

物流数据库可以为社会提供数据统计和基础性公共服务。具体包括：数据采集与统计、信息传输与转换、政府各业务系统服务等。通过物流数据库，可以实现对物流业更加快捷、直观、精准的统计和管理，实现区域物流资源整合，提高物流运营整体效率。

第四方物流服务平台的作用是将生产方、供给方、需求方、服务方、技术方等有效地结合起来，通过政府主管部门或其他物流服务商的连接，为企业物流提供快捷畅通的信息服务。具体服务功能包括展示、广告、交易、信息发布、供应链管理、咨询、策划等，并为政府部门提供翔实的统计数据。如国内某一大港综合物流信息服务系统通过优化和整合港口、船公司、船代、检验检疫局、海关、海事局等用户的信息资源，建立起"一站式"对外信息服务窗口，从原料供给、生产一直到售后服务整个过程参与供应链管理，提高供应链运行的速度、效益及附加值，为供应链上所有的贸易伙伴带来巨大的经济效益。

物流数据库和第四方物流服务平台通过现代化的物流供应链管理手段，对物流资源进行有效组织，将市场中分散、无序流动的信息集中起来交流和搭配，可以带来数量可观的成本节约，全面提高物流信息可信度、物流市场秩序的安全度、物流服务质量和费用支付的保障度，有效地降低物流的"制度成本"，进一步将"制度成本"转化为"制度资本"。

8. 物流绿色化

我国《国家标准物流术语》对"绿色物流"的定义是：在物流过程中

抑制物流对环境造成危害的同时，实现对物流环境的净化，使物流资源得到充分利用。物流绿色化的最终目标是可持续发展，实现该目标的准则是经济利益、社会利益和环境利益的统一。一般的物流活动主要是为了实现企业的盈利，满足顾客需求，扩大市场占有率等，这些目标最终是为了实现某一主体的经济利益。而绿色物流在上述经济利益的目标之外，还追求节约资源、保护环境这一既具经济属性又具社会属性的目标。尽管从宏观角度和长远的利益看，节约资源、保护环境与经济利益的目标是一致的，但对某一特定时期、某一特定的经济主体却是矛盾的。按照绿色物流的最终目标，企业无论在战略管理还是战术管理中，都必须从促进经济可持续发展这个基本原则出发，在创造商品的时间效益和空间效益，满足消费者需求的同时，注重生态环境的要求，保持自然生态平衡和保护自然资源。

绿色物流的行为主体不仅包括专业的物流企业，还包括产品供应链上的制造企业和分销企业，同时还包括不同级别的政府和物流行政主管部门等。在产品的生命周期的每一阶段，都不同程度地存在着环境问题。专业物流企业对运输、包装、仓储等物流作业的绿色化负有责任和义务。作为供应链上的制造企业，既要设计绿色产品，还应该与供应链上的其他企业协同起来，从节约资源、保护环境的目标出发，改变传统的物流体制，制定绿色物流战略和策略。因为绿色物流战略是连接绿色制造和绿色消费之间的纽带，也是使企业获得持续的竞争优势的战略武器。另外，各级政府和物流行政主管部门在推广和实施绿色物流战略中具有不可替代的作用，由于物流的跨地区和跨行业特性，绿色物流的实施不是仅靠某个企业或在某个地区就能完成的，它需要政府的法规约束和政策支持。例如，制定统一的物流器具标准，限制运输工具的环境污染指标，规定产品报废后的回收处理责任等。

从绿色物流的活动范围看，它包括物流作业环节和物流管理全过程的绿色化。从物流作业环节来看，包括绿色运输、绿色包装、绿色流通加工等。从物流管理过程来看，主要是从环境保护和节约资源的目标出发，改进物流体系，既要考虑正向物流环节的绿色化，又要考虑供应链上的逆向物流体系。

9. 物流智能化

智能物流是利用集成智能化技术，使物流系统能模仿人的智能，具有思维、感知、学习、推理判断和自行解决物流中某些问题的能力。智能物流发展将会体现出四个特点：智能化、一体化、层次化、柔性化与社会化。也就是，在物流作业过程中的大量运筹与决策的智能化；以物流管理为核心，实现物流过程中运输、存储、包装、装卸、流通加工、代理等环节的一体化和智能物流系统的层次化；智能物流的发展会更加突出"以顾客为中心"的理念，根据消费者需求变化来灵活调节生产工艺；智能物流的发展将会促进区域经济的发展和世界资源优化配置，实现社会化。

通过智能物流系统的四个智能机理是信息的智能获取技术、智能传递技术、智能处理技术、智能运用技术。智能获取技术使物流从被动走向主动，实现在物流过程中主动获取信息，主动监控车辆与货物，主动分析信息，使商品从源头开始被实施跟踪与管理，实现信息流快于实物流。智能传递技术应用于企业内部、外部的数据传递功能。智能处理技术应用于企业内部决策，通过对大量数据的分析，对客户的需求、商品库存、智能仿真等做出决策。智能利用技术在物流管理的优化、预测、决策支持、建模和仿真、全球化管理等方面应用，使企业的决策更加准确性和科学性。

智能化是物流自动化、信息化的一种高层次应用，物流作业过程中大量的运筹和决策，如库存水平的确定、运输（搬运）路线的选择、自动导向车的运行轨迹和作业控制、自动分拣机的运行、物流配送中心经营管理的决策支持等问题，都可以借助专家系统、人工智能和机器人等相关技术加以解决。除了智能交通运输外，无人搬运车、机器人堆码、无人叉车、自动分类分拣系统、无纸化办公系统等现代物流技术，都大大提高了物流的机械化、自动化和智能化水平。虚拟仓库、虚拟银行的供应链管理等将物流业推向一个崭新的发展阶段。

智能新技术在物流领域的创新应用模式不断涌现，成为未来智能物流大发展的基础，不仅推动了电子商务平台的发展，还极大地推动行业发展。智能物流的理念开阔了物流行业的视野，将快速发展的现代信息技术和管理方式引入行业中，它的发展推动着物流业的变革。

10. 物流集约化

物流集约化是指通过一定的制度安排，对供应链上物流系统的功能、资源、信息、网络要素等进行统一规划、管理和评价，通过要素之间的协调和配合使所有要素能够像一个整体在运作，实现供应链物流系统要素之间的联系，达到供应链物流系统整体优化的目的的过程。目前，许多大型物流企业都在向这方面发展。

物流企业在一定的区域或范围内，把个别的、零碎的、分散而同质的生产组织形式集中成规模的、便于现代化的大生产组织形式，协调社会整体资源，规避资源重复设置和浪费，充分利用信息和网络技术，运用现代组织和管理方式，延伸供应链管理领域的服务范围，将物流、运输、仓储、配送、信息等环节进行有效的资源整合，优化运作成本，并进行社会一体化协作经营的新体制物流。

现代流通下的物流系统集约化的基本单元是供应链物流系统。供应链物流系统跨越原材料供应商、制造商、分销商、物流服务提供商和消费者各自物流系统的边界，而并非局限于某个环节内部或部分环节之间。物流集约化并不一定要增加或减少要素存量，关键是改变要素的组合方式、协调要素之间的关系、优化要素之间的运作流程、建立基于市场机制的高效治理机制，使物流要素的能力得到最充分的发挥，降低物流系统的运作成本，提高整体的效益。

三、我国物流业发展总体状况及面临的新形势

（一）总体状况

1. 物流业大国但不是物流业强国

经过 30 多年发展，物流业已经成为国民经济的支柱产业和重要的现代服务业。2012 年，全国社会物流总额达到 177.3 万亿元，物流业增加值达

3.5 万亿元，物流业增加值占 GDP 比重达 6.8%，占服务业比重达 15.3%。

2012 年，全国铁路货物发送 38.92 亿吨，公路货运量 322.1 亿吨，水路货运量 45.6 亿吨，民航货邮运输量 541.6 万吨。全国铁路货物周转量 28891.9 亿吨公里，公路货物周转量 59992 亿吨公里，水路货物周转量 80655 亿吨公里，民航 608.16 亿吨公里。规模以上港口货物吞吐量 97.4 亿吨，全国规模以上港口集装箱吞吐量为 17651 万 TEU，全国规模以上快递服务企业业务量完成 56.9 亿件，快递日业务量突破 1500 万件。其中，铁路货物发送量、铁路货物周转量、港口吞吐量、集装箱吞吐量均居世界第一，快递量居世界第三。

在规模快速扩展的同时，物流能力有很大提升。2012 年底，全国公路总里程 419.3 万公里，其中高速公路 9.6 万公里；全国铁路营业里程 9.8 万公里；内河高等级航道 13 万公里，通航里程 12.5 万公里，万吨级以上泊位 1819 个，沿海港口深水泊位 1980 个；定期航班机场达 182 个，全国营业性库房面积约 13 亿平方米，各种类型的物流园区不断涌现。物流基础设施的大发展为物流能力的提升奠定了坚实的基础。根据世界银行的物流能力指标（LPI），中国物流能力领先于其他"金砖国家"及与中国有相似资源禀赋的亚洲国家，但明显落后于主要发达国家。2012 年，中国全社会物流费用占 GDP 比重约为 18%，高出发达国家一倍以上。图 2 是中国与世界其他国家物流成本与产品成本的国际比较。

2. 物流市场开放程度高，竞争激烈

改革开放之初，跨国物流企业就开始进入中国。20 世纪 80～90 年代，先后有联邦快递、敦豪、天地物流、联合包裹、马士基等跨国物流企业在中国建立合资企业。中国入世后，物流业进一步扩大开放。2006 年起，外资企业在中国可自行设立分销网络，独立经营物流业务。凭借规模、资金、技术和管理等优势，跨国物流企业已从原先主要以合资为主逐步走向独资，从单一业务走向综合物流业务，从集中于中心城市物流业务向构筑全国性物流网络展开。例如，联邦快递在广州白云机场设立亚太转运中心，联合包裹在香港、上海、深圳设立航空转运中心，天地物流在上海、

(%)

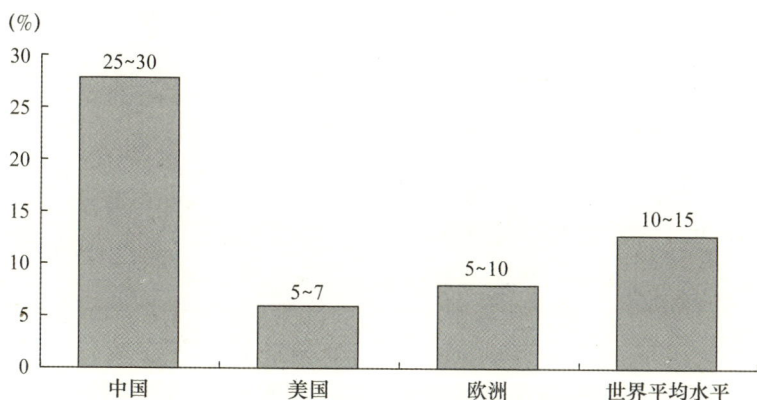

图2　2010年物流成本与产品成本的国际比较

北京、香港设立微型转运枢纽，敦豪设立香港转运中心和上海北亚转运枢纽。开放的中国物流市场成为世界物流市场的重要组成部分，成为跨国企业竞逐的焦点。

3. 物流空间分布不均衡

受经济、生产力、基础设施、市场化程度、信息化水平、需求等因素的影响，物流业呈现东部发展快、中西部物流业发展慢，城市物流相对发达、农村物流滞后且水平低的特征。2012年，东、中、西快递业务收入的比重分别为82.3%、9.3%、8.4%，业务量比重分别为81.9%、10.5%、7.6%。物流企业、物流设施、物流活动高度集中在交通、信息更为发达的大中城市。

从社会物流总额的绝对值构成来看，工业品物流总额占社会物流总额的比重从2001年的82.83%增长到2012年的91.37%，工业物流在国民经济发展中占据主导地位，是推动社会物流总额增长的主要动力。与消费市场紧密连接、竞争激烈、技术水平要求较高的家电、日用化工、烟草、医药、汽车、连锁零售和电子商务等行业物流需求旺盛，居于产业链上游、资本密集型的农产品与农资、钢材、煤炭、矿石等大宗物资物流发展相对滞后。

4. 物流业增长方式粗放

一是物流系统性不强，网络化程度低，更多呈现分散、独自发展的态势，基础设施的配套性、兼容性较弱。综合交通运输体系尚未完全形成，综合交通运输枢纽建设滞后，不同运输方式难以进行合理分工和有效衔接，沿海和内陆集疏运体系不配套，各种运输方式之间信息不共享，交通运输资源综合利用效率不高；海铁联运比例不到2%（发达国家已达20%）；一些地方盲目大量兴建物流园区、物流中心，造成闲置；仓储设施分布在不同行业和部门，缺乏有效的资源整合；托盘标准不统一，不能一贯化运作；地方保护、部门封锁比较严重，工商、税收、土地、交通等方面存在一些阻碍和限制分支机构设立及经营的问题。

二是公平竞争、规范有序的物流市场尚未形成。一些地方政府给跨国物流企业在用地、税收等方面诸多优惠，使其享受超国民待遇。许多中小物流企业经营不规范，服务意识淡薄，法律意识不强，诚信严重缺乏。

三是物流业整体创新能力弱。物流业企业创新动力不强，研发投入很低，商业模式创新、组织创新、技术创新、管理创新等滞后，尚未进入以创新引领的发展阶段。

四是可持续问题突出。公路、航空、铁路、水路等运输方式的资源、能源、土地等消耗和大规模排放问题突出。无效运输、不合理运输、过度包装等问题严重；超载、超速造成的严重人身安全和货物损害事故经常发生，给企业和国家带来重大损失。

5. 物流业发展滞后于工业化、信息化、城市化和全球化进程

一是物流基础设施结构性短缺。部分煤运通道铁路运力不足，公路分担了大量煤炭中长途运输，增加了运输成本，消耗了大量优质能源；部分沿江通道由于高等级航道占比低，网络化程度不高；航空货运基础设施发展总体不足；仓储建设严重滞后，仓库面积仅为美国的1/4，比日本的仓储面积还少。全国公共通用仓库中，1980年以前建造的约占45%，20世纪80～90年代建造的约占30%，2000年以来新建的仅约占25%。相当一部分20世纪50～60年代的仓库"带病作业"，存在重大安全隐患。

二是与制造业、农业、商贸联动不足，物流速度慢、成本高、渠道不畅、模式陈旧已经成为制约制造业由大变强、解决"三农"问题、商贸服

务和电子商务持续发展的瓶颈。

三是信息化程度低，物流信息化的建设缓慢，物流信息沟通不畅；行业信息化标准、规范不健全，信息类专业人才缺乏；信息资源缺乏统筹开发，共享率低，更新速度慢。

四是滞后于城市化进程。城市物流基础设施的现代化程度相对滞后，综合利用效率低，城市交通运输矛盾日益突出，阻碍了城市化发展的进程。城市物流发展所需的制度环境改革力度不够，不能适应城市化发展的需要，也不能适应市场经济体制改革的需要。没有处理好物流与环境和城市发展的矛盾，缺乏高效、高质的综合物流中心来配合城市化的进程。

五是滞后于全球化进程。与中国高增长的国际贸易相比，物流业尚未形成与之相配的全球物流和供应链体系，国际市场份额很低，进出口所需的物流服务很大程度上需要依赖国外跨国物流企业。

六是应急能力薄弱。在应对各类重大突发性事件时，难以做到"第一时间"应急物资的保障。

（二）新形势下的新要求

1. 物流业面临产业结构和消费结构变化的新要求

中国未来 20 年将成为世界第一大经济体，由此将成为物流需求增量和物流市场规模最大的国家。中国工业化推进过程中工业仍将有较大发展，大宗能源、原材料和主要商品的大规模运输方式和物流需求仍将旺盛。同时，产业结构的逐步升级以及生产方式的变化，带来"短、小、轻、薄"商品以及小批量、多频次、灵活多变的物流需求快速增加。从中等收入迈向高收入国家，居民消费的水平、心理、方式和结构的变化，要求物流发展更加注重效率、特色、个性和人性，基于更高时间和空间价值的物流需求会越来越大。例如，保守估计，2020 年、2030 年电子商务产生的日快递量将分别突破 1 亿件和 2 亿件。

2. 物流业面临城市化和区域经济一体化的新要求

中国正经历着规模宏大的城市化，推动着物流活动集中于城市群、大中小城市和城际间，激增的物流量、机动车量以及能源短缺、环境污染、交通拥堵和道路安全等，迫切需要提升城市内、城际间物流效率，构建集成式城市物流配送体系。中西部快于东部的区域增长新格局，要求中西部加快物流业发展，改变物流业长期制约西部地区发展的状况。中国各区域间物流情况差别很大，直接影响到区域物流的一体化。区域经济协调发展以及一体化要求加快区域物流一体化，构建有利于东中西协调发展的物流服务体系。

3. 物流业面临新科技革命特别是信息网络技术带来的新机遇

交通运输、物流、信息、新能源、新材料等领域在孕育新的技术突破，高速铁路、大型高速船舶、绿色航空、新能源汽车、智能交通、智能仓储、新材料技术、节能环保技术、物联网、信息技术、现代管理科学和技术等将在物流领域得到推广和应用，电子商务、信息网络技术将与物流业深度融合，这些都对物流业升级带来重大促进作用。未来物流技术创新将反映安全、快速、大型化、信息化、智能化、个性化、人性化、精细化、绿色化和节能化等时代特点。特别是感知、识别、信息处理、信息传递、信息再生、实时跟踪等信息网络技术，以及电子数据交换（EDI）、射频识别（RFID）、全球卫星定位系统（GPS）、地理信息系统（GIS）等高科技手段的应用，将实现安全、高效、灵敏、实时、可控、人性的物流服务。

4. 物流业面临全球化的新挑战

全球化推动中国与世界经济的联系和相互作用日益加深。短期内，受欧美经济疲弱的影响，中国与发达国家的贸易增长会有所放缓，与新兴经济体以及发展中国家的贸易增长会成为新的亮点，贸易格局的变化带动国际物流活动此消彼长。中长期看，中国国际贸易仍将有相对较高增长，带动中国国际物流继续高速发展。

中国扩大对外开放，推动物流市场朝着更高层次的竞争发展。以价格作为主要竞争手段的状况会有所改变，以服务、品牌、创新、社会责任等非价格竞争方式会得到加强，专业性国际物流企业和基于专业化基础上的综合性国际物流企业将会得到更大发展。

跨国物流企业将深度渗透中国的传统物流领域。激烈竞争的物流市场推动物流领域的兼并重组持续发生，各种形式的联盟不断涌现，预计会出现跨国企业主导的超大规模物流企业集团或联盟，市场集中度会进一步提高。由于国际经济新秩序尚未完全建立，随着中国物流业走向世界，国际贸易摩擦和各种形式的壁垒有可能增加。

5. 物流业面临绿色发展的新要求

未来一二十年，中国物流能源消耗仍处于快速增长期，对液体燃料的需求将大幅增加。由于物流企业运营所需的能源、劳动力、土地价格持续上涨，加之服务价格偏低、融资环境不佳等影响，依赖"高投入、高消耗、高排放，低产出、低效益、低科技含量"的传统物流运作模式难以为继，面临着降低成本、提高效率、绿色发展的转型要求。

四、电子商务与物流业的互动机制及我国电商物流发展存在的主要问题

（一）电子商务与现代物流的互动机制

1. 电子商务为物流业发展提供了巨大的市场需求

电子商务（E-Commerce，EC），从总体上来看，是指对整个商业活动实现电子化；从狭义上讲，是指在互联网（Internet）、企业内部网（Intranet）和增值网（Value Added Network，VAN）上以电子交易方式进行交易活动和相关服务活动，是传统商业活动各环节的电子化、网络化；从广义上讲，是指应用计算机与网络技术与现代信息化通信技术，按照一定标准，利用电子化工具来实现包括电子交易在内的商业交换和行政作业的商贸活动的全过程。电子商务包括电子货币交换、供应链管理、电子交易市场、网络营销、在线事务处理、电子数据交换（EDI）、存货管理和自动数据收集系统。在此过程中，利用到的信息技术包括互联网、外联网、电子邮件、数据库、电子目录和移动电话等。

另外一个用得较多的定义是欧洲委员会（1997）对电子商务的定义：电子商务就是以电子方式进行商务交易。它以数据（包括文本、声音和图像）的电子处理和传输为基础，包含了许多不同的活动（如商品服务的电子贸易、数字内容的在线传输、电子转账、商品拍卖、协作、在线资源利用、消费品营销和售后服务）。它涉及产品（消费品和工业品）和服务（信息服务、财务和法律服务），传统活动（保健、教育）与新活动（虚拟商场）。

在电子商务迅速发展的背景下，众多企业、商家、银行等都逐步实现了虚拟化、信息化。物流企业成了代表所有生产企业及供应商向用户进行实物供应的最集中、最广泛的供应者。由此可见，电子商务的发展为物流业提供了一个空前发展的机遇。电子商务的快速发展为物流业的发展提供了巨大的市场需求，同时也对物流需求提出了新的要求。

（1）物流发展要适应电子商务分散性的特点。受 Internet 物理分布广泛性的影响，电子商务客户在地理分布上具有鲜明的分散性特征，这一特征要求物流适应其需要，具备在有限时间内合理组织配送的能力。因此，企业要针对不同的销售区域采取不同的物流服务策略。如在上海、北京、广州、杭州等电子商务普及率较高的城市，因订单及客户居住地相对集中，可采取不低于实体店铺的送货标准组织送货；而对于偏远地区则要采取集中送货方式，时限也会相对拉长。

（2）物流服务更加个性化。提供个性化物流服务是电子商务实现"以顾客为中心"理念的重要体现。电子商务物流要求物流供应商提供全方位的服务，即在仓储、运输等传统物流环节之外增加针对客户需求的个性化服务。这些个性化物流服务既包括客户对物流供应商的商品包装、配送时间、地点的个性需求，也包括物流供应商有针对性地提供的加工、存储等增值服务。现今倡导的"门到门""门到人"服务均是物流服务更加个性化的体现。

（3）物流运作更加时效性。电子商务的一个明显优势就是便捷性，这一优势不仅是指客户购物方便性，更是指实物所有权转移的方便、快捷，这就要求必须有高效运作的物流来保证其优势的正常发挥。电子商务企业要在竞争中获胜，就必须强调其时效性，这也是电子商务物流运作水平的重要体现。在一些大、中城市，物流配送已经开始以小时来计算，如何在整体范围内实现电子商务物流"更便宜、更好、更快"发展是提高电子商务服务品质迫切需要解决的问题。

（4）商品多样化和复杂化。在电子商务的形式下，除了极个别品种的商品不适宜采用网络销售外，其他大部分的商品都可以网上销售。人们更希望在网上买到更多新奇个性的商品，这就会使人们购买的商品品种多样化和复杂化。

（5）物流服务需求多功能化和社会化。电子商务要求物流企业提供全方位的服务，既包括仓储、运输服务，还包括配送、分发和各种客户需求的服务，而电子商务企业只要完成订单的接收和处理。这就要求把物流的各个环节作为一个整体进行协调、合理规划，使物流服务的功能多样化，更好地满足客户的需求。

从2009年起，中国电子商务行业迎来了爆发式的增长，物流配送需求剧增，传统企业也迅速地进入到电子商务市场中，发展势头良好。以淘宝网等购物网站为代表的第三方平台的迅速壮大，推动了电子商务行业的成熟，引发平台、卖方和买方不断地生态演变，也为第三方电子商务服务商的崛起提供了充足养分。2013年整个中国电子商务市场的交易规模突破10万亿元，若按其对中国电子商务市场在未来3～5年间仍将以平均30%以上的增速稳定增长的预测来推算，2015年交易规模将突破15万亿元，将带来对物流需求的急剧增加。

除了第三方平台这样的纯电子商务企业，传统的零售商、品牌商、渠道商也在经历涉足电子商务领域，布局网络销售渠道的试水期后，开始集中开展电子商务业务，给第三方物流业带来了更多的业务空间。

对电子商务企业来讲，包括物流配送、售后等在内的服务细节是最贴近用户的营销，用户对购买的产品及体验的满意是企业长远发展的关键。为减少运营成本，电子商务企业往往倾向于将配送业务外包给第三方物流服务商。面对如此巨大的市场蛋糕，第三方物流业的成长空间和发展潜力无疑是十分巨大的。

首先，配送网点覆盖面增加，并延伸至偏远地区。大规模、有经济实力的电子商务企业虽然选择在主要业务地区建立自己的物流系统，但在业务少或地处偏远的地区还是会将物流外包出去，以节省成本开支。未来面向电子商务的第三方物流业将会加大力度开发这块广阔的业务空间。由于我国地域辽阔，二、三线和偏远城市的商机还大大存在，在这些地域增铺网点，可以招揽更多的市场份额，也可以拥有较低的人力成本。这些地域将会逐渐成为我国面向电子商务的第三方物流业新的成长沃土。

其次，电子商务物流外包业务将逐步增加。虽然部分电子商务企业自建物流并停止很多物流业务的外包，但从长期来看，竞争日趋激化，社会分工也日益细化，电子商务企业将物流业务外包具有一定的优越性，可以减少成本，为顾客创造更多的价值，提供更灵活多样的服务。随着越来越多的传统企业步入电子商务领域，其在发展初期必然会将物流业务外包给可靠、为顾客着想、经济、长期合作的第三方物流企业，以适当的第三方物流管理费用，换取企业自身成本、员工薪资支出的减少和高品质的物流服务，并集中精力发展自身主业，以实现与第三方物流企业的互利共赢。电子商务企业物流外包增加的需求无疑会拉动第三方物流业未来的发展与竞争力的提升。

另外，由于当前第三方快递物流服务尚未能满足现代电子商务物流发展的需求，一些电子商务企业也开始考虑自建物流系统，大规模建设物流网点，打造本身核心竞争力。电子商务企业与快递物流企业纷纷投资自建物流设施，制造企业也为了促进电子商务发展，纷纷改扩建物流技术装备，这必将带来对物流技术与装备的巨大需求。企业自建物流设施，除土地、土建等投入外，大量的市场需求主要体现在对物流系统设备的采购上。电子商务物流发展趋势是网络化、信息化、自动化、机械化、智能化、标准化，对物流技术装备需求主要体现在对自动化仓储系统、独立分拣系统、仓储货架系统、物流软件与信息化系统、托盘与物流周转箱产品、物流包装产品、手持终端产品等方面。

2. 电子商务促进物流业结构调整

（1）电子商务对物流理念的影响。

现代物流与传统物流最大的区别之一是存在电子商务这一外部环境。电子商务作为一种商业竞争环境时，它对物流理念的影响，可以从以下几个方面来理解。

一是物流系统中的信息变成了整个供应链运营的环境基础。网络是平台，供应链是主体，电子商务是手段。信息环境对供应链一体化起着控制和主导作用。

二是企业的市场竞争将更多地表现为以外联网所代表的企业联盟的竞争。网上竞争的直接参与者将逐步减少。更多的企业将以其商品或服务的专业化比较优势，参加到以核心企业——或有品牌优势，或有知识管理优势——为龙头的分工协作的物流体系中去，在更大的范围内建成一体化的供应链，并作为核心企业组织机构虚拟化的实体支持系统。供应链体系在纵向和横向的无限扩张的可能性，将对企业提出要么是更广泛的联盟化，要么就是更深度的专业化。显然，在电子商务的框架内，联盟化和专业化是互为表里并统一在物流一体化的体系之中。

三是市场竞争的优势将不再是企业拥有的物质资源有多少，而在于它能调动、协调、最后能整合多少社会资源来增强市场竞争力。因此，企业的竞争将是以物流系统为依托的信息联盟或知识联盟的竞争。物流系统的管理也从对有形资产存货的管理转为对无形资产信息或知识的管理。

四是物流系统面临的基本技术经济问题，是如何在供应链成员企业之间有效分配信息资源，使得全系统的客户服务水平最高，即追求物流总成本最低的同时为客户提供个性化的服务。

五是物流系统由供给推动变为需求拉动，当物流系统内所有方面都得到网络技术的支持时，产品对客户的可得性将极大提高。同时，将在物流系统的各个功能环节上极大降低成本，如降低采购成本、减少库存成本、缩短产品开发周期、为客户提供有效的服务、降低销售和营销成本以及增加销售的机会等。

（2）电子商务对物流业的影响。

第一，物流业的地位得到显著提升。电子商务是一次信息化与高科技的变革，它将广告、商务、订货、支付、购买、认证等事物进行信息化、虚拟化处理，通过处理使它们变成脱离实体并能够在网络上由计算机处理的信息，强化了信息处理，而弱化了实体的处理。这必然会导致产业的重大重组，一些传统的企业必将在这场电子商务革命中压缩甚至消亡，而一些新兴的适应电子商务发展的企业必将扩大和新增起来。产业重组的结果很可能最后只剩下两类企业，一类是实体企业，包括物流业和制造业；另一类将是信息业，包括金融、信息、文化、健康、服务等。在第一类实业中，物流企业会逐渐增强。原因显而易见，因为在电子商务环境里物流承担的任务将更加重要，不仅要把虚拟商店中的货物送至客户手中，而且要从生产企业中及时进货以补充库存。可见，物流企业既是生产企业的一个大仓库，又充当着用户物资供应者的角色。物流企业成了代表所有供应商和生产企业对用户的唯一最广泛、最集中的实物供应者。物流业成了社会各生产链的协调者和领导者，为社会提供全方位、高效率的物流服务。可见，电子商务把物流业提升到前所未有的重要地位，为其发展提供了空前良好的机遇。

第二，物流供应链管理中的变化。

一是供应链缩短、成本大大降低。在传统的物流供应链体系中，产品从生产企业流通到消费者手中，需要经过层层分销商，流程长、成本高，该过程中产生的问题也很多。而现代电子商务缩短了生产企业与最终客户之间在供应链上的距离，彻底改变了传统市场的结构。如今，企业可以通过自己的网站绕过传统的经销商、分销商而直接与客户进行沟通洽谈。虽然，目前很多非生产企业的商业网站从表面上看仍然作为传统的经销商通过网络进行产品销售，但由于它们与消费者和生产企业都直接连通，只是一个虚拟中介，而不需要像传统营销方式那样设置多层实体的分销网络，因此很多类似人员、店铺设置等成本都大大节省，甚至无须库存，流通成本较传统方式大大降低，同时也缩短了流通时间。

二是供应链中货物流动由"被动式"变为"主动式"。由于传统供应链中供销脱节，供应商很难获取及时准确的销售信息，所以企业在对库存进行管理时，只能采用计划的方法，即根据企业的历史销售情况来配备企业库存。这样的方法，很明显的缺点就是滞后性。由于库存是根据计划做出的，而计划的依据是企业的历史销售数据，企业的库存无法及时反映市场的需求程度，这样，销路好的商品会出现可得性差的问题，销路不好的商品会出现积压。另外，运转周期也比较长。

在电子商务环境下，供应链实现了一体化操作，供应商、零售商和消费者被互联网联系在了一起，供应商可以通过网络及时而且准确地获得产品销售的信息和顾客的信息。库存能及时反映市场的需求，按获得的信息组织产品生产、供货，甚至实现"零库存"。电子商务的应用，使物流供应链变得更加主动，适应市场的需求变化。

第三，第三方物流成为主要的物流组织形式。第三方物流是指由物流劳务的供、需双方以外的第三方来完成物流服务的一种物流运作方式。由于第三方物流在现代社会实践中的成功发展，学术界认为，它将成为电子商务时代物流业的主要组织形式。电子商务跨区域、跨时域的特点，要求其物流活动也具有跨区域性特征。电子商务按其交易对象可以分为 B2B、B2C、C2C、C2B 等形式。举例来看，如果在 B2C 形式下，某国的消费者在他国的网上商店用自己国际通用的信用卡购买了商品，如果要将该商品运送到消费者手中，对于小件的商品可以通过邮购，对于大件则是通过速递公司来帮助完成交易，而目前费用一般都由购买者承担，这对于零散购买者来说流通费用显然是非常高的。如果在各国成立境外分公司及配送中心，利用第三方物流，使用户所在国的配送中心将货物运送到用户的手中，这样可以大大降低流通费用，并且提高流通速度。在 B2B 形式下，大批物品的跨国运送是非常复杂的，如果能够有第三方物流公司提供一票到底和门到门服务，就可以大大简化交易过程，减少货物的周转环节，从而降低流通费用。

（3）电子商务对物流系统结构的影响。

电子商务对物流系统结构的影响，主要表现在以下几个方面。

一是由于网上客户可以直接面对制造商并可获得个性化服务，故传统物流渠道中的批发商和零售商等中介功能将逐步弱化，但是区域销售代理将受制造商委托逐步加强其在渠道和地区性市场中的地位，作为制造商产品营销和服务功能的直接延伸。

二是由于网上时空的"零距离"特点与现实世界的反差增大，客户对产品的可得性心理预期加大，以致企业交货速度的压力变大，物流系统中的港、站、库、配送中心、运输线路等设施的布局、结构和任务将面临较大的调整。如尤尼西斯公司在 1988 年采用了 EDI 的 MRP 系统后，将其欧洲区的 5 个配送中心和 14 个辅助仓库缩减为 1 个配送中心。在企业保留若干地区性仓库以后，更多的仓库将改造为配送中心。由于存货的控制能力变强，物流系统中仓库的总数将减少。随着运管政策的逐步放宽，更多的独立承运人将为企业提供更加专业化的配送服务。配送的服务半径也将加大。

三是由于信息共享的即时性，使制造商在全球范围内进行资源配置成为可能，故其组织结构将趋于分散并逐步虚拟化。当然，这主要是那些拥有品牌的、产品在技术上已经实现功能模块化和质量标准化的企业。

四是大规模的通信基础设施建设，将使那些能够在网上直接传输的有形产品的物流系统隐形化。这类产品主要包括书报、音乐、软件等，即已经数字化的产品的物流系统将逐步与网络系统重合，并最终被网络系统取代。

（4）电子商务对物流各环节的影响。

第一，电子商务对物流网络的影响。

一是物流网络信息化。物流网络信息化是电子商务环境下物流活动的一个主要特征。当今世界互联网的普及使全球资源在网络上实现了广泛地可得性，为物流的网络信息化提供了良好的外部环境。

网络信息化，一种是指物流配送系统的计算机网络信息化，包括供应商、制造商通过计算机网络与物流配送中心及下游客户取得联系。另一种是指企业组织的网络化。例如 20 世纪 90 年代诞生的"全球运筹产销模式",这种模式是按照顾客订单组织生产,通过充分利用全球电脑资源,采取外包的形式,将生产产品的各部件外包给世界各地的制造商去生产,然后再通过全球物流网络将这些生产完成的部件发往同一个物流配送中心进行组装,组装完成后由该物流配送中心迅速发给顾客。这一模式就是建立在电子商务充分发展和信息化的物流网络基础之上的。

二是实体物流网络的变化:

库存集中,仓库数目减少。电子商务物流配送已使某些企业实现了零库存生产,将来随着物流业成为制造业的仓库和用户的实物供应方,工厂和商场等都会实现真正的零库存,自然仓库也就减少了,甚至不再设置仓库。配送中心的仓库将取代传统企业分散在各处的零散仓库。

配送中心将成为物流节点的主要形式。现在仓库按照专业分工分为两种类型,一类是以长期储存为目的的"保管仓库",另一类是以货物流转为目的的"流通仓库"。在未来电子商务环境下,货物流转将更快,制造业有望实现"零库存",仓库将完全由第三方物流企业来经营,这些都决定了传统意义上的"保管仓库"进一步减少,未来的配送中心将由"流通仓库"来取代。

大型配送中心将与综合物流中心结合。物流中心是各种不同运输方式的结点,现在很多大城市都设有综合物流中心,其主要功能是衔接铁路和公路运输等。配送中心是集集货、分货、流通功能为一体的物流结点。在电子商务作用下,未来的物流模式将是大型配送中心和综合物流中心合二为一的模式。

第二,电子商务对运输的影响。

电子商务环境下,虽然传统的运输原理没有发生变化,但是运输的组织形式受其影响很大。

一是一次运输与二次运输的结合应用。一次运输是指综合物流中心相互之间的运输;二次运输是指物流中心辐射范围之内的多方运输。一次运输主要是应用铁路、水运、航空、公路等来完成运输任务；二次运输主要是用来完成配送任务的，由当地的运输组织来完成运输任务。

物流网络由物流运输路线和物流结点组成，物流结点决定了物流运输路线的设计。在传统经济模式下，生产企业的各个仓库地点非常分散，由于物流集中度低，运输也很分散，所以运输过程往往非常复杂，效率低，费用高。而随着电子商务的发展，库存被极大程度地集中了起来，库存的集中使得物流运输也进一步集中化。随着城市综合物流中心的建立，公路、铁路各个货站被集约在一起，物流中心的物流量很容易就达到一定规模，从而实现大规模的城市之间的铁路直达运输。因此，一次运输和二次运输在电子商务作用下也被结合了起来，大大有利于物流任务高效且低成本的完成。

二是多式联运方式得到发展。电子商务环境为多式联运提供了基础。首先，电子商务使企业联盟更容易实现。而运输企业通过企业间的联盟形式，可以采取多式联运方式经营，从而进一步扩大自身的运输渠道。其次，多式联运方式能够为用户提供一票到底及门到门的服务，为托运人提供了物流上的方便。在未来的电子商务环境下，多式联运物流服务方式很可能成为现代物流业所能提供的一种最优的服务方式。

第三，电子商务对信息的影响。

一是信息流从企业内部发展到企业间。传统企业的信息管理以企业自身的物资管理为中心，以物流企业的运输环节作为发展对象，很少与外界进行信息交流。然而，在电子商务的作用下，现代物流企业更加重视供应链的管理，以服务顾客为根本出发点和工作中心。企业开始通过电子商务形成战略联盟，把产品的生产、库存、采购、配送、运输、销售等环节集合起来，在一个紧密的供应体系中，综合加入生产企业、物流中心、分销商网络等经营过程的各个方面。此时，信息就不仅仅只是在企业内部封闭式的流动，而是在企业间通过供应链各环节及时地流动和共享。

二是信息模块的功能发生变化。电子商务环境下现代物流技术的广泛应用，使传统物流管理信息系统中的一些模块发生了很大变化。例如在运输方面，运用 GPS 等技术手段，使运输路线更加合理，运载货量更大，运输过程变为可见；在库存方面，条码技术的大量使用，使得库存信息获取更加准确和快捷，有利于大大提高企业产成品的流通效率，使得库存管理更加有效和科学；在发货方面，以前一个企业的各个仓库之间互不关联，各个仓库的库存信息得不到共享，经常造成交叉运输、产品积压或脱销的现象。然而在电子商务环境下，现代物流企业的各个仓库的管理可以进行信息资源共享，由企业的中央仓库针对发货任务进行统筹管理，从而克服上述传统企业库存管理上的缺陷，提高企业生产销售各方面的合理性和有效性。

第四，电子商务对配送的影响。

一是配送业的地位得到提升。配送在其发展的早期，主要职能是促进销售，以送货上门作为吸引客户的一个有利条件。根据有关学者的研究表明，推行配送的适合环境必须是在供大于求的市场格局下。由此可见，在电子商务出现之前，配送业的主要职能是为了促销，可以想象充当这样角色的配送业发展速度不会快，地位也不会高。然而到了电子商务时期，无论是 B2B 还是 B2C，都需要依靠物流来完成交易，尤其是 B2B 逐渐将物流业务外包给第三方物流来完成，由此为配送业提供了良好的发展前景。没有配送，电子商务物流就没有办法实现，电子商务也就变得毫无意义，所以电子商务与配送业的关系变得日益紧密。电子商务为制造业、零售业实现"零库存"的同时，实质上是将库存完全转移给了配送中心，配送中心实际上承担了整个社会仓库的职能。由此可见，在电子商务环境下，配送业的地位得到了很大的提高，从某种程度上说，电子商务时代的物流实质上是一次配送的大变革。

二是配送中心成为信息流、商流、物流的集合中心。在传统企业物流体系中，物流、信息流、商流三者之间是完全割裂的，彼此之间没有联系。而电子商务时代，集信息化、现代化、社会化于一身的物流配送中心将这三者有机地结合到了一起。配送业务离不开这"三流"，而其中信息流是最为重要的，在信息流的指导下商流和物流才能顺利地进行运作。只有畅通、及时、准确的信息，才能从根本上保证物流和商流的高效率和高质量。因此，电子商务物流实现了配送中心汇集"三流"的能力，也为自身的发展提供了便利。

第五，电子商务对客户服务的影响。

电子商务对客户服务的影响，主要表现在以下几个方面。

一是要求在客户咨询服务的界面上，能保证企业与客户间的即时互动。网站主页的设计不仅要宣传企业和介绍产品，而且要能够与客户一起就产品的设计、质量、包装、改装、交付条件、售后服务等进行一对一的交流，帮助客户拟定产品的可行性解决方案，帮助客户下订单。这就要求得到物流系统中每一个功能环节的即时的信息支持。

二是要求客户服务的个性化。只有当企业对客户需求的响应实现了某种程度的个性化对称时，企业才能获得更多的商机。

要求企业网站的主页设计个性化。除了视觉感官的个性化特点外，最主要的是网站主页的结构设计应当是针对特定客户群的。这里要把握一个原则，即"并不是把所有的新衣服都穿上身就一定漂亮"。传统市场营销学对客户细分和对市场细分的一般性原则和方法仍然是企业设计和变换网站主页的基本依据。

要求企业经营的产品或服务的个性化。专业化经营仍然是企业在网络经济环境下竞争发展的第一要义。企业只有专业化经营，方能突出其资源配置的比较优势所在，为向客户提供更细致、更全面、更为个性化的服务提供保证。同样，按照供应链增值服务的一般性原则，把物流服务分成基本的和增值的两类，并根据客户需求的变化进行不同的服务营销组合将是适用的。

要求企业对客户追踪服务的个性化。网络时代客户需求的个性化增大了市场预测的离散度，故发现客户个性化服务需求的统计特征将主要依赖对客户资料的收集、统计、分析和追踪。虽然从技术层面讲并没有什么困难，但是要涉及文化的、心理的、法律的等诸多方面，因此建立客户档案并追踪服务本身，就是一项极富挑战性的工作。

第六电子商务对物料采购的影响。

企业在网上寻找合适的供应商，从理论上讲具有无限的选择性。这种无限选择的可能性将导致市场竞争的加剧，并带来供货价格降低的好处。但是，所有的企业都知道频繁的更换供应商，将增加资质认证的成本支出，并面临较大的采购风险。所以，从供应商的立场来看，作为应对竞争的必然对策是，积极地寻求与制造商建成稳定的渠道关系，并在技术或管理或服务等方面与制造商结成更深度的战略联盟。同样，制造商也会从物流的理念出发来寻求与合格的供应商建立一体化供应链。作为利益交换条件，制造商和供应商之间将在更大的范围内和更深的层次上实现信息资源共享。事实上，电子商务对物料采购成本的降低，主要体现在诸如缩短订货周期、减少文案和单证、减少差错和降低价格等方面。因此，虚拟空间的无限选择性将被现实市场的有限物流系统即一体化供应链所覆盖。

第七，电子商务对存货的影响。

一般认为，由于电子商务增加了物流系统各环节对市场变化反应的灵敏度，可以减少库存，节约成本。相应的技术手段也由看板管理（JIT）和物料需求计划（MRP）等，转向配送需求计划（DPR）、重新订货计划（ROP）和自动补货计划（ARP）等基于对需求信息做出快速反应的决策系统。但从物流的观点来看，这实际是借助于信息分配对存货在供应链中进行了重新安排。存货在供应链中总量是减少的，但结构上将沿供应链向下游企业移动。即经销商的库存向制造商转移，制造商的库存向供应商转移，成品的库存变成零部件的库存，而零部件的库存将变成原材料的库存等。由于存货的价值沿供应链向下游是逐步递减的，所以将引发一个新的问题：上游企业由于减少存货而带来的相对较大的经济利益如何与下游企业一起来分享。供应链的一体化不仅要分享信息，而且要分享利益。

3. 物流业成为促进和制约电子商务发展的关键环节

（1）物流对电子商务发展的促进作用。

第一，物流是电子商务的重要支撑。在电子商务环境下，物流、商流、资金流与信息流的处理都可以通过计算机和网络通信设备实现。物流作为"四流"中最为特殊的一种，是指物质实体的流动过程。对于各种电子出版物、信息咨询服务、有价信息软件等少数商品和服务来说，可以直接通过网络传输的方式进行配送，而对于大多数商品和服务来说，仍要经由物理方式传输，通过一系列机械化、自动化工具的应用，准确、及时的物流信息，对物流过程的监控，将使物流的流动速度加快、准确率提高，能有效地减少库存、缩短生产周期。

从根本上来说，物流电子化应是电子商务的一个重要组成部分。缺少了现代化的物流过程，电子商务过程就不完整。物流在电子商务中的作用有：提高电子商务的效益和效率；实现电子商务的目标；扩大电子商务的市场范围；实现基于电子商务的供应链集成；集成电子商务的商流、信息流和资金流；支持电子商务的快速发展。

可见，物流是电子商务的重要组成部分，随着电子商务的推广和应用，物流对电子商务活动的影响将日益明显。

第二，物流是实现电子商务的保证。目前的电子商务是靠在网上订货，用传统物流系统送货。许多网上商店由于解决不了物流问题，往往限制了送货范围，从而失去了电子商务的跨地域优势；要求消费者除支付商品费用外，还要额外支付邮寄费，迫使消费者放弃电子商务，选择更为安全可靠的传统购物方式。由此可见，物流是实施电子商务的关键所在。

一是服务商流。在传统的商流过程中，商品的所有权在购销合同签订那一刻开始，就从供应方转移到了购买方手中，但此时商品实体并没有发生转移，需要通过物流功能来实现。因此，在传统交易过程中，除了期货交易之外，一般的商流活动都必须伴随相应的物流进行，即按照购买方的要求由供应方将实体商品按照适当的方式向购买方转移。而在电子商务环境下，消费者通过网上购物支付货款，就能完成商品买卖的全过程，即商流过程，但此时的电子商务活动并没有完全结束，只有当商品或服务真正转移到消费者手中时，才能视为商务活动的终结。因此，物流实际上可以视为是商流的一个后续服务，由此可见其重要性。

二是保障生产。无论是在电子商务环境下，还是在传统的贸易方式下，生产都是商品流通之根本，而企业生产的顺利进行需要依靠各类物流活动的支持。生产从原材料采购开始，就要求提供相应的物流来保证，采购到的材料通过物流运送到生产地，只有这样才能顺利地进行生产。除此之外，在生产的各个步骤、各个工艺流程中，也需要物流的帮助，比如，原材料、半成品的物流等，这是所谓的生产物流，即帮助生产顺利实现的物流；生产以后产生的余料以及可重复利用的物资回收，也需要物流，这是所谓的回收物流；另外还有废弃物物流等。可见，整个生产过程的各个环节都离不开物流的支持。因此，合理化、现代化的物流，能够降低费用，降低成本，优化企业库存结构，减少企业资金占用，缩短企业生产周期，从而保障生产的顺利、高效进行。与之相反，缺少了现代化的物流，生产就难以顺利、高效地进行，如果是这样，即使拥有了高经济技术的电子商务，也将是无米之炊。

三是实现"客户中心"理念。电子商务便利、高效率、全球化的特点不仅对传统的消费模式产生了影响，也令生产企业的管理模式发生了改变。随着买方市场的形成，"以客户为中心"成为很多企业的理念。而电子商务模式因其强大的信息搜集和整理能力使得"以客户为中心"有了更为生动的体现。互联网上销售的货物有两种，即有形商品和无形商品。无形商品是指音乐、电影、软件、电子图书、信息服务等，通过网络将商品直接给买家。换言之，无形商品电子商务可以完全基于网络实施。但是通过电子商务活动完成的有形商品的交易，由于商流的载体是虚拟的网络，还需要生产、销售和分配等一系列环节的配合，来实现产品本身能够根据客户的要求来循环。

四是成本控制。物流是电子商务物流成本控制的重要途径。根据相关国际数据，发达国家物流成本一般只占本国国内生产总值的10%左右，而我国的比例则达到了18%左右。在经济发达的国家和地区中，物流成本在产品总成本中只占10%左右，而我国的物流成本在产品总成本中所占的比例高达20%～30%。由此可以看出，物流成本已成为我国降低生产成本和流通成本的重要组成部分，良好的物流管理有助于实现大幅降低成本的目标。电子商务是一种新型的商务活动形式，其对消费者重要的吸引力之一是低价。如果不能有效地控制物流成本，物流费用将成为阻碍交易双方参与电子商务交易的根源。

第三，物流是实现电子商务中跨区域物流的重点。在商业运行中，不同的交易方式会产生不同的物流模式。在电子商务这种交易方式下，物流模式的特点将使国际物流、跨区域物流不断增加，与之相应，第三方物流模式将成为一种必然选择。

对于 B2B 电子商务交易模式，物流成本在商品交易成本中占很大比重，尤其在跨国交易中，如果没有良好的物流系统为交易双方服务，则这种成本增加的幅度会更大。企业组建自己的物流系统，不仅难度大，而且在出入境时仍然存在衔接不畅的问题。跨国性的第三方物流企业可以给交易双方提供最佳的服务，实现门到门的送货。EDI 通过信息将交易双方联系在一起，而第三方物流企业则通过物流将双方联系在一起。

可以预见，随着电子商务发展日趋成熟，跨国、跨区域的物流将日益重要，如果没有物流网络、物流设施和物流技术的支持，电子商务将受到极大抑制；如果没有完善的物流系统，即使电子商务能够减低交易费用，也无法降低物流成本，电子商务所产生的效益将大打折扣。

（2）物流对电子商务发展的制约作用。

商品流通是信息流、资金流、物流、商流多方面的实现过程。互联网可以解决商流、信息流、资金流等商品流通的绝大多数问题，但对物流问题却束手无策。因此，在电子商务发展过程中，物流瓶颈是不能忽视的一个重要问题。物流体系不完善、物流基础设施不完善、传统储运体制不健全、物流管理技术落后、物流电子化程度低等方面的不足，都将制约电子商务的发展。当前我国第三方物流服务发展缓慢且滞后，对电子商务的认识局限在商流、信息流和资金流的电子化上，适应电子商务的物流体系还没有建立，其中的原因是多方面的，归纳如下。

一是物流系统不健全，管理水平较低，限制了电子商务快速发展。物流系统是电子商务顺利开展的一个重要保障。当电子商务在网上完成交易之后，能否真正实现货物的适时、适量，以及低成本、高效率的转移，得依靠完善的物流服务系统。发达国家在这方面已经发展了几十年，其供应链、第三方物流、配送等物流经济已经具有了非常高的水平。而我国的物流技术经济水平还比较落后，目前的物流体系还远不足支撑电子商务的发展需求。与物流业相比，我国的电子商务发展相当迅猛，因此，在我国就形成了较先进的电子商务和非常落后的物流技术之间的鲜明对比。可以说，网络经济和电子商务的迅速发展，加剧了我国物流业的瓶颈作用。

目前，我国电子商务发展的一个重要障碍是缺乏良好的物流系统支持。在健全的物流系统中，应包括良好的硬件和软件。需要指出的是，这里的软件不仅指传统意义上的软件，还包括管理能力、技术水平，甚至企业文化。但是我国物流业的软实力确实存在不足，深层的原因是我国的信息技术和标准化工作无法跟上需求的物流发展，物流管理成本比发达国家高。从这个侧面可以看到，我国的社会物流专业水平、物流组织能力和管理水平有待提高。

二是物流企业的滞后是影响电子商务发展的关键因素。物流活动在我国仍处于较低水平、较为粗放的阶段。很多物流企业习惯于按照已有的操作模式从事物流运作，难以适应电子商务带来的新的物流市场。电子商务物流具有多品种、多批次、多数量的特点，而我国现有的物流企业由于存在管理手段落后、信息化水平低、服务功能单一等，难以满足电子商务物流的需求。另外，企业对物流的重要性认识普遍不足，许多企业认为物流仅仅就是指运输，对物流的认识仍然停留在传统的储存、运输的层面上，对物流与配送功能和作用的认识普遍不全面，因此造成了重商流、轻物流，重信息网、轻物流网，重电子、轻商务的现象，这在很大程度上影响了物流业和配送业的发展。

三是物流发展相关的政策法规还不完善。由于我国物流发展仍然处于起步阶段，因此相关的法律法规还有待完善。与企业相关的产权转让制度、融资制度、社会保障制度、用人制度、市场准入退出制度等还远远不能适应现代企业的发展需求。企业欲在改善自身物流效率的同时，必然要在企业内外重新配置物流相关资源，而目前国内法律法规上的缺陷却阻碍了企业对其物流资源的再分配。物流企业在跨区域展开物流业务时常受到地方保护主义的困扰。另外，国有企业在选择企业外部更加高效的物流服务时，必然受到来自企业内部储运设施和人员的巨大阻力。这些因素都会影响物流水平的提高。离开了现代物流的支持，电子商务的发展就将面临困境。

四是物流、配送方面的人才缺乏。从国外物流发展的实践经验来看，物流从业人员的专业程度是一个非常重要的因素，物流人员是否具有较高的物流操作经验和专业知识，直接影响到企业的生存与发展。国外的物流业已经有了很长一段时间的发展，已经形成了成规模的物流教育系统，许多高校都开展物流相关课程，为物流业培养和输送专业人才。相比之下，我国的物流业由于起步晚，相关教育还比较落后，高校中开设专业物流课程的也还不够多，物流相关的职业教育也比较匮乏，物流人才稀缺非常严重。

五是物流基础设施建设滞后。物流基础设施是物流发展的一个关键环节，对电子商务发展的影响很大。我国物流设施的增长和总增长与社会物流需求增长之间的差距较大。如铁路、沿海水路运力紧张和港口疏运能力不足，不少港口长期存在拥堵现象，而一些地区的公路、铁路和港口也长期超负荷运转，即使如此，仍不能满足社会的物流需求，进而制约了电子商务的快速发展。

4. 现代物流与电子商务融合发展成为必然趋势

（1）现代物流与电子商务融合的新特点。电子商务环境下的物流业在提供传统物流服务的同时，将越来越多地提供高附加值的现代物流服务。随着电子商务的快速发展，现代物流业与电子商务的融合成为必然，将朝着信息化、网络化、柔性化、智能化、自动化、多功能化、高质量化和全球化等方向发展。另外，物流设施、商品包装的标准化、物流的社会化、共同化也都是电子商务与现代物流融合的新特点。

第一，信息化。电子商务时代，物流信息化是电子商务的必然要求。

物流信息化表现为物流信息的商品化、物流信息收集的数据库化和代码化、物流信息处理的电子化和计算机化、物流信息传递的标准化和实时化、物流信息存储的数字化等。因此，条码技术（Bar Code）、数据库技术（Database）、电子订货系统（Electronic Ordering System，EOS）、电子数据交换（Electronic Data Interchange，EDI）、快速反应（Quick Response，QR）及有效的客户反映（Effective Customer Response，ECR）、企业资源计划（Enterprise Resource planning，ERP）等先进技术与管理策略在物流中将会得到普遍的应用。随着电子计算机的普遍应用，信息化程度的不断提高，给供货方提供了充分的库存和需求信息，大大提高了物流效率，使产品流动更加迅速便捷。可以说，没有现代化的信息管理，就不会有现代化的物流。

在现代化的物流系统中，物流信息引领着物流行业的发展。云计算是物流系统中的一个使能技术，在充分发展以后，云计算在信息技术的支持下，会为各个层面提供信息，把各个物流功能模块中的信息集中起来，进行全方位、大范围的物流信息共享，并反作用于物流运行的控制与指挥，成为物流系统的中枢神经。

"物流云"应该对物流行业的各个层面进行支持，它不仅可以对微观层进行支持，如为快递行业提供数据共享，而且对于其他层面也可以提供支持，如在管理层面进行相关的统计、控制。"物流云"的应用范围会随着物流业发展而不断拓宽。

大物流领域利用大数据分析应用技术，其实质就是利用地理信息、位置服务、物联网在物流行业里做信息系统化，将现有的粗放、零散、低效、高耗的物流企业数据资源加以整合，建设成可以依据空间地理信息来统一协调监管的现代化物流。逐步利用大数据驱动信息化物流建设，在信息化的现代物流模式下，大物流领域的任何物流车船归属企业的名称、物流车队的整体油耗、车船的位置信息、车船的行程轨迹、车船的运行周期等这类空间地理数据通过系统智能化处理。大数据分析技术的应用，也将使得仓储运输的空间被系统化布置，物流车行程路径也将被"最短化"

"最畅化"定制。

第二，网络化。20 世纪 90 年代以来，以国际互联网为代表的计算机网络风靡世界，带来了以信息革命为特征的新一轮技术进步和观念更新。互联网的主要优点是：载体时间、空间的无限性；信息更改的即时性；访问浏览的便利性；信息传递成本的低廉性。物流活动范围由于涉及地域广、时间跨度长、风险大，需要庞大的分支机构和众多的合作对象，因此无论是自身管理还是客户服务，信息流的畅通无阻都是非常重要的环节。互联网的出现，对于企业改善物流管理起到了至关重要的作用。

物流领域的网络化有两层含义。一是物流配送系统的计算机通信网络，包括物流配送中心与供应商或制造商的联系要通过计算机网络，与下游顾客之间的联系也要通过计算机网络通信。比如物流配送中心向供应商提出订单这个过程，就可以使用计算机通信方式，借助于增值网（Value-Added Network，VAN）上的电子订货系统（EOS）和电子数据交换技术（EDI）来自动实现，物流配送中心通过计算机网络收集下游客户订货的过程也可以自动完成。二是组织的网络化，即所谓的组织内部网（Intranet）。比如，台湾的计算机业在 20 世纪 90 年代创造出了"全球运筹式产销模式"，这种模式基本是按照客户订单组织生产，生产采取分散形式，即将全世界的计算机资源都利用起来，采取外包的形式将一台计算机的所有零部件、元器件、芯片外包给世界各地的制造商去生产，然后通过全球的物流网络将这些零部件、元器件和芯片发往同一个物流配送中心进行组装，由该物流配送中心将组装的计算机迅速发给客户。可见，物流的网络化成为电子商务下物流活动的主要特征。

以互联网为核心和基础的"物联网"，是在互联网基础上延伸和扩展的网络。物联网是通过射频识别（RFID）、传感器、全球定位系统、激光扫描器等传感设备，按约定的协议，把物品与互联网等网络连接起来，进行信息交换、通信、处理，在实现智能化识别、定位、跟踪、监控、管理和服务的基础上，深度应用于经济社会自然领域、提高人类生产生活管理水平的全新信息系统。随着大量物品不断连接到网络中，物联网逐渐表现出"全面感知、无缝互联、高度智能"的特征，带来人类生产生活方式的深刻变革。

此外，从全球电子商务的发展来看，电子商务的移动化无疑是其重要的发展趋势。尤其是随着3G业务在全球范围内的逐渐普及，移动互联网带宽的增加所带来的技术驱动力极大地促进了移动电子商务的发展。

第三，柔性化。柔性化本来是为实现"以顾客为中心"的理念而在生产领域提出的。但要真正做到柔性化，即真正地能根据消费者需求的变化来灵活调节生产工艺，没有配套的柔性化的物流系统是不可能达到目的的。20世纪90年代，国际生产领域纷纷推出弹性制造系统（Flexible Manufacturing System，FMS）、计算机集成制造系统（Computer Integrated Manufacturing System，CIMS）、制造资源系统（Manufacturing Requirement Planning，MRP-Ⅱ）、企业资源计划以及供应链管理的概念和技术，这些概念和技术的实质是要将生产、流通进行集成，根据需求端的要求组织生产，安排物流活动。因此，柔性化的物流正是适应生产、流通与消费的需求而发展起来的一种新型物流模式。这就要求物流配送中心要根据消费需求"多品种、小批量、多批次、短周期"的特色，灵活组织和实施物流作业。

第四，智能化。物流智能化是物流自动化、信息化的一种高层次应用，物流作业过程大量的运筹和决策，如库存水平的确定、运输（搬运）路径的选择、自动导向车的运行轨迹和作业控制、自动分拣机的运行、物流配送中心经营管理的决策支持等问题，都需要借助于大量的知识才能解决。在物流自动化的进程中，物流智能化是不可回避的技术难题。智能交通、专家系统、产业机器人等相关技术在国际上已经有了比较成熟的研究成果。为了提高物流现代化的水平，物流的智能化已成为电子商务下物流发展的一个新趋势。

智能交通系统是将先进的信息技术、数据通信传输技术、电子传感技术、电子控制技术及计算机处理技术等有效地集成运用于整个地面交通管理系统而建立的一种在大范围内全方位发挥作用的，实时、准确、高效的综合交通运输管理系统。从而使交通运输达到人—车—路综合协调的新境界，提高道路的使用效率，节约能源，保护环境，减少塞车、提高车速，以及降低交通事故的交通系统。智能运输系统是利用高新技术对传统的运输系统进行改造而形成一种信息化、智能化、社会化的新型运输系统。它使交通基础设施能发挥最大的效能，从而获得巨大的社会、经济效益。

产业机器人的研发和应用是物流技术发展的新趋势之一。移动机器人是其中的核心技术和设备，是用现代物流技术配合、支撑、改造、提升传统生产线，实现点对点自动存取的高架箱储、作业和搬运相结合，实现精细化、柔性化、信息化，缩短物流流程，降低物料损耗，减少占地面积，降低建设投资等的高新技术和装备。

第五，自动化。自动化的基础是信息化，自动化的核心是机电一体化，自动化的外在表现是无人化，自动化的效果是省力化，另外还可以扩大物流作业能力、提高劳动生产率、减少物流作业的差错等。物流自动化的设施非常多，如条码、语音、射频自动识别系统、自动分拣系统、自动存取系统、自动导向车、货物自动跟踪系统等。

第六，多功能化。在电子商务时代下，物流已不单单是提供仓储和运输服务，还必须开展配送、配货和各种高附加值的流通加工服务，伴随现代供应链管理使物流达到最优化。供应链作为一种战略概念，也是一种产品，而且是一种可增值的产品。其目的不仅是降低成本，更重要的是能够提供客户期望以外的增值服务，以保持竞争。供应链是物流系统的一种延伸，是产品和信息从原料到成为最终产品到达消费者手中之间的增值服务。传统物流业需要通过制造、批发、零售、仓储等一系列复杂环节，将商品最终送达到消费者手中，而现代物流业则化繁为简，商品制造完成之后，经由配送中心送达各地的零售点。它使得产销分工更加专业化，产业分工更加精细化，使流通成为整个国民经济的中心，使社会整体的生产力和经济效益得到广泛提高。

第七，高质量化。在电子商务环境下，物流业是介于购货方和供货方之间的第三方，是以服务作为第一要务的。对于客户来说，不仅希望得到良好的商品，还希望得到很好的服务，而且希望服务点不局限于一个地方，希望能在多处享受到服务。这就要求现代物流不仅能为本地区服务，而且要有能力进行跨地区长距离的服务。所以，如何提供高质量的服务是物流企业的一个首要研究课题。物流企业不仅为发货方提供优质的物流服务，而且还必须具备物流各环节的专业知识，从而为其设计全方位的物流增值服务。这样，一方面有助于使企业的产品迅速进入市场，提高企业竞争力，另一方面还能使物流企业拥有稳定的客户资源。因此，对于现代物流企业而言，高水准的服务质量正成为现代物流融合电子商务的又一个发展趋势。

第八，全球化。由于电子商务的出现，使得物流企业朝多国化的方向发展。然而，全球化的物流模式，使物流企业面临着新的问题。一是很难找到素质好、水平高的专业物流管理人才。二是由于跨国家、跨地区，将大量涉及合作伙伴的贸易问题。三是信息共享的问题。由于很多企业都拥有自己的企业机密，物流企业在与其打交道过程中会受到种种限制。因此，对物流企业来说，如何建立信息处理系统，如何及时获得必要信息将是发展过程中的一个难题。全球化趋势，将使物流企业和生产企业之间的关系更加密切，生产企业将集中进行产品生产，无须再分散精力考虑物流服务等问题，而物流企业也将集中精力从事物流专业服务。全球化将是电子商务物流发展的又一趋势，它使得企业整体物流系统具有更快的反应速度，信息处理更加高效率，更加贴近客户需求，从而降低成本，增加生产企业和物流企业双方的企业竞争力。

（2）现代物流与电子商务融合的发展机遇。电子商务是一场巨大的商务变革，它打破了地理界限，开辟了巨大的网上商务市场，大力发展电子商务物流业将成为参与国际竞争的重大需要。

第一，电子商务物流业具有广阔的发展空间。尽管我国的电子商务起步晚，但是发展速度很快，这在前文中已有详细叙述。我们国家和企业都非常重视发展电子商务，并已取得了非常突出的成绩，但电子商务环境下的物流业发展却相对落后。虽然，电子商务使得贸易没有国界之分，使全球范围内的任何交易双方在瞬间达成协议成为可能，但实物的交割还得依靠电子商务物流来完成。因此，如果电子商务物流的发展速度无法达到或者接近电子商务的发展速度，就将严重制约我国电子商务的发展。反过来，电子商务的大发展必然会带动我国电子商务物流业的大发展。

第二，大规模数字定制经济呼唤电子商务物流业的发展。大规模数字定制经济是以满足顾客需求为目的的一种全新的产业组织形式，它从根本上改变了企业的组织管理形式、消费者与厂商之间的关系、竞争者之间的竞争方式及企业之间的分工协作方式，大规模数字定制经济将是 21 世纪的产业组织形式的主流。从定义中可以明显看出，在大规模数字定制经济中，企业之间的竞争关键在于速度，企业能否取得竞争上的优势，关键在于根据顾客个性化要求及时向顾客提供产品以及服务。因此，企业必须拥有非常完备的物流渠道，并保证物流的畅通，这就要求企业内部以及其供应链之间通过物流网络系统和信息传输系统来控制其物流服务。因此，电子商务物流将不仅为网络交易提供配送服务，还将成为未来企业竞争战略的核心。

第三，物流技术和信息技术的发展将促进电子商务的发展。近年来，我国的交通状况已得到很大的改观，高速公路网、海运网、铁路网、航空网的发展保证了运输的速度。另外，先进的物流技术和信息技术的大发展都将极大地促进我国电子商务的发展。

第四，第三方物流的增值服务将得到大力发展。随着社会分工的细化和专业化程度的提高，第三方物流服务将借助电子商务的发展而得到广泛的提高。第三方物流的增值服务，其目的不仅是降低成本，更重要的是要提供客户期望以外的增值服务，如配送、配货和各类提高附加值的流通加工服务，以及提供其他客户所要求的服务项目。具体来说，电子商务环境下的第三方物流企业，需要从顾客的需求出发，综合应用电子信息技术，通过技术创新提高服务效率，为消费者和供应商提供灵活高效的物流服务，为企业提供电子商务环境下的物流流程再设计，并取得满意的回报。

（二）我国电子商务物流发展存在的主要问题

电子商务的发展，给传统的流通过程带来了新的革命，传统的业务模式和流通过程发生了根本性变化，网上购物冲破了传统的地域限制，使企业市场范围扩向全国甚至全世界，逐步向一体化过渡。但是，我国物流发展却相对落后，物流不畅也成为电子商务发展的瓶颈。我国电子商务物流存在的主要问题表现在以下几个方面。

1. 物流能力难以支撑高速发展的电子商务需求

我国的电子商务还处在初级阶段，其功能主要局限于电子商务与物流之间相互依赖、信息的交流，相互促进的关系还没有在全社会得到普遍的共识。人们重视电子商务，却对电子商务的物流没有给予足够的重视，从而出现物流能力不足，物流配送系统相对落后，不能与电子商务有机结合，难以支撑高速发展的电子商务需求，限制了电子商务高效、快速、便捷优势的发挥。

（1）综合性服务供给不足。电子商务物流服务配套能力不足已成为电子商务本身发展的瓶颈。我国电子商务需求增长迅速，与其相关的信息流、资金流技术都飞速发展，而物流发展水平的滞后成为电子商务发展的短板。此外，不同类型的电子商务物流企业服务能力存在较大差距。部分B2B、B2C电子商务的物流服务提供商一般与企业有固定合作关系，由实力较强的国有、民营、外资物流企业担当；而一般C2C电子商务物流服务企业由区域性的小型物流企业承担。部分物流企业经营规模小、市场份额少、经营不规范，带给电子商务用户较差的最终交付体验，影响了电子商务的服务水平。

（2）第三方物流企业发展滞后。与发达国家电子商务发展条件不同，我国物流企业与电子商务基本在同一时期发展，都经历了水平逐步提升的过程。我国多数民营电子商务物流企业是在传统体制下物资储运流通企业的基础上发展而来的，服务内容仍停留在单一的物流功能上，如仓储、运输、城市配送等，企业的信息收集、加工、处理能力，物流协调、统筹策划和供应链管理能力明显不足，能够为电子商务企业提供整体性和专业化物流解决方案的第三方物流企业十分稀缺，这种情况也是许多电子商务平台企业自建物流配送体系的原因之一。

（3）物流配送中心信息化程度低。目前，我国的大多数配送中心信息化程度比较低，对物流过程的许多重要决策问题，如配送中心的选址、运输最佳路线、货物组配方案、最优库存控制等，还处于半人工化决策状态，适应具体操作的信息系统的开发滞后，整个物流过程的技术支持还不到位。现代电子商务所要求的物流公司不仅仅是送货，而是最终成为电子商务公司的客户服务商，协助电子商务公司完成售后服务，提供更多的增值服务，如提供销售统计、跟踪产品订单、报表等，而这一切必须依托于物流现代化作业的手段和方法，凭借现代化的信息技术来实现。

（4）物流产业组织不合理。目前，我国大多数物流企业管理手段和技术装备比较落后，物流市场化程度低，服务网络和信息系统不健全，影响了物流服务的准确性与时效性。其主要表现是：小（物流配送企业数量小、经营规模小）、散（网络分割、经营秩序不规范，不能为客户提供包括物流网络设计、预测、存货管理、订货管理等系统物流服务）、少（物流配送市场份额少、服务功能少，大多数企业还只是被动地按照用户的要求从事单一功能的运输、仓储和配送，很少能提供物流策划、组织及深入供应链的全过程管理，物流增值少）、弱（发展滞后、竞争力弱、信息化、专业化、标准化还没跟上，还没有真正了解国际物流企业的运作方式和真正意义上的第三方物流）。

（5）物流企业创新能力有待提升。电子商务交易具有经营模式多样、新技术频繁应用等特点，这决定了电子商务物流服务需要适应电子商务的不断发展，强化自身的创新能力。我国电子商务物流发展还处在初级阶段，发展潜力巨大，创新是电子商务物流获取竞争优势的关键。目前，移动电子商务、电子商务搜索引擎市场的新一轮电子商务模式创新已经开始。2008年2月，淘宝网、支付宝进入移动电子商务领域，网盛生意宝也将电子商务搜索产品搬上3G手机，开辟移动电子商务搜索新型市场。电子商务物流需要进一步提升灵活性和适应性，通过更具柔性的物流系统扩展和提升业务范围和能力。我国电子商务物流企业的业务局限于单个环节的传统现场作业，与新型商务模式相配合的创新性业务尚待开发，物流与电子商务新商业模式有待整合和进一步完善。

（6）电子商务物流基础设施不完善。经过多年的发展，我国在交通运输、信息通信、仓储设施、搬运和货物包装等物流基础设施装备方面有了一定的发展，但总体来看，我国的物流基础设施还比较落后，特别是在多头管理的模式下，各个部门之间缺乏必要的协调性，因而物流基础设施的兼容性和配套性差，缺乏系统功能。

2. 物流运作模式难以适应快速变化的电商模式

电子商务交易经营模式多样变化、新技术频繁应用等特点，对电子商务物流运作模式提出了更高的要求。如何改进我国电子商务物流运作模式，降低物流成本，提高配送效率，已成为电子商务经营商关注的重点。目前，我国电子商务物流主要有以下几种典型模式。

（1）第三方物流模式。第三方物流是指由供需双方之外的第三方去完成物流服务的物流运作方式。第三方物流随着物流业的发展而发展，是物流业发展到一定阶段的必然产物，是现代物流服务发展的必然趋势和物流专业化的重要形式；第三方物流的发展程度也反映和体现了一个国家物流业的整体发展水平。

相对于自营物流，企业利用专业的第三方物流服务，具有如下优点：有利于企业集中核心业务，提高核心竞争力；降低成本；减少库存；提升企业形象；提高企业经营效率。

在我国目前的具体情况下，物流外包给第三方物流公司，有两点需要注意：一是第三方物流尚未成熟，没有达到一定的规模化和专业化；二是电子商务企业过分依赖物流企业，容易受制于人，在供应链关系中处于被动地位，物流企业的服务质量和效率将对电子商务企业的正常生产经营活动产生重大影响。

（2）共同配送模式。共同配送是指为提高物流效率对某一地区的用户进行配送时，多个配送企业联合起来在配送中心的统一计划、统一调度下展开的配送。这是一种企业之间为实现整体配送合理化，降低物流成本，以互惠互利为原则，互相提供便利的物流配送服务的协作性配送模式，其核心在于充实和强化配送的功能。共同配送的优势在于有利于实现配送资源的有效配置，弥补配送企业功能的不足，促使企业配送能力的提高和配送规模的扩大，更好地满足客户需求，提高配送效率，降低配送成本。缺点是不同企业商品的不同、管理规定的不同、经营意识的不同等可能从另一个方面带来阻碍。

（3）企业自营物流模式。企业自营物流是指企业在其目标市场上设置物流送货点，即在上网人群较密集的地区设置仓储中心和配送点，由消费者所在地附近的配送中心或配送点配货并送货上门。物流配送各环节均由企业自身筹建并组织管理。这种模式有利于企业供应、生产和销售的一体化作业，系统化程度相对较高，物流配送效率很高，可以克服第三方物流模式不够快的问题，但配送中心和配送点建设需要大量投资，将带来短期成本的大量增加。

在欧美，大多数 B2C 电子商务经营商采用的都是第三方物流配送服务，如 Amazon。这是因为，国外成熟的第三方物流企业能够以先进的物流信息系统、高效的配送服务以及低廉的物流成本满足各终端用户和电子商务经营商的需求，使得 B2C 电子商务经营商没有物流配送方面的后顾之忧，全力将重心放在其核心业务（产品更新换代、促销广告等）上，还能达到其经营战略目标。在日本，共同配送模式比较盛行。如一个地区的许多杂货铺和便利店，往往形成一个联盟实施其同配送，达到物流配送的规模经济，为多方降低物流成本，实现互惠互利。

从国家社会宏观角度来看，物流配送企业各自为政实属一种资源的浪费，共同配送，或者说物流配送的社会一体化迫在眉睫。最简单的例子就是日本，这个国家几乎将各种物流运力资源利用到了极致。

在第三方物流配送模式中，众多国内 B2C 电子商务运营商往往对不尽如人意的配送效率、不低廉的物流成本，以及终端用户因低劣配送服务的不满所造成的业务流失而头疼。面对高成本的物流配送和顾客不断对配送服务态度的投诉。目前很多电商企业纷纷自建物流系统，以满足其电子商务的增长需求。

另外，当第三方物流具有较高的发展水平和较高的物流管理水平时，物流联盟模式和物流一体化模式将有助于电子商务物流的发展步入更加成熟的阶段。

（4）物流联盟模式。物流联盟是指两个或两个以上的经济组织为实现特定的物流目标而采取的长期联合与合作。其目的是实现联盟参与方的"共赢"。物流联盟具有相互依赖、核心专业化、强调合作的特点，物流联盟是一种介于自营和外包之间的物流模式，可以降低前两种模式的风险。物流联盟是为了达到比单独从事物流活动取得更好的效果，企业间形成的相互信任、共担风险、共享收益的物流伙伴关系，企业之间在物流方面通过契约形成优势互补、要素双向或多向流动的中间组织。

物流联盟模式的优点是：电子商务企业与物流企业进行联盟，一方面有助于电子商务企业降低经营风险，提高竞争力，企业还可以从物流伙伴处获得物流技巧和管理技巧；另一方面也使物流企业有了稳定的货源。其缺点主要是，物流联盟的长期性、稳定性会使电子商务企业改变物流服务供应商的行为变得困难，电子商务企业必须对今后过度依赖于物流伙伴的局面作周全考虑。

（5）物流一体化模式。物流一体化是基于供应链管理的思想，以物流系统为核心，从生产企业，经由物流企业、销售企业，直至消费者的供应链的整体优化和系统化，目的是使产品在供应链内迅速有效的移动，使各参与方企业都能获益，使整个社会获得明显的经济效益。物流一体化是在第三方物流的基础上发展起来的多边共赢的供应链物流模式，在这种模式下，物流企业通过与生产企业建立广泛的代理关系，与销售企业形成较为稳定的契约关系，从而将生产企业的商品或信息进行统一组合处理后，按订单要求配送到店铺。在电子商务时代，这是一种比较完整意义上的物流配送模式，是物流业发展的高级形式和成熟阶段。

物流一体化的优点是：可以降低企业物流成本；有利于提高整个物流系统的运作效率和顾客服务水平；易于形成协同竞争、共同发展的价值观，有利于强化核心竞争力。

表 1 给出了五种电子商务物流模式的比较。

表 1   五种电子商务物流模式的比较

电子商务 物流模式	优 势	劣 势
第三方 物流模式	电子商务企业可以将资源集中于自己的核心业务，降低经营成本，提高客户服务水平	我国第三方物流处于发展阶段，尚未成熟，受第三方物流企业物流管理水平、服务能力的制约
共同配送模式	有利于实现配送资源的有效配置，促使企业配送能力的提高和配送规模的扩大，更好地满足客户需求，提高配送效率	不同企业商品的不同、管理规定的不同、经营意识的不同等可能从另一个方面带来阻碍
企业自营物流模式	电子商务企业对物流有较强的控制能力；物流部门与其他职能部门易于协调；企业容易保持物流供应链的稳定	物流基础设施需要较大的资金投入；需要电子商务企业自身有较强的物流管理能力
物流联盟模式	可以降低经营风险和不确定性，可以减少投资，可从联盟企业获得物流管理经验和物流技术	选择和更换物流企业比较困难
物流一体化模式	可以共享资源，提高整个供应链的竞争力，经济效益明显	要求第三方物流具有较高的发展水平，需要较高的物流管理水平

3. 物流国际化程度低制约跨境电子商务发展

跨境电子商务是电子商务应用过程中一种较为高级的形式，是指不同国别或地区间的交易双方通过互联网及其相关信息平台和国际物流运输实现交易。国际贸易进出口环节中一般要涉及国际货款结算、进出口通关、国际运输、保险等，同时还有安全性及风险控制等方面的考虑，这使得跨境电子商务和境内电子商务有所不同。跨境电子商务的时间、空间距离跨度更大，范围更广，物流的国际化程度对跨境电子商务的发展有着举足轻重的影响。

近年来，国际产业分工越来越细，不仅局限于产业内部，工序间的分工也越来越普遍，这种变化对物流业产生了极大影响。工序间分工对物流服务水平的要求，不论在时间上还是在质量上，都是单纯产业分工无法比拟的。中国地域广、地区差异大，要在中国市场上运输商品，其物流与国际贸易（进口）延长线上的物流相比有着不同的困难，要求提供更高水平的服务。

跨境电子商务交易离不开国际物流运输。从技术层面来看，国际物流与国内物流的结合就是跨境多种运输方式的国际物流运输。从海运来看，可以认为其开始于国际港湾，然后进行铁路和公路运输，或两者组合的运输；从空运来看，可以认为其开始于国际机场，然后进行国内空运、公路运输，或两者组合的运输。单独来看，目前港湾、机场、铁路、公路等基础设施比较齐全，但要实现国际国内物流的结合，还有很多需要解决的问题。

（1）物流标准化方面，各种规格不统一。与世界发达国家相比，我国虽然已经完成标准化的研究，但仍然存在着差距。物流标准化是推进物流现代化的基础，而我国国际物流标准化与世界对接缓慢，增加了企业的国际物流成本，降低了企业的国际竞争力，也制约了跨境电子商务的发展。主要体现为各种运输方式之间装备标准不统一、物流器具标准不配套、物流包装标准和设施标准之间缺乏有效衔接、物流设施和装备标准化滞后，同时在物流作业环节缺少必要的行业标准和行业规范，导致物流效率普遍不高，难以与国际标准接轨。

以集装箱为例，国际海运的标准规格是 20 尺货柜，而这种规格的货柜不能直接在铁路上运输，必须将货物重新装到铁路用集装箱或一般货车上之后才能在铁路或公路上进行运输。一方面对 20 尺货柜长途运输的需求巨大，另一方面拥有该尺寸货车的运输公司却很少。即使是一般货车，其车箱规格也不统一，货物的重新装载降低了运输效率，且操作环节增多也加大了货物的破损率。

（2）基础设施发展不均衡。我国运输基础设施水平得到了较快发展，但结构不尽合理。一是省际间干线基础设施不足。从地域来看，内陆和农村基础设施绝对不足。二是各运输形式网络化落后。以水运为例，国际港口建设和改造计划很多，但将国际货物运往国内所需的内河运输港口建设却非常滞后。三是连接各种运输形态的连接点功能不完善。行政区划分割阻碍了港口（海运和陆运）、机场（空运和陆运）、货运站（陆运）等连接功能的发挥。由于结构不合理，物流基础设施不仅未发挥应有的功能，还成为国际物流运输和跨境电子商务发展的瓶颈。

（3）物流战略和供应链管理水平亟待加强。尽管我国物流业在硬件方面存在许多问题，但从服务内容看，跨境电子商务中的物流客户在物流战略及供应链管理上却提出了较高的要求。这里的物流战略是指将由采购、生产、销售到物流的经营管理环节看作一体化物流，以实现最佳物流的战略。供应链管理是指将多环节的物流看作一条供应链，在这个供应链中通过链条的设计和管理实现商品价值最大化和物流环节高效率。

之所以会对物流服务提出较高的要求，其原因在于：外资企业的国际分工及商品采购供应链延伸到了中国国内；在激烈的竞争中，国内制造企业和流通企业均认识到了物流战略的重要性。在外资企业的国际分工中，分工内容（产业间、产业内，工序内、工序间等）、形式（如委托加工、委托生产、贴牌生产、设计生产等）、主体（跨国企业、外资企业、本地企业等）均呈现出多样化的发展趋势，其不同组合对物流服务的要求更为复杂。而且，流通企业商品采购链的扩大必然会对物流网络提出较高的合理化要求。随着市场化的发展，降低流通成本、提高流通速度、适应需求变化、零部件和原材料供应合理化等对国内各参与竞争的物流与流通企业具有决定性意义。外资企业和国内物流企业均包括国际物流和国内物流，如何实现两者的有机结合最为关键。

（4）国际物流专业人才短缺。我国国际物流起步晚，现有从业人员素质远远跟不上物流发展的需要，特别是善经营又懂物流信息技术的复合型人才奇缺，同时对高级物流人才的需求日增。当前我国国际物流人才的匮乏，已经成为制约物流国际化的主要瓶颈。在国外，物流人才的教育体系已经成熟，而我国的物流人才教育体系还没有完全建立，物流的职业化培训方兴未艾。因此，培养大批高素质的国际物流专业人才是提高我国物流国际化水平，进而促进跨境电子商务发展的重要环节。

4. 物流市场秩序混乱影响电子商务持续健康发展

良好的物流市场秩序是确保现代物流产业健康发展的重要保障，也是促进电子商务持续健康发展的基础。目前，我国物流市场上物流企业恶性竞争现象严重、电子商务物流的相关法律法规和技术标准体系不健全、物流安全问题的制度和措施存在缺陷等问题突出。混乱的物流市场秩序势必给电子商务的发展带来极大的制约和阻碍。

（1）物流企业鱼龙混杂，导致恶性竞争。随着我国国民经济持续、快速、健康发展，全社会的物流需求增长势头旺盛。但是，在物流市场上，无物流企业功能的物流企业与有经营规模、有良好信誉的物流企业同时并存，出现了鱼龙混杂的局面，都叫物流公司。许多传统的交通运输、仓储商贸企业根据市场需求，向物流企业转型，但如何转型，应该具备哪些条件，提供什么样的物流服务，缺乏清晰的认识就一哄而上。对此，物流需求客户难以判断，也无从判断。据对我国第三方物流服务企业的现状调查，客户对物流公司的要求，首先关注的是一体化服务功能、服务手段、商业信誉与服务质量。此外，公平竞争、规范有序的物流市场尚未形成，物流市场经营户主"散、乱、杂、小"现象突出，甚至有些物流企业以压低价格为竞争手段产生的恶性竞争导致物流市场秩序混乱。大量只有运输或只有仓储单项功能的"物流企业"的出现，使物流业内恶性的不规范竞争愈演愈烈，已成为制约我国物流企业健康发展的极大障碍，也极大地影响了电子商务的持续健康发展。

（2）法律法规和技术标准体系有待健全。我国与电子商务物流发展相关的法律法规体系还不够完善。目前，我国对电子商务物流的规制管理，停留在政府树立试点示范、相关管理部门制定部门政策法规和行业协会确定指导性规范的层面上。有关物流企业的准入制度、合同规范、相关融资制度、产权转让制度、用人制度、社会保障制度等方面的政策和改革还远不能适应企业发展的需要。同时，我国关于电子商务物流运作的国家标准尚属空白，目前可查的只有电子商务相关的技术类标准和类似物流术语等的物流类基本标准，难以满足电子商务物流发展的需要。

（3）有关解决支付、配送等物流安全问题的制度和措施尚待完善。随着网上银行、网上商城的兴起，与网上交易、网上支付以及物流配送行为相关的物流市场安全问题已成为电子商务发展的隐患。由于网络交易带来的客户身份虚拟化，数据安全和货款安全等问题没有得到很好解决，使交易数据被篡改、冒名、欺诈、货款丢失等危害消费者利益的事件多次出现；在门到门配送环节中，货物调包、破损、遗失等问题已成为困扰网上购物发展的又一瓶颈，影响了线上消费的客户满意程度，也给电子商务物流的发展带来阻碍。

五、以物流信息化推进物流现代化的思路和建议

（一）主要思路

以市场为导向，以改革开放为动力，以先进技术为支撑，紧紧抓住经济全球化和信息化的发展机遇，注重全局性、前瞻性和实用性，有效整合与配置物流基础设施资源，统筹规划合理布局，充分发挥信息化在现代物流发展中的引领提升作用，以物流信息化促进物流业转型升级和相关行业协同联动，大力提升物流社会化、专业化水平，持续推动物流业规模化、集约化、一体化、标准化、智能化、绿色化、诚信化发展。

（二）主要任务

1. 加快物流现代化战略研究

物流现代化战略研究应围绕现代物流业发展规划所设定目标，围绕国际、国内先进的信息化技术和成果的研发推广，结合我国物流业实际，提出物流现代化总体战略目标和构想，并根据这一构想和目标，明确功能结构、投资规模、开发进度、组织保障、政策措施，制定实施规划和实施方案，引导和保证我国物流现代化建设高标准、系统化、有序化、协调化发展。政府主管部门应牵头组织这项工作并提供充足的研究经费。对物流现代化战略问题给予单独立项并进行专题研究，不仅要有学术研究机构的专

家参与，而且要有企业的管理、技术专家参与，务必保证物流现代化战略规划具有现实指导意义和可操作性。

制定物流行业信息化发展的纲要和规划。政府部门必须充分认识到物流信息化带给整个物流行业的巨大机遇，做出更有利于推动整个物流行业信息化发展的关键决策，千方百计激发物流信息化的社会需求，推动整个物流行业信息化水平的提高。从我国国情出发，借鉴国外经验，抓紧制定全国物流信息化发展纲要，重视物流发展规划，加强物流信息化的合理化和标准化，把现代物流公共信息平台建设作为高新技术产业加以扶持发展，享受国家关于高新技术产业同等的优惠政策。适时做出远景规划，促进整个物流行业的快速稳健发展。

2. 加强物流公共基础设施建设

建设覆盖全社会的立体交通网络和物流信息网络。在基础设施建设上，要建立和完善资金投入机制，引导社会资金对电子商务物流服务业的投入。加大投资力度，改善我国综合运输网及其配套设施。重视既有物流基础设施的技术改造和功能调整与完善，充分利用现有场站、仓储等设施优化物流资源的配置，有效降低全社会物流运作成本。在充分论证和系统规划前提下，根据各地特点及既有物流基础设施条件，开发和建设现代化的物流基地，并辅之以便利的通关、综合运输和城市配送条件，使之成为区域性物流中心。积极开发物流信息网络和信息传递与交换系统，为物流的合理高效组织以及企业经营管理效率与水平的提高创造更广阔的空间。

3. 加强物流标准化建设

加紧编制并组织实施物流标准中长期规划，完善物流标准体系。结合国家重大科技专项"国家技术标准发展战略"研究，将物流标准化内容列入国家技术标准发展的总体规划。完善国家物流标准体系框架，加强通用基础类、公共类、服务类及专业类物流标准的制定工作，形成一批对全国物流业发展和服务水平提升有重大促进作用的物流标准。注重物流标准与其他产业标准以及国际物流标准的衔接，密切跟踪物流国际标准动态，积极参与国际标准的制定，结合我国的实际情况，加快对现行的传统物流标准的修订和现代物流新技术标准的制定。继续积极跟踪物流信息新技术的发展态势，组织协调国内各方力量，进一步加强与物流信息新技术领先国家和国际标准化组织的合作，加强对物流标准制定修订的统一协调。科学划分推荐性和强制性物流标准，加大物流标准的实施力度，努力提升物流服务、物流枢纽、物流设施设备的标准化运作水平。调动企业在标准制修订工作中的积极性，推进重点物流企业参与专业领域物流技术标准和管理标准的制定和标准化试点工作。加强物流标准的培训宣传和推广应用。

4. 加强物流信息化建设

加强云计算、大数据、物联网、移动互联等先进信息技术在物流领域的应用。加快企业物流信息系统建设，发挥核心物流企业整合能力，打通物流信息链，实现物流信息全程可追踪。提升主制造商供应链信息化、重点领域物流信息化、集装箱多式联运信息化，加快电子商务与物流服务集成建设，建立健全军民结合的物流信息共享机制，加快重点物流信息化标准研制，大力促进物流信息技术创新应用。

5. 注重物流信息平台建设

围绕营造物流信息化环境的目标，加快现代物流公共信息平台建设，实现技术兼容和信息共享，促进各种物流功能和要素实现跨部门、跨行业、跨地区、跨企业的集成，形成物畅其流、快捷准时、经济合理、用户满意的社会化、专业化现代物流服务体系。现代物流公共信息平台建设主要包括五个方面：一是营造易于接入、共享和使用的公共信息平台环境，二是建立和形成全国物流信息重点业务系统，三是建设与物流公共信息平台配套的数据库，四是建立物流信息安全保障与服务体系，五是建立物流信息技术标准体系和管理规范体系。

加快物流公共信息平台建设，积极推进全社会物流信息资源的开发利用，支持运输配载、跟踪追溯、库存监控等有实际需求、具备可持续发展前景的物流信息平台发展，鼓励各类平台创新运营服务模式。推动电子口岸、道路运输危险品监管平台和邮政业监管信息平台等公共信息平台建设，提高相关政府部门的物流服务和监管能力。进一步推进交通运输物流公共信息平台发展，推动铁路、公路、水运、航空货运、仓储等行业性物流信息平台建设，支持跨行业综合物流信息平台建设，整合铁路、公路、水路、民航、邮政、海关、检验检疫等信息资源，促进物流信息与公共服务信息有效对接，鼓励区域间和行业内的物流平台信息共享，实现互联互通。推动面向全国各经济区域、物流节点城市或交通枢纽的区域性物流信息服务平台建设。支持面向中小企业的社会化物流管理和信息服务平台建设。

6. 促进电子商务与物流业融合发展

加快物流现代化建设，努力提升物流业的服务层次，培养规模化、专业化的电子商务物流企业，实现网络化、高效化经营，为电子商务业提供一体化、全方位的物流服务；通过市场调研，加强电子商务市场的需求预测，及时掌握并运用需求信息预测，增强物流业的应变能力；努力改进物流服务质量，提高客户的满意度和核心竞争力，打造现代物流服务理念；建立物流信息技术服务体系，形成电子商务业与物流业的沟通平台，加强物流企业内部作业操作的信息化等。通过物流业自身不断地完善与沟通，逐步形成电子商务与物流业融合发展的崭新局面。

7. 推进物流技术装备现代化

加强物流核心技术和装备研发，推动关键技术装备产业化，鼓励物流企业采用先进适用技术和装备。加快食品冷链、医药、烟草、机械、汽车、干散货、危险化学品等专业物流装备的研发，提升物流装备的专业化水平。积极发展标准化、厢式化、专业化的公路货运车辆，逐步淘汰栏板式货车。推广铁路重载运输技术装备，积极发展铁路特种、专用货车以及高铁快件等运输技术装备，加强物流安全检测技术与装备的研发和推广应用。吸收引进国际先进物流技术，提高物流技术自主创新能力。

8. 推进区域物流协调发展

落实国家区域发展整体战略和产业布局调整优化的要求，继续发挥全国性物流节点城市和区域性物流节点城市的辐射带动作用，推动区域物流协调发展。按照建设丝绸之路经济带、海上丝绸之路、长江经济带等重大战略规划要求，加快推进重点物流区域和联通国际国内的物流通道建设，重点打造面向中亚、南亚、西亚的战略物流枢纽及面向东盟的陆海联运、江海联运节点和重要航空港，建立省际和跨国合作机制，促进物流基础设施互联互通和信息资源共享。正确处理好与国际先进水平接轨和与我国国情结合之间的关系，处理好长远发展与近期需要之间的关系，处理好东西部地区之间物流平衡发展的关系，处理好新建物流基础设施与整合利用现有条件之间的关系，防止盲目建设、重复建设，避免资源浪费。建立全国推进现代物流发展的统一协调机制。

9. 积极促进国际物流发展

加强枢纽港口、机场、铁路、公路等各类口岸物流基础设施建设。以重点开发开放试验区为先导，结合发展边境贸易，加强与周边国家和地区的跨境物流体系和走廊建设，加快物流基础设施互联互通，形成一批国际货运枢纽，增强进出口货物集散能力。加强境内外口岸、内陆与沿海、沿边口岸的战略合作，推动海关特殊监管区域、国际陆港、口岸等协调发展，提高国际物流便利化水平。建立口岸物流联检联动机制，进一步提高通关效率。积极构建服务于全球贸易和营销网络、跨境电子商务的物流支撑体系，为国内企业"走出去"和开展全球业务提供物流服务保障。支持优势物流企业加强联合，构建国际物流服务网络，打造具有国际竞争力的跨国物流企业。

10. 大力发展绿色物流

优化运输结构，合理配置各类运输方式，大力发展共同配送、统一配送等先进的物流组织模式，提高储运工具的信息化水平。完善能耗和排放监测、检测认证制度，加快建立绿色物流评估标准和认证体系。鼓励采用低能耗、低排放运输工具和节能型绿色仓储设施，鼓励包装重复使用和回收再利用，构建低环境负荷的循环物流系统。大力发展回收物流，推广应用铁路散堆装货物运输抑尘技术。加快发展第三方物流、第四方物流以及绿色信息的搜集，包括绿色消费信息、绿色科技信息、绿色资源和产品开发信息、绿色法规信息、绿色组织信息、绿色竞争信息、绿色市场规模信息等。

11. 提升制造业物流与供应链管理服务水平

支持建设与制造业企业紧密配套、有效衔接的仓储配送设施和物流信息平台，鼓励各类产业聚集区域和功能区配套建设公共外仓，引进第三方物流企业。鼓励传统运输、仓储企业向供应链上下游延伸服务，建设第三方供应链管理平台，为制造业企业提供供应链计划、采购物流、入厂物流、交付物流、回收物流、供应链金融以及信息追溯等集成服务。加快发展具有供应链设计、咨询管理能力的专业物流企业，着力提升面向制造业企业的供应链管理服务水平。

（三）政策建议

1. 营造有利于物流业发展的政策环境

按照简政放权、深化行政审批制度改革的要求，建立公平透明的市场准入标准，进一步放宽对物流企业资质的行政许可和审批条件，改进审批管理方式。落实物流企业设立非法人分支机构的相关政策，鼓励物流企业开展跨区域网络化经营。引导企业改革"大而全""小而全"的物流运作模式，制定支持企业分离外包物流业务和加快发展第三方物流的措施，充分整合利用社会物流资源，提高规模化水平。加强与主要贸易对象国及台港澳等地区的政策协调和物流合作，推动国内物流企业与国际先进物流企业合作交流，支持物流企业"走出去"。做好物流业外资并购安全审查工作，扩大商贸物流、电子商务领域的对外开放。完善物流法律法规，抓紧研究制修订物流业安全监管、交通运输管理和仓储管理等相关法律法规或部门规章，开展综合性法律的立法准备工作，在此基础上择机研究制订物流业促进方面的法律法规。

2. 完善物流市场机制，规范物流市场秩序

推动物流市场化改革，健全市场规则，完善价格机制，消除地区和部门壁垒，形成"统一开放、规范有序、公平竞争"的物流市场。将铁路运输企业改造成为真正的市场主体，放宽铁路运输市场的准入，打破铁路垄断。清理并降低过路过桥费，统筹规划配送车辆进城路线、时间和作业站点，方便物流车辆进城。加强对物流市场以及物流活动在资源、环境、安全和服务质量方面的监管。维护公平竞争的市场环境，监督企业社会责任的履行，促进物流可持续发展。从国家经济安全出发，制定物流产业安全相关规则。

构建涵盖合同规制、物流企业内控、政府行政管制、行业协会自律、社会公众监督"五位一体"的物流信用规制体系，形成相辅相成、相互"制衡"的体系结构。加强对物流市场的监督管理，完善物流企业和从业人员信用记录，纳入国家统一的信用信息平台。增强企业诚信意识，建立跨地区、跨行业的联合惩戒机制，加大对失信行为的惩戒力度。加强物流信息安全管理，禁止泄露转卖客户信息。加强物流服务质量满意度监测，开展安全、诚信、优质服务创建活动。鼓励企业整合资源、加强协作，提高物流市场集中度和集约化运作水平，减少低水平无序竞争。加强对物流业市场竞争行为的监督检查，依法查处不正当竞争和垄断行为。

3. 完善财税、金融和工商等政策，加大对物流业的支持

设立物流业发展的财政专项资金，支持关键技术创新和高端装备制造、农业、食品、药品、危险化学品，制造、商贸、电子商务与物流业联动发展，城市公共物流平台、农村物流基础设施、城乡物流一体化等物流领域。

形成适合物流体系完善和物流业结构升级的税收政策。解决仓储、配送和货运代理等环节与运输环节营业税税率不统一的问题。凡涉及运输、仓储、货代、快递等物流环节，均使用统一的发票，设置统一税率。允许符合条件的大型物流企业总分机构统一申报缴纳所得税；支持物流企业与银行间开展总部对总部结算模式。

加快投融资体制改革，形成筹融资主体多元化、筹融资渠道多样化、筹融资形式多样化、筹融资结构合理化的投融资新格局。大力发展物流金融和供应链金融。

改进工商和营运管理等政策。调整物流相关业务的资质登记要求，精简相关资质证明，资质证明允许企业分支机构在全国通用。扩大营运证件跨区域使用范围；允许物流企业运营车辆异地年检。

4. 完善物流标准和统计制度

统一交通运输、仓储、装卸搬运、信息、包装等计量和标准。加快制修订物流管理、物流服务等方面的基础性标准。加快物流企业分类标准、配送中心、物流成本、托盘、汽车箱体、国内集装箱、多式联运、商品包装等标准的制定。加强对电子产品代码等重大基础标准的研究。鼓励企业和有关方面采用标准化的物流计量、货物分类、物流设备设施、工具器具、信息系统和作业流程等。加强物流统计基础性工作，建设国家物流统计数据库，开展物流统计理论和方法研究，不断提升物流统计质量。推进物流统计数据及时发布和有效共享。

5. 加强物流学科建设和人才保障

加强物流经济、管理、技术、工程等学科建设和理论研究，制定中长期物流教育、培训和人力资源规划，发展多层次学历教育和人力资源培训体系。鼓励高等院校、科研机构和行业协会、企业加强合作，编写各种层级的精品教材，加强职业技能教育，开展职业资格认证。实施全球化物流人才战略，大力引进国外高水平物流理论、管理、技术、工程和科研人才。

电子政务与国家治理能力现代化

一、前　言

电子政务是依托于信息技术发展起来的一种新型行政管理模式，主要是指政府机构应用现代信息和通信技术，将管理和服务通过网络技术进行系统集成，在互联网上实现政府组织结构和工作流程的优化重组，超越时间、空间与部门分隔的限制，全方位地向社会提供优质、规范、透明、符合国际水准的管理和服务。

我国电子政务以政府开始尝试办公电子化为起点，可以追溯到20世纪70年代。自1993年开始实施"金桥工程""金卡工程""金关工程"这"三金工程"以来，我国电子政务取得了快速的发展。目前，我国电子政务正处于蓬勃发展的时期，《国家电子政务"十二五"规划》和《"十二五"国家政务信息化工程建设规划》的相继出台对电子政务发展方式、目标、重点都做了系统的部署，电子政务对经济社会发展的支撑和带动作用不断增强。

跨入新的发展时期，电子政务发展受到经济社会发展变革以及技术革新的重大影响。十八届三中全会做出了全面深化改革的决定，提出推进国家治理体系和治理能力现代化的改革总目标。同时，物联网、大数据、云计算、移动互联网等新一代信息技术将会对电子政务带来新的革命性的变化。那么，作为我国政府治理的重要内容，电子政务在新形势下会被赋予哪些新的内涵，发挥什么作用？与新的需求相比还具有哪些不足？如何推动我国新时期电子政务更好地服务于国家治理体系和治理能力现代化？这些都是需要深入研究的内容。

本报告围绕"国家治理体系和治理能力现代化"的要求，从国家治理的角度系统地总结了新时期电子政务的发展特征和发展趋势，分析了国家治理能力现代化的背景下，电子政务对政府职能转变、治理结构调整、治理方式变革、治理环境优化等的具体作用，明确新时期国家治理能力现代化对电子政务的新要求，找出目前制约我国电子政务更好发挥作用的主要瓶颈，并基于如何更好地发挥电子政务对国家治理体系和治理能力现代化的促进作用提出相应的政策建议。研究框架如图1所示。

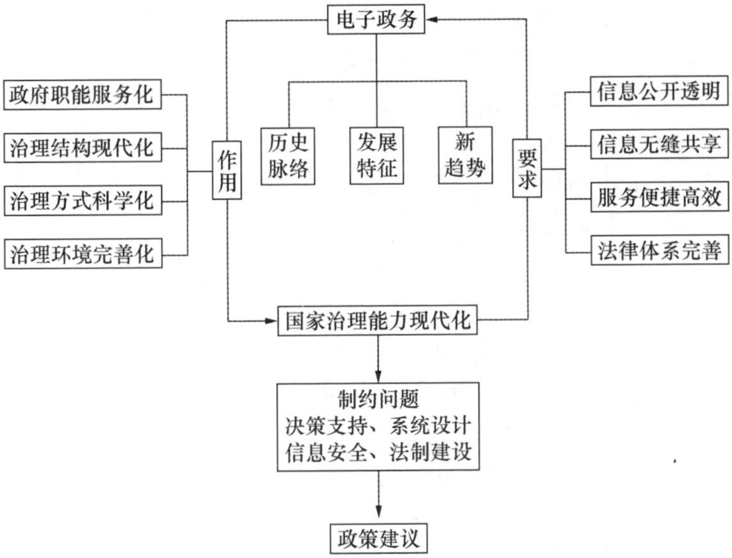

图1　研究主要框架

二、我国电子政务发展脉络与特征

（一）电子政务的概念与模式

1. 电子政务的概念

美国20世纪90年代初提出了"信息高速公路"（Information Highways）的建设构想，掀起了继计算机和通讯技术革命之后信息革命的第二次浪潮。与此同时，克林顿政府提出的"以信息技术再造政府"的设想也迅速成为了世界各国公共行政改革和创新的共同主题之一，"电子政务"（E-Government）逐渐进入公众视野，成为热点研究问题。

国内外学者关于电子政务的概念有很多不同的理解和解释，较为代表性的定义如表1所示。

表1　　　　　　　　　　　　　电子政务的主要定义

提出者	主要概念	侧重点
张清浦（2003）	政府机关业务工作的数据化、网络化、可视化、智能化，是政府管理信息化的通俗化表达，是一项观念创新、体制创新和技术创新相结合，事关管理现代化和行政体制改革全局的庞大的系统工程	政府业务信息化
张锐昕（2004）	政府部门利用先进的信息技术（特别是网络技术）来实现政务处理的电子化，包括内部核心政务电子化、信息公布与发布电子化、信息传递与交换电子化、公众服务电子化等	政务电子化
汪向东（2007）	各级各类国家机关以良政为目的，应用电子信息通信科技手段，进行的各种政务活动与行为的总称；狭义的电子政务是指政府机构为改进公共行政管理和社会服务，利用电子信息通信技术手段尤其是基于互联网实现的政务活动与行为	以信息手段进行政务活动
吴江等（2011）	国家机关以信息网络为平台，运用信息网络技术，不断优化业务工作流程、管理体制和运行机制，超越时空界限与部门分隔，规范、透明、高效地进行内部管理和履行职能的管理与服务模式。是对政府和政务流程进行重组和改造，是对传统政务的优化与提高	信息手段对传统政务改造
李广乾（2012）	依托于信息技术发展起来的一种新型行政管理模式，主要是指政府机构应用现代信息和通信技术，将管理和服务通过网络技术进行系统集成，在互联网上实现政府组织结构和工作流程的优化重组，超越时间、空间与部门分隔的限制，全方位地向社会提供优质、规范、透明、符合国际水准的管理和服务	信息技术下新型行政管理模式

提出者	主要概念	侧重点
Y_1ld_1 $1z$ M，Saylam A（2013）	政府藉由信息和通信技术提供信息和服务，以利民生，开放并提供额外的渠道以利人民参政议政、提高政府透明度和问责性	信息技术下提供政府服务

从不同学者对电子政务的定义来看，早期对电子政务的认识主要停留在将政务服务信息化、电子化等方面，随着信息技术的不断快速发展和电子政务的日益成熟，学者对电子政务的认识也不断深化。现阶段，电子政务已经不仅仅是将传统政务信息电子化，而是在信息化条件下政府管理方式、内容、流程的全面重构，是一种新型的政府管理方式。因此，本研究主要采用李广乾（2012）的定义，将电子政务界定为依托于信息技术发展起来的一种新型行政管理模式。

2. 电子政务的运行模式

电子政务的主要目标是以信息化手段提供高质量的政府管理与服务。从服务范围来看，电子政务的主要内容包括三个方面（吴江等，2011）：第一，政府内部基于办公自动化的政务组织体系与业务流程体系的构建，包括政府内部的工作流信息和从政府外部获取的信息。第二，政府之间通过网络进行的信息共享。第三，政府与公众、企事业单位之间双向的信息交流。具体项目类型如表2所示。

在此基础上，根据不同的服务对象，电子政务的运行模式主要可以分为三种。

第一，政府与政府之间的电子政务（G2G模式）。一是政府部门之间的应用。包括：各级政府间的公文信息审核、传递系统；各级政府间的多媒体信息应用平台，如视频会议、多媒体数据交换等；同级政府间的公文传递、信息交换。二是政府部门内部的各类应用系统。包括：政府内部的公文流转、审核、处理系统；政府内部的各类专项业务管理系统。三是涉及政府部门内部的各类核心数据的应用系统。包括：机要、秘密文件及相关管理系统；领导事务管理系统；涉及国家重大事务的数据分析、处理系统。四是政府电子化采购，即政府电子商务的运用。

表 2 电子政务项目类型

主要对象	信息服务	沟通服务	办事服务	实现形式举例
政府	法律法规标准制度、执法情况报告、司法解释等	执法情况报告、统一采购、统一招投标等	行政审批、审计检查等	信息资源中心
企业	政务信息公开、市场信息、信用信息等	金融监管、企业经营管理等	行政许可、企业生命周期管理等	网上审批平台
公民	政务信息公开、公共安全信息、环境监控信息等	信访、政民互动、就业指导等	社会保险、救助	政府门户网站

资料来源：汪玉凯，2011；张宇航，2012。

第二，政府与企业之间的电子政务（G2B 模式）。政府通过电子网络系统为企业提供各种信息服务，为企业营造安全、有序、合理的环境。提供的服务包括电子服务、电子政府采购与招标、电子税收、电子工商审批及证照办理、电子招商、信息咨询服务等。

第三，政府与公民之间的电子政务（G2C 模式）。通过网络系统、信息渠道以及在线服务向公众公开政务信息，为公众提供便捷、高质量、多元化的服务，建立政府与公众的沟通渠道，让公众参政议政。具体提供的服务包括政府信息发布、公众服务信息发布、社会保险、教育培训、就业服务、电子医疗服务、电子税务、办理证照等。

（二）我国电子政务的发展背景与进程

电子政务的发展进程主要取决于国家战略需求和信息技术的发展程度。国家战略需求决定了电子政务的内容、目标，而信息技术的进步决定了电子政务的服务水平和质量。二者在不同时期的作用状况，决定了电子政务发展的具体进程。

如果以政府部门开始尝试应用计算机来探索办公电子化为起点，中国电子政务的起步时间可以追溯到 20 世纪 70 年代。而政府真正的信息化业务应用则是从1993年实施"金桥工程""金卡工程""金关工程"这"三金工程"开始的。总体看来，中国电子政务发展历程大致可以划分为四个主要发展阶段（见表3）。

表3　　　　　　　　　　　中国电子政务发展阶段

发展阶段	主要特征	时间	主要事件	具体内容或影响
准备阶段（1973～1993年）	计算机普及应用、数据处理、信息管理体系	1973年3月	国家计委向国务院报送了筹建电子计算中心的报告	中国政府信息化起步的标志
		1983年10月	国务院组建经济信息管理办公室	中国政府信息化进入管理信息系统建设阶段的标志
		1986年	国务院确定重点建设国家经济信息主系统	
		1987年1月	国家经济信息中心成立，于1988年1月经邓小平同志题名为"国家信息中心"	
起步阶段（1993～2000年）	业务应用系统建设	1993年12月	国务院批准成立国家经济信息化联席会议	中国政府信息化建设转向强调纵横结合的重点业务应用系统的标志；启动"三金工程"
		1994年6月	国务院办公厅发布《国务院办公厅关于"三金工程"有关问题的通知》	正式部署了以"三金工程"为代表的重大系统工程
		1996年1月	国务院信息化工作领导小组及其办公室成立	
		1997年4月18～21日	全国信息化工作会议在深圳召开	提出"国家信息化'九五'规划和2010年远景目标（纲要）"，确立"统筹规划，国家主导；统一标准，联合建设；互联互通，资源共享"24字指导方针

发展阶段	主要特征	时间	主要事件	具体内容或影响
起步阶段（1993～2000年）	业务应用系统建设	1999年1月	信息主管部门倡议发起"政府上网工程"	引发了一场规模较大的政府信息化普及活动
		1999年12月	国家信息化工作领导小组成立，并将国家信息化工作办公室改名为国家信息化推进工作办公室	
深化阶段（2000～2013年）	电子政务引领国家信息化发展、转向服务导向	2000年10月	党的十五届五中全会审议并通过的《中共中央关于制定国民经济和社会发展第十个五年计划的建议》	确立了"政府先行，带动国民经济和社会信息化"的基本思路，电子政务进入引领国家信息化发展的全面推进阶段的标志
		2000年	国办印发《关于进一步推动全国政府系统办公自动化建设和应用工作的通知》	对政府办公电子化、自动化、网络化做出总体部署
		2001年	《全国政府系统政务信息化建设2001～2005年规划纲要》下发	提出以"三网一库"为枢纽的政务信息化框架
		2001年8月	党中央重新组建了国家信息化领导小组及其常设议事协调机构——国务院信息化工作办公室	
		2001年12月	国家信息化领导小组第一次会议召开	
		2002年7月	国家信息化领导小组第二次会议召开，审议通过《关于我国电子政务建设的指导意见》（"17号"文件）	电子政务全局性指导文件，提出"两网一站四库十二金"的总体框架

续表

发展阶段	主要特征	时间	主要事件	具体内容或影响
深化阶段（2000～2013年）	电子政务引领国家信息化发展、转向服务导向	2002年8月	《关于我国电子政务建设指导意见》正式出台	正式提出要重点建设并整合中央和地方的综合门户网站
		2003年7月	国家信息化领导小组第三次会议召开	鲜明指出了我国电子政务建设的目标
		2003年11月至2004年3月	国务院信息办组织开展政府门户网站发展状况调查	结果显示，我国政府门户网站尚处于初级发展阶段
		2005年6月	国办发布《关于做好中央政府门户网站内容保障工作的意见》	明确中央政府门户网站内容主要来源、保障方式和原则
		2005年10月	中华人民共和国中央人民政府门户网站（简称"中国政府网"）试运行	
		2005年12月	国务院常务会议听取了国办关于中央政府门户网站建设情况的汇报，同意该网站于2006年1月1日正式开通	明确了建设并开通中央政府网站的重要意义
		2006年	中央人民政府门户网站（www.gov.cn）正式开通及《2006～2020年国家信息化发展战略》颁布实施	填补了我国政府顶级门户网站的空白，标志着我国四级政府门户网站体系基本形成，电子政务从管理导向转向服务导向的第一个标志
		2005年11月至2006年3月	《2006～2020年国家信息化发展战略》在国家信息化领导小组第五次会议上获得原则通过并于2006年3月正式出台	电子政务转型的第二个标志

发展阶段	主要特征	时间	主要事件	具体内容或影响
深化阶段 （2000～ 2013 年）	电子政务 引领国家 信息化发 展、转向 服务导向	2006 年 9 月 7 日	国务院办公厅发布 《关于进一步做好中央 政府门户网站内容保的 意见》	提出要进一步加大政务 信息发布力度，切实增强 网站服务功能，稳步推进 流程改造，建立健全内容 保障工作的长效机制
		2006 年	中办印发《国家信息 化领导小组关于推进国 家电子政务网络建设的 意见》	
		2006 年 3 月	国家信息化领导小组 印发《国家电子政务总 体框架》	进一步明确了我国电子 政务未来一个阶段的价值 取向和发展方向，电子政 务转型的第三个标志
		2006 年 12 月	国办印发《关于加强 政府网站建设和管理工 作的意见》	提出了 10 条指导意见
		2006 年 年底	全国各级政府网站平 均拥有率达到 85.6%， 比 2005 年提高了 4.5 个 百分点	其中：国务院部门网站 拥有率达到了 96.1%，省 级政府网站拥有率达到了 96.9%，地方级 97%，县 级 83.1%
		2007 年 4 月 5 日	国务院发布《中华人 民共和国政府信息公开 条例》，并于 2008 年 5 月 1 日起正式实施	电子政务转型的第四个 标志
		2007 年 8 月 4 日	国务院办公厅发布 《关于做好施行〈中华 人民共和国政府信息公 开条例〉准备工作的通 知》	指出要充分发挥政府网 站公开政府信息的平台 作用

续表

发展阶段	主要特征	时间	主要事件	具体内容或影响
深化阶段（2000～2013年）	电子政务引领国家信息化发展、转向服务导向	2007年8月16日	国务院信息办发布《关于开展政府网站"百件实事网上办"活动的通知》	围绕社会公众关心的教育、医疗、社会保障、交通出行、公用事业五个重点领域，提出首批政府网站应该提供的100项服务事项，电子政务转型的第五个标志
		2009年	国家发改委印发《关于加强推进国家电子政务外网建设工作的通知》	
		2009年4月22日	工信部印发《政府网站发展评估核心指标体系（试行）》	围绕政府信息公开、网上办事、政民互动三个环节设计了9项指标
		2011年	《国家电子政务内网建设和管理规划（2011～2015）》发布	
		2011年4月21日	国务院办公厅发布《关于进一步加强政府网站管理工作的通知》	对进一步加强政府网站管理提出了要求
		2012年4月	《国家电子政务"十二五"规划》发布	明确"十二五"期间电子政务主要目标和任务
		2012年5月	《"十二五"国家政务信息化工程建设规划》发布	提出"十二五"期间政务信息化的要求与任务
		2012年	国家发改委印发《关于进一步加强国家电子政务网络建设和应用工作的通知》	

续表

发展阶段	主要特征	时间	主要事件	具体内容或影响
提升阶段（2013年至今）	服务国家治理	2013年11月	全面深化改革若干重大问题的决定	提出"国家治理体系和治理能力现代化"
		2014年2月	中共中央网络安全和信息化领导小组成立	全面强化信息化对国家安全和国家治理的作用
		2014年	《关于进一步加强国家电子政务内网建设的指导意见》	
		2014年11月	国办印发《关于促进电子政务协调发展的指导意见》	新形势下对电子政务工作做出的总体部署

资料来源：根据相关资料整理。

（1）以计算机普及应用和信息管理体系建立为主要特征的准备阶段（1973～1993年）。此阶段，国家开始推广在政府部门广泛应用计算机，组建了国家计委经济信息管理办公室、国家信息中心等从上到下一系列信息管理机构，并确定建设国家经济信息主系统，为电子政务的发展奠定了一定的基础。

（2）以业务应用系统建设为主要特征的起步阶段（1993～2000年）。此阶段，以国家经济信息化联席会议成立为标志，正式部署了"三金工程"，国家信息化工作领导小组成立，确立了国家信息化24字指导方针，同时，互联网的迅速发展也推动了"政府上网"工程的建设。

（3）以强化电子政务引领国家信息化发展和转向服务导向为主要特征的深化阶段（2000～2013年）。此阶段，确立了政府先行带动国家信息化发展的思路，通过了电子政务建设里程碑式的指导意见（"17号"文件），同时强调了电子政务在转变政府职能中的重要作用，以2006年中央政府门户网站开通及《2006～2020年国家信息化发展战略》为主要标志，电子政务开始从电子化办公和管理为主转向提供政府服务为主。

（4）以服务国家治理为主要特征的提升阶段（2013年以来）。此阶段以十八届三中全会提出"国家治理体系和治理能力现代化"的全面深化改革总目标为标志，电子政务发展进入了服务国家治理的新时期。

综合来看，中国政府信息化建设经历了计算机推广应用、数据处理、信息管理机构建设、业务应用系统建设、互联网应用、服务导向和服务国家治理等发展历程，积累了较为丰富的经验，发展过程也呈现出一定的规律和特点。首先，电子政务发展以服务国家战略需求为首要目标，随着不同阶段经济社会发展和国家战略需求的改变，电子政务的职能重心也要不断调整。其次，在信息化建设的初始阶段，政府信息化先行带动十分重要，推动政府业务系统的信息化对全社会的信息化进程起到较强的推动作用。再次，良好的信息组织管理体系是电子政务建设和完善的重要基础。最后，电子政务建设是一个系统工程，既需要顶层谋划也需要行动计划，既需要国家战略推动也需要多方参与，既需要全面铺开也需要重点突破。

（三）我国电子政务的基本现状与特点

1. 我国电子政务的发展现状

第一，电子政务应用快速推进。近年来，国家和地方对于电子政务的重视程度不断上升，对于重点业务应用的投入不断增加，主要业务的信息化覆盖率不断提高。截至 2013 年底，中央各部委的主要业务信息化覆盖率已经从 2001 年的 9.8% 提高到 80% 以上。省级政务部门业务应用覆盖率达 70% 以上，其中财政、公安、人社、国土、工商、税务、住建、环保、质监、卫生与人口、食药监、统计等省级部门主要业务信息化覆盖率达到 100%（见图 2）。

第二，电子政务的基础设施不断完善。近年来，我国电子政务基础设施进展迅速，网络支撑能力不断提升。目前，电子政务网络已经覆盖所有的省、自治区、直辖市以及 90% 以上的市和 80% 以上的县。中央国家机关各单位都建成了局域网，多数单位建成本系统专用网络，重要业务信息实现了从中央到地方的联网运行。互联网网民数量和宽带接入数量也迅速发展，尤其是农村网民数量大幅提升。2013 年，中国网民数量达到 6.18 亿，互联网普及率达到 44.1%，其中农村网民占比达到 28.6%。基于云计算的

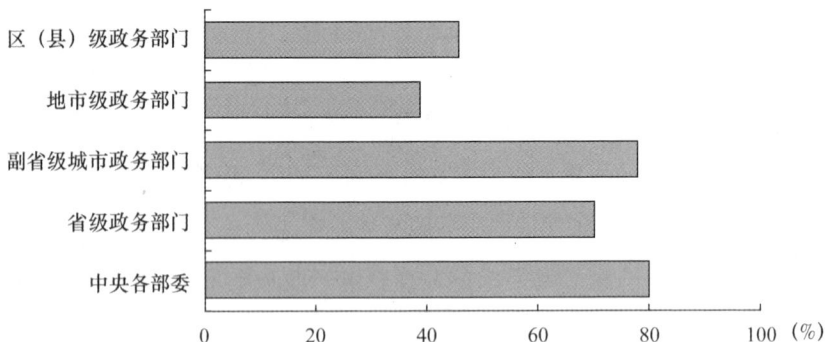

图2 各级政务部门主要业务信息化覆盖率

数据来源：洪毅等，2014。

电子政务公共平台正在成为新一代的电子政务基础设施，国家已经确定了首批试点示范地区。基于互联网的电子政务基础设施的完善，弥补了我国电子政务基础设施在县级及以下较为薄弱的现状，为电子政务应用在县级和向县级以下延伸提供了新的解决途径。目前我国县级以上的行政服务大厅达到4500个，100%实现了信息化支撑。

第三，政府网站功服务能不断加强。随着网络的迅速普及，公众对政府网站服务的需求不断提升。中央和地方各级政府也都开始重视政府网站建设并提供相应的服务功能。近年来，各级政府网站普及率不断提高，截至2013年，各级地方政府网站覆盖率均达到80%以上（见图3）。

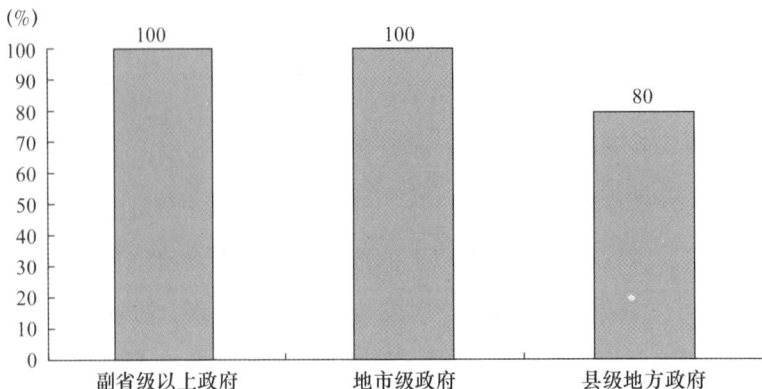

图3 各级政府网站覆盖率

数据来源：洪毅等，2014。

第四，电子政务的统筹协调不断推进。部门和区域的统筹协调是电子政务建设发展中的重大难题。近年来，各部委、各级政府不断加强体制机制建设，电子政务的统筹协调工作取得了一定进展。据统计，目前我国各级政府中有超过90%的设立了信息化领导小组，省一级政府达到了100%（见图4），为推动我国电子政务协调发展发挥了积极的作用。同时，各级政府积极制定和发布电子政务或信息化发展专项"十二五"规划，在一定程度上推动了部门和地方电子政务统筹协调发展。据统计，中央部门发布专项电子政务或信息化专项规划的占到了60%，省一级政府达到36%（见图5），为电子政务的统筹协调起了非常重要的推动作用。

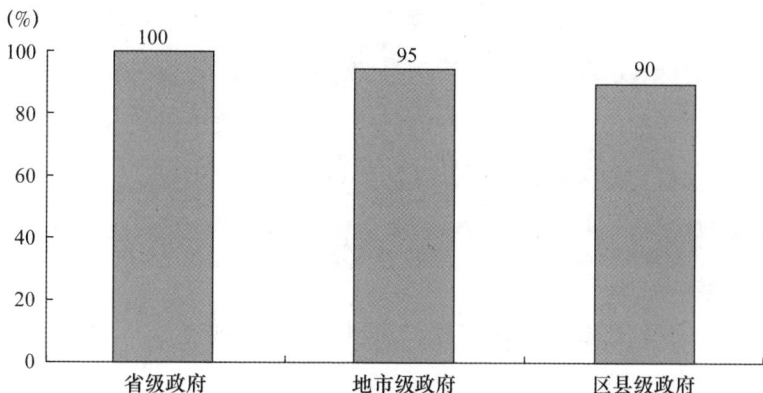

图4　设立信息化领导小组的各级政府占比

数据来源：洪毅等，2014。

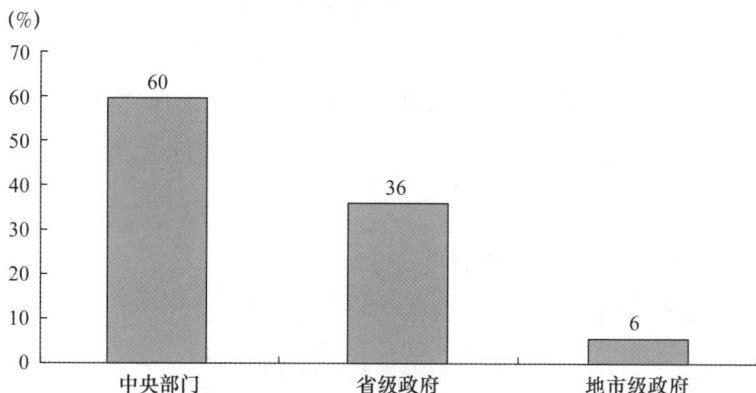

图5　发布电子政务或信息化发展专项"十二五"规划的各级政府占比

数据来源：洪毅等，2014。

2. 新时期的电子政务主要影响因素

电子政务的发展进程主要取决于国家战略需求和信息技术的发展程度。新时期影响我国电子政务发展的主要因素有两个：一个是新时期全面深化改革的总体部署；另一个是新一代信息技术的发展。

全面深化改革提出了国家治理体系和治理能力现代化的总目标，电子政务发展需要紧扣十八届三中全会提出的全面深化改革的决定，改革和创新体制机制、法律法规，使各方面制度更加科学、更加完善，实现党、国家、社会各项事务治理制度化、规范化、程序化；同时要增强按制度办事、依法办事意识，善于运用制度和法律治理国家，把各方面制度优势转化为管理国家的效能，提高党科学执政、民主执政、依法执政水平。在此要求下，政府管理的职能重心、管理组织结构、制度建设都发生了新的变化，对电子政务提出了新的要求。为适应全面深化改革以及国家治理体系和治理能力现代化的需要，电子政务需要改变传统发展模式、转变发展重心、调整治理结构、变革治理方式、加强制度建设，形成基于国家治理的新型电子政务模式。

目前新一代信息技术发展迅猛，对电子政务也产生了革命性的影响。在新一代信息技术作用下，信息化的动力由外生转向内生，基于传统物理网络架构的电子政务将被彻底重构，基于新一代信息技术的"云""网""端"将成为主要的信息基础设施，信息资源终端整合的方式将发生彻底的变革，基于流程的传统管理方式也将向科学化、网络化、智能化转变。随着新一代信息技术与电子政务的深度融合，电子政务将会在新的技术体系下被重构，电子政务的发展动力、基础结构、信息资源、管理方式都将被彻底革新。

3. 未来电子政务发展的新特点

第一，服务于国家治理能力现代化将成为今后一段时期电子政务的重要目标。随着全面深化改革的不断推进，国家治理能力现代化对于电子政务的需求不断增加，如何利用好电子政务手段，为国家治理体系和治理能力现代化提供有力支撑，并充分发挥电子政务的促进作用，将是今后一段时期电子政务建设发展的重要任务。电子政务的建设和发展有助于加快政府职能转变、促进国家治理结构转型、推进国家治理方式升级、推动国家治理环境优化，对于实现国家治理能力现代化具有重要的作用，将成为国家治理能力现代化的重要抓手。同时，国家治理体系和治理能力现代化也对电子政务的发展提出了一系列更高的要求，而目前我国电子政务在系统顶层设计、基础信息库建设、信息公开共享、法治环境建设等方面还有很多的不足，难以满足国家治理能力现代化的需求。如何完善这些不足，更好地服务于国家治理能力现代化，将是未来一段时期电子政务发展的重要方向。

第二，集中管理、统筹协调、公开共享成为电子政务的紧迫任务。近年来，随着信息化的广泛深入推进，不少地方各部门独立分散地建设业务系统的现象日益突出，导致重复投资、网络分隔、信息孤岛等问题日益严重。如何实现电子政务在建设资金、基础资源、技术服务、标准规范等方面的集中统一，实现节约、高效、安全的发展，成为各地政府领导普遍关心的问题。推动从"重建设、轻应用"向"深化应用、突出成效"转变，推动"分散重复建设"向"集约节约建设"转变，推动从"工程项目导向"向"应用服务导向"转变，推动从"自建、自用、自管"向"共建、共享、共享"转变，已成为当前电子政务持续、有序、高效发展的非常紧迫的环节。而随着对大数据等的认识不断加深，分布于各个角落、各个环节的社会信息和数据越来越被看作一种国家的战略资源，政务信息公开、业务协同、数据开放等就具有了更重要的现实意义。随着相关技术手段和政策法规的不断完善，政府信息数据的准确性、完整性将进一步提升，以需求为导向开展分层次信息数据开放共享将成为提升国家治理能力和治理效率的必需内容。

第三，面向公众创新公共服务仍将是电子政务发展的重要趋势。满足不断增长和变化的公众需求是电子政务持续走向深化的不竭动力。推动电子政务创新为民服务是建设服务型政府的重要手段，是促进基本公共服务均等化、维护人民群众根本利益的有效途径。随着转变政府职能工作的不断深入，电子政务作为建设服务型政府的重要手段，将会发挥越来越重要的作用。近年来，各地方已经利用电子政务优化和重构公共服务业务流程，建设高效的电子政务平台，用以支撑多种形式的为民服务业务。今后，不断拓展服务渠道，用信息化手段构筑无处不在的网上政府，将政府行政效能与电子政务应用有效地结合起来，不断推动电子政务为民服务创新，不断提升服务能力和服务水平，使电子政务在教育、劳动就业、社会保障、医疗卫生、食品药品安全监管、安全生产监督、住房保障、数字城市等领域发挥更强有力的支撑作用，仍将是电子政务发展的重要内容。同时，创新电子政务技术服务管理机制、手段和方式，建立电子政务诚信体系，营造诚实守信的服务环境，全面提升电子政务技术服务能力，也是能够发挥电子政务综合效益的关键举措。

第四，新一代信息技术应用将带来电子政务全方位的革新。以云计算、移动互联网、大数据、物联网等为代表的新一代信息技术快速发展，将对电子政务的组织架构、业务形态、管理方式、提供方式等都进行全方位的革新，电子政务的发展创新水平和服务支撑能力将得到极大的提升。

其一，基于云计算技术所构建的电子政务云平台将发挥重要作用。基于云平台，可以实现不同电子政务系统平台之间信息的无缝交换，通过将物理分散电子政务系统进行平台汇总来促进信息资源的有效流动，实现电子政务信息资源的有效整合和共享；通过云平台的资源有效调度与分配，实现资源利用效率的大幅提升，提高政府系统内外部各种信息的处理和交流的速率；通过云平台的高度容错机制设计和权限管理功能，实现信息资源整合中的信息安全机制建设等。

其二，大数据时代电子政务会更加科学化、民主化。一方面，大数据会给政务服务带来开放、包容的新内涵，国家之间的边界将更加模糊化，政府与公众之间的包容度将明显增强。缺乏开放包容意识，国家和政府将在大数据时代处于被动、失信的位置。另一方面，大数据将使电子政务走向科学化、深度化、系统化。大数据时代，政府获得和提供的数据更加原始与真实，政府决策过程在科学技术的支撑下变得高效与可考证化，同时时间、空间等多维度的关联也使电子政务服务更加全面系统，而大数据极端个人化的数据将使电子政务不断向纵深拓展。

其三，基于移动互联网的电子政务创新应用将全面推广。随着移动互联网的发展，公众通过移动终端接收和处理信息将会越来越多。据中国互联网信息中心统计，截止 2014 年 12 月，我国手机网民数达到 5.57 亿，占到网民总数的 85.8%。移动互联网的普及应用以及公众移动信息应用能力的不断提高，为移动电子政务的快速发展和服务延伸创造了良好条件。比如，政务微博、微信的推广使用将在电子政务中发挥越来越大的作用。在web2.0 时代，政务微博、微信在信息公开、网络问政和改进政府行政管理能力方面有着特殊的优势，其贴近百姓、便捷及时、平等开放等特点，可以极大地提升电子政务的公信力、参与度和效率。目前，腾讯基于微信平台已经和全国几十个城市开展了"互联网＋政务"的合作探索。

三、电子政务对国家治理能力现代化的作用

在我国基本国情和基本政治制度下，"国家治理"主要是指中国共产党代表和领导人民掌握政权、运行治权的过程，是强调在中国共产党总揽全局、统筹各方的格局下，政府、企业、事业单位、社会团体、中介组织、人民群众各方主体共同发挥作用的治国理政。"国家治理体系"就是在此概念下，保障治国理政有效运行的各项制度所构成的制度体系。"国家治理能力"是运用国家制度管理社会各方面事务的能力，包括改革发展稳定、内政外交国防、治党治国治军等各个方面。现阶段推动国家治理能力现代化，其重要任务就是全面建设党领导下管理国家的现代国家制度，更加有效地发挥国家和政府在现代国家治理体系中的核心作用。

在此概念下，电子政务作为依托于信息技术的新型管理模式，对于国家治理体系和治理能力具有重要的作用，归纳起来，具体表现在加快政府职能转变、促进国家治理结构转型、推进国家治理方式升级、推动国家治

理环境优化四个方面。

（一）加快政府职能转变

1. 进一步加快服务型政府建设

在新时期，随着简政放权的步伐不断加快，审批权不断下放，而电子政务平台的发展加快了这一进程，成为推动政府职能服务化的重要力量。电子政务本身就是政府为公众提供服务的一种方式，在电子政务的作用下，政府职能将加快由管理为先向平衡管理与服务两者权重的方向过渡，并不断促使政府职能由"管理型"向"服务型"转化。政府在其中扮演服务者的角色，而不是从前的管制者和控制者，公众则由被管制者变成为服务对象。在这种情况下，政府由传统主体中心地位向客体地位转移。

2. 使政府服务更加丰富多样

传统的政府服务受限于人力、财力等，很难覆盖社会所有领域，而电子政务利用统一的信息资源，通过网络、多媒体等信息技术手段，可为公众提供直观简便的多元化服务，让社会各个领域都享受信息网络的便利。比如从服务对象看，电子政务可提供"政府对企业"（G2B）、"政府对公民"（G2C）、"政府对政府"（G2G）以及面向政府内部的"政府对雇员"（G2E）等服务；从服务种类看，电子政务可提供多种信息服务、网上办公和咨询等；从服务的发展态势看，电子政务具有较强的业务拓展空间，可使传统服务网络化，并提供多样化的网络服务创新等。

3. 推动政府服务更加专业和精准

通过电子政务，可以根据用户浏览政府门户网站的过程和使用在线服务的偏好，通过智能化的数据分析，主动推送相关服务给用户，实现政府服务个性化定制，提高用户满意度。比如可以通过大数据技术分析政府和公众通过电子政务平台互动产生的大量数据，深入挖掘潜在价值，进一步优化政府的服务项目，从而提升公众的满意度和政府的公信力。同时，各项专业服务的开通，也为政府公共服务走向专业化打通了渠道，如公共税收平台、公共缴费平台、保税通关平台的建设等。

（二）促进国家治理结构转型

1. 在强化党的领导基础上有效推进治理结构转型

现代化的国家治理体系是以中国共产党统筹领导下多方主体共同发挥作用的制度体系。电子政务的发展，首先会进一步强化党的领导基础，政务平台是官方信息平台，是国家领导主体的信息窗口，通过问政平台和网络监督增强党的执政公信力和执行力，不断强化党的治理基础。同时，网络的开放特性也促进了多主体的共同参与，有利于推动现代化国家治理体系尽快形成。

电子政务的发展，将会促进政府的行政权力逐步由中央政府向地方政府分散，由权力体制的内层向外层扩散，由政府组织向其他社会组织扩散。可以说，电子政务倒逼政府不断简政放权，有效地推进了行政体制改革，有利于加快形成党领导下多元主体协同发挥作用的新型治理结构。

2. 通过网络渠道促进治理结构扁平化和高效化

电子政务直接带来政府行政工作效率和方式的改变，进而对治理体系的结构产生了影响。一方面，网络问政加强了高层决策者和行政执行层以及民众的直接联系，简化了行政程序，减少了中间管理层，增宽了管理幅度，使组织结构趋于扁平化。另一方面，电子政务的推进带来的管理能力的提升和管理幅度的增大，同一管理主体可以管理更大范围和更多的部门，从而间接促进了政府机构的扁平化。

电子政务的网络化特点，对于政府治理的最直接影响，是提高整个原有体系的工作速度和降低行政成本，亦即实现工作效率的提升。此外，电子政务充分利用互联网网络化服务特性，使有限的政府资源服务于无限的公众，也侧面提升了国家治理的效率和能力。综合统一化的信息网络平台的建立和应用，也改变了过去内部纵向传递信息的方式，更好地促进行政组织的内部资源整合，提高管理效率。

3. 基于业务系统的行政创新加强跨部门网络化联动

电子政务的推进使得跨部门的联动平台的建立成为了一种可能。在电子政务作用下，原来的部门之间物理边界的打破，职权等级森严格局的转变、组织内部部门边界的模糊。通过跨部门的联动平台，真正建立了以活动的事务进行连续运作，而不是围绕各自部门分别运作的工作体制。通过对某项事物进行追踪性的编号，根据相应的审批和监管程序，可以实现集中受理、并发审批和监管等。比较典型的是全国普遍建立的行政审批大厅和部分网络审批平台，可提供多部门审批的一站式服务和相应的远程审批和网络审批。

目前，这种跨部门的审批和监管体系已经逐渐在各级政府形成，发挥了极大的作用。各中央部委电子政务业务系统的建设与相互协同，为国家治理提供了重要支撑。金财、金审、金盾、金保、金农等一大批关键电子政务工程建设，推动了政府核心业务的电子化、网络化，而基于信息的共享，也促进了跨部门业务的协同，特别是在综合交通管理、税务管理、人口管理、公共服务、应急管理等方面的网络联动，大大提升了管理的效率和水平。目前全国各省市均已建立了覆盖本区域的应急指挥平台，其中应急指挥系统联系了包括市政、卫生、公安、消防、武警、交通等各个部门，能够根据不同的突发事件类型调动相应的部门进行协同。

（三）推进国家治理方式升级

1. 互联网的开放公开特性不断强化公众参与

电子政务为社会其他主体参与治理提供了渠道，国家治理的多元参与特征会不断加强。通过公共决策表达和实现自身合法利益权利的公民和其他公共主体，随着网络信息技术的进步与应用，可以通过互联网轻易获取大量信息，公民的决策能力、民主观念因其获取的知识和信息的数量增多而提高，公民愈加强烈的希望可以参与公共决策，并不再只是单纯被动地对决策者的行为做出反应，而是想通过更为主动的姿态去影响决策者，以达到预期的目标。电子政务的发展也为其他主体提供了越来越多的参与渠道，公众可以通过政务网络平台、政务微信微博等更快捷高效地参与治理。

2. 基础数据库建设使国家治理更加客观有效

政府本身就具备"信息节点"的功能。随着新一轮信息技术的不断发展，政府核心业务数据库和基础信息数据库不断完善，进一步凸显了政府的信息节点功能。电子政务的推广使公众能够自主地、多渠道地获得大量信息，并就重大问题发表自己的看法，在对以往的一些决策理念形成了巨大的冲击，使得政府能够获取原先难得到的各类公众信息。大量信息的汇聚以及基础数据库的日益完善，是推动国家治理不断科学化的基石。在此基础上，政府和公众的决策行为将基于大数据挖掘和分析而做出优化，而非像以前基于政府官员的经验和直觉，国家治理行为将更加客观有效。

3. 电子政务平台使国家治理流程更加透明科学

电子政务将传统的人格化管理转变为系统程序化管理，因而治理过程会更加公开透明。电子政务要求很多政务信息公开，流程更加系统和程序化，从而使政府行政活动过程更加公开、透明，让政府工作受到上级、同级、下级、公众和媒体舆论多视角的监督，杜绝政府运作中相关执行人员可能的"暗箱"操作和其他腐败行为，保障行政运行的执行力度。

电子政务的应用，使得行政体系的每一个工作环节都可以被标识和追溯，整个行政流程都可以形成完整的可以被监督和追溯的动态的流程拓扑图。通过这种可追溯的流程监控，就可以对原先由于技术落后而被封装在单一的科层行政"黑盒"中的流程进行彻底的了解和分析（见图6）。

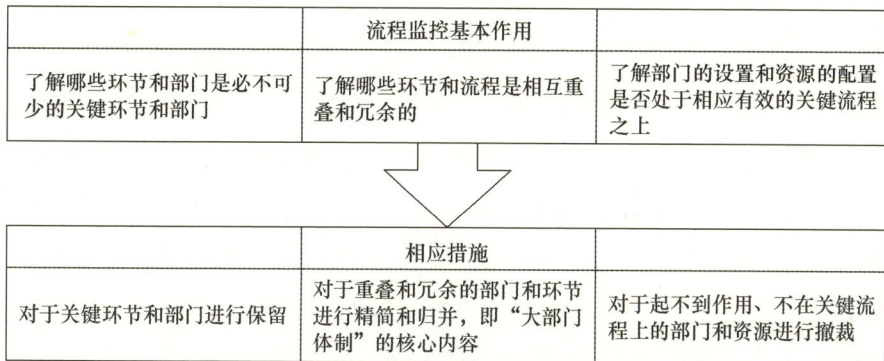

	流程监控基本作用	
了解哪些环节和部门是必不可少的关键环节和部门	了解哪些环节和流程是相互重叠和冗余的	了解部门的设置和资源的配置是否处于相应有效的关键流程之上

	相应措施	
对于关键环节和部门进行保留	对于重叠和冗余的部门和环节进行精简和归并，即"大部门体制"的核心内容	对于起不到作用、不在关键流程上的部门和资源进行撤裁

图6 电子政务对行政结构和工作流程再造的影响机制

（四）推动国家治理环境优化

1. 通过多元化平台不断推动体制改革创新

电子政务的快速发展，倒逼相关体制机制不断革新（如表4所示）。与电子政务最直接相关的改革主要是行政体制改革和公共服务改革两类。近年来，电子政务发展给该领域带来了革命性的变化，如政务一站式服务带动了全国政务系统公共服务大厅的建设和推广，而近年来网络公共服务平台的飞速发展，更是彻底改变了传统的服务提供方式，革新了公共服务的流程。对于政治体制改革和社会管理体制改革等方面，电子政务也会发挥一定的促进作用，比如通过建立网络举报和监督平台、移动医疗服务平台来推进反腐倡廉和医疗体制改革等。

表4 电子政务与不同类型改革的关系

分　类	创新类型	电子政务在其中的应用
与电子政务关联更密切的政府改革创新	行政体制改革	无纸化办公、电子审评、一站式服务、政务公开等
	公共服务改革	建立网络公共服务平台，信息技术改革公共服务流程
与电子政务关联不密切的政府改革创新	政治体制改革	建立网络监督平台，改善投票方式，征集舆论意见等
	社会管理改革	网络社区，加强治安管理技术等

2. 利用互联网监督转变行政工作作风

电子政务有利于实施行政体系的绩效管理，可以有效地转变行政体系的工作作风。由于电子政务系统的推广，所有的工作环节都被纳入统一的平台之上，每一工作岗位的工作都被整个工作流程上的所有个体所了解和监督。因此，一方面，因为每一工作岗位的绩效都是可以被观察和测量的，所以可以有效地对工作岗位和所属的工作人员进行评估并给予奖惩，进而改善了行政工作的作风和积极性；另一方面，可以促进同一工作链中每个岗位都根据工作链固有的节拍而有序地工作，推进了工作链不同环节的协同，也迫使每一环节都必须严格按照设计的节拍工作，极大地提高了工作效率。

3. 通过网络问政平台增强政府公信力

在互联网时代，电子政务不断拓展出新的网络问政平台，政务微博、政务微信、网上听证等多种网络方式不断涌现，更加丰富了政府与民众互动的渠道，有助于提升公众参与程度，增强政民之间的相互了解与沟通，强化国家和政府认同的基础。一方面，新的网络问政平台拓展了信息公开渠道，使人民的知情权、监督权得以充分体现，有利于打造透明政府、赢得公众信任。另一方面，网络问政平台为政民互动开拓了新的窗口，微博、微信等已经成为重要的参政议政平台，在这些平台上，可以更多、更充分地反映民众意愿与诉求，更大程度上促使政府以公众利益为中心制定政策，从而为公众参政议政提供现实条件。电子政务的实施还极大地提高了政府对公民诉求的响应速度，以及对公民反映问题和监督的受理和回应效率，政府的公信力和执行力会不断增强。

四、国家治理能力现代化对电子政务的新要求

（一）国家治理体系和治理能力现代化的新要求

党的十八届三中全会提出"推进国家治理体系和治理能力现代化"的治国理政新理念。在新的技术条件下，如何发挥电子政务在建立国家现代治理体系中的作用，如何运用信息化手段提升国家治理能力，成为电子政务的首要任务。

国家治理能力现代化对电子政务的要求是通过国家治理能力现代化带来的政府职能转变以及相应的执政能力提升需求而间接体现的。步入国家治理能力现代化的新时期，原有的传统治理模式已不再适应于经济社会发展要求，亟待进行改变和转型。综合归纳国家治理能力现代化带来的转变，大致可归纳为以下六类：从统治向治理的转变；从管制向服务的转变；从非透明向透明的转变；从全能政府向有限政府的转变；从低效向高效的转变；从单一向多元方式的转变。在此基础上，根据职能转变的相应需求，结合电子政务的工作特点，就可以明确国家治理能力现代化对电子政务的具体要求。

　　总体来看，在国家治理能力现代化的背景下，电子政务需要实现以下转变：第一，进一步明确电子政务服务边界。应在明晰政府与市场关系基础上，合理界定电子政务服务的边界，将重心由审批和管理转到提供优质服务上来，并强化顶层设计，找准定位，指明方向。第二，推动电子政务更加高效透明。应进一步细化政府服务类别，提升政务服务的针对性；进一步优化业务流程，减少重复和冗余审批，建设网上办公平台，并建立快速反应机制，提升政务服务效率；推动政务公开透明，建设"阳光政务"。第三，推进电子政务信息对接共享。实现部门间、地区间横向无缝对接，消除鸿沟；加强系统设计，逐步推进跨领域信息公开和共享；加强政民对接，提供丰富的线上线下互动，使政务广泛接受社会监督。第四，建立完善的电子政务服务保障体系。建立多元化的服务供给机制，探索电子政务与社会化渠道对接，引进市场主体，鼓励政府购买社会服务；强化电子政务立法与监督，建立完善的法律法规体系。具体见表5。

表5　　　　国家治理能力现代化带来的转变及对电子政务的要求

政府职能转变	执政能力提升需求	具体需求	对电子政务的要求
从统治到治理的转变	政府观念的改变	政府要认识到社会的公共秩序是由多方共同形成的	明确政府与市场的关系，合理界定电子政务工作边界，在此基础上强化电子政务的顶层设计，明确发展方向
	政府地位的转变	政府原先绝对权威的地位逐渐消失，与其他主体在法律框架下是平等的	
	职能的转变	由原先的全能政府，转变为提供重要的关键的公共产品的有限政府	
	能力的加强	要求政府具有更强的能力以应对这种转变	
从管制到服务的转变	观念和定位的转变	政府要旨在为社会和公众提供服务	将电子政务工作重心由管理、审批向政府公共产品和服务的提供转变
	职能和效率的转变	真正具有向社会提供有效率的服务的能力	
	工作方式的转变	以社会和公众为服务的需求方	

续表

政府职能转变	执政能力提升需求	具体需求	对电子政务的要求
从非透明向透明的转变	合法	政府的行为必须符合法律	1. 建立完善的电子政务法制体系 2. 不断提升电子政务的针对性和工作效率 3. 电子政务更加公开透明，并接受社会广泛监督 4. 电子政务提供丰富的线上互动
	高效	政府行为必须高效，低效的政府运作无法满足公民的需求和预期	
	廉洁	政府对公共资源的使用都必须符合规范和有合法的用途，不能有违反或者私匿的行为	
	回应	政府必须对公民的诉求和质询进行有效的应答和回应	
从全能政府到有限政府的转变	公共服务的转变	政府只向公众提供有限的、关键的公共服务，其他的公共服务由社会或者市场来进行提供	1. 明确电子政务服务类别 2. 加强政府服务的社会购买 3. 减少政务行政审批
	决定权的转变	政府只掌握某些关键事项的决定权，更多的事务交由社会自身进行管理	
从低效向高效的转变	组织设置精炼	尽量减少重复部门，归并相似部门，减少行政层级	1. 实现部门间、地区间横向无缝对接，消除鸿沟 2. 简化电子政务办公流程
	工作流程精简	实行流程再造，精简工作环节，清除重复和无效流程	
从单一向多元方式的转变	多方参与	政府变成了众多提供方中的一员，从而使政府、社会、市场以及公民都成为公共产品的共同提供方	1. 电子政务服务多元化 2. 探索电子政务与社会化渠道对接 3. 推动政府购买服务 4. 强化电子政务立法与监督
	多种渠道	不同的渠道之间互相竞争、互相补充、互相协同，共同构成完善的公共产品的供给体系	
	多种形式	提供不同形式的公共产品	
	多种价值	在市场中，双方通过互惠的交易行为来实现各自的需求满足；在社会渠道中，主要的价值标准更多的是伦理、文化等标准；而在政府提供的方式中，更多的是一种政府与公民形成的契约责任和政府的自律	

资料来源：根据相关材料整理。

（二）国家治理能力现代化带来的新挑战

1. 信息整合、共享和业务协同需求更迫切

要实现国家治理能力现代化，必须有一套完备、统一的政务信息基础库作为支撑。不同于传统时代的政务服务，在步入信息化时代的新时期，政务服务的信息协作机制以及面临的主要问题都发生了改变，解决信息整合和信息协同成为电子政务当前最迫切的需要（见图7）。尤其是在当前我国经济步入"新常态"的形势下，政府为更好地履行经济调节、市场监管、社会管理和公共服务职责，提升应对突发事件的能力，对各个领域信息整合和信息协同的需求也越来越迫切。比如在经济调节领域，部门之间数据打架现象时有发生，统计数据与经济实际运行状况不符受到社会质疑，政府公信力受到极大伤害。国家治理能力现代化对政务信息整合、共享和业务协同提出了较高的要求，要实现政府部门内部和跨部门的信息整合，将分散于各个信息系统中的数据、信息整合汇集，有效地挖掘分析甚至实现图形化、可视化展现，并实现跨部门的信息共享和业务协同，对电子政务工作是较大的挑战。

传统时期：政务信息共享和业务协同的机制和制度尚未建立 ➡ 信息协作机制：收集信息大部分仅供行业内部使用，只有少部分基础性信息或结论性信息对外共享 ➡ 主要问题：多头采集、重复采集、数据不一致等问题

信息化时代：依靠信息技术来提升政府的协同管理能力已变得必需 ➡ 信息协作机制：部门之间业务交互关系的建立和跨部门工作信息的传递更加迅速和快捷 ➡ 主要问题：跨部门跨地区信息整合与协同难，信息孤岛

图7　传统时期与信息化时代政务的特征比较

2. 政府数据公开、开放与信息安全

国家治理能力现代化要求政府能够提供公开、透明、全面的政府相关工作信息，做好政府数据公开、开放工作。同时，信息技术尤其是大数据的发展，社会日益高涨的信息需求以及不断提高的海量信息挖掘、分析技能，也同样要求政府开放更多有增值潜力的信息和数据，以大数据战略来管理和服务社会，更好地推动政府管理创新和社会自治。在这个背景下，

政府数据如何公开、数据开放的范围有哪些，政府数据公开与信息安全的关系如何处理，都是摆在电子政务工作面前的重大课题。

3. 面向市场的多元化政务服务提供机制

国家治理能力现代化要求推动政府治理要从管理型向服务型转变，推进治理结构扁平化，依托电子政务更好地为公众提供优质政务服务。然而，在扁平化的治理结构体系下，政府的单方服务供给模式难以达到国家治理能力现代化的质量和效率要求，必须要引入多元化服务供给主体。那么，作为政府主导的电子政务工作如何与市场机制对接，实现政务服务的多元供给，为社会提供多样化的政务服务，满足决策和绩效评估的多元参与需求，是新时期电子政务工作需要面对的重要问题。如百度、腾讯等企业的大数据平台可以提供交通、人口管理等针对性较强的政务服务支撑，但如何有效购买并充分利用这些社会化服务，需要国家和地区进行系统性的设计。

五、电子政务支撑国家治理能力现代化的主要问题

（一）我国电子政务自身发展的主要问题

1. 缺乏对电子政务的系统思维和设计

一是对电子政务的功能定位缺乏清晰认识。在一定程度上割裂了国家治理和行政体制改革与电子政务发展的关系，即对电子政务的认识仅仅停留在工具属性层面，而对其本体价值认识不足。二是对电子政务建设与发展的系统思维不足，缺乏统一的顶层设计。目前还没有对电子政务建设与发展的必要条件有比较清晰的认识，缺乏对逻辑顺序、优先级的系统安排，尚未形成统一规范的国家电子政务网络。

2. 政务信息整合与协同严重不足

信息整合和协同不足是电子政务一直存在的问题，典型表现是缺乏信息资源共享、业务协同机制，统筹协调难度依然较大。一是网络整合不足。目前政务外网正在建设，部分工程已经投入运营，但截止 2014 年底，

中央部委 90 多个专网的业务，仅有 3 个部门的 6 项应用迁移到电子政务外网平台。二是应用系统整合不足。不仅缺乏政府层面的信息管理系统建设，而且在一个政务组织中，同时存在多个系统的现象，造成明显的信息孤岛现象。三是数字鸿沟明显。不同地区之间、不同群体之间、不同部门之间电子政务发展水平存在明显差异，基层电子政务严重滞后。而在没有对已经建立的行业或部门网络系统进行有效整合时，一些机构就开始急着上新的信息化项目，许多旧的矛盾还没有解决，又不得不面对一些新的问题，这将使未来的整合工作面临更大的困难。

3. 对公众实践应用缺少应有的重视

电子政务发展另一个重要问题是对实践应用重视不足，以至于用户对实效性评价较低。据有关部门调查，中国电子政务用户对其应用实效的评价不高，正面评价甚至低于 50%（见图 8）。对实践应用的重视不足，一是表现在电子政务工程建设的结构安排上。包括建设规模与使用规模的比例失调，硬件投入与软件投入的比例失调。目前电子政务工程投入中 70% 都投入到了硬件建设，对软件投入的轻视是造成用户体验和评价不高的重要原因。二是表现在电子政务工程建设的结构安排上。在已建成的电子政务工程中，面向公众服务和决策支持的业务应用功能严重不足，二者之和

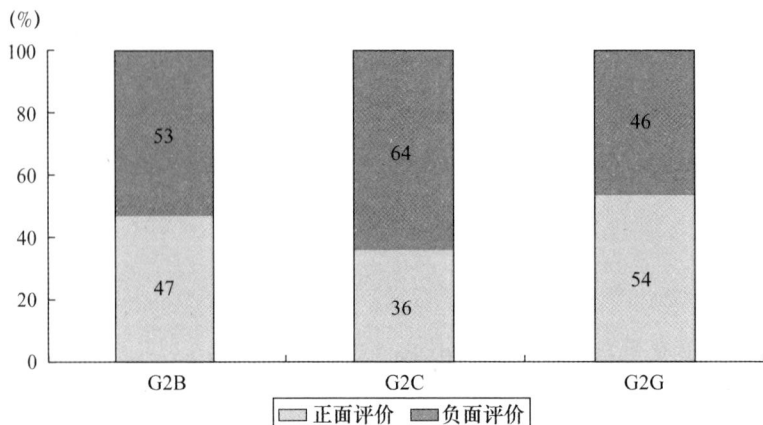

图 8　受访者对全国电子政务实效的总体评价

数据来源：中国社会科学院信息化研究中心，2014。

仅占11%（见图9）。三是电子政务具体应用收效有限。有关机构的调查显示，人们认为我国电子政务近期可以收到的最主要的实际效果，集中体现在"提高政府工作效率"和"增加透明程度"方面，其他应用近期能收到的效果仍然有限（见图10）。四是政府网站的建设上内容失衡，政务公开的内容有限，在线办事和互动的分量明显不足，公众取向有待进一步加强。

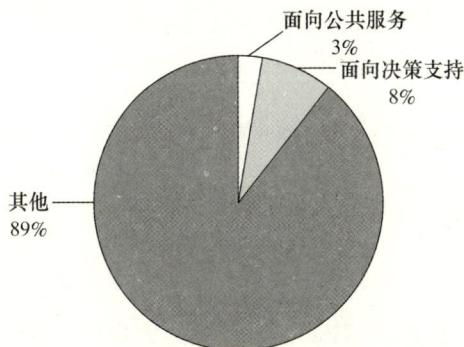

图9　电子政务各类别业务应用功能占比

数据来源：中国社会科学院信息化研究中心，2014。

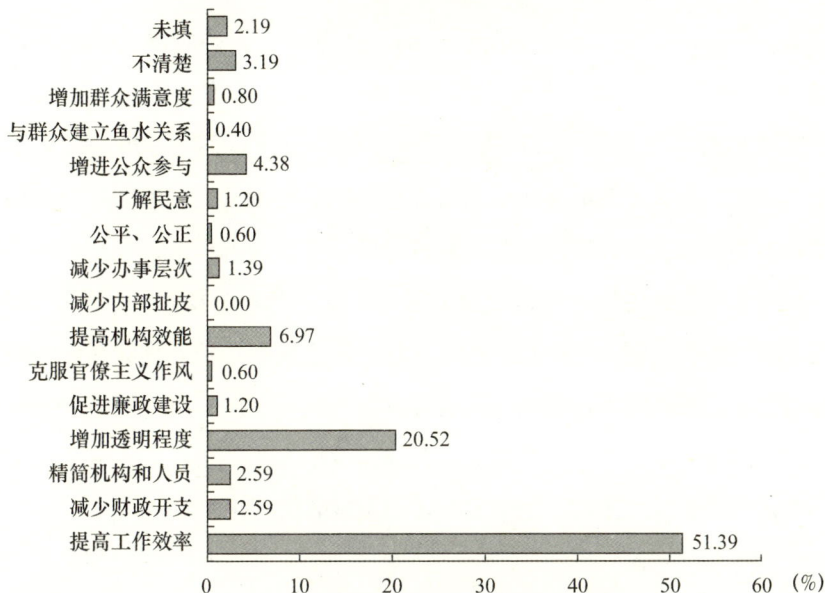

图10　近期电子政务的主要效果比较

数据来源：中国社会科学院信息化研究中心，2014。

4. 保障体系建设明显滞后于电子政务发展

一是关于电子政务管理体制。在管理模式上，目前电子政务项目管理模式与政府职能管理模式存在冲突；在领导体制上，完全依从于现行的行政管理体制，与电子政务的本质属性有一度距离；在人才体制上，专业人才队伍建设没有得到应有的重视，对电子政务和业务都精通的专业人才缺乏。二是关于标准体系和法规体系建设。内容体系不健全，且相关规范的法律层次较低，电子政务法律法规建设仍然明显滞后于电子政务的发展。三是运维保障重视不足。电子政务技术服务提供企业的技术服务能力不高、服务质量参差不齐、部分企业缺少社会责任感，成为制约电子政务技术服务发展的关键要素，而目前尚未建立统一规范的绩效评估机制，难以对电子政务进行有效考核。

5. 电子政务建设严重滞后于新一代信息技术发展

随着新一代信息技术的普及，云计算、大数据、物联网、移动互联网等新一代信息技术手段在人们的日常生活中已经发挥了越来越重要的作用。而这些新一代信息技术在电子政务领域中的应用还处于发展初期，在很多方面还处于摸索和实践的阶段，仍存在较多突出的问题。其一，顶层设计不足。近几年，欧美等发达国家相继制定新技术发展战略，而我国对新一代信息技术的统筹规划和战略引导不够，还没有形成完整的国家战略规划。其二，新技术领域标准规范的研究制定不完善，很多标准规范都相对滞后。典型的如云计算应用相关的平台建设标准、服务标准、安全体系、采购、服务评价方面的标准规范，大数据的信息采集、分析、共享标准规范，移动互联网的移动端设备以及应用安全评估认证标准规范，物联网的编码标准体系规划、识别技术规范相关标准规范等。其三，电子政务领域对新技术的研究和储备还不足，尤其是缺乏相关的新技术人才储备，造成电子政务应用新技术的服务能力薄弱，远落后于社会领域的信息化发展。

（二）电子政务支撑国家治理能力现代化的主要不足

面对国家治理能力现代化的要求，我国电子政务发展有决策支撑能力弱、系统设计统筹不足、信息安全风险大、网络法制建设不完善等问题，难以为国家治理体系和治理能力现代化提供有力的支撑。

1. 基础信息对国家决策的支持不足

目前我国已经开展了多项电子政务系统工程，强化了在金融、税收、统计等多个领域的基础信息数据库开发和整合，但是对于基础信息的协同利用还不足，重要的信息获取、整合和针对性应用还很不够，严重制约了电子政务对国家治理决策的支撑服务作用，更难以为政府管理创新提供支持。比如我国目前尚未建立以法人组织机构代码为标识的各类机构单位基础信息库，难以有效开产产业发展以及企业就业等方面的监测、评价和决策支持；不动产登记等尚未实现全国联网，难以为税收制度改革提供信息支撑等等。

2. 系统设计与统筹不足

当前电子政务支撑国家治理能力现代化面临的另一个重要的问题在于对于政策的把握不明确，对于各部门、各地区的电子政务建设缺乏系统性安排，国家层面顶层设计和统筹规划缺位，导致目标和路线图都不能有效的设计执行，这也是目前很多信息化建设工程难以取得明显实效的重要原因。其一，由于目前对国家治理能力现代化的认识尚不清晰，对如何在国家治理能力现代化要求下电子政务的发展缺乏系统设计，导致政府信息基础建设的需求和目标难以清晰地界定。其二，由于经济发展水平不同，在信息基础设施建设方面存在着差异，导致公众能享受到的政府通过现代化手段提供的公共服务有着巨大的差距，由此带来数字鸿沟以及信息孤岛是我国构建统一电子政务体系的重要难题。其三，因国家基础数据库尚未建成，而我国电子政务建设缺乏统一的规划和技术标准，各部门、地方因不愿共享、标准不一、政策限制等多种原因难以实现信息资源共享和对接，大量重复的建设不仅浪费了财力和时间，而且不利于实现多个政府部门之间资源和信息协同，严重制约了对公众提供一致性服务的能力。

3. 信息公开需求与信息安全风险

国家治理能力现代化要求政府能够提供公开、透明、全面的政府相关工作信息，做好政府数据公开、开放工作。然而，随着信息技术的快速发展，我国政府信息安全也面临着较大的风险，与国家治理能力现代化的信息共享、公开、开放存在明显的冲突。我国信息领域核心技术设备发展尚不完备，很多核心技术难以实现自主可控，给电子政务的信息公开平台带来较大威胁。另外，分布式的信息资源管理和战略的信息技术治理将信息资源和新技术应用的管理提升到一个新的高度，但如果这些信息不加以严格的管理，极易造成信息的滥用。电子政务发展与信息安全管理要求也存在很多不适应之处，存在保密规范滞后于应用需求发展、各地标准不一致、重事后审批轻事前协调等较多问题，相应的制度安排还不完善，不利于推进政府的信息公开工作。

4. 网络法制建设不能满足依法治国的要求

依法治国是国家治理能力现代化的必然要求，然而，我国信息系统法制建设，尤其是电子政务相关法制建设还很不完备，不能满足依法治国的要求。其一，政府资源公开开放尚未有相关法律依据，如何推动政府信息公开共享尚无据可依。其二，立法司法过程的网络公开不足，公众参与立法的积极性不足。其三，电子政务专项法规不健全，很多政府服务职能缺乏标准，同时尚未形成完善的部门规章、地方法规体系，各地各部门难以实现有效协调。其四，电子政务的网络问责和监督机制尚不健全，公众诉求表达补偿，信访工作方式有待改进；其五，缺乏完善的社会信用、法律业务协同信息库。

六、提升电子政务对国家治理能力现代化促进作用的政策建议

（一）加强顶层设计与整体规划，建立分步实施路线图

加强统筹规划和顶层设计是促进电子政务充分发挥作用并实现可持续发展的关键环节。此前由于缺乏统一规划和顶层设计，分散建设、重复投资、区域内数据共享和业务协同困难的现象仍然十分严重。在国家治理能

力现代化的背景下，电子政务面临的发展背景和形式都发生了新的变化，需要对电子政务的发展目标和任务进行重新规划设计。因此，中央和各地方需要重新分析发展的新形势和国家治理能力现代化的新需求，做好顶层设计，明确新时期电子政务的发展目标，将电子政务服务国家治理纳入"十三五"规划内容或出台新的专项规划。系统分析国家治理能力现代化的战略需求和我国电子政务应发挥的作用，在平台建设、业务应用、政务信息资源开发利用、技术服务体系、信息安全、标准体系等方面进行统筹安排，根据各部门和个地方政府的实际情况制定分步实施的路线图。尤其针对重大信息基础设施建设，一定要系统规划、统筹布局、分步实施。同时，对落后地区略有侧重，消除信息孤岛和鸿沟。

（二）加快电子政务标准化体系建设，推动共享和对接

应尽快对电子政务建设体系实现标准化，实现信息的共享和对接，提高电子政务的实际使用性能。国家应由中央专门机构统筹，建立地方和部门沟通机制，消除各种壁垒，消除部门之间、中央政府和地方政府的电子政务建设项目实施过程的障碍。推动政务审批对接，突破"信息孤岛"限制，鼓励多部门"并联审批"。开展国家电子政务标准化体系研究工作，多部门参与，发挥各个领域的技术性和优势，抓紧制定权威性、开放性的国家标准，推动各领域政务信息整合、对接和共享，并以此为基础推动政务数据公开。建设国家信息资源开放平台和信息共享指导目录，分类别分层次推进信息共享，进一步加快国家宏观经济、人口、法人单位、空间信息等国家基础信息资源库共建共享工作，对宏观经济、人口等重点领域开展基础信息资源应用试点并逐步推广。充分整合各部门各领域信息系统资源，建立有关行业、企业、智库机构的决策咨询信息库，集成重要职能部门和智库机构的专业系统和分析模型提升决策辅助能力。建立跨部门统一共享的信用信息平台，依托各部门和地方的业务信息系统，完善公民和法人的各项信用信息记录，推动跨部门信息共享，建设社会诚信体系。

（三）建立多元化电子政务渠道，创新国家治理

国家治理能力现代化要求电子政务要实现政府服务与市场的对接和多元化的政府服务。这就要求，一要整合多种资源，探索引导并引入企业、非营利组织、公众和其他利益相关的社会力量参与信息资源开发利用，鼓励信息资源的竞争性开发，降低政府服务成本。二要创新多元化的服务供给模式，推动电子政务与政府购买服务对接，引入市场化机制，采取外包、委托、购买服务等多种方式，提供多样化的有价值的政务服务。三要拓展服务的覆盖面，加快服务向基层延伸，使公共服务惠及全民。四要创新服务提供方式，利用网络资源积极探索新型政务服务模式，提升网上公共服务水平，不断推广政务服务在线办理。同时，在提供便捷的互联网服务之外，充分利用移动互联网等新一代信息技术，不断拓展各类信息服务站点、手机、超级 WiFi 以及广播电视等公共服务渠道。

（四）促进新技术的应用推广，建设智慧政务

新一代信息技术对于提升电子政务的服务质量和效率具有非常重要的作用。因此，要进一步加快制定云计算、大数据、移动互联网等方面的发展规划和相关政策制度，尽快出台针对大数据在电子政务中应用的实施细则，研究制定云计算、大数据、物联网、移动互联网等在电子政务领域的应用技术规范，充分发挥新技术在公共服务、社会治理、行政办公、决策咨询等方面的支撑作用，建设智慧政务。加快新技术的应用研究工作，探索建设电子政务云计算平台，积极开展国家治理大数据平台建设的研究准备工作，加快相关应用技术标准的研究制定。充分利用新技术提升现有政务服务的深度和广度，利用新技术对传统政务流程优化再造，不断探索移动办公、视频会议、移动公共服务等方面的新服务方式，探索建立移动政务与统一电子政务网络的安全交换标准和方案。同时，政府应以开放、包容的心态鼓励新技术在电子政务领域中推广应用，降低市场准入，改进政府监管，为新技术在电子政务中的应用创造良好的环境。

（五）健全法律保障体系，推动网络环境下依法治国

要充分发挥电子政务对国家治理能力现代化的促进作用，需要有一定的法律法规来进行指导、规范和约束。在网络这种开放平台上，健全相关法律法规，是电子政务有力开展的重要工具。因此，一要加快电子政务专项立法，分别制定与政府信息行为相关的法律法规以及与电子政务活动有关的法律法规，并加快新旧法律法规之间的衔接，加强部门规章和地方政策性文件配套，形成规范的法律法规体系；二要尽快确立网络资源公开共享制度，建立明确的信息公开标准；三要完善公众参与机制，推进立法司法过程网络公开，积极对相关法规进行听证并及时修订；四要建立公开透明的政府问责机制，建立公众监督和诉求表达平台，改进信访工作方式，拓宽网络民意渠道；五要加快建立统一的法律信息资源库和统一的社会信用体系。

（六）加强信息安全保障工作，协调好信息公开与安全

电子政务因涉及政府机密和国家机密，必须要对网络信息的安全性问题投以高度关注，切实加强信息安全保障工作。要把信息安全保障工作中涉及的各种高级先进的安全技术与政府实际管理过程中的管理制度实行有机结合，尽可能地保护好政府机密和国家机密。一要建立电子政务信息安全评估机制，通过专业化评估明确什么类信息可以通过电子政务渠道公开；二要大力发展我国核心技术和设备，尽快实现政府核心电子政务系统软硬件的国产化替代；三要在政府各部门建立电子政务安全组织管理体系，对相关人员进行专门安全培训，提高安全管理人员素质；四要严格执行国家安全保密相关条例，并建立定期自查机制，确保信息安全。

（七）加强专职人员培训，建立专业化人才体制

要充分发挥电子政务的作用，还要积极破解人才瓶颈问题。一要加强专业化人才队伍建设，探索专业化公务员体制，通过专门渠道引进电子政务专业化人才；二要支持各类培训教育机构开展电子政务应用人才培训与

职工教育工作，对相关人员有计划地开展信息化专业知识和技能培训，提升相关人员素质；三要借助奖惩制度，对相关人员的工作绩效表现进行科学评估后分门别类的进行奖励和惩罚，鼓励相关人员努力掌握新的信息技术；四要从财政、税收等方面给予电子政务相关领域的高端人才以更多优惠政策。

（八）加强监督和检查，切实提高电子政务的应用实效

针对电子政务应用实效较差的问题，应建立切实的监督检查和考核机制，倒逼政务服务落到实处。一要将电子政务应用状况纳入政府绩效考核，建立可比的考核标准，按年度进行考核评比；二要建立定期检查和不定期抽查制度，对电子政务实施成效进行检验，推动价格监管、食品药品监管、金融信息监管等的信息平台建设，提升监管水平和应急处理能力；三要在政务系统中广泛开展社会调研，广泛吸收公众意见，不断改进电子政务应用系统；四要建立有效的奖惩机制和监督机制，有效激励电子政务相关负责人员主动改进电子政务工作，并对其进行有效监督。

参考文献

［1］ Yildiz M, Saylam A. E-government discourses：An inductive analysis. Government Information Quarterly, 2013, 30 (2)

［2］ 陈光, 伍红建, 杨一帆. 电子政务：政府治理能力现代化的新途径. 电子政务, 2014 (8)

［3］ 陈彤童. 基于电子政务建设的政府管理创新研究. 前沿, 2012 (11)

［4］ 董礼胜, 刘作奎等. 发达国家电子治理. 北京：社会科学文献出版社, 2012

［5］ 工业新信息化部信息化推进司. 电子政务与公共服务——中国信息化发展报告 2012. 北京：电子工业出版社, 2013

［6］ 郝旭洁. 电子政务对我国决策科学化的影响. 中国电子商务, 2014 (8)

［7］ 洪毅、杜平、王益民等. 中国电子政务发展报告 2014. 北京：社会科学文献出版社, 2014

［8］ 李春. 治理视角：电子政务的另一种解读. 电子政务, 2005 (22)

［9］ 李广乾. 论电子政务条件下的政府职能. 电子政务, 2012 (5)

［10］ 连国华. 从电子政务建设角度对政府体制改革方法的研究. 发展研究, 2012 (6)

［11］ 梁俊山. 论中国政府网络群体性事件的电子政务治理途径. 电子政务, 2012 (6)

［12］ 邱中慧. 电子政务建设与政务流程再造. 理论探讨, 2009 (4)

[13] 汪向东，电子政务行政生态学．北京：清华大学出版社，2007

[14] 汪玉凯．我国政府信息化与电子政务的应用及实施策略．信息系统工程，2011（11）

[15] 吴江，李志更．电子政务与服务型政府建设．北京：国家行政学院出版社，2011

[16] 颜堃．我国政府电子政务的构建与实现．云南财经大学，2014

[17] 杨国栋．论电子政府构建的政府基础．吉林大学，2013

[18] 张芳艳．信息社会下电子政务对政府治理的影响．科教导刊，2010，（6）

[19] 张清浦．政府地理信息系统．北京：科学出版社，2003

[20] 张锐昕．电子政务概论．北京：中国人民大学出版社，2004

[21] 张宇航．电子政务项目建设与运行管理研究．北京交通大学，2012

[22] 中国社会科学院信息化研究中心．中国电子政务实施与应用调查报告，2014

促进我国智慧城市发展的政策研究

　　智慧城市是信息化与城市化相融合的产物。过去 20 年，信息技术的快速应用在工商业领域产生了巨大成功，不仅催生了电子商务等新兴产业，也有效改善了传统产业效率。然而，信息技术在城市基础设施和公共服务领域的应用还处在发展初期。智慧城市有助于提升城市运行效率和公共服务质量，是推进城市治理体系和治理能力现代化的重要支撑，是促进城市可持续发展的重要手段。本报告首先探讨了智慧城市的概念和特征，提出了正确处理政府与市场关系是智慧城市发展的关键；然后分析了当前我国智慧城市建设的现状和问题；最后提出进一步促进智慧城市发展的若干政策建议。

一、智慧城市的概念和特征

（一）智慧城市的概念、起源和演变

1. 概念

　　对于"智慧城市"的概念，目前学术界和社会仍未达成共识，而是从不同的角度给出了多种理解。

　　首先，从技术角度看，智慧城市是物联网、云计算、大数据等新兴信息化技术在城市管理和公共服务领域的应用，它对于促进城市经济、社会

与环境、资源协调可持续发展有重要意义。如图1所示，智慧城市把新一代信息技术充分运用在城市各行各业，是城市信息化的高级形态，实现了信息化与城镇化深度融合。例如，通过把传感器装备到城市的主要基础设施上，包括供电系统、供水系统、交通系统、建筑物和油气管道等，使其形成的物联网与互联网相连，实现人类社会与物理系统的整合。通过计算机和云计算将物联网整合起来，人们能以更加精细和动态的方式管理生产和生活，从而实现全面透彻的感知、广泛的互联和智能融合的应用。

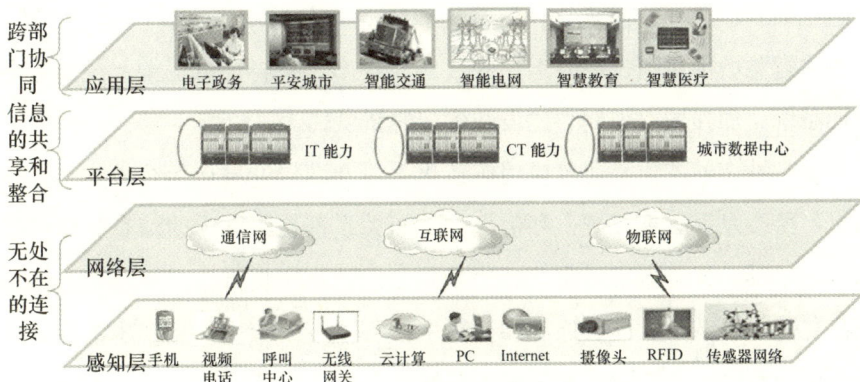

图1　智慧城市架构示意图

　　其次，从理念层面看，智慧城市在很大程度上是城市发展的一种理想状态，是新型城镇化的重要内涵。智慧城市不存在全面可参照的样本，典型城市一般是因地制宜将智慧手段应用于某些特定领域。大多智慧城市应用都植根于传统上由政府主导的公共领域，如基础设施和市政公用事业。在这些领域，如何通过规制提高运行效率一直是一大难题，各国在实践中进行了大量制度设计和体制改革，包括引入社会资本、私有化、优化政府监管等。而智慧城市作为信息化深度应用，为提升公共服务效率提供了新的思路，即通过技术手段提升公共服务效率。

　　再次，从特征描述角度看，智慧城市是以开放创新、大众创新和协同创新为特征的城市可持续创新生态，是城市运行和市民工作生活的一种全面智慧状态，公众参与更广泛、信息利用更高效、城市基础设施更智能。

智慧城市主要是以信息技术为支撑，通过透明充分的信息获取，广泛安全的信息传递，有效科学的信息处理，深刻改变人们的生产生活方式，提高城市运行和管理效率，改善城市公共服务水平。IBM 的《智慧的城市在中国》白皮书中对智慧城市基本特征的界定是全面物联、充分整合、激励创新、协同运作四个方面。

相关政策中对智慧城市也做了概念界定。例如，《关于促进智慧城市健康发展的指导意见》提出，智慧城市是运用物联网、云计算、大数据、空间地理信息集成等新一代信息技术，促进城市规划、建设、管理和服务智慧化的新理念和新模式。住建部的《国家智慧城市试点暂行管理办法》认为，智慧城市是通过综合运用现代科学技术、整合信息资源、统筹业务应用系统，加强城市规划、建设和管理的新模式。

智慧城市的本质是通过应用信息化手段全面提升城市运行效率，促进城市可持续发展。智慧城市和信息化之间关系密切，城市的信息化是智慧城市的基础，智慧城市是在信息化基础上的进一步提升。具体而言，城市信息化是指在城市管理、经济和社会生活各个方面应用信息技术，深入开发和广泛利用信息资源，它强调的是城市各个子系统对于信息技术和网络手段的应用。而智慧城市更加强调系统性和智能性，而且具有一定的自我学习和自我创新能力，它把城市中分散的、相对独立的信息系统整合起来，有效提升了各个系统之间的协同能力和调控能力。

智慧城市对城市发展的推动作用主要归纳为三种渠道。一是推动物质资本积累，通过在交通、电网和信息通信等基础设施领域应用智能技术，能够显著提升基础设施存量水平，大幅改善运行效率。二是推动人力资本积累，城市通过人的集聚有效发挥了规模效应，而智慧城市的深度应用进一步缩短了人与人的距离，使得人们的交流更为便利，促进了新想法和新理念的沟通，有力提升了城市创新能力。三是推动社会资本积累，智慧城市加速了信息的传播，通过促进信息共享和开放，有助于构建社会诚信体系，强化社会网络，增加社会管理的透明化和公开化，并通过加强大众参与来完善城市管理，突出以人为本的可持续发展理念。

2. 起源和演变

智慧城市理念起源于城市化进程中对提高城市效率、解决"城市病"问题的探索。如何提升城市运行效率是城市化的一大核心问题，传统手段主要依赖科学的城市规划、合理的政府监管、高效的城建融资体系等，但对于技术手段的利用相对不足。近20年来，随着新一轮技术革命的爆发式增长，涌现出一系列适宜城市建设应用的新技术。尤其是近十年来，传感器、移动终端、全球定位系统、地理信息系统、云计算、大数据处理等新技术的逐步成熟，使得技术在城市化中的应用日益频繁。因此，从根源上看，智慧城市理念起源于以互联网为核心的新一轮技术革命。

智慧城市的演变经历了长期的过程。智慧城市与数字城市、智能城市等早期雏形密切相关，但不同的是，智慧城市着力贯通城市内各部门之间以及城市之间数据和信息的开放共享，由此形成的大数据是重要的社会资源，通过云计算等智慧化手段来高效处理和利用数据，从而促进产业升级、城市管理和民生保障。

"智慧城市"一词是由智慧地球的概念演变而来。IBM 在 2008 年首次明确提出了"智慧地球"理念。发达国家普遍将智慧城市理念作为下一轮发展的重大机遇。2008 年，奥巴马就任美国总统后对 IBM 的"智慧地球"概念做出积极回应，将纳入国家战略和应对金融危机的新的经济增长点。2009 年 9 月爱荷华州迪比克市与 IBM 共同宣布，将建美国第一个"智慧地球"城市。2010 年 3 月，美国联邦通信委员会正式对外公布了未来 10 年美国的高速宽带发展计划，将目前的宽带网速度提高 25 倍。

欧盟中的很多国家在智慧城市建设方面处在世界前列，比如卢森堡、荷兰、瑞典等。2010 年 3 月，欧盟委员会出台《2020 欧盟战略》，其中"欧洲数字议程"政策是《2020 欧盟战略》中提出的七大旗舰计划之一，欧盟通过第七研究框架计划对未来互联网、云计算、物联网等关键领域进行重点支持，攻克技术难关，并制定了《物联网战略研究路线图》。国际智慧城市组织 ICF（Intelligent Community Forum）等相关机构相继成立，并开展"全球智慧城市奖"评选活动。2010 年 9 月，欧盟又启动了"欧洲网络基础设施项目（EGI）"。德国制定了"e-欧洲宽带战略 i2010"，其目标一是所有家庭在2020 年实现宽带接入，二是在 2014 年 75% 以上家庭宽带达到 50Mbps。

日、韩等亚洲国家也在积极推进智慧城市发展。2009 年，为应对全球经济衰退，日本政府紧急出台"数字日本创新计划"，力图促进绿色、智能等新兴产业发展。韩国是全球宽带发展最好的国家之一。资料显示，韩国家庭宽带普及率为 93%，平均速率 49.5Mbps。2009 年 5 月，韩国发布了"绿色IT 国家战略"，斥资 4.2 万亿韩元用于宽带提速，该战略计划构建比韩国目前宽带速度快 10 倍的"千兆互联网"。新加坡提出"智慧国 2015 计划"，该计划是新加坡于 2006 年推出的一个为期十年的信息通信产业发展蓝图。

从研究角度看，2009 年，维也纳理工大学首次提出了智慧城市的六个维度，包括增长的经济、便捷的移动、舒适的环境、智慧的民众、安全的生活、公正的治理。显然，这六个维度需要旷日持久的不断发展的过程，难以在短期内快速建成。2012 年，美国麻省理工学院提出了"城市科学"的概念，试图解决城市危机、城市转型和城市测度三大问题，而这恰恰是智慧城市理念产生的重要背景，通过智慧传感和城市智能决策平台改善节能、环保、水资源短缺等问题。

（二）信息化时代下的城市特征展望

人类社会现有的城市体系主要形成于工业化时代。工业活动具有集聚效应和规模经济特征，这使得生产中心、生活中心、基础设施、公共服务在一定空间范围内高度重叠，城市随之兴起和繁荣。随着人类走出工业时代、迈向信息化时代，城市也会随之演变。智慧城市是未来信息化时代下的新型城市形态，它将呈现出一系列与工业化城市不同的特征，我们大致将其归纳为七个方面。

1. 城市空间形态将趋向多中心和分散化

工业发展需要完整的产业配套体系和优良的交通条件，因此工业化下的城市大多具有单中心特征，企业和人口在经济中心或交通枢纽的周边区域渐次布局，通过集聚来降低成本，发挥规模经济优势。工业城市扩张呈现出"摊大饼"模式，这导致了交通堵塞、生产和生活中心不分、环境承载能力弱、城市规划滞后等"城市病"。信息化大大便利了信息流动，通过互联网能够实现实时远程交流，这降低了人与人在空间上高度集聚的必要性。随着信息化的推进，城市产业结构逐步"轻量化"，工业比重逐步降低，高端服务业比重相应上升，城市主导产业趋于多样化，这会在城市内部催生出多个中心区，每个中心区功能相对独立，不同中心区之间通过便利的公共交通和通信网络实现互联互通，这最终使得城市功能在空间分布上将逐渐疏散，城市沿着多中心和分散化模式发展。

2. 城市功能将逐步演化为知识创造中心和生活中心

工业化时代的城市主要是生产制造中心，除了劳动力要素之外，还有机器设备、原材料、土地厂房等要素，它们在工业生产中都发挥重要作用。在信息化时代，创新成为经济增长的根本动力，高素质人才是最重要的要素投入，其他要素的重要性相对降低。城市是人力资源的主要承载主体，信息化时代下城市作为知识创造中心的作用将更加突出，城市通过持续的知识创造和技术创新，成为引领经济增长的发动机。与此对应的是，信息化时代下，随着高素质人才成为城市的核心资源，生产加工等低端环节将逐步从城市中迁出，城市功能将进一步向生活中心演化，生产中心的作用逐步弱化，城市将更加舒适宜居。

3. 城市产业布局将呈现出制造业和服务业分离的趋势

在工业化时代，城市兴起的主要原因是制造业发展或矿产资源开发。在工业化后期，资源性城市因面临资源枯竭困境而逐步衰落，制造业城市也必须通过产业升级维持增长动力。在信息化时代，制造业将逐步从城市中心转移到远郊或其他交通便利地区，城市在产业形态上将以高端服务业为主。主要原因有四方面：一是城市土地成本越来越高，级差地租会迫使一般制造业迁出城市；二是随着信息化的推进，制造业智能化和自动化趋势增强，对劳动力需求减少，制造业不必选址在城市地区；三是随着物流体系完善，全国统一的市场逐渐形成，制造业将集中在交通便利地区进行大规模生产，并足以满足全国市场需求；四是服务业的核心是要靠近人口中心，因此服务业仍将主要布局在城市。

4. 城市发展将更加绿色低碳和环境友好

根据库兹涅茨曲线规律，经济发展和环境污染之间存在倒 U 型关系，在信息化时代，经济发展到一定程度后，人们对良好环境的需求明显提高，城市作为人口中心和生活中心，其发展将更加绿色低碳。在信息化时代，城市的多中心发展模式将有效增强各个城市中心区的环境承载能力，避免污染物排放过度集中在单一城市中心地区。此外，随着制造业从城市中心逐步迁出，城市产业将以绿色低碳的高端服务业为主，城市的污染物排放总量将明显下降。

5. 城市管理将更多利用智慧手段，促进城市运行效率的全面提升

信息化时代下，城市管理者利用云计算等信息处理技术对海量数据进行存储、计算与分析，通过对感知数据进行融合处理，能快速主动做出响应，将数据变成公共决策的支撑。智慧城市对城市管理的提升作用主要可以归纳为三方面，一是数据整合，把跨行业、跨部门的分散的数据集中起来；二是数据挖掘，通过数据分析获得决策信息；三是根据数据分析变成可操作的行动，以指导决策。信息化时代下，城市管理的社群化趋势将更加明显，随着信息公开和数据共享，一些原本由政府承担的公共服务职能可以交由居民自主决策，如基层社区自治、公共资源分配、交通流量疏导等，这对于政府简政放权将起到一定的促进作用。

6. 城市居民生活状态将更美好

信息化时代下，居民的生活状态将得到显著改善。智慧城市有效提高了城市管理效率，这将减少交通拥堵、缓解城市污染。智慧城市还能有效改善公共服务供给水平。例如，在医疗领域，随着信息化手段的应用，个人健康信息将形成电子档案，有助于长期跟踪个人健康状况，在跨地区转院时实现医疗信息共享，减少重复检查和资源浪费。再如，义务教育资源配置不均是大城市普遍面临的难题，信息化手段的应用能显著改善学区资源配置方式，提高教育资源的均等性。智慧城市建设是开放式的持续发展

过程，城市在不同的发展阶段面临的问题各异，智慧城市是从城市的实际需求出发，注重以人为本、广泛参与和社会协同创新，实现经济、社会和环境的可持续发展。

7. 城市全面感知，信息公开透明

智慧城市建设将在整个城市中安装海量的传感设备，能够智能识别、立体感知城市环境、状态、位置等信息的全方位变化。智能传感设备将城市公共设施物联成网，物联网与互联网系统高效对接融合，政府、企业和市民在智慧基础设施之上进行城市管理、生产生活，城市的各个关键系统和参与者进行高效协作[①]。大数据是智慧城市中重要的基础设施和社会资本，通过开放和共享公共数据，构建公共信息基础平台，并向企业和公众开放。在此基础上，公众利用信息进行自主决策，使得城市变成一个高度灵敏的自组织体系。通过信息引导代替政府管制，智慧城市应用具有自我学习能力，能够快速感知并处理信息，不断提高智慧程度。

（三）智慧城市的前景展望

智慧城市在本质上是一种理念和技术手段，它在城市的方方面面都有应用潜力，如交通、能源、水务、公用设施、公共安全、医疗、教育等领域。

交通堵塞是我国大城市普遍面临的难题。新加坡建设智慧交通系统，为拥堵实时定价，以价格机制引导司机选择行车路线，有效缓解了堵车问题。巴塞罗那在城市安装了大量交通流量监测、污染和噪音传感器等，实时监控交通信息，向公众显示当前车流量和15分钟内的交通流量预测，为市民提供最佳出行建议；通过在路面上安装停车传感器，司机能够实时获知空车位信息；公交车站安装了太阳能动态信息广告牌，向市民提供关于班车时刻动态和其他事件信息；在夜光路标出现异常情况警报时，相机会

---

① 以视频监控为例，北京目前用于视频监控的摄像头有50万个，一个摄像头一个小时的数据量约3GB，每年视频监控产生的数据高达1000PB。

自动捕获图像传输给城市警方。柏林地区已成为德国最大的电动汽车实验室，市民可以在城市内租用配备了智能启动系统、空调和导航系统的车辆，智能手机用户可以通过手机程序查询附近可用车辆。

智慧水务是解决供水困境的有效手段（见图2）。缺水是我国北方城市发展的重要瓶颈。在全国600多个城市中，60%供水不足，16%严重缺水。我国每年供水管网漏损量相当于一个南水北调工程，平均漏损率超过20%，年漏水的经济价值超过200亿元。沙漠国家卡塔尔的供水网服务140万人，日供水量约100万吨，管网总长大约5000公里，2007年产销差率仅为59%，即从自来水厂出厂时100立方米的水，到终端用户只剩59立方米，41立方米都在管网输送中被漏损。卡塔尔通过智慧水务设施，有效提升了供水效率，主要包括水网监测设备和检漏服务、漏水管理流程设计、主动漏损控制、管网水力建模等方面，能够实现对整个管网水压和滴漏情况的实时监测和模拟分析，随时优化供水管网；到2011年，其产销差率降至21%，每年减少1540万吨漏损，节约1400万欧元，仅用一年就收回了项目投资。丹麦通过应用供水管网实时监控与动态决策，其95%的供

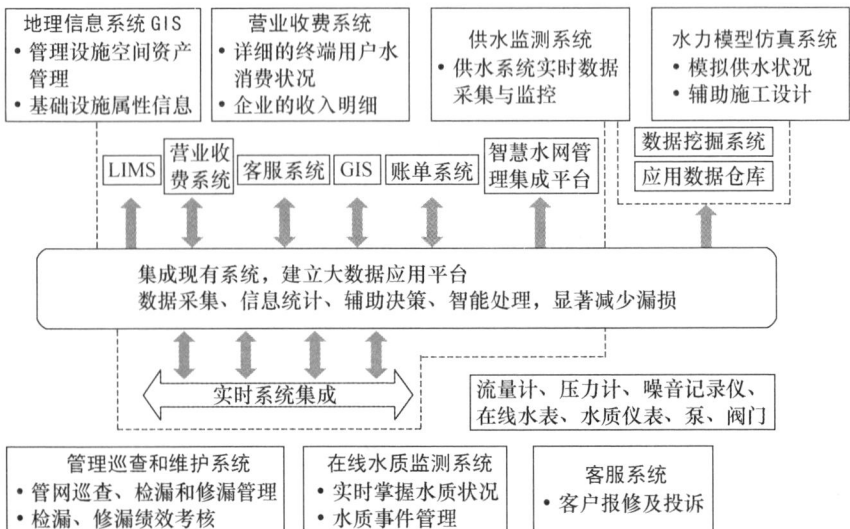

图 2　智慧水务示意图

资料来源：施耐德电气司智慧水务解决方案。

水管网从90年代至今长期保持低于10%的漏损率。

智慧能源是提升能源利用效率的有效手段。2008年以来，德国大力推广"智能仪表"项目，目前弗里德里希哈芬市（Friedrichshafen）的很多家庭安装了新型智能仪表，消费者可以通过互联网监控家庭的能源消费，对能源消费和能源价格等信息更加了解，并可以根据监控信息改变家庭能源消费习惯，节约能源。2000年，巴塞罗那要求所有新建筑物必须安装太阳能作为能源的补充来源，目前太阳能提供了大多建筑的热水供应，包括私人和公共房屋、医院、餐厅以及写字楼等。

在智慧建筑领域，法兰克福提出了以住宅建筑节能为核心的"节能家庭方案"，它注重房屋的保温密闭性，并充分利用可再生能源。在室外温度为零下20摄氏度的情况下，室内可以不必开空调或暖气就保持正常生活所需的温度，每年单位面积供热能耗仅为15度电，远远低于目前德国的标准75度电。这主要通过改进建筑材料、完善房屋设计和施工实现。住宅建筑能量主要来源于屋顶上的太阳能装置，只是在极少数的情况下需要额外的能量用于取暖。房屋的自动通风系统可以从废气中抽取热量，为吸入的新鲜空气加热。

在城市环保领域，巴塞罗那在每个垃圾回收箱的顶部和底部分别装一个容量传感器和压力传感器。随着垃圾投入量的增加，两个传感器每5分钟就自动感应桶内垃圾与桶容量之间的关系，当桶内垃圾快要装满时，即以无线网络传输的方式将信息反馈到垃圾处理控制中心。根据传感器的回馈信息，垃圾收集中心安排工作人员、分配垃圾运输车的出行频率和路线，有效提高了垃圾处理效率。此外，垃圾箱上还装有气味传感器，如果垃圾箱的气味超出正常标准，传感器就会自动发出警报，进行提醒。这既能改善城市废弃物管理效率，还能协助搜集反恐信息，保障城市安全。

在公共服务和民生领域，谷歌公司与美国疾病控制和预防中心等机构合作，依据网民搜索内容分析全球范围内流感等病疫传播状况，谷歌的发现与美国疾控中心的数据监测基本一致。为了应对老龄化社会，弗里德里希哈芬市启动了"独立生活"项目，提升老年人等行动受限者的自理能力，通过在家里安装智能设备，老年人可以独立完成食品的配送和自身的看护；远程诊疗通过利用互联网、手机等技术，患者可以定期将血压、体重等监控数据从家里传到医院的远程医疗中心，患者可以持续监控身体状况，提早确定潜在的风险，并及时得到医生的建议。巴塞罗那在红绿灯上安装智能盒子，给附近盲人手中的接收器发送信号，并引发接收器震动，提醒已经到了路口；通过在草地上安装湿度传感器，能感知地面的温度，以确定何时给草地浇水。中国香港医院管理局实施了"医疗病历互联实验计划及电子健康记录互通系统"，实现了病人病历的电子化和互联互通，电子健康记录可以为患者提供完整的健康记录，减少重复查验和治疗，既节省了医疗花费，又提高了医疗效率。

在公共安全方面，纽约城市应急指挥中心使用了目前最先进的实时录像传输技术和GPS定位系统监控城市安全，在发生重大紧急或突发事件时负责收集发布信息，制定应急方案，在"9·11"恐怖袭击、2003年纽约大停电以及2006年东海岸暴风雪极端天气时，应急指挥中心发挥了关键作用。通过分析交通拥堵与犯罪发生地点的关系，纽约警察总结交通违规和事故的规律，有效改进了道路设计和治安。中国香港国际机场是世界上率先采用射频识别（RFID）行李分拣系统的机场，行李标签里有一个识别芯片，记载了有关该行李的简单信息，如行李主人姓名、航班号等，分拣时这些信息就会被分拣系统自动读取，实现安全快速的行李分拣。

智慧城市可以有效降低灾害损失。我国很多城市人口密度高，紧凑的城市空间往往是灾难放大器，如何实现城市防灾减灾将是城市管理者面临的巨大挑战。日本在防地震方面采取了智慧城市应用，在所有的陆上地震断裂带都装置传感器，并将这些传感器连接到网络上，利用电波比地震波速度快的原理，传感器一感受到震动，系统在一秒钟之内就可通过网络和电视告知公众，两秒钟之内就将地震的强度、等级清楚显示出来。几百公里以外的市民可利用这个时间差逃生，把地震损失降到最低。

二、正确处理政府和市场关系是发展智慧城市的关键

当前，我国各地在推进智慧城市过程中仍存在一定的偏差。有的城市提出了智慧城市的概念和口号，但缺乏对本地真实需求的判断。有的城市注重一次性建设投入，大量引进新技术新设备，但在运营管理方面缺乏良好的体制机制和配套政策。有的城市重视智慧城市的建设发展，但忽视了安全保障，在自主可控和安全可信方面存在隐患。发展智慧城市的关键是处理好政府和市场关系，主要可以归纳为以下三个方面。

（一）政府还是市场

理顺政府和市场关系，是推进智慧城市发展的关键。受制于计划经济的影响，政府主导了我国经济社会的各个领域，在城市建设上也不例外。技术进步是推动政府和市场关系调整的重要动力，它使得政府和市场的边界发生变化。原本由政府主导的领域，在新技术出现后具备了市场可行性，引入市场化机制后效率会更高。智慧城市作为技术进步驱动的城市发展新形态，顺应趋势及时调整政府和市场关系尤为重要。

第一，大多传统上由政府主导的城市基础设施和公共服务，都有潜力通过信息化手段加以改造提升，达到更加智慧的状态。由于大多公共服务原本由政府部门归口管理，应用智慧城市手段可能会损害既得利益，这是推进智慧城市发展的重要障碍。应降低市场准入门槛，破解制度和政策瓶颈，减少部门利益对智慧城市发展的阻碍。政府各部门要梳理自身拥有的权力清单和数据清单，能开放共享的尽量开放共享。此外，智慧城市应用可能需要对现有的城市基础设施进行技术改造，如智慧交通、智慧水务等需要安装大量感应装置，这需要政府相关部门的配合，探索可行的风险收益分担模式。

第二，目前政府仍未提供但已具备市场可行性的智慧城市应用，政府应放手交给市场，鼓励社会资本进入，同时加强监管，在必要时可以考虑

采取特许经营等方式，实现保护公众利益和提高公共服务效率的双重目标。例如，打车难是长期困扰政府的难题，移动互联网具有实时通信和地理定位的双重功能，恰好有助于解决城市打车难题，敏锐的市场力量自然能发现这一商机，涌现出"嘀嘀打车"等成功的应用软件。目前，腾讯、阿里巴巴、百度等互联网龙头企业已初步具备了大数据和共性平台的特征，成为互联网领域的基础设施提供者，未来智慧城市的规划和建设要更多地鼓励和吸引这些互联网企业参与，依靠民营化和市场化力量，加快智慧城市建设步伐。

第三，在智慧城市推进过程中，政府的关键作用是提供智慧城市发展所需的基础设施和共性技术，在此基础上鼓励社会资本进行各种技术创新和商业模式创新。与道路等基础设施有相似的经济特性，智慧城市所需的一些基础设施具有固定成本高、回报周期长、规模效益递增的特征，需要由政府为智慧城市发展提供必要的基础设施。例如，大容量的无线互联网，连接城市重要设施的物联网，可由交通、城管、公安等多部门共享的监控摄像头等。虽然各种智慧城市应用纷繁多样，但都需要一些共性技术，如传感器、大数据处理技术等，应该由政府进行共性技术的研发推广。

第四，在符合公共利益但市场缺乏激励的领域，应由政府主导进行智慧城市建设，但应将建设、运营、维护等各个环节分拆，在各个环节尽量引入市场化机制。政府负责监管，企业负责运营，实现管运分离。例如，政府采购使用招投标方式降低智慧城市建设成本；探索PPP（政府与社会资本合作）方式，政府通过与企业进行合理的风险分担和成本分担，形成稳定的政策环境和可预期的现金流回报，吸引私人投资者进行建设和运营，提高效率。

（二）效率还是效益

做好效率和效益之间的权衡，是推进智慧城市发展过程中要处理好的一对重要关系。在本报告中，效率是指智慧城市应用对于现有城市基础设施或公共服务的改造提升作用，效益是指建设智慧城市的成本有效性。现实中，大多智慧城市项目都能够提升效率，但不一定具有效益。例如，拥堵程度不高的城市建设智慧交通体系，虽然能在一定程度上提高交通效率，但不一定具有成本有效性，可能多年都难以收回成本。效率和效益的关系在本质上是政府与市场关系的引申，因为市场主要关注经济效益，而政府容易忽视效益，这是由于企业自负盈亏，面临的是硬预算约束，自然会以效益为出发点。因此，处理效率和效益的关系主要针对政府主导的智慧城市项目。

第一，智慧城市建设要遵循适度超前的原则。与基础设施建设相似，智慧城市建设既要考虑到当前需求，又要基于对未来趋势的预测。首先，如果当前需求不足、未来亦无必要，那么这种智慧城市应用不是必需的，当前我国一些地方在推进本地智慧城市建设中恰恰违背了这一原则，一些智慧城市项目很大程度上是形象工程，缺乏实效。其次，如果当前需求不足但未来需求会增长，那么从全生命周期的角度衡量，这种智慧城市应用的潜在收益越来越高、机会成本越来越低，应当适度超前建设。例如，劳动成本上升是未来不可避免的大趋势，那么能够节约劳动力的智慧城市应用即使当前重要性不足，但未来将越来越重要。我国众多城市的短板各不相同，要依据本地需求，因地制宜，做到以人为本。

第二，智慧城市项目建设必须做好投融资规划。由于很多智慧城市的建设和运营是长期性的，初始投入高、回报周期长，中间的不确定性较大，这需要在可行性规划阶段充分估计风险，做好投融资规划。特别是，当前我国财政收入增幅放缓，土地财政模式不可持续，地方债务风险高企，政府对智慧城市投融资的规划更加重要，未来应从编制年度预算走向中长期预算。例如，通过银行贷款或发债进行智慧城市项目建设，政府需要预测未来整个项目周期的公共财政收入是否能支撑项目持续，以及这一智慧城市应用未来能带来的总体回报能否偿还贷款，包括城市公共服务的改善、企业绩效的上升、税收的增加等。

第三，政府要综合考虑智慧城市的经济效益和社会效益。一些智慧城市项目的直接经济效益低，但社会效益大，政府应在这类智慧城市项目中起主导作用。例如，对于自然灾害预警、城市应急、反恐等领域的智慧城市项目，应通过财政拨款、发行地方债务等方式推进其建设。政府应从建设成本和需求迫切程度两个维度，分清智慧城市项目的轻重缓急次序，甄别出最急需的智慧城市建设领域。对于建设或改造成本低、社会需求迫切的领域，应优先推进，如拥堵城市的智慧交通，缺水城市的智慧水务等；对于建设成本高、社会需求迫切的领域，政府应考虑自身财力或公众承受能力（如采取收费方式）决定是否建设。

（三）政府间分工

在推进智慧城市发展过程中，中央政府和地方政府分工应各有侧重。

第一，中央政府主要负责从国家层面加强统一规范和宏观引导，统筹研究智慧城市发展的普遍性问题，协调制定政策措施，包括制定智慧城市建设的标准体系、评价体系和审计监督体系，研发共性技术，明确信息共享和开放规则，统一制定面向智慧城市建设的信息安全保障策略，推行智慧城市重点工程项目风险和效益评估机制等。

第二，地方政府主要负责制定智慧城市发展规划，统筹投融资安排，理顺激励机制。我国城市数量多，各个城市禀赋各异，当前各地智慧城市建设有千篇一律、"一刀切"的倾向，有的城市主要着眼于发展相关产业，形成经济增长点，有的城市笼统地提出口号，但在具体领域缺乏深入措施，对改善民生作用不大。智慧城市建设必须因地制宜、以人为本，根据本地特征和需求进行规划，根据本地财力和融资能力制定投融资安排。扩展公众参与渠道，健全智慧城市建设重大项目监督听证制度和问责机制，将智慧城市建设成效纳入政府绩效考核体系。

第三，理顺政府相关部门的激励机制。智慧城市涉及的城市基础设施和公共服务，往往存在政府多头管理、各自为政的问题，政府相关部门体制不顺制约了智慧城市建设的推进。在中央政府层面，工信部和科技部主要侧重从智慧技术角度推动智慧城市建设，发改委侧重智慧城市相关的产业发展，而住建部则从城市规划、建设、管理角度推动智慧城市，统筹协调力度不足。未来应该进一步理顺激励机制，加强部门协调。

三、我国智慧城市发展的现状和主要问题

智慧城市在我国有巨大的发展潜力，城市化是未来我国发展的重要趋势。1980～2010 年，我国平均每年出生人口约 2000 万人，30 年间新增的 6 亿人口占当前我国人口总量的近一半。到 2030 年，这 6 亿人正处于 20～50 岁，是劳动力市场的主力军，也是城市的主要承载对象。为了向这 6 亿人提供良好的就业和居住环境，我国亟须建设更加集约高效的城市体系。这不仅需要科学的城市规划和管理、灵活的城市建设投融资体系，更需要先进的技术支撑。

与上一代进城人口不同，这 6 亿人成长于互联网时代，普遍接受了高等教育，对新技术有天生的敏锐性，喜欢尝试新事物，这在需求侧为智慧城市应用提供了基础。我国的信息消费仍有巨大潜力，据统计，目前我国人均信息消费每年不到 200 美元，美国是人均 3400 美元，是我国的 17 倍。在供给测，物联网、云计算等新技术的快速发展，为智慧城市建设提供了强有力的技术手段。

随着城镇化进程的快速推进，智慧城市正在成为我国新型城镇化发展的重要方向。《国家新型城镇化规划（2014－2020 年）》明确提出将智慧城市作为新型城市建设的重要内容，并明确了信息网络宽带化、规划管理信息化、基础设施智能化、公共服务便捷化、产业发展现代化、社会治理精细化六大发展方向。2012 年 11 月住建部发布了《国家智慧城市试点暂行管理办法》，目前已选择了 193 个城市（区、镇）开展智慧城市试点。2013 年 8 月《国务院关于促进信息消费扩大内需的若干意见》要求加快智慧城市建设，开展试点示范，鼓励市场化投融资，支持公用设备设施的智能化改造升级，鼓励各类市场主体共同参与。2013 年 10 月，中国智慧城市产业联盟成立，推动制定智慧城市产品技术标准、服务标准及评价体

系。2014 年国务院《关于促进智慧城市健康发展的指导意见》特别指出要实现网络安全长效化，居民、企业和政府的信息得到有效保护，到 2020年，我国要建成一批特色鲜明的智慧城市，在保障和改善民生服务、创新社会管理、维护网络安全等方面取得显著成效。

很多省市将智慧城市列入重点发展的领域。目前全国有超过 400 个城市宣布建设智慧城市，覆盖东、中、西部地区，其中包括 95% 的副省级以上城市、76% 的地级以上城市，一些发达地区的县、镇乃至社区都参与其中。例如，北京在 2010 年发布了"智能北京行动纲要"，包含 60 多个项目，包括智能交通、电子病历、远程医疗、智能家庭、电子商务等，提出2015 年无线宽带将覆盖北京城乡，并将建成覆盖全北京市的统一物联基础网络。上海"十二五"规划提出加快建设以数字化、网络化、智能化为主要特征的"智慧城市"。广州要构建物联网产业体系，培养新的增长点。武汉以光谷未来科技城为试验区进行智慧城市建设。深圳的目标是建设智慧产业生态系统和智慧城市生态系统，充分利用信息技术，分析整合城市运行的关键信息，对各方需求做出智能响应，形成新的生活、产业发展、社会管理模式，构建面向未来全新的城市形态。

智慧城市建设的融资来源正在趋于多样化。据统计，住建部 193 个智慧城市试点城市中，目前共有超过 2000 个项目，总投资超过了 1.6 万亿元，平均每个试点城市有 13～14 个重点项目。从资金来源看，智慧城市项目的资金来源中，一般是财政投入占 20%，银行贷款占 20%，企业自有资金占 33%，其他资金来源占 27%。从资金用途来看，投资额度最大的是智慧城市相关产业园区的建设，然后是基础设施建设、公共信息平台和基础设施数据库建设等。

当前我国智慧城市建设正在快速推进过程中，但在具体实践中已暴露出一些突出问题，主要可以归纳为以下六个方面。

（一）发展理念存在误区

随着智慧城市的快速发展，当前对智慧城市在理念上形成了一些误区。

一是将智慧城市过度泛化和概念化，将智慧概念套用到城市建设和公共服务的方方面面，"什么都往里装"，但每个领域的具体内涵、实现路径、本地需求和保障机制仍不明确，配套政策明显不足。

二是将智慧城市主要作为一个新的经济增长点，着眼于拉动投资和发展产业，而没有做到以人为本和城市持续发展。例如，大多智慧城市试点都将加大互联网和物联网建设作为核心内容，明确提出光纤入户率、无线互联网覆盖率等目标。但实际上，虽然互联网是必要的，但它只是基础设施，不能直接解决城市面临的瓶颈问题。智慧城市的关键是在互联网的基础上拓展各种增值服务，满足公众对于城市公共服务的更高需求，这就需要政府放宽准入，让各类市场主体都能利用政府提供的基础平台进行增值开发，提供多样化、创新性的业务。

（二）推进机制亟待创新

智慧城市发展仍存在很多的体制机制障碍。

一是地方政府推进智慧城市建设的激励仍待理顺，智慧城市在很多领域是一种"颠覆式创新"，将改变既得利益格局，部门利益将是阻碍智慧城市推进的重要障碍。有的政府部门各自为政，在一些领域形成了明显的重复建设和社会资源浪费，例如，"三网融合"多年没有进展。在地方政府层面，有的部门不愿向社会资本开放，不愿公开或共享信息，导致企业进入门槛过高。例如，一些北方城市严重缺水，供水管网老化、污水处理能力不足，但仍不愿向社会资本开放智慧水务项目，不愿让企业参与城市污水处理业务。

二是具体的智慧城市项目中，尚未探索出行之有效的运作机制。目前，政府在智慧城市项目选择上难以做到充分听取公众意见，缺乏听证会等公众信息收集反馈渠道，这导致智慧城市建设难以满足广大群众的切身利益。在具体智慧城市项目的建设、运营和维护过程中，对社会资本的开放力度不足，准入门槛高。对企业而言，智慧城市项目是与政府合作，虽然中央多次出台政策吸引社会资本投资基础设施建设等领域，但收效甚微，根本上在于发展环境欠佳，政策风险大，一旦发生纠纷，企业难以保障自身权益。

（三）信息开放共享不足

信息透明和高效的信息处理是智慧城市发展的关键。但是，由于体制和技术等因素，大量公共信息分散于不同政府部门，形成垂直化、条块化强，扁平化、融合化弱的特点，信息开放和共享机制仍不健全。"信息孤岛"问题突出，制约了智慧城市的发展。信息孤岛导致信息的多口采集、重复输入以及多头使用和维护，信息更新的同步性差，从而影响了数据的一致性和正确性，并使信息资源拆乱分散和大量冗余。智慧城市的创新点之一是让公众和政府同时了解到必要的信息，公众通过分散决策减少政府管理负担、增强城市活力。但是，目前一些智慧城市项目本质上是信息垄断式的"智慧系统"，例如，某城市投资数十亿元建成的智慧交通系统，把实时交通信息全部汇总到城市交通指挥中心，只有少数人能了解全市的交通拥堵情况，而最需要此信息的驾车人无法利用实时交通信息来有效规划和调整出行路线。

政府部门主导下的公共信息管理存在纵强横弱问题。电子政务、办公信息化等主要是纵向推进，缺乏横向整合，大多数应用系统之间没有统一的技术和数据标准，数据不能自动传递，缺乏有效的关联和共享。信息依据类别、行业、部门、地域被隔离，一些政府部门建立了自上而下的信息采集系统，让基层收集各种各样的数据，却不给其他部门和基层共享。政府内部最终形成了无法互通共享的诸多信息系统，形不成大数据的规模优势，造成人力物力和运行费用的巨大浪费。

在信息开放的同时，信息安全风险也不容忽视。智慧城市涉及大量公共信息和私人信息，目前，我国对关键信息设施和信息资源的安全防护能力仍然不足，如党政军、金融、能源、交通、电信等。网络安全设施的保障能力不够，很多设备无法做到自主可控，预警和应急处理机制尚未建立。有关信息安全的法律法规和行业标准尚不完善，专业化社会化的信息安全认证服务发展不足，难以为保障智慧城市网络信息安全提供支持。

（四）融资困难问题突出

大多智慧城市项目的一次性建设投资需求大、后续维护成本高、回报周期长，融资困难的问题十分突出。当前我国正处于智慧城市快速建设时期，融资需求巨大。与此同时，地方债务负担较重，财政收入增速下滑，地方政府融资渠道有限，亟须完善智慧城市建设的投融资机制。

对于不同类型的智慧城市项目，融资问题各不相同。首先，对于能通过收费等方式带来回报的智慧城市项目，融资困难并不突出，可以通过特许经营等方式吸引社会资本，由企业以银行贷款、发行债券等方式进行融资，但由于智慧城市项目周期长，往往存在期限错配的问题，用短期贷款或债券支持长期的智慧城市项目，如果期限管理出现问题，很容易导致资金链断裂。其次，对于公益性智慧城市项目，需要依靠政府融资，以城市公共财政收入或政府性基金收入偿还债务，但目前我国地方政府融资渠道十分有限，当前经济下行、地方债务风险加大，中央加强了对地方政府债务的管理，依靠地方政府进行智慧城市融资的难度较大。

（五）规划和标准滞后

大多城市缺乏智慧城市专项规划，仅仅将智慧城市作为国民经济和社会发展规划的一部分。由于缺乏规划引导，一些地方在智慧城市推进过程中存在一哄而上的现象，大量投资于宽带网络、大数据园区等，缺乏以人为本、因地制宜的统筹规划和整体协调。即使在一些出台了智慧城市专项规划的城市，在多规融合上也存在较大障碍，智慧城市作为城市发展的综合性战略，涉及经济社会发展规划、土地利用规划、城镇规划、环评、信息化规划、投融资规划等，很难统筹考虑将相关规划进行协同。一些智慧城市规划只是技术实施方案，对完善城市功能、解决城市问题作用不大。例如，智慧城市项目如果涉及城市基础设施建设，则应尽量同步规划、同步施工、同步投入，防止相互脱节，重复建设。

智慧城市相关标准仍待完善，亟须建立高规格的智慧型城市发展协调机制，以高效率地发挥智慧城市的示范作用。目前我国对于智慧城市建设需要制定哪些标准仍不明确，亟须研究和提出智慧城市建设所需的各类标准，尤其是数据融合、信息共享、业务协同、智能服务、安全保障等方面的核心标准，提高标准的质量和水平，切实发挥标准对我国智慧城市建设的规范、引导和指导作用。国家标准委目前初步规划了智慧城市标准体系框架，并启动了智慧城市国家标准立项研究工作。但是，标准制定已明显滞后于各地正在推进的智慧城市建设，在缺乏标准的前提下，大量的智慧城市项目开工建设，最终难以实现互联共享，无法发挥协调效应和大数据优势。

（六）产业支撑能力不够

智慧城市相关技术创新和产业化应用是推进我国智慧城市发展的基础。目前我国对于智慧城市发展的产业支撑能力明显不足。智慧城市不仅需要物联网、云计算、大数据等新一代信息技术和产品，更需要综合性解决方案。我国不但在设备制造和技术上创新能力不足，更缺乏能提供智慧城市解决方案的综合性龙头企业，大多智慧城市建设都停留在互联网等通信设施的建设，属于局部性改进，没有系统集成和综合应用。

四、进一步促进智慧城市发展的政策建议

（一）以人为本，理顺中央和地方政府激励

发展智慧城市的根本目标是以人为本，实现城市可持续发展。智慧城市不存在统一的模式，关键是因地制宜。政府在智慧城市项目决策阶段，充分考虑本地需求，强化公众参与，建立听会机制，分类分领域推进智慧城市建设，避免重建设、轻实效，使智慧城市建设切实惠及于民。根据城市资源禀赋、经济水平、产业基础、信息化水平、市民素质等，科学选择

重点领域，有效推进智慧城市建设，解决城市发展瓶颈问题。在发达区域或重点领域先行先试，有序推动智慧城市发展，避免贪大求全、重复建设。

（二）创新体制，提高智慧城市建设运行效率

智慧城市发展主要应以市场主导进行建设运营，政府在必要时加强监管。鼓励智慧城市建设和运营模式创新，注重激发市场活力，建立可持续发展机制，提高城市运行效率。降低准入门槛，鼓励社会资本参与智慧城市投资建设和运营，杜绝政府大包大揽和不必要的行政干预。探索通过特许经营、政府购买服务等多种形式，引导企业参与智慧城市建设运营。在智慧城市中率先探索使用 PPP（政府和社会资本合作）模式，政府提出需求和目标，建设运营维护等交由市场完成。在引入市场机制的同时，政府要加强监管，保障公共利益。

（三）守住底线，信息安全和信息共享并重

涉及公共利益的智慧城市项目要做到可管可控，确保安全。加大依法管理网络和保护个人信息的力度，落实国家信息安全等级保护制度，强化网络和信息安全管理，落实责任机制，健全网络和信息安全标准体系，加强要害信息系统和信息基础设施安全保障。加快推进信息资源共享与更新，加快智慧城市公共信息平台建设。建立促进信息共享的跨部门协调机制，各政府部门应将本部门建设管理的信息资源授权给有需要的部门使用，共享部门应按授权范围合理使用信息资源。整合已建政务信息系统，统筹新建系统，建设信息资源共享设施，实现基础信息资源和业务信息资源的集约化采集和统一化管理。

（四）多方出资，拓宽智慧城市建设融资来源

政府要建立多元化的规范的智慧城市投融资机制，引导鼓励社会资金参与智慧城市建设。拓宽融资渠道，积极吸引风险投资、私募基金投资智

慧城市相关应用。鼓励金融机构加强金融产品和业务创新，加大对企业参与重大信息基础设施和重点项目建设的信贷支持。财政资金要重点投向基础性、公益性领域，优先支持涉及民生的智慧应用，鼓励市政公用企事业单位对基础设施进行智能化改造。鼓励符合条件的企业发行债券，开展智慧城市建设。在国务院批准发行的地方政府债券额度内，各省级人民政府要统筹安排部分资金用于智慧城市建设。

（五）规划先行，尽快建立智慧城市标准体系

从城市发展的全局科学编制智慧城市专项规划，根据本地需求，选择重点领域优先推进智慧城市应用。推动智慧城市专项规划与经济社会发展规划、土地利用规划、城市规划的多规融合。明确政府在智慧城市建设中的职责，建立激励约束机制，将智慧城市建设成效纳入政府绩效考核体系，为吸引各类市场主体参与智慧城市建设提供良好的政策和法制环境。加快制定智慧城市建设的标准体系、评价体系和监督体系，推进云计算、物联网、通信与网络等领域相关技术、应用和管理标准的建立和实施，建立智慧城市项目的公众参与机制和听证问责制度。

（六）强化支撑，扶持智慧城市相关产业发展

重点发展支撑智慧城市建设和应用的高端设备制造产业，加大对智慧城市相关中小企业的财税、融资扶持力度。积极推动智慧城市示范和应用，加大政府采购力度，拓展智慧城市相关企业的市场空间。加大智慧城市技术研发和创新，着力突破感知信息网络、智能分析决策等共性技术。推进产学研合作，为智慧城市技术创新成果转化提供良好的政策环境和激励机制。建立城市公共信息开放共享平台，为企业提供城市公共数据接入机制，推进智慧城市应用向专业化和深度化发展。建设完善电子商务和电子政务基础设施，利用智慧手段改造提升城市公共服务，促进电子商务向旅游、餐饮、家庭服务、养老服务、社区服务以及工业设计、文化创意等领域发展。

参考文献

［1］安德里亚·卡拉留，基娅拉·德·波，彼特·尼坎等. 欧洲智慧城市. 城市观察，2012（4）

［2］郭理桥. 城市发展与智慧城市. 现代城市研究，2014（10）

［3］国家信息中心，德国智慧城市发展现状与趋势，《信息化研究》，2013（7）

［4］刘尚海. 我国智慧城市建设运营商业模式研究. 未来与发展，2013（8）

［5］姚万华. 用智慧谋划"智慧城市". 中国信息界，2010（1）

［6］巫细波，杨再高. 智慧城市理念与未来城市发展. 城市发展研究，2010，17（11）

［7］闫海，任利成. 智慧城市研究述评. 城市管理与科技，2012（5）

［8］梁军，黄骞. 从数字城市到智慧城市的技术发展机遇与挑战. 地理信息世界，2013（1）

［9］盛继洪，杨文森. 智慧城市——新的城市形态. 前线，2013（4）

［10］宋刚，邬伦. 创新 2.0 视野下的智慧城市. 城市发展研究，2012（4）

［11］European Commission. EUROPE 2020 – A European strategy for smart, sustainable and inclusive growth

［12］IBM. 智慧的城市在中国白皮书. 2009

［13］Jesse M. Shapiro, Smart Cities：Quality of Life, Productivity, and the Growth Effects of Human Capital, Review of Economics and Statistics, vol. 88, no. 2, 2006

网络社群对社会的影响与对策研究

一、网络社群的概念与特点

（一）网络社群的概念

网络社群，顾名思义，是基于网络的社会群体，其形成和演进是在网络技术与人在网络空间的行为二者互动发展的过程中进行的。Rheingold 最早在《The virtual community: homesteading on the electronic frontier》（1993）一书中把虚拟社群定义为"通过电子公告板（BBS）等网络媒介彼此交流语言和思想的一群人，他们可以是也可以不是相互面对面地聚集，展开集体讨论，履行商业行为，交流知识，共享情感……他们做人们聚到一起时所做的任何事情，只不过是用语言在电脑屏幕上做，把身体留在电脑后面"。David J. Hand 关于虚拟社群的界定是："人们透过网络进行沟通、交流与互动等活动，在网络空间中所产生的社会聚集体。"后来的学者在这个含义的基础上，根据不同的研究需要发展出不同的界定，如表1所示。

本报告认为，网络社群是现实社会中的人，为了满足某些共同的需求而组成的、以网络为媒介进行沟通和互动的群体。这一定义包含如下几层内涵。

首先，网络群体的形成需要有作为支撑的网络技术环境。网络社群的形成、运作模式及其对现实社会的影响，都与信息技术的发展和应用密切相关。

表1　　　　　　　　　　　　　**各国学者对网络社群的定义**

年　份	学　者	定　义
1993	Rheingold	通过电子公告板（BBS）等网络媒介彼此交流语言和思想的一群人，他们可以是也可以不是相面面对面地聚集，展开集体讨论，履行商业行为，交流知识，共享情感……他们做人们聚到一起时所做的任何事情，只不过是用语言在电脑屏幕上做，把身体留在电脑后面
	David J. Hand	人们透过网络进行沟通、交流与互动等活动，在网络空间中所产生的社会聚集体
1996	Armstrong，Hagel	一个让人们围绕某些共同兴趣或需求集中交流的地方，在网络社群中人们的兴趣、幻想、人际互动或者交易等需求得到满足
1996	Manuel Castells	自我界定的互动式沟通之电子网络，围绕着共享的利益或目的而组织起来，不过有时候沟通本身会成为目的
1997	Romm	人们借助于电子媒介的相互沟通所形成的一种新兴社会现象，其不受地理位置、物理作用等的限制
1999	Schubert	具有共同的价值观和兴趣的个人或组织在共享的语义空间里通过电子媒介交流而形成的联合体
2001	Galvin John，Ahuja，M.	跨越时间、空间、组织结构等限制而亲密协作的社会群体
2002	段伟文	网民由网络连接依其旨趣而形成的区位化的主体间共同存在，其建构基础是想象性的群体身份认同
2001	周静文	依靠网络技术连接在一起的赛博空间群体。它是开放空间中非固定人群的集合，社群内的反馈不受限制，使共享和决策公开成为可能。去中心化将参与者变成了平等的主体
2003	罗明	将一群拥有某些相同兴趣、性取向、癖好，或者同样工作领域的人，透过网络的方式将他们连接起来，使大家可以互相交换信息
2005	昝玉林	以电脑网络为沟通中介，以信息联系为纽带，因工作、兴趣、价值取向、信仰以及个人的特殊需要或者任何其他目的之故，主动与网络空间中特定的角色进行相对稳定、持续互动的多个数字化人的集合体

年　份	学　者	定　义
2006	郑志勇	数字化的个体之间，因为共同的利益基础而相互寻求认同，并按照一定的规则和方式进行社会网络的互动的集体
2009	刘冬梅	一种以网络为媒介进行沟通和互动的非正式群体。这一群体通常因某一具体的事或物而组织或聚集起来，超越时空，进行对话、交流和集体行动。群体成员间存在频繁的联系和互动，形成了比较明确的成员关系结构
2011	马忠君	虚拟自我的群体性的存在，是技术手段下抽象的人的联合体

其次，组成网络社群的人都是现实社会中的行为主体。网络社群大致可分为两大类：一是现实群体的网络化，即现实群体在网络空间的延伸；二是基于网络而诞生的群体，即以网结缘和因网结缘的群体。

再次，参与网络社群的成员大都是为了满足某种共同需求，最主要的如获取信息的需求（关注共同的主题或话题、互惠规范下的知识共享等）和心理需求（在群体交流中获得满足感、归属感）等。这些需求会使人们在交往过程中产生观点、价值和心理上的认同，进而形成群体认同。

（二）网络社群的特点

与现实社会群体相比，网络社群呈现出以下四个特征。

1. 形成途径的趣缘性

现实社会中的群体大多是基于地缘、血缘和业缘关系而形成的，人与人的交往过程往往打上了深深的人的社会地位、社会身份、社会角色的烙印。兴趣相投的个体由于受现实交往时间与空间的限制，往往难以形成群体，网络的出现为趣缘关系群体的形成提供了更广泛的空间。网络空间中，大多数参与者是在共同的兴趣、爱好、需求等基础上联结而形成的特定群体。已经有许多标识兴趣主题的网站或网页，如围棋网站、影迷网站、旅友网站等，并且大部分都设有留言板和讨论区，只要有兴趣并拥有上网条件，每个人都可以成为群体中的一员。

2. 成员参与的广泛性

互联网的高度开放性导致了网络群体的开放性和广泛参与性。现实社会中，个体间的交往与活动的范围受到物理空间与时间的限制。互联网的产生带来的最根本的变化是：地理距离正在"消失"。在网络空间中，任何一个具备上网能力和条件的人，任何时候都可以加入到其感兴趣的网络群体中，既可以参与一个群体，也可以同时参与多个群体。交往更具有普遍性，每个人都可以更广泛地参与到网络群体的活动之中。同时，个体可以将不同的价值观念、信仰、风俗习惯、生活方式等通过网络呈现在无数他人的面前，增进彼此间的沟通和理解，进一步扩大网络群体的开放性和参与的广泛性。

3. 内部关系的松散性

网络群体内部关系的松散性源于互动空间、成员身份及其交往互动的虚拟性。在现实社会中，客观存在的个人行为准则、社会道德规范和政策法律制度等使得现实社会表现为一个平衡体与稳定体。网络空间中信息交流的超时空性、快捷性、广泛性与交往关系的间接性，使得"网络上的人际关系既易于生，也易于死，完全是随意性的"[①]。这就意味着网络群体不太可能形成很强的群体凝聚力和归属感，个体进入和离开网络群体的流动性较高，所以网络群体内部的关系较现实社会群体更为松散。

4. 虚实结合性

网络社群内部成员交往互动的虚拟性源于互动空间和个体身份的虚拟性。虚拟社区是与传统的实体社区相对应的，它也具有实体社区的基本要素——一定的活动区域、一定数量固定的人群（网民）、频繁的互动、共同的社会心理基础。虚拟社区与实体社区最大的差异是在地域空间的界定上，即虚拟社区交互场所是虚拟的。传统意义上的实体社区通常强调地域环境的影响，其社区形态都存在于一定的地理空间中，而网络社群则没有

---

① 王怡红：《人与人的相遇——人际传播论》，人民出版社2003年版。

实体的地域边界；虚拟社区的成员可能来自多个国家或地区，而且一个个体可以超越空间生活在好几个虚拟社区里。同时，网络社群中的人员身份也具有较强的虚拟性，其性别、年龄、个性及社会身份等都可能被人为的设定，这使得网络社群中的成员交互存在很多的不确定性。因此，网络社群与传统社区的最大区别就是它的虚拟性质。网络社群是虚拟和现实的结合，从交互场所和成员身份角度看网络社群是虚拟的，从交互过程和交互结果看网络社群又是现实的，因此要实现网络社群的治理，就要把握其虚实结合的特征。

（三）网络社群群体行为的特点

网络空间的特性决定了绝大多数活动及其相互作用都表现为信息的传递与回应。大致而言，网络群体行为具有如下几个特点。

1. 具有一定的自发秩序

现实社会群体的行为通常都具有组织性，或是正式组织或是非正式组织。而在网络空间中，网络的虚拟性、无中心性以及沟通互动的快捷性等特点，使个人行为日益成为网络群体行为的主体，一个简单的话题就可能引发群体成员无组织的参与行为，并在短时期迅速传播，影响不断扩大。这就意味着大多数情况下，网络群体行为处于一种非组织的自发状态，并且可以不受任何时间和空间限制——只要拥有上网条件即可。但自发的网络群体行为并非完全无序的，"一些群体通过开诚布公的讨论或是一些禁忌，在工作或娱乐的情境的交往中发展出了自身的行为规范"[①]，从而表现出一定的秩序性。这种自发秩序部分源于群体管理规则的约束（如网站经营者与版主网管的把关）和群体中意见领袖的引导，部分是来源于成员互动过程中产生的压力（比如在有些 BBS 中，如果某人的行为违背大多数成员的意愿，就极有可能遭到冷落、批判，甚至被封杀）。

---

① 刘海龙："沉默的螺旋是否会在互联网上消失"，《国际新闻界》，2001 年 5 月。

2. 容易产生冲动

就现实社会中的群体而言，"非理性，这是群体最鲜明和最本质性的特征。尽管组成群体的每一个体可能都具备充足的理性，但是当这些个体合成一群体时，理性下降或消失了。非理性占据了主导地位"①。网络空间中，参与者的话语权得到最大限度的解放，在技术和理论上提供了使最大多数人自由表现的可能性，出现一种"众生喧哗"的局面，行为更容易走向冲动。俄国著名文学评论家巴赫金曾提出了著名的"狂欢节文化"，其特色恰恰是网络空间所具备的：在狂欢节那样的场合中，人们摆脱现实生活中的等级制度、身份地位等限制，卸下了平时的面具和角色，重新恢复到几乎原始的状态，在其中尽情欢乐，甚至可以用粗鄙不堪的语言宣泄情感②。在这种情况下，"那些潜藏在人类心灵深处的原始冲动，总是会在不经意间，挣脱理性的缰锁，冲出文明的堤坝，形成群众性的迷狂"③。

3. 影响广泛

网络群体成员间的交流互动主要依靠信息传递完成，并在群体传播中广泛使用多种手段。图像、音频、视频等多媒体手段及即使通讯软件、电子邮件等服务都使得信息传递更为迅速，更易于被公众接受，从而引起公众广泛关注，引发大规模的响应。到2014年6月，我国网民达6.32亿人，仅博客/个人空间用户已达4.44亿人，微博用户2.75亿人。网络群体行为通过这样的方式进行传播，其影响的广泛性无疑是惊人的。

【专栏1】　　　　　　**"世界杯"期间网民的参与程度**

有关机构统计显示，2014年世界杯是史上社交化程度最深的体育赛事。仅开赛一周，Facebook就有4.59亿的发帖、点赞和评论，远超过索契冬季奥运会的1.2亿和奥斯卡奖的2.54亿。"世界杯"一词已在社交

---

① 王友权主编：《社会心理学》，中国医药科技出版社2006年版。
② 赵凡一：《欧美新学赏析》，中央编译出版社1996年版。
③ 查里斯－麦基：《非同寻常的大众幻想与群众性癫狂》，中国金融出版社2000年版。

媒体和博客上被提及 1900 万次，约有 230 个国家和地区的网民参与讨论，将产生 4.3 艾字节（2 的 60 次方字节）流量，相当于所有巴西人 3 个月的总流量。美国网络广告行业组织对包括中国、巴西、法国、意大利、墨西哥、英国、美国等国做的调查显示，48% 的受访者表示将利用智能手机观看、关注巴西世界杯，选择电视的民众比例为 63%。手机成为仅次于电视的第二媒体，超越电台、报纸、网站等其他媒体。

4. 与现实社会关系密切

网络群体行为既可能是现实群体行为的延伸，也可能是现实社会的映射（将在后文详细讨论）。正因如此，网络群体行为对社会发展和安全都有着不可忽视的影响。

二、主要网络社群概况

网络诞生之初，受网络和计算机技术及应用成本等因素的限制，公众对网络的利用程度不高，网络群体并不活跃。时至今日，技术操作越来越简单，应用成本也在迅速下降，网络进入门槛越来越低，而且网络群体能够从更大程度上满足个人社会交往、展示自我、精神体验等多种需求，近几年种类繁多的网络群体发展迅速。从网络的技术功能特点看，目前比较活跃、公众影响面比较广的网络群体如：即时通讯用户群、博客/个人空间、微博、社交网站、论坛/BBS 等。

（一）即时通讯用户群

即时通讯（Instant Messaging）是一种使人们能在网上识别在线用户并与他们实时交换消息的技术，被很多人称为电子邮件发明以来最酷的在线通讯方式。典型的 IM 系统的运行模式为：当好友列表中的某人在任何时候登录上线并试图通过你的计算机联系你时，系统会发一个消息提醒你，然后你能与他建立一个聊天会话并键入消息文字进行交流。作为使用频率最高的网络软件，即时通讯已经突破了作为技术工具的极限，被认为是现代交流方式的象征，并构建起一种新的社会关系。它是迄今为止对人类社会生活改变最为深刻的一种网络新形态。《第34次中国互联网发展状况报告》显示，截至 2014 年 6 月，我国即时通讯网民规模达 5.64 亿，即 89.3% 的网民经常使用网络即时通讯服务（参见图 1）。

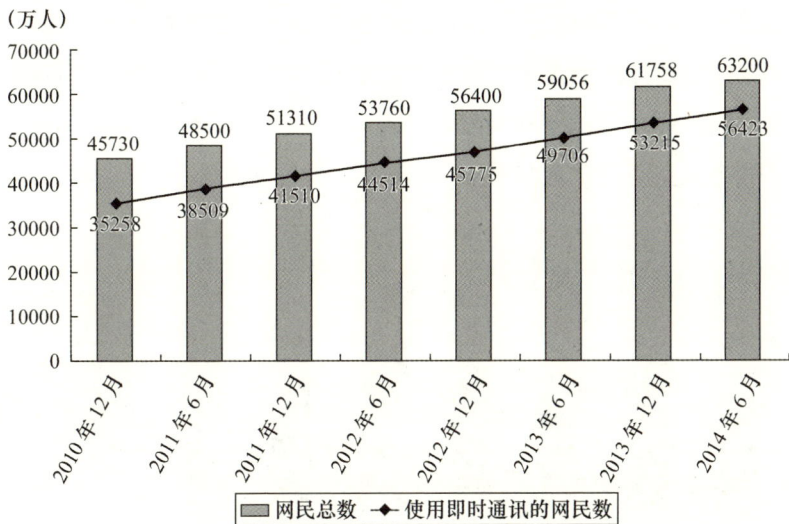

图 1　近年来我国网民总数与使用即时通讯的网民数变化情况

资料来源：中国互联网络信息中心历次《中国互联网络发展状况统计报告》。

近两年，随着移动互联网和智能终端的蓬勃发展，人们对移动互联的应用需求日益强烈。微信作为手机即时通讯应用得到迅猛发展。微信展示了用户加强社会关系和社交媒体话题多元化的魅力，在亲友、同学、同事和共同爱好者之间迅速流行。2011 年上线以来，微信经历了注册用户"一年将近 1 亿，两年突破 3 亿"的高速发展，用户规模壮大速度全球罕见。腾讯 2014 年第二季度财报现实，微信在全球的月活跃用户数量达到 4.68 亿。目前微信已经支持 20 个语言版本，用户遍及 200 多个国家和地区。截至 2014 年第一季度，微信海外注册用户数超过 2 亿。

（二）博客社区/个人空间

Blog 是网络日记（Web Log）的缩写，通常指在网络上发布和阅读的流水记录，也简称为"网志"。而撰写博客的人（即 Blogger）有时候也被称为"博客"。因此中文"博客"一词，分别指代两种意思：Blog（网志）和 Blogger（撰写网志的人）。博客是私人性和公共性的有效结合，它不仅仅是纯粹个人思想的表达和日常琐事的记录，它所提供的内容可以用来进行交流和为他人提供帮助。博客已经成为公众发布信息、交流思想和展示个性的重要平台。利用博客，用户可以轻松地表达自己的想法和心得——大到对国家时事新闻的个人看法和评论，小到对个人一日三餐服饰打扮的点滴体会。《第 34 次中国互联网发展状况报告》显示，截至 2014 年 6 月，我国博客和个人空间用户数量为 4.44 亿人，网民使用率为 70.3%（见图 2）。

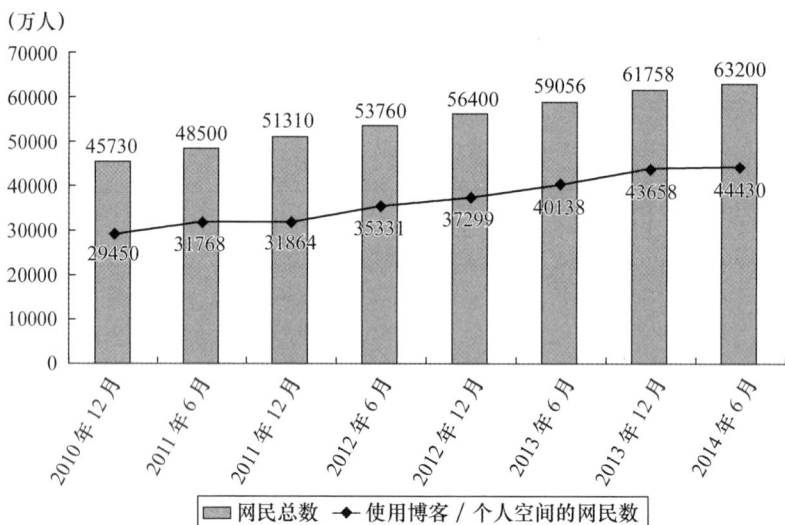

图 2 近年来我国网民总数与使用博客的网民数变化情况

资料来源：中国互联网络信息中心历次《中国互联网络发展状况统计报告》。

近两年，微博出现用户流失和热度下降的发展态势。从 2013 年 6 月 30 日到 2014 年 6 月 30 日，网民中微博使用率下降了 11.1 个百分点。原因之一是微信分流了微博用户群，其次是政府加大了微博内容整治力度，一些"大 V"触犯法律被处置，其警示作用使网民微博言论趋于谨慎克制。但在一些突发事件发生之后（如 2014 年马航失联、东莞扫黄、山东招远血案等），微博在信息传播、意见表达方面仍展现出了微信无法比拟的强大功能。微博可原生态地展示社会舆论，不同社区群体的各种利益诉求需要表达①。

（三）论坛/电子公告板

BBS 是电子公告板系统（Bulletin Board System）的简称，是互联网上一种电子信息服务系统。它向用户提供了一块公共电子板，每个用户都可以在上面发布信息或提出看法，像日常生活中的黑板报一样，BBS 按不同的主题、分主题分成很多个讨论区，每个讨论区为一个版，其管理者称为版主。用户可以在特定主题的讨论区内阅读他人关于某个主题的看法，也可以毫无保留地表达自己的想法或张贴相关的意见或问题，寻求他人的帮助和答复，并借以激发讨论和更多人的参与。《第 34 次中国互联网发展状况报告》显示，我国有 1.45 亿网民经常使用 BBS，占网民总数的 28.2%（见图 3）。

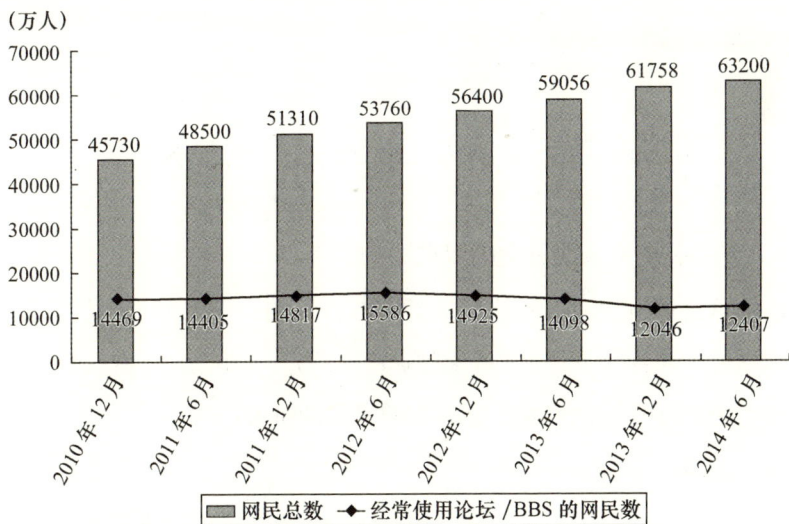

图3　近年来我国网民总数与使用 BBS 网民数变化情况

资料来源：中国互联网络信息中心历次《中国互联网络发展状况统计报告》。

---

① 祝华新、单学刚、潘宇峰：《2014 年中国互联网舆情分析报告》，2014 年 12 月。

【专栏2】　　人民网《地方领导留言板》2014年解决网友诉求11万件

2014年，人民网《地方领导留言板》就刊发网友留言近16万件，全国省、市、县三级党政"一把手"通过这一平台对11余万件留言作出公开回应，留言量、回复量比2013年增加30%以上。截至2014年末，回复总数累计突破30万件。

留言的高办结率，使留言板成为网友反映问题的重要渠道，成为党和政府密切联系群众的重要载体。目前，已有19省区市以"红头文件"形式，建立起办理回复《地方领导留言板》反映的问题的固定工作机制。据统计，2014年作出回复量排名前三的省份为河南、四川和安徽。多地留言办理单位的工作人员表示，留言办理达到了促进民生改善、化解社会矛盾的良好效果。

资料来源："人民网《地方领导留言板》2014年解决网友诉求11万件"，http：//www. cac. gov. cn/2015 - 01/09/c_ 1113929058. htm。

三、网络社群对现实社会的影响及其发展趋势

（一）网络社群对现实社会的双重影响

网络社群群体行为对现实社会的影响是双重的：既可能成为促进社会稳定与和谐的"推手"，也可能成为破坏社会稳定与和谐的"祸首"。对网络群体行为对现实社会的影响，必须引起足够的重视。

1. 积极作用

网络社群群体行为对现实社会的积极作用主要体现在以下五个方面。

（1）公众的话语权得到保障。互联网出现以前的传播模式是"点到面"，因而话语权在很大程度上掌握在报纸、电视、广播等媒体手中。随着互联网应用的普及，只要具备一定的知识水平和上网条件，任何人都可以自愿参与某个网络群体，表达自己的观点，展示自我形象，公众的话语

权在更大程度上得到了保障。

【专栏3】　　　　　　　　　　　　**网络反腐**

　　网络反腐从 2012 年末开始也变得更加集中而尖锐，网民反腐的类型多样化、起因复杂化、爆料实名化，党政机关查处快速化。位高权重的国家发改委副主任、国家能源局局长刘铁男被网络实名举报拉下马，被曝光多块名表的"表哥"、陕西省安监局局长杨达才获刑 14 年，上海法官集体嫖娼被曝光……网络反腐与新一届党和政府反腐倡廉的坚强决心是吻合的，但领导干部一旦被举报就面对几亿网民"一边倒"的指控，被污名化。此外，网络反腐易被商业敲诈和官场恶斗所利用，需要加以必要的规范。国信办 2013 年再次查处了若干借反腐之名行网络敲诈之实的舆论监督网站。4 月以来，人民网、新华网等中央重点新闻网站及新浪、腾讯等商业网站均在显要位置推出"欢迎监督，如实举报"的网络举报监督专区。9 月 2 日，中央纪委监察部网站正式开通，日均收到网络举报 800 件。这都有利于引导网民利用正规渠道和平台进行合法举报，实现网络反腐与制度反腐的无缝对接。

　　（2）沟通的广度和深度进一步拓展。网络空间的无限性使得人与人之间沟通范围无限拓展，网络空间的虚拟性又可以使彼此沟通达到前所未有的深度。正如 David Weinberger 所言："互联网教给我们这样一个道理：我们既能够成为一个庞大公共群体的一部分，还能够保持我们的个性面孔……今后可能的情况是，在真实世界中曾经有的公众和私人自我之间的那条本来明显的界限会逐步被腐蚀掉，一点一滴的。"[①] 随着微信应用的普及，调查表明，86.1% 的用户表示，通过微信应用增加了与朋友互动的频率，其中三成用户表示使用微信与朋友的互动频率显著提高[②]。

---

① 方兴东、王俊秀：《博客——E 时代的盗火者》，中国方正出版社 2003 年版。
② 中国信息通信研究院政策与经济研究所：《微信社会经济影响力研究报告》，2014 年 12 月。

（3）促进知识交流与共享。现实生活中交流手段的不畅通、时间与空间的分隔等都可能造成知识交流与共享的困难。网络的开放性、互动性等特征使得网络群体内部成员之间及不同群体之间的知识交流与共享行为更加普遍。网络将现实生活中不同年龄、职业、身份、阶层甚至不同国籍的人联结到一起，参与这样的群体已经成为越来越多的人获取并且与他人共享知识和经验的重要途径。

（4）反映舆情民意。据中国互联网络信息中心最新的统计报告显示，网络已经超过电视、报纸和杂志成为网民获取信息的第一来源，并且分别有高达 62% 和 61% 的网民在晚上 20 点、21 点（电视黄金时段）上网①。可以说，作为公众新的沟通与交流的平台，网络已经成为洞察社会舆论的重要窗口，也成为公众反映民意的新平台。近两年，政务微博、政务微信等已成为各级政府部门发布权威信息、了解舆情民意、加强政民互动、提升社会治理能力的重要组成部分。截至 2014 年 11 月底，我国政务微博认证账号（含新浪微博、腾讯两大平台）达到 27.7 万个，累计覆盖 43.9 亿人次，中央国家机关政务微博认证账号达到 219 个，累计覆盖 2.7 亿人次，省级及以下各级单位政务微博认证账号超过 19.4 万个，累计覆盖 20.8 亿人次。截至 2014 年 12 月，中国政务微博年发布量达到 1782.3 万余条，同比增长 20.1%，转发评论量达 2.3 亿条，同比增长 17.5%。在发布量明显增长的同时，评论转发比、原创微博量方面也有明显提升。全国 27.7 万个政务微博累计吸引关注账号超过 40 亿个，2014 年粉丝量累计同比增长 42.1%，我国人均关注政务微博账号为 3.2 个②。

（5）一定程度上缓和社会矛盾。参与网络群体，公众可以自由阐发观点、意见，发表对各种事务的见解和自己的立场。持有不同意见者都有了表达与宣泄的机会和途径，这无疑起到了一个社会"缓冲器"的作用，避免了敌对情绪的过多积累与突然爆发导致社会的激烈动荡，从某种程度上

① 中国互联网络信息中心：《中国互联网络发展状况统计报告》，2007 年 7 月。
② 段赛民：《2014 年全国政务新媒体发展研究报告》，2014 年 12 月。

讲，这也是和谐社会的特征①。

2. 消极影响

由于网络群体具有广泛性、虚拟性、松散性等特征，因此尽管其行为具有一定的自发秩序，但更容易走向冲动与极化，管理起来具有相当大的难度。因此，网络群体行为难免会对现实社会产生消极影响。

（1）虚假信息与不良信息泛滥。网络群体行为在很大程度上改变了信息发布的传统程序和渠道，任何人都可以通过网络自由发布信息，绕过了传统媒体运作的"把关人"等程序。在这种情况下，无控制的虚假信息、不良信息的泛滥逐步发展成为一种社会问题。虚假信息可能导致错误的舆论导向，不良信息泛滥则可能破坏社会风气、危害青少年身心健康。

【专栏4】　　　　　　　**网络虚假事件**

2014年4月2日，全国"扫黄打非"办公室和中国记协向社会公布了14起网络新闻敲诈和编造传播假新闻的典型案例。包括：山西省忻州市寇某某假冒"西部廉政监督网"记者实施敲诈勒索；2015年1月高某等5人开设"中国廉政网""中国县域网"两个非法网站，冒充记者诈骗上访民众；2014年8月江苏徐州仲某等4人私设"今日焦点网"，在全国各地进行敲诈勒索；2014年11月，多家媒体新闻客户端以及官方微博发布"2014年放假安排时间表"的假新闻；2014年3月《法制晚报》在其网站刊发《季宅"失窃"案 被告人无罪》的假新闻等。

（2）网络不道德行为与违法犯罪行为屡见不鲜。网络群体中恶意破坏活动、侵犯他人隐私、盗窃他人成果、炮制谣言、人身攻击、散布不负责任的虚假信息等诸多不道德行为时有发生。网络黑客、网络色情、网络盗窃与诈骗等网络违法犯罪活动屡禁不止。网络犯罪作为一种新的

---

① 谢渊明：《你也可以成为网络高手》，中国纺织出版社2007年版。

犯罪形式，具有高智能高技术、涉及面广、蔓延迅速、危害巨大、隐蔽性强、动机和目的复杂多样等特点。据有关方面统计，目前美国由于计算机及网络犯罪造成的损失超过 100 亿美元，法国约为 100 亿法郎。在硅谷，计算机犯罪正以每年 400% 的速度上升，能破获的只 10%[①]。近年来出现的"虐猫事件""铜须门事件""最毒后妈事件""很黄很暴力事件""姜岩事件""舒淇删博事件"等，表明网络也有可能成为暴力狂欢的舞台。

（3）可能进一步放大现实社会的矛盾。网络在为公众提供了便利的沟通条件的同时，"对许多人而言，正是极端主义的温床，因为志同道合的人可以在网上轻易且频繁地沟通，但听不到不同的看法。持续暴露于极端的立场中，听取这些人的意见，会让人逐渐相信这个立场"[②]。这是因为，借助于互联网络技术，传统意义上的大众传播日益被面向个体的小众化传播甚至是点对点传播取代，个性化特征更加突出，几乎每个人都可以根据自己的兴趣和偏好找到适合自己的群体。极化的网络群体行为可能使现实社会矛盾进一步放大。

（4）可能被别有用心的人利用。因为网络群体行为具有容易走向冲动、影响广泛并且与现实社会关系密切等特征，因此在网络群体影响力不断扩大的情况下，一些别有用心的个人和社会团体极有可能将目光投向网络群体。借助网络群体的影响力误导舆论、混淆视听、激化社会矛盾，以实现其非法企图。这将是危及社会稳定与和谐发展的巨大隐患，对此我们必须高度关注并及时防范。2014 年被警方查处的"秦火火"、周禄宝以及"边民"等网络大谣们，则进一步让人们看清了部分网络暴力背后的真实动机，即网络暴力掺杂着某些不法之徒在经济利益和社会影响方面的诉求。

---

① 尼尔·巴雷特著：《数字化犯罪》，辽宁教育出版社 1998 年版。
② 凯斯·桑斯坦著：《网络共和国 网络社会中的民主问题》，上海人民出版社 2003 年版。

【专栏5】　　　蓄意传播制造谣言的网络舆论推手"秦火火"

以"秦火火""立二拆四"为首的尔玛公司，专门通过互联网策划制造网络事件，蓄意制造传播谣言及低俗媚俗信息，恶意侵害他人名誉，严重扰乱网络秩序并非法牟取暴利。为提高网络知名度和影响力，以便更好地非法牟取营利，秦、杨二人先后策划、制造了一系列网络热点事件，吸引粉丝，使自己迅速成为网络名人，如"7·23"动车事故发生后，故意编造、散布中国政府花2亿元天价赔偿外籍旅客的谣言，挑动民众对政府的不满情绪。二人还捏造了所谓雷锋生活中的奢侈情节，污称这一道德楷模的形象完全是由国家制造的；利用"郭美美炫富事件"蓄意炒作，恶意攻击中国的慈善救援制度。他们认为，网络炒作必须要"忽悠"网民，使他们觉得自己是"社会不公"的审判者，只有反社会、反体制，才能宣泄对现实不满的情绪；必须要煽动网民情绪与情感，才能把那些人一辈子赢得的荣誉、一辈子积累的财富一夜之间摧毁。

（二）网络社群与现实社会相互影响的内在机理

网络群体行为通过一定的机理影响现实社会，并且在新的社会发展条件下，网络群体行为对社会的影响还将呈现出新的特征。

具体而言，网络群体行为影响现实社会的机理主要包括以下三个方面。

1. 现实群体行为的延伸

即网络群体行为是现实群体行为的延伸。许多网络群体本身就是现实社会群体的网络化，因此其行为实质上是现实社会群体行为在网络空间的进一步拓展和延伸。在这种情况下，互联网主要发挥联系手段和工具的作用，网络群体行为与现实群体行为互相补充，网络的特性使得现实群体行为效率更高。

2. 现实社会的映射

即网络群体行为在很大程度上反映了现实社会中的某些现象或问题。尽管网络是一个由符号和信息构成的虚拟世界，但参与其中的人却有着真实的需要和心理感受，网络空间的行为往往都反映着参与者对社会问题的思考和对生活的体验。这种映射不是一一映射，并非现实生活中的每一个事件、每一个问题都能在网上有所反映。一般说来，与公众利益相关度越高、越容易吸引公众注意力的事件和行为，越可能在网络空间中引起强烈反响。

3. 网络社群与现实群体互动

现实群体的行为在网络空间中得以延伸，网络群体行为又映射着某种社会现实，这两个方面不是截然分开的，而是相互影响、相互强化。例如，现实社会中某事件发生后，网民通过新闻跟帖、BBS 讨论、电子邮件、博客、即时通讯工具等形式形成强大的舆论，并影响现实中公众和政府等各层面的反应，从而影响现实社会事件的进展，这种进展反过来又对网络空间中的各种社群行为产生影响。

网络群体与现实社会相互作用的大致过程如图 4 所示。

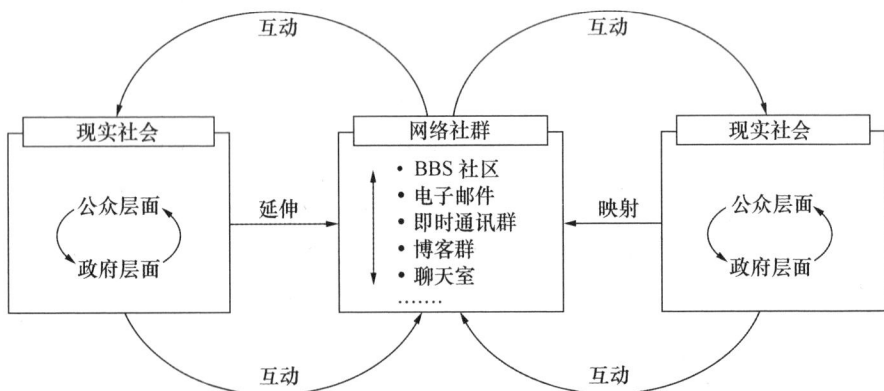

图 4　网络群体行为与现实社会的相互影响

（三）网络社群及其社会影响的发展趋势

随着网络应用的持续深化，网络群体行为对现实社会影响的未来发展也会有一些显著特征，主要体现在以下几个方面。

1. 公众参与网络群体的动机日趋多元化

随着公众整体素质和需求层次的不断提高，对互联网的利用将不再仅限于获取信息和简单的沟通，网络群体成员的参与动机（或需求）越来越多元化，如知识积累与共享、表达个人情感与体验、休闲娱乐、扩大交友面等。

2. 网络与传统媒体的结合将更加广泛紧密

马克·波斯特在《第二媒介时代》一书中这样描述：新的传播关系是"双向的、去中心化的、异质性的"，并且这种传播关系中的主题身份将是"不确定的、流动的和多重的"[①]。网络传播的匿名性、开放性等特征，使其确定性和可信度在一定程度上受到置疑，而传统媒体恰恰能在很大程度上弥补这种不足。正是在这种情况下，网络媒体与传统媒体的结合日益广泛紧密。

3. 网络群体的影响力将越来越大

现在，要了解最新、最快的国内外大事，首要的媒体当数网络。并且与其他媒体相比，网络除了有即时、海量信息等特点之外，还具有互动的优势。某一事件发生后，普通公众的反应马上可以通过网络群体的行为体现出来。这些特点，使得网络群体的行为备受关注，影响力将越来越大。这种影响力可能体现在多个方面，如对政府决策、普通公众和传统媒体等。2007年1月，中共中央关于"以创新的精神加强网络文化建设和管理"中提出了五项要求，其中第三项就是"要加强网上思想舆论阵地建设，掌握网上舆论主导权，提高网上引导水平，讲求引导艺术，积极运用新技术，加大正面宣传力度，形成积极向上的主流舆论"。

4. 网络社群行为将趋于理性和有序

尽管网络群体的交往互动是虚拟的，但成员行为同样会受到群体管理规则的约束，也面临着一定的群体压力；另一方面，社会各层面对网络群体的关注度日益提高，对其行为的引导与规范力度将进一步加强，在多种因素的共同约束和引导下，网络群体行为将更趋于理性化和有序化。

---

① 周鸿铎主编：《政治传播学概论》，中国纺织出版社，2005年版。

四、网络社群治理的国际经验

针对网络社群行为可能给现实社会带来的潜在危害，世界各国在治理中都采取了相应的措施，最大限度地发挥网络社群的积极作用，制止和打击那些可能带来不利影响的行为。

（一）美国

美国在20世纪90年代互联网刚兴起的时候，为了促进"信息高速公路"的发展，曾经宣布对互联网采取"不干预"政策，但随着互联网带来的问题日益突出，1996年美国出台了《联邦电信法》，明确将互联网世界定性为"与真实世界一样需要进行管控"的领域。

在美国，主要由联邦通讯委员会负责网络管理，具体负责管理网络资源、监管视听服务项目，执行网络管理的有关政策、措施、法案等。美国联邦调查局战略信息和行动中心公开招募软件公司开发监控软件，以提高自动扫描脸谱、推特等社交网站和一些新闻网站上公开信息的能力，便于及时得到与恐怖主义、突发事件、重大事件、网络犯罪等有关的信息。通过建立网络身份标识生态系统，极大地规避网络空间虚拟性和不可控性所带来的网上欺诈、在线信息滥用、网络恐怖主义袭击及其他敌对势力颠覆问题。对于涉及危害国家安全、公共安全和社会秩序的网络谣言，美国国土安全部、联邦调查局等部门的网络监管机构都可依法进行调查。

美国还注重动员社会力量的广泛参与和行业协会进行协同监管。美国政府一直倡导的有关网络行为的道德标准——著名的"摩西十诫"（the Ten Commandments for Computer Ethics），就是由美国计算机伦理协会制定的关于计算机道德的十条戒律。这十条戒律通常被认为是每个网民在参与网络社群活动时应该引以为戒的不成文的行为规范。

（二）欧盟及其成员国

欧盟委员会认为，要正确平衡"言论自由与公众利益的关系，确保不会因为少数人滥用旨在促进互联网的政策所带来的机会而损害多数人的利益"①。早在2001年，欧洲委员会就向欧盟部长理事会和欧洲议会提交了关于确保网络安全和打击电脑犯罪的立法动议和政策措施，并将其作为2002年"电子欧洲"行动计划的目标之一。在欧盟及社会各界力量的共同推动下，欧洲国家普遍重视网络社群管理，将信息传播的真实、安全、可靠作为管理的目标之一。

英国将整治网络谣言作为社会治理的一部分。在政府层面，采用立法和技术相结合的措施防范网络谣言在内的有害信息传播。早在2001年，英国就实施了《调查权管理法》，要求所有的网络服务提供商都要通过政府技术支持中心发送信息包。在社区层面，各个社区设立公民咨询局。公民咨询局主要由一些来自不同领域的、具有专业知识的志愿者组成，是政府设立的免费提供法律咨询的机构。在社会动荡、自然灾害等危急时刻，通过公民咨询局及时将真实信息传播出去，促进社区乃至整个社会稳定。此外，英国还大力倡导和推动网络自律，早在1996年就成立了互联网监督基金会（Internet Watch Foundation）。该基金会是政府倡导下的由网络中介服务提供商自发设立的行业自律组织，目的在于实现互联网行业的自律和自我保护。其工作内容有四点：一是开通网络热线，接待公众投诉；二是制定并落实《行业规则》（即"3R网络安全协议"，这是英国互联网行业间的法律）；三是通过内容分类标注技术，鼓励用户自行选择需要的网络内容；四是开展网络安全教育②。

在法国，2006年通过了《信息社会法案》，加强对互联网的"共同调控"，在给人们提供参与网络空间和保障人权自由的同时，充分保护网民的隐私权、著作权以及国家和个人的网络安全。在网络社群治理方面，一方面强调发展互联网有助于扩大人们在网络空间的言论和信息的自由度，同时又明确指出，互联网自由的前提是要求人人遵纪守法，充分保障公民

---

① 严久步："国外互联网的近期发展"，《国外社会科学》，2001年第3期。
② 安平：《英国的互联网自律管理》，《今传媒》2011年第9期。

的通信保密权、知识产权、隐私权、形象权等公民权利，不得利用网络对这些权利进行侵害①。

（三）俄罗斯

俄罗斯制定了一系列针对互联网管理的法律法规及相关政策，如《俄罗斯联邦宪法》《俄联邦信息、信息技术和信息保护法》《俄联邦国家安全构想》《俄联邦信息安全学说》《2020年前国家安全战略》等，同时还辅以若干总统令、地方政府和专业机构出台的措施，构建了保证网络安全、防范和打击网络谣言在内的各种网络违法犯罪活动的法律法规体系。

俄罗斯的社会组织也积极参与网络社群管理。"俄罗斯域名协调中心"是对互联网进行技术监控的非商业组织和非政府组织，该中心人员中有俄罗斯社会与商业组织的代表，也有俄罗斯信息与大众传媒部的代表，以国家机构的身份参与中心管理工作。这种国家、社会共治互联网的模式有效提高了管理上的灵活性。

五、对策建议

在具有虚拟性的网络社群成为一种不可忽视的现实的社会组织存在的情况下，创新社会治理方式就成为重要任务。

（一）把握几个重要原则

1. 解放思想，以积极的心态客观认识网络社群的影响

从近年来网络社群运行情况看，对于一些网络事件，政府有关部门越躲越瞒，网民情绪就越激烈，事件就越难以控制。如果政府有关部门能积极妥善处理网络事件，就会有力地化解矛盾、缓和社会情绪，政府的威望也会进一步提高。因此，政府应解放思想，以积极的心态客观认识网络社

---

① 江小平：《法国对互联网的调控与管理》，《国外社会科学》2000年第5期。

群的影响，利用不断创新的应用提高执政和服务水平。如截至 2014 年 8 月 5 日，已有 29 家中央机构开通政务微信，其中政务微信公号 34 个，服务号 5 个。2014 年全国共计几万余个基于宣传和服务的政务微信公号（订阅号与服务号）开通，对未来移动互联时代降低社会运行成本、创新社会管理方式等将产生深远影响。

2. 坚持政府治理与网络社群自治相结合

加强和创新网络社会管理，既要强调政府的领导和引导作用，又要充分挖掘网络社群自治的潜力。网民组织可以引导和组织网民以正当的手段和途径进行利益表达、信息沟通、情绪宣泄，是沟通政府与公众、现实社会与网络社会的桥梁和纽带。

3. 坚持提升网络社群价值与打击违法犯罪活动相结合

网络社群作为网民以某种主题集合起来的网上交流空间，可以实现传播信息、交流知识、建立社交圈以及实现交易等功能。通过网络社群，各方得到各自的价值与收获。治理良好的网络社群，可以为社区成员创造更多的价值。如《科学》（*Science*）就通过严格的资格认证以及专业定位，聚集了一批高水平的科学家及科技人员，在互联网上形成了信誉好、价值高的互联网科学社区。与此同时，针对网络社群中存在的各种道德缺失与违法犯罪等活动，采取必要的引导与惩罚措施。

4. 充分利用网络社群放大社会"正能量"

网络社群里的正能量越来越以其独特的 O2O 方式推动着公益事业的发展。网友在微博上发起"待用快餐"活动，全国 30 多个城市的 300 多家爱心餐厅参与，请环卫工人喝口热茶、吃碗热饭的呼声络绎不绝。此外该活动持续发力，遍地开花，还衍生出"待用文具""待用面包""待用书籍""待用电影"等一系列公益主题；2014 年 8 月，境外社交网络兴起的旨在关注渐冻人等罕见病的"冰桶挑战"传到中国，各界知名"大佬"纷纷应战，传递爱心；11 月，"微笑挑战"点名游戏蹿红微信朋友圈，"用微笑感恩身边所有人"点燃了冬天里的一把火，各种微笑照片疯传网络，传递快乐正能量。

（二）对策建议

结合我国当前建设社会主义和谐社会的实践，要最大限度地消除网络群体行为对现实社会发展和社会安全的不利影响，同时又充分发挥其积极的推动作用，可以重点从以下几个方面入手。

1. 正确认识网络群体行为的影响及其未来发展趋势

随着网络技术应用的迅速普及与深化，对网络群体要有正确的认识。首先，群体规模不断扩大、群体日趋活跃将成为大势所趋；其次，网络群体行为已经对现实社会产生了影响，并且其影响还有进一步扩大的趋势，对此必须高度重视；最后，网络群体行为对现实社会的影响是双重的，但从长远发展来看，其对社会发展的积极作用将远远超过其消极影响。

2. 加强对网络群体行为相关问题的深入研究

关于网络群体，"正视其存在、关注并引导其发展"是我们面临的重要的课题。但就目前看，对于这一群体相关问题的深入研究还比较落后，因此必须加强对相关问题的理论研究，以更好地指导实践。可以安排相对固定的研究机构和组织对网络群体进行追踪、深入研究，如群体行为的最新动态与新的发展趋势、如何引导和规范网络群体行为等，为各种政策和规范的制定提供科学、可靠的依据。

3. 建立和完善信息收集与发布机制

完善网络信息收集与报送机制，加强网络舆情监控；利用电视、广播、互联网、手机及数字新媒体在内的多平台信息发布系统及时准确发布公共信息；健全和完善信息公开制度与政府新闻发言人制度，危急时刻能让公众听到有关部门的权威声音，了解事实真相。

4. 建立快速反应机制并完善相关制度

当自然灾害、安全生产、公共卫生、社会治安等领域出现突发事件时，如果有关部门不能及时公开相关信息或采取相应措施，一旦网络群体出现过激行为，很可能会激化矛盾并危及社会安全。因此，要注意建立多部门联动的快速反应机制，并进一步完善诸如信息公开制度、政府新闻发言人制度等，危急时刻能让公众尽快了解事实真相、听到有关部门的权威声音。

5. 完善相关法律法规并加强网络群体行为自律建设

目前看，我国已有了规范网络群体行为的相关法规，如《互联网电子公告管理办法》《互联网站从事登载新闻业务管理暂行规定》等。2007 年 8 月 21 日，中国互联网协会发布《博客服务自律公约》，旨在通过服务提供商和博客作者自律的方式来改善目前的网络环境，把博客发展成自我展示和信息交流的有益平台，无疑将在加强网络群体行为自律方面发挥重要作用。但如何对公众通过网络平台发布观点以及网络媒体和网络社群成员所应该具有的自律规范还比较欠缺，有待进一步完善。

参考文献

[1] 王友权．社会心理学．北京：中国医药科技出版社，2006

[2] 赵凡一．欧美新学赏析．北京：中央编译出版社，1996

[3] 查里斯·麦基．非通同寻常的大众幻想与群众性癫狂．2000

[4] 中国互联网络信息中心．中国互联网络发展状况统计报告．2014

[6] 祝华新，单学刚，潘宇峰．2014 年中国互联网舆情分析报告．2014

[8] 方兴东，王俊秀．博客——E 时代的盗火者．北京：中国方正出版社，2013

[9] 中国信息通信研究院政策与经济研究所．微信社会经济影响力研究报告．2014

[10] 中国互联网络信息中心．中国互联网络发展状况统计报告．2007

[11] 段赛民．2014 年全国政务新媒体发展研究报告．2014

[12] 谢渊明．你也可以成为网络高手．北京：中国纺织出版社，2007

[13] 尼尔·巴雷特．数字化犯罪．沈阳：辽宁教育出版社，1998

[14] 凯斯·桑斯坦．网络共和国 网络社会中的民主问题．上海：上海人民出版社，2003

[15] 周鸿铎主编．政治传播学概论．北京：中国纺织出版社，2005

[16] 王怡红等．人与人的相遇——人际传播论．北京：人民出版社，2003

[17] 刘海龙．沉默的螺旋是否会在互联网上消失．国际新闻界，2001（5）

[18] 江小平．法国对互联网的调控与管理．国外社会科学，2000（5）

[19] 安平．英国的互联网自律管理．今传媒，2011（9）

[20] 严久步．国外互联网管理的近期发展．国外社会科学，2001（3）

中国信息化发展现状、问题与对策研究

一、我国信息化发展成效

"十一五"以来，在《2006～2020 年国家信息化发展战略》指引下，我国信息化发展取得巨大进步，信息化水平大幅度提高。据测算，2012 年我国总体信息化指数达到 74.84。信息社会发展指数从 2006 年的 0.28 提升到 2013 年的 0.44，较好地满足了 2020 年实现"为迈向信息社会奠定坚实基础"战略目标的要求。

（一）宽带、融合、安全、泛在的信息网络逐步普及

过去几年，我国宽带基础设施建设日益受到重视，在一系列政策的推动下，宽带基础设施的覆盖水平明显提高，提速效果逐步显现，移动通信发展迅速。

宽带基础设施建设日益受到重视。"十一五""十二五"期间，政府高度重视宽带网络基础设施建设，相关部门出台了《宽带网络基础设施"十二五"规划》《"宽带中国"战略及实施方案》《关于实施宽带中国 2013 专项行动的意见》等一系列政策措施，积极推动宽带基础设施的广泛覆盖。2012 年 4 月，工信部下发《关于实施宽带普及提速工程的意见》，提出了 2012 年我国宽带发展的主要目标、重点任务和保障措施。6 月，《国

务院关于大力推进信息化发展和切实保障信息安全的若干意见》出台，提出了未来 5 年我国宽带基础设施发展的目标和保障措施。2013 年 8 月，国务院印发《"宽带中国"战略及实施方案》，明确提出宽带网络是新时期我国经济社会发展的战略性公共基础设施，2015 年我国将初步建成适应经济社会发展需要的下一代国家信息基础设施。

宽带网络加速普及。据中国互联网络信息中心（CNNIC）统计（见图 1），截至 2014 年 6 月，我国国际出口带宽为 3776909Mbps，半年增长率为 10.9%，比去年同期提升 0.5 个百分点；互联网宽带接入呈现"光进铜退"的态势，xDSL 端口占互联网接入端口的比重由 2013 年的 49.4% 下降至 41%，光纤接入 FTTH/0 端口占互联网接入端口的比重由 2013 年的 22.7% 提升至 32%；3G 网络已经覆盖到全国所有乡镇，用户总规模突破 4 亿户，渗透率达到 32.7%；高速率宽带接入用户占比提高明显，截至 2014 年 3 月底，三家基础电信企业互联网宽带接入用户达 1.96 亿户，4M 以上、8M 以上和 20M 以上宽带接入用户占宽带用户总数的比重分别达到 80.8%、25.7%、5.2%。

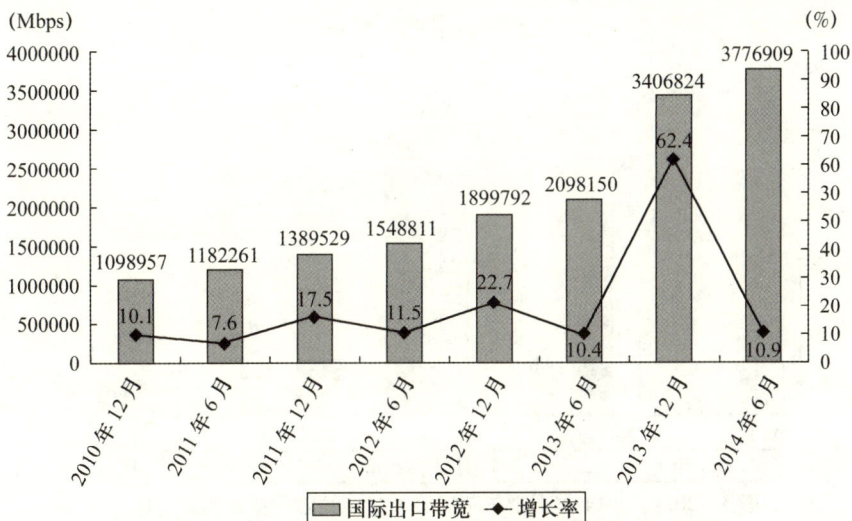

图 1　2010～2014 年上半年中国国际出口带宽及增长率

资料来源：中国互联网络信息中心（CNNIC）。

宽带提速效果显现。随着固定宽带基础设施加速建设，截至2014年上半年，我国固定宽带平均下载速率达到4.03 M，比2013年同期的2.93M提高37.5%。宽带普及提速工程的逐步推进促进了宽带用户接入速率的提升，接入速率在4M以上的宽带接入用户累计达到1.65亿户，占宽带接入用户的比例为83.6%，比2013年末提高4.8个百分点。我国固定宽带发展情况见图2、图3。

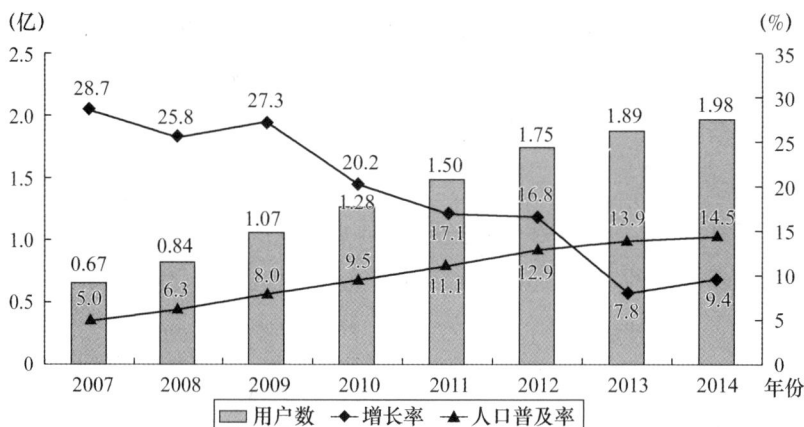

图2　2007~2014年上半年我国固定宽带发展情况

资料来源：工业和信息化部。

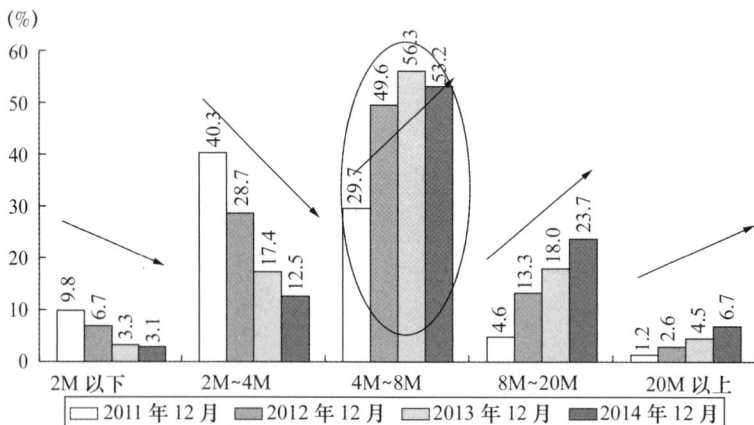

图3　2011~2014年上半年不同接入速率的固定宽带用户占比

资料来源：工业和信息化部。

移动通信发展迅速。基站数稳步提升，3G/4G基站数迅速提高。截至2014年6月，移动电话基站数（不含室内分布系统）累计达到293.4万个。其中，3G 和 4G 基站数累计分别达到 117.8 万个和 49.7 万个，在全部移动电话基站中占比达到 57.1%，比 2013 年末提高 11.8 个百分点。3G 基站建设情况见图 4。移动宽带用户数快速增长。截至 2014 年 9 月底，全国移动宽带用户累计 5.25 亿户，在移动电话用户中占比 41.3%，其中 3G 用户 4.8 亿户，4G 用户达到 4306 万户，全国移动宽带用户普及率达到 38.3%。3G 用户数发展情况见图 5。

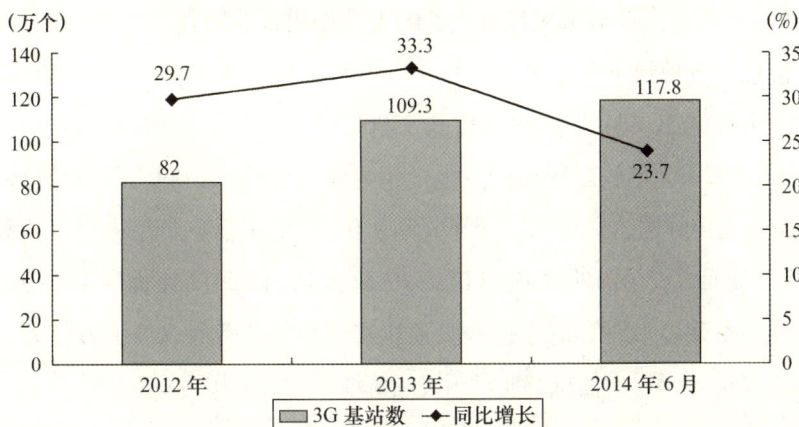

图4　2012～2014 年上半年中国 3G 基站建设情况

资料来源：工业和信息化部。

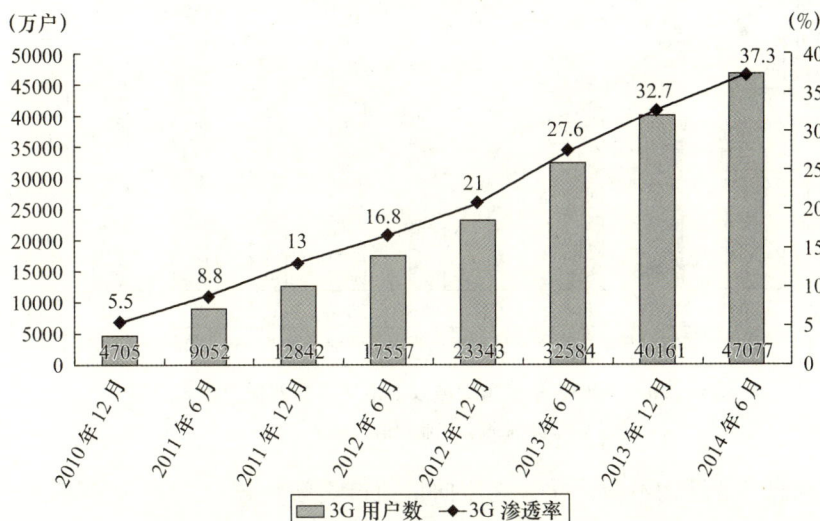

图5　2010～2014 年上半年中国 3G 用户数发展情况

资料来源：工业和信息化部。

主要信息技术与产品的普及率大幅度提升。截至 2014 年 3 月底，我国电话普及率达到 111.1 部/百人，有 1/4 省市移动电话普及率超过 100 部/百人。其中，固定电话普及率达到 19.4 部/百人，移动电话普及率达到 91.7 部/百人。截至 2014 年 3 月底，家庭宽带接入用户达到 1.6 亿户，占宽带用户比重的 81.6%。

（二）信息产业对国民经济增长的支撑作用日益增强

信息产业规模不断壮大。2006～2013 年我国规模以上电子信息制造业主营业务收入从 38411 亿元增长到 93000 亿元，年平均增速实现 16.9%（见图 6）。2013 年我国规模以上电子信息制造业收入、利润总额和税金占工业总体比重分别达到 9.1%、6.6% 和 4.0%；电子信息产品进出口总额达 13302 亿美元，占全国外贸进出口总额的 32.0%。比 2012 年提高 1.3 个百分点（详见图 7）。软件和信息技术服务业实现软件业务收入 3.1 万亿元，比 2012 年增长 24.6%。信息产业对国民经济增长的支撑作用不断增强。

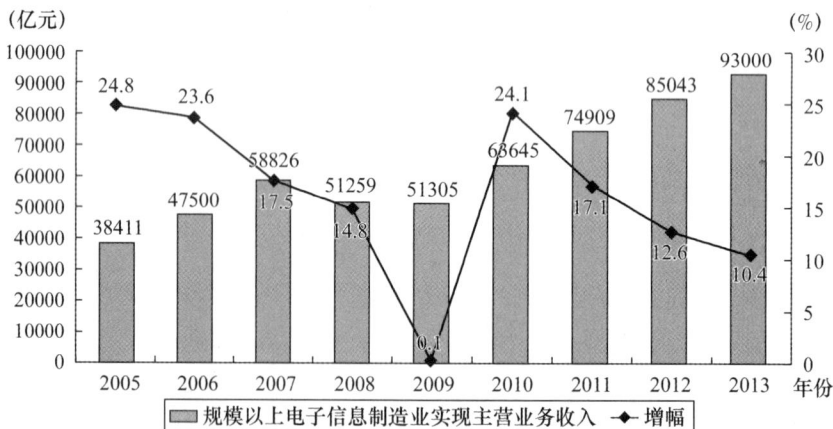

图 6 2005～2013 年我国规模以上电子信息制造业收入规模

资料来源：工业和信息化部。

信息产业结构不断优化，逐步向价值链高端转移。"十二五"期间，全球技术创新和产品形态创新进入新一轮加速期，国内经济转型升级引领我国电子信息制造业结构调整加速。在集成电路产业，2013 年前三季度实

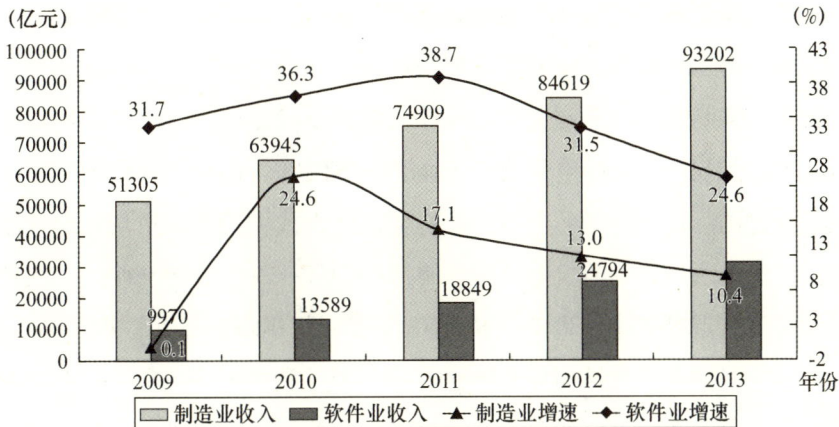

图7　2009～2013年我国电子信息产业收入规模

资料来源：工业和信息化部。

现销售额1813.8亿元，约占全球市场份额的13.1%，但在芯片设计环节，我国销售收入占全行业比重达31.7%，较2010年的25.3%提高了6.4个百分点。芯片设计环节快速增长为我国下游芯片制造和封测环节带来更多订单，有效降低了芯片制造与封测对外依存度过高带来的产业发展风险。在软件业内部，随着软件行业的不断升级，信息系统集成服务、信息技术咨询服务、数据处理和存储数据服务等增速明显，2013年增速分别达到17.3%、23.8%和31.9%。单纯的软件产品收入所占比重逐步下降，新兴的信息技术服务业增势突出。见表1。

表1　　　　　　　　2013年我国软件业收入构成

指标名称	单　位	2013年完成	增速（%）
企业个数	个	33335	14.1
软件业务收入	亿元	30587	23.4
其中：1. 软件产品收入	亿元	9877	25.7
2. 信息系统集成服务收入	亿元	6549	17.3
3. 信息技术咨询服务收入	亿元	3014	23.8
4. 数据处理和存储服务收入	亿元	5482	31.9
5. 嵌入式系统软件收入	亿元	4680	17.2
6. IC设计收入	亿元	986	28.0

资料来源：工业与信息化部；工业通信业信息化。

电子信息企业"走出去"战略取得积极成效，国际竞争力不断增强。

华为、海尔、联想、中兴等多家企业出口和海外经营收入占比超过一半，已成为名副其实的跨国公司。国际化并购步伐加快。2012年，许多发展较为成熟且规模较大的电子信息行业企业继续加快参与国际市场竞争的步伐，通过国际化并购提升自身的核心竞争能力或占领国际市场。包括联想集团并购巴西最大的消费电子产品制造商CCE，海尔收购新西兰最大的家电制造商斐雪派克等。2012年9月18日，联想集团宣布收购美国Stone-ware公司，以实现产品结构提升优化。2012年，我国电子信息百强企业的产品遍及世界五大洲100多个国家和地区，在海外建立的研发、生产基地超过500个。华为、中兴凭借多年海外经营，在全球软交换、SDM（用户数据管理）、NGHLR（下一代归属位置寄存器）等多个领域取得市场领先位置，已经进入全球电信解决方案提供商的一线阵营。海尔、海信、TCL等多家整机企业在东盟、非洲等主要国家建立了完整的研产销体系，树立了良好的品牌和形象，占据了领先的市场份额，部分企业海外自主品牌占比已超过30%。

信息技术自主创新不断取得新进展。在"核高基"国家科技重大专项的有力推动下，操作系统、数据库、办公套件、中间件等产品的质量和性能明显提升，集成整合不断深化，在党政等关键部门、电子政务等重点领域以及电信、电力、邮政、制造等重点行业得到了较好应用。信息安全关键技术和产品研发取得良好进展。企业管理软件、互联网应用软件、游戏软件等产品技术创新能力不断增强，市场份额逐步扩展。中小企业创新活跃，在移动互联网、电子商务等新兴领域迅速崛起。2013年，在电子材料领域，石墨烯科研成果迅速转化，国内第一条世界领先的石墨烯生产线已开工在建，标志着我国在该领域跻身世界前列；在集成电路领域，国内第一款具有自主知识产权的55纳米相变存储技术产品发布，打破了国外芯片存储核心技术长期垄断的局面；我国完全自主知识产权的大功率IGBT芯片通过专家鉴定并投入批量生产，终结了高端IGBT芯片完全依赖进口的历史，将为我国轨道交通、电力系统等相关行业的发展提供强劲支撑；在卫星导航领域，我国北斗导航手持机和芯片亮相 2013 年世界雷达博览会；在超级计算机领域，我国研制的"天河二号"荣登全球超计算机 500 强排行榜榜首；在液晶显示领域，国内首颗 AMLOED 驱动芯片研制成功，具有重要的里程碑意义。信息技术的专利数量保持高速增长态势[①]。截至 2013 年 6 月底，信息技术专利申请总量达到 209.9 万件，占全国专利申请总量的 34%。在我国通过《专利合作条约》（PCT）途径提交的国际专利申请总量中，信息技术专利占比达到 83%[②]（见图 8）。

图 8　2006～2013 信息技术产业领域申请发明专利数量增长情况

资料来源：国家知识产权局。

（三）农业农村信息化建设取得积极进展

我国农村信息基础设施正加速普及。到 2013 年底，全国 11.1 万个乡镇和行政村通宽带，行政村接通宽带比重从 2010 年的 80% 提高到 2013 年的 91%，行政村接通电话比重在 2010 年起达到 100%，自然村通电话比重在 2013 年达到 95.6%。农村居民家庭每百户电脑拥有量从 2005 年 2.1 台增长到 2012 年的 21.4 台。截至 2013 年 12 月，我国农村网民规模达 1.77 亿，较 2012 年增长 2101 万人，在全体网民中占比达 28.6%[③]。

---

① 工业和信息化部。

② 国家知识产权局。

③ 相关数据来自《中国统计年鉴》和工业和信息化部。

面向"三农"的综合信息服务能力不断提升，覆盖部、省、地市、县的农业网站群基本建成，各级农业部门初步搭建了面向农民需求的农业信息服务平台，"县有信息服务机构、乡有信息站、村有信息点"的格局基本形成。涉农数据库建设已初具规模。据农业部调查，2012 年全国 31 个省（区、市）共建有 305 个涉农数据库，68.59% 的县建有涉农数据库，共计 8147 个。其中，50% 的县建设了 5 个以下的数据库，13.3% 的县建立了 5~10 个数据库，20% 的县建立了 10~20 个数据库，16.7% 的县建立了 20 个以上数据库①。

信息技术在农业生产经营管理领域的应用日渐深入。精准农业开始在全国部分地区进行推广。全球卫星定位系统、地理信息系统、遥感系统和自动控制系统等技术在新疆生产建设兵团、各地农垦系统以及各地大型国营农场进行推广应用，有效提高了资源利用率和劳动生产率。3G、物联网、云计算等现代信息技术开始在大田种植、设施园艺、养殖等领域示范应用，在农产品信息采集和传输，农田温度、土壤水分、水利水位实时在线监测以及农作物病虫害视频诊断等方面应用效果明显。

农产品电子商务规模快速增长。2013 年，我国各类涉农网站达到 3.1 万个，其中电子商务网站超过 3000 个，阿里、京东、1 号店等第三方电子商务平台成为我国农产品网络交易的主要渠道。2013 年，全国有 38 万个农产品卖家在淘宝、天猫开店，其中，广东、浙江、江苏、福建农产品卖家数量位列全国前四位。2013 年相当数量的省（自治区、直辖市）农产品电子商务交易额同比增长超过 100%。地方特色的品牌农产品不断涌现，依托淘宝、1 号店、京东等第三方平台以及各地自建的电子商务平台等，一大批地方特色农产品千里流通进入城乡居民的餐桌，形成了一批具有全国影响力的知名品牌②。

---

① 杨娜："2012~2013 年农业及农村信息化发展概况"，《中国信息年鉴 2013》，2013 年。
② 商务部电子商务司。

（四）"两化融合"由试点探索走向全面推进和深入发展

2013 年 8 月，工业和信息化部发布《信息化和工业化深度融合专项行动计划（2013～2018 年）》，提出了我国"两化融合"的发展目标：到 2018 年，两化深度融合取得显著成效，信息化条件下的企业竞争能力普遍增强，信息技术应用和商业模式创新有力促进产业结构调整升级，工业发展质量和效益全面提升，全国两化融合发展水平指数达到 82。提出了推动两化深度融合的八大行动，即"企业两化融合管理体系"标准建设和推广行动、企业两化深度融合示范推广行动、中小企业两化融合能力提升行动、电子商务和物流信息化集成创新行动、重点领域智能化水平提升行动、智能制造生产模式培育行动、互联网与工业融合创新行动、信息产业支撑服务能力提升行动。并进一步明确了每一专项行动的具体任务、时间节点、工作进度安排、阶段性目标和实施主体。该行动计划将成为未来 5 年我国推动两化深度融合的重要行动指南。

2012 年我国两化融合发展指数由 2011 年的 59.07 提高到 61.95。主要工业领域的信息化正从单项业务应用向多业务多技术综合集成转变，从单一企业信息技术应用向产业链上下游协同发展，实现产品的研发、制造、销售与企业经营管理的无缝衔接和综合集成。

骨干企业信息系统集成全面起步，钢铁、石化、航空等行业涌现出了一批关键业务系统实现综合集成的本土企业，部分企业的业务集成、管控衔接、产销一体化水平已居全球领先地位。据统计，钢铁行业已有 61 家重点企业开始信息系统综合集成；60% 以上的大型有色企业建立起了综合信息管理平台；石油化工全行业 ERP 应用率已达 70%；超过 80% 的大型汽车企业已应用 CRM、SCM。信息技术装备和服务能力显著增强，核高基、极大规模集成电路制造设备及成套工艺、新一代宽带无线通信、高档数控设备和装备等一大批重大科技专项部署实施，支持了汽车电子、电力电子、数控机床、研发设计工具、大型管理软件的研发和产业化。见表 2。

表 2   2011～2012 年全国重点行业典型企业的信息技术应用水平   单位:%

年　份	ERP 普及率	MES 普及率	PLM 普及率	SCM 普及率	采购环节 电子商务 应用	销售环节 电子商务 应用	装备数 控化率
2012	58.13	57.33	55.57	56.08	63.05	69.61	47.97
2011	57.05	55.80	49.50	55.63	59.89	62.97	47.02
2011～2012 年 增长幅度	1.08	1.53	6.07	0.45	3.16	6.64	0.95

资料来源:中国电子信息产业发展研究院:《2013 年中国信息化与工业化融合发展水平评估报告》。

中小企业信息化服务体系不断完善,超过 300 家中小企业信息化辅导站已覆盖全国地级市,"国家中小企业公共服务平台"整合了面向制造、金融、通信等领域,向 10000 多家中小企业提供了司法鉴定、测试检测、产品研发、技术创新等服务。

(五) 电子商务快速发展

近年来我国电子商务呈现快速发展态势 (见图 9)。2013 年,我国电子商务市场交易规模从 2006 年的 1.5 万亿元"井喷"至 2013 年的 9.7 万亿元,年均复合增长率达到 30%;占国内生产总值 (GDP) 的比重也从 2006 年的 7.2% 提升到 17.1%。

作为电子商务重要组成部分,网络零售的市场规模高速发展 (见图 10)。2006～2013 年,网络零售市场交易额从 258 亿元暴涨到 1.85 万亿元,年均复合增长率达到 84.1%[1]。近年来,以手机网购为代表的移动电子商务开始得到消费者认可,截至 2013 年 6 月,我国移动购物用户规模达 7805 万人,移动电子商务市场交易规模达 532 亿元[2]。

电子商务与实体经济的结合日益紧密,大型骨干企业纷纷基于电子商

---

[1]　根据国家统计局"社会消费品零售总额"数据和中国互联网络信息中心"网络交易金额"数据整理而得。

[2]　根据工信部信息化推进司相关资料。

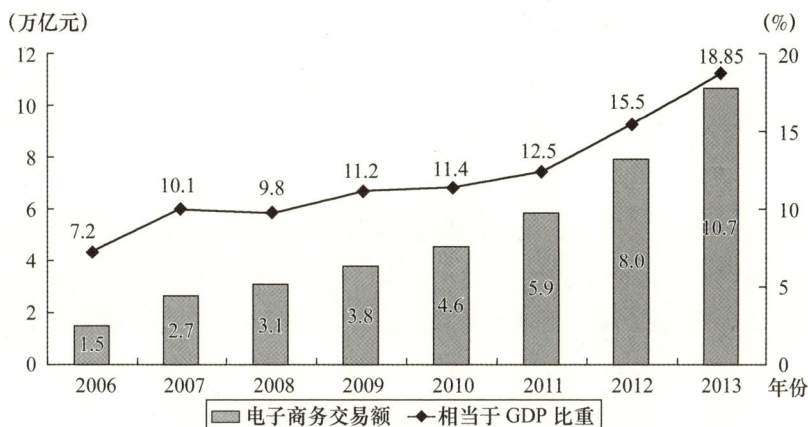

图9　2006~2013年我国电子商务发展趋势

资料来源：商务部、工业和信息化部。

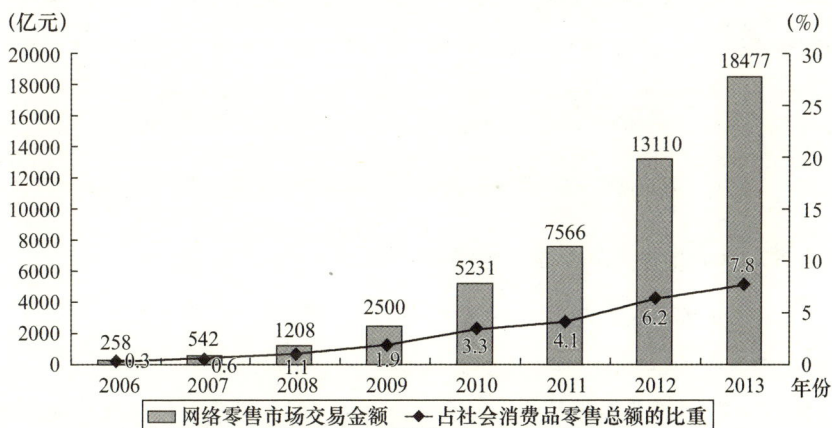

图10　2006~2013年我国网络零售市场发展趋势

资料来源：国家统计局，中国互联网络信息中心。

务采购平台，实现企业间的信息流、物流和资金流的协同。电子商务在中小企业中的应用加快普及，截至2013年6月，国内使用第三方电子商务平台的中小企业用户规模已经突破1800万。以电子商务交易服务为龙头，物流配送、支付安全、信用认证和软件开发相配套的电子商务服务业初具规模。云计算和大数据技术在电子商务领域不断创新应用，通过实时分析消费者数据，建立柔性化生产模式和高效组织结构满足用户个性化需求的新型商业模式——按需定制 C2B 模式，正不断改变传统的 B2C 模式。

电子商务的快速发展带动了物流、在线支付等不断繁荣。我国物流业从行业集中度低、信息化管理水平低、物流资源分散的低水平起步，通过信息化改造和与电子商务深度融合，逐步向网络化、信息化、协同化发展，物流效率不断提升、物流环节不断减少、物流成本不断降低，有力地支撑了电子商务发展。物流业增加值从 2006 年的 1.4 万亿元增加到 2013 年的 3.9 万亿元，年复合增长 15.6%；快递业务量从 2.7 亿件增加到 91.9 亿件，年复合增长 65.5%[①]。与此同时，电子支付业务发展迅速。2007～2013 年，我国电子支付业务从 22.57 亿笔迅速增加至 257.83 亿笔，交易金额从 259 万亿元增长到 1075.16 万亿元，年均复合增长分别达到了 50.1% 和 26.8%。在网上支付、电话支付、移动支付三种电子支付方式中，网络支付占据主流地位，2013 年网上支付业务 236.74 亿笔，金额 1060.78 万亿元，占比分别达到 91.8% 和 98.7%。从发展趋势上看，移动支付业务呈现超速发展态势，2013 年同比分别增长 212.86% 和 317.56%[②]。

（六）社会事业领域信息化应用稳步推进

信息技术应用创新和普及推动医疗卫生、教育、社会保障等社会领域信息化应用稳步推进。

医疗卫生领域，卫生信息系统日益完善。2013 年全国传染病和突发公共卫生事件报告网络全面建成，提升了公共卫生服务和管理能力。以电子病历为核心的医院信息化建设在提高医疗服务效率和质量方面发挥了越来越重要的作用。2013 年，全国已有 3700 多家医疗机构开展以电子病历为核心的医院信息化建设，实现医疗机构内部信息共享。江苏、浙江、河南、重庆 6 省份建立全省电子病历数据库。覆盖全国的疾控体系和医疗救治体系初步建成，医院信息系统在大中型医院基本普及，中西部地区的社

---

① 国家发展改革委、国家统计局、中国物流与采购联合会历年联合发布的《全国物流运行情况通报》

② 中国人民银行历年发布的《支付体系运行总体情况》报告。

区卫生服务中心和部分乡镇卫生院开始安装和应用 HIS 和 CIS 系统，上海等东部地区的区域卫生信息平台开始支持双向转诊和远程医疗。不断完善的信息系统为我国医疗体制改革提供着重要支撑。覆盖 13 亿人口的全员人口信息资源库，为人口和计划生育服务提供了强大的信息支撑。居民健康卡应用稳步推进，成为全人口、全生命周期健康管理和服务的重要载体。天津、上海、江苏、浙江、安徽、福建、山东、河南、湖南、重庆 10 省份已建成省级信息平台，实现部分人口健康信息实时采集与共享交换，支持跨区域业务协同，服务综合管理与科学决策。部分地市和县区建立区域信息平台，实现区域内医疗卫生业务协同。河南、内蒙古、辽宁、广东、江苏等 15 个省份以及北京协和医院、中日友好医院、华中科技大学同济医院等大型医院开展居民健康卡发放与应用工作，实现了多卡合一，跨机构、跨区域就医一卡通，费用实时结算，动态记录和共享医疗卫生服务信息，满足紧急情况下医疗救治、异地共享信息和居民健康管理的需要。截至 2013 年 10 月，建立省级支持跨区域的信息共享卫生平台的省份达 10 个，全国电子健康档案的建档率超过了 70%，其中 12 个卫生信息化试点省份已经超过了 81%。新型农村合作医疗在部分省市实现了联网管理、跨地域即时结报。

教育科研领域，不断完善的教育科研信息基础设施成为推动优质教育资源共享和教育均衡发展的重要支撑。中国教育科研网、教育卫星宽带传输网、部分省区市教育网相互补充，与公共网络互联互通，覆盖全国、"天地合一"的教育信息骨干网络基本形成。中国教育科研网成为世界最大的国家级学术互联网，连接 2000 多所教育科研机构，用户超过 2000 万人。百所高校承担建设的国家下一代互联网主干网建设取得重大进展，成为世界上规模最大的纯 IPv6 试验网。截至 2013 年 12 月底，全国已有 29 个省份的 998 个区县建设了教育城域网；全国中小学（含教学点）实现网络接入的比例达到 57%，其中实现 10M 宽带接入学校的比例已达 35%；全国义务教育阶段学校已建设多媒体教室 160 多万间，占教室总数的 41%，近 50% 的学校已实现至少拥有一间多媒体教室。覆盖各级各类教育的数字教育资源体系促进了教育理念与教学方法的创新。义务教育领域，国家层面建设了近 15000 学时的视频教育资源库，向所有农村中小学校免费提供，覆盖 1.6 亿农村学生。职业教育领域，开通信息资源网，促进了资源汇聚与共享。高等教育领域，绝大多数高校建立了教学资源库，1800家图书馆共享服务，建成 3800 多门国家级精品课程。国家开通"中国大学视频公开课网站"，已有 75 门、541 集的国家级视频公开课上线，供全社会免费学习。各地各学校也纷纷制作视频公开课上线服务。教育资源的开发与应用不断深入，初步形成覆盖各级各类教育的数字教育资源体系。云计算和大数据技术推动"大规模开放网络课程"（MOOC）模式成为在线高等教育热点。不断丰富的多层次教育培训体系使公众自主学习更为方便。远程网络教育应用于农民工培训、干部培训和企业在职培训，已有数千万人通过网络形式接受了学历及非学历教育。在广播电视大学的基础上，成立了国家开放大学和北京、上海开放大学，这是利用现代信息技术支撑学习型社会建设的标志性成果。

社会保障和就业领域，我国已全面完成"金保工程"一期建设任务。到 2012 年底，31 个省份实现了部、省、市三级网络贯通。全国已通过社会保障卡发行审批注册程序的地级以上城市达到 324 个，实际发卡地区已达 293 个，实际持卡人数达到 3.41 亿。新农保和城居保业务系统已覆盖全国 31 个省份的 2605 个县，占 94%。社保跨地区系统建设迈出坚实步伐，养老、医保关系转移系统分别已有 29 个、12 个省份的 256 个和 44 个地市入网。信息化公共服务能力进一步提升，31 个省份的 307 个地市开通"12333"电话咨询服务。社会保障卡应用地区和应用领域不断拓展。《国家基本公共服务体系"十二五"规划》中提出，"十二五"期间，我国要"逐步推行全国统一的社会保障卡，完成发放 8 亿张，覆盖 60% 以上人口，实现其在养老、医疗、工伤、失业、生育等社会保险的应用，并与就业服务、劳动关系、社会救助等信息共享。重点在国家、省、市（地）三级建设社会保障卡中心及其支持系统"。截至 2013 年 11 月底，社会保障卡持卡人数已经达到 5.09 亿，已完成"十二五"时期任务的 63.6%。社会保障卡已广泛支持统筹地区内的持卡就医即时结算，同时在工伤保险、生育保险、就业服务等业务中正发挥着越来越大的作用。养老保险统一信息平台覆盖面逐渐扩大，已经有 24 个省（自治区、市）连接到了部级养老保险跨地区转移接续平台。全国一体化的公共就业服务信息系统日益完善。2009 年 12 月，人力资源和社会保障部提出《关于推进公共就业服务信息化建设工作的指导意见》，提出到"十二五"规划期末，要初步构建形成以地市为基础、全国一体化的公共就业服务信息系统。2011 年 11 月，全国招聘信息公共服务网开通试运行，该网站通过与首批 25 个省份的公共就业和人才服务机构联网，跨区域地向社会发布招聘信息，求职者足不出户，通过上网便可一站式检索到跨地域岗位信息，了解全国各地的招聘会信息动态。2012 年实现第二批共 96 个地区（含省级和市级）的全国联网。2012 年 6 月起，开展事业单位公开招聘信息全国共享发布试点工作，在全国公共招聘网上发布试点地区的事业单位公开招聘信息。全国统一的公共就业服务信息系统建设，为实现就业信息的"一点登陆、全国查询"提供了重要保障，也为开展覆盖全国的就业失业信息监测和预测提供了重要基础。

（七）电子政务成为建设服务型政府不可或缺的重要力量

近年来，我国电子政务稳步推进，重点业务应用不断深入，电子政务在改善公共服务、加强社会管理、强化综合监管、完善宏观调控、支撑科学决策等方面的作用更加凸显。联合国发布的《2014 年全球电子政务调查报告》显示，中国的电子政务发展指数（EDGI）为 0.5450，位列全球第 70 名，与 2012 年的上一次调查相比上升了 8 位（见图 11）。

各级政务部门核心业务信息化覆盖水平明显提高。数据显示[①]，"十一五"期间，中央各部门主要业务信息化覆盖率为 70%。"十二五"中期，

[①]　工业和信息化部："《国家电子政务'十二五'规划》中期评估报告"，《电子政务》2014 年第 4 期。

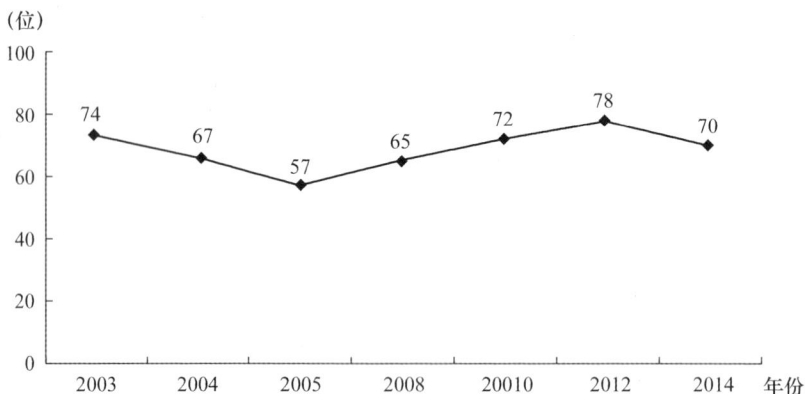

图 11 中国电子政务全球排名变化情况

资料来源：联合国：《全球电子政务调查报告》。

中央各部门主要业务信息化覆盖率已经达到 80%，相较"十一五"时期增长了 10%。其中，办公业务已经全面实现系统支撑，海关、税务、公安、国土、金融监管、社会保障等有"金"字工程支撑的重点领域核心业务信息化覆盖率接近 100%。省级、地市级、区县级主要业务信息化覆盖率分别为 60%、40% 和 25%，个别区县甚至不到 10%；经过"十二五"的快速发展，到 2013 年底，省级、地市级和区县级政府主要业务信息化覆盖率已分别达到 75%、60% 和 40%，增幅十分明显，有效支撑了各地政府部门履职。

电子政务公共服务体系基本形成。高效、完善的公共服务体系是构建服务型政府的重要基石，电子政务在其中发挥着日益重要的推动作用。目前全国县级及以上的行政服务大厅达 4500 个，100% 实现了信息化支撑。政府网站体系日益完善，2006 年中央政府门户网站的开通，标志着我国四级政府门户网站体系已基本建成。目前全国政府域名下的网站已超过 5 万个，中央政府门户网站开通运行，100% 的省级和国务院组成部门、99.1% 的地市及 85% 以上的县区政府已经建立了政府网站，一体化公共服务平台建设初见成效。随着电子政务的深入发展，越来越多的地区和城市利用热线电话、手机短信、网站、微博等建设统一的综合服务平台，为公众提供快速、便捷、高效的服务。电子政务公共服务不断向基层延伸。电子政务为民服务的事项数量明显增加，县级以下街道、乡镇服务覆盖率达到30%左右。很多地方和部门按照服务对象的实际需求，依托电子政务平台，为公众提供教育、医疗、就业、交通、社会保障等服务，为企业提供纳税、年检、资质认证等服务。"市民卡"工程在部分东部发达省市铺开，发卡量快速增长。政府各类呼叫中心广泛应用，移动政务应用开始起步。

电子政务推进社会管理方式不断创新，初步形成了社会管理信息网络，社会综合治理能力逐步提升。"金盾"工程覆盖了90%的公安基层所队，显著提升了公安机关侦查破案打击犯罪的能力和水平，全国利用信息破案已占全部破案总数的20%左右。公安、民政、计生、教育等部门间以及跨地域间的信息共享，大大提高了对流动人口的管理水平。"金保"工程已覆盖超过2亿参保人员，低保、养老等资金发放的准确性、及时性、便捷性大大提高，面向社会弱势群体的服务和管理能力大大提高。应急管理能力不断增强。几乎所有政府部门都针对可能发生的重大突发事件制定了应急响应预案，应急响应信息系统建设取得积极进展。

电子政务大大增强了宏观调控决策的有效性和科学性。以"金"字工程为代表的一大批重点业务应用系统开始发挥重要作用，行业分析、经济运行监测预警更加及时，可以为科学决策提供重要参考。如2008年国际金融危机爆发后，国家审计关注我国财政安全、金融安全、民生资金安全、电子政务信息系统安全等，向国务院报送了相应报告，引起国务院领导和高层专家的高度重视。海关总署则利用"金关"工程多年来积累的数据资源，对国际贸易情况进行精确、及时的分析，定期向中央报送相关信息，为中央制订经济振兴对策提供了重要参考。各类信息上报系统日益完善，网络直报系统使得信息渠道更加畅通，决策部门可以第一时间掌握各类突发事件信息，迅速采取对策。涉及国计民生的重大决策可以通过网络广泛征求民意，既可以集思广益，增强决策的科学性，又达到了统一思想认识的宣传效果，有助于提升贯彻落实的效果。

政务信息资源目录体系和交换体系建设初显成效。在天津、上海、北京、内蒙古等地开展了政务信息资源目录体系与交换体系建设试点工作。北京市已建市政务信息资源共享交换平台，通过政务地理空间信息资源共享服务平台，提供政务地理空间信息的共享。内蒙古自治区建设完成国家政务信息资源目录体系与交换体系试点项目，将公安厅的人口信息、测绘局的空间地理信息等在省级目录服务中心进行统一注册和发布，全区各盟（市）、旗（县）的所有政府部门都可以通过目录服务体系查询3000多万人口信息并获取所需的空间地理信息。河北省已完成信息资源交换与共享平台一期工程建设，利用省信息交换与共享平台将率先实现工商、国税、地税、质监四个部门的企业基础信息共享。

（八）新技术产业化步伐加快，创新应用不断涌现

近年来，我国技术创新和产业融合步伐加快，新技术、新产品、新理念、新业态不断涌现。在此背景下，信息技术的发展正在产生着重要变化，智能化、集成化水平日益提高，移动智能终端、智能电视、微处理器与基础软件、移动互联网、新型平板显示等产业领域取得长足发展。移动支付国家标准制定及应用推广进一步加快[1]。

产业新增长点加快孕育。2012年，我国数字视听领域产业链各环节实现协调发展和良性互动，广州、杭州等数字家庭应用示范工程用户达到50万户；新型显示领域，生产线、相关材料及设备的研发和产业化步伐加快，液晶面板全球市场占有率超过10%，国内电视面板供应自给率突破20%，国内面板骨干企业采购国产材料的金额比例超过25%。此外，在产业"十二五"规划"基础电子产业跃升工程"相关政策措施支持下，多晶硅、锂离子电池关键材料及传感器等领域的技术研发和产业化步伐明显加快[2]。

云计算、大数据、物联网、移动互联网技术带来深刻的应用变革，成

---

① 《2013年电子信息技术产业统计公报》。
② 《2012年电子信息技术产业统计公报》。

为我国信息化发展的关键推动力。2013 年，以百度、阿里巴巴、腾讯、金蝶等为代表的企业提供公有云服务，种类不断丰富，用户数量不断增加。百度开放云平台凝聚了 16 万注册开发者，开发了 10 多万应用，个人云存储（PCS）用户超过 7000 万；金蝶中小企业管理云应用及平台提供涵盖生产制造、人力资源、财务会计、供应链、资产管理、协调办公、客户关系、生产制造和其他服务 10 大类的云服务，为 27 万中小微企业用户和445.6 万个人用户服务。以挖掘数据价值为核心的大数据技术不断催生新型商业模式，基于个人定位、社交网络位置签到服务、地理位置导航与位置搜索等新型服务业务不断出现。物联网与云计算不断结合发展，如智能化交通运输体系构建，推动智能交通运输体系和物流服务体系的网络互联互通、资源共享和业务协同，实现运输组织智能化、客货营销社会化、经营管理现代化。

互联网金融创新业务已经基本覆盖主要金融功能。始于 2011 年中国人民银行发放的第一张第三方支付牌照，以互联网为代表的信息通信技术与传统金融业开始融合，第三方支付、网络借贷、网络保险、网络理财等一大批金融创新业务已经覆盖主要金融功能。截至 2013 年底，已有 250 多家机构获得第三方支付牌照，其中提供互联网支付业务的有 97 家，第三方支付市场规模达到 16 万亿元；P2P 网络借贷有 300 余家，贷款余额 800 多亿元，借出人规模 5 万多人；众筹模式为设计、音乐、影视、漫画、出版、游戏、摄影等文化创意领域的创新创业提供了机遇，目前已经形成点名时间、众筹网、追梦网等具有一定规模的众筹融资网站；自 2013 年阿里巴巴推出余额宝以来，百度、网易、苏宁、腾讯相继推出基金类的互联网理财产品，据估计我国互联网金融理财市场规模接近 6200 亿元。在网络保险领域，已有中国人保、太保、平安、中国人寿、阳光财险、泰康人寿等在内的超过 40 家保险公司采用自建网站和保险中介平台试水网络销售，互联网企业开始涉足网络保险领域。互联网金融在变革传统金融生态、促进传统金融创新、突破传统金融发展瓶颈的同时，也不可避免地给既有监管体制和政策带来了巨大挑战。

二、我国信息化发展中存在的问题

近些年，我国信息化进入了快速发展阶段，信息化迅速渗透到经济社会发展的各个领域，有力支撑了国民经济的平稳健康发展。但是在对信息化的认识、信息化管理体制机制、技术和产业发展、应用环境方面还存在许多急需解决的问题。

（一）技术与产业发展方面

核心关键技术受制于人，缺乏高端自主知识产权产品。在绝大多数重大关键核心信息技术和产品领域，尤其是大规模集成电路和微处理器、PC机和手机的操作系统、大型数据库软件、高速路由器、关键元器件以及专用设备、仪器仪表等领域，技术和产品的供应要么完全依赖国际跨国公司和进口，要么绝大多数市场份额被国际跨国公司和进口所占领。与此相对应，具有自主知识产权的技术和产品要么是真空，要么在高端市场缺乏竞争力，只能占据低端应用市场。

产业结构急需升级转型和优化。生产制造型企业比重较大，但仍处价值链中低端，能生产高附加值产品、技术密集型产品的企业少。企业自主发展能力弱，被动接受国际分工体系，缺乏一批有自主品牌和国际竞争力的优势企业。

自主创新能力亟待加强。国家激励企业自主创新和促进创新成果产业化的体制机制有待完善，产、学、研有效结合的协同创新机制尚未形成。支持产业发展及创新的政策措施和服务环境还不适应产业发展要求，成果产业化进程过慢，制约了国际竞争力的提升。

（二）基础设施方面

国内不同地区信息基础设施普及水平差距较大，数字鸿沟有加大趋势，实现普遍服务任重道远。如2013年我国东部地区移动电话普及率上升速度仍快于中西部：东、中、西部移动电话普及率较上年分别提高 9.3 部/百人、6.8 部/百人和 8.2 部/百人，中西部与东部移动电话普及率差距扩大到 36.5 部/百人和 28.8 部/百人（见图 12）。

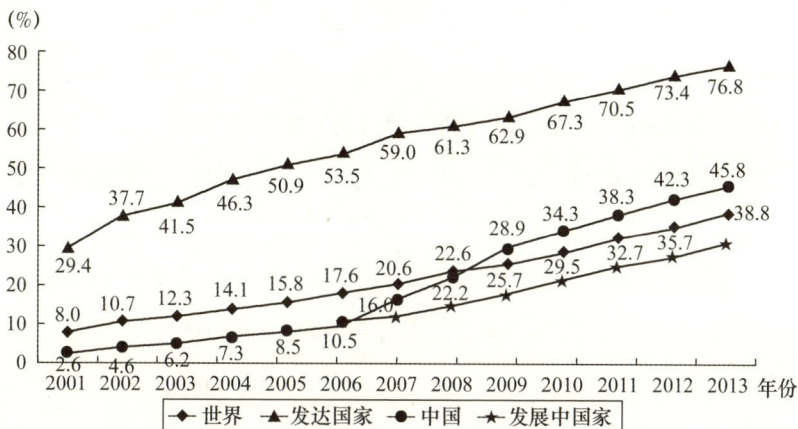

图 12　2005～2013 年中国互联网普及率及其国际比较

资料来源：国际电信联盟历年发布的《衡量信息社会》。

与发达国家相比，我国互联网普及率仍偏低。

（三）深化应用方面

信息资源的开发利用水平不高。许多有价值的信息资源还处于"沉睡"状态，已经应用的信息资源存在利用程度不高的问题。由于对数据资产的保护力度不足，一些拥有大量信息资源的信息机构和企业存在着随意泄露、篡改用户信息，滥用数据的现象，进一步制约了信息资源的综合开发利用。

政府信息公开不够，公共信息资源开放不足。现有公共信息资源的应用多局限于政府各部门内部，部门间的协同应用少，主动向社会公开信息少，政府公共信息资源的社会综合利用价值远没有发挥。电信业开放程度不足，一些领域还存在着不同程度的业务垄断现象，对民营资本的电信业务开放进程还有待加快。

信息共享和业务协同仍是难题。由于部门和地方利益的驱动，尤其是缺乏有效的公共信息资源的共享开发机制，信息化建设中"孤岛式""烟囱式"现象比较普遍，导致各部门的信息系统之间互联互通性差，信息共享开发水平低、重复建设和投资浪费现象较为严重。信息共享水平低进而导致跨部门、跨地区的业务协同难以正常推进，既影响政府的行政运行效率，也影响政府为社会、企业和公众提供公共服务的能力。

（四）互联网内容管理和舆论引导方面

随着互联网日益成为公共舆论、思想文化和意识形态最重要的传播平台，互联网内容管理和舆论引导面临前所未有的挑战和严峻形势。

一是随着中国的崛起和国际地位的提高，国外敌对势力一直企图利用国际互联网平台中的话语主导权，积极鼓吹各种遏制中国发展的论调，散布各种反华思潮，以实现其和平演变的目的，严重威胁我国的社会安定和国家安全。

二是互联网上极端主义思潮，尤其是各种极左、极右、反社会、反国家、崇洋媚外，甚至暴力和恐怖主义等有泛滥之势，并成为各种突发性事件的一个重要诱因，威胁社会安定大局。

三是互联网违法和低俗信息内容屡禁不止。互联网违法和低俗信息的传播，尤其是淫秽色情内容、网络谣言、网络诈骗、非法网络公关行为往往是屡禁不止，死灰复燃，导致社会公众反映强烈，并严重威胁社会稳定、青少年身心健康，危及社会和信息价值观及伦理规范，也危及市场秩序的正常运行。

（五）信息化发展环境方面

对信息化认识不统一。这主要表现在简单地将信息化理解为技术手段和系统应用，对信息化引领现代化发展全局性和战略性作用，以及在国家治理、经济活动、社会发展、文化建设和生态文明等领域的变革作用等重大问题上尚未形成统一认识。

信息化应用成本较高。信息化基础设施的价格还相对较高，宽带网络接入的性价比低。功能实用、价格低廉的信息化解决方案和服务应用比较少。

信息化系统建设投资和后期运维成本较高，限制了教育、医疗、养老等一些公益性领域信息化应用的快速普及，制约了中小微企业的信息化发展。

信息化法治建设严重滞后信息化发展进程和要求，二者不相适应的问题日益突出。一是新立法进程缓慢，难以跟上信息化快速发展的形势需要。其中问题最明显、最突出的是电子商务、隐私保护、互联网金融、网络和信息安全、互联网内容管理等领域。二是信息化法规体系结构不尽合理。信息化领域新制定的高等级的法律法规寥寥无几，绝大多数都是低等级的部门规章和规范性文件。三是大量法律法规亟待修订。信息化法制建设不仅需要制定大量的新法规，也需要对大量的传统的法律法规进行广泛的修订和完善，使之与信息化发展的要求相适应。

相关标准制定工作相对滞后。标准规范难以满足实际应用需求，解决现实问题的针对性不强。一些领域的标准由于制定周期过长和缺乏实际应用环境的验证，导致标准难以在实际中应用。

信息化领军人才的成长环境有待改善。主要问题是：科技研发投入结构不合理，重应用研究轻基础研究，基础研究投入比例过低现象持续存在。科技人才遴选、使用机制不合理，不利于有真才实学的科技领军人才冒头；科技成果的评价机制不合理，重论文数量、轻论文质量（尤其是原创性论文）的急功近利现象严重，重学术论文发表、轻专利和商业应用的现象比较普遍；产学研一体化水平低；缺乏具有凝聚力的创新团队，难以适应现代科技以集成为导向的创新潮流。

缺乏有效的统筹协调管理体制机制。信息化推进体制建设不能有效适应信息化发展的国际国内形势的变化、信息技术革命的巨大变化；信息化推进体制建设停滞不前，信息化发展中长期存在的多头管理、职能交叉、权责不一、效率低下的问题一直未能得到很好解决。

三、全面推进我国信息化发展的对策建议

当前，信息化已经进入全面普及、深度渗透、加速发展的新阶段，人

类社会正在加速向信息社会转型，中国现阶段的发展以及整个现代化的历程无法回避这一全新和深刻的历史背景，必须以改革创新精神全面推进我国信息化发展。

（一）不断提高核心技术自主创新能力和做强信息产业

一是要构建以企业为主体的技术创新体系，联合高校和科研院所，建立产业技术创新联盟，促进协同创新和开放创新，引导创新要素向企业集聚，形成合力，扎实推进大数据、云计算、移动互联网等新一代信息技术的整体突破和广泛渗透，加快培育拥有核心技术能力的创新型企业，打造高效强大的创新生态系统。

二是要准确把握基础前沿技术和关键共性技术的发展方向，高度重视基础理论突破，持续推进前沿性基础研究，不断深化系统性应用研究，以国家重大专项、科技计划及产业化项目为抓手，打通基础研究、应用研究和成果转化通道。建立技术标准服务体系，完善知识产权保护机制，优化创新支撑服务体系，以创新服务带动产业发展，逐步掌握产业发展的主动权和主导权。

三是在宽带网络、集成电路、基础软件等领域，要充分发挥政府支持研究开发、创造需求等作用，更要依靠市场竞争的力量，推动我国信息通信产业技术能力和国际竞争力的提高。

（二）大力发展战略性信息基础设施

一是要加快实施"宽带中国"战略，进一步有序开放基础电信业务市场，特别是加快国内各种所有制企业投入宽带网络、无线接入等基础设施建设中，促进形成基础电信企业、互联网企业多元化全方位互动竞争新格局，降低信息化成本。

二是降低或消除各类市场的进入壁垒。进一步放宽信息通信产业市场准入，鼓励各类企业家在以互联网为基础的领域积极创新创业，支持新业务发展。

三是要完善监管体制，加强政府对信息通信行业特别是互联互通的监管，提高信息通信业资源利用效率和服务效率，建立宽带普遍服务长效机制，加快缩小数字鸿沟。

（三）继续推进两化深度融合，促进工业转型升级

一是要紧紧围绕深化信息技术与工业技术融合创新，在钢铁、汽车、船舶、机械、交通运输等行业，有重点地改造一批骨干企业，加大工艺流程的信息化改造，提高装备的智能化水平，全面提升企业信息化应用程度。

二是要大力发展工业软件、工业控制系统、嵌入式系统、应用电子等信息化相关支撑技术及产品，提供一站式信息化解决方案，逐步完善工业软件研发、生产和服务体系。

三是要加快工业云服务平台建设，依托智能机器人行动计划和数字工厂示范应用工程，实现互联网与工业生产的深度融合，扎实推进制造业网络化、服务化、智能化转型。把促进工业转型升级同发展新一代信息技术产业紧密结合起来，推动整个工业优化升级和持续健康发展。

（四）深化电子政务建设，促进政府职能转变

一是要建立政府部门信息共享制度和信息共享基础设施，健全共享信息安全保障，明确共享信息内容和程序，建立信息共享基础设施，确定信息共享部门责任，保障共享信息安全。

二是要加强云计算、大数据等信息应用基础设施建设，以电子政务为抓手促进部门间业务协同、完善公众信息服务、深化行政体制改革和转变政府职能。

三是要以保障公众的知情权、参与权、表达权、监督权为核心，不断拓宽基于信息化支撑的公众诉求表达渠道，健全方式多样、规范有序、畅通高效的政民互动和公众监督机制，构建透明的政府问责机制，建立有效问责的政府，推动政府职能实质性转变。

（五）全面推进农业农村信息化建设

一是要深化信息技术在农业生产和农民生活中的应用，把信息技术能力赋予农民，培育新型农民。把信息化建设作为专业大户、家庭农场、农民合作社等新型生产经营主体增强组织活力和提高生产要素潜能的基本手段，推动农业生产规模化、专业化发展。

二是要依托信息化全面提升农村基层政务管理和服务能力。依托网络推进政务服务向农村基层延伸拓展，加强村务公开和村务管理，创新民意表达和政民互动模式。早日实现新农合、新农保的异地就医即时结算，完善农村疾控体系和医疗救治体系，增强农村地区公共卫生应急处置和响应能力。

三是要加强对农业农村信息化的政策引导，加大农村信息基础设施建设的扶持力度，整合涉农信息资源，丰富农村信息服务。以电子商务在农村的全面推广普及为契机，整合和有效利用现有网点资源，实现农村商品流通和消费的跨越发展。建立配套的农副产品电子商务交易监管和质量标准监测体系，强化农产品追溯，完善食品安全体系。

（六）深化信息技术在社会公共服务领域的应用

一是要建设面向未来的教育体制。加快教育改革，建立以信息化为基础，面向未来，人人可享有优质教育资源和信息化学习环境的教育体系。通过发展数字教育内容、缩小数字鸿沟，促进优质基础教育资源远程共享，推动解决教育不公的问题。

二是要建设高效、普惠的医疗体制。建立面向13亿人口的全民健康档案和电子病历，早日实现医疗机构电子病历数据的共享和使用。积极发展面向农村基层和边远地区的远程医疗，探索基本公共医疗服务均等化的新模式。推进健康咨询、在线监测、个性化服务等新的医疗服务业务。

三是要以信息化完善社会保障体系建设。建立全国联网的社会保障信息系统，实现养老保险等社会保障项目的异地转接，推进碎片化社会保障体系逐渐向普惠、统一系统发展。

　　四是要充分利用信息技术强化城乡规划调控，推动交通、水、电等基础设施智能化，加强水、大气污染的实时监测与有效治理，有效提升城镇的综合承载能力，避免大城市病。面向农村人口转移，不断完善可转移、可接续的城乡一体化公共服务信息化保障体系。

（七）进一步完善信息化发展环境建设

　　一是要健全国家信息化管理体制和统筹协调职能，充分发挥中央网络安全和信息化领导小组在统筹规划、资源共享、互联互通、安全保障等领域的坚强领导作用，坚持"顶层设计、系统工程"的信息化建设原则，科学设计国家信息化基础设施框架体系，系统规划和综合协调重大信息化应用工程建设和管理。

　　二是要按照依法行政的要求，加快信息化立法进程，尽快制定出台电信法、信息安全法、企业及个人信息保护法等法律。

　　三是要加强信息化人才培养，全面提升国民信息素质。坚持自主培养开发与引进海外人才并举，有步骤地培养和引进能够引领新学科、开辟新方向，具有国际影响力的战略型、复合型、创新型信息化领军人才。依托国家重大专项、科技计划、重大工程、重点企业和重点研发基地，聚集和培养一批在信息化领域有突出贡献的高层次学科带头人、领军人才和高水平创新团队。结合经济社会发展需要，构建以高等教育、职业教育为主体，继续教育为补充的信息化专业人才培养体系。充分利用现代信息技术，构建网络化、开放式、自主性终身教育体系，提升国民信息素质。

　　四是加强信息化建设成效、发展水平等的跟踪研究，建立和完善以其他社会机构为依托、多方共同参与的评价机制。进一步扩大信息化领域的国际交流与合作。

参考文献

［1］工业和信息化部．《国家电子政务"十二五"规划》中期评估报告．电子政务，2014

［2］人民银行．支付体系运行总体情况报告．2006～2013

［3］中国互联网络信息中心．中国互联网络发展状况统计报告．2011～2014

［4］工业和信息化部．工业通信业信息化统计．2014

［5］国家知识产权局．统计数据．2006～2013

［6］国家统计局．中国统计年鉴．北京：中国统计出版社，2014

［7］中国信息年鉴期刊社．中国信息年鉴2013．2014

［8］商务部电子商务司．统计数据．2013

［9］中国电子信息产业发展研究院．2013年中国信息化与工业化融合发展水平评估报告．2014

［10］国家发展改革委、国家统计局、中国物流与采购联合会．全国物流运行情况通报．2006～2013

［11］联合国．全球电子政务调查报告．2003～2014

［12］工业和信息化部．电子信息产业统计公报．2012～2013

［13］德勤．全球科技创新趋势白皮书．2014

［14］阿里研究院．中国电子商务发展报告．2013

［15］李颖．中国IT产业发展报告（2013-2014）．北京：社会科学文献出版社，2014

［16］中国信息通信研究院．2013中国互联网法律与政策研究报告．2014

［17］社科院信息化研究中心．"新三农"与电子商务．2014

［18］中国信息通信研究院．2014年ICT深度观察．2014

［19］周宏仁．信息化蓝皮书：中国信息化形势分析与预测（2014）．北京：社会科学文献出版社，2014

［20］国家信息中心信息化战略研究课题组．信息化战略研究参阅材料：习近平总书记系列讲话精神．2014

［21］国家信息中心信息化战略研究课题组．信息化战略研究参阅材料：专家座谈会发言整理．2014

［22］国家信息中心信息化战略研究课题组．信息化战略研究参阅材料：美国信息化战略．2014

［23］国家信息中心信息化战略研究课题组．信息化战略研究参阅材料：欧盟及其他国家信息化战略．2014

［24］国家信息中心信息化战略研究课题组．信息化战略研究参阅材料：国内部分信息化战略．2014

［25］国家信息中心信息化战略研究课题组．信息化战略研究参阅材料：十八大以来重要领域改革部署文件．2014

美国信息化战略和管理体制研究及对我国的启示

美国不仅是大型计算机、个人计算机研发的先驱，也是互联网技术的最先发展者和主导者。美国信息化的发展与信息技术的发展密切相关，在过去的十年里，美国信息化总体水平一直位居世界领先水平。世界经济论坛发布的 2013 年、2014 年版《全球信息技术报告》(*The Global Information Technology Report*) 显示，美国网络化准备指数 2012 年排名第九，2013 年排名第七。信息产业和信息化的发展也带动了整个美国经济的发展。尽管信息产业仅占美国国内生产总值的 8%，但对整个美国经济增长的贡献份额却高达 35%。21 世纪的前十年，信息化继续在美国经济中起着重要的推动作用。

美国是世界上最早设立首席信息官负责电子政务建设的国家，至今美国的电子政务建设仍然走在世界前列。2009 年，美国政府开通一个新的政府信息公开平台 Data. gov 网站，公开了未经任何过滤的原始政府信息（只要符合美国信息公开法规的开放条件，都以原始数据的形式免费提供），这一举措受到民众的欢迎，并被英国等国家所借鉴。2009 年底，奥巴马政府宣布将执行一项影响深远的长期性云计算计划，旨在通过应用虚拟化技术压缩美国政府的财政支出，并降低政府计算机系统对环境的影响。联合国经济与社会事务部发布的 2014 年版《全球电子政务调查报告》(*The

United Nation's e-Government Survey）对 192 个联合国成员国的电子政务情况进行了调查和测评，美国排名第七。

美国政府一直重视网络和信息技术对于美国经济繁荣、国家安全保障和民众生活质量提高所起到的重要作用，在关键节点，美国政府通过发布国家战略的方式不断推动着信息化和新一代信息通信技术的发展，力图保持其全球领导地位。此外，美国政府也在尊重市场机制的前提下通过颁布信息化战略推动了本国的信息化发展，有效提振了经济发展速度、提高了公共服务水平。

本报告通过跟踪和梳理 2000 年以来美国政府发布的重要信息化战略和政策以及相应的管理体制变革情况，研究美国在不同阶段信息化战略的侧重点，分析美国信息化管理体制的特点，并从中总结对我国信息化建设的启示。

一、美国新一代信息技术研发政策及信息化战略

本部分梳理了自 2000 年至今，美国所发布的 26 份涵盖信息基础设施建设、电子政务、网络空间、云计算和大数据等信息化重要领域的相关政策文件。这些政策文件不但包括白宫发布的国家战略，也包括总统信息技术咨询委员会等咨询机构上报给白宫的技术报告。从中我们可以发现，美国政府在 2000～2008 年所发布的信息化战略大多围绕电子政务展开，而在 2008 年，也就是国际金融危机之后，美国政府的信息化战略大多围绕网络空间的安全展开。

（一）2000～2008 年

2000 年 2 月，总统信息技术咨询委员会（President's Information Technology Committee，PITAC）向总统提交《解决数字鸿沟：信息、接入和机会》①会议报告。该报告是在组织政府、学界、商界等专家召开数

---

① Resolving the Digital Divide：Information，Access，and Opportunity. https：// www. nitrd. gov/ pubs/pitac/digital_ divide/pres－2feb00－ddfinrep. pdf. 2000－02.

字鸿沟会议的基础上形成的。报告指出，解决数字鸿沟问题需要制定国家战略，以战略的协调指挥作用确保社会各界努力方向的一致性；需要加强社会群体之间的关联性和社会成员参与社会群体活动的程度，同时反思现行的教育方法；需要持续和扩大政府资金的投入力度，同时充分发挥市场主体的作用；需要进行更多的研究、数据收集和评估工作，以及开发更多的信息技术工具。

2000 年 9 月，PITAC 向总统提交《信息技术提供获取政府服务和信息的能力》① 报告。该报告是 1999 年《信息技术研究：投资我们的未来》② 系列报告的延续，主要内容是提高公众获取政府信息的能力、简化政府内部和外部业务流程，并从电子政务的角度向总统提出了三个关键建议。这三个建议分别是：成立一个 IT 研究项目基金，用以解决联邦政府遇到的长期技术挑战；在预算办公室内设立一个电子政府办公室，以促进联邦政府机构范围内的 IT 创新和政策执行、政府 IT 创新项目的开展；建立试点项目和技术中心，鼓励各政府部门在信息集成和业务系统建设过程中应用先进信息技术。

2001 年 2 月，PITAC 向新上任的布什总统同时提交三份报告：《信息技术变革学习方式》③《信息技术变革医疗卫生》④《数字图书馆：全球接入人类知识》⑤。三份报告围绕医疗和教育两个主要领域，阐述了通过信息技术提升医疗、数字图书馆、学校教育的运作效率和服务可获取性问题。这三份报告仍然是 1999 年《信息技术研究：投资我们的未来》系列报告

---

① Transforming Access Tto Government through Information Technology. https：//www. nitrd. gov/pubs/pitac/pres – transgov – 11sep00. pdf. 2000 – 09.

② Information Technology Research：Investing In Our Future. https：//www. nitrd. gov/pitac/report/. 1999 – 02 – 24.

③ Using Information Technology to Transform The Way We Learn. https：//www. nitrd. gov/pubs/pitac/pitac – tl – 9feb01. pdf. 2001 – 02.

④ Transforming Health Care Through Information Technology. https：//www. nitrd. gov/pubs/pitac/pitac – hc – 9feb01. pdf. 2001 – 09.

⑤ Digital Libraries：Universal Access To Human Knowledge. https：//www. nitrd. gov/pubs/pitac/pitac – dl – 9feb01. pdf. 2001 – 02. http：//www. unesco. org/new/fileadmin/MULTIMEDIA/HQ/CI/CI/pdf/programme_ doc_ wdl. pdf0

的延续。

2001 年，布什政府在当年的《总统管理议程》（President's Management Agenda）① 中将电子政务建设列为一段时间内美国总统的工作重点之一，并指出：电子政务建设不单意味着将政府的办公表格和信息传到网上，更意味着通过信息技术使政府更好、更有效地为公众提供服务，并进一步缩短政府的决策时间。电子政务应成为促进政府机构改革、提升政府服务效能的主要手段。

2002 年 2 月，布什政府公布了《2002 年电子政务战略》②，核心内容是开展"以公众为中心"的电子政务建设，确定优先开展实施的 24 个电子政务项目。同年，为配合上述战略的顺利进行，《电子政务法》③ 颁布实施，该法律通过成立专门管理机构、设立政府部门首席信息官（Chief Information Officer，CIO）、建立首席信息官委员会等一系列制度措施推动电子政务建设。2003 年，布什政府又公布了《2003 年电子政务战略》④，将电子政务建设的重点从政府信息化目标的整合调整为具体政府信息系统的整合。

2002 年 12 月，美国总统科技咨询委员会⑤（President's Council of Advisers on Science and Technology，PCAST）向总统提交了《建设宽带：结论和建议》⑥ 报告。该报告的目的是使总统了解当时的宽带建设情况，明确以高科技政策刺激经济、恢复和保持美国国家竞争力的需求。报告指

---

① President's Management Agenda（2011）. https：//www. whitehouse. gov/sites/default/files/omb/assets/omb/budget/fy2002/mgmt. pdf. 2001 － 08.

② E － Government Strategy of 2002. https：//www. whitehouse. gov/sites/default/files/omb/inforeg/egovstrategy. pdf. 2002 － 02 － 27.

③ E － Government Act of 2002. http：//www. gpo. gov/fdsys/pkg/PLAW － 107publ347/pdf/PLAW － 107publ347. pdf. 2002 － 12 － 17.

④ E － Government Strategy of 2003. http：//sites. nationalacademies. org/cs/groups/pgasite/documents/webpage/pga_ 055959. pdf. 2003 － 04.

⑤ 美国总统科技咨询委员会（PCAST）最早由前总统乔治·布什于 1990 年建立，每届总统换届时都要提名新的成员，成员来自政界、产业界、学界等，主要职能是为总统提供科技咨询并协助拟定相关政策。

⑥ Building Out Broadband：Findings and Recommendations. http：//www. wrneuman. com/works/2002_ buildingbroadband. pdf. 2002 － 09 － 30.

出，宽带技术在美国经济增长中扮演着关键角色，并提出了一系列政府管理层应该考虑和支持的实际措施，来支持和保证下一代高速互联网接入成本的公平、合理。

2003 年，美国正式公布《网络空间国家安全战略》[1]，提出三大任务，即防范针对美国关键基础设施的网络攻击、降低在被网络攻击时的脆弱程度、在出现网络攻击时尽量减少损失并缩短恢复时间。该文件的发布，意味着美国把信息安全问题提到了国家战略高度，成为国家安全战略的有机组成部分。

2004 年，美国著名的智囊团竞争力委员会完成《创新美国：在竞争与变化的世界中繁荣》[2] 的报告，指出"创新是美国的灵魂，是确保美国在21 世纪领导地位的非常重要的手段"，建议美国政府全面构建一种新型的合作、管理和监测机制，以确保美国在未来的全球经济中获得成功。

2004 年 1 月，PCAST 向总统提交《保持创新生态系统：信息技术制造业和竞争力》[3] 报告。该报告指出，美国国家总体的产业输出势头依然强劲，在很大程度上是得益于先进的信息技术和制造技术；其他国家持续发展的能力不在于其产品的商品化能力，而在于与美国竞争的能力——创新产品和新产业的能力；美国的领导能力不是与生俱来的，为了持续的技术领先地位，必须采取正确的政策。

2005 年 2 月，PITAC 提交《网络安全：紧迫的危机》[4] 报告。报告为

---

① National Strategy tto Secure Cyberspace. https：//www. us – cert. gov/sites/default/files/publications/cyberspace_ strategy. pdf. 2003 – 02.

② Innovate America：tThriving iin aa wWorld oof cChallenge aand cChange. http：//gg. cellmean. com/url? sa = t&rct = j&q = &esrc = s&source = web&cd = 2&ved = 0CCYQFjABahUKEwjM8 YTOi7LHAhXKlYgKHR6ZBOk&url = https%3A%2F%2Fwww. calstate. edu%2Fpsm%2Fdocs%2F1 – 11 – 07PSM_ Nov2005. ppt&ei = SNzSVcytHsqrogSespLIDg&usg = AFQjCNGHsy5zBNx8PNlOi0Ydm87LDu6 Twg. 2005 – 11 – 08.

③ Sustaining the Nation's Innovation Ecosystems, Information Technology Manufacturing and Competitiveness. https：//www. whitehouse. gov/sites/default/files/microsites/ostp/pcast – 04 – itreport. pdf. 2004 – 01 – 30.

④ Cyber Security：A Crisis oof Prioritization. https：//www. nitrd. gov/cybersecurity/documents/PITACReport2005. pdf. 2005 – 02.

联邦政府培育新架构和新技术、加强国家 IT 基础设施建设的工作提出四条建议，分别为：大幅增加对网络安全 10 个优先领域基础研究的支持、努力提高对网络安全相关研究人员和学生的重视程度、加快联邦网络安全技术向私营部门的转移、加强网络安全研发活动方面的跨机构、跨领域合作。

2005 年 6 月，PITAC 向总统提交《计算科学：确保美国竞争力》① 报告。该报告建议，联邦政府研究机构应与大学展开合作，从根本上改变研究和教育结构，促进和奖励计算科学领域的方法创新；联邦政府应委托相关机构进行及时的跟踪研究，从而促进政府研发角色的改变和创新。

2006 年，美国提出覆盖未来十年的科技、创新、教育的综合性战略"美国竞争力计划"②，指出国家的未来越来越依赖于新思想的产生、科学与工程领域创新者的活力以及新知识的创新性应用。同年，以普林斯顿大学为首的众多美国高校学者和政界人士共同完成了《锻造法治下的自由世界：美国 21 世纪的国家安全》③ 报告，提出了制订美国长远战略的新思维。

2007 年，PCAST 向总统提交了《领导于挑战中：世界竞争中信息技术研究与开发》④ 报告。报告指出，为了维持美国的经济繁荣、国家安全和民众生活质量，保持在网络和信息技术方面的领导地位是不可缺少的，这种领导地位源自于美国优异的"网络和信息技术生态环境"，其中包括美国领先的市场地位、商业环境和教育研究环境；其他国家和地区已经认识到了保持网络和信息技术领导地位的价值，并已经在努力追赶；为继续保持领导地位，必须大力支持高端计算、网络安全和信息保障、人机互动、网络信息技术和社会科学等领域的长期、跨学科项目研发。

---

① Computational Science：Ensuring America's Competitiveness. https：//www. nitrd. gov/pitac/reports/20050609＿ computational/computational. pdf. 2005－06.

② American Competitiveness Initiative. http：//georgewbush－whitehouse. archives. gov/stateoftheunion/2006/aci/aci06－booklet. pdf. 2006－02.

③ Forging a World of Liberty Under Law：U. S. National Security in the 21st Century. http：//www. princeton. edu/～ppns/report/FinalReport. pdf. 2006－09－27.

④ Leadership Under Challenge：Information Technology R&D in a Competitive World. https：//www. nsf. gov/geo/geo－data－policies/pcast－nit－final. pdf. 2006－08.

2007 年 12 月，美国总统布什正式签署通过了被称为新"阳光"法案的《2007 年政府公开法案》(*Open Government Act of* 2007)。该法案使新闻界和一般公众能够更顺利地根据《信息自由法》(*Freedom of Information Act*)①从政府那里查获信息。美国国会于 1976 年制定了《阳光下的政府法》(*Government in the Sunshine Act*)。而《2007 年政府公开法案》的颁布使美国政府的信息公开受到了更大程度的监督和约束，进一步提高了美国政府的信息透明度。

（二）2008 年至今

美国的霸权地位一直由三个因素来支撑，即军事力量、美元体系和科技创新。2008 年的国际金融危机使美元体系摇摇欲坠，受伊拉克战争和阿富汗战争的拖累，美国难有足够精力连续发动战争来转移国内危机。因此，美国只有也必须发动一场新的技术革命，才能化解经济危机，解决国内当前面临的多重挑战，并借机保住世界第一的"宝座"。毋庸置疑，信息通信技术就是这场新革命的一个主战场。就任总统后不久，奥巴马就在与美国工商业领袖举行的"圆桌会议"上宣布："经济刺激资金将会投入到宽带网络等新兴技术中去，毫无疑问，这就是美国在 21 世纪保持和夺回竞争优势的方式。"但这一切能否实现，又有一个前提条件，即网络空间的安全②。因此，2008 年后，美国信息化政策开始更多地着眼于网络空间的安全。

2008 年 9 月，美国联邦通信委员会（FCC）发布"2009~2014 年战略计划"③，提出了以下战略目标。

——宽带：所有的美国人应得到负担得起的、可靠的宽带产品和服

---

① Freedom of Information Act（FOIA）. http：//www. justice. gov/sites/default/files/oip/legacy/2014/07/23/amended - foia - redlined - 2010.

② "美国'网络沙皇'的'第一要务'"，http：//news. xinhua - net. com/mil/2010 - 07/13/content_ 13855045. htm.

③ Strategic Plan for 2009 - 2014. https：//apps. fcc. gov/edocs _ public/attachmatch/DOC - 285705A1. pdf. 2008 - 09.

务；市场监管政策必须促进技术独立性的提升、市场主体间竞争程度的提升、技术投资与创新规模的扩大，以确保宽带服务供应商有足够的积极性来开发和提供新的产品与服务。

——竞争力：提倡国内通信服务和海外同类服务竞争，起到支持国家经济发展的作用；鼓励通信服务框架的竞争和创新；通信服务商应为消费者提供可靠的、有意义的、价格低廉的选择。

——频谱：促进非联邦频谱在国内和国际上的使用；使创新、高效的通信技术和服务实现快速增长，并使其得到全面的部署。

——媒体：国内的媒体应在规范的条件下进行竞争，着力提升媒体内容的多样性和地域特色，并实现向数字媒体的顺利过渡。

——公共安全与国土安全：在紧急情况和危机之下，公共安全和通信服务必须满足各类公共安全、卫生、国防、应急人员以及所有消费者的需要；全国重要的通信基础设施必须是可靠的、可互操作的、冗余的、可快速恢复的。

——现代化 FCC：FCC 应努力成为高产出、高适应性和高创新性的组织，使 FCC 的股东、工作和管理人员均能从有效部署的系统、流程、资源和组织文化中得到最大收益。

2009 年 5 月，美国"网络与信息技术研发计划"（NITRD）[①] 发布了一份《网络研究挑战研讨会报告》[②]。报告提出了 2015 年网络发展的愿景，并建议在网络安全、光网络、异构网络、网络科学与工程这四个领域开展若干方向的研究工作。报告汲取了来自美国国家实验室、著名大学和其他科研机构的专家的意见。

2010 年 3 月 15 日，美国联邦通信委员会公布了《连接美国：国家宽

---

① NITRD 计划是根据 1991 年《高性能计算机法案》、1998 年修正案《下一代因特网法案》建立的，负责协调各部门信息技术研发工作的规划、预算、实施以及对已完成的信息技术研发工作进行评价，促进联邦机构在信息技术领域中的研发工作。

② Networking Research Challenges Workshop Report. http：//pages. uoregon. edu/joe/nitrd/final – report. pdf. 2008 – 09 – 28.

带计划》①，提出至少使 1 亿美国家庭能够获取实际下载速度 100Mbps 和实际上传速度 50Mbps 的宽带服务，在教育医疗、能源管理、公共安全、政府应用等重点方面做好基础设施的部署，有效促进经济增长、创造就业机会、增强国家核心竞争力、提高民众生活质量。

2009 年，美国奥巴马政府公布了经 60 天全面评估后撰写的报告《网络空间政策评估——保障可信和强健的信息和通信基础设施》②。该报告对网络空间进行了详细诠释，把网络空间定义为"全球相互连接的数字信息和通信基础设施"。需要注意的是，在这一定义中，网络空间的范围已经扩大到了"全球"范围。

2010 年 2 月 1 日，美国《四年防务评估报告》③ 再次肯定了网络空间这一概念的全球范围属性："网络空间是一个由互相联系的信息技术基础设施网络组成的全球信息环境域（global domain），这个信息技术基础设施网包括互联网和电信网。"可以看出，小布什时期对网络空间的定义到奥巴马时期已经上升到了全球的高度。

2011 年 5 月 17 日，美国白宫、国务院、司法部、商务部、国土安全局、国防部六大联邦政府核心部门发布《网络空间国际战略》④，首次把美国的网络安全政策与国际战略目标结合在一起，将外交、军事和网络安全议题进行了整合，这标志着脱胎于信息安全战略的美国网络空间国际战略正式成型。每个时代都有不同的制高点，冷战时期的战略制高点是核武器，而现代则是网络。美国多个要害部门联合推出《网络空间国际战略》，说明美国已把网络作为一个重要的战略领域，希望通过维持网络空间的安

---

①　Connecting America：The National Broadband Plan. https：//transition. fcc. gov/national－broadband－plan/national－broadband－plan. pdf. 2010－03－15.

②　Cyberspace Policy Review—Assuring a Trusted and Resilient Information and Communications Infrastructure. https：//www. whitehouse. gov/assets/documents/Cyberspace_ Policy_ Review_ final. pdf. 2009.

③　Quadrennial Defense Review（QDR）. https：//www. fas. org/sgp/crs/natsec/R41250. pdf. 2010－02－01.

④　International Strategy for Cyberspace. https：//www. whitehouse. gov/sites/default/files/rss_ viewer/international_ strategy_ for_ cyberspace. pdf. 2011－05－17.

全确保本国经济繁荣和社会稳定、维持全球领导的地位、主导网络空间游戏规则的制定。该战略也成为美国干预全球网络安全事务的宣言。

与《网络空间国际战略》相配套的《国家网络空间可信身份战略》（NSTIC）① 主张建立商业化的全球"可信标识生态环境"。鉴于美国实际上把持着国际数字认证服务市场，"网络空间可信身份战略"也就代表着美国可以跨越国家主权为他国企业、网民颁发"网络身份证"。然而，确定跨越国界的网络攻击源一直是国际性的技术难题，如果由单一国家来进行"网络身份证"的管理工作，一旦颁发机构在本身遭受攻击、丧失管理能力的情况下被恶意操纵，将可能导致全球性的严重后果。

2009 年 1 月 21 日，奥巴马总统就职后立即向联邦政府行政机构以及各国家机构部长发布《透明和开放政府》备忘录②。该备忘录在建设更加开放的政府方面提出了三大目标："政府信息透明性（transparency）""民众参与（participation）""政府部门间协作以及官民协作（collaboration）"，并要求 CTO 与 OMB、GSA 及其他联邦政府部门开展合作，在 120 天内制定《开放政府指令》③（Open Government Directive）。

2011 年，美国联邦政府在云计算概念提出不久之时便把握住产业发展的关键节点，发布了《联邦云计算战略》④（Federal Cloud Computing Strategy）。该战略明确了云计算的概念、发展模式以及标准，全面勾勒出了美国政府推进云计算发展的路线图和管理架构，确立了美国在全球云计算产业发展过程中的先导地位，彰显出了强劲的竞争力。

2012 年 2 月，美国国家科学技术委员会发布了"先进制造业国家战略

---

① National Strategy for Trusted Identities in Cyberspace. https：//www. whitehouse. gov/sites/default/files/rss_ viewer/NSTICstrategy_ 041511. pdf. 2011－04.

② Transparency and Open Government. https：//www. whitehouse. gov/sites/default/files/omb/assets/memoranda_ fy2009/m09－12. pdf. 2009－01－21.

③ Open Government Directive. https：//www. whitehouse. gov/sites/default/files/omb/assets/memoranda_ 2010/m10－06. pdf. 2009－12－08.

④ Federal Cloud Computing Strategy. http：//www. dhs. gov/sites/default/files/publications/digital－strategy/federal－cloud－computing－strategy. pdf. 2011－02－08.

计划"①。计划提出了五个战略目标：一是加强对中小型制造企业的支持力度，主要行动包括引导公共和私营部门的联合投资、加强政府对中小型制造商产品的采购、扩大对国家安全相关领域的投资；二是加快提升劳动力技能，主要行动包括更新制造业的劳动力、加强先进制造业工人的培训、对未来工人的教育培训以及对下一代的教育；三是建立健全伙伴关系，主要行动包括鼓励中小企业建立合作伙伴关系、加强基于集群的伙伴关系；四是调整和优化联邦投资，主要行动包括创建先进材料、生产技术平台、先进制造工艺及设计、数据基础设施四个领域的联邦政府投资组合及先进制造业投资组合，积极对跨领域机构开展投资；五是加大先进制造业研发投资力度，主要行动包括增加公共和私营部门在先进制造业研发中的投资总量、提高针对相应研究和试验的税收减免、加大联邦政府投资力度等。

2012 年 12 月 19 日，美国总统奥巴马签署了《信息共享与信息安全国家战略》②。该战略认为美国的国家安全取决于向正确的受众提供所需信息的能力。本战略延续了 2010 年《国家安全战略》③ 的思路，并进一步在信息共享的流程、标准和技术方面提供了更具整合性、更加有效的政策指导。

同年，奥巴马政府宣布"大数据研发计划"④。该计划号召有效提升在大规模复杂数据中进行信息访问与组织、信息收集与发现的工具水平和技术水平，进而提升从数据集中提取知识和观点的能力；承诺加快推进大数据在科学与工程中的应用，通过大数据加强国家安全保障力度、改进传统教学研究方式，解决大数据所带来的机遇和挑战。在本计划中，联邦政府

---

① A National Strategic Plan for Advanced Manufacturing. https：//www. whitehouse. gov/sites/default/files/microsites/ostp/iam_ advancedmanufacturing_ strategicplan_ 2012. pdf. 2012－02.

② National Strategy for Information Sharing and Safeguarding. https：//www. whitehouse. gov/sites/default/files/docs/2012sharingstrategy_ 1. pdf. 2012－12.

③ National Security Strategy. https：//www. whitehouse. gov/sites/default/files/rss_ viewer/national_ security_ strategy. pdf. 2010－05. https：//www. whitehouse. gov/sites/default/files/docs/2015_ national_ security_ strategy. pdf

④ Big Data Research and Development Initiative. https：//www. whitehouse. gov/sites/default/files/microsites/ostp/big_ data_ press_ release_ final_ 2. pdf. 2012－03－29.

的六个部门和机构宣布了总额为 2 亿美元的投资。

二、美国信息化管理决策过程概况

总体而言，在推进信息化和信息技术发展的过程中，美国非常重视市场的力量，政府所起到的大多是辅助性的推动作用。但是在电子政务和网络空间两个领域则不同，在这两个领域，美国政府非常重视自上而下的战略决策和能够实现有效协调、切实执行的管理层级设计。2000～2008 年间，美国政府适时建立了适合推进电子政务战略的、效率更高的管理体制，而在 2008 年后，美国政府转而开始对其网络安全组织机构进行不断的整合与完善。

（一）电子政务管理体制

美国政府的电子政务推进过程中，基本形成了由决策层、协调层和执行层三个层级构成的管理体制（见图1）。

决策层由总统和总统管理委员会（President's Management Council，PMC）构成。总统对国家公共信息资源管理负有首要责任。总统管理委员会负责公共信息资源管理项目的指导和审批，同时也是多元化公共信息管理体制的最高协调机构。总统管理委员会的主席由白宫管理和预算办公室（OMB）的副主任担任，其成员主要包括国务院、财政部、国防部等联邦政府主要部门的首席运营官（Chief Operating Officer，COO）和人事管理办公室（Office of Personnel Management，OPM）主管、总统助理等官员。总统管理委员会是 1993 年克林顿执政期间设立的，布什总统和奥巴马总统都沿用了这一机构。

协调层由白宫管理和预算办公室、白宫科技政策办公室（Office of Science and Technology Policy，OSTP）、首席信息官委员会等部门构成。1996 年，美国联邦政府开始设立首席信息官职位，并由白宫管理和预算办公室第一副主任兼任，主管信息化事务。2009 年，奥巴马将联邦首席信息

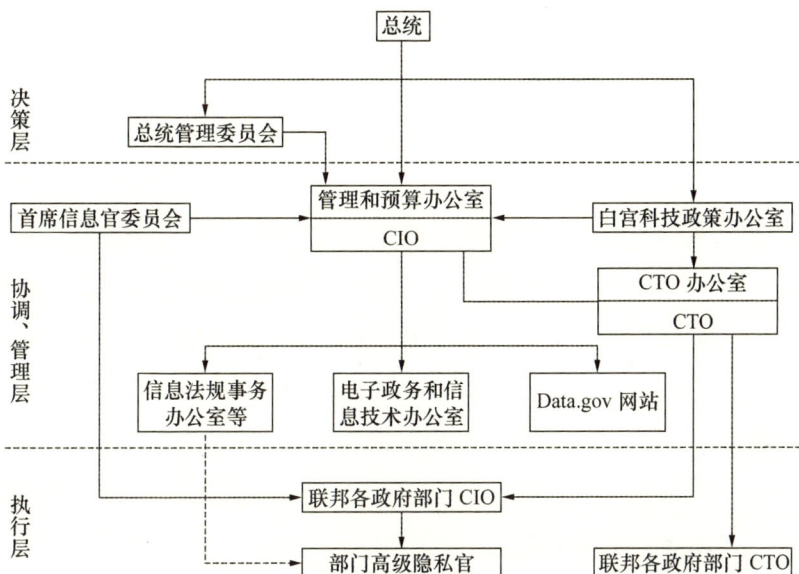

图1 美国电子政务管理体制

资料来源：工信部电子情报所信息化研究与促进中心整理（2014）。

官改任为专任职务，不再由 OMB 办公室副主任兼任，他既管理 OMB 电子政务和信息技术办公室（Office of E-Government & Information Technology，E-Gov），同时也是首席信息官委员会的主任，负责监督所有政府机构的运作效率和700多亿美元的政府科技预算执行情况。首席信息官委员会在2002年成立，由 OMB 的副主任、OMB 电子政务和信息技术办公室主任、OMB 信息法规事务办公室（Office of Information and Regulatory Affairs，OIRA）主任、政府各部门的首席信息官、中央情报局的首席信息官、各军种的首席信息官以及其他相关人员组成，作为联邦政府电子政务建设的协调机构。首席信息官委员会主席由 OMB 主任担当，联邦首席信息官担任该委员会的主任，代表主席管理首席信息官委员会的日常活动。奥巴马在设立联邦首席信息官的同时，还设立了联邦首席技术官（Chief Technology Officer，CTO），并在白宫科技政策办公室下设立了首席技术官办公室（Office of the Chief Technology Officer）。联邦 CIO 和 CTO 办公室负责引导各机构共同努力，与各联邦机构的首席技术官和信息官合作，确保政府与所有下属机构拥有21世纪所需的完善的基础设施、政策和服务，并且在保证网络安全的同时促进联邦政府与公民之间的信息交流。由此，CTO 也在很大程度上促进了电子政务的发展。

执行层主要是联邦政府各部门的首席信息官和首席技术官，负责落实联邦政府电子政务推进的各项决策。

此外，美国政府还建立了相应的咨询机构。2010 年，总统管理咨询委员会（President's Management Advisory Board，PMAB）成立，由美国著名企业的执行官和总裁组成，负责向总统和总统管理委员会提供有效的策略建议（尤其侧重在提高生产率、应用新技术和提升服务质量方面提供建议），以便将最佳的企业运营经验运用于与联邦政府管理和运行相关的活动。

（二）网络空间管理体制

2008 年后，随着美国将信息化战略重心转向网络空间，美国的网络空间机构建设也进行了重大调整。合理地设计和建立网络管理机构和决策程序，使其能够有效运作并有助于多重目标的实现、多重功能的履行、多重利益诉求的因应和协调，是现代国家所必备的能力之一。变动不居的内外环境使得国家的制度形态和组织机构持续发生或大或小的变动，因此，所谓的"国家构建"（state-building）是一个持续的、总是处于未完成状态的过程①。这对于号称全球最稳定的宪法政府体制的美国来说也是适用的。

奥巴马执政后，于 2011 年 5 月发布《网络空间国际战略》，不仅将网络空间提升至国际战略高度，更对网络空间组织机构的职能进行了相应的调整。面对美国政府、民间力量和军方在应对网络突发事件时各自为政的局面，奥巴马政府提高了网络空间工作领导和协调的层级（由原来的政府部长层级提高到总统层级），并且将网络空间、情报收集、军队网络安全保障等职能部门整合起来，形成了一个由白宫直接领导、政府机构执行、企业参与的网络空间管理体制（见图 2）。

---

① 牛可："帝国中枢：美国国家安全委员会管窥"，《世界知识》2010 年第 5 期，第 64～65 页。

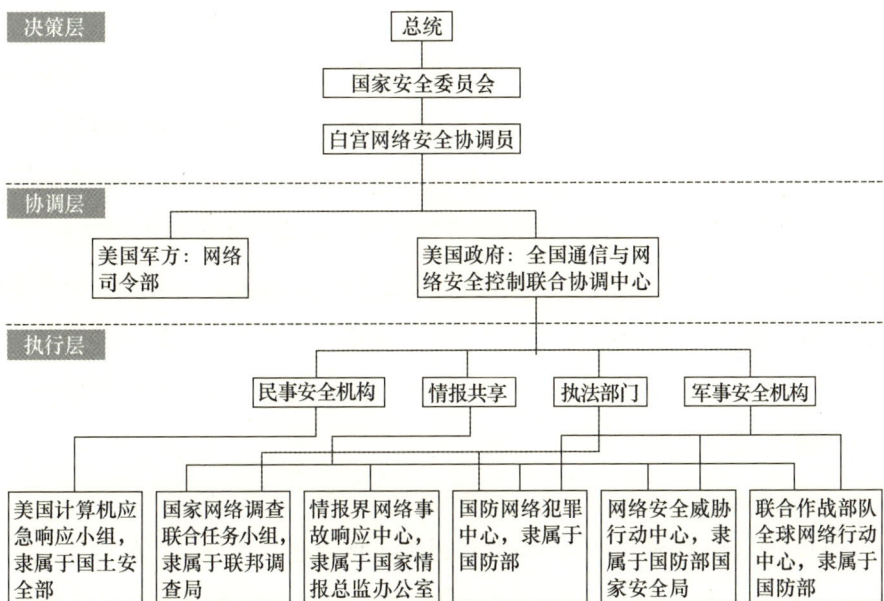

图 2　美国网络空间组织机构

资料来源：工信部电子情报所信息化研究与促进中心整理（2014）。

1. 决策层

美国国家安全委员会（National Security Council，NSC）作为总统的咨议机构，是美国政府的中枢机构，有学者将其称为"美国政府外交和安全政策制定最为重要的正式制度"。在美国联邦政府的各项目标和职责中，国家安全占据着首要的、中心的和凌驾的地位——用美国人的话说，国家安全是一种统御一切政府事务的"高位政治"（high politics）。在国家安全的整体目标和框架之下，NSC 在政府的最高层级上对政治、军事、外交、内政、经济、情报等分立的职能领域和部门实施集中统筹和全面协调，以保证决策程序的连续性和一体化。随着网络安全提升至国家战略高度，美国总统及国家安全委员会直接负责对美国网络空间的发展进行顶层设计和战略规划，全方位、系统地调动各方力量应对网络安全威胁，以达到最大限度保护美国国家安全和利益的目的。

为加强网络空间决策的针对性、时效性和准确性，美国政府于 2009 年 5 月底设立了白宫网络安全办公室，由白宫网络安全协调员（Cybersecurity

Coordinator）负责，为美国总统和国家安全委员会提供决策咨询。白宫网络安全办公室设立在军队和政府情报部门之上，属于总统顾问班子的一部分，由白宫国家经济委员会（National Economic Council，NEC）和国家安全委员会共同管辖。办公室并不直接拥有制定政策或获得预算的权力，而是"协调内阁其他部门提交的网络政策建议，形成美国政府的网络政策，并确保这个总体政策获各部门认同"。其主要职责是统筹全国网络安全事务，精心策划和整合所有政府网络的安全政策；与管理和预算办公室密切协作，以确保机构预算反映这些优先事项；在发生重大事件或网络攻击时对应对机制进行协调。

2. 协调层

网络空间的特殊性使得网空管理超出了任何政府单一部门的职能，特别是在应对网络安全威胁时，实现跨部门的监管合作、朝着无缝合作的方向不断前行，符合当今网络安全时代的客观要求。2009 年，美国政府成立全国通信与网络安全控制联合协调中心（National Cybersecurity and Communications Integration Center，NCCIC），作为美国政府网络响应工作方面的"神经中枢"。同年，美国军方成立网络司令部（United States Cyber Command），打破了一直以来美军各部门在网络领域孤军作战的局面，加强了美军在打击敌对国家和黑客网络攻击时进行统一管理、有效应对的能力。

全国通信与网络安全控制联合协调中心设立在国土安全部全国防护与计划司（National Protection and Programs Directorate，NPPD）下。该机构对涉及基础网络架构和美国国家安全的网络威胁进行 24 小时全天候监控，并承担了原属国家网络安全中心的一部分职能，负责协调和整合美国境内六大网络安全中心的工作[①]，以便提供跨领域信息，强化跨机构、跨部门的合作。具体而言，该中心的协调职能如下：一是在国家网络调查联合任务小组（National Cyber Investigative Joint Task Force，NCIJTF）、情报界网络

---

① National Cybersecurity Center Policy Capture. 美国国家网络安全中心政策解析图，http：//www. whitehouse. gov/files/documents/cyber/CybersecurityCentersGraphic. pdf.

事故响应中心（Intelligence Community-Incident Response Center，IC-IRC）、
国防网络犯罪中心（Defense Cyber Crime Center，DC3）、网络空间安全威
胁行动中心（NSA/CSS Threat Operations Center，NTOC）及联合作战部队
全球网络行动中心（Joint Task Force-Global Network Operations，JTF-GNO）
五大机构之间进行情报共享，以建立跨网络、跨系统和跨部门的网络行
动。二是协调国防网络犯罪中心、网络安全威胁行动中心和联合作战部队
全球网络行动中心三大机构应对军事网络安全问题，为各大军队司令部和
国家级演练的网络防御行动提供强有力的支撑。三是协调美国计算机应急
响应小组（Computer Emergency Response Team，CERT）应对民用设施安全
问题，加强政府和私营网络企业共同保护网络基础设施安全的能力，检查
".gov"网站活动，收集、归档和分析".gov"网站的网络事故报告。另
外，在打击网络犯罪问题上，该中心还与作为执法部门的国家网络调查联
合任务小组和国防网络犯罪中心一起，与美国情报部门、特勤局、其他美
国政府部门、外国执法部门、地方政府及私人部门合作，对可能威胁国家
安全的网络入侵行为开展调查。

为确保国防网络空间安全，2010年5月21日，美国成立了美军网络
司令部，隶属于美国战略司令部（United States Strategic Command）。该司
令部是美军网络战略方面的最高管理部门，是在美国战略司令部的授权下
通过协调各军兵种网络司令部而组成的，主要负责在网络攻击中保护军用
网络。其职能是：为网络防御发展理论、训练和设备；计划、协调、组织
和实施各类网络空间作战行动，包括指导国防部信息网络的防御行动，准
备和实施军事网络空间的全部作战行动，以确保美军及其盟国在网络空间
的行动自由、剥夺对手在网络空间的行动自由等。

3. 执行层

美国网络空间政策的执行机构主要包括国土安全部、联邦调查局、国
家情报总监办公室、国防部、国务院和商务部六大部门。各部门设有专职
的网络空间管理机构，其职能尽管各有侧重，但总体覆盖技术、情报、安
全、经济、军事和外交六大领域。

奥巴马任期内，国土安全部不再扮演网络安全的统筹角色，但其职能更加清晰，主要负责国内民用设施的安全问题。国土安全部作为主导部门，与国防部、国家安全局和私人企业一起合作，保护民用网络安全、网络空间和关键设施安全，以达到为公众提供安全、拥有活力的网络环境，促进网络创新的目的。在网络空间情报收集和分析方面，联邦调查局对网络攻击提供实时报警、综合分析、执法调查和应急响应活动，负责网络犯罪案件的调查与起诉。情报分享由国家情报总监办公室（Office of the Director of National Intelligence，ODNI）负责，其下设的情报界网络事故响应中心（Intelligence Community-Incident Response Center，IC-IRC）统筹协调美国16个情报机构间的情报和技术共享。在应对军事网络安全问题上，国防部负责美军网络安全和应对网络攻击，并支持国土安全部以确保电网、交通和金融等重要网络系统的安全。国防部下设的国家安全局①专门负责"监听"和分析国内外通信资料。这在"斯诺登"事件中也已得到"完全印证"。在网络外交问题上，国务院是主导部门。美国一直以来将"互联网自由"作为一个外交政策重点，推动制定基于美国核心价值观的"共同规范"，在网络空间内大力推进民主、自由、人权等西方价值观。近年来，相继在中亚发生的"颜色革命"和西亚北非的动荡，其背后都有美国政府与谷歌、推特、黑莓等网络公司相互勾结、推波助澜的影子。在鼓励信息网络技术助推经济发展方面，商务部扮演了主导角色，商务部国家标准与技术研究院（National Institute of Standards and Technology，NIST）负责发展联邦信息处理标准，开展关于自动数据处理、计算机及有关系统的研究工作。

这些部门之间还进行紧密合作。比如，2010年底，国土安全部与国家安全局共同发表合作备忘录以联手网络防御②。这两个部门并没有改变各

---

① 又称国家保密局。该局是超级秘密与军事情报的混合物。

② Doc of the day：NSA，DHS trade players for Net Defense. Spencer Ackerman. http：：//www. wired. com/dangerroom/2010/doc – of – the – day – nsa – dhs – trade – players – for – net – defense/2010 – 10 – 13，20：29.

自在保护网络方面的职责：国土安全部保护政府、水电等关键民生行业的电脑网络；国防部保护军方电脑网络。但备忘录明确规定：在遇到网络安全问题时，军方可以插手民用网络。正是这些部门"环环相扣"的配合，使得美国网络空间国际战略得以充分执行，其美式价值观也在网络空间中"肆虐横行"。美国始终通过各种方式主导游戏规则的制定，以求稳固其全球领导地位。

三、美国信息化战略和信息化管理体制的特点

美国政府在关键节点发布信息化战略和信息技术研发政策，打造纵向跨层级、横向跨部门的信息化管理体制的做法有很多特点。具体而言，有以下三点。

（一）信息化战略制定工作基于对国情的理解和认知，符合时代特征和国家利益

无论是美国的信息化战略还是信息技术研发政策，都是基于对国情的理解和认知，符合时代特征和国家利益的，是国家在对国内外形势和趋势进行深入研究和分析的基础上制定的，反映了通过信息技术的普及和应用促进经济社会全面发展与提升的迫切需求。在经济发展方面，美国的信息化相关战略、政策尤其强调促进经济增长和扩大就业，而在社会发展方面，则侧重提高公众生活质量和促进社会公平，借助信息技术提供更加方便、快捷、有效的公共服务，同时努力消除"数字鸿沟"，使所有人都能从信息社会发展中受益。

美国所制定的信息化发展战略充分体现了对现行的国际竞争格局以及未来的国际竞争态势的深刻解读，体现了美国不断提升国际竞争力和国际地位的国家意志。尤其需要指出的是，以美国为首的国家还力图凭借自身的优势，主导本地区乃至全球的信息社会建设，影响他国的建设理念和未来走向，在攫取经济利益的同时，将其价值观念、意识形态和文化等渗透

到其他国家。

（二）重视占据信息社会建设的主导权，以信息化手段提升国家整体实力和国际地位

信息时代，"鼠标的力量比刀枪更强大"①。著名未来学家托夫勒在《权利的转移》一书中指出，"世界已经离开了依靠暴力和金钱控制的时代，未来世界政治的魔方将控制在'信息强权'的手里，他们会使用手中掌握的网络控制权、信息发布权，达到暴力与金钱无法达到的目的"。

当今的世界是"一超多强"的格局。"一超"是指美国，它是长期占据绝对优势的超级大国。"多强"是指欧盟、俄罗斯、日本和中国等，多强的实力发展不平衡，此起彼伏。美国凭借其在经济、技术、军事、文化等各方面的领先地位在全球推行霸权主义，并逐步建成和完善以压倒俄罗斯、遏制中国、羁绊欧洲为核心的全球战略体系。我国正在走和平发展道路，通过不断开放逐渐融入世界并被世界关注，同时承担起负责任大国的角色。

分析发现，美国在制定信息社会战略时会对现行的国际竞争格局以及未来的国际竞争态势进行深入解读，其信息化战略体现了不断提升国际竞争力和国际地位的国家意志。同时，美国政府期望也通过信息通信技术的应用实现经济增长、社会发展、文化繁荣，从而提高国家的整体实力。比如，在2011年出台的《网络空间国际战略》中，美国政府直白地表达了其主导世界、领先国际、引领全球的意图和野心，将所谓的"网络自由"作为美国七个"政策重点"之一，强调"美国鼓励全世界人民通过数字媒体表达观点、分享信息、监督选举、揭露腐败、组织政治和社会运动"。当"网络自由"从个人理念演化成为国家战略、外交政策时，互联网就成为美国传播其价值理念、干预他国内政的战略工具。

---

① Lloyd Axworthy. The Mouse is Mightier than the Sword. Steven Hick, Edward F. Halpin, Eric Hoskins, edited. Human Rights and the Internet . London：Palgrave Macmillan, 2000 - 08.

美国还企图借助其强大的网络信息搜索、监控、分析和处理能力，按照美国的国家利益控制和改造整个网络世界。美国真正需要的并不是"网络信息的自由流动"，而是"符合美国需要的自由流动"。"网络自由"这一纠葛了政治、商业、文化甚至价值观等因素的政策已经变成一个复杂的国际性问题。

（三）使 ICT 产业成为国家经济增长的动力与源泉，ICT 技术推动传统产业改造升级

信息技术的发展大大提高了知识创新和技术创新的能力，加快了信息传播的速度，带动了美国经济的持续增长，成为推动美国经济增长的动力和源泉。信息技术的发展推动了产业结构的高度化。在美国的产业结构中，信息产业一直是产业发展的重点，并成为各行业的"领跑者"[①]，不仅本身创造的产值逐年增多，而且对经济增长和生产力提高有着不可小视的作用。

美国信息技术创新基金会的相关研究表明，ICT 产业推动经济发展主要有两种渠道。一是 ICT 的生产和制造，包括企业生产的笔记本、手机、路由器、电视以及其他各种电器设备。二是 ICT 消费，也就是 ICT 产品的使用和应用，ICT 消费可以来自于贸易部门，也可以来自于非贸易部门。金融、教育、医疗行业都可以充分应用 ICT 产品和服务，以提高工作效率、增加创新能力、形成新的服务创新模式。这两种渠道对于推动经济发展都非常重要。对于大部分经济体而言，80% 的经济收益来自于 ICT 的应用和消费，只有 20% 来自 ICT 生产和制造。

对美国而言，更是如此，ICT 产业成为美国增长最快的产业部门，在 1995 ~ 2002 年间，美国社会生产力的提高在 75% 的程度上要归功于 ICT 的

---

① 王述英、马云泽："美国信息化水平及其对经济的影响"，《世界经济与政治》2003 年第 8 期，第 75 ~ 79 页。

应用，而在 2000~2006 年间，则在 44% 的程度上归功于 ICT 的应用[1]。美国 ICT 产业对组织的影响力和对劳动生产率的影响力比其他任何形式的资本大得多。相关数据表明，1 美元的 ICT 投入会带来 25 美元的市场价值。作为一种"超级资本"，ICT 产业资本对劳动生产率的推动作用是非 ICT 产业资本的 3~7 倍，远远超过其他任何形式的资本[2]。

2008 年国际金融危机之后，以美国为首的发达国家掀起"再工业化"浪潮，以 ICT 技术推动制造业转型升级。美国政府认识到发展制造业对于美国长期经济竞争力至关重要，每年的政府财年预算都大幅增加对先进制造业的支持力度。利用 ICT 技术振兴现有的制造产业。美国国家科学基金会 2012 年的财政预算在基础和应用研究领域增加 8700 万美元，以支持先进制造技术中具有极大潜力的研究项目，如材料设计、纳米制造、下一代机器人以及信息物理系统（Cyber Physical Systems，CPS）；美国国防部先进研究项目局（Defense Advanced Research Projects Agency，DARPA）2012 的研发预算计划在 5 年内向先进制造领域将投入 10 亿美元，以求改变目前制造的基础模式，大幅度缩短从设计到制造整个过程所需的时间。

美国制造业在 2012 年和 2013 年分别增长 4% 和 3.5%，高于同期美国 GDP 增长预期[3]。如今，美国誓言要在高端制造业继续保持领先，并在为新的产业革命做好技术储备。

（四）注重信息化顶层设计和统筹规划，构建系统的国家层面组织机构

美国为实现国家信息化战略目标，推进电子政务、信息产业和网络安

---

[1] Exports, Jobs, and Economic Growth by Expanding the ITA. http：//www2. itif. org/2012 – boosting – exports – jobs – expanding – ita. pdf. 2012 – 03.

[2] Stephen J. Ezell, Robert D. Atkinson："How ITA Expansion Benefits the Chinese and Global Global Economies"，ITIF，2014. 4. . http//www. itif. org/pub1ications/how – ita – expansion – benefits – chinese – and – g1obal – economies. 2014 –04.

[3] "美国制造业强力回归 中国面临严峻挑战"，http：//news. hexun. comI2012 – 08 – 14I144 726397. html. 2012 – 08 – 14.

全等领域的发展，建立起了包含组织机构、职能分工、运作规则在内的多维信息化管理体系。

决策机构往往拥有足够的权威，对一国信息化的发展进行顶层设计和统筹规划，负责确定国家信息化发展总体思路、制定国家信息化发展战略规划以及相关政策。美国电子政务推进体制中的决策层是由总统和总统管理委员会组成，而在网络空间管理体制中则由美国国家安全委员会和白宫网络安全办公室组成。

协调机构负责协调政府各部门实施国家信息化发展战略和相关政策，这一职能通常是由各部门行政首长或者首席信息官组成的委员会履行。从历史上看，美式协调机制的建立是一个自下而上的过程，各个部门率先建立了属于自己任务和势力范围内的组织机构。这种机构变革是部门内部事务，因此比较容易实施，也不涉及外部协同问题。但是，这样的机构在需要进行外部协调时，往往会产生很多问题，或是因为职责重合而发生争执，或是因为职责分散而只能顾及自己的"一亩三分地"，在应对网络空间发展问题时，如此这般的机构设置显然不符合需要。奥巴马上台后，不但在原先国家安全中心的基础上整合设置了新的全国通信与网络安全控制联合协调中心，更高效地协调、统筹六大专职安全机构，美国军方还设立了网络司令部，在可能的情况下协调各部门主动发起网络战争，确保美国军事网络的安全。这种协调机制的确立体现了其顾及大局利益的整体观，打破了部门壁垒，有效减少了各部门权限和职责不清带来的矛盾和冲突。

执行机构负责相关信息化项目的推进实施，依据项目的规模和范围，通常是各具体的业务部门或多个部门联合而成，如联邦政府各部门的首席信息官和首席技术官。美国的涉网管理部门主要包括国土安全部、国防部、联邦调查局、国家情报总监办公室等部门下属的网络空间机构，它们在推动信息安全技术研发、加强政府部门与信息产业界的联合协作、打击网络犯罪等方面各司其职，共同推进网络空间有序发展。

四、对我国的启示

"他山之石，可以攻玉"，通过对美国信息化战略和信息化管理体制的研究，对照我国信息化建设的战略目标和重点，可以得出以下几点启示。

一是制定与国情发展相一致、符合时代特征和经济社会发展需求的信息化战略。信息社会发展到现阶段，随着信息化建设的逐步深化和成熟，信息化对于提升国家竞争力的重要影响也愈加明显。一个国家信息能力的强弱，直接决定着这个国家的国际竞争力和未来发展潜力。一方面，信息化和信息社会建设本身是各国竞争的焦点；另一方面，如何借助信息技术提高自己的整体竞争优势也是各国重点关注的问题。美国通过发展信息化水平，力图达到维持其全球霸主地位的目的。而对于我国而言，中央明确指出我国经济发展进入新常态，正从高速增长转向中高速增长，经济发展方式正从规模速度型的粗放增长转向质量效率型的集约增长，经济结构正从增量扩能为主转向调节存量、做优增量并存的深度调整，经济发展动力正从传统增长点转向新的增长点。要转向中国经济新常态，工作的重点不是旧常态下政府拉动海量投资、释放宽松信贷的做法，而是打好经济发展方式转变的攻坚战。在这个过程中，信息化是转向经济新常态的重要推动力量。我国应更加明确当前的目标和诉求，并采取一系列战略举措，使得信息化能够在促进我国经济社会转型发展中发挥更大的作用。

二是将国家信息化发展战略落到实处。国家信息化战略是指导我国信息化建设的纲领性文件，要真正实现战略目标和重点，还需要制定分领域的专项规划以及分年度的实施计划，并将这些战略规划落到实处。另外，从国外经验来看，制定信息化年度实施计划也是比较有成效的信息化推进方式。国家信息化发展战略是长期战略，制定年度计划有利于将战略目标和重点任务进行细化，而且按年度为周期进行推进，也能够确保信息化建设的有序性和有效性。

三是建立与现行领导管理体制相适应的信息化管理体制。2014 年初，中央网络安全和信息化领导小组成立。该机构成为我国国家层面的信息化决策机构，这是我国信息化发展历程上最重要也是影响最深远的大事。在建立了统一归口的决策机构后，下一步应当建立健全分工明确、相互协调的管理机制，进一步明确国家信息化发展相关职能部委的管理职责、整合管理资源、健全信息共享机制。明确需要政府强化管理的领域和其他需要依靠创造良好的市场环境来发展的领域。理顺中央和地方的统筹、协调关系，实行中央和省（部）两级管理，即中央管中央各部委和省级信息化工作，省管各市县信息化。此外，建立沟通顺畅、按级负责的研究咨询机制也很有必要。除了国家层面，各地区、行业、重点企业、重点高校和重点科研机构等也应建立扁平化、专业化和网络化的信息化发展研究咨询体系，并纳入国家信息化发展体系统一管理。

后记

信息化已经而且将更加深刻地改革人类的生产生活方式。各主要国家均制定了信息化发展战略，强力争夺信息技术的制高点。作为一个追赶型经济体，中国不仅要在信息产业发展中不落伍，而且要主动用信息技术提升其他产业，力争实现"弯道超车"。适应新一代信息技术发展的新形势，我国从"两化融合"战略，到今年提出的"互联网＋"和"中国制造2025"战略，国家战略不断演进。

中国经济发展进入新常态，转型升级迫在眉睫。牢牢把握信息化带来的战略机遇，用信息化促进中国经济转型升级，是我国的战略选择。为此，国务院发展研究中心组织"信息化促进中国经济转型升级"课题组，开展专题研究。国务院发展研究中心李伟主任担任课题总顾问。我们坚持开放合作的理念，除了国务院发展中心内部研究人员外，我们还邀请了中央网信办、工业和信息化部、农业部、商务部、国家信息中心、北京大学、清华大学等相关单位的领导与专家担任顾问和课题组成员。国务院发展研究中心信息中心是项目实施单位，承担研究的具体组织工作，其中，李广乾同志作了大量组织协调工作。

在课题成果即将付梓之际，我谨代表课题组，对各位顾问、课题组成员的辛勤劳动表示衷心感谢！对腾讯公司对本项目的大力支持表示特别感谢！

隆国强

2015 年 8 月 26 日

DRC
国务院发展研究中心 研究丛书2015
Development Research Center of the State Council

丛书主编 ▪ 李 伟

信息化促进
中国经济转型升级

上

国务院发展研究中心课题组 著

CHINA:
INFORMATIZATION
DRIVING ECONOMIC TRANSFORMATION

中国发展出版社
CHINA DEVELOPMENT PRESS

图书在版编目（CIP）数据

信息化促进中国经济转型升级（上、下）/国务院发展研究中心课题组著. —北京：中国发展出版社，2015.8

（国务院发展研究中心研究丛书.2015／李伟主编）

ISBN 978 - 7 - 5177 - 0359 - 4

Ⅰ.①信… Ⅱ.①国… Ⅲ.①信息化—作用—中国经济—经济发展—研究 Ⅳ.①F124

中国版本图书馆 CIP 数据核字（2015）第 168759 号

书　　　名：信息化促进中国经济转型升级（上、下）
著作责任者：国务院发展研究中心课题组
出 版 发 行：中国发展出版社
　　　　　　（北京市西城区百万庄大街 16 号 8 层　100037）
标 准 书 号：ISBN 978 - 7 - 5177 - 0359 - 4
经 销 者：各地新华书店
印 刷 者：北京科信印刷有限公司
开　　　本：710mm×1000mm　1/16
印　　　张：43.75
字　　　数：630 千字
版　　　次：2015 年 8 月第 1 版
印　　　次：2015 年 8 月第 1 次印刷
定　　　价：108.00 元

联 系 电 话：（010）68990642　68990692
购 书 热 线：（010）68990682　68990686
网 络 订 购：http：//zgfzcbs.tmall.com//
网 购 电 话：（010）68990639　88333349
本 社 网 址：http：//www.develpress.com.cn
电 子 邮 件：fazhanreader@163.com

"信息化促进中国经济转型升级"
课题组

课题总顾问

李　伟　国务院发展研究中心主任

专家委员会（按姓名汉语拼音首字母排序）

安筱鹏　工业和信息化部信息化和软件服务业司副司长

陈　伟　工业和信息化部信息化和软件服务业司司长

曹淑敏　工业和信息化部电信研究院院长

程国强　国务院发展研究中心国际合作局局长

邓寿鹏　国务院发展研究中心技术经济部原部长

高世楫　国务院发展研究中心资源环境研究所所长

高新民　中国互联网协会常务副理事长
　　　　　国家信息化专家咨询委员会委员

龚晓峰　工业和信息化部国际经济技术合作中心主任

洪京一　工业和信息化部电子科学技术情报研究所所长

李昌健　农业部渔业船舶检验局局长

刘九如　工业和信息化部电子工业出版社副社长、总编辑

卢　山　工业和信息化部软件与集成电路促进中心主任

马　骏　国务院发展研究中心企业研究所所长

徐　愈　中央网信办信息化发展局局长

张　鸿　国务院发展研究中心信息中心副主任

周宏仁　国家信息化专家咨询委员会常务副主任

课题负责人

隆国强　国务院发展研究中心副主任

课题执行负责人

赵树凯　国务院发展研究中心信息中心主任

侯卫宁　国务院发展研究中心信息中心副主任

课题协调人

李广乾　国务院发展研究中心信息中心研究一处处长

课题组其他成员（按姓名汉语拼音首字母排序）

曹炳文　工业和信息化部软件与集成电路促进中心

曹蓟光　工业和信息化部电信研究院通信标准研究所副总工程师

曹　洋　工业和信息化部软件与集成电路促进中心博士

陈宝国　国务院发展研究中心国际技术经济研究所

陈道富　国务院发展研究中心金融研究所研究室主任

戴鸿轶　工业和信息化部软件与集成电路促进中心副处长

杜绍明　农业部信息中心副处长

段炳德　国务院发展研究中心信息中心研究一处副处长

付　伟　工业和信息化部电子科学技术情报研究所信息化研究与
　　　　促进中心

高庆鹏　国务院发展研究中心办公厅博士

高太山　国家信息中心信息化研究部

高晓雨　工业和信息化部电子科学技术情报研究所信息化研究与
　　　　促进中心

高振远　工业和信息化部软件与集成电路促进中心

化柏林　北京大学信息管理系博士

侯卫宁　国务院发展研究中心信息中心副主任，研究员

江信昱　北京大学信息管理系博士

康春鹏　农业部信息中心博士

来有为　国务院发展研究中心办公厅副主任，研究员

兰宗敏　国务院发展研究中心信息中心博士

李昌健　农业部渔业船舶检验局局长

李德升　工业和信息化部电子科学技术情报研究所信息化研究与
　　　　促进中心

李广建　北京大学信息管理系主任，博士生导师

李广乾　国务院发展研究中心信息中心研究一处处长

李扬帆　清华大学经济管理学院

刘桂才　农业部信息中心处长

柳　岩　国务院发展研究中心信息中心博士

乔　睿　工业和信息化部电子科学技术情报研究所信息化研究与
　　　　促进中心

沈俊杰　国务院发展研究中心信息中心博士

石　光　国务院发展研究中心办公厅博士

陶平生　国务院发展研究中心办公厅副主任

陶　涛　北京大学经济学院国际经济贸易系副主任

王建平　工业和信息化部软件与集成电路促进中心总工程师

王金照　国务院发展研究中心对外经济研究部副部长

王伶俐　商务部服务贸易司处长

王　昕　农业部信息中心

王忠宏　中国经济时报社党委书记、研究员

魏际刚　国务院发展研究中心产业研究部研究员

武　红　国务院发展研究中心信息中心博士

解翠平　农业部信息中心

谢丽娜　北京大学信息管理系博士

徐清源　国家信息中心信息化研究部

徐伟平　农业部信息中心

徐　扬　北京大学信息管理系博士

杨　硕　农业部信息中心

杨远哲　清华大学博士

尹国伟　农业部信息中心博士

于凤霞　国家信息中心信息化研究部处长

余晓辉　工业和信息化部电信研究院总工程师

张　力　国务院发展研究中心秘书处处长

张新红　国家信息中心信息化研究部主任

赵树凯　国务院发展研究中心信息中心主任

张晓欢　国务院发展研究中心公共管理与人力资源研究所
　　　　东方文化与城市发展研究所

钟永玲　农业部信息中心处长

周　剑　工业和信息化部电子科学技术情报研究所信息化研究与
　　　　促进中心主任

朱贤强　国务院发展研究中心信息中心办公室副主任

课题报告一览表

编　号	报告名称	报告完成人	报告完成人单位
总报告	信息化促进中国经济转型升级	隆国强	国务院发展研究中心
综合研究报告	信息化促进中国经济转型升级的战略与政策选择	李广乾	国务院发展研究中心信息中心
分报告一	全球信息技术发展趋势与特点	余晓晖　曹蓟光	工业和信息化部电信研究院
分报告二	我国物联网产业发展研究	王建平　曹　洋　高振远	工业和信息化部软件与集成电路促进中心
分报告三	我国云计算产业发展研究	李德升　付　伟	工业和信息化部电子科学技术情报研究所信息化研究与促进中心
分报告四	大数据发展战略与对策分析	李广建　化柏林　江信昱　徐　扬	北京大学信息管理系
分报告五	移动互联网发展及对策分析	陈宝国	国务院发展研究中心国际技术经济研究所
分报告六	我国电子商务的发展特征、亟须解决的问题及对策分析	来有为	国务院发展研究中心办公厅
分报告七	我国跨境电子商务产业发展分析及其政策选择	陶　涛	北京大学经济学院
		李广乾　朱贤强	国务院发展研究中心信息中心
分报告八	我国互联网金融现状、问题和对策	陈道富	国务院发展研究中心金融研究所
分报告九	我国信息消费发展研究	王建平　曹炳文	工业和信息化部软件与集成电路促进中心
分报告十	信息化条件下服务外包产业发展及政策建议	王伶俐	商务部服务贸易司
		高庆鹏	国务院发展研究中心办公厅
分报告十一	加快发展3D打印　促进产业转型升级	王忠宏	中国经济时报社
		李杨帆	清华大学经济管理学院

编 号	报告名称	报告完成人	报告完成人单位
分报告十二	信息化促进农业现代化研究	李昌健	农业部渔业船舶检验局
		刘桂才　钟永玲 杜绍明　徐伟平 王　昕　解翠平 杨　硕　尹国伟 康春鹏　等	农业部信息中心
分报告十三	提高制造业信息化水平　推动经济转型升级	王忠宏	中国经济时报社
		李扬帆	清华大学经济管理学院
		段炳德	国务院发展研究中心信息中心
分报告十四	信息化促进我国服务业发展的机制、问题与对策研究	沈俊杰	国务院发展研究中心信息中心
分报告十五	能源领域的信息化发展研究	王金照	国务院发展研究中心对外经济研究部
		杨远哲	清华大学
分报告十六	信息化与物流业现代化	魏际刚	国务院发展研究中心产业研究部
分报告十七	电子政务与国家治理能力现代化	兰宗敏	国务院发展研究中心信息中心
分报告十八	促进我国智慧城市发展的政策研究	石　光	国务院发展研究中心办公厅
		王金照	国务院发展研究中心对外经济研究部
		张晓欢	国务院发展研究中心公共管理与人力资源研究所东方文化与城市发展研究所
分报告十九	网络社群对社会的影响与对策研究	于凤霞　徐清源	国家信息中心信息化研究部
分报告二十	中国信息化发展现状、问题与对策研究	于凤霞	国家信息中心信息化研究部
分报告二十一	美国信息化战略和管理体制研究及对我的启示	周　剑　高晓雨 乔　睿	工业和信息化部电子科学技术情报研究所信息化研究与促进中心

推进高端智库建设　引领中国经济新常态

国务院发展研究中心主任、研究员　李伟

　　去年，中央提出我国经济发展进入"新常态"的重要判断。认识新常态，适应新常态，引领新常态，成为当前和今后一个时期我国经济发展的大逻辑。

　　一年来，面对错综复杂的国际国内环境，在经济下行压力加大、经济发展结构性矛盾凸显的形势下，党中央、国务院带领全国各族人民和干部群众，全面贯彻党的十八大和十八届三中、四中全会以及中央经济工作会议精神，坚持稳中求进的工作总基调，加强和创新宏观调控，深入推进改革开放，力求实现稳增长、促改革、调结构、惠民生、防风险的综合平衡。同时，重点推进"一带一路"、京津冀协同发展、长江经济带重大发展战略，大力推进"中国制造2025"的工业强国战略和"互联网＋"行动计划，鼓励和促进"大众创业、万众创新"。这些战略部署和政策措施取得了积极成效，在一定程度上对冲了经济下行压力。从今年上半年各项经济指标看，经济增长与预期目标相符，结构调整继续推进，农业形势持续向好，发展活力有所增强。同时，经济下行压力依然较大，一些企业经营困难，经济增长新动力不足和旧动力减弱的结构性矛盾依然突出，需要我们继续保持战略定力，持之以恒地推动经济结构战略性调整；

同时加强危机应对和风险管控，及时发现和果断处理可能发生的各类矛盾和风险。

一年多来，国务院发展研究中心对我国经济进入新常态问题进行了深入研究。我们认为，新常态是我国经济运行度过增速换挡期、转入中高速增长后的一种阶段性特征。我国经济发展进入新常态，符合后发追赶型国家经济发展的一般规律，是后发优势的内涵与强度、技术进步模式发生变化后的必然结果，其实质是追赶进程迈向更高水平的新阶段。

新常态下的经济发展，增长速度已经不是核心问题，关键是要提质增效。只有做好认识新常态、适应新常态、引领新常态的大文章，才能实现我国经济向形态更高级、分工更复杂、结构更合理的阶段转换。而实现这一阶段转换的重要标志，一是经济体制改革的阶段性任务基本完成，二是结构调整及发展方式转变取得实质性进展，三是新的经济增长动力基本形成。如果不能完成这样的转换，我们的"两个一百年"目标将很难实现，也难以跨越类似一些拉美国家曾经遭遇的"中等收入陷阱"。

新常态下，风险、挑战与机遇并存。一方面，我们要看到，过去30多年中国经济在快速增长的同时，也积累了不少风险。在经济快速增长时期这些风险往往被掩盖，一旦速度降低后可能会逐渐暴露出来。制造业严重的产能过剩问题，面临资产重组和结构调整，不可避免地会引发产业更替、企业劣汰、员工转岗。在地方政府性债务、影子银行、房地产、企业互联互保等方面都潜伏着不少风险，"高杠杆、泡沫化"，最终都会向财政金融领域聚积。同时，当经济达到中等收入水平之后，不仅经济问题会更加复杂，政治、社会问题也会更加突出。人们的温饱问题基本解决之后，就会对公平、正义提出更高的要求，相应的政治诉求也会不断提升，过去长期存在的贫富差距问题、腐败问题、环境问题、食品安全问题、社会信用缺失问题等，都有可能成为引发社会动荡的诱因。一旦社会稳定不能得到有效维持，追赶进程就会被迫放缓甚至中断。

在看到风险与挑战的同时，我们更应重视新常态下蕴藏着的新机遇。经济发展进入新常态，没有改变我国发展仍处于可以大有作为的重要战略机遇期的判断，改变的是重要战略机遇期的内涵和条件；没有改变我国经济发展总体向好的基本面，改变的是经济发展方式和经济结构。经济结构调整难免阵痛，但调整成功了就会提升资产质量，提升产业结构，并创造新的工作岗位和更大的价值。虽然一些传统产业需求饱和了，面临转产调整，但一些新兴技术、新的业态和新的需求正在涌现，供给创造需求的空间十分巨大。虽然国际市场对我国传统出口商品的需求增长放缓了，但我们利用装备能力、产业配套能力和资本输出等优势，在新一轮国际分工中，迎来向产业链中高端迈进的历史机遇。保护环境、治理污染表面看会增加成本，但提供需求快速增长的生态产品，走低碳、绿色发展道路，环保技术、新能源等领域则会带来新的增长动力。

总之，中国经济发展所处的新常态，既是由过去时发展而来的现在时，更是蕴含着巨大变革和创新活力，迈向历史发展新阶段的未来时。在这个演化过程中，认识新常态很重要，适应新常态也很重要，但更重要的是引领新常态，推动中国经济发展迈上新台阶。作为直接为党中央、国务院重大决策提供研究咨询服务的智库机构，国务院发展研究中心应该、也有信心能够对此发挥重要而独特的作用。

当前，国务院发展研究中心自身的建设与发展正在迎来一个新的历史机遇期。继2013年4月和2014年1月习近平总书记两次对国务院发展研究中心有关智库建设工作的报告作出重要批示之后，今年 1 月中办、国办公布的《关于加强中国特色新型智库建设的意见》将中心列为第一批国家高端智库建设试点单位，同时又列为负责联系协调智库的党政所属政策研究机构。我们深感使命光荣、责任重大、前景广阔。

在这样的背景下，"国务院发展研究中心研究丛书"连续第六年与读者见面了。今年的中心研究丛书包括 19 部著作，集中反映了过去一年多中心的优秀研究成果。其中，《信息化促进中国经济转型升级》全面、深入地研究了新一代信息技术正在对产业结构产生的深刻影响，分析了信息化推动中国经济转型升级的有利条件与挑战，并提出了实施信息化推动经济转型升级的"2＋2"战略及政策建议，有助于人们理解和落实 2015 年政府工作报告提出的"互联网＋"和"中国制造 2025"战略；《国家（政府）资产负债表问题研究》《支撑未来中国经济增长的新战略性区域研究》等 10 部著作，是国务院发展研究中心各研究部（所）的重点研究课题报告；还有 8 部著作是优秀招标研究课题报告。

不久前，国务院发展研究中心刚刚度过了 35 岁生日，正从"而立"走向"不惑"。根据我们已经上报中央的国家高端智库建设试点方案，中心将实施"政策研究与决策支持创新工程"，推进研究提质、人才创优、国际拓展、保障升级四大计划。我们真诚地欢迎读者朋友们对这套丛书不吝批评、指正，提出宝贵的意见和建议；并热切地期待在今后的工作中继续得到社会各界的关心、支持与帮助，使我们在建设国际一流的中国特色新型智库、服务于改革开放和经济社会发展、推动国家治理现代化的道路上不断进步，为国家、为社会作出更大的贡献。

2015 年 8 月 1 日

信息化促进中国经济转型升级

中国经济进入新常态，实现转型升级成为中国经济发展的关键。自工业革命以来的人类历史表明，重大技术革命是推动经济转型升级的巨大动力。当前，信息技术引领新一轮技术革命浪潮。牢牢把握信息化带来的重大机遇，实施信息化促进经济转型升级的战略，对我国未来发展具有十分重大的战略意义。

一、信息化将有力地推动中国经济转型升级

信息技术革命方兴未艾。自 20 世纪后期以来，信息技术革命进入加速推进的时期。当前，以物联网、云计算、移动互联网、大数据为代表的新一代信息技术突飞猛进。新一轮信息技术呈现出不同以往的新特征，围绕海量信息采集、传输、处理、应用的各个环节技术的同步推进，导致信息化推进更为迅猛，渗透更加广泛深入，影响更加深远。

信息化已经而且将更加深刻地影响各国经济社会发展。信息化已经催生了巨大的"新经济"部门，IT 产业已经成为最大的产业部门之一，国内外都在这些产业部门出现了不少巨型企业，如微软、苹果、英特尔、阿里巴巴、腾讯等。不仅如此，信息化推动传统产业的转型升级，更加值得重视，从第一产业、第二产业到第三产业，各行各业均不同程度受到信息化

的渗透，有的部门正在出现颠覆性变化。商贸、物流、金融等传统服务业发生着深刻变化，制造业也呈现出智能化、网络化、模块化、柔性化的新特点。信息化不仅带来技术革命，而且推动商业模式的创新层出不穷，甚至影响到人们的思维方式和行为方式。信息化影响之深刻，前所未有，对此应有充分认识。

面对信息化带来的战略机遇，各国政府主动制定战略，引导产业转型发展。一向反对产业政策的美国政府，制定了"重振美国制造业"战略，新一代信息技术与制造业的融合是其重要内容。德国政府在 2010 年发布《高技术战略 2020》，提出了"工业 4.0"项目，其工作组在 2013 年发布了《保障德国制造业的未来：关于实施"工业 4.0"战略的建议》，把工业与信息化融合为基本特征的"工业 4.0"称为继机械化、电气化、信息化之后的第四次工业革命。其他一些发达国家也制定了类似的战略。

中国政府高度重视利用信息化推动经济转型发展。早在 2002 年党的十六大上，中央就提出了"以信息化带动工业化，以工业化促进信息化"的新型工业化道路的指导思想；党的十七大提出了"大力推进信息化与工业化融合"的"两化融合"概念；党的十八大要求实现工业化与信息化深度融合；2015 年《政府工作报告》提出了"互联网＋"和"中国制造 2025"战略。

能否抓住信息化机遇，实现经济转型发展，已经成为各主要国家抢占未来全球竞争制高点的核心内容。对我国而言，经济发展进入新常态，面临着跨越"中等收入陷阱"的艰巨任务，如果把握好信息化推动经济转型升级的机遇，不仅可以为经济发展提供新动力，而且可能实现针对发达国家的"弯道超车"，具有十分重大的战略意义。

二、信息化推动中国经济转型升级的有利条件与挑战

抓住信息化机遇，推动我国经济转型升级，我国具有不少有利条件，但也面临不少挑战，要深入分析，准确判断，扬长避短，趋利避害。

（一）有利条件

第一，雄厚的信息产业基础。经过多年的发展，我国 IT 产业发展迅猛，目前已经成为世界上最大的 IT 产品出口国和仅次于美国的第二大 IT 生产大国。世界上的信息产业巨头企业，无论是硬件商还是软件商，绝大部分在华有投资和生产研发活动，我国已经汇聚了全球信息产业链诸多重要的环节。本土企业快速发展，涌现出一批像华为、中兴、联想、浪潮等具有全球影响力的信息产品生产商，同时也拥有像百度、阿里巴巴、腾讯等规模位居世界前列的信息服务商。其中，华为、中兴、腾讯均位列 2014 年全球专利申请最多公司的前 25 名，充分体现了本土信息产业的研发创新能力。我国不仅设计生产出了世界运算速度最快的天河计算机，而且在信息通信技术国际标准制定中的影响力也不断提升，取得了以 TD-SCDMA、AVS、WAPI 等为代表的具有自主知识产权的多项标准。

第二，本土市场潜力巨大。信息产品与服务的全球市场正在形成，但本土市场规模仍具有多方面的重要意义。我国本土市场巨大，截至 2014 年 12 月，我国网民数量达到了 6.49 亿，网民普及率达到 47.9%，仍有巨大的扩张空间。我国智能手机日益普及，通过手机上网的网民数量达到 5.57 亿。智能手机的普及有力地降低了普及上网的成本。电子商务交易额超过美国成为世界第一。巨大的本土市场为信息技术创新、商业模式创新提供了有利的条件，为我国培育一大批具有国际竞争力的"新经济"企业提供了土壤。更要看到的是，我国作为世界第二大经济体，应用信息技术改造传统产业的潜力更大。从农业到采掘业，从工业到服务业，各行各业都已经不同程度地在运用信息技术进行改造升级，有的是传统企业主动运用信息技术，有的是"新经济"企业主动侵入传统产业，这一历史进程已经拉开帷幕，虽然各行各业进展程度不一，但总体仍处于信息化改造传统产业的初级阶段，未来将进入加速推进阶段，潜力巨大。

第三，运用信息化推进经济转型发展正在成为全民共识与行动。作为一个发展中大国，我国政府对新技术革命的发展趋势十分重视，早在 2002 年就提出"以信息化带动工业化，以工业化促进信息化"的新型工业化道路，这在全球都是最早的国家之一。随后我国政府制定了多个信息化促进经济转型发展战略，如 2006 年《国家信息化发展战略（2006－2020）》，2010 年国务院《关于加快培育和发展战略性新兴产业的决定》，以及发展改革委、工业和信息化部等多个部委制定发布了关于"两化融合"、智慧城市、云计算等多部战略与指导意见文件，2015 年又提出了"中国制造2025"战略。

在市场主体层面上，信息技术与商业模式的创新取得了巨大成功并形成了强大的社会示范效应。阿里巴巴的支付宝、小米手机、腾讯微信等创新成果，得到了包括资本市场在内的广泛认同，取得了商业上的巨大成功，产生了强大的社会示范效应。如果说早期信息化的推进还依赖于政府的电子政务加以推动，今天市场化已经成为基本动力。在大众创业、万众创新的氛围下，风投、孵化器、创客空间等遍地开花，利用信息化开展技术创新或商业模式创新已经蔚然成风。传统企业主动运用信息化技术与信息化企业主动进入传统产业，交相辉映，成功案例不断涌现，示范意义持续放大。

（二）问题与挑战

虽然信息化推动经济转型取得了重要进展，具备良好条件，但是，我国仍然面临很多问题与挑战，对此必须要保持清醒认识。

第一，核心技术设备与国际先进水平差距明显。我国信息产业的龙头企业多处于产业链下游，对于信息化至关重要的芯片、操作系统等核心软硬件技术、设备，我国企业与国际先进水平存在明显差距。

第二，信息安全挑战巨大。信息安全是国际性的挑战，发达国家同样面临信息安全挑战，但由于我国缺乏核心技术，信息安全形势更为严峻。

第三，信息化基础设施发展滞后。由于技术、体制、政策等多方面原因，我国信息化基础设施发展滞后，网络覆盖面不足、网速低、费用高，制约信息化发展。

第四，创新导向的金融服务体系尚不完善。尽管越来越多的投资者开始看好信息化发展的前景，各级政府、金融机构采取了多项措施，但是，目前为止，我国大部分成功的信息化企业如百度、阿里巴巴、腾讯（统称为 BAT），均在境外资本市场上市且外国投资者占据相当比例股份。这表明，我国尚未建立起一个适应市场需要的创新导向的金融服务体系。

第五，适应信息化需要的制度环境尚待建立完善。信息化对制度环境会提出新的要求，例如，信息化带来的业务创新如互联网金融如何监管？基于信息化的商业模式创新的知识产权是否需要保护，如何有效保护？大数据带来的信息安全问题如何保障？必须认识到，传统的监管理念和管理制度已经远远不能适应信息化发展的需要，信息化对理念、制度、手段的冲击可能是颠覆性的，这就要求我们必须前瞻性地研究信息化发展需要的制度环境，形成不断完善制度环境的有效机制。

三、实施信息化推动经济转型升级 "2+2" 战略的政策建议

为加快信息化推动经济转型升级步伐，必须制定有效的发展战略。从我国实际出发，我们认为，我国应该实施由两大领域与两大动力构成的信息化促进经济转型升级战略（简称"2+2"战略）（如图1）。信息化推动经济转型升级的两大领域是指发展信息技术新兴战略性产业和采用信息技术提升其他产业，两大动力是指技术创新和商业模式创新。通过"2+2"战略，推进经济结构升级，提升质量效益，增强国际竞争力，为实现两个百年目标奠定坚实基础。

实施"2+2"的转型升级战略，需要官、产、学、研各界的共同努力，各自要找准定位。企业是主体，政府具有不可替代的作用。政府应着力做好以下几个方面工作。

第一，按照"2+2"战略部署，整合完善现有相关战略与举措。当前，有必要根据新一代信息技术发展趋势以及我国信息化发展形势的需要，对原有的信息化及其他相关战略进行修订完善。可以考虑将"互联

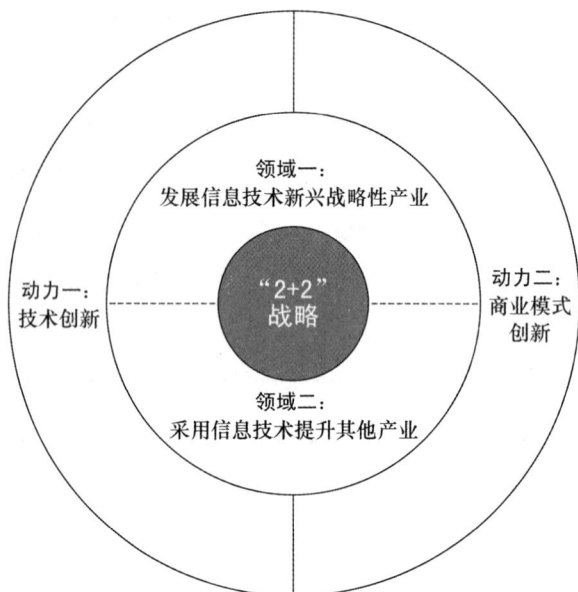

图1　信息化促进经济转型升级战略（简称"2＋2"战略）

网＋"充实拓展为信息化促进传统产业创新发展、转型升级战略。"两化融合"战略只覆盖了工业，在推进"中国制造2025"战略时，适当拓展为"中国工业2025"，并尽快制定"农业信息化战略"和"服务业信息化战略"。

第二，用开放包容的思维对待信息化创新，采取"跟进式"制度建设模式。新一代信息技术与信息化创新和商业模式创新，无论用于新兴产业还是传统产业，都会带来诸多新变化，而且具有试验性，成功与否最终靠市场来检验。如果从一开始就强求规范，过严监管可能导致其早夭，但没有制度与监管也不利发展。因此，对这些领域的创新，需要以开放包容的思维来对待，制度建设可以逐步"跟进"，不断完善。

第三，大力完善信息化基础设施。实施"宽带中国"战略，建设高网速、低价格的全国宽带网络，这既利于短期稳增长，又利于长期调结构、促升级。加快电信领域的准入与监管改革和国有电信企业改革，进一步引入竞争，形成具有国际竞争力的合理价格。

第四，建设开放创新体制环境，突破信息化核心技术设备瓶颈。信息技术更新快，封闭式创新只会拉大与先进水平的差距。因此，必须用全球视野和开放胸怀，充分利用全球的人才、资源、技术和市场。打造中资跨国公司，鼓励国内企业深化与外资跨国公司的合作，整合境内外研发资源，开展技术创新。加强对知识产权的保护。以创新导向为目标，深化金融改革，引导资金支持创新。

第五，以技术与管理为双抓手，加强信息安全建设。信息安全既涉及个人隐私保护，又关乎国家安全。解决好信息安全问题也有利于促进信息化本身的推进。加强信息安全建设，一靠技术，二靠管理。既要加快核心技术设备研发生产，又要完善监管制度，健全管理机构与手段，以中央网络安全与信息化领导小组及其办公室为统领，加强部门协调配合，克服政出多门、多头管理的弊端。

信息化促进中国经济转型升级的
战略与政策选择

一、前　言

　　以物联网、云计算、移动互联网以及大数据为代表的新一代信息技术正在发生深刻的变化。当前，各主要领域均处于更新换代的重大变革期，整体上正处于群发性突破和颠覆性变革前夜。从技术演进方式来看，新一代信息技术正在从单点创新向体系化创新模式转变，跨界融合与垂直整合成为技术创新和产业竞争的主要模式。尤其重要的是，与以前的单项 IT 技术的创新发展不同，近些年来所流行的物联网、移动宽带、云计算、大数据技术具有一个最为显著的特点，就是相互之间围绕海量信息的产生、传输、处理、决策分析的、前后相互连贯的产业链条的形式集中出现。新一代信息技术所建立的信息采集、传输、处理与应用等环节技术的同步发展，为信息化建设构建了一种崭新的、统一的"元模型"，使得各行各业得以借助这种统一的"元模型"去发展各自所需要的新型信息化业务体系。这种变化不仅掀起新一轮的、威力更为强劲的信息化宏伟浪潮；而且，更为重要的是，传统产业因此而被颠覆、重整，新的跨界融合行业不断涌现。产业面貌正日新月异，新一轮产业革命已经启动。

　　信息化催生下的新一轮产业变革主要表现为两种方式。方式一是新一代信息技术的各项技术创新都在各自引领一项新的产业并衍生出众多新兴业态。例如，物联网、云计算、大数据等既是一类创新技术，更是一个动辄千亿市场规模的新兴行业。方式二是信息化与传统行业融合创新。根据主导方向的差异，具体又分两种情况。情况一是传统行业引入新一代信息技术革新其信息化发展模式，使得这些传统行业的面貌发生重大变化，生产效益得以大幅度提升，像美国的电子商务行业以及德国、美国的一些大型跨国企业正在开展的工业生产智能化。情况二是新兴企业综合运用新一代信息技术切入传统行业（主要是服务行业）的关键环节，并以一种全新的商业模式将两个以上传统行业所特有的关键环节整合起来成为一个更受市场欢迎的新业态。例如，我国的电子商务与互联网金融行业。互联网金融将（移动）互联网与支付、信用、理财、投资等统一起来，衍生出各种各样的互联网金融业态。

近年来，工业制造业与新一代信息技术的融合创新成为各国新一轮产业革命的战略制高点。2009 年以来，这种融合创新首先成为美国政府"再工业化"与"重振美国制造业"战略的重要内容。为响应和实施美国政府"再工业化"与"重振美国制造业"战略，2012 年 11 月，美国通用电气公司（GE）发布《工业互联网：突破智慧和机器的界限》白皮书，提出了"工业互联网"发展战略。2010 年，德国政府在其发布的《高技术战略 2020》中提出了"工业 4.0"并将其作为十大未来项目之一；2013 年，德国"工业 4.0"工作组发布《保障德国制造业的未来：关于实施"工业 4.0"战略的建议》的报告。该报告把"工业 4.0"称为继机械化、电气化、信息化之后的第四次工业革命。

我国紧紧抓住了这一轮产业革命的历史机遇。在新一代信息通信技术的研发、标准制定与产业应用方面，我国已经具备比较好的基础条件，与国际先进水平的差距显著缩小，在一些领域建立了自己独特的技术与产业化优势。我国信息化发展的社会环境发生重大变化，当前，我国网民规模达 6.49 亿，成为全球网民规模最大的国家，从而使得信息化建设的驱动力量由"外生"向"内生"转变，信息化成为全社会的一种共识。在这种综合作用下，我国互联网经济日益繁荣，电子商务交易额占全社会零售商品交易额的比例达到 8% 以上，超过美国；近些年来涌现出一批以 BAT 为代表的具有较强国际竞争实力和创新能力的互联网企业。

但是，在这种快速发展的背后，仍然隐藏着诸多重大的隐忧，具体表现在以下三个方面。

（1）核心技术缺失。我国在新一代信息技术各个领域的原创核心技术方面都缺乏自主知识产权，企业自主创新能力仍然不足。

（2）"两化融合"深度不足。我国工业制造业在与新一代信息技术的深度融合方面严重落后于那些制造业先进国家。尽管长期以来我国一直在强调要加强工业化与信息化的融合，但是面对美国、德国等近年来所推行的"再工业化"和"工业 4.0"战略以及国内外经济形势的变化，我国多年来依靠劳动力成本优势所建立起来的"中国制造"正面临严峻挑战。尽管近年来我国互联网经济获得举世瞩目的成就，但是我国 IT 与信息化的技术、人才、品牌等资源主要集中于服务行业，特别是文化、娱乐等行业，我国互联网经济呈现显著的"泛娱乐化"现象。我国工业化与信息化的深度融合缺乏 IT 与信息化的技术、人才、品牌等资源的有力支撑，我国的新型工业化道路尚未找到切实可行的发展路径。

（3）信息化治理环境有待完善。信息化治理环境有待完善，信用等问题制约我国电子商务经济的深入发展。

对于这三个方面的问题，必须相应地采取有效措施去逐步解决。

（1）加强新一代信息技术自主创新体系建设。明确新一代信息技术领域核心技术及其研究开发优先次序，并在此基础上有的放矢地加大基础研究、前沿技术和关键共性技术研究投入，自主研发创新新一代信息技术；多措并举，为国内新一代信息技术产业创新发展提供有保障的市场发展空间；构建以资本为纽带、以产业基金为引导、相关各方协同推进的产业生态系统。

（2）确立"工业互联网"发展模式。考虑到我国工业化与信息化融合的深度不够，也针对我国工业化尚未完成的历史现状，"互联网工业"发展模式应该是当前我国新型工业化道路的合理选择。其最大特点，就是充分发挥我国在电子商务等互联网经济发展方面的巨大优势及其长期积累起来的信息化建设的技术、人才、管理条件与经验的综合价值，去逐步嫁接各制造业企业的生产制造流程。也就是逐步压缩制造业企业的商务部门，并日益实现电子商务平台与企业的生产制造环节的产业链对接。

为此，我国应该将"互联网工业"作为有关新型工业化发展战略规划（如"中国制造2025"）的核心内容，并将其与电子商务经济作为一个整体进行顶层设计，统筹规划与实施。同时，从财政、金融与税收等诸多方面，为进入现有制造业行业和企业的BAT等互联网企业提供更多激励政策，极大地吸引新一代信息技术与相关资源、要素进入我国传统工业领域，只有这样才能真正有效地推进"两化深度融合"战略，实现"中国制造2025"的规划目标。

（3）明确并加强电商平台的"第四方治理"地位和功能。加强信息化治理体系建设，要明确各类互联网行业平台（如门户网站，搜索引擎、社交媒体、电子商务等平台）特别是电商平台的"第四方治理"的地位和功能。

二、当前新一代信息技术创新发展的基本特点

（一）新一代信息技术的各主要领域均处于更新换代的重大变革期，整体上正处于群发性突破和颠覆性变革前夜

随着泛在获取、高速传输、海量存储、数据挖掘和知识共享等需求的相互叠加与促进，集成电路、基础软件、计算机、通信网络、互联网应用、信息处理等核心技术不断取得突破，原有技术架构和发展模式不断被打破，开始步入代际跃迁的关键时期。当前，集成电路正在步入"后摩尔时期"，石墨烯等新型信息功能材料、器件和工艺加速发展；软件技术进入"云时代"，以精细化、平台化、服务化、个性化、云化为特征的新一代软件与行业需求深入结合；计算机整机进入"后PC时代"，"Wintel"平台正在瓦解，以ARM + Android为主的多开放平台和技术产业新格局加速形成；数据网络正在步入"后IP时代"，发展安全可信、宽带融合、高

效扩展的未来网络正成为网络科学家的努力方向；移动通信全面步入4G，并正在开启5G新时代，为移动互联网发展带来新机遇；互联网应用技术进入"后WEB"时代，以HTML5和HTTP2为核心的新一代Web技术将推动互联网应用的变革；云计算、大数据与物联网、移动互联网深度融合，共同推动信息处理方法以及应用模式的根本性变革。

（二）从单点创新向体系化创新模式转变，跨界融合与垂直整合成为技术创新和产业竞争的主要模式

互联网促进了多技术、多系统的深度集成与综合，促进了平台、产品、内容的多层面融合，促进了网络、业务、内容和终端的互动式发展，开辟了技术扩散、知识共享和开放获取的新模式，缩短了技术发现、技术发明和技术创新的周期，推动了知识创造和管理服务走向一体化。一些跨国龙头企业凭借自身的技术优势及其所主导的产业生态体系，加速技术的跨界融合和垂直整合，积极推进信息技术的系统性和体系化创新，着力推动单点技术优势向体系化技术优势的转化、单一产品优势向产业体系优势的转化，打造国际先进的信息网络、计算、信息安全等核心技术体系，并推动缔结类似于Wintel的技术产业联盟，构建新型产业格局，推动集成电路、基础软件、关键器件等薄弱领域的整体突破。

（三）新一代信息技术：围绕信息生命周期而出现全面的链式技术创新

信息化建设直接由IT技术驱动，也因IT技术本身的特性而显得更加的自动化、智能化、人性化，同时更对企业生产管理、政府公共管理、社会交往形态产生显著的影响。传统的信息网络技术让人们可以通过计算机终端进行P2P（对等）的交流，而新一代信息技术则更强调信息的综合、整合，平台化功能更为强大。更为重要的是，物联网将对物体的管理纳入网络化管理中，从而使得人与整个世界都融入一个统一的平台中；而云计算的发展则进一步使得由物联网等所产生的海量信息资源的存储、业务处

理、整合管理等问题不再成为难题；大数据技术则为分析这些海量数据、发掘其潜在价值并为决策分析提供了可靠的技术保障。所以，与以前的单项 IT 技术的创新发展不同，近些年来所诞生的物联网、移动宽带、云计算、大数据技术具有一个最为显著的特点，就是相互之间围绕海量信息的产生、传输、处理、决策分析的、前后相互连贯的产业链条的形式集中出现（如图1所示）。新一代信息技术所建立的信息采集、传输、处理与应用之间的统一，构建了一种崭新的"信息化元模型"，使得各行各业得以借助这种统一性去发展各自所需要的新型信息化业务体系，从而掀起新一轮的、威力更为强劲的信息化宏伟浪潮。

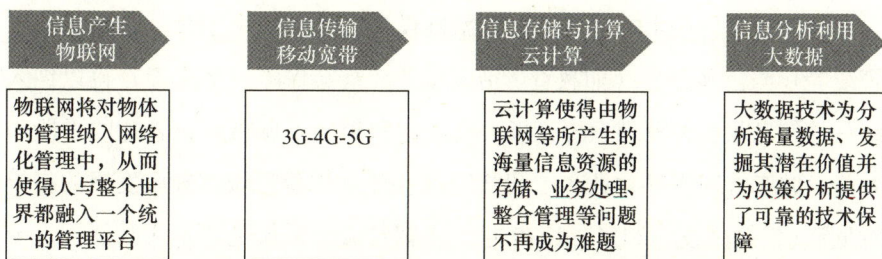

信息产生 物联网	信息传输 移动宽带	信息存储与计算 云计算	信息分析利用 大数据
物联网将对物体的管理纳入网络化管理中，从而使得人与整个世界都融入一个统一的管理平台	3G-4G-5G	云计算使得由物联网等所产生的海量信息资源的存储、业务处理、整合管理等问题不再成为难题	大数据技术为分析海量数据、发掘其潜在价值并为决策分析提供了可靠的技术保障

图1　新一代信息技术与信息采集、传输、处理与应用之间的统一

从实际应用情况来看，这种信息化元模型具体表现为"台、云、端"结构①。具体来说，"台"即平台，是指基于互联网、物联网所建立的业务系统；"云"是指云数据中心，指基于云计算、大数据技术所建设的基础设施；"端"则是指用户所采用的电脑、移动终端、可穿戴设备、传感器乃至于以嵌入式软件形式存在的各种应用功能。

三、新一代信息技术掀起信息化建设新浪潮

依托新一代信息技术革命，信息化建设的各个层面都在发生重大变革，信息化建设正在发生根本转变，突出地表现在以下几个方面。

---

① 有人也将这种情况称为"云、网、端"。具体情况可参考阿里研究院的《中国信息经济发展趋势与策略研究》。

（一）基础设施建设内容发生改变

传统条件下，每个机构开展信息化建设都需要建立自己的数据中心机房，购买一整套的计算机、数据存储和网络设备。但是，在新一代信息技术条件下，这些建设内容都将被云计算中心所取代。与此同时也会增加新的建设内容，例如传感网络（物联网）以及不断强化的宽带网络、移动互联网建设等。这些新的建设项目将主导未来信息化建设方向，成为项目建设投资的主要领域。

（二）智慧城市成为新一代信息技术应用与信息化建设的集大成者

新一代信息技术使得城市公共基础设施（如桥梁、道理、车辆、地下管线等）与公共服务（如教育、劳动就业、社会保障、交通等）得以纳入统一的信息化业务管理系统，极大地丰富和提高了城市建设管理的手段和效能，城市管理将日益具有"智慧"。《关于促进智慧城市健康发展的指导意见》（发改高技〔2014〕1770号）将智慧城市看作是"运用物联网、云计算、大数据、空间地理信息集成等新一代信息技术，促进城市规划、建设、管理和服务智慧化的新理念和新模式"。IBM就认为，智慧城市具有全面感测、充分整合、协同运作的特点[1]。从这个意义上讲，智慧城市建设成为公共部门应用新一代信息技术、加强信息化建设的新的战略部署。

基于这些理念和特点，智慧城市将突破传统的城市信息化业务系统建设边界。以前，人们通常将城市信息化建设区分为电子政务、电子商务以及社区信息化等，然而新一代信息技术已经打通了这些界限分明的业务系统的联系，通过云计算、基础信息资源与大数据技术应用将这些业务系统统一起来。例如，电子商务和电子政务可以使用统一的云计算平台；政府机构所拥有的企业信用、交通实时状况等政府数据是商业大数据开发的重要来源，而商业海量数据如电子商务交易数据等同样也是政府经济统计与宏观决策的重要依据；等等。

---

① IBM于2009年8月发布的《智慧的中国 智慧的城市》白皮书。

（三）　大数据更新和主导信息资源开发利用的内容与方向

在结构化数据环境下，我们通常将数据价值的发掘利用看作是信息资源的开发利用；但是，在新一代信息技术环境下，由于各类传感设施、移动终端、短信、微信、音频、视频等的海量出现，非结构化数据占据信息资源的绝大多数份额，传统的数据库管理与数据挖掘技术已经难以胜任，于是大数据技术应运而生。当前，大数据成为信息资源开发利用的代名词。

大数据具有数量大、实时性强、类型多样、价值丰富的特征，日益被人们看作是除了自然资源之外的一种新的社会价值资源①。数据采集、存储、处理、分析、展示技术的全面成熟，则为人们挖掘这些社会资源宝藏提供了强有力的技术工具和手段。

近年来，大数据日益成为科技进步与信息化发展的核心方向。大数据技术的开发与应用已经成为各国科技实力较力的战略方向和发展重点。2012 年 3 月 29 日，美国政府公布"大数据研究开发行动计划"更是将这种竞争推向世界，引发各国高度关注和重视。一些大型搜索引擎（如谷歌、百度等）、大型电子商务平台企业（如百度、京东等）都将大数据作为其主要的技术研发与应用的重点领域和技术工具。此外，政府一直被人们看作是全社会数据资源的主要拥有者，因此应用大数据技术发掘利用政府数据也成为当前大数据技术的发展方向，一些国家正在将政府数据开放共享作为政府信息公开之后的又一个发展方向。

（四）　平台经济成为新一代信息技术及其信息化发展的重要表现形式

考察我国电子商务的发展，我们尤其能够鲜明地认识到平台经济的巨大价值。

自 20 世纪 90 年代末以来，我国电子商务企业经过不断融合创新，业

---

① 当前，人们在使用"大数据"这一说法时，往往包含两种含义：一种是指向这里所说的社会价值资源，另一种是指向这种社会价值资源的开发利用技术和方法。

已形成相对稳定的市场格局，并逐渐形成电子商务发展的成功模式——平台演进模式①。即首先通过开放平台、增规模、扩品类实现平台化，然后在延长产业链和扩展业态的过程中寻找价值增长点，由此形成特色化经营。遵循这一模式，电商平台企业基本沿着如图2所示的平台逻辑、产业链逻辑、工具逻辑、特色模式逻辑发展、演进。

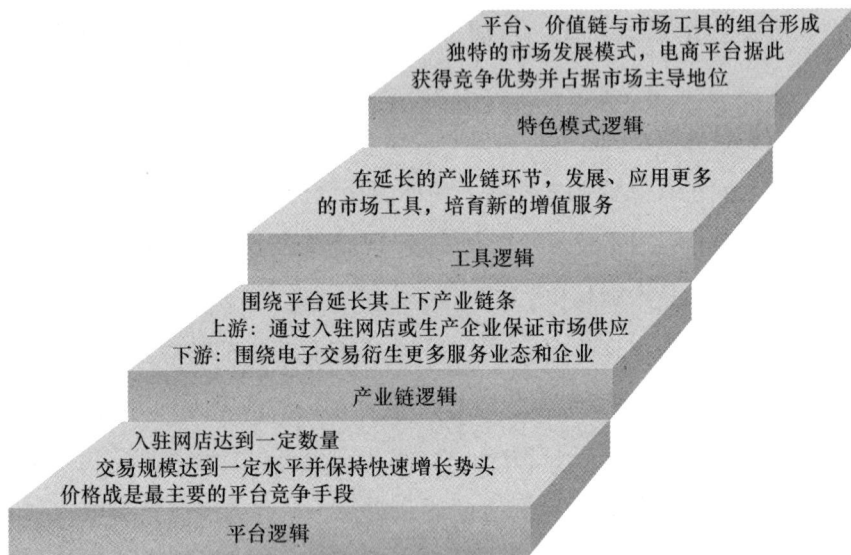

平台、价值链与市场工具的组合形成独特的市场发展模式，电商平台据此获得竞争优势并占据市场主导地位

特色模式逻辑

在延长的产业链环节，发展、应用更多的市场工具，培育新的增值服务

工具逻辑

围绕平台延长其上下产业链条
上游：通过入驻网店或生产企业保证市场供应
下游：围绕电子交易衍生更多服务业态和企业

产业链逻辑

入驻网店达到一定数量
交易规模达到一定水平并保持快速增长势头
价格战是最主要的平台竞争手段

平台逻辑

图2　我国电子商务发展的平台演进模式

实际上，"平台演进模式"不仅是电商平台企业基于电子商务产业链的价值分布而采取的一种非常理性的战略选择，也是其应对市场竞争的客观需要，而物联网、云计算和大数据等新一代信息技术则为构建这种动态业务架构提供了现实的可行性。"平台演进模式"的日趋成熟表明，我国电子商务平台企业开始从简单、残酷的价格竞争向更高端的架构、模式和体系的综合竞争转变。

这种模式，除了在电子商务、跨境电子商务行业存在外，在电子支付、网络社区（微信）、智能终端（如苹果）以及一些关键技术产品开发方面，也都存在类似的发展模式。

---

① 陶涛、李广乾："平台演进模式与我国电子商务发展"，《中国发展观察》2015年第4期。

四、信息化促进产业结构转型升级

（一）基本情况

新一代信息技术颠覆信息化建设面貌，并通过向传统产业的快速渗透与融合创新重构现代产业体系，而信息化与全球化相互交织，推动着资本、信息、人才在全球范围内加速流动，并重新配置研发设计、生产制造、产品流通等全球供应链体系，产业创新模式加速向高效共享和协同转变。信息技术产业边界日益交融，新型商务模式和服务经济加速兴起，衍生和催生着新的业态。以电子商务、现代物流、软件和服务外包为代表的新型生产性服务业迅猛发展，网络出版、在线游戏、数字音乐、手机媒体等数字内容产业快速成长，新型显示器件、数字视听、半导体照明、汽车电子、电力电子等新兴产业群加速形成。信息技术加快向传统产业渗透，互联网的价值发现、聚合资源、互动创新作用，推动产业链垂直整合、制造业服务化转型和企业跨界发展，生产设备智能化、生产方式柔性化、生产组织灵巧化重构产业价值链，使得产业附加值的知识和信息含量不断提升，推动了规模经济向知识经济的延伸发展，加速了传统产业向高端制造和现代服务业的转变。

结合国内外的创新发展趋势，我们可以用图 3 来表示产业转型升级的这些基本情况。

（二）新一代信息技术及其信息化促进产业创新

从当前的发展趋势来看，产业创新发展具有以下几个突出特点。

1. 新一代信息技术直接创新出一个个巨型行业

无论是物联网、云计算还是大数据，本身都已经成为一个爆发式发展的巨型产业。例如，Gartner 的云计算报告显示，2013 年全球公共云服务市场规模将从 2012 年的 1110 亿美元，增长 18% 至 1318 亿美元，预计到

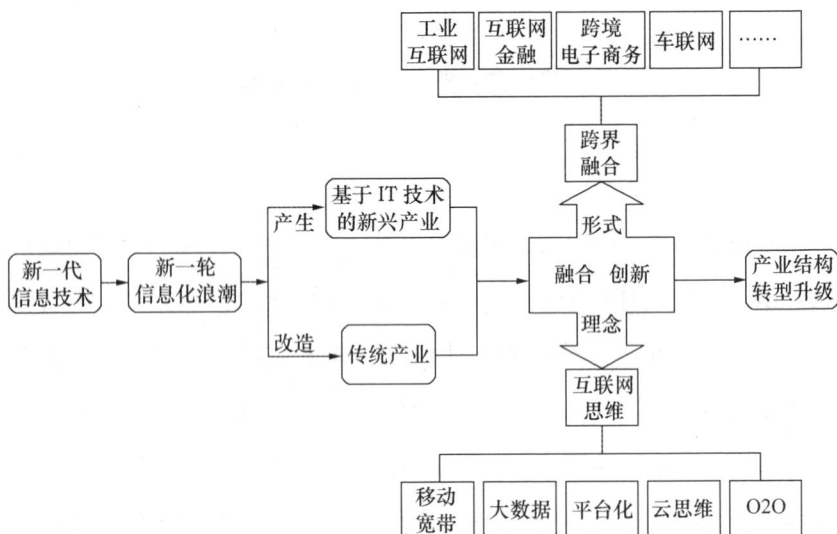

图3 信息化促进产业结构转型升级

2016 年，全球云计算市场规模将超过 2000 亿美元（如图 4 所示）。2013 年，IDC 公司预估大数据技术与服务市场规模将在 2017 年达到 324 亿美元，大数据产业以信息通信技术市场 6 倍的速度在急速扩张。

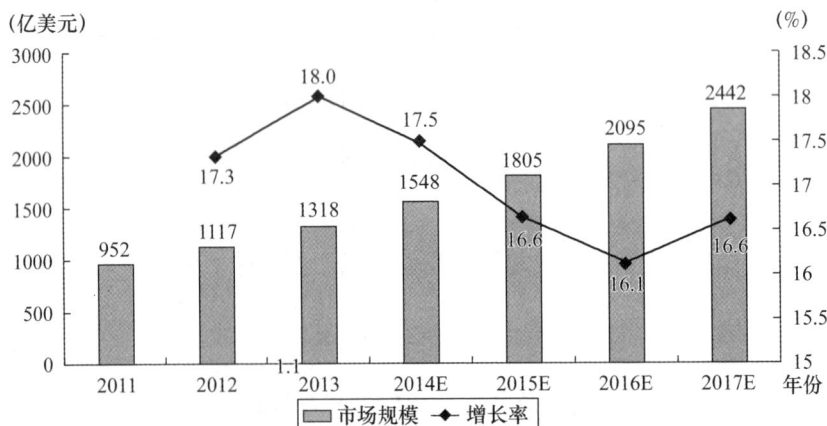

图4 2011～2017 年全球云计算市场规模

资料来源：Gartner。

2. 综合运用新一代信息技术从根本上改变并颠覆各传统行业发展面貌

各传统行业综合运用物联网、云计算、移动互联网与大数据等新一代信息技术，从根本上改变并颠覆自身发展面貌。其中又分两种情况。

　　其一，服务行业应用新一代信息技术及其信息化①加以改造、提升。这也是当前我国信息化发展的一个重要动向，几乎遍布所有的传统服务行业，从餐饮、物流、教育到旅游、医疗保健、休闲娱乐等各行各业（如表1所示），使得信息化得以呈现滚滚洪流之势。

表1　　　　　　　　　　　**信息技术在服务业中的应用**

服务业门类	信息技术的实际应用
金融保险证券	证券交易转账清算系统、自动记账和支付处理系统、自动提款机、电话银行、网络银行、信用卡支付系统
物流	电子数据交换（EDI）、销售时点信息管理系统（POS）、企业管理系统（ERP）、条形码与识别系统、无线通讯（WAP）、互联网技术（WEB）、电子订货系统（EOS）、供应链管理系统（SCM）、全球卫星定位系统（GPS）、地理信息系统（GIS）、射频标签技术（RFID）
运输、仓储	铁路智能终端控制技术、自动装载和卸货技术、仓库计算机控制技术、通讯技术支持下的大规模门对门集装箱服务系统、自动记录的条形码技术、JIT（just in time）技术、供应链管理技术、射频标签技术（RFID）
餐饮	电子订餐系统、自主餐厅旋转流水线服务系统、营养配餐专家系统
传播、媒体	电子出版系统、电视电话会议系统、电子邮件
休闲、娱乐	电脑游戏机、网络游戏、自动喷水系统
批发、零售	条形码、POS系统、仓库管理系统、自动收款机、网上销售、结算系统、电子商务付款
旅游业	电子登记、结账系统、电子门锁、语言翻译机、触摸式指示系统
教育	计算机辅助教学、多媒体教学、远程网络教学、图书馆检索系统
医疗保健	重症患者监护系统、在线医疗信息系统、自动检测分析、专家诊断系统、射频标签技术（RFID）
邮政与公共服务	电子分拣系统、电子报税、电子政务、社区在线医疗系统、社区就业服务与老人服务系统

　　其二，生产制造企业应用新一代信息技术革新产品的研发、生产与流通的全流程，将企业内部的生产制造与客户、市场、用户连接在一起。以

---

　　①　此处的"新一代信息技术及其信息化"中的"信息化"特指依托新一代信息技术改造升级的信息化建设，以有别于传统的信息化建设。

前，企业信息化建设的主要内容，一是应用行业管理软件系统，加强企业内部管理；二是在部分生产制造环节应用专业软件系统，实现产品生产制造环节的智能化。此时，企业与市场仍然是相分离的①。但是，在新的信息化作用的推动下，企业业务发展范畴得以扩展到市场的各个方面，甚至用户也将能够参与到企业产品的研发与生产环节中来。其结果就是，企业通过标准化、模块化的方法克服规模化与个性化定制之间的矛盾，实现小批量和多品种的生产。在这方面，3D打印技术具有特别的意义。目前，3D打印技术已经应用于从航空航天、武器装备、医疗器械等高端制造业到玩具、服装、乐器制造等传统的劳动密集型制造行业的各个工业生产领域，一些行业甚至是借此与电子商务平台连接，向终端用户提供个性化定制的产品。

3. 制造业信息化成为国家战略竞争的制高点

新一代信息技术及其信息化与工业制造业的深度改造与融合，对于提高企业、行业的产品、市场竞争实力与国家的综合竞争力具有特别重要的意义，因而受到人们的极大关注。2009年以来，这种深度改造与融合首先成为美国政府"再工业化"与"重振美国制造业"战略的重要内容。2009年12月出台《重振美国制造业框架》，2011年6月启动"先进制造伙伴计划"，2012年3月提出建设"国家制造业创新网络"并于2013年1月发布《国家制造业创新网络初步设计》。"国家制造业创新网络"的重点研究领域包括：完善3D打印技术相关标准、材料和设备，实现利用数字化设计进行低成本小批量的产品生产；创造智能制造的框架和方法，允许生产运营者实时掌握来自全数字化工厂的"大数据流"，以提高生产效率，优化供应链，并提高能源、水和材料的使用效率等。

为响应和实施美国政府"再工业化"与"重振美国制造业"战略，2012年11月，美国通用电气公司（GE）发布《工业互联网：突破智慧和机器的界限》白皮书，提出了"工业互联网"，认为工业互联网是"将工

---

① 条件好点的，能够将部分原材料供应商与批发商联系起来。

业革命的成果及其带来的机器、机组和物理网络，与近期的互联网的成果——智能设备、智能网络和智能决策的相互融合"，计划在三年内为此投资 15 亿美元。为此，GE 与 IBM、思科、英特尔和 AT&T 等 IT 企业联手组建"工业互联网联盟"，计划通过开放成员制打造一个"通用蓝图"，通过制定通用标准，打破技术壁垒，利用互联网激活传统工业过程，使各个厂商、设备、流程之间可以实现数据共享，更好地促进物理世界和数字世界的融合。

2010 年，德国政府在其发布的《高技术战略 2020》中提出了"工业 4.0"并将其作为十大未来项目之一；2013 年，德国"工业 4.0"工作组发布《保障德国制造业的未来：关于实施"工业 4.0"战略的建议》的报告。该报告把"工业 4.0"称为继机械化、电气化、信息化之后的第四次工业革命（如图 5 所示），其特点是通过价值网络实现横向集成、贯穿整个价值链的端到端工程数字化集成、纵向集成和网络化制造系统，并且认为，当前由信息技术所推动的以工业自动化为代表的第三次工业革命，正在向第四次工业革命转变。"工业 4.0"发展战略的核心概念是"信息物理系统[①]"（Cyber Physical System），希望通过"信息物理系统"构造新型的"智能工厂"。而所谓的"信息物理系统"，是指通过传感网紧密连接现实世界，将网络空间的高级计算能力有效运用于现实世界中，从而在生产制造过程中，与设计、开发、生产有关的所有数据将通过传感器采集并进行分析，形成可自律操作的智能生产系统。当前，通过新一代信息技术及其信息化深度融合与改造工业制造业，正在成为跨国公司与世界主要国家加强科技研发、促进产业发展的战略方向。

为进一步推进"工业 4.0"战略，2014 年 8 月，德国联邦政府又出台了《数字议程（2014 - 2017）》，包括七个行动领域，以积极推动"网络普及""网络安全"及"数字经济发展"三个重要进程。德国联邦教科部为此不断加强对大数据及信息安全研究的支持，成立了柏林和德累斯顿两大

---

① 实际上，信息物理系统的概念最初是由美国国家自然基金委员会于 2006 年提出的。

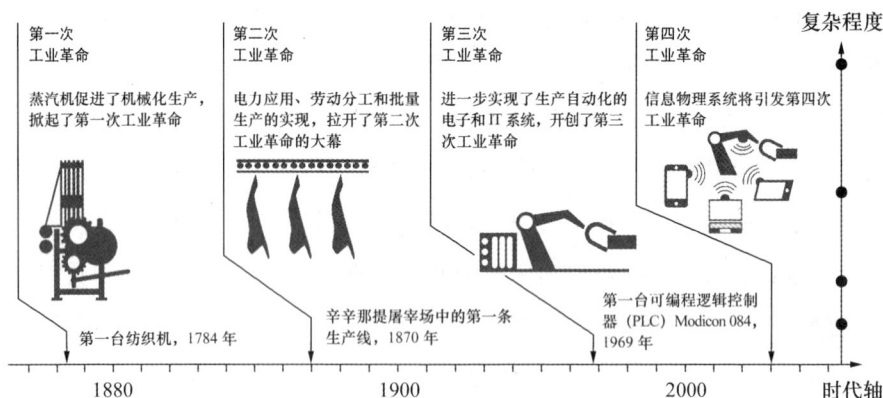

图 5　工业革命发展阶段

资料来源:《德国工业 4.0 战略计划实施建议（中文版）》。

数据研究中心。《数字议程（2014—2017)》目的，一方面旨在短期内通过挖掘数字化创新潜力促进经济增长和就业，为"工业 4.0"体系建设提供长久动力；另一方面旨在打造一个数字化的未来社会，以期在未来数字化竞争中保障德国持久的竞争力，直指未来欧洲乃至全球的数字强国。

其他国家和地区虽然没有像美国和德国那样分别提出、实施了"工业互联网""工业 4.0"那样的、明确的新一代信息技术深度融合改造传统工业的战略计划，但是却提出了基于新一代信息技术促进产业发展与信息化建设的总体发展战略。例如，自 1999 年开始，欧盟委员会陆续出台了 eEurope 2002（2000～2002 年）、eEurope 2005（2003～2005 年）和 i2010-Initiative（2006～2010 年）的信息社会战略。2013 年 6 月，欧盟通过了"地平线 2020"（Horizon 2020）科研计划，强化信息技术创新与应用。2013 年，俄罗斯政府正式发布了《2018 年前信息技术产业发展规划》，制定了信息技术产业的发展目标与实施路径。日本政府分别在 2000 年、2004 年、2009 年提出了"e-Japan""u-Japan""i-Japan"发展战略。

新一代信息技术及其信息化已经成为构建支撑国民经济和社会发展的新的基础设施，具有特别的战略地位。但是，在信息技术产业发展与信息化建设方面，除了完全掌控新一代信息技术绝对主导权的美国外，世界其他各国都还必须确保以下两种能力。

一是自主可控能力。一个国家必须积极争抢信息通信技术创新和应用的新机遇，加快构建信息时代的"硬实力"与"巧实力"，夯实国家综合竞争力和发展主动权，创新信息化应用内涵和形式，从而加强和保障信息技术和产业的自主可控能力和水平。

二是网络空间安全保障能力。随着互联网的发展，网络空间已成为继海、陆、空、天之后的国家第五疆域，制网权成为自制海权、制空权之后，各国激烈角逐的新的安全领域，维护网络空间安全成为捍卫与维护国家主权的重要内容。近年来，国际上围绕信息获取、利用、控制的斗争日趋激烈，维护国家在网络空间的安全和利益成为信息时代各国的重大战略抉择，加速信息技术创新和构建自主创新产业体系，掌控信息获取、利用、控制的主动权，事关国家安全和长远发展，深刻塑造国际政治经济新格局新秩序。

五、信息化促进中国经济转型升级的有利条件和突出问题

（一）信息化促进中国经济转型升级的有利条件

1. 我国新一代信息技术研发与应用具备良好基础，发展前景广阔

改革开放以来，我国信息技术发展步入从技术引进到自主创新、从产业规模小到跻身世界前列的发展新阶段，信息通信技术创新能力显著增强。在集成电路、高性能计算、网络与通信、数字音视频、软件等领域，科技进步取得了较大突破，部分关键技术跨入世界先进行列；建成了全球最大的下一代互联网示范网络，形成了较为完善的 IPv6 研发和产业化体系；在信息通信技术国际标准制定中的影响力逐渐扩大，取得了以 TD-SC-DMA、AVS、WAPI 等为代表的具有自主知识产权的多项标准。

就一些关键技术领域来看，我国企业在技术研发环节与产业应用方面已经取得一定成绩，具备良好的产业发展基础。就物联网领域来看，我国企业加强以微机电系统（MEMS）为代表的新型传感器方面的研发，光纤

传感器技术达到世界先进水平。中高频 RFID 技术接近国际先进水平，超高频和微波 RFID 技术方面取得一定进展。工业物联网领域，我国自主创新取得重大突破，研制成功面向工业过程自动化的工业无线通信芯片。在全国智慧城市建设和城镇化发展中，物联网成为实现各种智慧应用的关键手段，在城市发展、公共服务、环境保护等多个民生领域发挥重要作用。

我国云计算进入规模化发展的新阶段。我国在云计算基础设备和云计算系统软件等方面取得突破进展，在云计算基础设备方面，我国企业突破了 EB 级存储系统、亿级并发服务器系统等核心技术和产品；在 IT 基础设备的应用创新方面，百度、腾讯、阿里巴巴、中国电信、中国移动等公司共同开展了"天蝎项目"，形成了一体化高密度的整机柜服务器解决方案；在云计算系统软件方面，我国互联网企业在虚拟化管理平台和大数据处理平台方面取得突破，我国企业已经可以实现单集群 12000 台虚拟机的系统规模，分布式计算系统集群达到万台服务器规模。

2013 年，我国公共云服务市场规模约为 47.6 亿元人民币，增速较 2012 年有所放缓，但仍达到 36%，远高于全球平均水平。各地政府积极探索云计算在电子政务和公共服务中的应用，如洛阳"智慧旅游平台"、杭州"电子政务云"、厦门"健康医疗云计算平台"等，利用云计算满足弹性需求和实现政务信息共享。

我国的大数据技术紧跟国际先进水平，具备建设和运营世界最大规模大数据平台的能力。单集群规模达 5000～10000 台服务器，数据管理规模达到 EB（1EB＝1018B）级别，在机器学习等方面也有所突破。一批世界级的互联网公司在大数据应用上不断推陈出新，智能搜索、广告、电商、社交等借助大数据技术持续进化，互联网金融、O2O 等应用借助大数据向线下延伸。

在新一代移动通信技术研发与网络建设方面，我国充分依托长期以来所积累的技术研发优势，加快从技术标准制定、网络建设转入精细化运营步伐。为推动 5G 研发，国内成立了 IMT-2020（5G）推进组（以下简称 5G 推进组），集中产、学、研、用优势单位联合开展工作。国家科技重大专项、"863"启动了相关研发工作。华为、中兴、大唐等骨干企业正加大力度投入5G研发。在国际合作方面，5G推进组已与欧洲、韩国研究组织建立了固定交流渠道，并与爱立信、诺基亚、三星、阿朗等公司开展了一系列5G交流与合作。在5G推进组组织下，国内在5G需求、关键技术趋势、频率等方面已取得积极进展。同时，我国也加快LTE网络建设与持续演进，已经建成全球规模最大的4G网络，大大拉近TD-LTE与LTE FDD的差距。截至2014年5月初，中国移动已部署4G基站26万个，覆盖超过200个城市。

从总体来看，在新一代信息通信技术的研发、标准制定与产业应用方面，我国已经具备比较好的基础条件，与国际先进水平的差距显著减小，在一些领域建立了自己独特的技术与产业化优势。

2. 信息化建设的驱动力量由"外生"向"内生"转变，信息化成为全社会的一种共识

2008年之前，各地方和企业信息化建设一般都需要上级政府的推动，也就是需要开展"应用推广"工作。但是，在2008年之后，随着新一代信息技术的应用特别是电子商务经济的爆发式增长，信息化的理念已经开始深层次地融入人们的思维和意识中，信息化已经成为人们特别是企业进行战略决策的重要考虑因素，甚至内生为其经营决策的一个基本要素。因此，当前我国信息化建设局面已经由"外生信息化"向"内生信息化"转变。

信息化建设的这种内生化具体体现在以下几个方面。

（1）信息化项目建设投资实现由风险投资向大型IT企业产业链投资转变。据不完全统计，2013年国内互联网领域披露的融资金额达900多亿元。其中，由互联网企业主导的投资并购金额超过600亿元，占比达到2/3[①]。这些投资主要投向信息化上下游环节，以强化各产业环节的功能和效益。在这方面，大型互联网企业尤其积极。实际上，在2013年发生的

---

① 贺佳："互联网投融资：VC后退，BAT上前"，《人民邮电报》，2014年9月15日。

25 起金额达 1 亿美元以上的投资收购案中，BAT（百度、阿里巴巴、腾讯）三家企业占了 11 起。

根据有关机构估计，近年来中国信息经济占 GDP 的比重快速上升，2013 年达到 4.4%，已超过美国、法国和德国[①]。

（2）电子政务建设在促进国民经济和社会发展信息化建设方面的先行带动作用日益被电子商务所取代。在信息化发展初期，电子政务在促进信息化发展方面发挥了"先行引领"作用，但是近年来这种牵引作用已经大为减弱。2002 年《国家信息化领导小组关于电子政务建设指导意见》所确定的"两网一站四库十二金"的思路和框架，对拉动全社会信息化建设发挥了重大的战略牵引作用。在这种作用的牵引下，我国电子商务等信息化其他领域都获得了快速发展，无论是投资规模还是应用范围方面，都已经大大地超越了电子政务。

（3）社会信息化的基础条件大为改善。这主要表现在以下两个方面：

一是互联网普及率稳步提升。根据中国互联网络信息中心（CNNIC）发布的《第 34 次中国互联网络发展状况统计报告》，近年来，我国网民规模不断增长，从 2010 年 6 月的 4.2 亿增长到 2014 年 6 月的 6.32 亿，网民普及率也从 2010 年 6 月的 31.8% 增长到 2014 年 6 月的 46.9%（如图 6 所示）；随着智能手机的日益普及，通过手机上网的网民数量快速增长，从 2010 年 6 月的 2.77 亿增长到 2014 年 6 月的 5.27 亿（如图 7 所示）。

庞大的互联网应用规模是我国信息化发展走向成熟的基本条件，也是我国信息化实现创新发展的重要保障。

二是虚拟社交正在深层次地重组社会关系架构。近年来，虚拟社交软件对社会关系的重构作用在不断扩大。互联网发展初期，BBS 主要在高校和年轻人中间流行，而聊天软件 QQ 则主要在年轻人中间流行；后来，博客和微博则主要在新闻娱乐圈以及学术界流行。这些虚拟社交软件对于整个社会的影响都还只是局部的，无论是其功能还是互动性方面，都各

---

① 麦肯锡研究院："中国的数字化转型：互联网对生产力与增长的影响"，2014 年 7 月。

（万人）　　　　　　　　　　　　　　　　　　　　　（%）

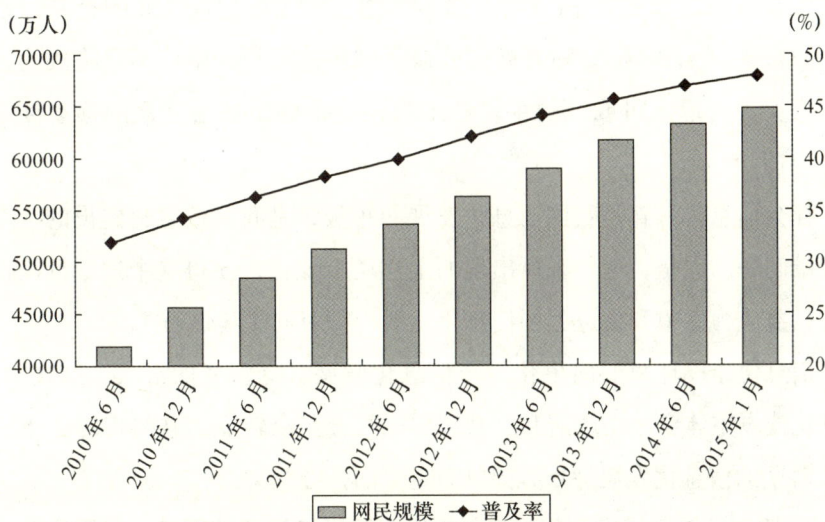

图6　中国网民规模和互联网普及率

资料来源：中国互联网络信息中心（CNNIC）：《第35次中国互联网络发展状况统计报告》。

（万人）　　　　　　　　　　　　　　　　　　　　　（%）

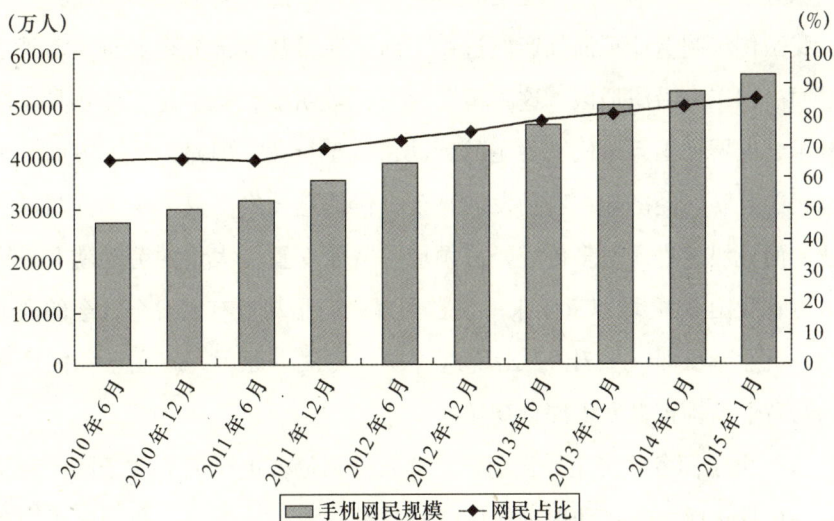

图7　中国手机网民规模及其占网民比例

资料来源：中国互联网络信息中心（CNNIC）：《第35次中国互联网络发展状况统计报告》。

有一定的缺陷。但是近年来，以微信为代表的基于移动终端的社交软件开始在重构社会关系方面发挥着日益重要的作用。从2011年1月21日上线运行到2013年11月的两年多时间里，微信注册用户量已经突破6

亿；根据腾讯公布的 2014 年第二季度财报，微信和 WeChat 的合并月活跃账户数达到 4.38 亿。随着微信公众号的快速增长，微信不仅将成为人们日常交流沟通不可或缺的手段和工具，还将成为社会公众的移动终端的核心门户。

社会信息化一直是我国信息化发展的短板，是我国信息化建设的一个老大难问题。但是，近年来所出现的上述两个变化，使得这个短板日渐消失并日益成为保障和促进我国信息化发展的一个重要基础条件。

信息化建设环境的内生化对于信息化发展具有重要的含义。这表明，信息化建设主体已经由政府和公共部门向社会公众转变。这些将对"十三五"时期的信息化发展规划方向具有重要的指导意义。

3. 新一代信息技术及其信息化促进互联网经济日益繁荣，我国产业结构正在发生深刻变化

综合来看，当前我国产业发展呈现出两种冷热不均的发展局面：一方面，我国传统制造业正面临产能过剩、出口滞缓甚至部分企业倒闭、外迁的局面。在东南沿海地区，这种情况相对比较明显，特别是那些玩具、服装鞋帽、电器加工等以代工为主的劳动密集型行业。但是，另一方面，近年来我国互联网经济却在蓬勃发展，新一代信息技术不仅诞生了许多新兴行业，而且快速进入很多传统经济领域，从而安置了大量的劳动就业。因此，尽管我国 GDP 增速近年来一直在下降，但是却没有引发全社会的失业问题，就业率反而在上升①。出现这种局面的根本原因，就在于我国产业结构与就业结构正在发生深刻变化。

（1）电子商务经济主导当前信息化发展格局。电子商务对于国民经济和社会信息化建设的带动促进作用日益占据主流。近年来，我国电子商务发展迅速，电子商务交易额在快速增长（如图 8 所示）。其中，电子商务零售交易总额快速增长，其增长率明显地要高于全社会消费品零售总额增长率（如图所 9 示），2013 年网络零售市场交易规模达到 1.8 万亿元，超

---

① 张林："GDP 增速在下降就业率为何反升"，《经济观察报》2015 年 2 月 8 日。

过美国，成为世界第一大网络零售市场。而且，电子商务零售交易总额占全社会消费品零售额的比例也越来越高，2013 年达到 8%（如图 10 所示），超过美国的 5.8%。因此，无论是从电子商务零售交易总额还是从其占全社会消费品零售额的比例来看，我国电子商务的发展都已超越美国成为世界第一。

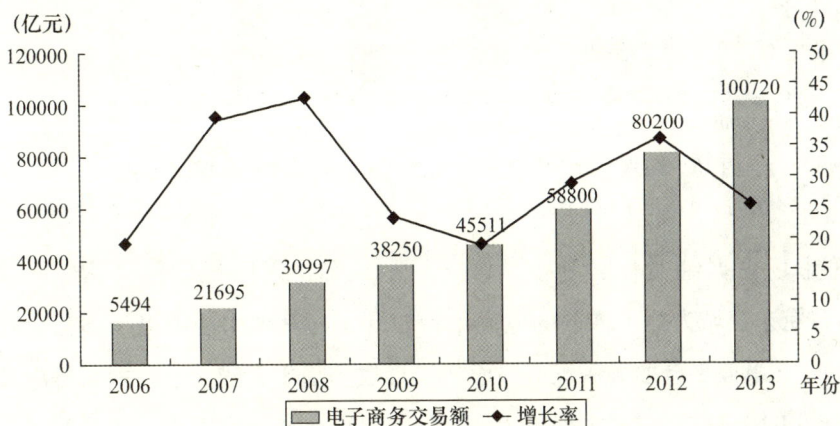

图8 我国电子商务交易额

资料来源：《中国信息年鉴 2013 年》。

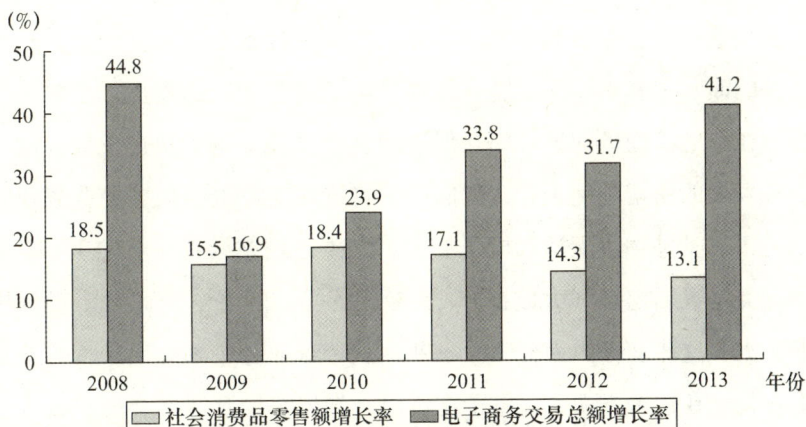

图9 电子商务零售交易总额与社会消费品零售总额增长率

资料来源：中国电子商务研究中心：《2012 年度中国网络零售市场数据监测报告》。

第三方电子商务平台推动我国电子商务爆发式增长，大量的小微流通企业和制造企业借助零售平台进行销售，第三方电商平台在我国整个电子

(%)

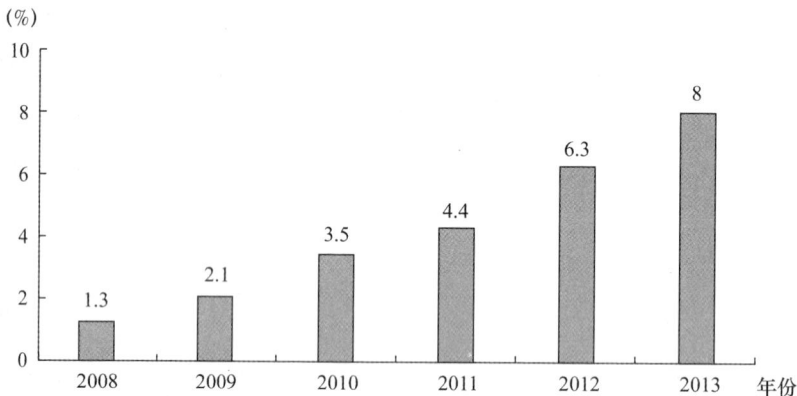

图 10　2008～2013 年网购规模占社会消费品零售总额的比例

资料来源：中国电子商务研究中心：《2013 年度中国网络零售市场数据监测报告》。

商务市场占据绝对优势地位（90%）[1]。当前，以阿里巴巴（淘宝、天猫）、京东商城为第一梯队的电商平台拉开了与其他中小型电子商务企业的差距，电商平台的寡头竞争局面初步形成。基于天猫、京东商城等电商平台的 B2B、B2C 交易占据绝大多数份额。2013 年第三季度，天猫和京东占据 B2C 市场的 68.6%；在 C2C 领域，淘宝一家仍然保持绝对领先地位，市场份额超过 80%[2]。

　　围绕电商平台而展开的电子商务，需要获得各方面条件的支撑；而支撑条件的改善和发展，又会进一步促进电子商务的快速发展。于是，各类服务业在与电子商务的这种相互促进的良性循环中得到快速发展。从与电子商务发展的密切程度来看，我们可以将这些支持电子商务的服务业划分为三类：一类是物流配送和电子支付，二类是网络营销（广告）、IT 服务等，三类是数据挖掘（大数据）、资格认证等。随着电子商务市场规模的不断扩大，这些业务因为分工而不断地从传统业务中独立出来，并变得日益专业化。在这个方面，由电子支付而延伸出来的互联网金融正成为当前日益重大的产业变革，正在对现有的金融服务业带来革命性的影响。另

---

　　[1]　阿里研究中心：《新基础：消费品流通之互联网转型》，http：//www. aliresearch. com/html/stopic/circulation. html。

　　[2]　商务部：《2013 年中国电子商务报告》。

外，由于能够极大地简化传统服务行业的支付流程，近年来电子支付（移动支付）正在快速进入众多传统服务行业，极大地提升了传统服务行业面貌。例如，中国银联与上海复旦大学附属中山医院合作，开通"现代医院"综合支付服务，通过使用移动支付，实现了支付与传统的挂号、诊疗、检查、取药等环节的无隙融合，免去了以往繁琐的多次缴费环节[①]。由于这些服务业大量地依托物联网、云计算等新一代信息技术，因而也将大大地促进我国服务业的产业结构升级。

（2）创新具有中国特色的互联网经济发展模式。我们可以从我国电子商务发展过程以及服务行业的信息化进程，去分析当前我国互联网经济发展模式创新。

我们先来分析我国电子商务的发展模式创新。

我国电子商务走过了一条从模仿美国的电子商务到根据中国具体商业环境进行自主创新，再到最终形成具有中国自身特色的电子商务并打造全球首屈一指的电子商务经济的发展路径（如图2所示）。此外，在长期的市场竞争中，我国电子商务企业还创新出一种独特的网民购物狂欢节——"光棍节（11.11）"。

除了电商平台企业的发展模式创新外，我国其他行业和领域在应用信息化改造提升业务绩效的过程中，也都发展出一些独特的业务模式。这些模式中，典型的主要包括：

——"粉丝经济"：例如，小米科技公司从不通过广告去宣传产品功能，而是综合运用社交网络口碑相传、饥饿营销、质优价廉等方式，一举取得轰动的商业效果。

——"众创模式"：指借用互联网金融的"众筹"理念，在一些创新创业项目中，发挥各方的资金、技术、市场、资源等优势，共同创办、经营一些新兴项目。例如，电脑制造商联想举行"创客大赛"，5万名参赛者

---

① 陈果静："银联推'现代医院'：随时手机预约 就诊结束后手机支付"，《经济日报》2015年2月15日。

贡献了近 10 万个产品创意，一些参赛者甚至通过众筹平台筹资开发出自己的产品①。

——"O2O 模式"，即线上线下相结合模式：通过借用二维码支付、短信支付等移动支付手段，以解决电子支付问题，实现将线上流量引导到线下实体店消费的闭环。在这个闭环中，电子支付是其中的关键。这种模式在餐饮、旅游等传统服务行业中得到广泛应用，如"团购"。在移动端，通过相应的 App 而进行的出租车叫车服务也属于这类应用。"O2O 模式"在当前已经得到极其广泛的应用，囊括人们日常生活与个性化需求的各个方面，如零售、餐饮、美容美发、汽车服务、旅游、房屋租赁、教育培训等，成为当前信息化应用的一个常见现象。

当前，人们也将互联网经济领域出现的各类信息化应用方式、发展模式概括统称为"互联网思维"，互联网思维已经成为各行各业特别是传统服务业创新业务发展模式的首要方向。

（3）新一代信息技术及其信息化让我国出现了一批具有国际竞争实力的企业群体。BAT（百度、阿里巴巴、腾讯）是国内对于我国有代表性的三家互联网企业的简称，但是从整个 IT 和信息化发展行业去看，我国还有不少具备国际竞争实力的大型 IT 企业，能够研发、生产国际领先的技术产品。例如，浪潮、华为相继推出面向关键行业核心业务系统的浪潮天梭和华为至强 32 路高端容错计算机，打破了 IBM 等国际厂商在此领域的长期技术垄断；华为成为全球第一大通信设备供应商和全球第三大智能手机厂商。中芯国际作为全球第五大芯片制造企业且连续两年保持盈利。而 2010 年才成立的小米科技公司，更是创造了全球奇迹，在短短的三四年时间里，便一跃成为能够在国内手机市场超越苹果、三星的中国手机生产企业。如果加上中国移动、中国电信和中国联通等几大电信运营商，那么我国实际上已经具备了新一代信息通信技术及其信息化的全系列的大型企业阵

---

① 麦肯锡全球研究院：《中国的数字化转型：互联网对生产力和增长力的影响》，2014 年 7 月。

列。从新一代核心信息技术研发、产品生产制造以及信息化业务应用（特别是电子商务应用），我国有国际竞争实力的企业已经占据整个产业链。这些为新常态下实现中国经济转型升级提供了最为坚实的产业组织保障。

4. 调整信息化战略方向，积极布局新一代信息技术创新发展

根据新一代信息技术发展趋势以及信息化建设需要，近年来我国一直在调整、完善相关战略与政策调整，为更好地部署新一代信息技术及其信息化建设提供制度保障。这包括两个层面的内容。

首先是有关信息化战略的总体思路，其中重点是处理和调整信息化与国家其他相关战略之间的关系。多年来，信息化一直被看作是国家发展战略的重要内容。2002 年，党的十六大报告提出"以信息化带动工业化，以工业化促进信息化，走出一条科技含量高、经济效益好、资源消耗低、环境污染少、人力资源优势得到充分发挥的新型工业化道路"；2007 年，党的十七大报告提出了"五化（工业化、信息化、城镇化、市场化、国际化）并举、两化（工业化和信息化）融合"的思路；当前，根据国际经济不景气以及近年来物联网、云计算技术快速发展的形势，党的十八大报告指出，坚持走中国特色新型工业化、信息化、城镇化、农业现代化道路，推动信息化和工业化深度融合、工业化和城镇化良性互动、城镇化和农业现代化相互协调，促进工业化、信息化、城镇化、农业现代化同步发展。在这些重要文件中，信息化都占据重要地位，并与工业化密切结合，成为促进经济发展方式转型升级的基本手段。

随着信息化的不断深入特别是面对日益恶化的网络安全形势，信息化具有了更加丰富的内涵。为此，2014 年 2 月 27 日成立的中央网络安全与信息化领导小组（以下简称"领导小组"）对信息化发展战略进行了重新阐述，其基本内涵可以概括为两个方面：没有信息化就没有现代化，没有网络安全就没有国家安全。从这个意义上来讲，新形势下的国家现代化以及国家安全都将转移到信息化这个大平台上来，特别是网络安全进入国家安全层面。

其次是关于信息化战略的实施与政策安排。党中央国务院早在 2006 年就发布了《国家信息化发展战略（2006－2020）》，一些部门还发布了相应的信息化规划及各部门业务信息化发展规划。2008 年以来，新一代信息技术的全局性作用日益凸显，为加快新一代信息技术快速发展，国务院于 2010 年发布《关于加快培育和发展战略性新兴产业的决定》 （国发 ［2010］ 32 号），将新一代信息技术纳入七大国家战略性新兴产业；随后还发布了《"十二五"国家战略性新兴产业发展规划》，从下一代信息网络产业、电子核心基础产业、高端软件和新兴信息服务产业三个方面进行部署。2013 年 8 月，工业和信息化部发布《信息化和工业化深度融合专项行动计划（2013－2018 年)》。2014 年，国家发改委等八个部门出台了《关于促进智慧城市健康发展的指导意见》（发改高技 ［2014］ 1770 号）。尤其值得注意的是，为规范和促进云计算产业发展，近日国务院发布《关于促进云计算创新发展培育信息产业新业态的意见》（国发 ［2015］ 5 号），专门就云计算产业发展进行总体部署。相信不久之后，国务院还将就大数据产业发展制定相应的促进政策。

（二）信息化促进中国产业结构转型升级所面临的突出问题

近年来，虽然我国在新一代信息技术研发与产业发展、部分领域行业的信息化建设方面取得了重要成就，有的甚至是举世瞩目，但是总体来看，我国在信息领域关键技术设备发展方面受制于人的局面仍然没有根本改变，信息化建设还在遭遇新的困难和障碍。新一代信息技术及其信息化在促进中国经济转型升级方面，仍然面临着不少突出的问题。

1. 核心技术设备受制于人，尚未建立有效的自主创新体系

（1）新一代信息技术核心技术设备方面仍然存在不小差距。信息技术起源于美国等西方国家，我国发展核心技术设备存在起步晚、底子薄、水平低、力量弱的客观现实，在核心技术、制造工艺、行业利润等方面与国外领先水平存在较大差距，核心技术设备的国产化率低。

在核心技术方面，国外大型企业处于持续领先地位，我国信息系统所需的路由器、交换机、芯片、服务器、通信设备等核心软硬件依赖英特尔、思科、微软、甲骨文等美国厂商，操作系统、数据库、中间层等基础软件业主要依赖美国的软件巨头，其市场份额达到80%以上。在技术和制造工艺方面，国内已经具备40纳米的集成电路生产能力，但发达国家已进入22纳米节点，我国工艺技术落后国际领先水平两个时代。在行业利润率方面，由于价值链核心环节缺失，我国信息技术行业平均利润率仅为4.5%，甚至还低于全国工业平均水平1.6个百分点。

除技术差距外，国产产品在兼容性、高可用性、耐用性、可维护性等方面与国外产品也存在差距，加之进入市场较晚，品牌知名度低，因此在市场开拓方面举步维艰。同时，由于当前还没有建立规范有效的网络安全审查制度，对进口产品和海外品牌产品进入重要行业、国家安全领域没有明确的限制规定，导致海外企业借助其已有的品牌影响力，从各个层面挤压国产产品，限制了国产化替代。

（2）新一代信息通信技术的体系化思维有待建立。单点创新没有转化为整体优势，面对发达国家的体系化发展和产业生态竞争，我们花大力气培养形成的单点优势，很容易被各个击破，消失殆尽，在新一轮技术变革中继续沦为被动跟随的二流国家。面对新一代信息通信技术的综合集成式突破创新，我国亟须增强技术、设备、网络、系统、应用的综合集成能力，尤其是大型信息系统的设计和实施能力。

（3）尚未形成有效协同的产业生态系统。目前，我国既缺乏类似英特尔、谷歌、IBM等可以高效整合产业各环节的领导型龙头企业，又缺少与之配套的"专、精、特、新"中小企业，因此不能形成合理的分工体系，尚未形成国外以大企业为龙头、中小企业为支撑、企业联盟为依托的完善的产业生态系统。

一方面，龙头企业的缺乏导致无法整合优质的全球资源和行业资源，以带动产业链的发展，使产业链协同能力较弱，各类技术产品间缺乏相互支撑。比如我国目前自主芯片、操作系统、办公软件等厂商间缺乏有效呼应，产品之间存在兼容性问题，难以实现整合。另一方面，缺少生产研究必要配套工具的中小创新型企业，使得单个产品应用成本过高。以我国自主芯片产品为例，由于应用方较少，我国自主研发的龙芯缺少基本的开发工具，应用单位普遍反映无法使用或成本过高。这种情况严重地限制了国产产品的推广应用和企业竞争力的提升。

（4）尚未建立较为完善的创新体系。

一是创新主体作用有待进一步发挥。长期以来，我国未能确立企业的创新主体地位，未能建立以市场为导向的创新体系。比如我国在集成电路产业长期实行"计划经济＋国有企业＋封闭发展"的道路；在核心技术设备行业，我国还存在阻碍创新的体制机制障碍。中小企业面临融资难问题，难以保证创新的资金需求和人才需求。而由于专利等知识产权保护制度不完善，拥有资金和人才优势的大企业往往更热衷于商业模式创新，轻视核心技术和产品的创新，总希望通过并购或其他手段获取技术。

二是产、学、研、用结合不足。与美国等国家相比，我国核心技术设备的开发和创新主要依靠研究机构和高校，未能形成包括企业、研究机构、高校在内的技术科研和人才联盟，信息交流不足，产、学、研、用结合不足，科研成果转化效率低。

人才培养方面，我国在学科建设、资源投入、教学科研能力、人才培养模式等方面的体系不够完善，尚未形成高校、企业联合培养机制，导致复合型、实用型、创新型的高端人才缺乏。

信息交流方面，目前我国尚未形成有效的部际、企业、高校、研究机构的信息交流机制，缺乏畅通的交流平台，使得高校和研究机构难以在研究中分工协作、共享成果，无法准确把握企业和市场需求，导致科研成果转化率低。

三是政府科研投入效果有待提高。一方面，国家研究专项的设立和科研经费的使用过于独立、分散，不成体系，条块分割，投入模式滞后于产业创新需求，也很难兼顾整个产业链的发展。另一方面，科研项目申请和经费使用的管理不适应创新的要求。我国在项目申请的实时性和便捷性上与美国存在差距，且科研经费过多用来购买设备和出差，不能真正激发研究人员的创新动力。

四是基础研究薄弱，创新后劲不足。一方面，高校和科研院所受现有的考核评价体系影响，不愿专注于基础研究，其自身基础研究能力和科研成果难以满足产业发展需求，研究层次甚至不如一些创新型 IT 企业。另一方面，由于基础研究存在投入大、周期长、见效慢、风险高、外部性强等特点，企业尤其是中小企业难以投入足够的人力物力进行基础研究，难以成为基础研究的主体，因此，发达国家均以政府主导基础研究。但是，我国政府对基础研究支持不足，既缺乏系统规划布局，又缺乏足够的资金支持。韩国政府对基础研究的投资占 R&D 总支出的 20%，而我国仅为 6%。

2. 工业化与信息化"深度融合"尚有很大发展空间，新型工业化缺乏有力支撑

虽然 2002 年党的十六大报告就提出，要"以信息化带动工业化，以工业化促进信息化，走出一条科技含量高、经济效益好、资源消耗低、环境污染少、人力资源优势得到充分发挥的新型工业化道路"，此后强调"两化融合""两化深度融合"并将其作为实现新型工业化道路的必然选择。但是，从长期以来的发展实践来看，我国的信息化与工业化实际上是两个并行发展的领域，两者并没有实现真正的融合，相关的成功案例较少。我们可以从以下两点去说明。

（1）我国信息化建设主要发生在商贸流通以及娱乐行业。当前，以 BAT 为代表的互联网企业，其业务投资集中于电子商务、媒体、游戏等行业，出现了人们所说的互联网经济"泛娱乐化"现象。例如，腾讯公司的商业布局主要在即时通讯、网络媒体、电子商务、互动娱乐、互联网与移动互联网增值服务（见图 11 所示）。

（2）制造业的信息化建设比例偏低。即使是从一些传统行业的信息化建设来看，制造业的信息化甚至还不如一些第三产业的服务行业。根据有关的研究结果，比较我国的六个传统行业，信息经济①比重从高到低依此

---

① 此处的信息经济，是以数字化信息为关键资源，以信息网络为依托，通过信息通信技术与其他领域紧密融合的经济领域。

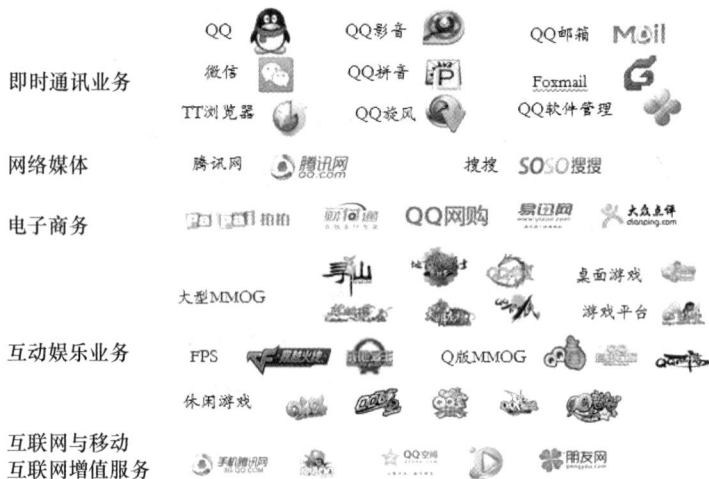

图 11 腾讯公司的商业布局

资料来源：宏源证券：《寻找产业互联网的 BAT》，2014 年 3 月。

为：金融保险业（55.43%）、批发零售业（33.82%）、机械设备制造业（24.4%）、金属工业（12.4%）、化学工业（11.7%）和纺织工业（10.4%）（如图 12 所示），机械设备制造业、金属工业、化学工业和纺织工业的信息化还不如金融保险与批发零售行业。

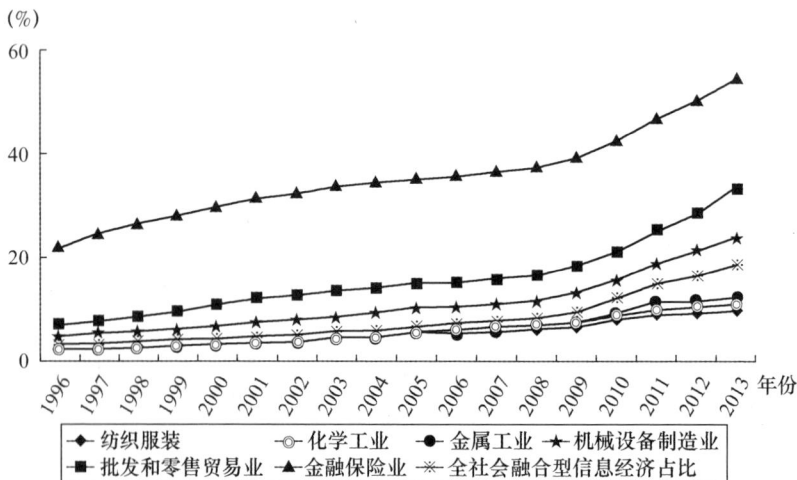

图 12 中国重点行业中信息经济所占比例

资料来源：中国信息化百人会：《2014 中国信息经济研究发展报告》。

因此，尽管当前我国信息化建设呈现繁荣景象，但是这种景象还只是发生在传统的服务行业，而决定一个国家核心竞争力的制造业，其信息化建设情况却很不理想。为此，一些学者将以 BAT 为代表的信息化繁荣景象称为"消费互联网经济"①，并且认为消费互联网对于国家经济发展的促进作用已经到顶了，互联网经济必须往实体行业特别是制造业进军。这也是美国 GE 公司的"工业互联网"、德国"工业 4.0"战略在我国受到上至总理、下至普通民众都高度关注的根本原因。

实际上，从行业工资水平来看，互联网行业从业人员的工资水平要大大高于传统制造业的工资水平，传统制造业比较难以留容资深的 IT 专业人才，这也从另一个方面制约了传统制造业的信息化建设。这些都表明，我国"两化融合"战略的效果相对有限，实现工业化与信息化的深度融合还有很长的路要走，我国新型工业化道路必须找到一条切实可行且行之有效的路径。

3. 尚未建立科学合理的信息化治理体系，制约中国经济转型升级

信息化治理体系包括三个层面的内容：宏观政策与组织管理体系、技术产业生态、行业（企业）自律规范建设。目前，这三个层面都还未能理顺关系，直接制约了未来新一代信息技术及其信息化促进中国经济转型升级的效率、效果。

（1）宏观政策与组织管理体系。中共中央网络安全与信息化领导小组及其办公室成立之后，解决了我国信息化和网络安全的顶层架构问题，但是顶层架构如何构建与各行各业的信息化建设相关的核心（以及共性）技术研发、业务体系建设、信息资源（大数据）建设等方面之间的关系，仍然还没有明确，特别是如何构建新一代信息技术环境下的信息化基础设施架构。例如，如何处理好国家电子政务云架构的设计、建设与运维管理问题，智慧城市建设的管理体制问题，如何认识大数据属性、政府与企业大数据之间的关系，等等。新一代信息技术环境下的信息化管理要比以前的

---

① 麦肯锡研究院："中国的数字化转型：互联网对生产力与增长的影响"，2014 年 7 月。

信息化管理问题更加复杂，但是当前我们对此尚未进行充分的研究，还缺乏科学的认识。

当然，这里还包括国家信息化总体战略与各部门、行业、地区信息化计划之间的关系。

（2）技术产业生态。我们有 IT 产业，而且产业规模很大，但是我们缺乏核心技术[①]；我们有信息化建设市场，而且这个市场非常大[②]，但是这个市场只是为大型跨国公司准备的，我国的信息化建设市场在促进国内 IT 企业自主创新方面仍然作用有限。我们未能构建有效的政策体系，使得 IT 技术研发、IT 制造业、各行各业信息化建设市场之间，未能形成一个良性循环、滚动发展的技术产业生态体系。我国的智慧城市建设市场没有起到促进国内新一代信息技术产业实现自主创新发展的应有的作用，我们在向跨国企业开放的同时，却未能带动民族 IT 企业的大发展。

（3）行业（企业）自律规范建设。当前我国电子商务市场繁荣景象背后，存在着严峻的行业自律规范问题，诚信体系建设成为制约我国电子商务市场做强的关键。

这里的一个核心问题涉及如何处理好政府、电商平台与平台店商之间的关系（如图 13 所示），这种治理关系不理顺，将严重制约我国电子商务及跨境电子商务的发展前景。

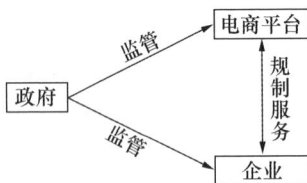

图 13 电子商务平台治理结构

---

① 根据前面的分析，我们在移动通信技术方面还能够实现自主创新、自主可控。
② 以前就有专家估计，"十二五"期间，我国的智慧城市建设规模大概是 2 万亿。

六、科学构建信息化促进中国产业结构转型
升级的战略架构

（一）明确战略原则

我国信息化发展的驱动力量由外生向内生转变，是我国信息化发展到现在所出现的一个非常有利的变化。这个变化表明，我国的信息化建设已经达到一个相对较高的阶段，信息化建设的重要意义已经得到社会各界的普遍认同，这为通过信息化促进经济转型升级提供了一个很好的技术、人才与市场环境，也是我们构建新一代信息技术及其信息化促进中国经济转型升级战略框架的基础条件。

为构建这一战略框架，首先必须明确一些战略原则，处理好一些相关关系。

1. 认识新兴产业对新常态的驱动作用，将新一代信息技术及其信息化作为引领中国经济"新常态"的牵引力量

近年来，我国经济面临着日益复杂的内外发展环境。从国际经济环境来看，持续多年的金融危机仍然对我国对外贸易产生重要影响，对外贸易增长率持续低迷。从国内经济发展形势来看，产能严重过剩，资源和环境压力日增，劳动力成本增加，长期粗放式增长方式已经难以为继。国内外经济形势的这些重大变化让我们不得不认识到，中国经济正在步入一种"新常态"。

在这种"新常态"下，中国经济面临三期（即经济增长速度换挡期、结构调整阵痛期、前期刺激政策消化期）叠加局面。2014 年 11 月 9 日，习近平总书记在亚太经合组织（APEC）工商领导人峰会上所作的《谋求持久发展 共筑亚太梦想》的主旨演讲中，从"速度、结构、动力"三个方面对中国经济"新常态"的特点进行了具体阐述，指出在新常态下，中国经济将"从高速增长转为中高速增长，经济结构不断优化升级，从要素驱动、投资驱动转向创新驱动"。2014 年 12 月 9～11 日召开的中央经济工

作会议，从"消费需求""投资需求""出口和国际收支""生产能力和产业组织方式""生产要素相对优势""市场竞争特点""资源环境约束""经济风险积累和化解""资源配置模式和宏观调控方式"九大方面，全面阐述了经济发展新常态下的九大趋势性变化。

根据前述分析，新一代信息技术及其信息化将为加快促进中国经济结构转型升级提供创新发展动力，为中国经济维持在一个可持续发展的中高速增长速度提供综合保障；"新常态"是新一代信息技术及其信息化发展所面临的一个特殊阶段，而新一代信息技术及其信息化也构成"新常态"下中国经济转型升级的手段、工具及其重要内容。因此，在"新常态"下，加快新一代信息技术及其信息化发展具有特殊意义。毫无疑问，新一代信息技术及其信息化将主导新常态下中国经济转型升级过程，新一代信息技术及其信息化不仅是促进经济结构优化升级的主要内容，而且也是实现"从要素驱动、投资驱动转向创新驱动"的主要动力来源。

2. 处理好地方产业规划与新兴产业规律之间的关系，不应以传统产业思维去对待新一代信息技术及其信息化相关产业的发展

当前，与新一代信息技术及其信息化相关的产业非常多，几乎涉及国民经济的各大行业。有的行业关联密切，在各个环节都应用物联网等技术产品并被纳入统一的信息化管理系统中；有的行业关联较少，只是在某个环节中应用新一代信息技术手段，如一些餐饮行业，引入二维码支付等电子支付方式；而有些则是近年来直接由新一代信息技术及其信息化而创新出现的，如云计算、大数据等，这些技术既是一种新技术，也被因为这类技术应用而出现一个大型行业。

这些行业具有很多新的特点，我们不应还用传统的产业投资管理思维去对待。例如，云计算中心的建设就涉及很多具体的技术要求，如耗电、耗水，因此应该首先需要到年均温度较低、电价相对便宜以及水资源相对丰富的地方去建设，而不是相反；再比如，目前电子商务平台经济已经占据市场主流，如果各个地方还是从发展地方经济角度出发、坚持自己重新建立自己的电子商务平台，显然将因为激烈的市场竞争而面临险境；

等等。

上述情况在一些地方仍然比较常见，应该着力避免再次出现类似情况。为此，我们应该充分认识新兴产业发展的基本规律，顺势而为，为我所用，充分发挥新兴技术市场应有的经济价值。

3. 处理好局部利益与全局利益的关系，为产业转型升级提供适宜、宽松的制度环境

围绕新一代信息技术及其信息化而出现的新兴行业，会对现有的一些规范甚至是制度产生不和谐甚至是冲突的地方。例如，二维码支付技术是传统服务行业实现信息化的一个非常简便实用的手段和工具，但是在发展过程会与现有的一些做法产生利益冲突；再比如，电子商务平台化后，各地在电子商务领域所收获的利益便存在很大的差异，电商平台总部所在地所获利益最大，在税收、人才培养、就业等方面都获益匪浅，而其他地区则相对较少或不明显；等等。

新兴产业发展与传统利益分配格局之间存在着明显的差异，为此应该加强利益统筹，平衡各地的利益分配关系，以便为这些新兴行业在全国各地都得到快速发展提供一个公平有利的社会环境。

4. 处理好新技术研发与产业发展关系，建立完善自主创新产业发展链条

从产业发展来看，新一代信息技术及其信息化的产业环节非常多、链条很长，每个环节的高技术性与价值作用也差别巨大。从当前我国发展实际来看，我国在整个产业链上面临着严重的不平衡局面。我国在应用新一代信息技术方面取得了很大的成功，例如我国在电子商务及互联网金融等领域都获得了极大的创新发展，大大地促进了我国产业结构的优化升级。但是，在信息领域核心技术设备研发方面，却仍然面临着受制于人的局面，我国除了在5G移动通信领域还占据一定地位外，在高端服务器、大数据以及物联网等关键技术领域都还无法做到自主可控，很多关键技术设备及其标准都只能来自一些跨国企业，对我国未来的新一轮信息化发展及中国经济转型升级都带来潜在的威胁。

对于我国这样一个世界大国来说，今后这种不平衡局面应该而且必须得到改变，必须在一些关键技术领域取得突破并逐步实现自主可控、自主创新。

5. 处理好产业发展与产业安全的关系，通过技术研发与产业协调发展确保国家安全

新一代信息技术及其信息化正在从各个层面影响国民经济和社会生活的各个方面，因此确保相关的技术、产业与信息安全，便成为国家安全的重要内容，具有越来越重大的意义。"斯诺登事件"之后，信息网络安全问题浮出水面，让人们不再觉得安全问题无关痛痒。

粗略起来看，相关的安全问题包括如下几个方面：技术来源与标准规范控制、产品应用与市场垄断地位、软件系统与平台经济控制、大数据资源、资本市场与股权安排、文化与意识形态等。

中央网络安全与信息化领导小组成立之后，有必要充分研究上述安全问题，统筹安排、分类管理，使得新一代信息技术及其信息化能够真正成为促进产业发展、实现中国经济转型升级的工具和手段。

此外，还必须处理好其他一些相互关系。例如，妥善处理好政府宏观调控与市场竞争之间的关系、自主研发与开放竞争之间的关系、基础研究与应用开发之间的关系等。

（二）确立战略目标与发展方向

由于新一代信息技术及其信息化对于经济结构转型升级的作用包含广泛，因此相应的目标也是各不相同。为此，我们下面重点论述总体发展目标并就此进行具体说明。

根据上述分析，我们可以将今后5～10年的总体目标概述如下：建立和完善支撑新一代信息技术及其信息化创新发展的自主创新体系，实现关键技术、信息系统的自主可控，为关键领域和行业应用提供安全可靠的技术产品，新一代信息技术及其信息化极大地支撑、促进传统产业优化升级，构建新常态下我国新兴技术研发、信息化建设、行业应用与市场之间协同发展的产业创新生态体系。具体来看，大概包括以下几个方面的内容。

1. 关键技术设备与信息基础设施自主可控

推动关键技术自主研发创新；有效利用国际国内两个市场、两种资源，增强对引进技术的消化吸收，实现从技术跟踪、引进到自主创新的跨越，在芯片、服务器、交换机、路由器、通信设备、基础软件等核心装备设备达到国际先进水平，逐步实现国产化，满足保障国家安全的战略需求。在物联网、云计算、大数据与移动通信等领域逐步实现关键技术自主可控，加强信息基础设施的提质升级和安全维护，形成一套高效便捷、安全可靠的信息基础设施体系。在党政军系统关键技术和关系国计民生的系统应用技术方面基本实现独立自主，建立起自主可控的核心技术体系。

2. 大力推进新一代信息技术产业化进程，加快形成优势产业

加强政府支持、引导作用，大力推进新一代信息技术产业化进程，加快物联网、云计算、大数据等新一代信息技术更新智慧城市等现有各类信息化业务系统的应用步伐，大力推进移动互联网及其相关基础设施建设，形成在全球范围内具有明显优势、占据主导作用的物联网、云计算、大数据、移动通信等新兴产业，推动一系列专业化的核心信息产业集群的形成和发展。

3. 加快传统产业应用新一代信息技术的步伐，推进传统产业优化升级

继续加快新一代信息技术对电子商务发展的促进作用，完善市场环境，不断提高电子支付和现代物流体系对于全社会各服务业态的支撑功能，使得全社会30%以上的商业零售业和其他各传统服务行业都能构建于现代信息技术环境之上，初步实现传统服务行业的现代化。

4. 充分调动我国已有的信息化建设力量优化"两化融合"建设方式，形成适合工业发展实际、具有中国特色的新型工业化道路

根据我国工业化发展仍然处于中后期发展阶段的总体情况以及多年来我国高速工业化所形成的产业发展状况，积极引导BAT等大型互联网企业融入制造业信息化领域，不断加强企业信息化建设力量和发展水平，形成

具有中国特色的新型工业化道路，实现中国制造向中国智造的转变。

5. 建立合理高效的网络安全与信息化管理体制

依托中共中央网络安全与信息化领导小组及其办公室，建立和完善网络安全与信息化管理顶层架构，形成中央网信领导小组统筹新一代信息技术研发与产业化、电子政务、电子商务与工业信息化、智慧城市、社会信息化等信息化相关业务领域，各部门和机构分工负责的、科学合理、灵活高效、相互促进、协调发展的新型信息化管理体制。

（三）战略重点与战略措施

1. 明确新一代信息技术的优先发展项目，建立完善自主创新体系

（1）明确新一代信息技术关键优先发展领域和项目。

一是基于自主知识产权指令系统的高端通用芯片。指令系统是计算机硬件的语言系统。我国 CPU 等高端通用芯片由于缺乏自主知识产权的指令系统，过去在应用领域的关键环节长期受制于人。应总结以往的经验教训，大力支持在引进、消化、吸收基础上的再创新，鼓励不同技术路线共同发展，在竞争中加快提升产品性能和持续创新的技术能力，形成高水平的具有自主知识产权的技术体系。

二是传感器芯片。传感器能够收集环境中的声、光、热、电磁、气压、位移等各类状态，转化为数字化信号，传感器作为"数据源"和"控制器"，是连接现实世界和数字网络的枢纽。随着信息技术在各行业的深度运用，传感器已广泛应用于航天军工、工业自动化设备、智能手机、高端家电和汽车等重要领域，以及物联网、智能机器人、智慧城市等新兴技术和产业。传感器的核心部件是传感器芯片。我国传感器生产商的规模普遍较小，技术研发投入不足，主要集中在中低端领域，而且传感器芯片长期依赖进口。一些国家对"高、精、尖"的传感器限制出口，严重制约了我国军用和民用的信息化装备制造。未来只有大力投入自主研发，突破传感器芯片核心技术的难关，才能使我国进入信息化强国的行列。

三是核心芯片的硬件制造工艺和能力。核心芯片生产线工艺复杂、技术难度大、投资规模巨大。目前，国际芯片量产的先进工艺是22纳米，预计到2016年14纳米工艺将量产。我国与国际先进水平相差两代，并存在差距进一步拉大的趋势。应加快克服芯片制造这一薄弱环节，大力度集中支持32/28nm、22/20nm集成电路生产线建设，以此为依托，带动制造技术以及集成电路软件、研发、设计能力上水平、上台阶。

四是大型网络交换机和高端路由器。网络交换机、路由器是广域互联网和局域网络的节点设备，决定了信息传输的安全性。美国思科曾长期垄断全球的大型网络交换机、骨干网和企业级路由器市场，在我国网络基础设施中广泛布局，对我国信息安全构成重大隐患。目前，我国华为、中兴等企业已掌握了交换机、路由器的核心技术，具备市场竞争能力。但由于原有设备的更新换代是一个较为漫长的过程，实现国产化替代还需较长时间。未来应结合"宽带中国"、智慧城市等重大网络基础设施建设计划，并抓住政府、企业、高校网络系统升级的契机，同步更换新型国产交换机、路由器，保障我国骨干网络及重点单位局域网络的安全。

五是基础软件系统类。研究基于国产CPU的自主操作系统、编译器，为安全服务器、安全计算机等提供基础开发平台；研究兼容国产CPU、操作系统的数据库、中间件等基础软件技术，在试点示范的前提下，逐步推广使用，为其他上层应用开发提供基础环境；研制具有自主知识产权的微内核实时操作系统技术，与国产嵌入式CPU的无缝衔接，并推动其在智能终端、网络设备、自动化仪器仪表等领域的产业化应用；研究兼容国产CPU、操作系统和中间件的通用软件开发平台，构筑完整的基础软件产业链。

六是基于下一代互联网（IPv6）的网络服务。IPv6是下一代互联网的网络地址系统，解决了传统互联网（IPv4）地址总量不足、国际分配不合理的问题，能够实现全球网络多极化，同时也是移动互联网、物联网普及化的必由之路。尽管IPv6的技术已经日臻成熟，但由于短期经济效益不明显，我国网络应用服务商主动投资升级的意识薄弱。未来必须依靠国家推动，支持大企业率先投资更换硬件，同步提供基于IPv6的服务，加快实现我国网络服务的升级换代。

（2）建立和完善新一代信息技术产业自主创新体系。

一是明确新一代信息技术领域核心技术及其研究开发优先次序，并在此基础上有的放矢地加大基础研究、前沿技术和关键共性技术研究投入，自主研发创新新一代信息技术；与此同时，加强国际合作，强化核心技术和设备的引进、消化、吸收和再创新，在引进的基础上自主开发并掌握核心技术，逐渐向自主创新过渡，形成具有特色和品牌的技术和产品。

二是多措并举，为国内新一代信息技术产业创新发展提供有保障的市场发展空间。为此，加强政府采购政策，建立健全政府部门和财政出资的重大工程信息安全产品招标采购办法，鼓励采购自主新一代信息技术产品；建立健全新一代信息技术产品的首台套政策。对首台套和示范项目给予减免税等支持；稳步推进包括金融、电信、交通、能源等关键领域和行业的国产新一代信息技术产品的有序替代，大力推动核心技术设备的国产化；加强国防和民用科研机构的横向协作，清除民营企业进入国防 IT 市场的障碍；建立针对国外产品的安全审查与检测制度，建立适合我国发展需求的审查与检测体系。

三是构建协同发展的产业生态系统。以资本为纽带推动资源整合和产业融合，加快形成一批掌握核心技术、创新能力突出、国际竞争力强的跨国企业，促进中小企业向"专精特新"方向发展，与大企业分工协作，建立合理有序的产业体系。设立产业发展基金，大力培育科技创新型中小企业。发挥行业协会、产业联盟和政府机构的作用，将业界的创新能力整合成合力，形成资源共享的"专利池"。

2. 加快互联网企业融入"两化融合"步伐，"互联网工业"发展模式应该是我国新型工业化道路的合理选择

（1）"互联网工业"① 发展模式应该是当前我国新型工业化道路的合

---

① 最近，《人民邮电报》介绍了青岛市以"互联网工业"为战略开展两化融合方面的案例。具体情况见《人民邮电报》2015 年 2 月 13 日的相关报道。但是，案例材料对"互联网工业"的理解和认识，与本报告的定义存在着显著的差别。

理选择。引领中国特色的新型工业化道路的，不应该是传统的工业企业，而应该是最能代表时代技术特征的新兴互联网企业。考虑到我国工业化与信息化深度融合的不足，也针对我国工业化尚未完成的历史现状，"互联网工业"发展模式应该是当前我国新型工业化道路的合理选择。

"互联网工业"发展模式是指，互联网企业基于多年来在互联网经济发展过程中所积累的技术、人才、品牌、市场优势，实质性地进入现有的制造业行业和企业，并应用物联网、云计算、新一代移动通信、大数据等新一代信息技术，改造产品的从技术研发、产品设计、生产制造到营销、消费、服务的全生命周期，以实现个性化定制、智能化生产、平台化营销。

"互联网工业"发展模式的最大特点，就是充分发挥我国在电子商务等互联网经济发展方面的巨大优势及其长期积累起来的信息化建设的技术、人才、管理条件与经验的综合价值，去逐步嫁接各制造业企业的生产制造流程。也就是逐步压缩制造业企业的商务部门，并日益实现电子商务平台[①]与企业生产制造环节的产业链对接。在这个实现对接的产业链上，电子商务平台实际上发挥着产业链的市场前台的作用，而原来的制造业企业则日益退化成为电商平台的业务后台。

（2）"互联网工业"发展模式的属性与特征。

"互联网工业"发展模式是适合我国实际的新型工业化发展道路的路径选择。我们可以从以下几个方面去进一步理解和认识。

一是"互联网工业"发展模式有别于德国的"工业4.0"和美国GE的"工业互联网"。无论是德国的工业4.0还是美国GE的工业互联网，都是对于已经实现工业3.0的高度发达的工业化国家的工业结构转型升级的一种自然选择，在长期的发展过程中，其工业领域一直在融合信息化发展要素。因此，无论是德国还是美国，其新型工业化都落脚于工业企业。例

---

　　①　这里的电子商务平台，既包括类似于天猫、京东等综合型电子商务平台，也包括类似于小米等专业类垂直电子商务平台。

如，德国的"工业4.0"落脚于工业产品生产，通过构造信息物理系统（CPS）而打造数字化工厂，本身是由工程制造业协会主导；而GE的"工业互联网"则由GE主导，联合IBM、思科、英特尔和AT&T等IT企业，共同构建"工业互联网联盟"。

而我国则差距较大，按照原工业和信息化部部长李毅中的说法，当前我国工业发展水平充其量还是工业2.0，距离3.0还有一定的差距，因此要实现"工业4.0"，还具有很大的困难和挑战①。为此，我国必须选择有别于"工业4.0"和"工业互联网"的新型工业化道路。

二是"互联网工业"发展模式有助于克服我国制造业信息化总体实力不足的弊端。改革开放以来，我国工业主要面向国外市场，而且主要是产业链低端领域，大量企业是作为国外品牌厂商的代工（OEM）车间。由于这些被代工的国外企业的主要目的是利用我国成本低廉的劳动力资源，因而在自动化、智能化方面投资较少，国内企业对于完整产业链的把控能力有限，特别是技术研发、产品设计、工艺流程设计与标准化等更为关键的产业环节，都不为我国企业所掌握。这也是造成我国制造业企业在信息化发展方面能力不足的一个重要原因。因此，"互联网工业"发展模式将通过移植我国在国际上已经比较有竞争力优势的信息化经济的总体实力，去有效地弥补我国制造业的不足。而且，通过摆脱OEM的困境，我国制造业也将通过电子商务平台去打造自有品牌，提升自己在整个产业价值链的地位，并获得更多的经济利益。

因此，"互联网工业"发展模式应该是我国在尚未完成工业化情况下实现跨越式发展的有效的战略选择。

三是"互联网工业"发展模式符合信息时代产业发展的趋势。从发展趋势来看，信息化将对工业制造业产生颠覆性影响。目前的制造业企业将日益退化为产品制造环节而成为一个生产制造车间，特别是在机器人、3D打印技术得到普遍应用的情况下，消费者及社会的其他利益相关方将通过

① http：//www.iot101.com/news/2015－01－06/8248.html。

电子商务平台参与到产品的研发、设计、制造、流通及售后服务的全产业链过程中来，工业产品生产制造过程将变得日益透明。"互联网工业"发展模式所具备的个性化定制、智能化生产、平台化营销的属性和特征完全满足这种发展趋势与要求。

从这个意义上讲，无论是德国"工业4.0"还是GE的"工业互联网"，都还只是未充分反映未来制造业发展趋势的一种过渡模式，仍然没有突破传统工业企业和产品加工制造的范畴。因此，反而是"互联网工业"发展模式比德国"工业4.0"和GE的"工业互联网"更能反映信息时代的发展要求。

四是小米模式——我国的互联网金融已经证明"互联网工业"发展模式在我国的合理性和有效性。小米模式①提供了"互联网工业"发展模式作为中国新型工业化道路的路径选择的成功案例。其最大的特点有两点：采用开放的研发结构，通过论坛等收集米粉意见改进、优化手机功能设计；采用网络营销，压缩零售中间渠道。尽管受制于技术的限制，目前小米手机主要的还是外购国际优质组件如芯片、显示屏等进行装配，但是小米公司于2014年12月入股美的电器则是探索"互联网工业"发展模式的有益尝试。另外，除了小米模式外，近年来互联网金融相较于金融互联网在我国的蓬勃发展也从另一个方面印证"互联网工业"发展模式在我国的发展前景②。

（3）促进"互联网工业"发展战略的政策建议。

一是加强和统筹相关战略规划。将"互联网工业"作为有关新型工业化发展战略规划的核心内容，而且该战略规划不应该与电子商务发展战略与规划割裂开来，而应该将新型工业化与电子商务经济作为一个总体进行顶层设计，统筹规划与实施。为此，可以考虑由相对超脱的中央网信办负

---

① 小米手机取得巨大的成功，2010年成立以来，在4年多的时间里，其手机销售即取得国内排名第二的惊人业绩。关于小米模式的分析材料很多，这里不再赘述。

② 工业互联网与互联网工业的关系，类比于金融互联网与互联网金融。金融互联网主要是指金融机构的业务信息化，是金融机构应用信息技术为客户提供优质服务，本身并没有脱离固有的金融业务范畴；而互联网金融则以互联网企业为主导，应用互联网思维服务于各行各业。

责战略与规划的统筹，而工业和信息化与商务等部门则在中央网信办的统筹下基于各自职能分工负责。

二是为互联网企业实质性地进入制造业行业和企业提供更多优惠政策措施。要从财政、金融与税收等诸多方面，为进入现有制造业行业和企业的互联网企业提供更多激励政策，极大地吸引新一代信息技术与相关资源、要素进入我国传统工业领域，只有这样才能真正有效地推进"两化深度融合"战略。

三是循序推进，有序推进。选择我国在国际上具有优势地位和竞争力、产业结构相对完整的行业，鼓励国内大型互联网企业与这些行业的优势企业通过资本合作、产业链整合、市场一体化等方式，结成战略利益联盟，根据"工业4.0"及其虚拟物理系统的基本要求，不断改进和提高我国工业产品品质、质量和国际竞争力。

3. 构建新型市场治理体系，促进电子商务健康发展

2014年京东和阿里相继在美国上市以及我国电子商务市场所面临的诸多问题，表明我国的电子商务已经达到一个新的发展阶段：一方面，我国的电子商务规模已经达到全球最大；另一方面，我国的电子商务遇到了发展瓶颈。面对这种新形势，今后应该从以下三个方面着手，以促进电子商务的深入可持续发展。

（1）明确电商平台的第四方角色和地位，构建新型的电子商务治理体系。从实际情况来看，电商平台已经成为政府、市场、第三方（非政府机构）之外的第四方，正在承担部分的公共管理功能。但是，第四方的公共管理角色不同于第三方，第三方是非营利机构，本身只有服务功能而缺乏管理职责，而且与服务对象之间没有利益关系。而作为第四方的电商平台本身是一个营利机构，本身面临着来自其他市场竞争对手的压力；不仅有服务功能，而且肩负着监管职责；重要的是，它还与被服务、被监管对象之间构成一种无形的利益联盟关系，为维护作为一个大市场的电商平台的品牌与交易秩序而共同努力。

因此，为深入发展电子商务，有必要构建政府、市场、第三方与作为

第四方的电商平台之间的电子商务新型治理体系，合理、有效地处理相互之间的关系。为此，在不断地减少政府行政审批事项、发挥市场的决定性作用的同时，有必要赋予电商平台以更多的公共服务功能，发挥其在征信系统与信用体系建设、产品质量标准与规范管理、知识产权保护以及其他方面的积极作用。为此，电商平台在进行市场开发时，必须同步地建立和完善相应的监督管理机构和组织，逐步承担部分公共管理和服务职能，同时相应地加强对一些关键市场管理部门和人员的作风建设，避免电商平台内部滋生和蔓延商业腐败。而政府则将从对电商平台的入驻店商的日常监管中退出，而将对电子商务市场的日常监管转移到对电商平台企业的监管上来；同时，积极培育"第五方"①，调动社会各方力量对于电商平台企业与入驻店商开展全方位的监督管理。

（2）加强标准规范与规章制度建设，不断完善市场交易秩序与环境。

一是标准规范。它包括两个方面，一是技术标准规范，二是业务流程规范。

就技术标准规范而言，目前，我国信息技术标准一直难以跟上信息化发展需要，各大电商平台之间在标准应用方面都各不相同，影响了整个行业的创新发展。今后，需要在 IT 技术、标准与应用之间建立及时反应机制，充分发挥电商平台在 IT 技术创新与标准制定方面的重要作用，电子商务应用应该成为我国"十三五"时期新一代信息技术创新发展的重要动力。

就电子交易与业务流程规范而言，商品编码、信用管理、资质认证管理、质量标准、交易规范、售后服务、纠纷处理等标准、规范，都是需要建立和完善的。现有的一些国家与行业标准、规范往往难以规范、适用于电子商务交易的一些具体环节和细节，需要根据电子商务发展实际，全面系统地进行整理、完善。

---

① 这里的第五方，既可能是前述的第三方，也可能是个人和机构。从管理序列上来讲，这应该是第四方之后的又一层监管，因而将其称为第五方。

二是规章制度建设。具体包括两个方面的问题：

首先，加强对电子商务市场秩序的管理。当前，电子商务市场的寡头垄断竞争局面已经初步形成，有些领域甚至出现一家独大的局面，今后这种情况还可能会加剧。这势必将对交易公平性、竞争效率以及产业创新发展带来潜在影响。因此，为发挥 IT 产业创新发展的固有特性、维护市场的竞争功能，今后有必要根据电子商务市场的这种市场结构，加强对电子商务市场秩序的监管。

其次，加强对电商平台的大数据的宏观统计功能的利用与管理。近年来，IT 产业与信息化发展的一个突出现象，就是个别企业（无论是搜索引擎还是电商平台、空间位置信息服务企业、电信运营商等）日益集中全社会的各类信息，不仅包括各类经济活动信息，也包括个人隐私信息。大数据分析技术的出现使得企业、个人的商业秘密和隐私日益暴露在各类机构中，给整个社会带来问题甚至是潜在威胁。这些数据已经充分地显示出某种公共属性，能够反应全社会政治、经济与社会运行的各个层面的信息，在大数据分析技术的作用下，这些信息所蕴含的公共价值已经远远地超过了原来的统计部门的宏观统计功能。今后，这种反差将会越来越突出。如何规范电商等企业采集、加工与应用这些宏观数据，如何将其纳入国家统计范畴并服务于国家宏观与行业经济分析、预测、管理，是今后必须从立法上加以解决的重大问题。

（3）加强对实体经济的融合与牵引作用，拓展电子商务平台功能。目前，电子商务企业只是在向电子交易相关的领域进行延伸，并先后发展出电商平台、快递物流、电子支付三项基本且主要工具，并在此基础上进一步向各个相关方向拓展。例如，通过电商平台开展竞价排名、网络广告以及其他开放式服务等；快递物流进一步向现代物流体系演变，承载各类大宗商品的物流服务功能；而最初服务于网络交易的电子支付日益工具化，并快速向支付与结算功能发展，派生出各种互联网金融工具与交易形式。

电子商务经济对上述行业的融合与渗透还只是发生在第三产业，还没有对制造业产生根本的影响。但是，通过上述三类工具和业务创新，电子商务经济已经具备了向制造业进行融合与渗透的基础条件。目前，一些电商平台企业基于本平台的驻店企业的大数据分析、供应链金融等服务，开始整合一些制造业行业的上下游企业。今后，电子商务经济对制造业的整合、融合、渗透作用将会得到加强，并成为信息化促进工业化创新发展的重要方向。今后要从财政、金融、税收以及其他各个方面采取措施，鼓励电子商务经济对传统制造业的深度融合进程。为此，要从以下几个方面着手①。

一是鼓励、支持上述三类工具和业务的创新发展。例如，支持电商平台企业进一步强化其平台整合功能；在不发生金融安全问题并加强监管的前提下，大力支持各类互联网金融创新；从物流基地建设、交通工具管理、信息基础设施建设以及其他方面，鼓励电商平台突破快递物流的业务限制，不断发展现代物流体系。

二是鼓励和支持电商平台企业发展为制造业上下游企业服务的供应链金融业务。

三是鼓励和支持电商平台企业通过证券市场进入或直接收购等方式，介入制造业企业并对其进行信息化改造。

4. 战略布局跨境电子商务，抢占国际贸易新高地

从发展趋势来看，未来我们应该积极应用我国在电子商务市场方面的巨大优势，去克服我国跨境电子商务发展方面的瓶颈和短板。从基本思路来看，应从物流、资金流、管理流和信息流这四个方面进行展开，重点克服通关、跨境物流与支付国际化等方面的障碍。

（1）制定跨境电子商务发展战略和规划。经过这些年的发展，跨境电子商务规模快速增大，对国际贸易和国内经济产生日益重要的影响。但是，当前我国对未来跨境电子商务的发展仍然缺乏总体部署和清晰的发展定位，虽然目前已经出台了不少政策文件和促进措施，但都只是立足工作

---

① 这里只就狭义的电子商务平台进行具体阐述，并对上述的"互联网工业"发展模式进行适当的补充。

层面，着眼于解决具体的单项政策的实施问题，没有从战略上全面系统地认识跨境电子商务对对外贸易、国内产业结构与区域经济一体化的影响，为此需要开展以下工作：加强对跨境电子商务问题的理论研究；明确跨境电子商务在对外贸易发展中的地位及其作用，特别是在克服区域贸易壁垒方面的积极作用；加强跨境电子商务的顶层设计，从信息技术、标准规范、电子交易流程以及信用保障、售后服务等诸多方面进行统筹规划；加强国际合作，推动纳入 WTO 新的谈判议题。

电子商务和跨境电子商务已经成为我国的重要领域，无论是从体量还是从信息化应用水平来看，都已经走在世界前列。为此，我们应该在电子商务这个"21 世纪新议题"上，在 WTO 以及国际区域经贸规则谈判中，抢先占据主动，基于国家跨境电子商务发展战略，率先提出促进电子商务国际化发展的新议题、新构想、新规则。

（2）促进跨境电商快递物流体系建设。跨境电商快递物流体系建设包括两个方面，一是国内电商快递物流体系建设，二是国外电商快递物流体系建设。就国内电商快递物流体系建设来看，国家与区域性的物流体系建设规划，要充分考虑跨境电子商务发展的需要，从空运、地面运输以及海运等各个方面加强规划，为跨境电子商务的快速发展提供国内基础设施保障。就国外电商快递物流体系建设来看，国家有关部门应该加强协调，共同支持、促进电商企业在国外建立快递物流体系。为此，可以考虑设立跨境电子商务发展基金，专门就跨境物流体系建设提供支持，并鼓励国内电商、物流企业在跨境物流体系建设方面加强合作，共同建设海外电商物流体系。在各类区域经济发展战略（如"一带一路"即丝绸之路经济带和 21 世纪海上丝绸之路、区域全面经济伙伴关系等）中，充分考虑跨境电商物流体系建设的需要。

加快中国邮政的机制体制建设，促进其跨境电商快递物流体系建设。中国邮政要将电子商务跨境物流体系建设作为新的业务发展重点，充分利用国际电信联盟（万国邮联）国际邮件网络完善的优点，加强电子商务快递物流体系业务发展，通过不断应用信息技术和标准化管理制度，加快国际小包送达速度。

加强国际合作，促进全球跨境电商物流体系建设。为充分应用中国邮政的全球网络优势，要求在国际电信联盟层面加强合作，率先提出促进全球跨境电子商务发展的总体架构、技术框架、标准规范等，并基于国际电信联盟，推动各国建立全球统一的国际邮包公共信息平台。

（3）促进我国第三方电子支付工具的国际化进程。在美国第三方电子支付工具占据国际跨境电子商务市场主要份额的前提下，我国第三方电子支付工具要获得更大发展空间，必须得到国家的大力支持，在竞争白热化的情况下，我国必须抢占移动支付市场的有利地位。支持方式主要如下。

第一，从跨境电子商务外汇支付业务试点资格企业入手，积极扩大我国第三方电子支付工具在国际跨境电子商务市场的份额。为此，可以考虑在跨境电子商务进口与出口中，对于选择采用这些获得试点资格企业的电子支付工具进行支付的交易（无论是 B2B 还是 B2C、C2C），给予一定的鼓励和支持。

在这个政策过程中，涉及几个主体：跨境电商平台、产品售卖方、产品购买方、电子支付机构、商业银行等。其中，产品售卖方、产品购买方都应该是获得该政策优惠的对象。为实施该优惠政策，可以成立一个中国第三方电子支付发展基金，由电商平台、第三方电子支付机构以及金融外汇管理部门等共同发起成立，并通过合理方式运营。

第二，采取针对性的鼓励措施。如根据各国消费者的支付意愿与习惯（如因为信息化条件不足，仍然过于依赖本地特定的银行卡与信用卡），支持我国第三方电子支付工具作为第四方支付工具，整合这些国家或地区的第三方支付方式，为这些国家的消费者在跨境支付与跨境电子商务中提供支付服务，实现"企业一点接入，全球客户本土支付"的效果 。

第三，鼓励和支持国内已经获得支付牌照的企业积极应用第三方电子支付工具拓展移动跨境电子商务市场。一是加强我国电子商务企业在国内移动支付市场的领先地位，继续大力发展各类移动支付工具，如二维码支付、近场支付（NFC）、指纹支付等。其中，尽快重启中国人民银行于

2014年3月暂停的二维码支付业务，做大我国在二维码支付的领先地位。二是在国家层面，加强与韩国、日本以及部分欧洲国家的支付机构合作，推动二维码支付的标准制定与业务合作。三是加强各相关支付部门合作，尽快制定移动支付发展战略与规划，推动移动支付在国内、国际跨境电子商务市场的发展。四是加强移动支付机构之间的合作，建立移动支付联盟并与国际移动支付的相关国家、地区和机构合作，抢先在国际跨境电子商务市场发起移动支付，占据有利地位。五是将我国第三方电子支付工具逐步地纳入人民币国际化战略，在跨境支付、结算方面充分地考虑我国第三方电子支付工具的应用。

（4）充分应用国内市场对国外产品的巨大需求，克服我国跨境电子商务发展瓶颈。

首先，充分认识跨境电子商务进口与跨境电子商务出口的性质。我们不仅应该利用这种差异去管理、调节未来的宏观经济，当前还应该利用这种差异去克服我国跨境电子商务发展所面临的短板，例如电子支付等，加强我国第三方电子支付工具在相关国家和地区的应用。更为重要的是，我国有关政府部门可以以此去同我国跨境电子商务进口数量较大的国家和地区加强合作，就跨境电子商务进出口问题达成一系列的制度安排，如第三方电子支付、跨境电商物流、产品纠纷处理、知识产权保护等，以促进我国跨境电子商务的发展。

其次，促进我国跨境电商平台的国际化推广。鼓励和支持跨境电子商务进口商通过我国跨境电商平台（不仅包括阿里系、京东系的综合电商平台，也包括像敦煌网等的专业科技电商平台）促销、进口，并在国内物流体系、通关、支付、信用管理、纠纷处理等方面出台相应政策并提供具体的支持。

（5）加强跨境电商平台与国内制造业的深度融合。鼓励跨境电商平台组织国内各行业企业（特别是中小企业）开展行业性的对外电子商务，加强跨境电商平台与国内制造业企业的紧密联系。鼓励和支持跨境电商平台企业综合运用广告营销、大数据分析技术、行业性专业性的产品推介和国际展销会、仓储物流以及其他各类工具和手段，促进国内行业性产品的跨境电子商务，加强国内行业与国外市场的紧密联系。

（6）加强跨境电子商务试点工作，不断完善相关政策。加快总结跨境电子商务试点城市的发展经验，评估各项相关政策措施的有效性，并及时地对一些政策进行适当调整。建立跨境电子商务区域发展评估体系，并在此基础上尽快放大跨境电子商务试点范围。

跨境电子商务工业园区将是我国跨境电子商务发展的一种重要形式，为此需要建立和完善跨境电子商务工业园区建设规范，明确相关发展指标和标准，并以此加强对跨境电子商务工业园区的规范管理。

基于跨境电子商务发展的顶层设计，梳理近年来各部门所出台的有关跨境电子商务发展的政策措施，加强各措施之间的衔接与协调，根据新一代信息化发展趋势与跨境电子商务发展规律及其国际竞争状况，制定综合、系统的跨境电子商务促进政策体系。

（7）进一步改进国内电子商务环境，促进跨境电商出口。国内电子商务环境会直接或间接地影响我国跨境电子商务的发展，为此首先需要从优化国内电子商务发展环境出发，为促进跨境电子商务提供坚实的发展基础。

第一，加强电子商务征信系统建设。加强工商、质检、海关、商务等部门协作，建立国内电子商务与跨境电子商务一体的电子商务征信系统，并将其作为国家社会信用体系建设的重要内容。

第二，严格知识产权执法。加强各地知识产权保护执法力度，严厉打击电子商务和跨境电子商务中的假冒伪劣和违反知识产权行为。

第三，发挥跨境电商平台的统合功能，构建新型的跨境电子商务治理体系。有必要赋予跨境电商平台以更多的公共服务功能，发挥其在征信系统与信用体系建设、产品质量标准与规范管理、知识产权保护以及其他方面的积极作用。

5. 构建具有中国特色的网络安全战略，重构网络安全与信息化管理体制

伴随着"领导小组"的成立，我国的网络安全和信息化管理体制机制必将发生深刻的变革，以往存在的多头管理、各自为政等明显弊端很有可能会被克服，国家的信息化战略将会出现大的调整，有望建立统一的信息化管理体制。这一领导小组的成立，不仅表明我国已经将信息化和网络安全上升到国家战略，并提上议事日程，同时也预示了我国建立网络强国的决心，在未来信息技术和网络技术的争夺战中迎来新的突破。为此，今后需要重点完成以下几个方面的工作。

（1）加紧构建具有中国特色的网络安全战略思维。近年来，世界主要国家都已经制定了自己的网络安全战略，并将其纳入国家安全的重要内容。今后，我国也有必要借鉴各国的有益经验，从中国崛起、国家现代治理体系建设和治理能力现代化、中国军事理论现代化等几个关键环节入手，全面系统同时又有所侧重地构建具有中国特色的网络安全战略。为此，必须首先发展若干关键概念，并在此基础上构建我国的网络安全战略框架，明确其构成要素、各要素的地位、作用及其相关关系，确定落实该框架的任务和项目，并以此作为今后该小组的工作方向、工作重点。

在构建国家网络安全战略时，必须将其与国家信息化发展战略统筹考虑，两者既有交叉又有所差别。网络安全战略重点从国家安全角度去明确全球信息化时代的国家安全，特别是要面对新一代信息技术对国家安全所带来的机会和挑战；而信息化发展战略则从信息化发展的各个方面去规划各相关业务的发展思路与主要方向和重点任务。这是在重新修订原有的信息化发展规划时必须处理的问题。

（2）建立关键基础设施管理制度。根据信息化发展实际，美国等一些国家已经相应地建立了自己的关键基础设施管理制度。在当前信息化深入经济社会发展的各个层面并给国家安全带来严峻挑战的情况下，如何对全社会的信息基础设施进行分类管理、分类保护便成为一个突出的问题。

关键信息基础设施在各个国家的网络安全战略中都居于重要地位，是各国网络安全战略的重中之重。我国在推进信息化发展和维护网络安全方面，也不能忽视信息基础设施的建立，将关键信息基础设施上升到国家战略的高度，并以此为出发点来制定和实施网络政策。

当前，首先要摸清家底，加强对关键信息基础设施和党政军重要业务系统的统计调查；其次，尽快建立国家网络安全评估制度；再次，建立网络安全审查制度。

（3）协调组织全社会各方资源。"棱镜"项目曝光后，国际上的网络空间安全态势也变得越来越严重。网络安全是一项非常复杂和庞大的课题，涉及多个领域，没有任何一个部门能够独立包揽维护网络安全的责任，必须要积极调动协调全社会各个机构甚至是个人的积极性，共同维护国家的网络安全。"领导小组"要发挥集中统一领导作用，统筹协调各个领域的网络安全和信息化的重大问题。

全球信息技术发展趋势与特点

一、全球信息技术发展趋势

当前，"融合、创新、变革"已成为信息技术和产业发展的主旋律。以互联网持续创新和信息化深入应用为引领，信息技术不断突破原有技术架构和发展模式，从感知、传输、计算到信息处理的各主要环节均进入代际跃迁的关键时期，信息技术正在步入体系化创新和群体性突破的新阶段，并与能源、材料、生物、制造、空间技术交叉融合，推动颠覆性产业变革和国际格局的重塑。

（一）信息技术各主要领域均处于更新换代的重大变革期，信息技术整体正处于群发性突破和颠覆性变革前夜

随着泛在获取、高速传输、海量存储、数据挖掘和知识共享等需求的相互叠加与促进，集成电路、基础软件、计算机、通信网络、互联网应用、信息处理等核心技术不断取得突破，原有技术架构和发展模式不断被打破，开始步入代际跃迁的关键时期。当前，集成电路正在步入"后摩尔时期"，石墨烯等新型信息功能材料、器件和工艺加速发展；软件技术进入"云时代"，以精细化、平台化、服务化、个性化、云化为特征的新一代软件与行业需求深入结合；计算机整机进入"后 PC 时代"，"Wintel"

平台正在瓦解，以 ARM + Android 为主的多开放平台和技术产业新格局加速形成；数据网络正在步入"后 IP 时代"，发展安全可信、宽带融合、高效扩展的未来网络正成为网络科学家的努力方向；移动通信全面步入 4G，并正在开启 5G 新时代，为移动互联网发展带来新机遇；互联网应用技术进入"后 WEB"时代，以 HTML5 和 HTTP2 为核心的新一代 Web 技术将推动互联网应用的变革；云计算、大数据与物联网、移动互联网深度融合，共同推动信息处理方法以及应用模式的根本性变革。

（二）信息技术正从单点创新向体系化创新模式转变，跨界融合与垂直整合成为技术创新和产业竞争的主要模式

互联网促进了多技术、多系统的深度集成与综合，促进了平台、产品、内容的多层面融合，促进了网络、业务、内容和终端的互动式发展，开辟了技术扩散、知识共享和开放获取的新模式，缩短了技术发现、技术发明和技术创新的周期，推动了知识创造和管理服务走向一体化。发达国家依托龙头企业的技术优势和主导的技术产业生态体系，加速技术的跨界融合和垂直整合，积极推进信息技术的系统性和体系化创新，着力推动单点技术优势向体系化技术优势的转化、单一产品优势向产业体系优势的转化，打造国际先进的信息网络、计算、信息安全等核心技术体系，并推动缔结类似于 Wintel 的技术产业联盟，构建新型产业格局，推动集成电路、基础软件、关键器件等薄弱领域的整体突破。

（三）信息技术的深化应用加速信息技术产业融合，并通过向传统产业的快速渗透重构现代产业体系

信息化与全球化相互交织，推动着资本、信息、人才在全球范围内加速流动，研发设计、生产制造、业务重组等资源配置的全球体系加速演进，产业创新模式加速向高效共享和协同转变。信息技术产业边界日益交融，新型商务模式和服务经济加速兴起，衍生和催生着新的业态。以电子商务、现代物流、软件和服务外包为代表的新型生产性服务业迅猛发展。

网络出版、在线游戏、数字音乐、手机媒体等数字内容产业快速成长，新型显示器件、数字视听、半导体照明、汽车电子、电力电子等新兴产业群加速形成。信息技术加快向传统产业渗透，互联网的价值发现、聚合资源、互动创新作用，推动产业链垂直整合、制造业服务化转型和企业跨界发展，生产设备智能化、生产方式柔性化、生产组织灵巧化重构产业价值链，使得产业附加值的知识和信息含量不断提升，推动了规模经济向知识经济的延伸发展，加速了传统产业向高端制造业和现代服务业转变。

（四）信息技术自主可控能力成为提升国家综合竞争力，促进经济社会长期可持续发展的重要标志

信息技术的广泛应用和深度融合，信息产业的巨大带动性和广泛渗透性，以及信息基础设施的基础性和关键载体地位，决定了信息技术产业在促进经济发展、转变发展方式、促进社会就业等方面的重要作用，信息技术和产业的自主可控决定了国家综合竞争力和发展主动权，构建信息优势成为"后危机时代"国际竞争的战略制高点。金融危机以后，发达国家实施了新一轮的 IT 计划，不仅着眼于恢复经济，更强调提升经济长期竞争力，并将其作为应对金融危机和抢占未来发展制高点的重大战略，力图继续保持长期积累的领先优势和主导地位。发展中国家也积极争抢信息通信技术创新和应用的新机遇，实现信息时代"硬实力"与"巧实力"的国家战略组合，加快构建国家战略新优势。

（五）信息技术成为维护网络空间国家安全和战略利益的重要着力点，国际上的技术角逐愈益剧烈

随着互联网的发展，网络空间已成为继海、陆、空、天之后的国家第五疆域，自制海权、制空权之后，制网权成为各国激烈角逐的新的安全领域，维护网络空间安全成为捍卫与维护国家主权的重要内容。近年来，国际上围绕信息获取、利用、控制的斗争日趋激烈，维护国家在网络空间的安全和利益成为信息时代各国的重大战略抉择，加速信息技术创新和构建

自主产业体系，掌控信息获取、利用、控制的主动权，构建自主产业生态格局，事关国家安全和长远发展，深刻塑造国际政治经济新格局新秩序。

二、全球新一代信息技术发展情况

（一）大数据作为战略资源的地位已经被各国普遍接受

大数据中蕴含丰富的知识，应用几乎可渗透到国民经济的所有部门。对大数据的掌控分析能力决定了企业乃至国家未来的竞争力。正是基于这种认识，各国政府频频出手推动大数据发展。美国政府最为积极，在2012年率先推出大数据行动计划，全面部署关键技术研发，并推动在科研、教育、医疗、能源、国家安全等方面的应用。英国、澳大利亚、日本等也相继出台行动计划，力图在大数据创新和应用上占领先机。

当前，国际大数据产业发展呈现出几个特点。一是大数据产业发展极度活跃。虽然从规模上看大数据产业规模尚小，2013年约为180亿美元，但增速快，并购、融资等方面极度活跃，硬件定制化、软件服务化的趋势在大数据产业表现尤为突出。二是大数据应用正加速从互联网向传统产业延伸。大数据已经在互联网搜索、精准广告、智能推广主要业务上得到了广泛应用。2013年以来，大数据在电信、金融等与信息产业紧密相关的行业也逐步落地，与其他传统行业结合的案例也越来越多，如沃尔玛、通用电气、日立都已初步找到大数据与自身业务的结合点。三是大数据技术创新呈现互联网公司引领和开源化扩散的明显特征。以谷歌为代表的大型互联网公司，有巨大应用需求牵引和技术应用一体化的组织，在大数据技术上处于绝对领先地位。同时，众多公司和个人开发者聚集在开源社区下，借鉴最新成果开发开源软件并向全球扩散，产业链各个环节都从中受益，极大地降低了大数据技术进入的门槛。四是各国政府持续支持大数据研发、应用和数据开放，积极推动大数据产业发展。美国政府最为迅速和积极，在全球率先开放近40万个数据集和上千个工具。2012年还率先推出大数据行动计划，全面部署大数据关键技术研发。美国政府也是大数据的积极使用者，2013 年曝光的棱镜门事件，揭示了美国国家安全部门大数据应用范围之广、水平之高、规模之大都远远超过人们的想象。英国、日本、澳大利亚等国也在积极推动大数据发展。

（二）云计算已经成为 ICT 产业最具创新发展活力的领域之一

国际上部分云服务企业已经具有了提供大规模全球化云计算服务的能力，并主导云计算的技术发展方向。云计算制造领域的软件核心技术，如分布式体系架构、虚拟资源管理等，主要被谷歌、亚马逊等企业所掌握，它们同时通过 Hadoop 等云计算开源项目影响着云计算技术的发展方向。

全球云计算市场快速平稳增长。2013 年全球云服务市场约为 1317 亿美元，年增长率为 18%，据预测，未来几年云服务市场仍将保持 15% 以上的增长率，2017 年将达到 2442 亿美元。欧美等国家在云服务市场占据了主导地位，全球市场格局未来几年不会有显著变化，2013 年欧美等国占据全球 75% 以上市场份额，在全球 TOP 100 的云计算企业中，美国占 84 家；虽然中国市场所占份额仅为 4%，但近几年一直呈上升之势（2011 年为 3.2%、2012 年为 3.7%）。SaaS 规模仍然最大，IaaS 市场增长最快，2013 年，IaaS、PaaS 和 SaaS 的市场规模分别达到 91.7 亿美元、15.7 亿美元和 226 亿美元，SaaS 市场规模是 IaaS 和 PaaS 市场规模总和的一倍还多；但从年增长率来看则分别为 45.2%、28.8% 和 24.4%，IaaS 和 PaaS 的市场规模增速都超过 SaaS，预计未来几年这种情况还将延续。

云服务增长率远高于 ICT 产业平均水平，且应用创新极为活跃。2012 年亚马逊 AWS 共推出 159 项新的服务特性及能力，而仅到 2013 年 11 月，AWS 服务更新就已经达到了 243 项[①]。云服务已成为互联网创新企业的重要孵化器，美国新出现的互联网公司 90% 以上使用了云服务。亚马逊、谷歌、微软、Rackspace 等云服务的企业用户数均已达到 10 万量级（微软 Azure 用户数超过 20 万，Rackspace 用户数超过 10 万）。政府及公共事务中

---

① http://reinvent.awsevents.com/recap.html。

的云应用成为市场发展的重要支点，近年来很多国家都制定了云计算发展战略，在电子政务中率先引入公共云服务，促进社会和企业对云服务的了解和认同。如美国的《联邦政府云战略》，英国的"政府云计算战略"（G-CLOUD），澳大利亚、韩国、德国、俄罗斯等在 2010～2013 年间也提出了各自国家的云计算发展战略或行动计划。

开源项目成为"事实标准"促进云计算技术发展与扩散。OpenStack、Hadoop 等部分开源项目已经建立起各自的产业生态，成为汇集产业不同环节的事实上的"标准"。核心的开源社区已经成为汇集产业最广泛力量的组织。许多企业在开源平台的基础上进行优化和发展，形成了各自的独立分支。

（三）新一代移动通信加快 4G 部署并开启 5G 新时代

美欧等电信运营企业开始了 4G 网络的规模建设，为 4G 网络设备与系统的制造产业创造了巨大的市场空间；主要国家开展移动通信技术领域的超前布局，5G 技术、未来无线网络架构和组网技术、高效可靠的无线传输技术、空间信息网络、卫星通信等技术研发逐步成为热点。

4G（LTE）正在从起步阶段向大规模发展阶段跨越。移动互联网市场经过 3G 时代的培育，已经进入爆发期，为 LTE 发展提供了充足的需求动力。LTE 初期发展速度已经远超当年的 WCDMA，已成为历史上发展最快的一代移动通信技术。截至 2014 年 4 月底，全球共有 104 个国家和地区开通 288 个 LTE 商用网络，全球 LTE 用户总数达到 2.55 亿。但全球 LTE 发展继续保持不均衡态势，发展热点仍集中在美、日、韩等环太平洋地区，欧洲发展仍然大幅度滞后。LTE 终端数量快速增长。根据 GSA 的统计，截至 2014 年 3 月底，全球 LTE 终端达到 1563 款，与 2013 年同期比较增长 90.4%，比 1 月份增长 192 款。其中 LTE 智能手机呈现快速发展，达到 636 款，占比达 40.6%。LTE 智能手机的快速发展凸显出移动互联网业务的重要性急剧提升。

全球主要国家和公司积极布局 5G。欧盟加大 5G 研发支持力度，启动了政府与企业共同投入开展的研发项目，研发经费超过 14 亿欧元。韩国成立 5G 论坛并启动"GIGA Korea"重大科研项目。爱立信、诺基亚等公司发布 5G 白皮书。三星公司提出通过高频段通信实现高速数据通信的解决方案。ITU 启动 5G 国际标准化研究，明确了时间表。国际电信联盟（ITU）从 2012 年开展 5G 需求愿景、未来技术趋势、频谱需求及候选频段等标准化前期研究，大部分内容在 2014 年完成。5G 国际标准化工作将于 2015 年中期正式启动，2018 年形成候选技术方案，2020 年完成 5G 标准制定。

移动智能终端形态的多元化发展推动可穿戴终端快速发展。一是移动智能终端操作系统同源性使得移动终端的软件架构表现出明显的趋同化特征，移动终端操作系统的 Web 平台路径有待探索；二是通信基带芯片和应用处理芯片成为移动芯片发展创新的两大关键，多核芯片成为竞争热点。硅基射频/毫米波芯片技术、移动互联网芯片技术和通用芯片技术全面形成移动互联网终端对芯片的需求；三是可穿戴终端将成为与智能手机、平板电脑并存的移动互联网终端载体，在智能手机、平板电脑之外，开发更具便携性和交互性的终端产品，寻找更为广阔的利润空间，成为移动终端厂商的新选择。

（四）移动互联网和移动智能终端持续保持快速强劲发展态势

产业规模显著、保持快速增长。2013 年底全球移动用户已达 68 亿，覆盖全球 96% 人口，全年收入达到 1.6 万亿美元，形成信息产业发展新轴心；原生应用商店移动 App 下载量累计达 1020 亿次，年增长 59%，主要社交网站移动流量占比均超过 70%，电子商务移动流量占比超过 25%，移动视频、移动游戏大幅增长。智能手机以 9.68 亿部的年出货成为全球最大的消费电子分支，Android 在全球新增智能手机市场中达到 78.4% 的占有率，ARM 占据移动应用处理芯片份额超过 95%。移动终端产业进入硬件创新潮，谷歌、高通、索尼、三星、Pebble 共创可穿戴设备先河。同时，智能家居、车载电子、开源智能硬件也在共同点燃物联网与移动互联网融合终端创新火花。

面向未来主导权的技术竞赛再次开启。移动系统与移动芯片超越传统手机范畴，成为跨领域的信息基础技术。Android 占据全球移动生态核心位置提升技术主导权；移动处理器以 ARM 架构为核心趋于明晰；Tizen、Sailfish、Meego、Ubuntu 等系统纷纷以可穿戴设备、企业市场、Web 生态为切入点包围式创新；新型显示多项技术进入成熟期，三星引领柔性屏发展，可折叠与可弯曲屏将在三年内逐步走向市场；交互传感与大数据技术交融创新，Google Now 成为新终端设备优选的交互和应用组织模式。

移动互联网应用突破互联网制约，广泛渗透社会生活。2013 年全球移动搜索、移动门户、移动微博的访问流量与时长都得到近十倍的增长，盈利规模得以扩大；移动广告同比增长 105%，达到 180 亿美元；移动支付通过各类 App 与社会服务业广泛融合，在公共交通、零售行业、餐饮行业得到普及，未来现金与信用卡的使用量或将大幅度下降；LBS 与打车服务结合，Android 新版地图中整合打车软件 Uber 塑造美国出行新模式；即时通信由社交产品成为 O2O 交易的新平台。同时，移动互联网应用也在借势可穿戴设备、车载电子、智能服务器的发展缔造全新业态，向第一和第二产业延伸。

（五）开放化、虚拟化和智能化成为未来网络重要特征和主要方向

全球主要国家积极推进 IPv6 的商用部署，呈现出六大亮点。一是各国积极储备 IPv6 地址资源。截止到 2013 年末，全球共有超过 210 个国家和地区组织申请了 IPv6 地址，申请量已经达到当前 IPv4 地址空间的 13 万多倍。我国 IPv6 地址申请量排在美国之后位居世界第二位。二是网络基础设施建设稳步推进。全球已完成 10 个根域名服务器和 283 个顶级域服务器（占比达 89.3%）升级改造。三是商用网络规模快速增长。到 2013 年末，全球范围内共有 77 个运营商网络提供 IPv6 接入服务，全球路由表中活跃的 IPv6 路由数量增长到 1.3 万多条。四是支持 IPv6 访问的内容日益丰富。当前，Alex 排名前 1000 的网站中的 12% 网站支持 IPv6，永久访问。五是

用户规模成倍增长。目前，全球已有 94 个国家发展 IPv6，用户超过 2000 万。六是移动流量成为主要增长点。IPv6 每天的访问请求超过 100 亿次。特别是近年来，国外运营商在 LTE 网络建设中明确要求支持 IPv6，促进了移动 IPv6 用户的发展。

SDN 技术致力于提高网络的开放性和弹性，成为推动通信网络演进的热点技术之一。业界已全面接受 SDN 的技术理念，在标准、产品、应用等方面积极打造 SDN 的产业生态。在标准方面，各国际标准组织积极拓展在 SDN 领域的标准研究，ONF 是最先启动 SDN 标准化的组织，具有较高的影响力。在产品方面，传统设备制造商、IT 服务提供商、芯片制造商以及初创企业都在产品实现中融入 SDN 技术理念，推出支持 SDN 的产品和解决方案。在资本方面，过去一年，大约 20 家不同规模的 SDN 初创公司被收购，总金额近百亿美元。在应用方面，包括 Google、亚马逊、facebook 等大的互联网公司已经在数据中心内成功部署基于 SDN 的解决方案，verison、AT&T 等运营商也在各自的网络中明确要求设备对 SDN 技术的支持。

针对互联网中长期发展，美欧等国全面布局未来网络的国家发展战略。美国凭借其在互联网领域的先发优势，加紧未来网络的超前布局，强化未来网络技术创新与试验，希望将现有优势延续到互联网中长期演进中。美国国家科学基金会（NSF）负责未来网络的研究与试验工作。从 2002 年开始，NSF 相继启动了 GENI 计划（全球网络创新环境）和 FIND 行动（未来互联网网络设计），目前已经建立了覆盖全球的具有 2000 多个节点的试验网络，引领了全球未来网络技术发展方向。这些研究与试验催生了大批网络新技术，这些新技术逐步与现网结合，推动了现有互联网的演进升级，例如，SDN 技术就是源于 GENI 计划的研究成果 OpenFlow。欧盟期望抓住网络技术新一轮变革的机遇，摆脱在现有互联网发展格局中一直以来对美国的跟随态势，实现欧盟在互联网领域对美国的赶超。欧盟第七框架计划（FP7）中启动了"未来互联网研究和实验（FIRE）"项目，加强互联网体系结构及关键技术研究以及未来网络实验床的建设。目前欧盟的 FIRE 试验床已经有近千个节点，实现了与美国 GENI 试验床的互联。

（六）物联网与工业融合正引领新一轮产业变革

发达国家积极进行战略布局，加快物联网与工业的深度融合。美国政府以"夺回制造优势"为目标，出台和实施先进制造业国家战略计划，美国总统创新伙伴计划，并提出大力发展"工业互联网"，其核心是以物联网技术为基础，结合云计算、大数据、宽带网络等新一代信息技术，实现人、数据与机器的高度融合，从而促进更完善的服务和更先进的应用。德国提出"工业4.0"计划，试图巩固德国在工业制造领域的优势地位，引领未来全球的工业发展。

全球物联网应用仍处于发展初期，在行业领域的应用逐步广泛深入，在公共市场的应用开始显现。M2M（机器与机器通信）、车联网、智能电网是近两年全球发展较快的重点应用领域。M2M是率先形成完整产业链和内在驱动力的应用，发展非常迅猛，到2013年底，全球M2M连接数达到1.95亿，年复合增长率为38%。车联网正在提速发展，市场化潜力巨大。

物联网产业加速发展，国际巨头结盟圈地。以ARM、Intel、博通、高通、TI等为代表的基础半导体厂商纷纷推出适应物联网技术需求的低功耗专用芯片产品，并且针对特殊应用环境进行优化。传感器功能在泛物联终端中被广泛内置，操作系统针对物联网能力不断优化。以物联网核心企业为主导，国际产业联盟纷纷成立，成为打造产业整体生态系统的重要推动力量。

三、典型国家信息技术发展战略及重点

鉴于新一代信息技术产业的关键作用，各国政府无不高度重视新一代信息技术产业的发展，利用政策、税收、基金、政府采购等多种形式支持本国新一代信息技术产业的发展。在全球新一代信息技术产业的竞争格局上，美国、日本、欧洲、韩国等处于第一梯队，并且在核心技术、中高端产品、品牌上占据优势地位。

（一）美国信息技术发展战略

美国是当今世界上信息科技最发达、信息产业最强大的国家。美国信息技术发展战略总体定位于维护其在网络空间中技术和产业的全球绝对领导地位，巩固其国际分工和产业链最高端的位置，确保美国长期竞争力和国家安全，掌控全球信息技术产业发展的领导权。

在战略布局上，一是加强政府对于信息技术发展方向的引导，及时发布相关发展计划或战略，通过对技术的敏锐把握，始终保持全球技术方向的引领。1991 年布什总统向国会提交《国家的关键技术》报告，对美国在 90 年代的信息技术发展提出了总的要求；1993 年克林顿总统制定了《国家信息基础设施的行动纲领》，明确宣布实施"信息技术产业政策"、建设"信息高速公路"；2004 年美国投入巨资推行被称为"美国创新的基础"的重大研究发展计划，以确保信息产业核心技术的领先地位；2011 年 2 月 4 日奥巴马政府提出"美国创新战略"，对于创建 21 世纪创新所需的信息科技生态系统给出了一份全面的战略计划。

二是强化基础研究，部署跨部门重大项目，确保其在前沿基础信息技术领域的绝对领先。由总统直接领导下的"网络和信息技术研发计划（NITRD）"已持续 20 多年，是美国规模最大、历史最悠久的跨部门计划之一，年经费达到 36 亿美元。NITRD 每年均针对信息技术发展热点，调整和部署相关研究方向，目前的 5 个 SSG 负责的领域分别为：大数据研发、网络－物理系统（CPS）研发、网络安全和信息保障研发、医疗 IT 研发、无线频谱研发。

三是国防需求优先，信息技术创新成果从先军后民加速扩散，军事应用成为最新信息技术的策源和扩散基地。美国国防部的高级研究计划署（DARPA）面向国防需求，负责对具有重大战略价值但短期难以见效的技术项目，或未来有重大需求的前瞻项目，进行多学科交叉研究和管理。通过招募对科技发展具有敏锐洞察力的项目管理人员来寻找前瞻性的科研项目，取代原来的行政指派方式，充分激发科学家的探索精神。强化与科技界、产业界的合作，推动取得的科研成果快速转化，依托民间企业，切实提高军事实力和产业竞争力。

四是充分发挥企业嫁接技术与市场的作用，及时将最新技术创新成果应用到产品、设施和服务中，技术创新、产业化、应用部署等环节形成高效闭环，依托"八大金刚"牢牢控制住信息技术链、产业链、价值链的高端环节。

（二）欧盟信息技术发展战略

欧盟在 20 世纪的信息技术变革中，没有抓住互联网技术发展的主导权，移动通信技术领域传统优势也面临美国和中国的挑战，因此总体上欧盟在信息技术产业领域处于跟随态势，因此欧盟试图抓住新一轮信息技术变革机遇，抢占领导地位。欧盟在信息技术发展方面的总体战略定位是重建欧洲在 ICT 领域的国际竞争优势，在新技术上能够与美国对等，在产业上成为全球 ICT 产业的领导者，既重视在网络空间对外防御能力的建设，又十分注重维护本国企业在网络时代的信息安全。

在战略布局上，一是加强战略规划与引导，积极布局信息技术创新发展。自 1999 年开始，欧盟委员会陆续出台了信息社会战略 eEurope 2002（2000 ~ 2002 年）、eEurope 2005（2003 ~ 2005 年）和 i2010-Initiative（2006 ~ 2010 年）的信息社会战略，2013 年 6 月欧盟通过了"地平线 2020（Horizon 2020）"科研计划，实施时间为 2014 ~ 2020 年，强化信息技术创新与应用。

二是欧盟不断强化资金投入和政策支持，力图扭转颓势，重建技术产业的全球领先地位，重点关注前沿技术、新兴技术研发以及相关技术研究基础设施建设。欧盟第七研发框架计划 FP7（2007 ~ 2013 年）是 i2010-Initiative 战略的重要组织实施内容。其十大主题之一的信息与通讯技术领域研究的主要目标是增进欧洲信息产业界的整体竞争力，使欧洲有能力掌握及开拓未来 ICT 技术发展的方向，以应对社会及经济发展的需求。"地平线 2020（Horizon 2020）"科研计划中 ICT 领域投资占到总投资的 46%，关注重点包括下一代计算技术（先进的计算系统和技术）、未来互联网技术和服务、内容的技术和信息管理、先进机器人以及机器人智能空间、信息与传播技术和关键使能技术（KETs）（包含面向提供欧洲工业能力、老年人等弱势群体发展的信息技术）。

三是将信息技术创新纳入信息化发展整体战略进行布局，强化信息技术在经济社会发展中的支撑、促进作用，有效解决创新成果的规模应用问题。建立一个数字一体化的欧洲信息社会，为信息技术创新提供开放的内部市场，一方面促进增长和就业与可持续发展，提高欧洲在 ICT 领域的国际竞争力，另一方面为欧洲民众提供更好的公共服务和生活质量，提升全社会信息化发展水平。

（三）俄罗斯信息技术发展战略

俄罗斯虽然拥有实力雄厚的科学技术研发基础和人才基础，但是在移动通信、互联网所代表的上一轮信息技术变革中并未掌握先机，信息技术研发、产业化、应用开发与部署总体处于落后状态。俄罗斯信息技术发展战略总体定位是力求在基础 IT 技术研发上实现突破，建立现代化的信息产业体系，强调技术装备和信息系统的自主可控，增强产业竞争力，支撑信息化建设；实施进口替代，谋求建立现代化网络安全保障手段和高水平国防。

在战略布局上，一是加强战略规划与布局，加强信息技术产业发展引导。2013 年俄罗斯政府正式发布了《2018 年前信息技术产业发展规划》，制定了信息技术产业的发展目标与实施路径，到 2018 年，俄罗斯信息技术产品产值总额达到 4500 亿卢布，相比 2013 年增长 80%（见表1）；在国际电信联盟（ITU）的信息通信技术领域知识与技术发展水平指标中排名由 2013 年的第 27 位提升到全球第 15 位。

二是加强创新环境建设和人才培养，促进信息技术领域的研究和开发。加强技术创新研发中心和科技园区建设，政府计划在 2018 年前投入 40 亿卢布（约 8 亿元人民币）建设 50 个信息技术领域的创新研发中心。系统培训 IT 程序员，减少人才流失。目前，俄罗斯 IT 产业从业人数占到

表1　　　　俄罗斯《2018年前信息技术产业发展规划》具体指标

	单　位	2013年	2015年	2018年
相比GDP的信息技术产业增速	倍	3	3	3
信息技术产品出口额	亿美元	44	58	90
信息技术领域产品产值	亿卢布	2500	3500	4500
国家支持下的信息技术领域从事创新产品研发的科研团体	数量	6	26	50
在毕业生最受欢迎就业行业中的排名	排名	—	6	4
在国际电联关于全球信息社会发展程度报告中的信息通信技术领域知识与技术发展水平指标中的排名	排名	27	23	15

资料来源："俄罗斯批准《2018年前信息技术产业发展规划》"，http：//intl. ce. cn/specials/zxgjzh/201308/01/t20130801_ 24626728. shtml。

全国总人口的1.4%，IT程序员工作岗位空缺将近20万个。加大财税优惠，着力培育大型的IT企业。降低IT企业享受社会保险缴纳优惠（14%）的门槛，从目前要求的IT企业员工数量门槛30人降低到7人。

三是紧密围绕建立现代化网络安全保障手段和高水平国防，构建产业核心竞争力和实施进口替代，强调技术装备和信息系统的自主可控。

（四）日本信息技术发展战略

21世纪以来，日本高度重视信息技术发展，确立了IT立国的战略。紧跟信息技术发展前沿，相继制定了多项信息发展战略，开展了大规模基础设施建设，使国家的信息基础设施达到世界一流水平，推进信息技术的应用普及。日本政府还制定多项扶持信息产业发展的政策，推动企业进行信息化改造，鼓励企业进行信息科技研发，带动了一大批企业快速成长，如富士通、索尼等成为世界大型跨国科技公司。

2000年，日本政府首先提出了"IT基本法"，作为日本所有IT政策的基础，其后由隶属于日本首相官邸的IT战略本部提出了"e-Japan"战略，以推进国家信息基础设施建设，建立覆盖全国的宽带网络。2004年5月，日本政府提出了"u-Japan"战略，目标是要在 2010 年前，将日本建成一个可以"实现随时、随地、任何物体、任何人都可相互连接的泛在网络社会"。2009 年 7 月，IT 战略本部发布了日本中长期信息技术发展战略"i-Japan战略2015"，着眼于通过数字化技术"实现以国民为中心的安心、活力的社会"，打造全新的日本。

日本还出台了《信息技术发展战略》，截至 2020 年度的工程表包括 30 项措施和短、中、长期三个阶段的发展目标。具体政策包括：2013 年度将防止交通事故和堵塞的高级道路交通系统（ITS）投入使用；2020 年度前实现全天 24 小时都可交付居民证等证明的服务。日本试图通过构建 IT 社会来应对低出生率、人口老龄化、环境等问题，由此将创造 70 万亿日元的新市场。

（五）全球信息技术发展的经验与启示

从以上国家战略可以看出，各个国家对于电子信息科技前沿技术的战略布局虽各有侧重，但表现出三个共性的特点。一是坚持体系化发展思维，将前沿技术的布局融入整个电子信息科技的体系里，系统组织跨部门、跨行业的信息科技项目。欧盟和美国的信息科技研发的持续性由来已久，科技计划的整合很有系统性，如 NITRD、FP7 和 Horzion 2020。二是将信息技术发展与本国经济社会发展需求融为一体。美国、欧盟、日本和韩国电子信息科技研发的产出导向最大的特点是为纳税人和社会作出贡献，解决社会发展的关键问题。三是注重培养龙头企业，发挥龙头企业对产业链和价值链的垂直整合作用。美国的"八大金刚"、欧盟的爱立信、日本的日立，以及韩国的三星等大企业决定了全球信息技术产业格局。

从主要国家和地区关于信息技术与产业发展的战略重点与布局，我们可以得到如下启示。

一是发展信息科技与产业，必须战略先行，制定好战略规划。美、欧、日、韩等发达国家和地区企图通过战略上强化在研发设计和高端服务领域的优势，继续占据国际产业竞争制高点，抢占网络空间国际主导权，推行网络霸权、信息霸权，扩大国家信息优势。

二是需要制定明确的信息技术和产业发展的路线图，并着力实施。明确支持发展的重点方向，统筹协调行业发展布局规划、重大政策和资源优化配置，防止战略与计划成为"两张皮"——有战略无计划，或者是有计划无战略。

三是要将信息科技发展与信息化及信息与其他领域的融合发展统一协调起来。将信息科技布局与信息化和信息产业布局同步协调起来，避免研而不用，或者研而无用，造成资源浪费。创造有利于新一代信息技术产业创新发展的环境，形成应用、技术、产业、网络之间良性互动的模式。

四是着力国际竞争力，同时增加国内信息消费，带动信息产业发展。着力提升国际分工水平及国际竞争力，引导境外投资向新一代信息技术产业和高端领域迁移，提高研发投入水平和引进高附加值项目。同时在国内市场进一步释放信息消费的引燃效应。

四、我国新一代信息技术发展情况

改革开放以来，我国信息技术发展与现代化建设、科学发展和社会主义和谐社会建设结伴而行，步入从技术引进到自主创新、从产业规模弱小到跻身世界前列的发展新阶段，信息通信技术创新能力显著增强。我国信息产业在快速融入全球市场的同时，信息技术自主创新体系不断完善，创新能力不断增强。在集成电路、高性能计算、网络与通信、数字音视频、软件等领域科技进步取得了较大突破，部分关键技术跨入世界先进行列。建成了全球最大的下一代互联网示范网络，形成了较为完善的 IPv6 研发和产业化体系。在信息通信技术国际标准制定中的影响力逐渐扩大，取得了以 TD-SCDMA、AVS、WAPI 等为代表的具有自主知识产权的多项标准。

（一）我国主要信息技术领域的发展情况

1. 我国大数据发展尚处于起步阶段

我国的大数据产业具备良好基础，发展前景广阔。一是一批世界级的互联网公司在大数据应用上不断推陈出新，智能搜索、广告、电商、社交等借助大数据技术持续进化，互联网金融、O2O（online to offline）等应用借助大数据向线下延伸。二是大数据技术紧跟国际先进水平，具备建设和运营世界最大规模大数据平台的能力，单集群规模达5000～10000台服务器，数据管理规模达到EB（1EB＝1018B）级别，在机器学习等方面也有所突破。三是当前和未来一段时间，我国面临着经济结构转型升级、政府和公共服务改进提升等紧迫任务，这些方面大数据都有广阔的应用前景。

我国大数据发展的宏观政策环境不断完善。2012年以来，科技部、发改委、工信部等部委在科技和产业化专项领域陆续支持了一批大数据相关项目。2013年6月工信部发布的《电信和互联网用户个人信息保护规定》，进一步界定了个人信息的范围，提出了个人信息的收集和使用规则、安全保障等要求，为大数据应用中的个人信息保护设立了法律法规屏障。2014年《政府工作报告》明确提出要在新一代移动通信、集成电路、大数据等方面赶超先进，引领未来产业发展。上海、北京、天津、广东、贵州、重庆等地方政府积极推动大数据发展，陆续出台了推进计划。

当前，我国大数据发展面临着一些关键问题。

（1）我国总体信息化水平较低，数据储量仍不丰富，已有数据资源也存在标准化、准确性、完整性低，利用价值不高的情况。

（2）我国仍缺乏原创技术，对开源社区的贡献不足，进而对前沿技术路线的影响比较微弱，由于本土开源社区等产业组织发育滞后，国内领先企业在大数据方面的技术创新难以向社会扩散。

（3）我国个人信息保护、数据跨境流动等方面的法律法规尚不健全，这成为制约大数据产业健康发展的重要原因之一。

2. 我国云计算进入规模增长的新阶段

我国公共云服务市场仍处于低总量、高增长的产业初期阶段。2013年我国公共云服务市场规模约为47.6亿元人民币，增速较2012年有所放缓，但仍达到36%，远高于全球平均水平。2013年，我国的IaaS市场规模约为10.5亿元，增速达到了105%，显示出旺盛的生机；腾讯、百度等互联网巨头纷纷推出了各自的开放平台战略，新浪 SAE 等 PaaS 的先行者也在业务拓展上取得了显著的成效。无论是国内还是全球，SaaS 一直是云计算领域最为成熟的细分市场，2013 年国内 SaaS 市场规模为 34.9 亿元，增长率为 24.3%。

云主机、云存储等资源租用类服务仍是当前的主要应用形式。与 2012 年相比，云存储超过了云主机成为用户采用率最高的服务种类，云分发服务在各类服务中的排名也有提升。在未来希望采用的云服务类别中，选择开发平台服务等 PaaS 类服务的比例较高，说明未来 PaaS 服务具有很大的发展空间。云计算已经成为我国互联网创新创业的基础平台，云计算对互联网业务的支撑能力显著上升，到 2013 年 9 月，阿里云上运行的 Web 服务器数量达到 1.8 万个，比 2012 年增长了 500%，托管的域名数从 9 万个增长到 39 万个，其中活跃网站数从 2 万个增长到 15 万个[①]。各地政府积极探索云计算在电子政务和公共服务中的应用，如洛阳"智慧旅游平台"、杭州"电子政务云"、厦门"健康医疗云计算平台"等，利用云计算满足弹性需求和实现政务信息共享。

开源 + 自研成为主要云服务商技术研发方式。如阿里巴巴基于 Hadoop 搭建了"云梯"系统集群，作为集团及各子公司进行业务数据分析的基础平台；腾讯公司也基于开源的 Hadoop 和 Hive 构建了腾讯分布式数据仓库（TDW）。我国在云计算基础设备和云计算系统软件等方面取得突破进展。在云计算基础设备方面，我国企业突破了 EB 级存储系统、亿级并发服务器系统等核心技术和产品；在 IT 基础设备的应用创新方面，百度、腾讯、阿里巴巴、中国电信、中国移动等公司共同开展了"天蝎项目"，形成了一体化高密度的整机柜服务器解决方案；在云计算系统软件方面，我国互联网企业在虚拟化管理平台和大数据处理平台方面取得突破，我国企业已经可以实现单集群 12000 台虚拟机的系统规模，分布式计算系统集群达到万台服务器规模。

---

① Building the Great Cloud of China, Netcraft.

当前，我国云计算发展面临着一些关键问题。

（1）云服务信任体系尚未建立。在 2013 年工信部电信研究院的调研中，我国用户同样对云服务的稳定性、安全性抱有很大的关心，在用户选择云服务商的时候，首要考虑的三个因素为稳定性、安全性和网络质量。正是因为我国目前尚未建立起以政策法律和监管政策为指导，以云服务安全、服务质量等相关技术和标准为基础，以评测认证为主要方法的信任体系，才导致用户在选择云服务时产生顾虑和担忧。

（2）"重建设，轻服务"的 IT 建设传统需转变。国内 IT 采购仍以硬件为主，各行业 IT 采购中硬件份额均超过 50%，而国际上以服务采购为主，硬件采购低于 30%，我国以建设投资为主的 IT 建设模式阻碍了云服务在垂直行业领域的应用和发展。另外，云服务将以往静态的固定资产投入转化为动态的信息服务采购，传统的预算、审计制度无法适应。

（3）云计算在重点行业领域的应用和推广仍面临障碍。从国际上来看，政务、教育、金融、工业制造等行业的云计算应用已经逐步展开，并成为云计算重要的市场领域。在国内，虽然云服务已经纳入政府采购目录，但是采购服务，尤其是云计算服务所必需的标准规范、合同范本、采购管控、评估认证、后期管理等相关配套制度和管理机制尚未建立，云计算在垂直行业领域的发展仍面临着诸多障碍。

（4）国际巨头进入国内市场，国内企业面临竞争压力。目前国际云服务企业主要以提供跨境服务为主，受国际间网络质量的影响，国内用户采用国外企业级服务的案例并不太多，尽管如此，国内企业已经感受到了竞争的压力。如微软和世纪互联合作提供微软品牌的云服务；日本电气株式会社采取与东软集团组建合资公司的方式进入我国云服务市场；亚马逊与光环新网和网宿科技合作提供 AWS 服务等。

3. 新一代移动通信从网络建设转入精细化运营

我国加快 LTE 网络建设与持续演进。我国已经建成全球规模最大的 4G 网络，大大拉近 TD-LTE 与 LTE FDD 的差距。截至 2014 年 5 月初，中国移动已部署 4G 基站 26 万个，覆盖超过 200 个城市，预计年内部署 50 万个基站，覆盖城市达到 332 个。LTE 技术对移动互联网和物联网业务的支撑、促进作用将明显超过 3G。利用 LTE 网络更强的传输能力，可以开展新型视频类衍生业务、社交网络、云计算、位置和增强现实等各种新兴移动互联网业务。由于具有较强的宽带数据传输能力，LTE 已经成为运营商完成"管道化"转型的最佳技术，帮助越来越多的运营商找到、接受了自己在服务产业链中的正确定位。事实证明，在 LTE 时代，"管道化"运营商也可以达到"盈亏平衡"，甚至可以获得再次发展的新机遇。

成立 IMT-2020（5G）推进组，加强国际合作。为推动 5G 研发，国内成立了 IMT-2020（5G）推进组（以下简称 5G 推进组），集中产学研用优势单位联合开展工作。国家科技重大专项、"863"启动了相关研发工作。华为、中兴、大唐等骨干企业正加大力度投入 5G 研发。在国际合作方面，5G 推进组已与欧洲、韩国研究组织建立了固定交流渠道，并与爱立信、诺基亚、三星、阿朗等公司开展了一系列 5G 交流与合作。2013 年，国内主办了多次 5G 峰会和研讨会，扩大了我国在 5G 领域的影响。在 5G 推进组组织下，国内在 5G 需求、关键技术趋势、频率等方面已取得积极进展。

LTE 在今后几年的发展中也将面临一些挑战，具体如下。

（1）可供 LTE 使用的频谱分布分散，不利于全球漫游和产业规模化发展。相比 2G/3G，LTE 频谱空前分散。相对而言，1.8GHz、2.6GHz 和 700～800MHz 是 LTE FDD 主流频谱，TD-LTE 目前主要使用 2.6GHz 和 2.3GHz 频段，少数运营商开始使用 3.5GHz。部分运营商要求"五模十几频"漫游，增大了芯片、终端产业研发难度，不利于 LTE 产业降低成本和规模化发展。

（2）TD-LTE/LTE FDD 融合组网策略不明，TD-LTE 未来发展存变数。目前 1/3 的 TD-LTE 运营商同时运营 LTE FDD，他们大部分仍将 TD-LTE 视作 LTE FDD 和 3G 的"补充数据管道"。还有一些运营商甚至不准备发展 TD-LTE 手机，只部署 TD-LTE 数据终端。TD-LTE 定位为"补充数据管道"，将影响 TD-LTE 网络规模，并使 TD-LTE 的可替代性明显强于 LTE

FDD。目前，国际上部分运营商已经开始推动"单独下行"非对称频谱载波聚合方案，TD-LTE 将面临被边缘化的风险。

（3）LTE 加剧领先企业"代差"优势，我国产业还需逆境追赶。4G 时代，我国移动通信制造业在国际市场上的总体实力不断增强。在终端方面，我国企业已经掌握了部分关键技术并实现了产业化，在国际市场初步得到应用。但在 LTE 终端芯片方面，从单模 45nm 快速过渡到多模多频 28nm，为高通等技术领先企业扩大优势提供了契机，已占据 LTE FDD 86% 的市场。国内企业在 TD-SCDMA 和 TD-LTE 阶段持续努力，在某些细分市场具备了一定竞争力，但仍难实现"跨越式追赶"，在工艺、应用处理器、射频等方面与高通仍存在"代差"。

（4）5G 国际标准存在多种技术路线，我国 5G 战略需进一步明确。欧盟希望继续主导移动通信网技术和产业发展，5G 采取以延续性为主的战略。美国从自身产业优势出发，大力推动以 WLAN 为主发展移动宽带（MBB）。我国移动通信领域在 3G/4G 实现了突破，整体产业以移动通信为主导，在 5G 技术路线中暂时采取了三条路线并重的方案。5G 正处于概念形成期，要实现从 5G 概念到技术和产业的引领，需要尽早确定我国 5G 整体发展战略，发挥我国自身优势，举全国之力，推动我国成为 5G 主导力量。在 5G 战略制定过程中，一方面要关注我国无线领域产业技术，另外也需要关注芯片、核心器件、基础软件、应用生态等支撑产业条件。

4. 移动互联网与智能终端自主产业生态加速构建

高速增长夯实产业升级基本面。至 2014 年第一季度，中国已有 8.5 亿移动互联网用户，手机出口总量达到 12 亿部，国内手机出货量达到 6 亿部，TD-SCDMA 手机超过 2 亿部，移动互联网月均流量达到 100PB，同比增长超过 70%，形成微信、UC Web、百度搜索、360 手机助手多个亿级移动应用平台。

终端制造与应用领域形成良好基础。智能手机内需市场早期增长动能已释放。2013 年我国智能手机出货 4.23 亿部，全球贡献率近 1/2；华为

（1370 万部）与联想（1290 万部）分列全球智能终端排行榜的第三和第四。我国本土第三方应用商店应用规模累计接近 400 万个，下载规模超过 3000 亿次，开发者超过 40 万人。微信用户规模突破 6 亿、UC Web 用户突破 5 亿、360 手机助手用户规模达到 2.75 亿。我国有近 10 家公司参与了操作系统的深度研发/改进，更多的公司参与到芯片设计乃至制造当中，2013 年国内智能手机市场中采用国产芯片的占比为 26.1%，同比提高了 17 个百分点。

移动互联网产业正处于转型升级的关键窗口期，但仍面临严峻挑战。

（1）国产智能终端"去低端化"进程刚刚起步，旗舰产品与泛智能终端的新型产品研发中均有不足，在欧美主流市场的品牌化建设仍有缺失，面向未来的终端体系创新更显滞后。

（2）应用生态仍需完善，虽然形成亿级用户的超级 App，但应用生态整合能力还无法媲美谷歌、苹果，更匮乏用户信任的应用分发渠道与大数据、软硬件一体化等后续核心发展能力。

（3）核心技术尚待突破，操作系统、移动芯片尚有缺失，人机交互、大数据等新的技术应用领域积累不足问题又在同步暴露。当切实抓住变化中的机遇，整合已有资源在移动互联网普及后期的巨大市场中获取应有利益。

5. 下一代互联网以 IPv6 和 SDN 为核心加速演进

我国 IPv6 商用部署全面推进。根据《下一代互联网"十二五"发展建设意见》中明确的总体目标，三大运营商和互联网公司都已制定分阶段发展规划。到 2013 年底，在全国 20 多个城市重点升级改造公众互联网、专用业务承载网以及 3G 移动分组域，发展 800 万以上的宽带接入用户，并加快 IDC 数据中心以及自营业务平台的升级改造。百度、腾讯、阿里、新浪、搜狐、奇虎等互联网公司也都制定了分阶段的演进计划，加快应用和内容平台向 IPv6 的迁移。同时，CDN 网络服务提供商蓝讯、网宿以及世纪互联等也积极升级改造内容分发网络平台，为中小企业提供 IPv6 接入服务。除了在国家层面加大资金支持力度，推进 IPv6 商用网络和应用的部署，发改委、工信部等四部委联合启动"下一代互联网示范城市"建设工作。以该项工作为抓手，充分调动地方政府资源和社会各方力量，全面深化 IPv6 商用部署和应用普及。

现阶段，我国 IPv6 的商用部署所面临的主要问题体现在网络改造和网站改造两个方面。在网络改造方面，一是用户终端改造困难，用户发展不可控；二是不同运营商 IPv6 网络之间的互联互通架构尚未明确。在网站改造方面，一是中小网站缺乏进行 IPv6 改造的积极性和主动性；二是中央企业及政府外网网站系统的改造缺乏有效机制来推进，改造进度缓慢。

目前我国 SDN 技术的发展主要还是跟随态势。在标准方面，我国企业积极参与 ONF、OpendayLight、ETSI NFV 和 IETF 等相关国际标准组织的标准工作；国内 CCSA 也正在积极开展 SDN 相关标准的研究工作。在产品方面，国内主要的设备厂商包括华为、华三、中兴、锐捷等陆续推出基于 SDN 的解决方案和产品。在应用方面，百度、腾讯、阿里等互联网企业，在数据中心互联中采用 SDN 解决方案，有效提升链路带宽的使用效率。

整体而言，我国 SDN 技术的发展还处于起步阶段，主要存在以下问题：在标准领域，尚未形成国际话语权，我国在国内 CCSA 和国际标准化组织中主要是以跟踪为主；尚未提出类似 Cisco ACI 或者 VMware NSX 的具有国际影响力的技术解决方案；国内没有形成具有影响力的开源社区，而在美国则有类似 FloodLight 等多个开源项目来推动控制器的研发。

我国高度重视未来网络研究和试验工作，在"863""973"和 CNGI 项目中都安排了相应的项目，取得了积极进展。我国未来网络研究在理论基础创新、国际标准、产业示范应用等领域取得了大量成果，提出了一批新型网络体系架构的解决方案，例如工信部电信研究院提出的"公共分组数据网 PTDN"，北方交通大学提出的"一体化可信网络与普适服务"架构，中科院提出的"层次化交换网络"等。我国未来网络研究的主要技术方向基本覆盖国际上的主流技术方向。

我国未来网络研究主要存在以下问题。

（1）缺乏明确的战略定位，业界对未来网络重要战略意义的认识不充分；我国未来网络技术研究缺乏宏观规划和统筹考虑，没有专门规划，发展目标、路径和策略均不清晰。

（2）既有项目和技术方案缺乏必要的衔接与融合，自主提出的技术方案"自说自话"，缺乏权威的评测，未能形成合力；技术研究以跟随为主，研究深度普遍不足，自主创新较少或缺乏影响力，且面临"缓进则退"的严峻形势。

6. 物联网在"两化融合"中发挥越来越重要的作用

经过几年的发展，我国在物联网技术研发、标准研制、产业培育和行业应用等方面已经具备一定基础。技术标准局部获得突破，产业发展全面涉足，行业应用规模不断扩大。

技术研发攻关取得一定成果。我国企业加强以微机电系统（MEMS）为代表的新型传感器方面的研发，光纤传感器技术达到世界先进水平。中高频 RFID 技术接近国际先进水平，超高频和微波 RFID 技术方面取得一定进展。工业物联网领域，我国自主创新取得重大突破，研制成功面向工业过程自动化的工业无线通信芯片。

物联网产业体系初步形成。物联网产业体系涉及传感器、RFID、智能仪器仪表、物联网相关网络设备制造以及网络服务、物联网应用基础设施服务、物联网软件与应用集成服务、物联网应用服务在内的多个门类。近年来，物联网产业规模一直保持30%的高速增长。

物联网开始渗透到社会经济民生的各个领域。物联网凭借与新一代信息技术的深度集成和综合应用，在推动转型升级、提升社会服务、改善服务民生、推动增效节能等方面正发挥重要的作用。在全国智慧城市建设和城镇化发展中，物联网成为实现各种智慧应用的关键手段，在城市发展、公共服务、环境保护等多个民生领域发挥重要作用。

整体看来，我国仍然面临核心技术话语权缺失、产业整体水平薄弱、应用层次偏低且缺乏合理的商业模式等问题，长期可持续发展面临严峻的挑战。

（1）我国物联网核心技术和产业整体仍然落后于发达国家。我国在传感器技术、终端芯片技术、应用层海量数据处理技术、物联网与互联网融合等基础和前沿技术方面与国外的差距仍然较大。产业方面，除了相关网络通信方面产业化能力较强，其他如传感器、超高频RFID、信息处理与高端软件集成产业在国际上偏中低端，技术与产业化落后造成物联网产品尚不成熟，产品性能远远低于应用预期。此外，我国物联网产业链各环节供给能力不均衡，尚未形成从感知、芯片、软件、终端、整机、网络到业务应用的全产业链优势互补、协同促进的发展局面，缺乏能够整合带动整个产业链发展的大型龙头骨干企业。

（2）在物联网的应用推广中，仍然缺乏普适的可盈利的商业模式。物联网技术与传统行业的结合需要解决一系列的专业领域的特殊需求，不同行业的准入机制和市场机制差异较大，虽然在部分行业领域已经出现能够盈利的小规模应用，但是推广到其他行业则可能面临无法持续的局面。进一步探索产业链上下游协作共赢的新型商业模式仍然是推动物联网应用规模发展的前提。

（二）我国新一代信息技术发展面临的挑战

目前，我国已经是全球最大的电子信息产品制造基地和全球极为重要的信息技术产品与服务市场，但是核心技术受制于人的被动局面没有根本性改变，制约产业发展的核心芯片、基础软件等环节长期没有实质性突破，信息技术产业高端化发展的产业基础不牢。重要领域的核心设备国产化率很低，高端服务器、存储系统、数据库等领域长期被国外厂商垄断，自主可控程度较低，网络安全受到严峻威胁。缺乏对于重要技术领域的战略方向把控能力，技术创新亦步亦趋，难言超越。造成这些问题的主要原因包括以下方面。

（1）相关战略缺乏高效衔接。大国大市场的优势以及"两弹一星"精神在这些领域没有充分发挥，国家巨额的资金被"碎片化"投入化为无形。我国不同部门已经陆续出台了多个有关信息技术、产业和信息化应用的战略与规划，但是由于分头管理、缺乏衔接，在落实方面缺乏高效的配合，重复投入、无效投入等现象普遍存在。

（2）科研体系和体制亟待创新。我国科技体制仍然带有明显的计划经济时代特征，随着我国经济向市场化转型，目前科研管理体制已经显现出诸多弊端。市场配置科研和产业资源的作用有待进一步发挥，科研和产业人为割裂的现象依然存在。科研机构并不直接面向市场竞争，在需求分析能力和市场敏锐度方面严重不足；随着国家科研投入的逐步加大，科研机构和高校倾向于从政府拿资金、拿项目，主动与企业需求结合的意愿不足，培养的人才很难适应市场竞争需要。

（3）信息技术的体系化思维有待建立。单点创新没有转化为整体优势，面对发达国家的体系化发展和产业生态竞争，我们花大力气培养形成的单点优势，很容易被各个击破，消失殆尽，在新一轮技术变革中继续沦为被动跟随的二流国家。面对新一代信息通信技术的综合集成式突破创新，我国亟须增强技术、设备、网络、系统、应用的综合集成能力，尤其是大型信息系统的设计和实施能力。

（4）企业的主体地位尚未形成。政府对于市场的不合理干预普遍存在，支持企业发展的政策环境尚不完善，中小企业的创新活力和内生动力有待进一步激发，大中企业的垂直整合能力以及产业链带动作用有待进一步发挥，规范有序的市场环境有待进一步完善。关键和核心信息技术的产学研用协同攻关机制亟待建立。国家科研投入的企业导向有待进一步强化。支撑企业创新发展的公共服务平台、研发中心等环境和条件建设有待完善。

五、促进新一代信息技术发展的策略建议

（一）创新科研与成果转化机制

（1）加强新一代信息技术领域科研项目的资源整合，瞄准未来网络、

新一代移动通信、移动互联网等重要领域，充分整合重大专项等各类科技项目，解决科研投入的"碎片化问题"。充分发挥中央网络与信息安全领导小组的统筹规划、综合协调作用，围绕关系网络安全和国家长远发展的重要技术领域，组织各方力量，进行联合攻关，并打通研发与应用部署等环节，改变信息技术领域核心技术受制于人的被动局面。

（2）发挥信息技术领域创新活跃的优势，吸引民间资本进入科研领域。鼓励成立非官办、半官办的科研机构，利用这些民间科研机构构建科研与产业化的嫁接渠道，面向企业和市场需求，筹集资金、开展科研活动，科研成果直接服务于企业发展，探索科研成果高效转化的新途径。

（3）完善政府采购机制，带动国产技术设备发展。通过在政府采购中实施严格的安全要求，树立保护本土企业发展的技术门槛；加大对于云计算、大数据等新兴服务的政府采购力度，为本土企业创造市场空间。

（4）制定金融、能源、交通等重点行业信息系统核心设备的国产化替代计划。一方面，通过有序实施国产设备的应用部署，提升这些行业的安全水平，避免后门和漏洞；另一方面，解决国产设备的初期市场问题，有利于促进国产设备的成熟与稳定。

（二）进一步确立企业创新主体地位

（1）强化市场对于应用技术创新的导向作用，进一步发挥企业的创新主体作用。一方面，鼓励企业加大科研投入，提升企业的自主创新能力；另一方面，在政府资金的支持下，强化企业对于科研机构、高校等应用技术研究的引导，面向市场，由企业来组织科研机构、高校开展技术创新。

（2）设立产业投资基金，促进企业融资。吸引企业、金融机构、社会资金，设立采用市场化运作方式，重点支持集成电路、操作系统等产业发展，推动企业提升产能水平和实行兼并重组、规范企业治理，形成良性的自我发展能力。

（3）加快建立技术创新、技术标准、认证检测、市场推广等技术创新公共服务平台，不断完善信息技术创新体系，为企业创新提供服务支撑。

（三）以体系化思维构建新一代信息技术产业生态

（1）面向云、管、端三个信息技术应用环节以及网络信息安全等重要领域，建立自主可控的技术体系。以应用为引领，带动这些体系的整机、芯片、软件以及关键器件实现体系化发展和整体性突破。

（2）支持龙头企业牵头成立技术产业联盟，加强产业链各环节的力量整合与对接，打造龙头企业牵头、中小企业支撑发展，以企业为主体的技术产业生态。

（3）结合区域优势形成差异化竞争态势，以长三角、珠三角、环渤海和部分中西部地区为重点，充分利用各地区的优势资源。

（4）重视信息技术开源开放发展模式。在云计算、大数据、操作系统、芯片架构等方面，鼓励龙头企业成立开源技术研发团队，吸引国内和国际智慧资源，打造自主可控的技术产业生态。

（四）完善技术产业创新发展环境

（1）进一步加强国内新一代信息技术标准体系建设，积极参与 IETF、ITU、ETSI、3GPP 等传统国际标准化组织的活动，并重视和加强 ONF、Opendaylight 等新兴标准化组织的标准化工作，在未来网络、新一代移动通信等领域扩大对国际标准的影响力。

（2）强化新一代信息技术领域的专利布局，加强专利申请和知识产权保护力度，建立相关领域的知识产权监测与预警机制，鼓励龙头企业面向全球进行知识产权转让和购买，围绕企业自身产品和发展需求构建自主的专利体系，探索依托产业联盟等方式构建顺畅高效的专利池和交易平台。

（3）不断完善第三方测评机构服务能力，构建面向企业的技术创新、企业创业与孵化等公共服务平台，促进中小企业创新发展。

参考文献

［1］工业和信息化部电信研究院. 物联网白皮书. 2014

［2］工业和信息化部电信研究院. 云计算白皮书. 2014

［3］工业和信息化部电信研究院．大数据白皮书．2014

［4］工业和信息化部电信研究院．移动互联网白皮书．2013

［5］工业和信息化部电信研究院．新一代移动 Web 技术白皮书．2012

［6］工业和信息化部电信研究院．通信设备产业白皮书．2014

［7］工业和信息化部电信研究院．5G 概念白皮书．2015

［8］中国工程院《新一代信息技术产业》咨询研究课题组．新一代信息技术产业培育和发展．2014

［9］俄罗斯政府．2018 年前信息技术产业发展规划．2013

［10］欧盟委员会．地平线 2020（Horizon 2020）．2013

［11］美国国家协调办公室．网络与信息技术研究开发计划（NITRD）．2013

［12］国际电信联盟．Measuring the Information Society Report 2014）．2014

我国物联网产业发展研究

一、物联网概述

物联网是实现人与人、人与物、物与物全面互联的智能网络，是继计算机、互联网之后的第三次信息产业浪潮，是未来国际竞争的制高点，是后危机时代推动全球经济复苏和社会发展的新引擎。欧美、日韩等发达国家纷纷将物联网产业提升到国家发展的战略高度，将其作为新一轮产业发展的重点。我国也高度重视物联网产业的发展，各地方政府积极开展物联网规划和建设，出台扶持物联网产业发展的优惠政策，物联网产业保持良好发展势头，技术研发取得重大进展，标准体系不断完善，市场化应用稳步推进，产业发展进入快车道。

（一）物联网的产生与定义

物联网（Internet of Things）概念最早是 MIT 研究 RFID 的 Auto-ID 中心主任教授在 1999 年提出来的，同年基于 Auto-ID 成立的 EPC Global 组织进一步明确其概念。2005 年国际电信联盟（ITU）进一步描绘了"物联网"的时代图景。2008 年 IBM 提出"互联网＋物联网＝智慧地球"的概念。2009 年欧洲智能系统集成技术平台组织（EPOSS）也明确提出了物联网的定义。

本报告认为物联网是一种基于特定对象的、满足特定需求的应用，物联网对物理世界的"感、知、控"只能面向具体的、特定的对象。这里，可以对物联网的定义作进一步优化：物联网是通过射频识别（RFID）、红外感应器、全球定位系统、激光扫描器等信息传感设备，基于社会、经济领域的实际管理和应用需求，按约定的协议，把需要联网的物品与网络连接起来，进行信息交换和通信，以实现智能化识别、定位、跟踪、监控和管理的一种网络。这个定义中，除了从技术上表述物联网内涵外，还强调了物联网基于实际应用、满足特定需求的特征[①]。

（二）物联网发展阶段

物联网产业发展可分为三个主要阶段，分别是自然发展阶段、生态意识阶段和生态系统阶段（见图1）。

1. 自然发展阶段（20 世纪 90 年代~2009 年）

在自然发展阶段，物联网在实验室开始萌芽，并从出于科研目的的研究实验阶段起步，随着技术发展，不断扩大应用范围，演进到了小规模产业化和应用阶段。物联网的一些相关技术标准、网络基础、产业和应用已经开始自然发展起来。在该时期，其感知能力还比较弱，只是基于现有网络实现一些小规模的应用。该阶段的特征是自发、无意识、零散、不成体系、规模小。

2. 生态意识阶段（2009~2015 年）

在生态意识阶段，各国明确提出着力发展物联网产业，国家及地方政府开始有意识地培育物联网产业，制定产业发展规划。政府的引导和扶持将吸引更多的科研院所、企业、组织机构积极参与进来，带动物联网技术和产业加速发展，从而带来业务和应用种类的增加，物联网应用逐渐开始走进公众生活。在这种有意识地推动下，物联网产业进入快速发展阶段，

[①] 曹洋、王建平："物联网架构及其产业链研究"，《技术经济与管理研究》，2013 年第 2 期。

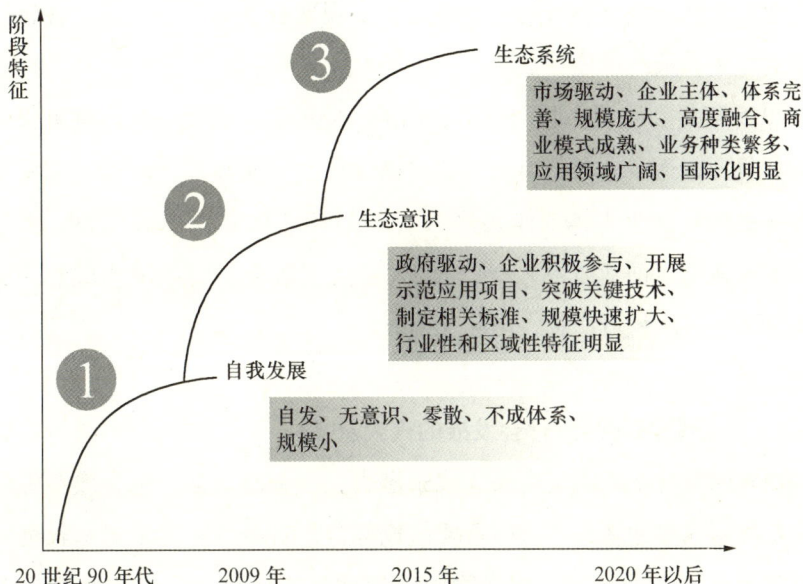

图1　物联网发展阶段

资料来源：csip。

将广泛实现物与物之间的互联，通过信息的有限感知和有限传送实现更大范围特定领域的应用。该阶段的主要特征是政府驱动、企业积极参与、开展示范应用项目、突破关键技术、制定相关标准、规模快速扩大、行业性和区域性特征明显。

我国物联网发展正处于生态意识阶段。因此，我国物联网市场空间释放要循序渐进，不能过渡，因为从信息安全和国家安全角度讲，有些自主可控的关键技术还要等待突破，本土企业承接能力还要进一步提升。

3. 生态系统阶段（2015年以后）

在生态系统阶段，物联网相关技术和产业相对成熟，物联网应用开始融入公众生产生活，企业和个人普及应用，从而使应用范围更加广泛，业务种类更加丰富，市场空间更为巨大。广阔的市场成为该阶段物联网产业发展的主要动力，吸引更多商业机构踏入物联网世界，挖掘物联网巨大潜力，商业化将为物联网带来新的飞跃。该阶段将通过信息全面透彻的感知和多种通信技术相结合的自由传送，逐步实现半智能化及全智能化，形成跨行业、跨区域高度融合的生态系统,实现融合渗透到各行业、各领域的物联网应用,最终改变社会生产和生活方式。

2015 年后,我国物联网技术、标准、应用、产业化方面将具有很强的国际竞争力,逐步向海外市场开拓,国际化趋势明显。该阶段的主要特征是市场驱动、企业主体、体系完善(包括产业体系、标准体系、服务体系、保障体系、创新体系)、规模庞大、高度融合、商业模式成熟、业务种类繁多、应用领域广阔、国际化明显。

(三) 物联网对经济社会发展的重大意义

物联网具有知识密集度高、成长潜力大、带动力强、综合效益好的特点,是我国战略性新兴产业的重要组成部分,对经济社会全局和长远发展具有重大引领带动作用。加强物联网领域战略研究,加快物联网产业发展,对推进我国现代化建设具有重要的战略意义。

(1) 物联网产业是战略性新兴产业的重要组成部分,物联网产业也能够催生新兴产业,催生新的商业模式和新型业态,给我国调整产业结构、转变经济增长方式带来重大契机。

(2) 推广物联网技术和发展物联网产业将会产生巨大的市场需求,能够带动包括电子信息产品制造、软件产业、信息服务业以及其他众多产业的发展,从而培育相关产业的龙头企业,有利于培育我国企业做大做强。

(3) 物联网产业的发展将会成为我国"两化融合"的切入点,带动我国传统工业的产业升级,促进工业化和信息化深度融合,提高我国信息化应用的深度和广度,无论是"工业 4.0"还是制造强国建设,都离不开物联网技术和产业的支撑。

(4) 物联网产业的发展有利于提升我国电子信息产业、软件服务业及相关产业的创新能力,提升企业的国际竞争力,抢占产业价值链制高点。

(5) 物联网产业中涌现出的新技术、新概念、新产品,必将带来生产方式和生活方式有的变革,打破人们固有的思维方式,深刻地改变人们的生产和生活方式及行为，促进经济和社会信息化、网络化、数字化、智能化发展。

二、国外物联网发展

目前，国外物联网技术标准研发与相关产业应用主要集中在美、欧、日、韩等国家，飞利浦、西门子、ST 等半导体厂商在 RFID 市场具有绝对领导地位；Intel、Honeywell、日立、索尼、俄罗斯热工仪器等厂商占有了大部分传感器市场；IBM、HP、微软、SAP 等国际巨头抢占了中间件、系统集成的有利地位。

（一）各国物联网发展现状分析

1. 美国

继美国政府提出制造业复兴战略以来，美国逐步将物联网的发展和重塑美国制造优势计划结合起来，以期重新占领制造业制高点。美国竞争力委员会（Council on Competitiveness）指出，"数字技术、纳米技术变革正在开辟美国制造业的广阔创新空间"。自 2011 年以来，美国政府先后发布了先进制造伙伴计划、总统创新伙伴计划，将以物联网技术为根基的网络物理系统（Cyber-Physical System，CPS）列为扶持重点，并引入企业与大学的技术专家共同制定其参考框架和技术协议，持续推进物联网在各行业中的部署。

目前，美国物联网相关行业应用十分广泛，部分领域已实现规模化发展。例如，得克萨斯州的电网公司建立了智慧的数字电网，这种数字电网可以在发生故障时自动感知和汇报故障位置，并且自动路由，10 秒钟之内就恢复供电；沃尔玛等零售巨头已实现将 RFID 技术应用于全供应链管理；AT&T 公司为用户提供家庭安全监测和智能药品业务；盖博瑞尔将温度 RFID 标签应用于运动员头盔来监测运动员身体状况，准确记录运动员最佳身体状况和运动状态。

2. 欧盟

欧盟建立了相对完善的物联网政策体系，积极推动物联网技术研发。近年来，欧盟对物联网科技创新的重视程度越来越高，相关物联网政策已经涵盖了技术研发、应用领域、标准制定、管理监控、未来愿景等各个领域，发布了信息化战略框架、行动计划、战略研究路线图等，并试图通过"创新型联盟"快速推动物联网融合创新在多个领域中的深度渗透。欧盟在第七科研框架计划（Framework Program 7，FP7）下，设立 IOT-A、IOT6、open IOT 等一系列项目对物联网进行了研发，在智能电网、智慧城市、智能交通方面进行了积极部署。欧盟在 2013 年通过了"地平线 2020"科研计划，旨在利用科技创新促进增长、增加就业，以塑造欧洲在未来发展的竞争新优势。"地平线 2020"计划中，物联网领域的研发重点集中在传感器、架构、标识、安全和隐私、语义互操作性等方面。

欧盟物联网的应用主要集中在以下方面：随着各成员国在药品中开始使用专用序列码的情况逐渐增多，确保了药品在到达病人前均可得到认证，减少了制假、赔偿、欺诈和分发中的错误。由于使用了序列码，可方便地追踪到用户的产品，从而提高了欧洲在对抗不安全药品和打击制假方面的措施力度。一些能源领域的公共性公司已开始部署智能电子材料系统，为用户提供实时的消费信息。同时，使电力供应商对电力的使用情况进行远程监控。在一些传统领域，比如物流、制造、零售等行业，智能目标推动了信息交换，提高了生产周期的效率。

3. 韩国

韩国政府则预见到以物联网为代表的信息技术产业与传统产业融合发展的广阔前景，持续推动融合创新。继《韩国 IT 融合发展战略》之后，韩国政府持续推动传统产业与 ICT 的融合创新，并为 ICT 融合发展确立了法规制度、组织机构和市场监管基础，以确保韩国企业在全球化市场中的差异化竞争优势。

近年来，韩国政府通过在汽车、造船、服装等行业设立 IT 融合革新中心，已经撮合三星等 IT 企业通过物联网技术与现代汽车等制造企业缔结战略合作项目，规模开展了智能化融合产品的联合研发与产品生产。而且，韩国还启动了以应用为主、提升各个行业乃至整个城市信息化水平的多个 USN 项目，包括海滨的安全管理、地表水监控系统、公路健康监控、三大河流的健康监控、天气信息系统以及灾难监控等。韩国还推出了立足于"控制与防止"的数字家庭监控及联动报警系统，将有线与无线网络合二为一。

4. 日本

日本提出"u 社会"战略，战略目标从"e-Japan"到"u-Japan"，再到"i-Japan"。2009 年提出《数字日本创新计划》和《i-Japan 战略 2015》，其中交通、医疗、智能家居、环境监测、物联网是重点，并将政策目标聚焦在三大公共事业，即电子化政府治理、医疗健康信息服务、教育与人才培育。

日本在芯片、传感器、中间件等物联网产业核心领域都有国际知名企业，得益于这些龙头企业的带动示范，日本物联网产业得到快速的发展。针对本国特点，日本着重发展了灾害防护、智能家居、移动支付等物联网业务。日本的电信运营企业纷纷推出物联网发展的创新产品。NTT Docomo 推出了智能家居、医疗监测、移动 POS 等业务；KDDI 与丰田等汽车厂商合作推出了车辆应急响应系统，松下公司推出了家电网络系统。物联网应用渗透到人们日常的衣食住行中。

（二）物联网发展趋势

Gantner 公司预测，2015 年全球的物联网设备数量将达到 49 亿台，同时将创造 695 亿美元的收入。而到 2020 年，物联网设备的数量将达到 250 亿台左右，与物联网相关的边际收益或能达到 2630 亿美元。物联网在最近几年将飞速发展，呈现以下发展趋势。

（1）物联网相关领域技术标准研究依然是国际关注和推进重点。目前，国际上物联网领域的研究热点集中在物联网体系架构设计、感知层短距离通信技术、无线传感网 IP 化、物联网语义、全球物联网标准化等方面，各国际组织不断推动新的技术标准研究，以期探寻物联网发展的内在规律，对未来发展重点方向进行研判。

（2）M2M、车联网市场最具内生动力，商业化发展更加成熟。市场需求、成本、标准化、技术成熟度、商业模式是影响物联网应用规模化推广的主要因素，M2M和车联网市场内生动力强大，相关技术标准日趋成熟，全面推广的各方面条件基本具备，将成为物联网应用的率先突破方向。

（3）物联网与移动互联网融合方向最具市场潜力，创新空间巨大。移动互联网与物联网是最具发展潜力的两大信息通信产业：移动互联网主要面向个人消费者市场，侧重于提供大众消费性、全球性的服务；而物联网主要侧重于行业性、区域性的服务。当前，移动互联网正进入高速普及期，成功的产品和服务模式不断向其他产业领域延伸渗透，而处于起步阶段的物联网，也开始融入移动互联网元素，移动互联网与物联网的结合成为物联网发展最有市场潜力和创新空间的方向。

（4）物联网与工业的融合将带来全新的增长机遇。以物联网融合创新为特征的新型网络化智能生产方式正塑造未来制造业的核心竞争力，推动形成新的产业组织方式、新的企业与用户关系、新的服务模式和新业态，推动汽车、飞机、工程装备、家电等传统工业领域向网络化、智能化、柔性化、服务化转型，孕育和推动全球新产业革命的发展。

（三）经验总结

（1）发达国家把握物联网发展契机，积极进行战略布局。当前，以移动互联网、物联网、云计算、大数据等为代表的新一代信息通信技术（ICT）创新活跃、发展迅猛，正在全球范围内掀起新一轮科技革命和产业变革。物联网通过与其他ICT技术的不断融合，正加速向制造技术、新能源、新材料等其他领域的渗透。面对国际金融危机引致的经济困局，以及新一轮技术革命可能带来的历史机遇，发达国家政府围绕经济振兴、再制造化等战略，纷纷进行物联网战略布局，开始重新审视实体经济和制造业战略地位，瞄准重大融合创新技术的研发与应用，寻找新一轮增长动力，以期把握未来国际经济科技竞争主动权。

（2）产业巨头跨界合作，打造开放生态系统。以物联网核心企业为主导，国际产业联盟纷纷成立，跨界融合创新活跃，产业巨头"结盟圈地"，成为打造产业整体生态系统的重要推动力量。例如，美国2012年成立了物联网开放产业联盟，旨在汇聚能够给消费者带来价值的最具创新性的物联网企业，为企业产品之间的互联架起桥梁。AT&T、思科、通用电气等在2014年3月成立了工业互联网联盟（IIC），在促进物理世界和数字世界的融合、推动大数据应用方面作出了重大贡献。欧盟、日韩等行业协会也将推动物联网互操作标准、提高工业互联网广泛应用作为发展使命。

（3）政策在促进产业发展中起着至关重要的作用。美国、欧盟、日本、韩国等产业促进政策能够在产业发展中切实贯彻和实施下去，并根据产业发展的思路不断调整，成为产业持续发展的有力保障。

三、我国物联网发展

（一）我国物联网发展现状

2010年9月，国务院常务会议审议并原则通过《国务院关于加快培育和发展战略性新兴产业的决定》，物联网被国家正式列为重点发展的战略性新兴产业之一。2012年3月30日经国际电信联盟审议通过，由中国提交的"物联网概述"标准草案，成为全球第一个物联网总体性标准。这次中国标准的被采纳，不仅标志着中国在国际物联网领域的话语权大大增强，也预示着中国物联网产业将进入发展新阶段。目前，对外公布和正在制定物联网产业发展规划的城市涉及直辖市、省级、中等和县级行政区域，其中包括无锡、南京、北京、成都、重庆、杭州、广州、东莞、徐州、青岛、天津、西安、深圳、洛阳、佛山、双流、嘉兴等十几个全国各地一线、二线和三线城市。很多省市都明确地将物联网产业作为自身的支柱产业。业内人士预计，到2015年，物联网产业规模将突破7000亿元，所涉及产业链极其广泛，这对中国未来经济转型势必产生深远影响。

1. 国家加快物联网战略规划部署，政策环境日趋完善

近年来，国家高度重视物联网产业发展，从政策优惠、科技支持、产业推广等多个方面加强物联网产业扶持力度，推进产业做大做强。自2012年工信部发布《物联网"十二五"发展规划》以来，国家加快物联网产业战略部署，又陆续出台了一系列政策措施，为物联网产业健康快速发展保驾护航。我国物联网主要政策见表1。

表1　　　　　　　　　　　我国物联网主要政策梳理

年份	政策名称	政策要点
2010	《中共中央关于制定国民经济和社会发展第十二个五年规划的建议》	物联网被正式列为战略性新兴产业，"十二五"规划明确战略性新兴产业是国家未来重点扶持的对象，政策利好推动物联网产业发展
	《国务院关于加快培育和发展战略性新兴产业的决定》	抓住机遇，加快培育和发展战略性新兴产业，坚持创新发展，将战略性新兴产业加快培育成为先导产业和支柱产业，努力实现重点领域快速健康发展
2012	《"十二五"国家战略性新兴产业发展规划》	推进信息技术创新、应用拓展和网络建设的互动结合，创新产业组织模式，提高新型装备保障水平，培育新兴服务业态，增强国际竞争能力，带动我国信息产业实现由大到强的转变。"十二五"期间，新一代信息技术产业销售收入年均增长20%以上
	《物联网"十二五"发展规划》	攻克一批物联网核心关键技术，在感知、传输、处理、应用等技术领域取得500项以上重要研究成果，完成产业体系构建，形成较为完善的物联网产业链，到2015年，初步形成创新驱动、应用牵引、协同发展、安全可控的物联网发展格局
	《物联网发展专项资金管理暂行办法》	明确了国家专项资金的支持范围，包括物联网的技术研发与产业化、标准研究与制订、应用示范与推广、公共服务平台等方面的项目

续表

年份	政策名称	政策要点
2012	《无锡国家传感网创新示范区发展规划纲要（2012 – 2020 年)》	加强对示范区内物联网产业的财政支持力度，加大税收优惠
2013	《国务院关于推进物联网有序健康发展的指导意见》	指明了物联网发展的新目标，提出六大措施以及物联网发展融资方式等
	《农业物联网区域试验工程工作方案》	启动农业物联网区域试验工程，明确了发展目标、重点任务等一系列内容，对推动农业现代化具有重要的指导作用
	《加快推进传感器及智能化仪器仪表产业发展行动计划》	面向物联网技术和产业发展瓶颈，进一步加快与物联网发展相关的传感器及智能化仪器仪表核心关键技术研发及产业化。在智慧城市、智能交通、食品药品信息追溯、社会公共医疗服务等领域开展应用示范
	《物联网发展专项行动计划》	制定了顶层设计、标准制定、技术研发等 10 个方面的专项行动计划，对物联网行业健康发展具有重大影响
2014	《工业和信息化部 2014 年物联网工作要点》	从突破核心关键技术、推进应用示范和培育龙头骨干企业等多方面进行任务细分，并提出支持政策

资料来源：csip。

2. 完整的物联网产业体系初步形成，部分领域已形成一定的市场规模

目前，我国部分物联网领域发展迅速，与国外的差距正在缩小。从产业规模来看，我国物联网近几年保持较高的增长速度，2013 年我国整体产业规模接近 5000 亿元，达到 4896 亿元，同比增长 36.9%（如图 2 所示），其中传感器产业突破 1200 亿元，RFID 产业突破 300 亿元。预计到 2015年，我国物联网产业整体规模将超过 7000 亿元[①]，信息处理和应用服务逐步成为发展重点。

RFID 技术是物联网中最主要的感知技术之一，在物联网产业发展中具

---

① 工业和信息化部电信研究院：《物联网白皮书（2014 年）》。

（亿元）

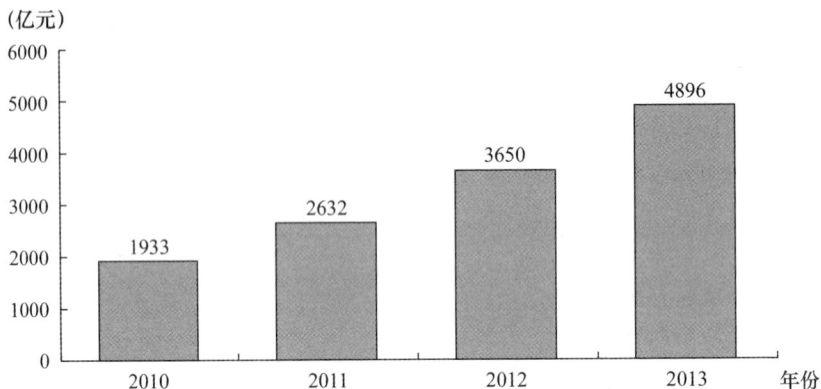

图 2　我国物联网产业规模

资料来源：csip：《物联网的认识与思考》。

有举足轻重的作用。我国物联网 RFID 产业链基本形成，2013 年市场规模
达到 320 亿元左右（如图 3 所示），连续多年位居世界第三。

（亿元）

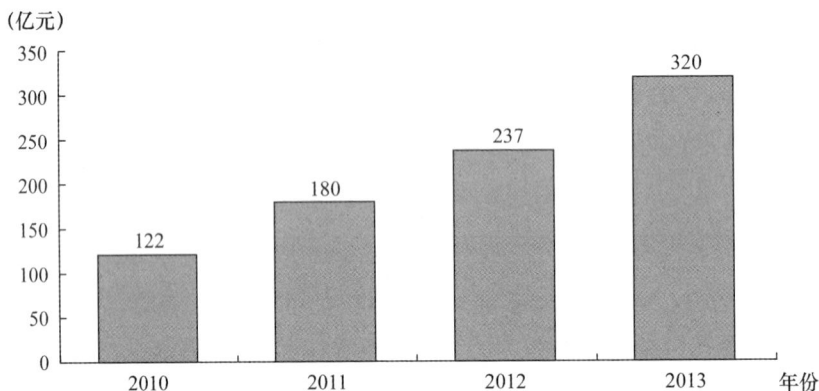

图 3　我国 RFID 市场规模

资料来源：中国软件行业协会：《2014 中国软件与信息技术服务业发展研究报告》。

3. 自主创新能力持续增强，相关技术标准研究取得重要突破

自主研发的物联网技术标准对物联网产业可持续发展具有至关重要的
作用，我国早在十多年前就开始了物联网相关领域的研究，技术和标准与
国际基本同步。目前，我国有 67 项物联网标准化提案获得国际标准化委员
会通过，成为世界上物联网标准化提案通过数量最多的国家，在物联网总
体架构、M2M 架构、标识解析体系方面也取得了大量研究成果。我国中高

频 RFID 技术接近国际先进水平，在超高频（800/900MHz）和微波（2.45GHz）RFID 空中接口物理层和 MAC 层均有重要研究成果；我国提出的面向工业过程自动化的工业无线网络技术标准 WIA-PA 被国际电工委员会（IEC）吸纳为国际标准，我国企业研制了基于 IPv6 的传感网网关并进入规模应用；我国对传感器网络、传感器网络与通信网融合、二维码和 RFID、M2M、物联网体系架构等共性标准的研制不断深化，在多个领域正在进行标准化制订工作。

4. 区位优势逐步形成，产业聚集态势明显

目前，我国物联网产业发展的区域特征如下：一是以北京为龙头的环渤海地区形成了物联网重要的研发、设计、设备制造及系统集成的基地；二是以上海、无锡为核心的长三角地区是我国物联网技术和应用的起源地，在发展物联网产业领域具有独特的优势；三是以广州、深圳为核心的珠三角地区具有发展物联网产业的得天独厚的先发优势，地区着眼于物联网基础设施建设、城市管理信息化水平提升以及农村信息技术应用等方面；四是以成都为中心的西部地区是我国电子信息产业的老工业基地，拥有良好的物联网发展产业基础和科研力量，可积极建设物联网成果孵化基地和产品制造基地。详见表2。

表 2　　　　　　　　　　我国物联网部分领域的空间分布

领　域	主要分布区域
传感器	长三角：汇聚接近全国一半的传感器企业，以上海、无锡、南京为中心，形成热敏、磁敏、图像、称重、光电、温度、气敏等较为完备的生产体系 珠三角：以深圳为中心，由附近中小城市的外资企业组成以热敏、磁敏、超声波、称重等为主的传感器产业体系 京津：主要以高校为主，从事新型传感器的研发 东北地区：以沈阳、长春、哈尔滨为主，主要生产 MEMS 力敏传感器、气敏传感器和湿敏传感器 中部地区：以郑州、武汉、太原为主，PT/NTC 热敏电阻、感应式数字液位传感器和气体传感器等产业发展良好
RFID	主要集中于北京、上海、广东、深圳等地，上海发展最快

领　域	主要分布区域
仪器仪表	除重庆川仪、西安西仪、上海自仪为中心建立的三大传统仪表基地外，还有辽宁丹东、江苏金湖、福建厦门等地
嵌入式系统	主要集中在广东、北京、上海、江苏、浙江等地
软　件	北京、广东、江苏、上海、辽宁、浙江6省市占全国总规模80%，其中前3省市超过50%

资料来源：csip。

4. 物联网上市企业发展迅速，成为引领产业发展的决定性力量

目前，我国以物联网相关领域为主营业务的企业有上百家，新大陆、东信和平、远望谷、中兴通讯、航天信息、同方股份、北斗星通、东软集团、浙大网新、神州数码等龙头骨干企业实力雄厚，竞争力强，在国际上都具有较高的知名度和影响力。并且，随着物联网应用深度和广度的扩张，物联网上市企业数量还会有较快的增长。广东、北京、江苏、浙江、上海、福建是物联网上市公司最多的几个省市，在龙头企业的带动下，形成了较为完备的产业链条，产业集群效益突显。

我国物联网上市企业所从事的领域基本涵盖了这个产业链。在二维码/REID相关领域，有新大陆、远望谷、高鸿股份、同方股份、航天信息、上海贝岭等一批龙头企业；在传感器/芯片/SIM相关领域，有通富微电、长电科技、华天科技、天津磁卡、复旦微电子、华东科技、歌尔声学等一批龙头企业；在中间件/系统集成相关领域，分布着同方股份、新大陆、远望谷、航天信息、厦门信达、神州数码等龙头企业；在软件开发方面，涌现出同方股份、中国软件、神州数码、用友软件、东软集团、浪潮软件等一批优秀企业；在行业应用中，沃尔核材、宝胜股份、川大智胜、亿阳信通、启明信息、东方电子、广电运通、御银股份等企业立足市场和民生需求，成为推进我国传统产业转型升级、民生服务智能便捷的重要力量。

5. 试点示范持续扩大，行业应用深度推进

目前，我国以智慧城市建设为载体，大力推进物联网应用。物联网已

在智能电网、智能交通、智能物流、智能家具、环境保护、医疗卫生、金融服务业、公共安全、国防军事等领域得到应用，示范效应初步显现。

在智能工业方面，物联网技术在物流采购、生产制造、经营管理、节能减排、安全生产、事故预警等领域得到广泛应用，在提高生产效率、节约经营成本、优化资源配置中发挥主要作用。在智能电网方面，我国智能电表的总安装数量达到 2.5 亿个，成为全球最大的智能电网市场。在智能安防方面，物联网的应用规模不断增强，2013 年达到 1429 亿元，智能安防的行业应用从军队、政府、金融、交通等高端市场，到工业、教育、医疗等中端市场，现已渗透到居民小区、仓库管理、物流等民用市场，成为市场发展趋势①。在食品安全方面，我国大力开展食品安全溯源体系建设，采用二维码和 RFID 标识技术，建成了重点食品质量安全追溯系统国家平台和 5 个省级平台，覆盖了 35 个试点城市，789 家乳品企业和 1300 家白酒企业②。在医疗卫生方面，集成了金融支付功能的一卡通系统，推广到全国 300 多家三甲医院，使大医院接诊效率提高 30% 以上，加速了社会保障卡、居民健康卡等"医疗一卡通"的试点和推广进程。在智能家居方面，结合移动互联网技术，以家庭网关为核心，集安防、智能电源控制、家庭娱乐、亲情关怀、远程信息服务等于一体的物联网应用，大大提升了家庭的舒适程度和安全节能水平。

（二）我国物联网存在的问题

虽然我国物联网产业起步较早，目前已经具备一定的技术、产业和应用基础，但仍处在产业的初级阶段，还存在一系列瓶颈问题和制约因素。

1. 核心技术有待突破，标准体系还需完善

我国物联网产业飞速发展，但仍面临核心技术缺乏等突出问题。推动我国物联网产业发展的关键是感知层和处理层直接相关的企业，而物联网

---

① 中国软件行业协会：《2014 中国软件与信息技术服务业发展研究报告》。
② 工业和信息化部电信研究院：《物联网白皮书（2014 年）》。

传输层在技术、应用和商业模式上都比较成熟，也相对独立，制约我国物联网产业发展的技术难题多集中在感知层和处理层上，尤其以感知层为甚。目前活跃在国际市场上的都是德国、日本、美国、俄罗斯等国家的产品，几乎垄断了"高、精、尖"传感器和新型传感器的国际市场。总体来说，我国物联网关键技术与国外先进水平还有不小差距，物联网企业规模普遍偏小，企业实力较弱，如传感器、智能仪器仪表90％以上为小型企业[①]，企业研发投入不足，创新能力亟待提高，创新体系尚不完善。超高频 RFID、新型传感器、低功耗传感网核心芯片及片上系统、中高速传感网节点基带和射频芯片、专用嵌入式操作系统、协同感知、应用优化、支持物联网应用的中间件平台研发等领域的核心关键技术有待突破。而且，由于物联网是一个多设备、多网络、多应用的大网，涉及的技术和标准多种多样，虽然各国在标识、频谱等关键资源和核心标准上竞争激烈，但技术标准分散、标准机制多样、技术体系不完善。就我国目前发展情况看，物品编码标准体系尚未统一，加上每个应用领域争相制定各自领域的相关标准，进一步造成物联网标准体系的混乱。

2. 产业链资源缺乏整合，规模化应用亟须突破

受技术标准制定滞后、信息安全隐患、盈利模式单一、用户消费习惯等综合因素的影响，我国物联网应用仍以独立的行业内碎片化应用为主，信息孤岛现象严重。而且，由于物联网研发与应用成本较高，投资回收期较长，行业之间分割情况普遍存在，传统企业信息智能化转型成功案例不多，产业链统筹管理机制尚未形成，造成物联网产业链各环节企业参与和投入参差不齐，产业链中各层级衔接还较松散，各环节协同效应不强，产业链整体价值未能得到充分释放。目前，物联网应用主要集中在城市应急管理、机场边界入侵等公共投资领域，多属政府投资推动。除交通、物流、电力等行业外，面向其他行业应用领域的成功案例还不多，针对家庭的应用还仅限于健康监测和智能家居等方面，基于消费领域的需求尚未形

---

① csip：《物联网的认识和思考》。

成。我国部门之间、地区之间、行业之间的条块分割也进一步制约了物联网产业的做大做强。

3. 商业模式亟待探索，市场化运作机制尚未形成

物联网的商业模式的成熟程度是判断物联网发展进程的重要依据。建立一个多方共赢的商业模式，是推动物联网发展的核心和关键。目前，物联网处于网络建设和行业应用的拓展阶段，商业模式有待进一步探索。物联网产业的发展最终还是将走向市场化运营阶段，即使具有良好的市场前景，但在市场化运作方面失败，将最终影响产业的发展。我国物联网虽然在智能交通、智能物流、智能家具、环境保护、医疗卫生、金融服务业、公共安全、国防军事等领域都有所应用，但是并没有完成一个整体的商业化进程，政府投入多，民间投资少。而且，由于物联网仍处于发展初期，现有的技术成本较高，投资回收慢，一般的商业模式无法给企业带来足够的利润，整个行业还未出现稳定且持续的商业模式，也没有任何产业可以在这一点上引领物联网的发展。成熟商业模式的缺失成为制约物联网规模化发展的一个关键要素。

4. 网络关系繁纷复杂，安全隐私面临挑战

信息安全已成为事关经济、社会、国防安全的"第一安全"，物联网承载着大量的国家经济社会活动和战略性资源，虽然我国在推广国产软硬件方面持续发力，但伴随信息技术的广泛应用，恶性信息安全事故频发，基础信息网络、重要信息系统安全等问题与日俱增，特别是在物联网、移动互联网、云计算环境下，我国信息安全面临更为严峻的挑战。目前，我国信息化基础设施的底层核心技术和关键产品绝大部分基于国外的芯片、操作系统、数据库和国外的高端服务器，国家信息安全受到严重威胁，即使采用物理隔离的防护手段，依然存在被渗透和控制的巨大风险。另外，越来越多的企业和个人信息都放在物联网上，隐私权也得不到有效保护。一旦网络和技术出现问题，遭到病毒攻击等，我国将面临巨大的安全隐患和隐私侵犯，会导致工厂停产，社会秩序混乱，甚至直接威胁人的生命安全。而且，随着设备和数据的关系变得更错综复杂，出现问题的可能性在

进一步增加。因此，如何确保企业商业机密、国家机密不被泄漏，不仅是技术问题，更是事关国家安全和国家利益的重大课题。

四、我国发展物联网的对策建议

（一）发展思路

深入贯彻落实科学发展观，准确把握国内外物联网产业发展趋势，抓住物联网产业发展的战略机遇，以促进电子信息产业发展为出发点，以推进"两化融合"发展为落脚点，以国家安全和社会安全为根本点，坚持"规划先行、技术突破、应用引领、产业跟进"的原则，做大做强物联网产业，促进经济结构调整，推进产业转型升级。

1. 加强物联网的融合创新

物联网是技术、应用和服务融合创新的产物，融合创新是物联网发展的主旋律。未来信息技术产业的重大技术变革和重要的商业机遇，来源于感知技术与微电子技术、计算机技术、网络通信技术、软件技术、管理技术的深度融合，这种融合涉及硬件的芯片、传感器、电子标签，囊括了软件的操作系统、数据库、中间件和应用软件，横贯了技术创新、商业模式创新、应用模式创新到用户体验创新。

从物联网架构上分析，传输层融合了移动通信、光纤通信、卫星通信等各种通信网络技术，感知层融合了各种传感技术、各种组网技术，处理层融合了大数据处理、虚拟化、海量存储、信息安全和中间件等各种技术，云计算、移动互联网等新一代信息技术在物联网建设中将得到广泛的融合应用。

2. 推动物联网应用和产业的互动发展

从一个地区甚至一个国家来衡量，应用水平和技术研发能力、产业发展水平没有必然的联系。信息化水平和信息产业发展没有必然的关联性，没有物联网技术基础的地区和国家同样能够应用先进的物联网技术，同样可以构建高水平的应用。应用和产业之间的纽带是市场，应用能够提高信息化水平、能够提高社会管理能力，应用能够创造市场需求。但是，一个健全的市场是面向国内其他区域、其他企业开放的，也是向国外企业开放的，本地市场不一定为本地企业、本国企业所占领。因此，本地市场不一定换来本地化的产业，本国市场不一定换来我们需要的技术和产业。

推动"以用立业、以用兴业、以用强业"，促进应用与产业的良性互动，实施应用推广和产业发展的双轮驱动战略，鼓励在行业应用中使用国产自主知识产权的核心软硬件产品，扶持本土的运营服务企业快速发展。这应成为我国物联网发展的重要战略基点。

3. 积极探索物联网商业模式创新

物联网商业模式的成熟程度是判断物联网发展进程的重要依据。目前，物联网处于网络建设和示范应用阶段，成熟的、完整的商业模式并未形成，产业链获益的企业是技术服务商、产品制造商和解决方案提供商。但是，物联网市场成熟的标志是基于物联网构建的平台产业的快速发展。当一大批第三方物联网平台运行企业成功挖掘出商业价值、找到合理的商业模式、培育出各类创新业态，表明物联网市场走向成熟。此时第三方的物联网服务平台成为主要商业形态，其所形成的低边际成本、强规模经济、强路径锁定等平台经济效益，预示着物联网商业模式的形成，物联网市场爆发期也随之而来。

研究物联网商业模式时，需要探索出第三方的物联网平台运行模式，才能培育出成熟的物联网服务市场。移动互联网、云计算等领域的成功商业模式值得物联网企业借鉴。在产业发展中，应注重移动互联网、云计算和物联网三大产业的融合创新，相互借鉴，引领软件和信息技术服务业的商业模式、服务模式和新兴业态的创新发展。

4. 加快构建安全可靠的物联网产业体系

信息安全已成为事关经济、社会、国防安全的"第一安全"。在物联网产业发展过程中，应对发展以国产的核心元器件、CPU、操作系统、数据库以及全国产整机为代表的安全可控关键软硬件高度重视，促进安全可控的关键软硬件产品发展，提高技术水平和产品成熟度，提升研发能力和应用水平。加快安全可靠的国产关键软硬件在物联网、智慧城市建设中的应用推广，确保信息安全和产业安全。

（二）对策建议

1. 加强政策支持，做好顶层设计

优化环境、统筹规划、做好顶层设计，加强物联网产业发展的政策体系研究，加快制定促进物联网产业发展的税收、金融、研发等方面的政策措施。按照分步实施、有序推进的原则，明确我国物联网产业的战略定位、阶段发展目标和产业发展路线图，逐步放开市场，并逐步培育一批掌握核心技术、拥有自主产权的物联网企业，确保产业安全。在国家层面，制定统一的产业发展规划，优化产业布局，基于各地产业发展基础和资源禀赋，认定一批物联网产业基地，合理规划产业区域布局，促进各地物联网产业的差异化、特色化发展，增强区域间的协同能力。

2. 突破核心技术，构建标准体系

充分发挥产学研等多方资源和优势，加大资金投入，协同开展重大技术攻关和应用集成创新，在传感器、核心芯片、操作系统、中间件等核心关键技术上力求突破，实现提升感知技术水平、推进传输技术突破、加强处理技术研究、巩固共性技术基础，建立完善的物联网技术体系。坚持统筹规划、分工协作、保障重点、急用先行的原则，坚持自主创新与开放兼容相结合，根据市场和产业需求，完善标准体系框架建设，持续推进共性和关键技术标准的研制，加快安全、标识、数据、测试等领域共性技术标准，以及感知、网络传输、信息处理领域关键技术标准的研制工作。继续开展重点行业应用标准的研制，加快自主技术标准的国际化进程。通过建立高效的标准协调机制，完善我国物联网技术和产业标准体系，提升我国在国际上的话语权，确保发展主导权，增强产业竞争力。

3. 营造企业发展环境，促进企业协调发展

加强对影响力大、带动性强的大企业的培育工作，力争在传感器、核心芯片、无线射频识别（RFID）、传感器网络、嵌入式软件、系统集成等

领域打造一批品牌企业，支持物联网骨干企业积极参与国际竞争，提高国际知名度和影响力。采取灵活多样的模式，做好"专、精、特、新"中小物联网企业的孵化、扶持和服务工作，引导中小企业集聚发展。引导、培育和支持更多的电子信息产业中小企业加入物联网领域建设中来，丰富和完善物联网产业链条，为大型骨干企业提供配套服务，参与研发、设计、生产、制造等环节。

4. 坚持需求牵引，拓展物联网行业应用

针对国家安全、经济社会发展的重大战略需求，结合新一代移动通信、云计算、下一代互联网、卫星通信等技术，面向重点行业和重点民生领域，选择工业、农业、节能环保、商贸流通、交通能源、公共安全、社会事业、城市管理、安全生产、国防建设等重点领域，进行层次化推进。优先在技术产业相对成熟、发展潜力大的领域开展应用推广工作，以规模化的物联网应用市场带动技术、标准、产业、政策等进一步完善。在技术和产业化尚未成熟的领域，在确保自主创新技术突破和产品满足应用需求的前提下，循序渐进发展。在技术相对稳定而产业化能力不足的领域，应首先提升生产能力，扩大产品产量，改善产品的工艺、质量，以适应应用规模化推广的高标准和低成本要求。通过重点行业和领域的先导应用和典型应用为引领，提高我国物联网行业应用的深度和广度。

5. 整合产业资源，搭建物联网应用平台

围绕共性和关键需求，充分发挥龙头企业、科研院所、产业联盟、行业协会在整合产业资源方面的积极作用，加快整合各区域、各行业现有平台建设资源，形成资源共享、优势互补、良性互动的公共服务平台体系。建设集研发、中试、小批量生产和测试于一体的物联网公共技术服务平台、公共测试服务平台、综合信息咨询服务平台、知识产权服务平台，搭建全国性的物联网应用平台，组建第三方平台运营商，为物联网产业发展规划、示范应用项目确定、产品解决方案实施运维等提供专业化服务。做好、做实物联网产业公共服务体系筹协调工作，引导多种投资参与物联网公共服务能力建设。

6. 加强商业模式研究，实现商业模式突破创新

组织专人对国内外物联网各种商业模式进行分析、总结和研究，开展物联网商业模式创新交流工作，形成高水平的物联网商业模式分析报告，建设国家优秀物联网商业模式及解决方案案例库，滚动更新，对外发布。以各地物联网产业联盟为抓手，加强第三方物联网平台运行企业的培育和扶持，加快形成以市场化运营为基础的物联网商业模式发展机制，建立健全以企业为主体、市场为导向、产学研用相结合的物联网商业模式创新体系。

7. 加强物联网关键安全技术研发，推进信息安全体系建设

建立信息安全保障体系，做好物联网信息安全顶层设计。加快推进物联网关键安全技术研发与产业化，加大国产关键软硬件应用的规模和范围，加强物联网安全标准制订与实施工作。建立健全物联网信息安全相关制度、标准、规范，完成预警与态势通报机制、信息共享与分析机制建立与基础环境建设。针对国家公共安全与基础设施等重点领域的物联网应用，加强对系统解决方案、核心设备与运营服务的风险评估和防范，大力提升信息安全保障能力，从源头保障物联网的应用安全可靠。

五、结 论

物联网本身并不是全新的技术，而是在原有基础上的提升、汇总和融合。物联网作为一种融合发展的技术，其产业在自身发展的同时，同样会带来庞大的产业集群效应。据保守估计，传感技术在智能交通、公共安全、重要区域防入侵、环保、电力安全、平安家居、健康监测等诸多领域的市场规模均超过百亿甚至千亿。据预测，到2020年，物物互联业务与现有人人互联业务之比将达到30∶1，物联网产业将有可能成为下一个万亿级的产业。美国《福布斯》杂志评论未来的物联网将比现有的互联网大得多，市场前景将远远超过计算机、互联网、移动通信等市场。

我国政府高度重视物联网的发展，物联网产业也已积累了丰富的技术

和产业资源，形成了较为完备的产业链。但是，我国物联网在企业总体实力、技术研发水平、产业链完备程度、政策法规扶持等方面还有很大的提升空间。在综合考量物联网发展现状及存在问题的基础上，找出发展思路，提出对策建议，可以及早进行战略布局，把握产业发展契机，在新一代信息技术发展中占领产业制高点，抢夺先机。

参考文献

[1] 王建平，曹洋，史一哲．物联网软件产业链研究．中国软科学，2011（8）

[2] 曹洋，王建平．物联网架构及其产业链研究．技术经济与管理研究，2013（2）

[3] 王建平．八论物联网．中国信息界，2013（4）

[4] 工业和信息化部软件与集成电路促进中心．物联网的认识和思考．物联网动态，2012（11）

[5] 中国软件行业协会．2014 中国软件与信息技术服务业发展研究报告．2014

[6] 工业和信息化部电信研究院．物联网白皮书（2014 年）．2014

[7] 邬贺铨，刘伟等．中国物联网发展报告（2012 - 2013）．北京：社会科学文献出版社，2013

我国云计算产业发展研究

一、云计算概述

虽然云计算概念提出的时间不长，但其定义却是百家争鸣。本报告参考国外智库的相关报告，对云计算进行阐述。

（一）云计算的基本内涵

云计算最早由谷歌首席执行官埃克里·施密特于2006年提出，并认为云计算以公开的标准和服务为基础，以互联网为中心，提供安全、快速、便捷的数据存储和网格计算服务。IBM则认为云计算是一种计算模式，可以把大量高度虚拟化的IT资源、数据、应用组成一个大的资源池，并作为服务通过网络提供给用户。亚马逊则将云计算简单地表述为，通过Internet按需提供IT资源，并且采用即用即付的定价方式。

然而，在众多的云计算定义中，美国国家标准技术研究院（NIST）对云计算的定义的认可度最高。NIST认为，云计算是一种按使用量付费的模式，这种模式提供可用的、便捷的、按需的网络访问，进入可配置的计算资源共享池（例如网络、服务器、存储、应用软件、服务等），这些资源能够被快速提供，只需投入很少的管理工作，或与服务供应商进行很少的交互。云模型有按需自助服务、通过网络访问、与地点无关的资源池、快速伸缩性、按使用付费五个基本特点①。

常见的云计算框架包括 OpenStack、CloudStack、Cloud Foundry 等。其中，OpenStack 主要面向 IaaS，支持厂商包括 AMD、Intel、惠普、戴尔、微软、思科系统，主要用户包括美国宇航局、Rackspace、惠普云、AT&T、MercadoLibre 等；Cloud Foundry 是 VMware 于 2011 年 4 月推出的业界第一个开源 PaaS 云平台；CloudStack 是面向 IaaS 的开源云计算平台，用户包括 GoDaddy、日本电报电话公司、英国电信、塔塔集团、韩国电信等。

（二）云计算的服务和部署模式

1. 云计算的服务模式

NIST 指出，云计算服务模式包括软件即服务（SaaS）、平台即服务（PaaS）和基础设施即服务（IaaS）三种模式（见表 1）。SaaS 确保用户能够在云基础设施内，通过不同的客户端获得所需的应用程序；用户不需也不能管理或控制底层的云基础设施。PaaS 确保用户能够在云基础设施上创建或者获取支持特定编程语言和工具的应用程序；用户不需也不能管理或控制底层的云基础设施，但可以控制自己的应用程序。IaaS 确保用户能获得基本的计算资源，并能部署和运行操作系统和应用程序等任意软件。用户不需也不能管理或控制云基础设施，但可控制操作系统、存储和部署的应用程序，对网络组件拥有有限的控制权②。

2. 云计算的部署模式

云计算的部署模式分为私有云、社区云、公共云和混合云四种模式（见图 1）。私有云：云基础设施是专为一个组织机构运维的，可以由该组织机构或第三方管理，可以位于消费者的场所或者别的场所。公共云：云

---

① NIST, Special Publication 800 - 145：The NIST Definition of Cloud Computing, September 2011.

② The Federal CIO of the US Vivek Kundra, State of Public Sector Cloud Computing, May 2010.

表1 云计算服务模式及国内外典型企业

	基础设施即服务（IaaS）	平台即服务（PaaS）	软件即服务（SaaS）
模式	将最基本的计算资源和存储资源，通过虚拟化的方法以服务形式提供给客户	提供运算平台与解决方案堆栈服务，用户只需要控制应用程序部署与应用代管环境	用户无需购买软件，而是向提供商租用基于Web的软件
国外典型公司	Vmware、微软、IBM、Amazon EC2、Google Compute Engine、Rackspace、Dropbox	Windows Azure、Amazon Web Services、Google App Engine	SalesForce、 Microsoft Online、Google Map、AppStore、Oracle
国内典型公司	华胜天成、阿里巴巴、世纪互联、浪潮信息、华为	新浪SAE、百度BAE、阿里云ACE、腾讯开放平台、鹏博士	用友软件、数码大方、广联达、八百客、东软

资料来源：工业和信息化部电子科学技术情报研究所。

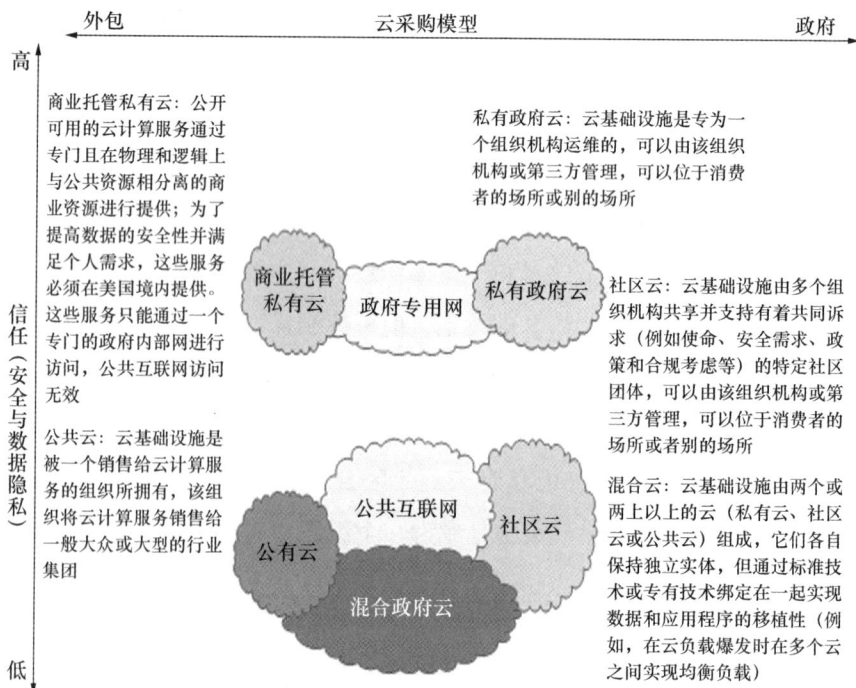

图1 云采购模型

资料来源：《公共部门云计算发展》（2010）。

基础设施是被一个销售云计算服务的组织所拥有，该组织将云计算服务销售给一般大众或企业。混合云：云基础设施由两个或两个以上的云（私有云、社区云或公共云）组成，它们各自保持独立，但通过标准技术或专有技术绑定在一起实现数据和应用程序的移植性。社区云：云基础设施由多个组织机构共享并支持有着共同诉求的特定社区团体，可以由该组织机构或第三方管理，可以位于消费者的场所或者别的场所。

（三）云计算的发展对信息化建设的重要意义

首先，云计算加速经济社会各领域的信息化建设。传统计算模式下，基础软硬件环境的复杂性和信息化建设成本过高制约了各领域的信息化建设进程。云计算可屏蔽信息化建设中基础软硬件等共性资源建设的复杂性，提高了计算、存储和网络等信息化基础资源的可获得性，有效降低了信息技术应用和信息化建设的成本，加速了经济社会各领域的信息化建设。

其次，云计算深刻地改变了信息化建设的模式。传统信息化建设中，用户根据业务需求购置软硬件设备和搭建信息系统开发环节。云模式下，信息化建设的计算、存储和网络等资源的获取渠道发生改变，用户可根据自身规模和业务需求选择云模式和基础设施、平台和软件等各层次的服务。信息化建设的投入重点从基础设施和软硬件环境部署转移到应用服务层面，信息化建设将重点围绕商业模式创新和竞争力提升展开。

再次，云计算加速了中小企业信息化建设。中小企业是社会经济发展的重要组成部分，也是信息化建设需求比较强烈的群体。受制于信息化建设成本高、技术难度大、可扩展能力差等因素，中小企业信息化建设长期落后于大型企业。云计算实现了按使用付费，无需购买软硬件设备即可快速部署应用系统，直接降低了信息化建设的一次性投入，有效降低了信息化建设的投资风险。

最后，云计算是未来更深层次的信息化建设的基础。目前，我国信息化建设已经从单纯的信息系统建设走向了以大数据应用、"两化深度融合"、信息物理系统（CPS）、智慧城市建设等代表的更深层次的信息化建设阶段。该阶段将对计算资源、部署模式和网络安全等提出更高的要求，高性能、可扩展、高可靠的云计算资源是未来信息化建设的必要基础。

二、国际云计算的发展现状与趋势

（一）国际云计算的发展现状

1. 云计算发展的主导力量主要集中在美国

云计算作为新兴产业，对其主导权的争夺在各个层面都十分激烈。总体来看，云计算发展的主导力量主要集中在美国。

首先，云计算战略上由美国政府主导。美国 2011 年发布的《联邦云计算战略》中明确提出"云优先"概念，要求机构"无论何时存在一个安全、可靠且划算的云选项，都要默认选择基于云的解决方法"，并通过《联邦信息技术共享服务战略》《国家公共部门的云计算》《云计算安全参考架构（征求意见稿）》《云计算标准路线图（2.0 版）》等文件阐述了其云计算发展战略和标准规范。

其次，云计算技术上由美国公司主导。芯片方面，不论是当前云计算解决方案中处于主流地位的 X86 架构芯片，还是正在备受关注的 ARM 架构芯片，其主要的芯片设计厂商包括英特尔、AMD、高通、IBM、美满等都是美国企业；核心软件方面，Hadoop、OpenStack、Xen 等开源的云计算解决方案和架构基本上全部由亚马逊、谷歌、IBM 等美国 IT 巨头主导。

最后，美国政府和美国公司主导了云计算应用。美国国防部、能源部、卫生和人类服务部、内政部、国家航空和宇航局、联邦劳工关系局等众多联邦政府机构基于云计算建设了大批的信息系统，起到了应用示范效果。亚马逊、谷歌、微软等巨头在对外提供云计算服务的同时，也迅速将自身业务向云计算平台迁移。

2. 云计算规模不断扩大，整合力度加强

随着云计算应用的不断深入，全球云计算市场规模不断扩大。Gartner 的云计算报告显示，2013 年全球公共云服务市场规模将从 2012 年的 1117 亿美元增长至 1318 亿美元（增长 18%），预计到 2016 年，全球云计算市场规模将超过 2000 亿美元（见图 2）。市场规模不断扩大的同时，云计算产业规模也在快速扩大。联合国贸易与发展会议《2013 年信息经济报告》显示，全球云计算产业规模到 2015 年预计可达到 430 亿~940 亿美元。

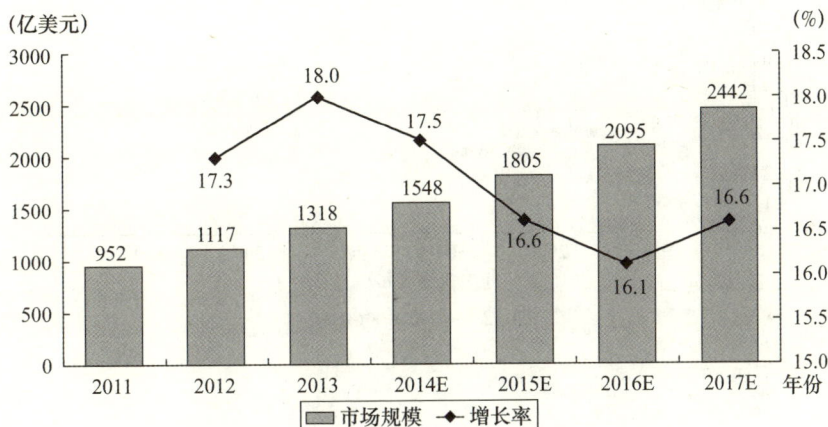

图 2 2011~2017 年全球云计算市场规模

资料来源：Gartner。

此外，随着云计算规模的扩大和重要性日益凸显，云计算产业整合力度也在不断加强。根据安永全球科技领域并购数据，全球云计算领域的并购数量从 2011 年的 100 起左右飙升至 2013 年的 550 起以上，并购涉及总金额从 2011 年的约 250 亿美元飙升至 2013 年的 1000 亿美元以上（见图 3）。

此外，传统 IT 巨头和云计算新星在云计算领域展开了系列的并购，以此增强其云计算实力。IBM 积极向云计算转型，并逐步构建其云生态。2013 年 6 月，IBM 斥资 20 亿美元收购云计算框架提供商 SoftLayer，同时发布了与新技术应用整合、推动构建完整的云生态系统、提供最全面的云解决方案的三大云计算战略。而惠普自 2011 年斥资 103 亿美元收购 Autonomy 后，又于 2014 年 9 月收购企业级云计算解决方案提供商 Eucalyptus。云计

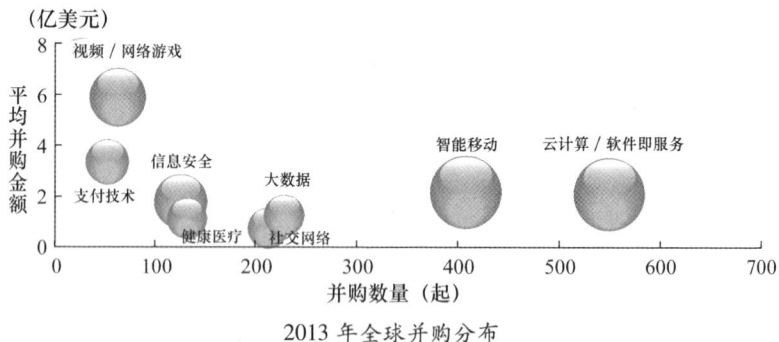

2013 年全球并购分布

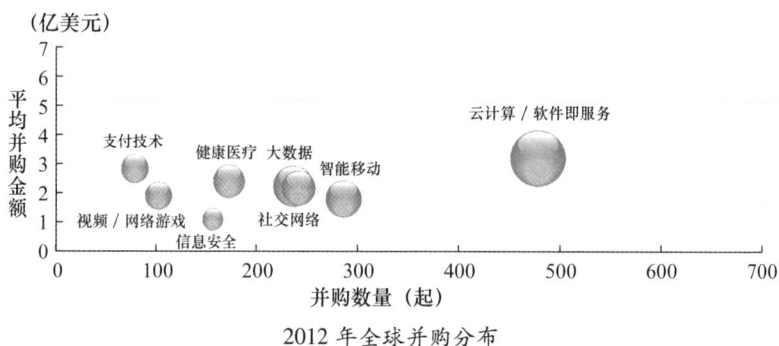

2012 年全球并购分布

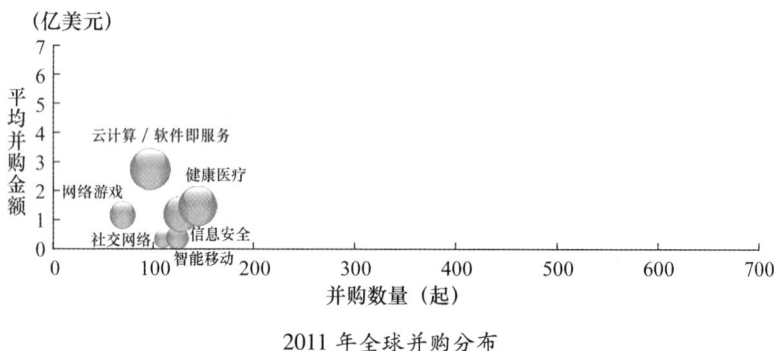

2011 年全球并购分布

图 3　2011~2013 年全球并购按领域分布

资料来源：安永、工业和信息化部电子科学技术情报研究所。

算新星 Salesforce 于 2013 年 6 月斥资 25 亿美元收购云服务厂商 ExactTar-get，此前 Salesforce 还先后斥资 11 亿美元收购了社交媒体和社交营销公司。

3. 云计算企业的竞争加剧，价格战不断升级

云计算产业快速发展过程中，企业之间的竞争非常激烈，并纷纷推出各自的云产品和服务。目前，在云计算领域，以谷歌、亚马逊、微软、

IBM 之间的竞争最为激烈。亚马逊自 2006 年推出简便存储服务（S3）以来，其 AWS 已经成为全球最大的公有云，并为数十万家企业提供完整的云服务。2013 年，亚马逊的云计算业务收入为 34 亿美元，2014 年达到 53 亿美元。Forrester Research 预计，亚马逊目前控制着公共云租赁计算能力和超级计算机市场大约 70% 的份额。与此同时，亚马逊也在不断完善自己的服务体系，加快服务与产品的推新步伐，2010～2013 年 AWS 年平均发布产品达到 134 个（见图 4）。

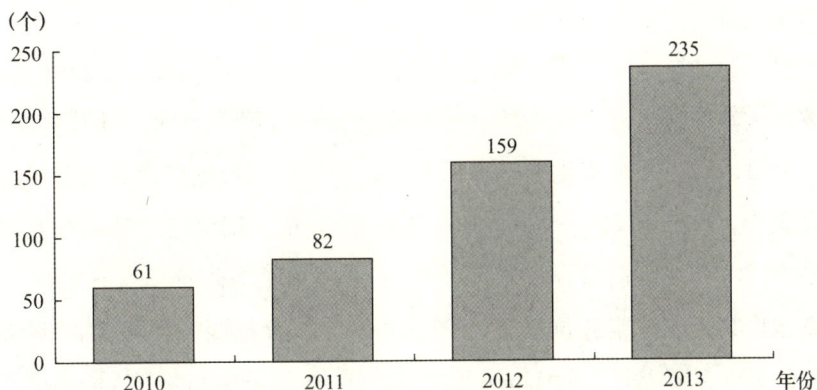

图 4　2010～2013 年亚马逊 AWS 的产品和服务数量
资料来源：亚马逊。

　　基于规模庞大的基础设施和丰富的人才储备，谷歌在云计算方面潜力巨大。2012 年 4 月，谷歌推出云存储服务 Google Drive；2013 年 6 月，谷歌上线云基础架构服务 Google Compute Engine，准许企业在谷歌管理的计算机上运行它们的网络应用，允许第三方在 Google 云计算中通过 Google App Engine 运行大型并行应用程序。Gartner 的数据显示，2012～2013 年，谷歌企业业务的合作伙伴从 3000 家增长到 6000 家。

　　近几年，微软加快了由传统软件商到云服务商的转变，云计算业务增长迅速。2013 年 3 月，微软收购云计算监测创业公司 MetricsHub，6 月，微软推出 Office 365 平台的正式版本，并在新发布的 XBOX One 中加入了云服务的概念。同年，微软还相继发布 Windows Server 2012 R2、System Center R2 版本，以及面向 Windows Server 的 Windows Azure Pack 服务。

云计算厂商和传统厂商在企业级应用市场开始了正面竞争。亚马逊击败 IBM，赢得美国中央情报局 6 亿美元云计算服务的合同，为中情局搭建云计算系统。未来，传统科技巨头在 IT 市场上长年耕耘所积累的经验依然具有很大的竞争优势，云市场上的一时失利并不会产生多大的影响。但相比于互联网公司，传统科技巨头也存在先天的劣势，比如既有的软硬件销售与推广云服务之间的矛盾，改变现有的产品线的压力等等，而互联网公司很少存在类似的问题，它们能够根据市场需求快速建立自己的产品，更能适应瞬息万变的市场环境。

全球云计算企业竞争加剧还体现在云计算服务价格战上。以亚马逊、谷歌、微软、阿里云为代表的云计算企业已经开展了多次云计算价格战。2014 年 3 月，谷歌宣布对其运营服务器、云存储和数据库服务的价格分别下调 32%、68% 和 82%；亚马逊则第 42 次宣布下调价格，其储存服务价格平均下降 51%，计算服务降价 38%，大数据服务降价 21%～61%；微软宣布将其云计算服务价格下调 27%～35%，存储服务价格下调 44%～65%，对内存要求较高的 Linux 虚拟服务的价格下调 35%，Windows 虚拟服务的价格下调 27%。2014 年 5 月，阿里云也宣布第四次降价，其中云服务器、关系型数据库服务、云存储、CDN 等平均降价 10%，部分产品的总降价幅度超过 50%。

4. 安全性依旧是云计算产业发展面临的主要问题

云计算应用不断扩展和深入的同时，也面临着一些问题和威胁，其中引起广泛关注和争议的主要是其安全性。云计算安全主要集中在软件漏洞、基础设施故障、环境配置等方面，主要表现为信息丢失和服务中断等。例如，谷歌邮箱在 2011 年 3 月爆发大规模的用户数据泄露，受影响的用户数量达到 15 万；而亚马逊自 2011 年以来先后发生了四次大规模的宕机事件。基于公有云的云计算服务会暴露在互联网上，即使采取安全认证等措施，信息系统依旧可能遭受到诸如分布式拒绝服务等攻击的可能。同时，云计算服务一般会引入虚拟化技术，但是目前这种虚拟化技术在使用和设计方面还不完善，由此可能带来一定的安全隐患。

此外，除云计算技术本身存在的安全问题，云计算还会引起数据安全问题。一方面，云计算的分布式计算和存储使得用户很难确定其数据运行和存储的地理位置，由于法律等原因，一些数据只能存储在某一地域范围内，比如《欧洲隐私法》规定，欧盟用户的隐私数据只能存储在欧盟本地；另一方面，存储于云上的数据面临着泄露危险。

也有观点认为，云计算在某种程度上可以提升信息系统的安全性。相对于个人用户和中小企业用户，云计算服务提供商可以提供更加专业和完善的访问控制、数据备份、攻击防御和安全审计等安全服务，并可通过完备的安全策略对云端系统进行安全加固，从而提高了这部分用户系统和数据的安全水平。

（二）云计算发展趋势

云计算已经从早期的概念炒作走向了商业应用，云计算公司快速成长。云计算在技术、应用、模式等方面呈现出新的趋势。

1. 云计算是重要的战略性技术趋势，越来越多的企业开始部署云计算

Gartner 2014 年具有战略意义的十大技术与趋势中，混合云和混合 IT、云/客户端架构、个人云时代三项技术和趋势直接与云计算相关。而根据 Gartner 发布的 2014 年新兴技术成熟度曲线，云计算技术开始被人们熟知，并逐步进入幻灭期（见图 5）。云计算开始落地，并在各行各业广泛应用，产业界不再争论云计算是不是产业发展的趋势，而是将云计算作为企业信息化战略的一部分，并逐步将其应用和服务向"云"上迁移。未来，越来越多的企业，尤其是对成本敏感且对信息化需求越来越高的中小企业，将会选择云计算作为其信息化建设的基础。

2. 混合云可能成为未来企业级云计算的主要模式

公有云和私有云在企业级应用方面均存在一定的问题。混合云提供了一种能够融合企业内部资源与公共服务改进的方法。部署混合云环境，有灵活性、按需付费、精准的时间安排、更多的资源、更好的控制、有保障的安全，以及改进的性能等诸多好处。预计到 2017 年底，将有接近 50%

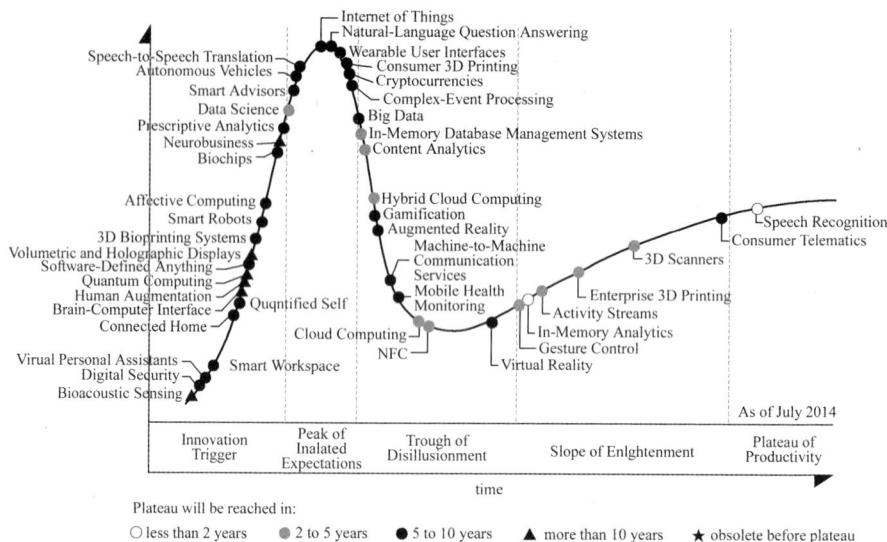

图5　2014年新兴技术成熟度曲线

资料来源：Gartner。

的大型企业会部署混合云。此外，大型公司的企业级云计算战略变化也体现出混合云发展趋势。亚马逊获得CIA大单、部署独立的GovCloud等事件都表明AWS实际上已经进入混合云市场。其他主流云服务商如IBM、Rackspace、VMware也纷纷推出混合云方案。惠普也通过收购Eucalptus来强化其为企业提供"构建、使用并管理开源混合云"的能力。

3. 计算的核心可能从"云"走向"云端"协同

当前云计算的计算核心主要集中在"云"上，绝大部分云计算厂商以提升"云"的计算能力为核心。当前比云计算发展更快的是"端"的发展，PC、智能手机、平板电脑、智能手表、穿戴式设备等众多"端"设备层出不穷，"端"的计算能力也在大幅提升。事实上，云计算巨头如亚马逊、谷歌和微软等一方面在大力增强"云"的计算能力，推出云计算平台和服务，另一方面也在不断地加强"端"的布局。尤其是微软、华为等厂商突出强调"云"和"端"的协同发展，并将云计算战略定位于"云＋端"或"云＋管＋端"。未来，云和端有融合发展和交互协同的发展趋势，计算的核心可能从"云"走向"云端"协同。

4. 未来云计算将使得获取计算能力的成本更加低廉

云计算服务提供商之间的"价格战"已经使得获取计算能力的成本不断下降，未来这种趋势将继续保持。未来，全球云计算市场规模将不断扩大，亚马逊一家独大的局面必定会被打破。实力强劲的微软、谷歌、IBM、甲骨文，包括中国的阿里云、百度、腾讯等将会进一步加大云计算领域的投入，价格战将不断升级。

三、我国云计算发展现状和问题

（一）我国云计算发展现状

我国云计算在国家各部委和地方政府政策的支持下快速发展，各类应用落地，核心软硬件能力有所突破，云计算逐渐向传统行业渗透，企业开始向云计算转型，市场竞争激烈。

1. 各级政府高度重视云计算发展，积极推动应用落地

云计算是中国战略性新兴产业中"新一代信息技术"的重要组成部分，得到国家和各地政府的高度重视；高校、科研院所积极投身于云计算相关基础技术研究工作；主流 IT 企业也积极投入到云计算研究、开发、商业实践的工作中，加紧云计算布局，甚至将云计算列为战略核心。

国家部委持续支持云计算发展，并开始注重规范发展指导。继 2011 年工信部与发改委开展云计算服务创新发展试点示范工作及 2012 年科技部发布《中国云科技发展"十二五"专项规划》以来，2013 年初，发改委、工信部、能源局等共同发布《关于数据中心建设布局的指导意见》，旨在通过加强顶层设计和规划，推动数据中心节能减排。2014 年 5 月，发改委、财政部、工信部等联合组织实施 2014 年云计算工程，支持公共云计算服务平台建设和基于云计算平台的大数据服务，支持云计算和大数据解决方案研发及推广。各个地方政府有关"云中心"的角逐更加激烈。全国提出"云计算"发展计划的地方政府已覆盖 30 多个省市自治区，其中首批云计算试点城市已取得了一定的成绩（见表 2）。

表2　　　　　　　　首批云计算试点城市云产业发展阶段性情况

城市	计划名称	阶段效果
北京	祥云工程	基本完成云计算产业链布局；云计算领域的创业创新氛围较高；已形成南部亦庄、北部中关村两大聚集区，参与云计算产业的企业已达150多家
上海	云海计划	宝信软件、万达信息、上海华为等软件和信息服务业龙头企业成功地向云计算转型；银联数据、中远资讯等云服务龙头企业实现销售额过亿；新增云计算技术研发与公共服务企业过百家；新增产值及带动软件和信息服务业增收值超过500亿元
深圳	鲲云计划	形成了相对完整、市场自发的产业链，云服务层面有腾讯、迅雷等，云计算软件层面有金蝶等，在云设备制造层面有华为、中兴等
杭州	杭州云计算产业园	引进华通云数据中心，产生税收近500万元；与阿里云合作，共建阿里云创新基地；力争5年内实现产值50亿元，税收2亿元
无锡	云谷计划	与IBM合作建立了云计算软件服务平台和全球首个商用云计算中心；结合物联网推进云计算

资料来源：工业和信息化部电子科学技术情报研究所。

2. 云计算产业规模快速扩大，核心软硬件能力有所突破

我国云计算产业规模虽然还比较小，但是增速很快，远高于欧美等发达国家和地区。2013年我国公有云市场规模约为110亿元，增速较2012年有所放缓，但仍达到59%。2014年公有云市场规模将达到200亿元（见图6）。而IDC的数据显示，中国公有云市场规模将在2016年达到246.7亿元人民币，年复合增长率为38.6%。其中，在企业最需要的云计算服务类型中，PaaS的需求占比最高，达43%；其次为IaaS，占比为36%，可见PaaS市场潜力巨大。

在产业规模快速扩大的同时，操作系统、核心芯片等关键软硬件能力也有所突破。核心软硬件是云计算产业链的关键环节，直接决定了云计算服务能力和产业带动能力。当前，云计算产业中占主流地位的X86架构芯片主要被英特尔和AMD所垄断。但是我国部分芯片设计厂商已经推出了基于MIPS和ARM架构的高端通用芯片。随着基于ARM架构的芯片开始备受关注，核心芯片缺乏对我国云计算产业的制约将会得到一定程度的缓

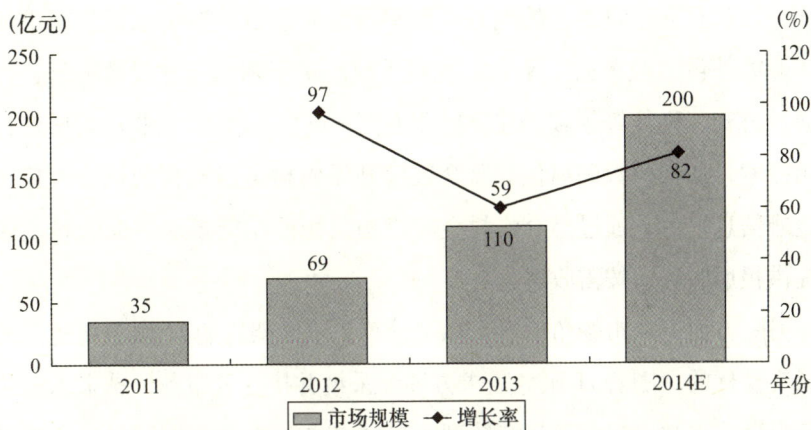

图6 2011～2014年中国公有云市场规模

资料来源：工业和信息化部电子科学技术情报研究所。

解。2013年，海思半导体和展讯分别以13.55亿美元和10.7亿美元的营收位列全球无晶圆厂IC设计公司排名第12位和第14位。其中，华为目前推出的智能手机全部采用自主的海思芯片，并且取得了不错的效果。核心软件方面，国内厂商基于开源软件研发出适合我国各行业需求的云计算软件，并得到了广泛的应用。阿里云的"飞天"系统单点集群服务器数量超过5000台，拥有超过10万核计算的能力、100PB存储空间，可处理15万并发任务数，承载亿级别文件数目。

3. 云计算逐渐渗透传统行业，企业开始向云计算转型

云计算渗透传统行业和企业向云计算转型是相辅相成的。一方面，云计算由IT行业向传统行业渗透越来越多，制造、医疗、政务、金融等领域都已不同程度地使用云计算。在制造业方面，已经建立起以云制造为核心理念的公共服务平台，如航天二院的云制造平台、天津卓朗科技的数字化工程仿真云平台等，将云端制造资源虚拟化提供给资源需求方，大大提高了制造资源利用率，促进了"两化融合"。在医疗卫生方面，由于"3521工程"（即我国卫生信息化建设路线图）和电子健康档案及电子病历建设的需求驱动，以云计算为核心的区域医疗卫生平台正在逐步推广和应用，2013年6月全国第一个健康云在上海市的闸北区正式投入运营。电子政务方面，以私有云建设为主的地方政务平台已有眉目，浪潮承接济南市政府整体服务外包"政务云"平台，杭州市政府牵手阿里云建设政务云，覆盖交通、公安、科技等领域。在金融业方面，国内一些 IT 企业也尝试进行云应用探索，如神州数码抓住银监会鼓励开设农村金融机构的机会，打造农村金融信息平台，通过整合农村金融机构公用的功能模块再向农村金融机构提供租用服务，按需收费。

另一方面，从市场角度看，以云计算为基础架构的 IT 服务将逐渐成为市场交易标的。随着 IT 服务需求方逐渐采纳并接受云服务，越来越多的 IT 服务提供方将被倒逼向云计算转型。2014 年初，东软集团同阿里云签署合作协议，将逐步把传统 IT 服务迁移到云计算平台中，SaCa、UniEAP 等系列产品将支持基于阿里云平台的部署与运维。用友软件依靠私有云 UAP 和公有云 CSP 两大平台，开始逐渐由软件产品型企业转变为平台型企业，随着对 CSP 云平台的不断投入，这种转变正在加速。为了帮助金融行业用户更好地向云计算转型，浪潮和中科软合作开发金融大数据一体机和金融行业大数据解决方案。2014 年 3 月，浪潮集团联合南天信息正式推出国内首款面向金融行业的大数据定制机。国内 IT 企业向云计算转型，不仅有利于企业自身的发展，也为云计算等新技术应用到关键行业提供了国产化保证，为国家信息安全保驾护航。

4. 国内外厂商同台博弈，市场竞争激烈

面对中国云计算市场的巨大潜力，国外云计算厂商继续发力，加快在中国的云计算战略布局，国内外厂商开始同台竞争和博弈。因国内政策限制，微软、亚马逊、甲骨文、IBM、SAP 等企业不约而同地选择以与国内厂商或地方政府合作的方式推进云计算在中国的发展（见表3）。

微软分别于 2013 年 5 月和 2014 年 4 月宣布与世纪互联合作，针对中国用户提供 Windows Azure 公有云服务和 Office 365 云服务。其中，Windows Azure 为国内客户提供公共云计算平台服务，包括计算、存储、数据库、整合及网络化服务；Office 365 为国内客户提供在线办公、电子邮件、门户协作、统一通信等服务。亚马逊于 2013 年 12 月 18 日宣布推出中国云

表3　　　　　　　　国外云服务厂商与国内政企合作一览表

时　间	厂商	国内合作单位	主要服务
2013 年 5 月	微软	世纪互联	Windows Azure
2014 年 4 月			Office 365
2013 年 7 月	IBM	国民技术、甘肃移动、软通动力、首都在线等	SmartCloud
2013 年 7 月	甲骨文	安富利、亚信联创、中软、大唐软件、神州数码、佳杰科技、富通、华为、金蝶、东软集团、中科软、华胜天成和用友等	Exadata、Exalogic、Oracle CX
2013 年 11 月	SAP	华为、中国电信	SuccessFactors、CRM
2013 年 12 月	亚马逊	网宿科技、光环新网、宁夏的西部云基地、北京中关村科技产业园	Amazon AWS

资料来源：工业和信息化部电子科学技术情报研究所。

计算平台，云服务 AWS 正式引入中国。亚马逊与北京市和宁夏回族自治区政府以及宽带资本旗下的云基地签署合作谅解备忘录，通过位于北京和宁夏的云计算基础设施为中国各地客户提供云服务。同时，亚马逊将通过和光环新网、网宿科技合作获得必要的互联网数据中心服务和互联网接入服务。IBM 于 2013 年 7 月与首都在线签署公有云长期战略合作协议，内容涵盖 IaaS、PaaS 和 SaaS，IBM 公有云平台首次进军中国市场。同年 12 月，IBM 与世纪互联达成协议，将 IBM 云计算基础架构服务 SCE + （Smart-Cloud Enterprise +） 正式引入中国。IBM 将提供物理基础设施资源池 POD（Point Of Delivery） 和服务，世纪互联公司将托管该 POD 设施。

面对巨大的市场潜力和国外厂商的竞争，国内 IT 企业包括数据中心服务商、运营商、传统 IT 设备厂商、互联网企业和初创企业等有集体发力之势，积极部署云计算业务并推出相关产品及服务。

世纪互联、首都在线等数据中心服务商依靠自身的优势，主动向云服务转型，推出云主机业务，其中不乏通过与国际巨头合作以谋取更大的竞争优势者；三大运营商集合自身的数据资源、网络资源和庞大用户数，打造云品牌，如中国移动的"大云"、中国联通的"沃云"和中国电信的"天翼云"；传统的 IT 设备和系统集成商，如华为、浪潮积极寻求云转型，由卖软硬件产品转向提供云服务；互联网三巨头"BAT"均在大力部署云计算，百度开放应用引擎 BAE，面向所有开发者推出公有网络应用开发和部署平台。腾讯宣布全面开放腾讯云生态系统，覆盖了计算云、数据云、个人云三个层面，包括云服务器、云数据库、NoSQL 高速存储、罗盘、CDN、云监控和云安全等产品。阿里云已在移动互联网、游戏、开发者服务以及金融创新、电子商务等多个领域开展应用。初创企业如 Ucloud 和青云（QingCloud）发展迅速，已分别拥有数千家的注册单位，2014 年初分别获得了 1000 万美元和 2000 万美元的融资。其中，Ucloud 成立于 2011 年底，主要从事 IaaS 产品的研发与运营服务，目前产品线覆盖云存储、云加速、云数据库等。QingCloud 能以"秒"为单位来计算服务费用，主要瞄准中国的 DevOps（Development&Operations）开发市场（见图 7）。

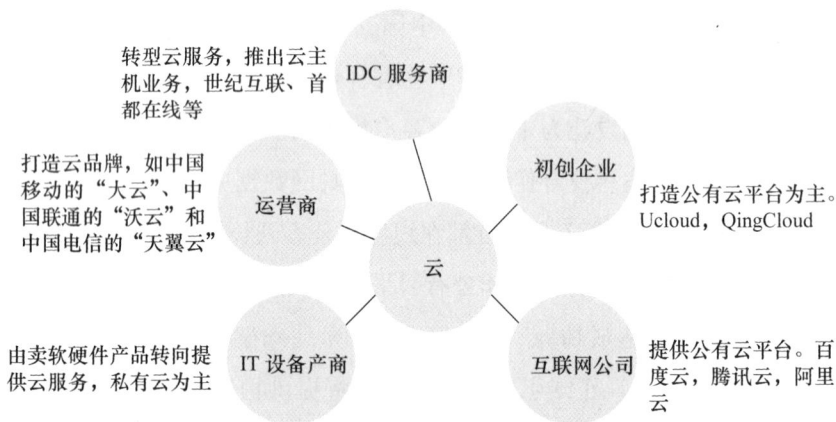

图 7 国内云计算市场格局

资料来源：工业和信息化部电子科学技术情报研究所。

（二）我国云计算发展存在的问题

1. 地方蜂拥推"云规划"，顶层设计有待加强

据初步统计，国内已有 30 多个城市推出了云计算规划，而提出要大力发展云计算的城市则更多。各地蜂拥推出"云规划"，一哄而上圈地建设

云计算中心，争相提高优惠条件招商引资。如此一来，难免出现重复建设、巨资购买硬件、不顾本地实际求政绩的现象，不利于云计算的健康有序发展。同时，云计算的发展要面向需求，依靠应用和市场驱动，而当前各地的"云规划"一味追求服务器数量、硬件设备购置，对云计算的理解和认识可能还存在偏差。

2. 认识不足，"重服务，轻产品"的思路有待转变

长期以来，国内对云计算的认识既不统一，也存在一定的不足。例如，受到国外部分企业和市场研究机构的大肆渲染，国内企业普遍认为虚拟化是云计算的核心。实际上，云计算的核心是计算资源的获取和计算模式的改变，是否使用虚拟化技术并不是关键。同时，国内研究和实践云计算时更加关注"服务"，并将向服务转型等同于"去产品化"。事实上，云计算厂商对外提供服务是以产品为基础，亚马逊、微软、IBM 等云计算巨头都拥有大量云计算产品。相对而言，国内云计算厂商的产品数量和质量远远落后于国际巨头，云服务"空心化"严重。

3. 云服务和信息安全领域法规建设远远落后于产业发展

与国内云计算产业高速发展形成鲜明对比，云计算相关的法规建设速度较慢。有关云计算服务安全管理、云服务标准体系等方面的规章制度建立相对迟缓，制约了云计算产业的健康快速发展。而与云计算发展密切相关的网络安全、信息安全、数据安全方面的立法也相对缺乏。同时，围绕软件即服务、平台即服务和基础设施即服务等新兴业态的立法和司法解释不足，公平正义的竞争市场尚未建立。

4. 国内云计算企业营收偏低，研发投入不足

国内云计算市场尚未开启，尤其是企业级市场应用相对缓慢，导致企业来自云计算的收入和研发投入不足。以国内云计算领军企业阿里云为例，阿里巴巴的财报显示，2010～2013 财年，阿里巴巴集团来自云计算和互联网基础设施业务的营收分别为 1.44 亿元、4.25 亿元、5.15 亿元和 6.5 亿元，而亚马逊 2011～2013 财年，每财年第二季度的营收分别为 3.25 亿美元、5.15 亿美元、8.44 亿美元，而 2014 财年第一季度营收达到了 12

亿美元。可见，国内外企业在云计算领域的营收差距之大。收入偏低直接导致研发投入跟不上。2014 年 1 月，IBM 宣布投资 12 亿美元用于数据中心和云存储建设；微软每年有 95 亿美元的研发投入，而其中有 90% 的费用投向云计算相关领域；亚马逊在研发投入上更是不遗余力，尤其是在总体利润较低时，亚马逊也敢于漠视指责，继续进行大投入。云计算作为战略性新兴产业，技术尚不成熟，需要大量研发。研发投入不足，难以形成技术优势，从而难以跻身价值链高端。

5. 过分强调"云"的计算能力，而忽略"端"的计算能力

国内在构建和应用云计算平台时，突出强调"云"的计算能力，并以拥有的服务器集群数量和规模为衡量云计算能力的重要指标。实际上，随着"端"种类的不断丰富和计算能力的不断提高，"端"已经成为重要的计算资源。因此，在实际的云计算应用和整体解决方案构建中，应该按照业务特点在"云"和"端"之间分配计算任务，并使得"云端"计算均衡和高效。

四、对策建议

为推动我国云计算健康快速发展，本报告提出如下对策建议。

（一）加强云计算产业的顶层设计

云计算产业是国民经济的重要组成部分，是国家信息化建设的基础之一，事关电子信息产业发展和网络信息安全。因此，产业的发展应该从战略高度进行顶层设计。一是明确云计算产业链各环节发展重点；二是统筹全国各地围绕云计算产业链重点环节，进行产业布局；三是壮大云计算骨干企业，培育中小企业集群。

（二）构建以产品为中心的云计算产业体系

长期以来，云计算概念中的"即服务"观点对产业界和学界影响较大，云计算产品本身被忽视，"重服务，轻产品"的思想严重。产品是云计算提供服务的基础，是云计算服务能力强弱的关键。为防止云计算服务的"空心化"，应明确"即服务"必须依托相应的产品对外提供服务，大力推动建立以产品为中心的云计算产业体系。

（三）加快云服务和信息安全领域法规建设

重视云计算产业发展的制度保障，加快云服务和信息安全领域的法规建设。一是加大力度研究制定云服务采购标准、规范和流程，积极构建营造公平正义的市场竞争环境和可信体系；二是优先加快个人隐私、数据流动、信息和网络安全等领域的立法。

（四）推动"云"和"端"协同发展

云计算发展必须以需求为牵引，"云"和"端"协同发展，才能提升产业能力，保障信息和产业安全。一是研究和区分云计算的应用场景，选择适合的云计算模式；二是利用我国智能手机、平板电脑等"端"设备竞争优势不断扩大的特点，推动云端一体化平台在垂直领域的应用；三是鼓励云服务提供商与设备厂商合作；四是挖掘行业领域的云服务需求，推动"云端"应用。

（五）提高公共事业部门的云服务采购力度

我国云计算应用市场广阔，但是当前企业主要以观望为主。可考虑先行在公共事业部门试点基于云计算的应用和服务，引导新一代电子政务系统向云计算平台迁移，并做好电子政务云的标准制定，并逐步推广至教育、医疗、交通、旅游等其他重点公共事业领域，形成可复制可推广的应用模式。

大数据发展战略与对策分析

一、引　言

（一）大数据的产生背景

大数据被多个领域视为下一代信息技术与数据分析管理的热点，甚至影响人们思维与生活、企业营运与销售、国家决策与治理、全球经济与产业发展等方方面面，说明我们已全面进入"大数据时代"①。对国家决策及政府管理来说，数据资源将成为大数据时代中的另一种战略优势。对多数科研人员来说，大数据不是突然出现的新概念或新技术，而是信息化社会演变过程中产生的流行词，其重要意义在于启发人们重新审视数据的意义和价值。回溯大数据发展脉络可知，随着互联网，特别是 Web2.0 的发展，Chris Bizer、Tim Berners - Lee 等人在 2007 年发起开放数据运动，将关联数据串联成一个巨大的数据网，从而构建更多的应用与服务，开放数据运动同时也带来了更多的数据。云计算、物联网、分布式并行计算及数据库、社交网络及智能终端等新兴信息技术发展，也正在不断扩大数据的采集方式及存储空间②③。此外，为了解决数据遗失问题，通过不断完善数据保存功能的方式让数据量变得越来越大④。例如，据 IDC 报告估计，2005～2020 年全球数据量将成长 300 倍，达到 40 万亿 Gigabytes。数据的快速增长，引出了更多的数据管理、硬件环境以及分析服务等需求。政府、电子商务、互联网、金融、医疗保健等相关组织需要使用各种新兴信息技术，不断搜集各种数据，以便从中挖掘出更多信息，达到应用的目的。对组织来说，数据采集已不是主要障碍，而是需要更完善的数据分析方法，让信息变得更容易理解且利于决策行动⑤。

正因为如此，大数据已引起人们的广泛关注。为了能从纷繁复杂的大数据中凝练出更多有价值的信息及提供新的深刻洞察，必须对大数据存储、处理技术、分析方法、应用服务等做不同于以往的考虑，与此同时，也引出了大数据存储、分析、管理与服务等一系列基于数据链的"大数据产业"。在这种背景下，当今社会，除了抓住新机遇，我们更应该正视及深刻思考大数据带来的一些问题。

（二）大数据的基本概念

大数据是当前信息化社会发展的热门议题，关于什么是大数据，目前有不同的观点。较直观的认识是按照数据规模来界定大数据，例如，麦肯锡咨询报告将 TB 级以上的数据集视为大数据；2014 年国际数据公司预测报告指出，在大数据环境中超过 100TB 的数据集已是常态现象，典型的例子有谷歌每天处理的 Search Queries、NASA 的天气观测数据存储量、电商每天处理的交易数据等；舍恩伯格在《大数据时代》一书中认为 PB 以上的数据才称为大数据。另一种典型观点认为，传统数据库技术与方法无法处理的海量或非结构化的数据集，称之为大数据。显然，这种观点已经不把数据量作为判别是否是大数据的唯一标准了，而是引入了技术和方法标准，即大数据是无法用传统数据库技术与方法处理的数据集。Gartner 咨询公司也认为，数据的极端规模、多样性和复杂性已普遍存在于当前环境，同时也是一种颠覆现象（Disruptive Phenomenon），致使当前的数据管理、技术工具或分析方法需要进一步扩展、改造、集成甚至创新。

本报告认为，若要较好地理解大数据的基本概念，需要把握"数据－技术－分析"三种视角。

从数据视角来说，多数研究认同用 4V 来说明大数据的主要特征③⑥⑦：

规模量（Volumes），数据规模较大，达到 PB 以上，用传统的方法与技术难以处理；多样性（Variety），数据结构各异、类型繁多；高速性（Velocity），数据搜集与分析强调迅速与实时性；价值性（Value），数据的价值密度较低。

从技术视角来看，大数据对传统数据存储及管理平台提出了挑战，为了满足大数据的存储低耗能、计算高效率，需要多种技术的协同合作。这些技术包括多源数据清洗及数据整合技术、提供大数据存储、索引、查询等活动的云计算平台③、解决海量数据结构复杂问题的分布式文件系统及分布式并行数据库⑧、呈现复杂的数据分析结果的可视化技术等。目前，基于 MapReduce 及 Hadoop 技术的数据存储和处理工具已被广泛应用。为了应对大数据的复杂数据结构和提高系统存储管理效能，非关系型数据库（NoSQL）以及融合了可扩展性与高性能的新型数据库（NewSQL）也应运而生。典型的产品有谷歌的 BigTable 和 Spanner、Hadoop 的 HBase、甲骨文公司的 NoSQL Database，典型的系统有 VoltDB 公司的 VoltDB、美国布朗大学（Brown）等单位开发的 H-Store 等。此外，数据的海量增长和复杂结构需要在提高系统性能与计算能力的基础上进行大数据的各种分析，这方面，典型的技术与平台有基于 MapReduce 的各种并行计算技术（如 Yahoo 的 S4、Twitter 的 Storm、LinkedIn 的 Kafka、UC Berkeley 的 Spark Steaming 等）以及微软的 Dryad 分布式并行计算平台等。

从分析视角来看，大数据实际上是一个用来代表"富含深刻见解的数据分析"（Insightful Data Analysis）的时髦用语⑨，也即通常所说的大数据分析（Big Data Analytics），它是一种"深度的发现分析、引领决策行动"的分析工作⑤。通常，大数据分析需要集成多种分析技术与软件工具，以便让海量数据的处理及分析变得更加容易，从数据中提取有用、有意义的信息，从而形成结论，并用于验证、指导及规范组织或个人的决策行动。换句话说，大数据的价值不在于其数量，而在于其中隐含的事实、规律和决策支持信息，以及揭示出这些事实、规律和决策支持信息的分析。到目前为止，尽管没有公认的大数据分析方法体系，但数据挖掘、统计分析、知识发现等常见方法仍有广泛的应用，结合 MapReduce、Hadoop 等模型的分析方法也逐渐成为大数据分析的主流。这些方法扩展了数据分析的多维视角，使得数据分析的生态系统从"大量数据的移动"逐渐转向"直接对数据进行分析"[⑩]。总体看来，从数据、技术、分析三种视角出发，可以比较全面地揭示大数据这一术语所包含的丰富内涵。大数据的出现，给传统数据管理、数据处理及数据分析带来了新挑战，进一步推动了信息化社会的发展，值得我们关注和重视。

（三）大数据的产业影响

从互联网、Web2.0、开放数据运动、云计算到大数据的一系列技术变革，逐渐改变了人们对数据的认识，培养了人们对"数据基因"的感知与学习能力。互联网与 IT 企业最早体验到大数据对自身产业的影响并开展了各种新的探索与尝试，科学研究领域也提出"数据密集型的科学范式"[⑪]。与此同时，各国政府纷纷出台各种关于大数据的发展规划，相关咨询公司也发布了大数据产业趋势预测报告。从发达国家的情况看，大数据产业正以国家层次的政策为引领，从领域行业、技术研发、产品服务、学科研究等多方面向前推进，并呈现出产业数据资产化、产业技术高创新性、产业决策智能化、产业服务个性化四种产业特性[⑫]，对社会的各个方面产生了深刻的影响。下面从政府政策、产业产值、产业结构、产品技术以及科研机构五个方面简要剖析大数据的产业影响。

1. 政府政策

2011 年 12 月，欧盟数字议程公布了 *Open Data Strategy*，明确要通过数据开放、技术研发与利用服务来提高大数据环境中公共数据的价值。2012 年 3 月，美国奥巴马政府公布了 *Big Data Research and Development Initiative*，该研发计划带动了美国国家科学基金会及其相关联邦部门的具体实施项目。2013 年 7 月，日本总务省公布的情报通信白皮书中的智能化 ICT 章节收录《Big Data 的活用战略》，并将其作为科学技术振兴机构的推进事业之一。2014 年 5 月，美国白宫公布了 *Big Data：Seizing Opportunities，Preser-*

ving Values，再次强调大数据对公私部门数据管理的重要性。2014 年 5 月，我国工信部公布了《大数据白皮书》，针对当前中国大数据发展问题提出大数据应用、前沿技术、开放政府与公共数据资源、数据安全与隐私等多方面策略建议。上述这些国家层次的政策和指导性意见的共性在于，一是强调数据作为战略资源的重要性，二是为大数据产业发展起了引导与规划作用，这充分说明了世界各国政府都对大数据产业的战略和布局方向非常重视，并积极给予政策上的扶持。

2. 产业产值

2011 年，麦肯锡公司公布了 *Big Data：The Next Frontier for Innovation，Competition，and Product*，该报告预估大数据将为美国医疗产业带来每年 300 亿美元的潜在收益，为欧洲公共部门带来每年 250 亿欧元的潜在收益。2012 年，美国投入 2 亿美元的经费，用以提高大数据的核心技术研发及基础研究的先进性。2013 年，IDC 公司预估大数据技术与服务市场规模将在 2017 年达到 324 亿美元，大数据产业将以信息通信技术市场的 6 倍速度急速扩张。2014 年，Wikibon 公司预估 2015 年大数据市场总体规模将达到 380 亿美元，到 2017 年还将维持 38% 的年增速，达到 500 亿美元的市场规模。尽管以上报告预估值有所不同，但直观地呈现了大数据产业的高价值性，显示出大数据产业有着美好的前景。

3. 产业结构

Feinleib[13]将大数据产业划分为三大类：应用程序，包括垂直业务、消费服务、商务智能、分析及可视化、运营智能、广告媒体、数据即服务等多种领域；基础建设，包括数据分析、结构化数据库等；信息技术，包括 Hadoop、云计算等。中国计算机学会认为[14]：大数据的产业需求及应用都需要结合完整的 IT 产业链，遵循数据流特性及数据生命周期，大数据的"生产与集聚层→组织与管理层→分析与发现层→应用与服务层"等环节构成了大数据的产业链，而 IT 基础设施则支持上述各环节。可以看出，大数据产业所涉及的产业结构是全方位的，不仅包括 IT 的硬件技术，大数据相关的分析、应用服务也包含其中，而后者有可能覆盖了社会的各个行业。

4. 产品技术

为企业解决大数据问题，IBM 公司推出大数据平台 InfoSphere BigInsights，Oracle 公司集成了相关软硬件（如 Oracle Big Data Appliance、Oracle Big Data Connectors、Oracle Endeca Information Discovery 等）。谷歌公司结合云平台技术推出 BigQuery。微软公司推出基于 Hortonworks 数据平台的 HDInsight。百度公司通过开放云、数据工厂及百度大脑的技术积累推出大数据引擎。腾讯公司推出腾讯大数据平台汇集旗下业务所有数据，开放腾讯分布式数据仓库支持百 PB 级数据的存储计算以及不定期发布各种专业数据分析报告等。这些都说明，不同的行业、不同的业务领域都在推出有自身特色的技术、产品和解决方案，以满足社会多方面的需求。

5. 科研机构

Intel 公司协同美国各大学成立了 Intel Science and Technology Center for Big Data，韩国政府成立 Korea Big Data Strategy Centre，英国牛津大学成立 Center for Big Data Analysis and Drug Discovery 等。在国内，北京大学成立了大数据技术研究院，清华大学与青岛市人民政府共同成立了清华—青岛数据科学研究院。大数据科研机构的成立，一方面可以满足社会对培养大数据人才的需求，另一方面，可以在相关政策引导下，助力大数据产业发展，从而促进产业结构转型升级。

从以上 5 个方面来看，大数据产业正在形成，大数据产业前景光明，相关企业更急于抢占大数据产业的进入先机。我国面临信息化社会建设及经济结构转型的紧迫任务，大数据可以发挥较好的支撑与带动作用。

（四）大数据的当前研究热点及发展趋势

就学科研究来说，微软研究院的 Hey 等人[①]提出基于数据密集型计算的科学研究第四范式，用以解释大量科学数据管理及分析重新活化的需求。科学研究第四范式的出现也改变了科学文献出版及学术信息交流模式，并从数据的微观分析层次为科学家提供更深刻、实时性的科学洞察力及科学知识发现能力。现阶段，我国大数据研究重点包括大数据相关算法改进、数据通信角度的大数据传输、大数据处理技术与工具、大数据对不同领域的影响、数据压缩技术等[⑮]。国外大数据研究热点则以数据挖掘、体系架构理论、大数据安全、大数据平台开发等为主题，而且与社会科学相关的大数据研究已开始关注舆情分析、情感分析、行为分析等，昭示着数据科学与社会科学领域的融合发展或会拓展未来的研究空间[⑯]。在大数据理念的影响下，社会科学研究逐渐转向"计算型社会科学"（Computational Social Science）[⑰]，强调并重构社会科学研究对数据的意义、基于计算机技术的研究方法的运用以及频繁的跨学科知识交流，都是这方面的重要体现。

就技术研究来说，靳小龙等人[⑱]认为，大数据复杂性的解析及大数据计算模型、多源异构大数据感知、融合与表示、大数据内容建模与语义理解、大数据计算系统架构体系是当前技术研究热点，其中，理解大数据的复杂性将成为后续大数据处理与应用的关键。刘智慧及张泉灵[⑧]指出，大数据安全中的数据隐私泄漏、大数据集成中的数据格式转换与清洗、IT架构中的分析技术、多源数据融合及系统耗能、大数据生态环境中的数据共享与管理等是当前大数据环境下的四类主要问题及挑战。王成红等人[⑲]提出，用于深度分析的大数据多粒度表示与知识提取方法、大数据结构与关系发现方法、空间媒体大数据计算理论、基于大数据的系统决策方法、移动大数据的群智计算与行为模式分析等都是重要的科研问题。

总体来看，大数据作为下一代信息科技发展与学科研究的热点，包括三个基本目标：以更有效的技术手段降低全面且实时决策的不确定性；重新审视数据的价值及生命周期；数据驱动的技术研发与服务创新。上述三个目标分别体现了大数据时代下的"技术－思维－理念"。从全球角度来看，大数据仍在起步发展阶段，仍有较多待解决问题及对策思考，上述三个基本目标不可能一蹴而就，需要历经长期的过程。从实践方面来看，大数据技术与理念远远领先于大数据应用服务，还需要社会的各个方面给予更多的关注。总的来看，在云计算、物联网及开源运动等持续推动下，跨领域、多来源、多方法、多关系的数据管理、分析、协作、共享及应用将是未来大数据产业发展的重要方向和内容。

二、经济结构转型过程中大数据的作用与价值

（一）大数据在商业领域的应用

新兴技术与分析方法引发了原本已经拥有大量数据的领域中的一场数据革命。商业领域是各领域发展大数据的领跑者，商业领域较早地认识到了大数据的应用，通过各种挖掘、分析方法及技术，将产生的信息和知识应用于实际的生产、管理、经营和研究[20]。阿里巴巴的淘宝网及其"双11"的大数据分析、腾讯的大数据平台及其数据分析便是典型案例，这些公司自行构建强大的商务情报搜集和分析系统，从各种渠道采集数据，分析预测用户行为及制定精准营销策略，进而产生财富。

对商业领域来说，公司在商务智能系统支持下，通过各种数据采集、处理及分析手段，将得到的情报应用在客户及产品的需求趋势分析、潜在服务与产品的关系发现、销售预测、营销策略创新等方面，主要目的是进行企业绩效管理、客户关系优化、商业活动监控等[21][22]，围绕着各种商业活动开展分析与服务。到了大数据时代，原本的商务智能系统也必须逐渐转型来适应大数据。例如，进入了互联网环境下的商业情报分析，开始强调实时数据分析、集体智慧、观点挖掘、关联数据、网络分析或文本挖掘等技术，需要结合更多的企业外部及非结构化数据来挖掘用户更多的想法。又例如，通过移动终端、RFID 及情景感测等技术，可以产生移动性强、与位置相关、以人为中心、情境敏感的数据[23]。由此可见，如何高效处理更多的复杂数据及更深层次的分析挖掘，将是大数据在商业领域的一大挑战。

另一类典型案例是互联网公司驱动的商业应用创新，例如，腾讯公司在 2014 年底推出腾讯大数据平台，并开放数据平台的核心组件让开发者充分利用，同时也整合了 QQ 与微信业务的海量数据，进而以数据挖掘手段洞悉用户的移动生态和使用习惯，俨然已形成一个自组织式的内部创新、

开放协同式的生态创新系统。百度公司在2014年世界杯期间推出的足球赛事预测平台、结合用户搜寻数据及疾病中心的监测数据推出百度疾病预测平台，谷歌公司从流感趋势服务到2014年启动基因数据库解析人体健康的Baseline Study项目，2014年IBM公司推出绿色地平线项目，结合大数据分析、云计算及空气污染模型等技术支持北京大气污染监测与防治决策等，都是互联网公司利用大数据进行应用创新的典范。此外，开放数据运动也产生了许多大数据的商业应用实例，例如，美国食品药品监督管理局构建OpenFDA逐步向社会开放医疗和健康大数据、美国加州电网系统运营中心构建智能电网分析监控用户的用电习惯等。

简言之，大数据在商业领域的应用可分为两类创新路线：一是基于企业内部及外部数据融合并面向企业内部运营的商业应用创新，二是大数据分析并面向社会服务的商业应用创新。这两种应用模式各有特点，为更多领域进入大数据产业提供了值得借鉴的技术路线。

（二）大数据在政府管理中的决策价值

不同于商业领域的短期决策，政府应用大数据的特点表现为，在自身利益最大化及促进公众服务前提下，需要提供一个长期决策的程序性步骤来降低决策风险，且数据的使用必须强调合法性、安全性及符合规范要求，同时又必须保持公众数据采集及大数据分析使用之间的安全线平衡[26]。从政策制定角度来说，大数据有利于鉴别及概念化多维度数据分析中的关键问题，同时，会比传统数据来源提供更实时、准确及详细的信息来辅助政策分析[27]。

随着信息化建设深入，政府管理进入到"数据大集中"阶段[28]，促进政务信息资源开发利用，可以提高政府决策科学水平及城市管理精细化水平，但也必须注意其中的数据安全及数据滥用问题。就政府治理来说，为了提高治理及决策效率，可以通过大数据消除各部门之间的信息孤岛，政府的电子政务建设便是具体实例；而大数据在电子政务建设中具有推进政府信息开放利用效率、促进政府与公众互动、提高决策的科学水平及预警、应急响应能力等作用㉒，甚至可以建设基于大数据的智慧政府门户㉓，提供智慧决策，全面感知用户的多样化需求，并在了解需求的基础上做出针对性的响应。

简言之，大数据在政府管理中体现了三种决策价值：构建符合数据合理使用的长期决策流程；跨部门的数据链接与共享；管理精细化及数据支持的科学决策。大数据是改变政府管理中的公共治理与社会服务的关键要素，即强化了"数据－治理－服务"三者之间的关联关系。

（三）大数据给科研教育界带来的新变化

数据密集型的科学发现第四范式出现后，带来了两种新变化：围绕科学数据的科学研究与服务以及大数据人才培养系统的形成。

第四范式可视为科学研究范式的一种转型，研究视角更细致到数据的微观层次。其中，涉及了科学数据整合㉛、科学数据共享㉜、科学数据服务㉝三个核心问题。在科研实施过程中，科研人员容易面临多种科学数据欠缺语义关联等问题，需要一套"科学数据语义异构信息整合机制"来支持科研人员更有效地利用科学数据。有效整合科学数据后，可通过与外部科研单位的数据交换进行科研创新，因此，需要数据管理计划来记录科学数据、建立科学数据公开获取的市场调节机制来保证有价值的数据有偿共享，或制定数据公开政策或法律法规，依法保证科学数据能有效保存管理及广泛共享。最后，科学数据服务是在科学数据共享基础上传递有价值的科学数据，包括数据存储及发布、获取、管理规划、分析、引用、咨询、一般及专业用户社区服务等。

从大数据产业视角来看，大数据人才面临巨大的需求缺口。根据 2013 年埃森哲咨询公司公布的 *Analytics in Action：Breakthroughs and Barriers on the Journey to ROI* 报告预测，到 2018 年，美国及英国对具备科学、技术、工程和数学知识的数据科学家相关职位的需求，增长速度是其他职业的 5 倍，是金融服务等信息密集行业职位的 4 倍。2011 年麦肯锡公司①的预测报告也指出，未来 6 年内美国可能面临 14 万～19 万具备深度数据分析的人才缺口，因此，高校开始纷纷回应大数据人才缺口问题。例如，美国高校方面，在奥巴马政府的大数据研究与开发计划下，纷纷开办大数据及其分析相关专业的硕士生课程，除了充分利用校内资源优势，在原有特色专业基础上结合数据分析、数据管理或数据科学等课程特色，关注不同层次（如技术人才、领导管理人才、综合型人才等）的人才培养[34]。在我国，北京大学、清华大学也都已开始培养大数据专门人才。

由此可知，在数据经济时代下，传统数据管理人才的分析报告能力在大数据时代将会力不从心，除了持续学习之外，具有良好的数据深度分析相关知识及技能的大数据人才不可或缺，大数据人才培养也成为占领大数据制高点的重要举措之一。

（四）大数据对经济社会发展的价值

在大数据时代下，Andrade 等人[35]认为用"数据驱动创新"来理解大数据对经济社会发展的价值会更加合适。从经济社会视角来看，大数据的重点不在于"数据量大"，而在于它如何贡献创新及创造价值，进而带来更多的经济与社会利益。

2014 年欧盟提出的 *Towards a Thriving Data-driven Economy*，重申了"数据"作为未来知识经济及知识社会的中心，数据驱动创新的经济与社会具备三点特色：一是高质量、可靠的及可互操作的数据集取用，并能嵌入基础设施内；二是从数据集中产生价值，并有利于改善框架条件；三是强化大数据处理技术，使各领域能有所作为。由此可知，有别于过去农业社会、工业社会到后工业社会或网络社会分别以土地、机器及信息作为生产要素，数据逐渐成为大数据时代中的重要生产要素，人们对海量数据的运用将预示着新一波生产力增长，且大数据将会创造一个新的经济领域，该领域的全部任务就是将信息或数据转化为经济与社会利益。

（五）大数据的价值

有别于信息化社会或知识经济社会，大数据带来的是一个着眼"数据驱动"的全面影响时代，其中涉及三个层次。

对国家战略层次来说，种种迹象表明，尤其是发达国家的政策制定动向表明，数据逐渐变成一种新形态的战略资源，其价值重要性已等于自然资源和人力资源；同时强化数据在国家安全、信息公开、隐私保护、基础设施布局、社会系统稳定发展等方面的实质意义，大数据更成为一切行业在当今社会中竞争制胜及商业创新的关键。

对企业决策层次来说，逐渐以数据驱动决策（Data-Driven Decision Making）取代直觉或经验驱动决策，即以专家主导决策转向以数据主导决策；同时为了制定最佳决策和降低决策的不确定性，将数据视为一种无形资产或竞争资本，通过对各种数据基础设施加大建设力度，从而提升竞争优势。

对个人层次来说，如何在大数据环境中培养个人的数据基因和数据思想并整合各种分析技能，对复杂现象及其关系做出审慎判断，将是个人的一项重要生存技能；同时，个人也需要认识到自身在整个数据生态系统中的角色变化，即个人不只是消费者，也是生产者和加工者，其产生、加工、利用及传播的数据结果除了直接增加我们对世界的认识以外，也间接影响了他人的决策判断，产生广泛的经济效应及满足其他消费需求。

三、世界主要国家的大数据发展战略及其启示

（一）美国的大数据政策与战略计划

1. 总体概况

美国通过发布《大数据研究和发展计划》、成立大数据高级指导小组、建设透明和开放的政府、建设 Data. gov、实施棱镜计划等大数据应用项目，在科研教育界及时跟进，使得大数据技术、数据分析与价值推广领先于世界，主导了大数据领域的话语权。美国与大数据政策相关的部门包括白宫科技政策办公室、NSF、NIH、国防部、能源部、地调局等。

2. 发展路径分析

奥巴马政府在 2009 年推出的 Data. gov，按照原始、地理数据和数据工具三个大类，涵盖了农业、气象、金融、就业、人口统计、教育、医疗、交通、能源等大约 50 个门类开放政府数据，平台还加入了数据的分级评定、高级搜索、用户交流以及和社交网站互动等新功能。

2010 年，美国国会通过更新法案，规定并提高了数据采集精度和上报频率，使得美国数据采集和汇聚体系更加成熟。2011 年，美国总统科技顾问委员会提出政策建议，指出大数据技术所蕴含的重要战略意义，联邦政府应当加大投资研发力度。2012 年美国奥巴马政府发布了"大数据研究和发展倡议"，正式启动"大数据发展计划"，为此投入 2 亿美元以上资金。该计划提升了美国利用收集的庞大而复杂的数字资料提炼真知灼见的能力，推进和改善联邦政府部门的数据收集、组织和分析工具及技术，以提高从大量、复杂的数据集中获取知识和洞见的能力，强化美国国家安全，协助加速科学、工程领域创新步伐，转变学习和教育模式。

2013 年 6 月，美国国家安全局 PRISM 监听项目被披露。该项目从 2007 年陆续从微软、雅虎、Google、Facebook、Paltalk、YouTube、Skype、美国在线以及苹果公司获取电邮、即时消息、视频、照片、存储数据、语音聊天、文件传输、视频会议、登录时间和社交网络资料等大数据，经过对大数据的分析与处理，实现恐怖活动监测、预测犯罪行为模式与频率、部分国家领导人活动与政策动态、国际合作谈判所需的数据与情报支撑、新的战略新兴产业与机会发现等。

2014 年 5 月，美国总统办公室发布了《大数据：抓住机遇，挖掘价值》的报告。该报告建议，通过电子通信隐私法修改法案，确保对数据内容的标准保护，与现实世界中保持一致。立法通过针对单一的国家数据泄露标准，配合政府的 2011 年网络安全立法建议，推进消费者隐私法案，把隐私权保护扩展到非美国公民，确保收集有关学生的数据仅用于改善教育成果，将专业技能扩展到防止对受保护阶层的歧视性影响。美国大数据发展具体路线如图 1 所示。

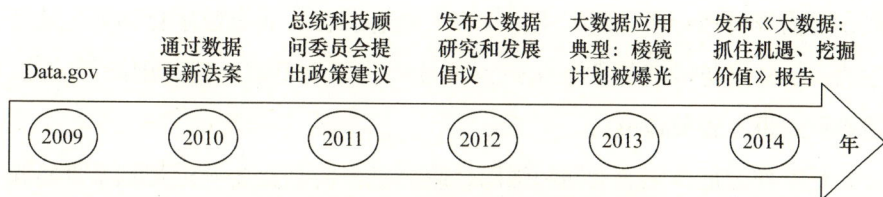

图1　2009~2014年美国大数据发展路线图

3. 模式总结

从时间节点来看，美国每隔一段时间就有一个比较大的计划或举措，推动大数据的发展与应用。从政策计划、应用项目、科研教育、经济产业等维度来看，美国的大数据应用已全面展开。因此，可以说，美国的大数据是系统筹划、全面推进的模式。

（二）欧洲的大数据项目与政策

1. 欧盟

2014年开始，欧盟委员会正式启动全球最大的资助项目"Horizon 2020"，将通过高达约800亿欧元的资金投入来增强欧洲的竞争力。此项目由欧盟和28个欧盟成员国提供资金支持，将科学研究和市场需求相结合作为一个显著的目标，为科技与竞争力之间构建起一座桥梁。此项目中3个最高优先级的是：卓越科技、产业领导、社会挑战。所涉及的8个最重要的基础科学技术中就有大数据一项。

早在2010年，欧盟委员会就发起了欧洲数字化议程，致力于利用数字技术刺激欧洲经济增长，帮助公众和企业最大化利用数字技术。欧盟委员会建立的开放数据平台（ODP）已经向公众开放，致力于推动开放、透明的政府，促进创新。

2. 法国

作为欧盟支柱国家之一的法国在数学领域具有举世无双的传统和优势，这使得法国在大数据研究方面展现出强大的潜能。近年来，法国政府越来越注重大数据的发展，例如发布数据开放计划。法国政府于2013年2月28日发布了《数字化路线图》，这是法国大数据国家战略的重要一步，其主要内容包括：通过数字化为年轻人创造机会、通过数字化加强企业竞争力、在社会与经济的数字化建设中推广法国价值观，提升国际影响力，重新取得世界领袖地位。

法国作为世界工业大国和强国，政府把经济复兴的长远规划瞄准重振工业领域，提出了包含 34 个项目的"新工业法国"计划，提升法国在工业领域的国际竞争力，并使法国处于世界领导者的地位。以智慧城市建设为例，通过大数据技术可以达到降低城市管理成本和提升城市居民生活质量的目标，包括 Orange（法国电信）、Schneider（施耐德）和 Dassault（达索）等诸多法国知名企业都在旗下设立了专门从事智慧城市设计和研发的工作室或实验室，在政府引导下积极投身智慧城市建设。

为了把 IT 和电信基础架构从消费中心（Cost Center）转变为利润中心（Profit Center），法国第二大电信运营商 SFR 率先推出地理数据营销，通过分析手机用户的地理位置信息来获取某些地域内的用户手机使用频率以及人口流动等信息，这些数据对于安排旅游相关资源起到非常重要的作用。比如，旅游公司可以通过了解中国游客的数量，调配相应比例的中文导游，安排中餐馆和特色景点服务等。

3. 英国

在美国下的一盘大数据大棋中，英国作为其"五眼"之一（配合美国进行全球监控的主要四个国家包括英国、加拿大、澳大利亚和新西兰，这五个国家聚在一起秘密打造了一个"五眼"情报联盟）也在积极作为，无论是政府、研究机构还是企业，都已经开始行动，抢占数据革命先机。2013 年 1 月，英国商业、创新和技能部宣布，将注资 6 亿英镑（约 9.12 亿美元）发展 8 类高新技术，其中，1.89 亿英镑用来发展大数据技术。

4. 德国

不同于美国的铁杆同盟英国，作为欧盟另一支柱的德国也和法国一样，在尝试走一条属于自己的大数据发展之路。2013 年 10 月，德国提出建立"零监控"网络——德国国内通讯网。2014 年，德国政府又大胆提议建设欧盟互联网，以对抗美国主导的万维网。2013 年 6 月 17 日，德国

《明镜周刊》报道，德国联邦情报局将在未来 5 年内投入 1 亿欧元加强对互联网的监控。德国政府已批准首笔 500 万欧元用于名为"技术成长计划"的项目。而德国"工业 4.0"的提出与实施，更是为大数据的发展注入了无限的活力与资源。

（三）其他典型国家的大数据发展

1. 日本：走尖端 IT 路线

日本通过发布《活力 ICT 日本》、创建最尖端 IT 国家宣言 、《面向 2020 年的 ICT 综合战略》、"电子政务开放数据战略草案"、跨政府部门的信息检索网站。设立云计算特区，建设日本最大规模数据库，将重点关注大数据应用，包括大数据防灾等。主导部门为政府内阁，相关部门包括政府内阁总务省、ICT 基本战略委员会。日本基于原有的尖端 IT 水平，创建最尖端 IT 国家，以大数据应用推动经济发展与社会治理，提升日本国家竞争力。

日本政府提出，"提升日本竞争力，大数据应用不可或缺"。2012 年 7 月，日本总务省 ICT 基本战略委员会发布了《面向 2020 年的 ICT 综合战略》，提出"活跃在 ICT 领域的日本"的目标。2013 年 6 月，安倍内阁正式公布了新 IT 战略——"创建最尖端 IT 国家宣言"。新 ICT 战略将重点关注大数据应用所需的社会化媒体等智能技术开发、传统产业 IT 创新、新医疗技术开发、缓解交通拥堵等公共领域应用等。

2. 韩国：重视基础、首都先行

韩国提出，"建设一个大数据中心，帮助科技行业赶上世界顶尖科技公司，任何人均可通过该中心对大数据进行提炼和分析"。首尔市政府在"智慧首尔 2015"计划中，提出"利用大数据解决市民小烦恼"的口号，下大力气构建智慧城市所需的基础设施。大数据相关部门包括：科学、通信和未来规划部以及国家信息社会局（NIA）。

韩国政府宣布将建设一个开放大数据中心，该中心面向中小型企业、风险企业、大学和普通公民，他们都可以通过该中心对大数据进行提炼和分析，利用大数据技术解决业务或者研究方面的问题。对于信息安全和隐

私立法及保护也是韩国大数据发展的关键问题。2013 年，韩国未来创造科学部与放送通信委员会对个人信息领域限制做了适当修订。在 2011 年，首尔就提出"智慧首尔 2015"计划，目标是到 2015 年成为世界上最方便使用智能技术的城市，建立与市民沟通的智能行政服务，建成适应未来生活的基础设施和成为有创造力的智慧经济都市。

3. 印度：以 IT 外包转型为突破口

印度提出到 2020 年跻身全球五大科技强国的美好蓝图，制定国家数据共享和开放政策，建设"一站式"政府数据门户网站 data. gov. in，建设人类最大的生物识别数据库，引导与孵化一批大数据公司（包括大数据技术提供商与数据分析公司）。相关部门包括：印度联邦内阁、印度通信与信息技术部、印度唯一身份识别局（UIDAI）、印度城市发展暨住房与扶贫联盟部等。

印度在大数据领域的成败将取决于其数量庞大的 IT 工程师，以及 IT 行业在过去 15 年作为世界最大外包目的地所积累的丰富经验。印度的人才储备将拥有广阔的市场，过去几年随着大数据时代的到来，全球范围内的数据分析师专家都供不应求。此外，印度企业还相信，他们在服务行业的专长将有助于其获得竞争优势。

4. 新加坡：视大数据为新的自然资源

新加坡政府重视大数据发展的五大关键要素：基础设施、产业链、人才、技术和立法。建立一个占地面积超过 12 公顷的数据中心园。未来 5 年，培养 2500 名数据分析专业人才。

新加坡政府抓住了大数据发展的五大关键要素：基础设施、产业链、人才、技术和立法。政府在其中发挥了关键角色，这是因为，这五个要素的建设仅靠普通企业是难以完成的，而新加坡政府正好填补了企业的短板。在数据挖掘方面，新加坡鼓励大学设立数据挖掘和分析平台。2012 年，新加坡管理大学（SMU）推出的"Livelabs"创新平台，旨在增强新加坡在消费者和社会行为领域的数据分析能力。新加坡还鼓励企业设立数据分析中心。新加坡政府还承担了数据提供者角色，主动披露政府掌握的数据。

5. 澳大利亚：原则先行、谨慎发展

澳大利亚的公共服务大数据政策体现在大数据分析的运用、提高效率、与其他政策和技术协同以及为公共服务领域带来变革等方面。澳大利亚政府研究制定并发布了六条大数据原则："数据属于国有资产，从设计着手保护隐私，数据完整性与程序透明度，技巧、资源共享，与业界和学界合作，强化开放数据"。

澳大利亚政府信息管理办公室（AGIMO）发布了《公共服务大数据战略》。澳大利亚联邦政府首席信息官 Glenn Archer 表示，大数据政策目前受到了来自政府、产业、学术和社会各界的普遍关注。为响应各界的关注，澳大利亚出台了针对公共服务的"大数据政策"，Data. gov. au 是政府信息目录的开放数据平台。另外，还发布了《数据中心结构最佳实践指南》草案。

（四）世界主要国家大数据发展模式对比

本报告选取了发展大数据战略较为成熟的美国，并比较了亚洲数个国家的大数据发展典型做法，见表1。

表1　　　　　　　世界主要国家大数据发展模式对比

国家	主要模式	战略或计划	数据开放	典型做法或特色（重点关注）
美国	系统筹划、全面推进	·发布《大数据研究和发展计划》 ·成立大数据高级指导小组	·《透明和开放的政府》 ·Data. gov	·政府宣布大数据研究和发展计划 ·政府的大数据应用：棱镜计划 ·科研教育界及时跟进
日本	尖端IT路线	·《活力 ICT 日本》 ·创建最尖端 IT 国家宣言 ·《面向 2020 年的 ICT 综合战略》	·"电子政务开放数据战略草案" ·跨政府部门的信息检索网站	·设立"云计算"特区，建设日本最大规模数据库 ·将重点关注"大数据应用"，包括大数据防灾等

续表

国家	主要模式	战略或计划	数据开放	典型做法或特色 （重点关注）
韩国	重视基础设施与城市治理	·建设大数据中心 ·智慧首尔2015	·建设一个大数据中心，开放部分国家数据 ·"首尔开放数据广场"	·提出建设一个大数据中心，帮助科技行业赶上世界顶尖科技公司，任何人均可通过该中心对大数据进行提炼和分析 ·在"智慧首尔2015"计划中，提出"利用大数据解决市民小烦恼"
印度	实现IT外包的转型	提出到2020年跻身全球五大科技强国的美好蓝图	·国家数据共享和开放政策 ·"一站式"政府数据门户网站data.gov.in	·建设人类最大的生物识别数据库 ·引导与孵化一批大数据公司（包括大数据技术提供商与数据分析公司）
澳大利亚	发布原则、谨慎发展	澳大利亚公共服务大数据政策（2013年8月）	政府信息目录的开放数据平台Data.gov.au	"数据属于国有资产，从设计着手保护隐私，数据完整性与程序透明度，技巧、资源共享，与业界和学界合作，强化开放数据"等六条大数据原则
新加坡	以大数据为新的自然资源	智慧国家2015年（iN2015）	·政府承担了数据提供者角色 ·建立公开数据平台data.gov.sg	·重视大数据发展的五大关键要素：基础设施、产业链、人才、技术和立法 ·建立占地超过12公顷的数据中心园 ·5年内培养2500名数据分析专业人才

（五）大数据政策的战略启示

从这些国家的发展战略来看，大数据作为一种资源、推动经济发展的发展战略已经得到了足够的重视。大数据的发展涉及政策计划、应用项目、科研教育、经济产业等多个维度，需要系统筹划、全面推进。

重视基础设施建设，既可以拉动经济内需，又可以保持可持续发展。开放公共数据，促进产学研结合。打造数据中心，培养大批数据分析人才。通过大数据分析系统提升公共服务质量，增加服务种类，并为公共服务提供更好的政策指导。

四、我国大数据发展现状分析

大数据技术和应用的发展以互联网快速发展为基础背景，其基本技术和理念源于西方。我国大数据技术起步较晚，但是经过不懈努力，近年来实现了快速发展，目前基本能做到紧跟国际先进水平，已经具备建设和运营世界最大规模大数据平台的能力，在相关技术研发和产业布局等方面也有所突破。同时，随着大数据的观念逐渐深入人心，依托我国丰富的人力资源，尤其是高素质专业人才在数量上的绝对优势，越来越多的人才、企业以及各类组织积极投身大数据技术和产业的发展大潮中，通过借鉴发达国家的经验教训，充分发挥后发优势，我国大数据技术与产业发展将有极大的发展空间。

目前，全球的大数据应用大多处于发展初期，中国大数据应用才刚刚起步，但已如雨后春笋般出现在各行业、各领域中。作为推动大数据发展的三驾马车——政府、企业和学术研究，共同推动着我国大数据产业的发展。

（一）政府治理面

从政府维度来看，"大数据"与互联网的发明一样，不仅是信息技术领域的革命，更是带来了启动透明政府建设、促进现代治理、引领社会变革的重要机遇，建设透明政府、智慧政府、责任政府，成为提升政府在大数据时代提升治理能力的新目标。目前，我国政府正大力运用大数据技术，进一步提高管理服务水平，更好地把握更深层次经济社会运行规律，实现治理理念和模式的转变、决策精细化与科学化、提高治理效率与节约成本等目标。

2014年5月，《人民日报》发表时评《大数据时代，政府要领跑》，指出"广泛采集数据、综合处理数据，实现公共服务的技术创新、管理创新和模式创新，是大数据时代的必然选择"。大数据促进政府和公众的互动，让政务更透明，政府网站、社交网络、新媒体都能成为公众与政府间的沟通平台。目前，各地区、各部门都按照国务院关于政府信息公开工作的部署，积极推进重点领域信息公开，尤其是行政审批信息公开、财政预算与"三公"经费信息公开、保障性住房信息公开、食品药品安全信息公开、环境保护信息公开、安全生产信息公开，民众在政府网站上即可方便地依法查询公开信息。各级政府部门纷纷开通官方微博、微信公众号，转变理念，主动利用新媒体的网络传播优势，及时发布权威准确的信息，积极与公众互动，在重大事件中善于发声、突发舆情中勇于发声，起到了放大正面声音、及时辟除谣言、促进社会对话沟通的良好效果。

在转变治理理念和模式的同时，我国政府也十分注重利用大数据实现决策的精细化与科学化。数据的价值随着海量积累而产生质变，能够对经济社会运行规律进行直观呈现，从而降低政府治理偏差概率，提高政府治理的精细化和科学化。广东省政府率先启动大数据战略，提出力争到2020年达到发达国家信息化水平，建设成"智慧广东"，现已有初步成效，如广州市黄浦区通过深入开展综合化、网格化、信息化服务管理改革，将居民健康指数、流动人员管理、社会治安隐患等一系列在城市化进程中凸显的社会问题，梳理成一项项综合数据，作为决策的分析指标，提升了社会管理服务能力。大数据为推动政府治理提高效率和节约成本带来机遇。利用大数据，可以使政府治理所依据的数据资料更加全面，不同部门和机构之间的协调更加顺畅，进而有效提高工作效率，节约治理成本。例如，浙江省交通厅与中国电信浙江公司合作，将大数据引入交通管理，所有车辆的行驶状况都能通过手机定位功能进行信息汇总，进行智能处理，从而使交通部门精准把握实时路况、及时处理交通事故。再比如，山东省公安厅与浪潮联合共建大数据警务云平台，实现了全省 17 个市、160 多个区县分局及基层所队的跨区域、跨部门、全警种多信息轨迹即时联动和信息共享，面向全省公安机关 10 万民警和各警种开展大数据一体化应用服务，动态实时拓展视频、互联网等超大数据存储，支撑百亿级数据的计算分析和关联比对，使民警成为以一顶十的"数据警察"，实现"警力无增长改善"，打造了"智慧警务""高效警务"。

（二）企业营运面

从企业维度来看，作为大数据应用的发源地，大型互联网企业自然是目前大数据应用的领军者，主要以百度、腾讯、阿里巴巴、新浪等大型互联网公司为代表。它们利用多年来积累的数据优势进行自主开发，比如百度作为中国最大的搜索公司，拥有了中国最大的消费者行为数据库，覆盖95% 的中国网民，日均响应 50 亿次搜索请求，搜索市场占比达 67%。基于海量数据，百度已经建成了包括百度指数、司南、风云榜、数据研究中心和百度统计在内的五大数据体系平台，帮助企业实时了解消费者行为、兴趣变化，以及行业发展状况、市场动态和趋势、竞争对手动向等信息，以便适时调整营销策略。再比如腾讯，更加完整地记录了人们在互联网上的行为轨迹和社会属性。根据腾讯披露的信息显示，截至 2013 年 9 月，腾讯拥有超过 8.254 亿 QQIM 活跃账户，6 亿的空间用户，5.4 亿微博注册用户和 5 亿微信用户。这些海量信息汇聚在一起，就能够获取到用户的兴趣爱好、归属地、社会关系链等一系列有价值的信息，进而利用大数据实现增值服务。随着从事数据的机构和相关企业的增多，今后国内数据采集成本也会降低，这将促进大数据产业的进一步发展。

我国大数据的另一个主要应用领域是金融行业。截至 2013 年 9 月，中国的金融行业数据量已经超过 100TB，非结构化数据迅速增长，因此优秀的数据分析能力是当今金融市场创新的关键。资本管理、交易执行、安全和反欺诈等相关的数据洞察力，成为金融企业运作和发展的核心竞争力。

以大数据为代表的新型技术将在两个层面改造金融业，一是金融交易形式的电子化和数字化，具体表现为支付电子化、渠道网络化、信用数字化，目标是提升运营效率。相关数据显示，2012 年末，四大行网银客户数量已经超过了 4.3 亿户，招行个人电子银行交易替代率达到了 90.66%。交通银行电子银行分流率现已超过 76%，而三年前这一比例还在 50%。二是金融交易结构的变化，其中一个重要表现便是交易中介脱媒化，服务中介功能弱化，使得结构效率提升。在大数据技术的推动下，金融行业、互联网行业之间的界线日渐模糊，行业融合日渐深入，互联网环境改变了金融客户的行为习惯，促进了交易信息透明化，交易成本显著降低。

大数据在我国各大企业中已经有了广泛的应用，通过海量的数据，可以给用户提供更好的、更具个性化的服务。分布式存储计算、实时计算、实时流处理、基于云计算的数据挖掘、数据可视化和数据产品实践等是应对大数据浪潮的关键技术。

（三）科学研究面

从学术研究维度来看，大数据科学研究和应用已经成为学术研究中的热点，不少学术团体相继推出发展大数据技术和应用的计划，一些著名学府和研究机构开始着手成立大数据研究基地，科学研究和人才培养兼重。比如，北京大学于 2014 年 7 月 26 日成立了北京大学大数据技术研究院，对大数据这一跨领域的综合性问题开展深入研究，并于 2014 年 9 月份开始培养第一批大数据学位研究生。北京大学信息管理系也特设了情报学专业（大数据方向）的管理学硕士高级研修项目，面对社会招生，推动大数据产学研一体化的发展。清华大学也于 2014 年在山东青岛建立清华–青岛数据科学研究院，9 月份开始培养第一批大数据学位研究生。中科院也于 2014 年开始招收"大数据技术与应用"方向计算机技术工程硕士研究生。此外，IBM、中国移动与阿里集团等都已经开始与我国高校合作，推动大数据相关的学术研究，寻求共赢。

以大数据相关的学术会议以及学术论坛也是学界推动大数据发展的重

要平台。如 2014 年 7 月 13 日，第三届中国大数据应用论坛在北京大学隆重举行，2014 年 8 月 29～30 日大数据时代的数据管理系统峰会在清华大学召开，2014 年 10 月 19～21 日在中科大举办了中国云计算大数据安全大会，2014 年 10 月 22～24 日的香山科学会议也是以"科学大数据的前沿问题"为主题，而第二届中国计算机学会大数据学术会议也于 2014 年 12 月 12 日在北京开幕。

学术科研一直都是走在时代的前沿，在大数据时代，针对大数据的学术科研的脚步从未停滞，始终引领在时代的前头。中科院、科技部、发改委、工信部、自然科学基金委、全国哲学社会科学规划办公室等部委陆续支持了一批大数据相关项目，为推进大数据技术研发和产业发展产生了积极作用。比如，由"973"计划支持的两项大数据科研项目——北京航空航天大学承担的"网络信息空间大数据计算理论"和中科院计算技术研究所承担的"网络大数据计算的基础理论及其应用研究"项目都于 2014 年春季启动，国家社会科学基金重点项目"大数据环境下的计算型情报分析方法与技术研究"也已开题研究。

我国各个大学、研究所都加大了对大数据的投入与关注，在进行学术研究的同时加强相互之间的交流与探讨，取长补短，共同加速前行。另一方面，大数据的概念也显著地影响着学术界，其不仅仅是一个新的研究方向，更是一种新的研究方法，学术研究也将会在大数据的帮助下迈入一个新的层次，大数据的思维变革将以全新的视角诠释量变引起质变，将更加关注事物之间的相关关系而非仅仅因果关系，冲击乃至颠覆传统的思维模式，甚至会对学术研究的基本方法产生影响。

（四）现状问题分析

总体来说，我国的大数据产业具备良好基础和广阔的发展前景。随着政府的支持政策相继出台，投入不断增加，越来越多的企业和人才竞相参与大数据产业建设中来。我国人口数量全球第一、经济总量全球第二，各类官方历史文献、文档都较为丰富，民间记录、资料也种类繁多，蕴藏着得天独厚的数据资源，这都是我国大数据产业成功发展的重要基础。虽然我国大数据产业的某些劣势容易在大数据产业发展的初期暴露出来，例如技术水平有限、技术应用及其产业化能力不强、数据资源开发不足、创新与分析能力有限、容易产生纠纷等，但随着我国经济结构转型升级、政府和公共服务改进提升，我国大数据产业发展必然有着广阔的空间。大数据为国家信息经济的发展提供源源不断的资源，已经成为社会发展的重要生产资料和创新动力。只要我们能够有序有计划地推动大数据产业，尽量避免大规模盲目上马大数据项目、重复建设、重显性成果轻隐性效益等方面的不足，就能促进大数据产业的良性发展，逐步赶超世界领先水平。

随着领导层、决策层以及全社会对大数据技术及其产业的重视程度不断提高，我国大数据发展的政策环境持续改善。然而我们必须认识到，我国大数据的发展还处于初期，相关技术、制度、观念等都需要认真审视。当前，我国大数据产业发展现状存在五个主要问题。

（1）数据资源开发不充分。我国数据资源总量有了快速增长，已达到全球的13%，但受信息化水平制约，数据资源开发程度依然不充分，除了通信、金融等大数据先驱行业，其他行业需要跨越式发展；同时，也存在部分大数据资源没有获得完整利用的情况，主要是标准化不够、准确性较低、数据开放程度相对较低、不同组织部门之间的信息孤岛等原因制约了数据资源的有效利用。

（2）原创性技术落后。由于重视程度不够、投入相对不足，我国大数据技术存在水平不高、技术扩散不畅等问题；同时，我们仍缺乏具有自主知识产权的有影响力的原创性技术，使得我们可能陷入受制于人的被动境地，数据安全也难以得到有效保障。

（3）交流社区和行业协会尚待加强。在相关政府部门的支持下，我国已经建立了许多领域的数据共享网站，与普通公众共享各项统计数据。此外，国内企业也开始建设开源的数据共享网站，部分高校也开始搭建大数据的交流社区。但由于这些大数据的交流社区仍处于起步阶段，用户量及活跃度不高，尚缺乏一个权威、有影响力的大数据交流社区。

（4）相关法律法规有待进一步完善。随着数据开放运动、数据跨境流动和交易、大数据技术迅速发展和应用领域不断拓宽，个人隐私保护和数据安全问题变得十分严峻，现有的法律、伦理与社会规范并不能适应大数据背景下的新形势，可操作性也越来越弱，而这种非对称的现象将是大数据时代政府、企业和民众共同面临的巨大挑战及严峻形势。

（5）人才培养不足。随着大数据观念深入人心并不断应用于各行各业，大数据人才变成了紧缺人才。但是培养数据人才是一个长期复杂的过程，除了需要掌握数学和计算机等基础知识外，还需要深入学习经济、社会、管理等交叉学科业务课程，并在数据获取、数据存储、数据检索等工程方面做深入的了解和亲身实践，即便我国高校已开始进行大数据人才培训课程，但尚处于初级阶段，需要进一步探索与加强。

五、发展我国大数据战略的政策建议

根据上述分析，发展大数据需要从社会生产力引起生产方式变革的高度，充分认识大数据对提高国家竞争力的战略价值。实物的积累、货币的积累，曾经成为过去国力的标志；在信息时代，对数据的积累、加工和利用能力将成为国力的新标志。政府应充分认识大数据的重要性和战略地位，从整个国家的角度积极布局，引导大数据全面发展。

从国际上看，发达国家已全面进入信息时代，大数据的发展意味着社会生产力水平的质的提升。以美国为代表的发达国家在国家顶层推动下，正在通过大数据向更高的现代化水平的综合国力迈进。按照信息时代的现代化标准，中国在社会生产力上存在与美国等发达国家拉大距离、陷入数据鸿沟的现实危险。对于处在第二次浪潮与第三次浪潮之间的中国来说，大数据发展具有战略紧迫性。

从国内看，中国正处在从经济结构转型与产业升级的转变中，同时要完成全面提高信息化水平与法制化社会治理的历史任务，与发达国家不同，中国面临着同时发展新型工业化与信息时代生产力的双重任务。发展大数据，建议从大数据管理机构、国家大数据中心、加强核心技术研发、系统培养大数据人才、完善法律法规与标准 5 个角度入手。

（一）成立大数据管理机构

从国际上来看，美国等发达国家都已成立大数据相关管理部门或机构，用于指导与全面规划国家大数据的发展战略。从国内来看，上海、广州等地方政府已成立大数据相关管理部门，以统筹推进与协调大数据发展。企业如阿里巴巴成立了大数据委员会，百度成立深度学习研究院。无论从国际形势还是从国内试点或微观企业来看，要想推动大数据发展与应用，成立大数据相关管理部门非常有必要。

因此，建议成立专门的大数据管理机构，制定大数据发展战略与规划，统筹建立大数据中心，组织制定或完善相关法律法规，制定数据交换与共享等行业标准，促进大数据产学研结合。在政务和公共服务领域的应用，重点面向改善民生服务和城市治理等方面，积极推动环保、医疗、教育、交通等关键领域的大数据整合与集成应用，进一步提高政务和公共服务效率。在市场化应用方面，重点在跨行业的大数据应用方面出台推动政策，促进互联网、电信、金融等企业与其他行业开展大数据融合与应用创新，带动全社会大数据应用不断深化。

（二）建立全国大数据中心

目前我国政府在信息化方面已取得了卓有成效的工作，各单位各部门都建有多种管理信息系统，也有对外提供服务的政府网站，同时拥有各类数据库，但是各部门之间的数据并不能很好地交换与共享，部门内部的业务系统有时也不能实现数据统一存储与访问，造成了数据孤岛。

为了避免数据重复建设，优化业务流程，加强反腐败、推进法制建设，提高数据质量与可信度，增加政府工作透明度和流程化，建议建立全国的大数据中心。通过大数据中心，整合来自于政府职能部门及企事业单位、行业协会、中介组织的各类数据资源，推动和规范诚信机构建设，提供完整、准确、及时的企业和个人诚信信息。推动国家基础数据开放共享进程，主动披露政府掌握的数据，加快建立国家的公共基础信息平台，促进大数据成果广泛应用。统筹建设国家、省、市、县四级大数据交换共享平台，完善交换共享平台的覆盖范围，打通信息横向和纵向的共享渠道，推进跨地区、跨部门信息资源共享和业务协同。

建议推进政府和公用事业领域数据资源的普查工作，按照相关法规制定政府和公共数据开放中的安全和隐私保护检查表，对可能涉及国家安全和公民隐私的风险点进行严格控制。在此基础上，按敏感性对政府和公共数据进行分类，确定开放优先级，制定分类步骤的数据开放路线图。同时，政府也应积极规范和引导商业化的大数据交易活动，为数据资源的流通创造有利条件。

（三）加强核心技术研发

目前，我们的数据库管理系统都来自于美国等发达国家，大数据核心技术也依赖于国外产品，这不利于发展自主创新、建设创新型国家，也为后续的信息安全留有隐患。如果不掌握大数据相关技术，那么信息安全以及国家安全就难以保障。大数据相关技术研发需要引起足够的重视。

因此，建议首先要加强大数据技术研发方向的前瞻性和系统性，近期重点支持深度学习与人工智能、实时大数据处理、海量数据存储管理、交互式数据可视化和应用相关的分析技术。国家自然科学基金、国家"863"计划、"973"计划、国家科技重大专项等科研计划加大对大数据相关技术的支持与资助力度，支持大数据技术的开发、研究和应用示范，支持大学"大数据研究中心"建设，实现关键技术突破。

其次，要聚集产、学、研、用力量形成合力，力争在大数据平台级软件上实现突破，引导企业加大研发力度，以此为核心发展开源生态。创新科研项目支持方式，将开源和开放标准作为考核指标，通过直接补助或后补助方式激励企业和科研机构参与开源技术发展，促进大数据技术扩散。

（四）建立大数据人才培养体系

人才计划是大数据发展战略的根本，对于促进产业结构升级、加快经济转型、促进就业等有积极作用，加快数据分析行业人才培养是首要任务。建立多层次闭环结构的数据分析人才培养体系对于发展大数据具有根本性的作用。目前，我国大数据及相关产业人才缺口巨大，相关企业对大数据人才求贤若渴，另一方面，有些专业毕业生就业困难。

建议科学规划大数据人才培养机制，鼓励有条件的相关院校设立大数据专业，为社会适时培养紧缺人才。大数据人才培养可分高精尖技术与管理人才、中端技术应用人才以及初级实用技术人才。大数据高端人才着重培养大数据体系驾驭人才、关键技术研发人才（以硕士博士研究生为主）；中端培养大数据技术应用人才、大数据分析人才（以本科生为主）；低端培养数据清洗与数据加工人才（以高职中职为主）。通过建立完善的大数据人才培养体系，多层次立体化培养大数据人才，既能推动大数据及相关产业的发展，实现经济结构转型，也能解决社会就业问题。

（五）完善法律法规、政策与标准

建议完善法律法规，促进大数据合理应用，保护公民信息安全。国际上一些机构提出，为了释放大数据潜力，监管的重点应该"从数据收集环节，转移到数据使用环节"。大数据时代，个人隐私保护是用户关注的焦点，要切实防止个人信息泄露。立法方面，研究制定完善信息公开和信息保护的法律法规，既能开放部分数据，促进产业发展、经济转型以及社会进步，又能保护公民隐私。

建议制定相关参考标准，包括数据安全与个人隐私、数据交换格式等。推动数据交换过程中的数据来源追溯和安全保护，支持数据产品知识产权的研究和保护，强化企业和社会对数据安全与知识产权保护的意识和责任。强化数据主权意识，严格保护数据主权，牢牢掌握大数据开发利用的主动权。

密切关注国际对立法理念的演变趋势，结合技术发展趋势以及我国的国情对相关制度进行前瞻性研究。同时，为了解决当前个人信息和数据保护的紧迫需求，可依托行业组织及时总结业界的最佳实践，逐步形成行业共识，在试点成熟后上升为国家标准或法律法规并推动实施，为大数据的健康与快速发展保驾护航。

参考文献

［1］ Manyika J，Chui M，Brown B，et al. Big Data：The next frontier for innovation，competition，and productivity. McKinsey Global Institute，2011

［2］ 涂子沛，大数据及其成因．科学与社会，2014（1）

［3］ 孟小峰，慈祥．大数据管理：概念、技术与挑战．计算机研究与发展，2013，50（1）

［4］ Lynch C. Big data：How do your data grow. Nature，2008，455

［5］ Lavalle S，Lesser E，Shockley R，et al. Big Data，Analytics and the Path From Insights to Value. MIT Sloan Management Review. 2011，52（2）

［6］ Mcafee A，Brynjolfsson E. Big Data：The Management Revolution. Harvard Business Review. 2012，90（10）

［7］ Chen M，Mao S W，Liu Y H. Big Data：A Survey. Mobile Networks & Applications. 2014，19（2）

［8］ 刘智慧，张泉灵．大数据技术研究综述．浙江大学学报（工学版），2014，48（6）

［9］ Davenport T H，Barth P，Bean R. How "Big Data" Is Different. MIT Sloan Management Review. 2012，54（1）

［10］ 覃雄派，王会举，杜小勇，等．大数据分析——RDBMS 与 MapReduce 的竞争与共生．软件学报，2012，23（1）

［11］ Hey T，Tansley S，Tolle K. The Fourth Paradigm：Data-Intensive Scientific Discovery. Redmond，USA：Microsoft Research，2009

［12］ 迪莉娅．我国大数据产业发展研究．科技进步与对策，2014（4）

［13］ Feinleib D. Big Data Bootcamp – What Managers Need to Know to Profit from the Big Data Revolution. New York：Apress，2014

［14］ 中国计算机学会大数据专家委员会．中国大数据技术与产业发展白皮书．北京：中国计算机学会，2013

［15］ 王一博，郭鑫，王继民．基于词共现的大数据研究主题分析．图书馆论坛，2014（8）

［16］ 刘泽照，张谦．国外大数据研究特征及趋势预测．图书馆论坛．2014（8）

［17］ Chang R M，Kauffman R J，Kwon Y. Understanding the paradigm shift to computational social science in the presence of big data. Decision Support Systems. 2014，63（SI）

［18］ 靳小龙，王元卓，程学旗．大数据的研究体系与现状．信息通信技术，2013（6）

［19］ 王成红，陈伟能，张军，等．大数据技术与应用中的挑战性科学问题．中国科学基金，2014（2）

［20］工业和信息化部电信研究院. 大数据白皮书. 2014

［21］Negash S. Business intelligence. Communications of the Association for Information Systems. 2004，13

［22］Ranjan J. Business Intelligence：Concepts，Components，Techniques and Benefits. Journal of Theoretical and Applied Information Technology. 2009，9（1）

［23］Chen H C，Chiang R H L，Storey V C. Business Intelligence and Analytics：From Big Data to Big Impact. MIS Quarterly. 2012，36（4）

［24］Miller K. Big Data Analytics in Biomedical Research. Biomedical Computation Review. 2011

［25］Costa F F. Social networks，web－based tools and diseases：implications for biomedical research. Drug Discovery Today. 2013，18（5~6）

［26］Kim G，Trimi S，Chung J. Big－Data Applications in the Government Sector. Communications of the ACM. 2014，57（3）

［27］Schintler L A，Kulkarni R. Big Data for Policy Analysis：The Good，The Bad，and The Ugly. Review of Policy Research. 2014，31（4）

［28］金江军，徐靖，王伟玲. 政府大数据发展对策研究. 中国信息界，2013（9）

［29］丁健. 浅析大数据对政府2.0的推进作用. 中国信息界，2012（9）

［30］于施洋，杨道玲，王璟璇，等. 基于大数据的智慧政府门户：从理念到实践. 电子政务，2013（5）

［31］白如江，冷伏海. "大数据"时代科学数据整合研究. 情报理论与实践，2014，37（1）

［32］司莉，邢文明. 国外科学数据管理与共享政策调查及对我国的启示. 情报资料工作，2013（1）

［33］洪程. 国外科学数据服务现状研究. 图书馆杂志，2012（10）

［34］何海地. 美国大数据专业硕士研究生教育的背景、现状、特色与启示——全美23所知名大学数据分析硕士课程网站及相关信息分析研究. 图书与情报，2014（2）

［35］Andrade P L，Hemerly J，Recalde G，et al. Chapter 1.8 From Big Data to Big Social and Economic Opportunities：Which Policies Will Lead to Leveraging Data-Driven Innovation's Potential. USA：Cornell University and the World Economic Forum，2014

移动互联网发展及对策分析

一、引 言

（一）移动互联网产生的背景

互联网技术和市场应用需求推动了移动互联网发展。其技术背景主要体现在四个方面：移动终端设备技术改进、WebAPP 发展需要的 HTML5 技术和云计算能力等条件都开始成熟、传统互联网服务商对于 3G、4G、5G 的布局和推进、大量网站专门开发了针对手机使用的 WAP 网站且移动互联网平台开放吸引了大量的 APP 应用。

第一，移动终端设备主要包括智能手机和平板电脑，而全球智能手机和平板电脑的出货量在 2011 年已经超越台式机和笔记本电脑的出货量。

第二，TML5 技术本身已经比较成熟，HTML5 的接受程度已经得到了推广和普及，标准已经形成。

第三，传统互联网服务商也纷纷开始踏足移动互联网的布局。3G、4G 网络开始成熟。

第四，目前来看，大部分 WAP 网站投放更多人力以提升网站的使用体验，部分 Web 网站还专门针对智能手机平台进行了优化以适配手机屏幕。越来越多的传统互联网平台转移到移动互联网运营中来，吸引大量个人/团队开发者投身其中，形成一个多赢的良性发展循环的生态链。

越来越多的人开始使用移动互联网，产生了巨大的商业前景，促使开发商和应用公司加强结合，共同开发移动互联网业务。

（二）移动互联网的基本概念和特点

全球 IP 通信联盟给出的定义是，移动互联网是以宽带 IP 技术为核心，可同时提供话音、传真、数据、图像、多媒体等高品质电信服务的新一代开放的电信基础网络。简单来说，移动互联网就是通过手机、平板电脑等便携式智能设备实现网络联通，以随时随地获取信息和服务。

虽然移动互联网与桌面互联网共享着互联网的核心理念和价值观，但移动互联网有实时性、隐私性、便携性、准确性、可定位的特点，日益丰富的智能移动装置是移动互联网的重要特征之一。从客户需求来看，移动互联网以运动场景为主，碎片时间、随时随地，业务应用相对短小精悍。

移动互联网的特点可以概括为以下几点。

（1）终端移动性。移动互联网业务使得用户可以在移动状态下接入和使用互联网服务，移动的终端便于用户随身携带和随时使用。

（2）业务使用的私密性。在使用移动互联网业务时，所使用的内容和服务更私密，如手机支付业务等。

（3）终端和网络的局限性。移动互联网业务在便携的同时，也受到了来自网络能力和终端能力的限制。在网络能力方面，受到无线网络传输环境、技术能力等因素限制；在终端能力方面，受到终端大小、处理能力、电池容量等的限制。无线资源的稀缺性决定了移动互联网必须遵循按流量计费的商业模式。

（4）业务与终端、网络的强关联性。由于移动互联网业务受到了网络及终端能力的限制，因此，其业务内容和形式也需要适合特定的网络技术规格和终端类型。

移动互联网的这些特性是其区别于传统互联网的关键所在，也是移动互联网产生新产品、新应用、新商业模式的源泉。每个特征都可以延伸出新的应用，也可能有新的机会。总之，移动互联网继承了桌面互联网的开放协作的特征，又继承了移动网的实时性、隐私性、便携性、准确性、可定位的特点。

（三）移动互联网的发展历程

移动通信的六个发展阶段如下。

第一阶段，20 世纪 20 年代至 40 年代。在这期间，在短波的几个频段上开发出专业移动通信系统，其代表是车载无线电系统。

第二阶段，从 40 年代中期至 60 年代初期。在这期间，公用移动通信业务开始问世，建立了世界上第一个公用汽车电话网"城市系统"。

第三阶段，从 60 年代中期至 70 年代中期。移动电话系统得到改进，实现了无线频道自动选择并能够自动连接到公用电话网。

第四阶段，从 70 年代中期至 80 年代中期。先进移动电话系统研制成功，建成了蜂窝状移动通信网。

第五阶段，从 80 年代开始。以 AMPS 和 TACS 为代表的第一代蜂窝移动通信网的模拟系统建立，进入数字移动通信系统发展和成熟时期。

第六阶段，从 2008 年高速宽带移动技术开启商用开始。2008 年 12 月 31 日，国务院总理温家宝主持召开国务院常务会议，同意启动第三代移动通信牌照发放工作。会议指出，TD-SCDMA 作为第三代移动通信国际标准，是中国科技自主创新的重要标志，国家将继续支持研发、产业化和应用推广。发放第三代移动通信牌照对于拉动内需、优化电信市场竞争结构、促进 TD-SCDMA 产业链成熟，具有重要作用。

自 3G 技术推广普及以来，移动互联网才真正进入大规模应用阶段，随着 3G、4G、5G 技术的不断演进，移动互联时代才真正开启。

移动互联网的发展历程如图 1 所示。

（四）移动互联网的业务体系

目前来说，移动互联网的业务体系主要包括以下三大类（见图 2）。

一是固定互联网的业务向移动终端的复制，从而实现移动互联网与固

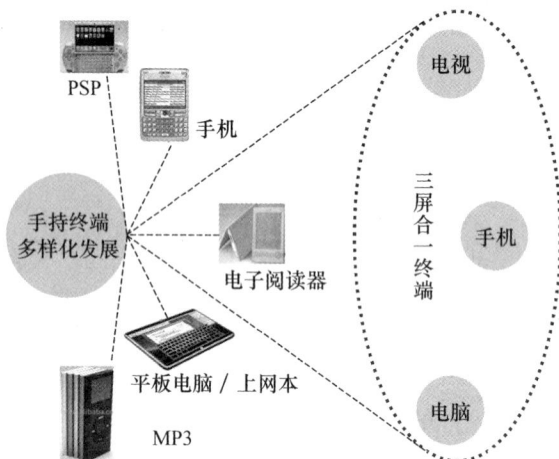

图 1　移动互联网的发展历程

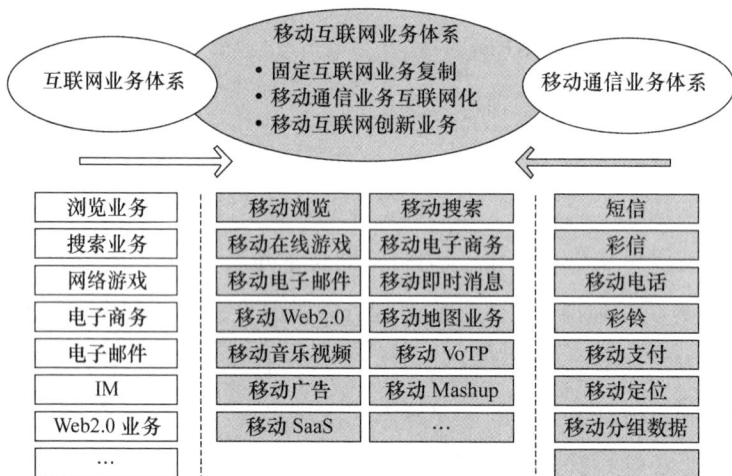

图 2　移动互联网的业务体系

资料来源：赛迪智库：《2014 年移动互联网研究报告》。

定互联网相似的业务体验，这是移动互联网业务的基础。

二是移动通信业务的互联网化。

三是结合移动通信与互联网功能而进行的有别于固定互联网的业务创新，这是移动互联网业务发展的方向。移动互联网的业务创新关键是如何将移动通信的网络能力与互联网的网络与应用能力进行聚合，从而创新出适合移动互联网的互联网业务。

（五）移动互联网的技术体系

移动互联网作为当前空旷的融合发展领域，与广泛的技术和产业相关联，纵览当前互联网业务和技术的发展，主要涵盖六个技术领域。移动互联网关键应用服务平台技术、面向移动互联网的网络平台技术、移动智能终端软件平台技术、移动智能终端硬件平台技术、移动智能终端原材料元器件技术、移动互联网安全控制技术。所图 3 所示。

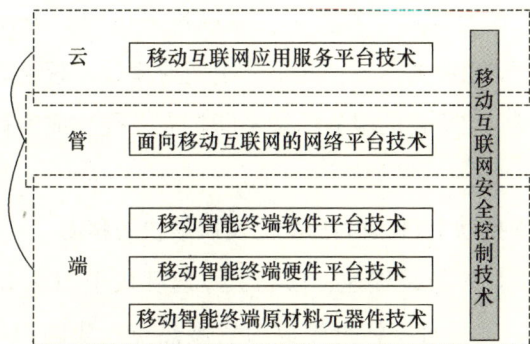

图3　移动互联网的六个主要技术领域

资料来源：赛迪智库：《2014 年移动互联网研究报告》。

（六）移动互联网在国内外的基本现状

近几年来，移动互联网获得了巨大规模的高速增长，在过去几年发展的基础上，完成了 ICT 产业核心技术平台/体系的颠覆和互联网应用服务体系与商业模式的重建，也推动了 LTE 成为历史上发展最快的移动通信技术，移动互联网驱动的经济和社会生活变革正在拉开更大序幕，从第三产业向第二产业甚至第一产业延伸，我们正处于这场更大变革的起点之上。

1. ICT 产业的核心技术平台/体系颠覆性迁移

ICT 产业的核心技术平台/体系的颠覆是移动互联网所带来的最深刻的影响之一，即从 PC（Wintel）主导的计算平台向移动智能终端（Android&iOS + ARM）技术体系的迁移。产业链的所有关键环节——终端、操作系统、芯片、应用都围绕着这场变迁发生颠覆性变化，移动芯片和操作系统已经成为全球计算平台的主流技术。

2. 开放与开源成为主流技术的主导发展模式

与主流技术的迁移（从 PC 到智能手机）相对应，移动互联网带动开源开放达到新的高度，终端平台主流的操作系统和芯片从封闭、有限开放演变为开源开放。终端主流软件平台的开源化发展是软件领域最重要的里程碑之一。

3. 互联网应用服务体系与商业模式重建

移动互联网的快速发展，颠覆了互联网世界以网页为核心的应用形态，催生了全新的应用服务体系，并重建了商业模式。超级应用的能力持续提升，基于超级应用平台的服务体系不断扩充。硬件成为移动互联网应用发展的要素。

4. 移动互联网推动 LTE 成为历史上发展最快的移动

通信技术全球 LTE 持续提速，市场引爆速度快于 3G。LTE 改写全球 3G 通信产业格局，美、日、韩抢先成为发展热点。我国 4G 市场正式启动，将快速进入 TD-LTE 市场爆发期。移动互联网成为推动 LTE 快速发展的关键因素。

5. 智能终端产业步入成熟发展期

移动智能终端已成为全球最大的消费电子产品分支。移动智能终端自 2007 年起步以来高歌猛进，在 2010 年末首次超过 PC 同期出货量，其后进入大规模高增长阶段。中国已成为全球智能终端增长的绝对主导力量，并引领全球移动市场智能化演进。移动智能终端深刻改变信息产业全球产业格局。

6. 移动互联网在社会生活中加速渗透

相比桌面互联网，移动互联网对传统行业具有更深远的影响。移动互联网借助移动终端本身的移动性、便捷性，快速融入诸多实体产业，从而带动了实体产业的发展。以移动支付为例，移动支付通过各类 APP 与社会服务业广泛融合，在公共交通、零售行业、餐饮行业都得到普及，未来现金与信用卡的使用量或将大幅度下降，将有可能促使金融业中成本较高的大型金融网点逐步减少，用于前台现金与现金卡处理的资源将更多用于电子支付数据的处理。移动互联网服务还将进一步向第一和第二产业延伸。

中国移动互联网应用市场基本现状如图 4 所示。

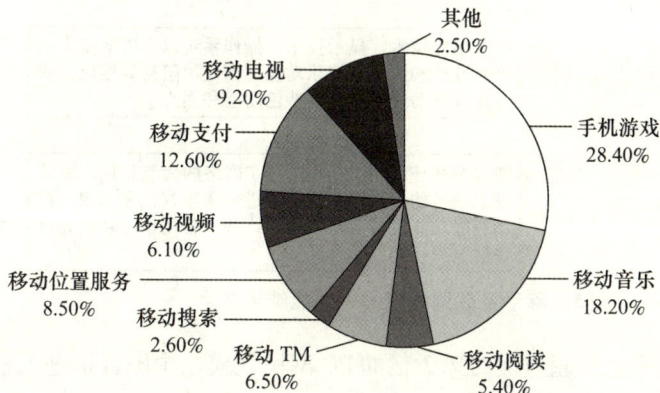

图4 2014 年中国移动互联网应用市场

注：得益于手机上网速度的提高以及上网资费的下降，手机游戏市场吸引了越来越多的用户参与。

二、我国移动互联网产业分析

（一）中国全面进入移动互联网时代

据易观国际（Analysys International）的统计数据，截至 2014 年第三季度，中国市场整体 3G 用户数达 21290 万，2015 年底将突破 2.5 亿，同时智能手机仍保持每个季度 2000 万左右的新增销量。另外，新型移动智能终端如平板电脑 iPad 的流行，逐渐成为新的移动互联网重要终端，2014 年第三季度中国平板电脑市场销量突破 200 万。

伴随市场全方位的移动互联网相关广告营销以及用户对于移动服务的主动需求，移动互联网用户群已突破 3 亿，显然用户群认知度低已不再是移动互联网发展的主要问题。服务的多样性也不断加深不同用户群对于移动互联网服务的依赖，如学生群体对于 IM、交友、游戏、阅读有高粘性，白领用户群体对于签到、邮箱、炒股、微博等服务有高需求。移动互联网终端功能结构变化如图 5 所示。

另据 DCCI（中国互联网数据中心）预计，在 2014 年底，中国手机网

1 商务功能 + 通信功能	将 PDA 接入通信功能之后，新产品不仅拥有 PDA 所有的信息处理功能，而且通过通信网络实现邮件的收发、网页的浏览以及语音通信等
2 娱乐功能不再是陪衬	随着芯片技术、显示技术、操作系统以及电池技术的不断升级和进步，娱乐功能逐渐走出陪衬的地位，成为众多移动终端产品的特色功能和卖点
3 移动互联成为主角	随着 Wifi 热点不断增多，3G 网络的大量建设，移动终端设备的无线网络功能将进一步丰富化和增强，移动互联功能也成为众多移动终端设备的核心功能和首要配置

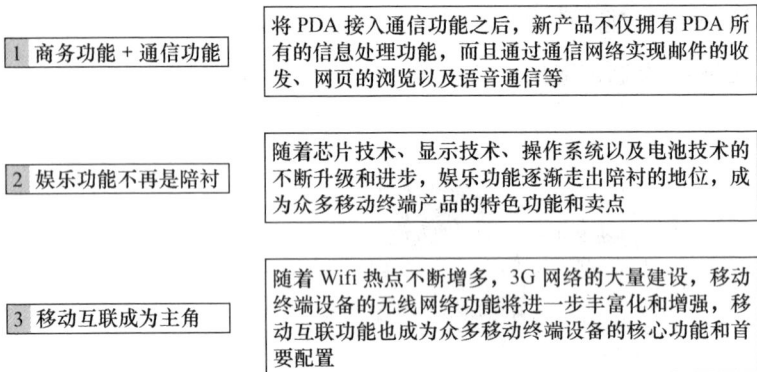

图 5　移动互联网终端——功能结构变化

民规模将达到 7.5 亿，超过届时 7.2 亿的 PC 网民规模，中国真正进入移动互联网时代。

（二）移动互联网产业链组成

移动互联网有庞大的用户，整个产业链也很庞大。移动互联网由相关产业群体构成，具体如图 6 所示。

用户部分：所有移动终端（手机和 MID）和网络的使用者，目前已经数亿，是整个产业链的生存之本。

终端 MID 部分：国际领导者当然是苹果了，以 iPhone 和 iPad 为代表，还有诺基亚和摩托罗拉、黑莓以及一系列日韩厂商。国内是联想、万利达，甚至一些山寨机厂商等。从这里将引申出一系列相配套的生产产业族群，仅仅按照功能分类，可细化为四个领域，分别是影像、声音、主板芯片和手机电池；还有物流分销售后等环节，每一个部分，都是一个不小的子产业，仅触摸屏发展至今已经是一个相当有分量的产业了，其他的影像、声音等对应的厂商也非常多；它们的企业相对较小，但产品适用范围很大。这个部分的关键技术，特别是如芯片设计等相关技术，目前仍然牢牢掌握在国外厂商手中。当然，大部分的生产放在国内，尤其是在珠三角地区。

系统平台部分：这里面有两个概念，即智能手机操作系统和中间件平

移动互联网 =

	亿级用户	终端MID	系统平台	个人应用	行业应用	电信设备	运营商
说明	随着手机、MID终端的广泛使用,用户增长速度是爆发式的	包括手机、MID等终端如iPad的芯片、电池、设计、制造、物流、销售、售后等各个环节	包括手机、MID的操作系统、系统中间件如MCM平台	包括手机、MID终端上的各种个人应用和服务,如资讯、定位、支付等	包括手机、MID终端上的各种行业应用和服务,如交通、教育、卫生等	包括电信设备相关的设计、制造、物流、销售、售后等各个环节	提供网络、基本通信服务的运营商
中国		典型厂商如联发科、展讯、斯凯、龙旗、联想、魅族、万利达、天鹰、恒波等	国内没有操作系统厂商,中间件厂商如融创等	典型厂商如QQ、Ucweb、新浪微博、万花筒、凯立德、无线城市等	典型厂商如中国移动的警务通、校讯通等	典型厂商如华为、中兴等	典型厂商如中国移动、中国电信、中国联通等
世界		典型厂商如TI、英飞凌、苹果、诺基亚、MoTo等	典型厂商如苹果的iOS、Google的Android、诺基亚的Symbian等	典型厂商如Google手机地图、Twitter等	典型厂商如运营商的行业解决方案	典型厂商如爱立信、诺西、Cisco等	典型厂商如沃达丰、Sprint、Orange等

图6 移动互联网的产业链

资料来源:赛迪智库:《2014年移动互联网研究报告》。

台。智能手机操作系统（OS）作为连接硬件、承载应用的关键平台，扮演着举足轻重的角色。它相当于个人电脑时代的视窗操作系统，是构建软件硬件共舞的基础体系。中间件平台构建在硬件和操作系统之上，其作用是实现基础功能，帮助软件开发商快速、便捷的开发出应用软件，以适应市场的快速变化。

智能手机操作系统和中间件平台在关系上是先有操作系统，而后中间件平台方有用武之地，不同的操作系统之间是竞争关系，但中间件平台和不同操作系统之间则是合作关系。

操作系统和中间件平台共同搭建了智能手机软件基础应用的舞台，在未来几年充分竞争的态势下，一定会出现一个主流的操作系统，之后将会出现基于这一操作体系下五彩缤纷的软件应用，这种应用的广泛深刻以及无孔不入，会真正体现技术改变世界的所有细节。

个人应用服务部分：基于移动互联网上的各项创新性商业应用和服务。这是整个移动互联网产业链中最有创意、最令人激动的部分，是移动互联网未来最大的"掘金地"，也是和用户直接打交道、用户体验最深的部分。

移动互联网应用将越来越丰富，具体应用会倾向于智能化、个性化、商业化。

行业应用服务部分：将全面覆盖用户的政务、公共事业、交通、医疗、教育、娱乐、金融、旅游、生活就业、消费购物等各个方面。未来，也许就在不远的3~5年之内，形形色色的各种新的应用会不断地增加、成长并相互交织，从量变到质变，最后彻底改变人们的生活。

电信设备部分：分为移动基站设备与基础设施供应商和半导体设备与芯片供应商。

世界上绝大多数著名的通信巨头都属于基站设备与基础设施供应商，并且各自有不同的应用解决方案，十分复杂、烦琐，竞争激烈，现在还在"厮杀"的过程当中。伴生于它们之间的是一系列各有专长和侧重的半导体厂商，这些厂商参与到整个产业链的方方面面，涉及面非常广泛，同样处于激烈竞争的境地。

运营商部分：从目前来看，是一个完全垄断的行业。但从移动互联网的开放性和去中心化来看，运营商行业未来也应当是一个高度竞争的行业，而目前的运营商更大的角色将是信息管道运营商。

（三）移动互联网的生态分析

移动互联网的各个价值链分析如下（见图7）。

1. 终端 MID 部分

目前构成终端 MID 部分的专业模块非常多，环节和链条也比较长，做专业模块和一些环节方面，还有大量的投资机会。比如之前的手机方案设计公司，其崛起速度之快是其他行业很难见到的。

移动终端的市场规模比 PC 高出一个数量级，能在这个领域站稳脚跟的技术组合和商业模式，将改变整个信息产业的生态格局。正如目前苹果公司的 iPhone 模式。

2. 系统平台部分

虽然目前移动互联网操作系统被安卓和苹果所垄断，但从技术发展趋势来看，随着终端技术发展，操作系统在行业应用领域将会迎来窗口期。

3. 应用服务部分

据艾瑞咨询统计数据显示，2014 年第三季度，中国移动互联网（其实是本报告所指的应用服务这部分的市场）市场规模达 123 亿元，同比增长 93.8%，环比增长 20.9%。移动互联网的市场格局出现小幅变动，受移动支付和团购的推动，手机电子商务凸显快速增长的势头。在其他细分行业中，手机广告业务市场表现良好，手机游戏稳定发展，移动互联网规模总体攀升。

由此可以看出，整个移动互联网的应用服务市场还是非常大的，目前已经看得清的一些基本应用服务如图 8 所示。

这是大部分的移动互联网新创业公司最重要也是最现实的切入点。但对于这些公司来说，特别要注意的是，不仅仅要做好产品和做好服务；更重要的是，结合这些好的产品和服务，创新出移动互联网的新商业模式，变成一个专业化的移动互联网应用服务体系，这才是这类新型创业公司的

分类项目	终端 MID	系统平台	应用服务	电信设备	运营商
技术发展趋势	更强大的运算和存储能力，更多功能，绿色环保、低能耗	更稳定的架构，适配更多手机，能加载更多应用	更贴近用户使用习惯、个性化	更稳定，绿色环保低能耗，支持更高带宽，能加载更多应用	1G->2G->2.5G->2.75G->3G->4G
资本投入	资本密集型	智能密集型资本密集型	智能密集型	智能密集型资本密集型	资本密集型
价值占比	20%~30%	5%~10%	10%~30% 典型的长尾	20%~30%	20%~30%
竞争格局	行业集中度较高，竞争激烈	行业集中度较高，少数企业垄断	行业集中度较分散，竞争非常激烈	行业集中度较高，少数企业垄断	行业集中度非常高，完全垄断行业
投资机会	构成终端的模块非常多，环节也很长。做专业模块和环节，孕育着很多机会	操作系统没有机会，但中间件平合格机会很快，而且竞争对手少且弱	投入少，新创企业最好的切入点。只需把据用户需求，做好服务，未来规模很大	为大厂商做某一专业模块，或某一细分专业领域有机会	没机会

图 7 移动互联网的价值链分析

资料来源：赛迪智库：《2014 年移动互联网研究报告》。

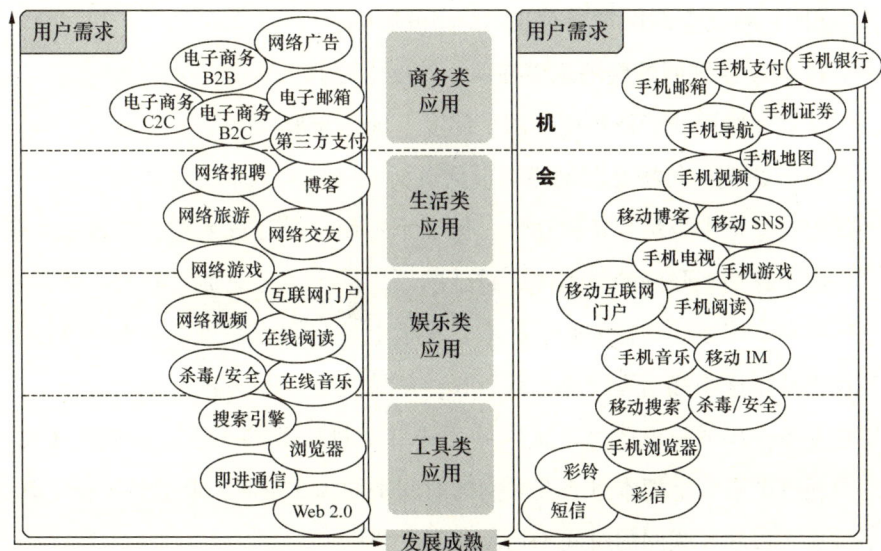

图 8　移动互联网的基本应用服务

资料来源：赛迪智库：《2014 年移动互联网研究报告》。

成功之道。

从确定互联网新的商业盈利模式的层面上来说，新一代的移动互联网的确不是一个简单的体系升级，而是一次商业和技术共同作用下的大变革，其推进速度可能会快得超出很多人的想象。可以预见的是，在移动互联网的应用服务领域，可能还会产生 10 个以上的 QQ 或者阿里巴巴这样的互联网巨型企业。

4. 电信设备部分

大部分电信设备供应已经被一些国际通信业巨头所垄断，虽然它们之间的竞争也很激烈，但与大部分企业无关。为它们做一些专业模块，或者是干脆看好移动互联网的某种专业发展需求，做一些很专业的细分市场还是存在很大的机会，比如一些 3G 网络的优化、维护、测试方面的设备等，因此在这个细分的子行业里，比较容易产生很好的投资标的。

5. 运营商部分

完全垄断的行业，对于绝大多数企业来说，毫无介入机会。运营商之间的竞争，倒是给一些中小企业带来了依附和生存空间。

（四）移动互联网发展对我国经济的影响

1. 移动互联网的经济规模在两个纬度上延伸

移动互联网的经济规模在两个纬度上延伸开来。

（1）深度。传统互联网终端包括桌面电脑和笔记本，移动性受到一定的局限。笔记本虽然具备移动性，但携带不便，最终进入的也是传统互联网。由于移动互联网的便利性，滋生的用户数十倍于桌面互联网。移动互联网终端丰富多样，目前有上网本、平板电脑和智能手机，将来可能还有其他终端。这些移动终端都各有所长，繁荣共存，互不排斥——智能手机用户并不排斥平板电脑，平板电脑用户并不排斥智能手机。有数据表明，用户通过电脑、笔记本进入互联网的时间平均为 3 小时，而通过平板电脑、手机进入移动互联网的时间平均高达 16 小时。

（2）广度。移动互联网涉及各行各业，如交通、证券、银行、服务、市政、执法等。现在炒得火热的物联网，在很大程度上都是依赖于移动终端来实现。随着数字信息化的普及，将来消费者不仅在家或办公室通过电脑、笔记本进入传统互联网，而且在移动状态下也可随时随地通过平板电脑、智能手机进入移动互联网获取资讯，与亲戚朋友、领导同事保持联系。

2. 移动互联网成为发展最快、市场潜力最大、前景最诱人的产业

移动通信和互联网成为当今世界发展最快、市场潜力最大、前景最诱人的两大业务。增长速度都是任何预测家未曾预料到的。有研究机构预计 10 年内移动互联网就可能大规模普及，这一技术将会发展成为一个上万亿元规模的高科技市场，其产业要比互联网大 30 倍。迄今，全球移动用户已超过 15 亿，互联网用户也已逾 7 亿。

中国移动通信用户总数超过 3.6 亿，互联网用户总数则超过 1 亿。这一历史上从来没有过的高速增长现象反映了随着时代与技术的进步，人类对移动性和信息的需求急剧上升。越来越多的人希望在移动的过程中高速地接入互联网，获取急需的信息，完成想做的事情。所以，现在出现的移动与互联网相结合的趋势是历史的必然。目前，移动互联网正逐渐渗透到

人们生活、工作的各个领域，短信、铃图下载、移动音乐、手机游戏、视频应用、手机支付、位置服务等丰富多彩的移动互联网应用迅猛发展，正在深刻改变信息时代的社会生活，移动互联网经过几年的曲折前行，终于迎来了新的发展高潮。

3. 产业链的竞争与合作驱动了移动互联网发展

移动互联网产业作为巨大的综合产业，包括运营商、设备制造商、软件厂商、系统集成商、内容提供商及应用服务提供商等，各个主体越来越多的合作与竞争使得移动互联网得以更快的发展。在产业融合和演进的过程中，产业链的运作机制和资源配置也不断发生变化，各主体互相渗透。各国顶尖的互联网公司、移动运营商、通信制造商、消费电子公司充分利用在原有领域的传统优势，不断拓展新的业务领域，争当新型产业链的整合者，以在未来市场格局中占据有利地位。这些将对未来移动互联网、互联网乃至移动通信和电信业的发展产生深远影响。

4. 用户的需求是驱动移动互联网发展的内生力量

随着社会经济、文化的发展和移动技术、互联网技术的更新以及新的应用及业务的出现，用户对日常生活中交流与沟通的方式手段提出了更高的要求和期望。

调查研究发现，用户的信息需求呈现出一系列矛盾现象，如随时在线而不被别人打扰，自己主导一切但又不让别人主导，想得到所有信息但隐私又不被暴露，监控所有人但不被监控，产品功能复杂但使用简单。这要求未来的互联网不但能够满足用户"随时、随地、随心"获得其想要的信息，使其充分享受互联网业务带来的便捷，而且能够满足用户希望拥有更丰富的业务种类、个性化的服务、更高服务质量，同时保证更高的私密性。移动互联网是最好的解决方案，作为一个多媒体内容大大丰富、用户双向或多向进行信息共享和内容创造的平台，它克服了地域、经济、文化、年龄、性别、生活工作习惯等因素的差距，为人们的移动化、社区化、个性化、娱乐化、便捷化应用提供了良好的支持。

（五）移动互联网成为我国经济、社会和行业发展的重要机遇

1. 移动互联网将加速我国经济、社会和行业发展

互联网日益广泛深入地渗透到经济社会生活的各个领域和各个方面，在促进经济发展、改进政府管理、丰富人民群众生活等方面，发挥日益重要的作用，显现出独特魅力和巨大发展潜力。移动互联网不仅为广大用户带来了全新的业务体验，创造了新的产业机会，也为加快我国信息通信技术业务创新和信息化进程提供了手段和突破口。

移动互联网行业的产业链地图上的每一种技术、每一个环节、每一个节点、每一种组合、每一项应用，都预示着巨大的产业和商业机会，越来越多的传统行业与移动互联网相结合，创造出更多便捷、成本低廉的优质服务。移动互联网开始逐步深入到国民经济的更深层次和更宽领域，这对于优化我国互联网消费结构、促进经济发展模式转变具有积极意义。

实现移动互联网业务的快速发展，不但可以有效缩小城乡数字鸿沟，带动中国信息化的发展，同时也是中国信息通信业创新的突破口。它将带动中国移动互联网、移动通信产业做大做强，提高中国移动通信芯片、操作系统、应用软件、应用服务等整体产业链的能力和产业附加值。

2. 中国移动互联网发展潜力巨大

中国互联网普及率达到19.1%，略低于全球21.1%的平均互联网普及率，也低于与中国经济发展历程有相似性的俄罗斯（20.8%）。一方面，中国互联网与发达国家还存在较大的差距，中国整体经济水平、居民文化水平再上一个台阶，才能够更快地促进中国互联网的发展；另一方面，目前的这种互联网普及状况说明，中国的互联网处在上升发展阶段，发展潜力较大。

移动互联网的用户规模化，意味着移动IM、移动搜索、移动在线游戏和移动SNS等多项应用和业务也开始具备进入规模化的基础，将对终端、应用等产生不可估量的产业规模效益和商务规模效益。从行业发展角度看，随着未来两年内4G网络的全面部署及其固定业务的充分融合，中国庞大的移动通信用户群和互联网用户群将使得移动互联网应用开始步入规

模化。

3. 中国有条件发展好移动互联网产业

中国拥有规模庞大的移动用户和巨大的增长空间（目前移动普及率还不到40%），并已是全球手机生产大国，年生产能力达到4亿部，巨大的市场规模和产能为技术业务创新创造了独特的基础条件；中国移动互联网业务已有相当规模，用户的消费习惯得到了培育，形成了移动互联网进一步创新的市场需求环境；经过多年的努力，中国在移动通信和互联网的技术业务创新中也具备了一定的基础，取得了相当的突破；此外，国家高度重视移动通信和互联网的发展与创新，给予了大量的支持。因此，移动互联网作为移动通信与互联网相结合的新领域，凭借已有的基础和良好的内外部条件，中国完全能够通过全行业的共同努力，实现技术业务创新的突破，进而带动整个互联网和电信业的创新跨越，加快中国信息化的进程。

4. 智能信息终端增长势头迅猛，为我国在操作系统领域取得突破提供了千载难逢的历史机遇

智能信息终端主要指智能手机、平板电脑等具有强大信息处理能力和（或者）网络通信功能的终端系统，也包括采用智能操作系统的其他终端，如工业控制系统、智能家居系统、信息字幕屏、可视对讲门铃、家用防盗报警器、智能冰箱、电话、空调、网络电视、医疗器械控制器、水资源管理终端控制器等。我国在"十二五"期间大力发展的物联网的重要组成部分也是智能信息终端，在工业信息化、农业信息化建设过程中，智能信息终端将拥有万亿级市场前景。

智能信息终端操作系统市场规模增长迅速。近年来，受3G业务发展以及终端厂商发展智能信息终端策略的影响，全球智能手机销量猛增。从2009年第四季度起，每个季度的增长率均超过40%。预计到2015年，全球智能手机销量将超过台式机和笔记本销量的总和，全球智能手机用户普及率将达到12.6%，突破了10%的理论临界点，其增长趋势将不可逆转，对社会生产生活的影响将不断提升。若再将上述所提到的其他智能信息终端都统计进来，市场规模将翻几番。

智能信息终端操作系统市场竞争格局还没有完全形成，我国尚有机会占据一席之地。目前智能信息终端系统格局初现端倪，从世界范围来看，苹果的 iOS 和谷歌的 Android 系统在增长率和占有率上都处于领先地位，昔日的巨头诺基亚的 Symbian 已经不复当年之勇，微软的 WindowsMobile 也并不能站在微软这个巨人的肩膀上。目前，在智能信息终端操作系统市场还没有形成绝对的市场垄断，各国都有机会抢占一席之地，我国自主研发的系统还能看到希望，我国应该利用好这个机会发展好自主研发的系统，首先抢占国内市场。

我国在智能信息终端领域已经取得一定进展，具有了抢占市场话语权的基础。2011 年，联通推出沃 Phone，该系统是以 linux 内核为基础，具有自主、开放的特性，技术升级可以平滑演进，这个系统的应用可以覆盖到金融、证券、医疗、交通等众多的行业，并且可以满足平板电脑和家庭 TV 多屏无缝协同的需要。该系统的出现，显示出我国在智能信息终端领域已经取得一定进展，具备了抢占市场份额、争夺话语权的基础。

（六）我国移动互联网产业存在的问题

尽管我国移动互联网行业已进入高速发展期，未来发展前景十分可观，但当前在产业链诸多方面还存在不足。主要表现在以下几个方面。

1. 产业高速发展，技术和市场环境变化日益复杂

移动互联网的发展速度远远快于桌面互联网，技术更新换代周期短。硬件终端打破摩尔定律的限制；在软件方面，操作系统几乎与硬件同步地以每 6 个月的速度更新，应用程序也变化多样，网络流量以指数速度增长；市场环境方面，用户需求的个性化和多样化得到释放，产业链上节点业务开始融合和延伸，行业竞争态势加剧。

2. 自主研发不足，核心元器件受制于人

从硬件方面看，我国虽然硬件终端数量庞大，品牌较多，但在基于硬件核心领域，我国核心专利技术较少。其中，核心电子元器件被日本垄断，处理芯片、射频和触摸屏等则是韩国遥遥领先。我国本土手机必须依靠这些原材料。正因如此，不断有专利纠纷，很多国外企业像三星、爱立信等巨头纷纷针对我国企业提起侵权的专利诉讼，对我国行业发展极为不利。

从系统软件上看，我国智能手机操作系统基本被安卓垄断，截至 2013 年，我国国产智能机有 97.3% 的采用安卓系统，这样，在利益分享上显得非常被动，受制于谷歌安卓联盟的约束，随时面临着专利和法律风险费用的风险。

【专栏1】　　　　　　　　**小米印度遭爱立信狙击**

2014 年 12 月 11 日，中国驻加尔各答总领馆经商室披露信息显示，根据《印度时报》的当日报道，印度德里高等法院通过了爱立信（印度）提交的一份申请并颁布禁令，禁止小米公司在 2015 年 2 月 5 日前在印度市场进口或销售手机，而爱立信方面提起申请的理由则是小米侵犯了其标准核心专利。

印度是小米的第二大市场，也是增长最快的市场，在其海外战略中的地位首屈一指。公开数据显示，截至 2014 年 10 月，小米在印度市场已经售出了超过 50 万部智能手机，而来自小米内部人士给出的数据则接近百万部。显然，印度市场的停售势必会对小米海外市场的开拓构成重大打击。

鉴于中国目前的知识产权保护环境，很多跨国公司虽然在中国本土选择了不起诉的策略，但是，伴随中国企业国际化步伐的加快，在海外起诉侵权企业将成为它们的一项重要决策。

---

3. 移动安全问题日益凸显

移动安全不同于传统的桌面互联网安全，其接入方式相对多样化，其安全牵涉到"云、管、端"三个层面的信息安全。一方面，移动操作系统的基础平台存在安全风险。系统本身存在的漏洞很容易被利用，相对于桌面互联网，用户私人信息更加易被窃取。在涉及移动支付等应用时，将会带来不好影响。另一方面，移动智能终端给国家安全也是一种挑战。我国市场上移动手机中高端品牌被国外占据，国外厂商可以通过用户在云端数据同步上传和保存、基于自身位置信息的功能等，来收集我国用户的信息。

三、移动互联网的价值分析和发展趋势

（一）移动互联网在生活中的应用

移动社交：在移动网络虚拟世界里，服务社区化将成为焦点。社区可以延伸出不同的用户体验，提高用户对企业的黏性。如我们常用的 QQ、微信、MSN 等。

移动广告：手机广告业务是一个具有前瞻性的业务形态，可能是下一代移动互联网繁荣发展的动力因素。其核心就在于手机作为大众化、个性化的媒体，承载着信息交换的使命，是信息传递的"最后一公里"。

手机游戏：让我们可以方便、快捷、随时随地享受游戏的乐趣，所以手机游戏的黏着性非常强，成为移动互联网的杀手级营利模式，将掀起移动互联网商业模式的全新变革。

手机电视：手机电视用户主要集中在积极尝试新事物、个性化需求较高的年轻群体，这样的群体在未来将逐渐扩大。随着手机电视业务的进一步规模化，广告主也将积极参与其中。也就是把传统的电视电影搬到了手机上来，而且可以把电视传统的商业模式搬过来，并有所创新。

移动电子阅读：随着网络的快速发展和生活节奏的加快，利用上下班坐车的零碎时间已经使我们的阅读习惯潜移默化地发生改变，移动电子阅读成为现代人的一种生活方式。内容数字化，使电子阅读内容丰富，结合手机多媒体的互动优势，不但增加了音乐、动画、视频等新的阅读感受，还可将这种感受随时带在身边。移动电子阅读市场的繁荣是可以预见的。

移动定位服务：随着随身电子产品日益普及，人们的移动性在日益增强，对位置信息的需求也日益高涨，市场对移动定位服务需求将快速增加。通过手机和 GPS 数据的整合，借助手机可以提供定位服务，以及通过电子地图服务位置信息和周边信息查询，会越来越容易地把用户的具体位置传给手机及其他设备。

手机搜索：随着终端技术和信息内容格式标准化突破产业瓶颈，到2016 年，手机搜索将超过计算机搜索。手机搜索引擎整合搜索、智能搜索、语义互联网等概念，综合了多种搜索方法，可以提供范围更宽广的垂直和水平搜索体验，更加注重提升用户的使用体验。

移动支付：支付手段的电子化和移动化是不可避免的，移动支付业务发展预示着移动行业与金融行业融合的深入。不久的将来，消费者可用具有支付、认证功能的手机来购买车票和电影票、打开大门、借书、充当会员卡，可以实现移动通信与金融服务的结合以及有线通信和无线通信的结合，让消费者能够享受到方便安全的金融生活服务。

移动电子商务：未来，移动电子商务与手机搜索的融合，跨平台、跨业务的服务商之间的合作，电子商务企业规模的扩大，企业自建的电子商务平台爆发式增长，都将带动移动电子商务的成熟。

（二）移动互联网发展对社会经济的影响

1. 移动互联网催促产业联盟形成

在整个中国移动互联网发展的进程中，移动互联网通过移动终端面向用户提供服务，完成多种信息的处理，这一过程中所提供的服务已经超越了一个企业甚至是某个行业能够单独完成的范围。芯片厂商、终端制造商、电信运营商、软件开发商、内容提供商需要在软硬件、平台、应用服务、运营等多个方面开展全面的合作。原有的互联网巨头、电信运营商和终端厂商都难以完全称霸移动互联网市场，产业联盟将逐步形成。

2. 传统互联网多数应用将逐步转化为移动互联网的基础型应用

多数产业的发展都伴随着新产品的出现和原有产品的淘汰，这主要是由于产品所固有的成本使原有产品已不能满足基本的效用与成本比率。然而在互联网产业中，基于虚拟化、数字化和服务供给在更大层面上的规模化，相关应用服务的生产、运营、流通成本均几乎可以忽略不计。移动互联网所具有的无可比拟的优势，将使传统互联网的多数应用转化为移动互联网的基础应用。

3. 应用服务的不断细分扩大了互联网企业的生存空间

从上面移动互联网的应用范围我们可以看出，移动互联网已经应用到我们生活的方方面面，如移动电视、广告、游戏、定位等。只要能开发其中的一个细分市场，就能有源源不断的客户，这大大扩大了互联网企业的生存空间，为互联网企业的蓬勃发展奠定了市场基础。

4. 移动互联网将改变企业的营销模式

移动互联网应用将革命性地影响企业的营销模式。因为在现代营销理论中，客户满意度是一个极为重要的指标。企业日益注重和客户建立关系并保持这种关系——除了实现销售，更希望了解客户是否会重购。市场营销的目标之一就是创造终身客户，把交易转变为建立关系。因此，现代企业通常要建立客户数据库，分析他们的购买行为以及对不同营销手段的反应，以调整企业的营销手段来取悦客户。移动互联网保证了企业可以与客户随时随地联系，企业必须改变营销策略，与客户保持终身联系。

5. 从本质上改善人们的生活质量和改变人们的生活方式

移动互联网可以满足客户的多元化、个性化的需求，可以使人们随时随地享受自己需要的服务，利用生活中的琐碎时间上网购物、手机搜索、手机游戏、GPS定位等，大大改善人们的生活质量。移动互联网的方便、快捷、高效的特性，使得人们可以放弃对 PC 的依赖。未来用户呈现两极化趋势：高端用户以手机为碎片时间工具，草根用户的全部网络行为均基于手机。人们的生活方式将被彻底地改变，真正地做到"移动改变生活！"。

（三）移动互联网技术基础设施特征明显

随着新一代信息技术成为推动全社会产业再造和转型的重要力量，其基础设施不仅仅是网络，而是"网络＋云资源＋公共平台"的综合体，提

供的服务也不限于通信传输，而是实现人、机、物泛在互联，提供"资源
＋通信＋信息应用"的综合服务。基础设施也不再是以传统硬件为主、设
备种类繁多的电信网络，而是软件化集约控制、设备通用化和标准化的智
能网络。新一代互联网基础设施提供商不再限于电信运营商，还包括互联
网企业和大型企业集团。

新一代互联网基础设施不仅提供端到端的连接功能，而且其计算、控
制和感知功能大大增强，将提供宽带和泛在的网络连接、智能化的运营、
平台化的网络云服务和大数据的信息资源（即一体化的"网络＋云资源＋
公共平台＋大数据"服务，见图9）。

1. 宽带和泛在连接是新一代信息技术基础设施的基础

宽带和泛在的网络连接将促使新一代信息技术上各种应用/服务的广
泛普及和易于获取，也是新一代信息技术基础设施的基础。

宽带化主要体现在两个方面：一是4G/5G等移动宽带与光宽带的部署
和普及，提供超高速宽带服务；二是网络承载的高清语音、视频与富媒体
等宽带内容占比高，不再是简单的语音和短信业务。超高速宽带网络为云
服务的应用和普及提供了基础，4G/5G或者FTTH的宽带网络为"云"和
"端"之间的通信提供保障；云数据中心的跨域部署与灵活调度需要骨干
网络的提速和更广泛的覆盖。

泛在化也体现在两个方面：一是越来越多的终端设备接入网络，如智
能家居、可穿戴设备、工业智能机器人、传感器等，无线、有线能更好地
协同以提供无所不在的连接；二是泛在连接的不仅仅是人与人、人与机
器、机器与机器之间的通信，还包括应用与内容，表现为通过门户、搜
索、超级App、Web链接、语音入口等获取各种具体的应用与内容以及应
用内容之间的交叉连接。

2. 智能化运营是移动互联网基础设施的核心突破

新一代信息技术基础设施的智能化运营主要体现在以下四个方面：一
是软件定义的网络；二是云资源的智能调度；三是生态化的演进；四是大
数据的深度应用。

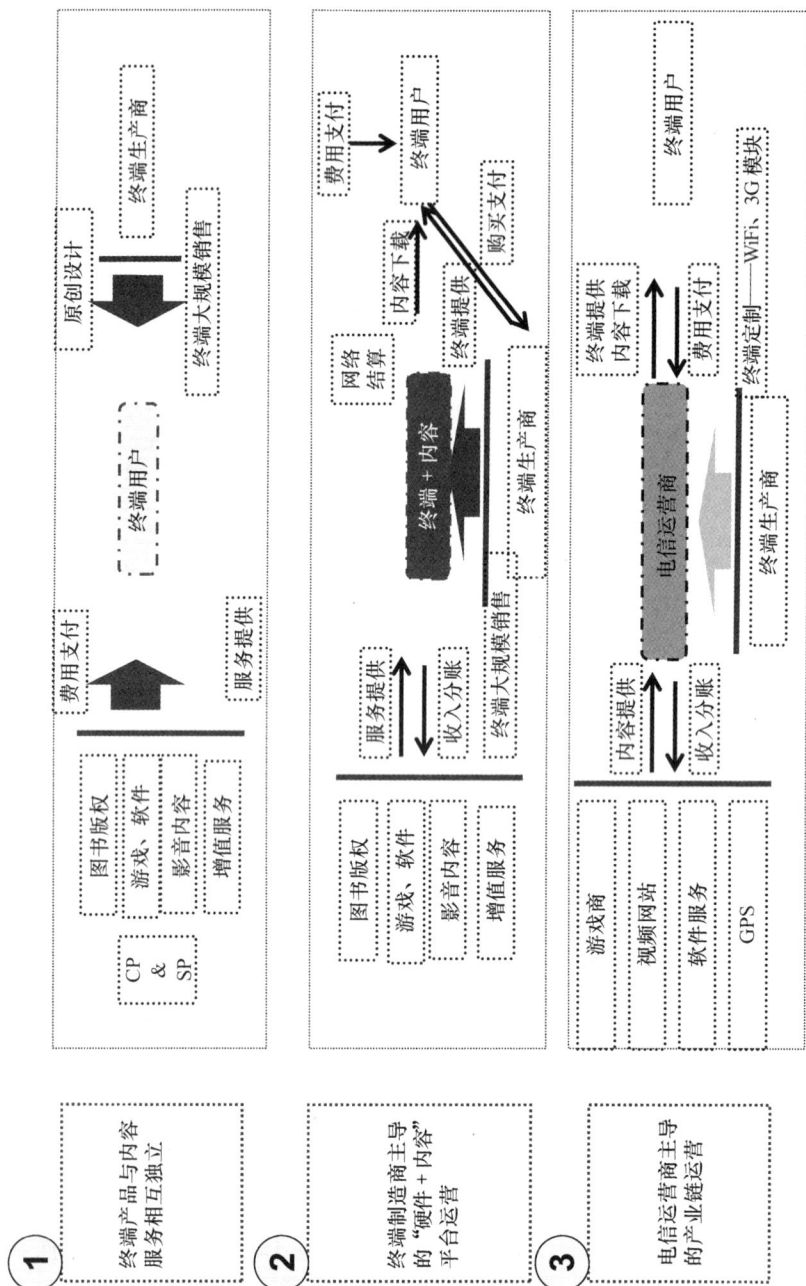

图 9 全新的服务模式

（1）软件定义的网络。摩尔定律引发的 IT 计算能力指数级的提升、器件的微型化和高密度集成发展为网络设备融入了更多计算、存储功能，降低了对硬件的要求并逐步实现硬件的通用化和标准化，减少了网络设备的种类和数量。

新一代信息技术发展促使网络控制功能与转发功能分离，控制功能由逻辑集中的软件系统来完成，通过软件定义策略和配置来改变网络的属性和能力，大大增强网络的智能性和灵活性，从而可以将现有分段管理、分域运营模式逐步演进为集中化运营方式，实现一个"轻量级、易调度、可重构、随需而变"的网络。整个网络如同业务平台，能够集约运营管理、能力开放共享、软件模块升级、资源可视化和产品化，从某种角度讲，网络即平台。

（2）云资源的智能调度。云计算作为新一代信息技术与交付方式，为各种业务/应用提供集约、虚拟化、可管可控的计算和存储资源，改变了网络流量模型，是新一代信息技术基础设施的流量超级出入口。云资源池包括 IDC 内部、IDC 之间和 IDC 跨域的高速网络互连，未来将提供跨地区、多数据中心统一协作的资源池服务。根据业务及用户需求实现动态分配、迁移等智能调度，高效地支持业务/应用的弹性扩展和就近服务。

（3）生态化的演进。新一代信息技术基础设施会更加强调客户的参与，不断从客户、应用中得到反馈去循环改进。它不再是一个事先确定好的、标准的、封闭的体系，而是由电信运营商、互联网公司和厂商、客户等共同参与完成、不断优化的学习型服务设施。它会根据互联网业务"随需而配，随需而建"，在适应业务过程中不断完善和动态沉浮。新一代信息技术基础设施成功的关键是聚集上下游合作伙伴与用户形成有人气的生态系统，并面向客户和业务快速迭代，实现开发运营服务一体化发展。

（4）大数据的深度应用。基于云计算的大数据平台将网络、终端和应用等平台产生的数据进行汇聚分析，可推断、感知和预测未来，促使智能决策应用迎来突破。对于普通消费者，既生活在消费互联网世界，也生活在产业互联网、服务互联网的世界，还生活在现实物理世界，大数据是打通这些"世界"的桥梁。新一代信息技术基础设施是一个生态系统，大数据则是这个生态系统的神经细胞。

3. 平台化的网络云服务是新一代信息技术基础设施的突出特征

目前，信息基础设施中网络、云资源、公共平台三部分是分开运营的，而在新一代信息技术基础设施架构下，不同服务提供主体和各部分之间将呈现协同开放、合作共赢的局面。

平台化的网络云服务为上层，消费互联网/产业互联网等提供完整的应用生态服务，包括高速网络联接、应用托管、网络资源调度、应用分发、公共能力、运营分析等，并形成"前向＋后向"的经营模式，跨专业协同、跨行业合作将成为常态。

以智能内容分发网络（Content Delivery Network，CDN）为例，未来的智能 CDN 平台节点能根据业务热点预测、用户分布拓扑进行内容的智能推送，并下沉至网络边缘（如基站、网关等）就近为用户服务，而网络为 CDN 节点动态地调整带宽资源，云资源池根据 CDN 节点的业务迁移而动态迁移计算、存储等虚拟服务资源。

随着新一代信息技术的全面普及和泛在化、智能化的趋势，网络安全、应用安全、信息安全和数据安全面临新的威胁和挑战。新一代信息技术基础设施通过高速网络、云资源、公共平台和大数据的协作互动，通过用户虚拟身份和真实身份（包括地址、位置）的交叉认证、IP VPN 或专用传输网的物理通路隔离、数字签名等措施，可以在一定程度上解决互联网安全需求。但长期来看，还应加强自主产权的核心芯片、操作系统、加密算法等在新一代互联网基础设施中的应用。

网络的宽带连接、QoS（Quality of Service，服务质量，指一个网络能够利用各种基础技术，为指定的网络通信提供更好的服务能力，是网络的一种安全机制，是用来解决网络延迟和阻塞等问题的一种技术）、安全、大数据等能力通过公共平台形成能力产品，并与业务结合，对最终用户提供可感知的体验服务（Quality of Experience，QoE）。过去，服务质量 QoS 主要是强调网络连接的分级保障，而在新一代互联网基础设施中，更强调用户 QoE。用户体验包含网络连接的分级、云资源池的处理分级、用户服务体验等，这需要业务与网络之间实时互动、动态调配资源并一体化协作。

20 世纪末提出的"信息高速公路"更多地强调人与人的通信联接、计算机的通信联接能力，核心是不受限制的宽带网络联接。而新一代信息技术基础设施将以互联网化应用为核心，更强调以人为本和以应用为本，提供"计算资源 + 高速网络 + 信息应用 + 数据资源"的综合服务。面对新一代信息技术基础设施带来的机遇和挑战，所有参与方应当勇于改变、积极参与，以更加开放和整体的思维加快构建新一代信息技术基础设施，迎接"联接一切、感知一切"的智慧科技新时代。

（四）移动互联网的发展趋势

1. 移动信息化进入高峰期

移动信息化经过 2～3 年的培育，由于其对管理和效率的提升效果明显，推进速度比传统信息化快得多，而 2013 年底 4G 牌照的颁发更成为移动信息化推进的催化剂，BYOD 和 BYOM 的逐步普及同时增速企业移动信息化的脚步，移动信息化已经成为政府和企事业单位业务及信息化创新的主要方向。研究判断，2015 年将进入高峰推广期。

2. 政府及金融将成为移动化先锋

移动信息化的发展，不论是政府机关还是企业信息化，都将面临新一轮洗牌，从目前趋势看，资金充足的政府和金融机构将会成为移动化先锋。

政府部门具备移动信息化的天然"沃土"，国家大力推进的各"金字工程"已基本完成，为移动信息化大潮奠定了基础。2012 年推出的《关于进一步加强电子政务网络建设和应用工作的通知》明确提出要加快和完善电子政务网络建设，将原有业务逐步迁移到电子政务内网或外网。十八大将信息化列为"新四化"之一，也意味着信息化将成为我国经济增长的中坚力量。现在移动信息化走势最突出的职能部门包括政务、警务、税务及工商等领域，在移动信息化局势以及便民社会服务需要的驱动下，GDP 贡献近 1/3 的政府必然成为移动信息化的先锋。

2013 年，移动金融可谓是硝烟四起。自 8 月 5 日微信 5.0 版本推出微信支付以来，移动支付再次受到外界密切关注。为了对抗微信支付，一直打免费牌的支付宝也转变战略，采取 PC 端引流至手机端的策略，支付功能不断推陈出新。而百度、腾讯及阿里的加入，让远程支付的未来走向更加扑朔迷离。不光是互联网巨头，运营商也利用先天优势加入争夺战，为了迎接 4G 时代到来，三大运营商推出多款支持 NFC 的手机终端，以抢占近场支付市场。中国电信在小额信贷方面跃跃欲试，招商银行联合三星电子推升级版"手机钱包"和"手机银行"；中国平安也悄悄加入战局，未来 3~5 年内平安集团预计将斥资数十亿元，投入到移动支付平台的建设中。市场走势已表明，金融机构不得不充当移动信息化的冲锋军。

3. 市场规模及用户数量继续高增长

互联网女皇 Mary. meeker 在 2014 年年中的 Code 大会上发布了互联网趋势报告，很明显地侧重于移动互联网发展态势的分析。其中，几个数字非常值得关注：全球 52 亿移动用户中目前仅有 30% 的智能手机使用率，剩余 70% 的广阔市场待挖掘；中国移动互联网用户数目前已达到了中国互联网用户数的 80%，中国无疑将主导移动商务的革命。工信部公布的相关数据也证明了这一点，截至 2014 年 7 月，中国的移动互联网用户数已经达到 8.72 亿，这一数字远超于之前预测的 7.1 亿，而这一数字中手机网民贡献了 5.27 亿。这也说明了为什么人人都盯上了智能手机这块蛋糕。

而这种强劲的发展态势在 2015 年将继续延续。2014 年第一季度的移动互联网市场规模达到330.7 亿元，第二季度444.9 亿元，第三季度515.6 亿元，根据目前得到的这些数据，2014 年中国移动市场规模将接近 1900 亿元。之前曾有预测，2015 年中国的移动互联网市场规模将会达到 4296 亿元，当时觉得这个数字估计得有些乐观，如今看来这个目标的实现基本上不会有太大的压力了。预计到 2017 年，强劲的增长态势将继续保持，移动互联网市场规模有望扩大至 6000 亿元。

4. 社交进入视频时代

Facebook、Twitter 等在 2013 年就推出了视频分享功能，微信在 9 月底推出了包含小视频分享功能的新版本，从分享文字、图片再到文件、视频、声音，通过移动互联网可以让你的朋友、家人更直观地了解到你身边所发生的一切。正是因为移动互联网的存在，社交在某种程度上越来越真实化了。

根据 KPCB 发布的互联网趋势报告显示，移动互联网用户在移动设备上分享视频的次数、观看的时间都呈直线增长态势，我们将进入微视频时代。各大视频平台的竞争中，社交元素的引入也将成为主流趋势之一。

5. 移动安全等移动化管理体系向平台化发展

移动信息化严格意义上来说依然处于初期阶段，但是众多单位经过初步试点取得成功后，传统信息化系统移动化的需求日益增多，这同时意味着一个单位的企业级移动应用数量将不止一两个，而是会随着移动信息化的深入逐步增加，这就给移动应用的管理带来了系列的问题，简单而凌乱的移动应用及安全产品堆叠无法让企事业单位对快速发展的移动信息化进行有效的支撑和把控，进而促使移动信息化向平台化发展。移动信息化的平台化需求，主要集中在信息系统资源调用、移动开发平台和信息安全管理三个方面。移动信息化的安全问题有两个层面，第一个层面是移动安全本身应该是一个整体，这包括各类安全管理策略的联动和各种移动应用接受统一安全管理；第二个层面是移动安全应该是企事业单位整体信息安全的一个有机组成部分，而不是割裂的，例如用户身份和权限等应该是统一的。只有真正做好全方位的数据安全防护措施，移动信息化才能大步前行。

6. 行业定制专用设备将成趋势

企业随着电子政务云移动信息化推进增速，移动性和数据更新性较强的众多行业面临将原有业务移动化或创新移动化业务的局势，移动业务创新推动行业定制专用设备需求，比如移动管理、移动医疗和移动教育等；很多新的应用，如酒店移动管理、自助点菜、"车联网"、更智能的生产、交互性更好的触屏购物等，这些行业需要既满足领域标准，又符合自身特性需求的行业定制专用设备。在买方市场的大环境下，移动设备及方案提供商为了抓住企业客户，必须根据其行业特点满足定制化需求，设备定制化模式将在4G时代成为一股不可阻挡的趋势。

7. 移动安全认证将被广泛应用

目前在移动信息化过程中,身份认证方式存在短信、口令、动态令牌、SIM卡和TF卡等方式。其中,短信和口令安全性难以让用户满意;动态令牌由于与国内主流的PKI认证体系存在匹配问题,其用户接受度有待观察;TF卡则由于无法支持苹果设备等导致硬件身份设备难以在PC和多个移动设备间进行统一。业界针对移动身份认证设备的创新正在积极进行,其中蓝牙Key和OTP等方式目前最受瞩目。

8. 综合业务能力增强

随着4G网络开通,移动网络传输能力进一步加强,移动信息化在传统信息化延伸的基础上,基于实时视频、语音通话和数据的综合业务处理能力将进一步增强,为移动信息化注入更多创新要素。

2014年显现的上述新发展趋势能够为企业带来机遇与挑战。CIO们不得不在有限的预算和时间内应对这些挑战,同时也必须学会从中挖掘商业价值,以电子政务云促进业务、经济的增长与发展。

四、移动互联网的发展机遇

(一) 去电信运营商中心化为移动互联网带来较大发展空间

4G的持续推进,拉开了中国移动互联网发展的序幕,中国电信业开始新的大融合、大变革和大转型,电信业正逐步实现新的跨越式发展,对任何电信运营商来说,新的发展趋势将是重塑市场以及在整个产业链地位的机会。

在通信网络上运营商一家独大,融合互联网是发展趋势,对于运营商而言与互联网的融合必须打破"封闭"的产业体系结构,开闸放水,以更开放的姿态与产业链上的企业合作,协同产生更大效益。与产业链上的企业合作,不仅可以有效避免沦为通信管道商的产业地位,还可以拓展业务领域,增加收益,有效地将传统优势移植到移动互联网产业中。

对移动运营商而言，随着语音 ARPU 的快速下降，需要提高数据 ARPU 来保持其收入增长，新型移动互联网业务被视为其收入增长的重要领域。开放网络和应用虽然给移动运营商带来了挑战，但也为移动运营商创造出超出其门户网站之外的新收入源，例如移动搜索服务，跨越移动运营商门户的开放式搜索服务不仅为移动运营商提供了差异化的服务，而且有助于其门户网站访问量的增长。

宽带无线接入技术的发展相对滞后于蜂窝宽带技术的发展，因此，移动运营商将保持市场主导者的地位，其不仅通过与互联网业务提供商的合作来提供新型业务，也将大力发展自主的新型移动互联网业务，以巩固其市场主导地位。

总之，移动互联网是多个融合的产物，移动互联网在融合性形成过程中，不同产业原有的运作机制、资源配置方式都在改变，产生了更多新的市场空间和发展机遇（见图10）。为了把握住机遇，相关领域的企业都在积极转型，充分利用在原有领域的传统优势，拓展新的业务领域，争当新型产业链的整合者，以图在未来的市场格局中占据有利地位。多个行业主体通过新型终端或者终端中内置应用的方式加强对用户资源的掌控，努力在消费者心中突出内容和服务价值的同时，淡化了移动运营商接入服务的作用，这一举措在一定程度上预示着运营商在未来通信产业新格局中的地位将会面临巨大的挑战。对移动运营商而言，尽管存在着成为产业主导者的诸多便利之处，但是在互联网业务提供商、终端设备商、内容服务提供商、电子产品制造商等多个产业主体的共同努力下，移动运营商的地位受到了前所未有的挑战。

（二）Android 及国产智能设备成主流

安卓以其易用性和开放性受到用户和开发者的青睐。2009～2013 年间，智能终端操作系统市场一直被几个制造商巨头所控制，而安卓的垄断地位主要得益于三星智能机在世界范围内所取得的巨大成功。在安卓市场份额增势迅猛的情况下，iOS 一直保持在第二名的位置上。据报告显示，

生产化、生产型移动互联网服务暗流涌动

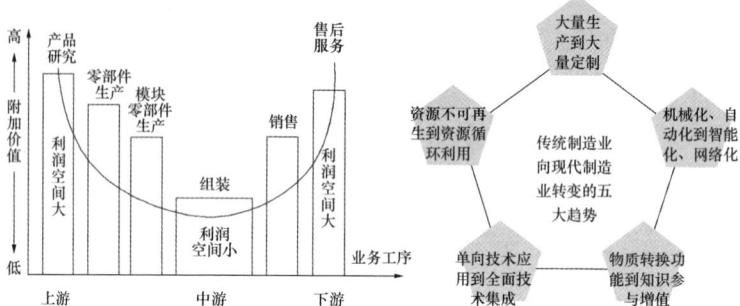

- Web to CAD。供应商网上提供零部件的二维或者三维图样，供 CAD 用户产品开发及零部件制造商使用
- 网络制造，网络化制造。每个企业相当于网络上的一个节点，生产商、供应商及用户等价值链的各方均参与生产过程

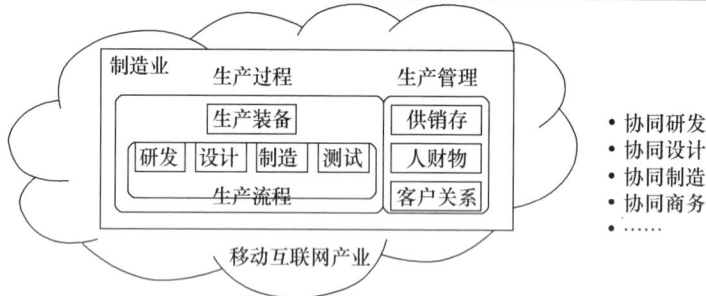

图 10　移动互联网的发展机遇

2013 年安卓力压群雄，市场份额攀升至 78.1%；约 80% 的智能手机运行 Android，约 60% 的平板电脑运行 Android，约 60% 的新计算设备运行 Android；App 开发者的大多数新的应用项目都建立在 Android 平台上。在开发者收入上，Android 已经几乎追上了 iOS；在应用下载量上，Android 已经与 iOS 不相上下了。2015 年，安卓赶超苹果的走向已见端倪。

中国智能手机品牌成长快速，全球出货量逐年攀升。在发布的中国智能机市场份额分布表明，三星作为进口品牌一直受追捧，但国内的联想、华为、小米、中兴及酷派等品牌紧随其后，苹果销量锐减，国内品牌已占国内智能机绝大部分市场，国内智能机渠道分销体系已非常成熟。

从 2010 年开始，国内手机厂商经历了单核到双核、双核到四核、小屏到大屏的三场战役，现在的国产手机无论是硬件、外观还是创新，都与国际品牌相差无几。发达国家智能机市场趋于饱和，新兴国家市场前景大好，经过两年的培育，中国千元智能机在国际市场已占有一定地位，低价位高品质越来越受到国际消费者青睐。在企业级移动信息化领域，由于"棱镜门"事件的影响，国内以政府及国企为主导的移动信息化市场，对国外移动设备的采用更加谨慎，基于 Android 的国产智能机成为优选对象。

（三）亚洲将成为移动领域的领先者

2014 年 11 月初，谷歌董事长艾瑞克·施密特在"Google APAC"大会上的远程致词中表达了他对亚洲移动市场的看好。他认为在某种程度上，亚洲发明了移动互联网，而基于亚洲网络基础建设良好以及极速扩大的市场规模，使得亚洲将成为移动领域的领先者。亚洲的确有这样的资本，且不说亚洲超过世界一半的人口规模，亚洲总体创新能力与水平的提升也使得亚洲的移动互联网产品与理念得到了世界的认可，像韩国的 kakao、中国的支付宝和微信等，都证明亚洲有了和先进国家比拼的能力。

而这其中中国的作用也越发凸显，基于庞大的用户群，中国诞生了众多超级 App，这种发展速度让世界为之震撼，同时中国也在逐渐摆脱"山寨"的帽子，而成为被山寨的目标。所以说，亚洲定会成为移动领域的领先者，同时中国作为后起之秀，将在很大程度上代表着亚洲移动互联领域的发展方向。

（四）移动互联网的逐步形成为社会带来了一次新的机会

首先，移动互联网的出现，提升了劳动的效率和学习的效率；其次，移动互联网的出现，为社会创造了富余的财富，也为劳动者缩短了准备劳动和学习所消耗的时间；再次，移动互联网的出现，为劳动交易特别是脑力劳动的交易，提供了更便捷的平台。所以，移动互联网的出现，为打造个人的媒体平台提供了一切所需的物质条件。SNS 成为典型平台业务，如图 11 所示。

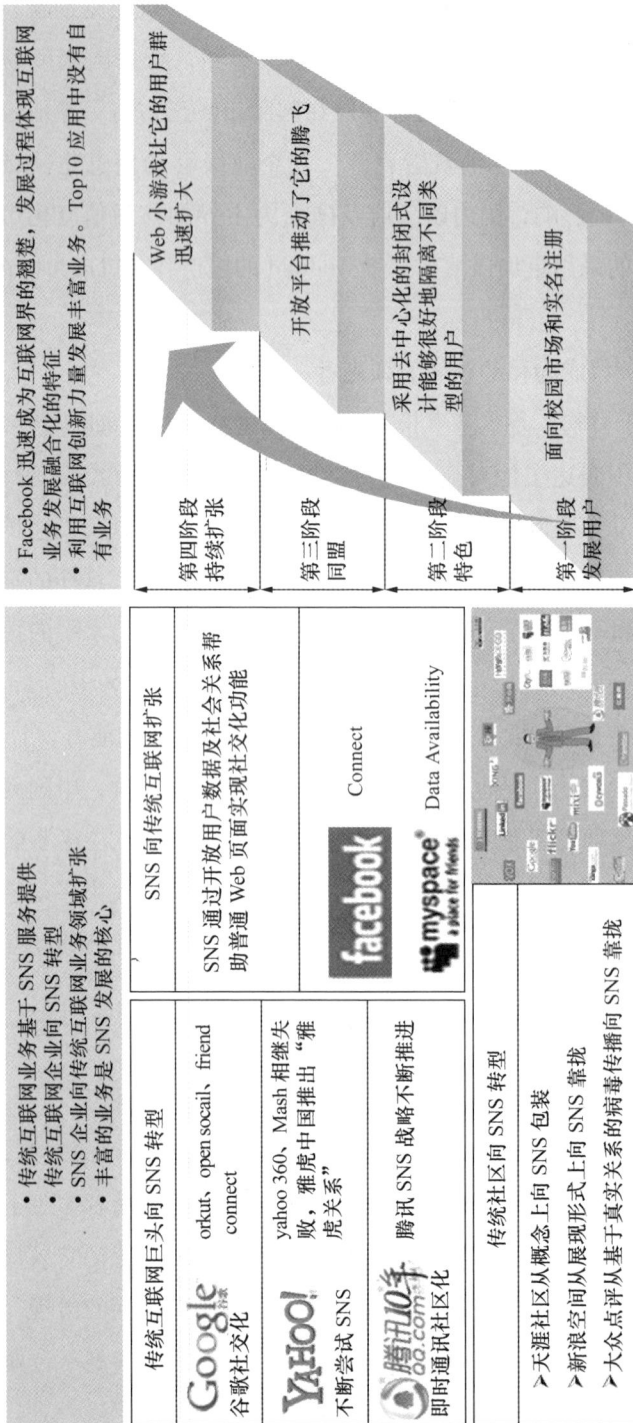

- Facebook 迅速成为互联网界的翘楚，发展过程体现互联网业务发展融合化的特征
- 利用互联网创新力量发展丰富业务。Top10 应用中没有自有业务

第四阶段 持续扩张 —— Web 小游戏让它的用户群迅速扩大

第三阶段 同盟 —— 开放平台推动了它的腾飞

第二阶段 特色 —— 采用去中心化的封闭式设计能够很好地隔离不同类型的用户

第一阶段 发展用户 —— 面向校园市场和实名注册

- 传统互联网业务基于 SNS 服务提供
- 传统互联网企业向 SNS 转型
- SNS 企业向传统互联网业务领域扩张丰富的业务是 SNS 发展的核心

传统互联网巨头向 SNS 转型

Google 谷歌社交文化 —— orkut、open socail、friend connect

YAHOO! —— yahoo 360、Mash 相继失败，雅虎中国推出"雅虎关系"

腾讯10年 QQ.com 即时通讯社区化 不断尝试 SNS —— 腾讯 SNS 战略不断推进

SNS 向传统互联网扩张

facebook / myspace a place for friends —— SNS 通过开放用户数据及社会关系帮助普通 Web 页面实现社交化功能

Connect

Data Availability

传统社区向 SNS 转型

➤ 天涯社区从概念上向 SNS 包装
➤ 新浪空间从展现形式上向 SNS 靠拢
➤ 大众点评从基于真实关系的病毒传播向 SNS 靠拢

图 11 SNS 成为典型平台业务

（五）可穿戴设备成为移动互联网的新领域

2015 年，在资本和市场的共同推动下，可穿戴设备将迎来高速增长期，将成为移动互联网的重要应用。

从产业的角度看，产业链逐步成熟，可穿戴设备朝着更完善的方向发展；市场对于它的包容、开放进一步加强，市场需求强劲；资本会继续聚集，细分市场将会呈现爆发式的延伸。

从产品形态上看，硬件碎片化进一步加剧，设备互通将会是趋势，行业标准将继续探索，移动医疗产品将更受欢迎。

从技术路径看，一是以三星等传统通信企业为代表的，基于通信的智能穿戴产品；二是以耐克等传统运动娱乐企业为代表的，基于定位、运动娱乐的智能穿戴产品；三是以谷歌眼镜为代表的，基于眼镜类的虚拟现实或沉浸式的智能穿戴产品；四是以移动医疗为主的，基于血压、心率、血糖、新陈代谢等方面的监测。

可穿戴设备市场前景广大，我国是世界可穿戴设备的最大市场，但从 2014 年总体情况看，可穿戴设备的核心元器件对外依存度较高，无论是技术、产品还是商业模式，创新明显不足，商业模式和产品模式基本抄搬国外，我国可穿戴设备技术和产品基本位于产业链低端，有可能再次发展成移动终端等低端发展模式，此现象应引起高度关注。

（六）移动信息化、云计算及物联网进一步融合

对于移动信息化、云计算和物联网之间的关系，可以用一个形象的比喻来说明，移动信息化是"互联网"中神经系统的支撑，"云计算"是"互联网"中神经系统的雏形，"物联网"是"互联网"正在出现的末梢神经系统的萌芽。三种技术相结合的信息化应用在各个行业中都有运用：通过传感器进行数据的收集，然后从移动互联网传到后台的系统进行下一步的处理，然后将处理的数据分发到相关人员的移动终端进行显示。相对其他领域的移动业务亦是如此。2014 年移动信息化进入新高峰，所以随着物联网业务量的增加，移动信息化步伐的加快，对数据存储和计算量的需

求将带来对"云计算"能力的要求。三者的进一步融合，必将成为未来 3~5年移动信息化发展的新趋势。

（七）移动互联网技术：开源与多样化

技术是支撑移动互联网持续发展的根基，同时移动互联网的迅猛发展也推进其中所涉及网络接入、应用开发、操作系统等方面做出相应的改进与更新。在使用移动互联网时，大多数用户都更青睐通过 WiFi 来接入网络，所以新的 WiFi 标准，以及更多的基础设施的需求将持续增长。在操作系统方面，安卓的成功意味着开源这种方式的成功，并且在很大程度上促进了移动互联网的技术多样化，以及适应各种需求的健康生态模式的建立。在应用的开发上面，适用于多平台多架构以及有很好的稳定性以及生产效率高的开发工具将成为主流。除此之外，由于目前可预期到的可穿戴设备的大热，智能终端将变成个人局域网来收集及统计数据，这也将催生出更多的新兴技术及服务。

（八）移动设备新兴产品层出不穷，同质化问题待解决

作为移动互联网的重要载体，智能手机、平板电脑等移动设备销量猛增，根据市场研究机构 IDC 发布的报告显示，全球 Q3 智能手机的出货量同比增长 25.2%，达到 3.276 亿部。

虽然有人预测智能手机的市场增长将有所放缓，但是庞大的待开发的用户群体将是市场规模持续增长的有力支撑。平板电脑方面也依然保持着增长的态势，2014 年第三季度全球平板电脑出货量同比增长 11.5%，达到 5380 万台。平板电脑的增长放缓很大一个原因在于智能手机的大屏化趋势。平板电脑的定位亟待理清。

除了智能手机和平板电脑，各种各样的智能设备让消费者们应接不暇。科技巨头们争相在智能眼镜、手表、环、项链、滑板以及一些环境监测设备、医疗设备等领域出手。目前市场上的智能设备中，外观时尚是大多数智能可穿戴设备的卖点，但是实际上，功能方面并没有太实际的创

新，基本上是智能手机的衍生品，功能上着重于消息提醒、健康追踪和生活习惯的养成等方面。外观时尚的价格不亲民，亲民价格的外观相比传统手表总是差了那么点意思。所以这些新兴产品在以后的市场考验中应该不会交出太亮眼的成绩单，主要还是在产品定位以及商业化模式的摸索中前进。

未来一年智能手机以及平板电脑的市场格局基本已经确定，发展走入稳定上升期。而诸如可穿戴设备等新兴产品，则需要尽快找好产品定位，为在智能手机、平板等设备走入瓶颈期时取代这些产品的地位做准备，实现市场的更新换代。

五、移动互联网带来的安全问题新挑战

（一）移动互联网的网络安全架构

移动互联网的网络安全架构可以参照 ITU-T 的 X.805 框架，X.805 的安全框架包括三个层级和八个维度（见图 12），成功实现从网络的安全、终端的安全和业务的安全三个方面保证移动互联网安全的功能。

应用安全	访问控制	认证	不可否认	数据保密	通信安全	数据保密	可用性	隐私
服务安全								
基础安全								
三个层次	安全防护的八个维度							

图 12　X.805 的安全框架

依据 ITU-T 提出的 X.805 安全框架，移动互联网的信息安全问题主要集中在三方面：网络方面的安全、终端方面的安全和业务方面的安全问题。

1. 网络层级安全问题

从移动通信角度看，与互联网的合成一体绝对突破了其相对均衡的网络安全背景，大大削弱了通信网原有的安全的性质。

2. 终端层级安全问题

移动终端面对的安全远比移动通信技术更加复杂。除了如无线干扰、SIM 卡克隆、机卡接口窃密等，也有因为移动终端智能化带来的新式安全隐患，如病毒、破绽、恶意歼击等。随着移动终端作为"无所不在"服务，未来其安全问题将会比 PC 更复杂。

3. 业务层级安全问题

移动互联网的进展帮带了大量具备移动独特风格的新式合成一体性移动应用，例如移动电子商业上的事务、定位业务，以及飞信、QQ、微信等，这些应用和移动通信传统业务（话音、手机彩信、短信等）充分合成一体，业务环节和参加设施相对增加很多。正是因为以上特点，移动业务应用将面对的安全隐患更复杂，危害更深远。

（二）移动互联网给安全监管和用户隐私保护带来新的安全隐患

移动互联网具有网络融合化、终端智能化、应用多样化、平台开放化等特点，同时也造成监管复杂化的问题，给国家安全、社会稳定和用户保护尤其是用户隐私保护带来新的安全隐患（见图 13）。

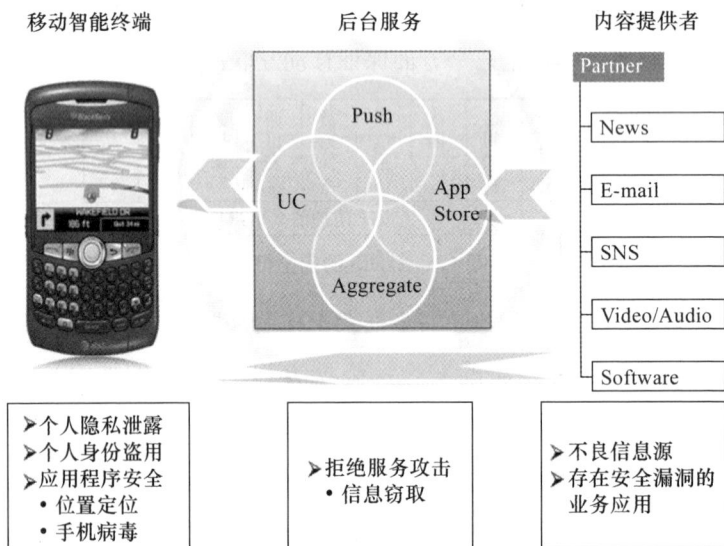

图 13　移动智能终端存在的安全隐患

资料来源：赛迪智库：《2014 年移动互联网研究报告》。

1. 技术融合新增安全隐患，用户行为难以溯源

相比传统互联网，移动互联网增加了无线空口接入，并将大量移动电信设备如 Wap 网关、IMS 设备等引入 IP 承载网，给互联网产生了新的安全威胁，其中网络攻击、失窃密等问题将更为突出。例如，通过破解空口接入协议非法访问网络，对空口传递信息进行监听和盗取等。同时，与传统互联网不同，移动互联网因 IPv4 地址有限而引入了 NAT（网络地址转换）技术，NAT 技术有效解决了地址资源紧缺问题，但其破坏了互联网"端到端透明性"的体系架构，同时由于目前部分移动上网日志留存信息的缺失，使得侦查部门只能追溯到某一对应多个私网用户的公网 IP 地址，而无法精确溯源、落地查人，给不法分子提供了可乘之机。加之手机实名制尚未在我国普遍推广，使得目前移动互联网成为不法分子实施网络犯罪的主要途径之一。

2. 移动终端智能化给国家信息安全监管和用户隐私保护带来新挑战

移动智能终端打破了传统手机应用的封闭性，其不仅具有与电脑相当的强大功能和业务能力，而且记录并存储了大量用户隐私数据。同时，移动智能终端安全防护能力较弱及主流产品由国外企业掌控的现状，给我国移动互联网用户的个人隐私带来了潜在的安全风险，也对国家信息安全监管工作造成极大威胁，主要体现在以下方面。

移动智能终端操作系统逐步 PC 化，扩展性增强，部分功能给用户信息保护带来安全隐患。如某些国外厂商开发的操作系统可为用户提供数据同步上传及位置定位等功能。其中，同步上传功能可将用户手机中的通讯录、邮件、日程表、即时通信内容等信息通过手机上网实时上传到国外服务器上，使用户可随时随地通过互联网查询已上传的信息。而该功能对于中国用户而言，将会是弊大于利：首先，用户个人信息被同步到国外服务器上，存在被泄露和被滥用等问题；其次，国外企业可通过存储在其服务器上海量的中国用户数据，分析并获知我国社情民意、社会热点、舆情动向和用户社交关系等信息，对国家安全构成威胁。除同步上传功能外，国外生产商还可通过移动智能终端的定位功能将用户锁定在数十米范围内，从而对我国用户尤其是重要用户的行踪了如指掌。

移动智能终端采用加密技术，给国家信息安全监管带来极大挑战。目前，部分移动智能终端采用了应用层加密技术，如 RIM 公司的黑莓手机，采用非公开加密算法对数据进行加密后传输，其保密系数不低于银行数据系统。该手机的加密功能给恐怖分子以可乘之机，如 2008 年印度孟买恐怖袭击事件中，恐怖分子正是利用黑莓手机的加密功能逃避了印度政府监管。除此以外，部分移动智能终端甚至可内嵌 VPN 和 SSH 隧道实施加密传输，这也将为违法有害信息如淫秽色情等信息提供更为隐蔽安全的传播渠道，使其逃避监管，破坏互联网社会的和谐健康。

3. 移动互联网业务挑战传统互联网监管模式

移动互联网使"人人时时处处在线"成为现实，网民发布和获取信息将更加隐秘快捷；网上信息传播的无中心化和交互性特点更加突出，手机网民"人人都是信息源"，管理的难度和复杂性前所未有；而现有传统互联网的监管技术手段难以覆盖移动互联网，缺乏针对移动互联网的有效管控平台。以上这些特点，将会使移动互联网管理在很长一段时间内"机遇与挑战"并存。

（三）移动终端将对国家安全产生重大影响

随着芯片、网络、软件和移动通信技术的发展，移动终端已经不再仅是通话的工具，而是集计算机、网络服务器、媒体播放器等为一体的多功能信息终端。移动终端在受到市场青睐的同时，也将对国家安全构成严峻的挑战。

1. 移动终端已经具备了强大的信息处理和网络通信功能

芯片、软件的发展使手机逐步向计算机靠近，现在的移动终端的性能和应用已经可以达到 5 年前计算机的水平，多媒体集成技术还优于计算机，移动终端已经成为现实社会最广泛的信息终端。

（1）完备的计算机功能。

桌面操作系统和办公软件广泛应用。基于移动终端的桌面操作系统和应用软件已经相当普遍，Office 办公软件套装、Adobe 阅读器、可以真人发声的英文日常宝典等实用性非常高的软件都已经预安置在机身中。现在的移动终端不仅能够浏览互联网的所有网站，还可以取代个人计算机，轻松实现电子邮件、通讯录和日程表管理，移动终端已经成为集高性能照相机、摄像机、录音机、丽音播放、数字广播、网络游戏机等音视频功能为一体的多媒体计算机。

（2）便捷的网络服务器功能。

能够随时接入到互联网中。具备非授权移动接入技术的移动终端如苹果系列、安卓系统手机等，这类手机在用户处于蓝牙或 WiFi 等非授权无线网络区域时，可以自动接入无线网络；当不在这一区域时，将自动转换为移动通信系统网络，通过通信网络接入互联网。3G、4G 移动技术可以支持手机和计算机的多端登录以及应用时的任意切换，保证用户的永不离线，实现无缝链接的多端信息接收和发送。

（3）强大的媒体播放器功能。

广大的受众群体。移动终端对人们生活的影响也越来越大，我国已经有超过 6 亿的人拥有手机，短信、彩信、微信、移动聊天等信息交流已经成为手机的主要应用。

移动终端资讯增长迅速。随着移动信息服务与传统媒体和大众娱乐的结合，移动通信服务的文化、媒体、娱乐资讯逐渐显现，手机报纸、手机电视、手机娱乐等应用不断发展，移动终端不仅仅是一种快捷的信息通信平台，而且逐渐演进成重要的文化、娱乐、传媒平台，成为传播能力最强、影响范围最广、使用最为便捷、最受群众欢迎的现代通信手段之一。

移动终端媒体被广泛接受。随着第四代移动通信技术的完善、用户认知的不断提高和运营模式的逐渐形成，移动终端将更快更好地承载目前各种媒体的传播方式和内容，移动终端比计算机普及，比报纸互动，比电视便携，手机媒体化必将带来一场应用的革命，移动终端将成为继报纸、广播、电视、网络之后的"第五媒体"。

（4）精确的全球定位导航功能。

全球定位准确。蜂窝定位技术结合移动终端内置 GPS 接收元件，可以实现移动终端的全球定位功能。目前移动终端全球定位精度小于 1 米，定位时间不超过 2 秒钟。

数字导航便利。随时可以下载更新的数字地图，促进了移动终端应用，为消费者导航、寻找特色餐馆、旅游景点等提供了方便。移动终端还可以随时将自己所在的精确位置，通过电子邮件或短信的方式发送给指定服务器或手机，为追踪、搜救提供信息。

应用前景广泛。除了个人的应用之外，移动终端定位导航还可应用于诸如公安、车队管理、物流、测绘/GIS 等行业。由于使用方便、性能稳定、定位精度高、经济效益好、不受天气影响等优点，使得移动终端定位导航成为这些行业进行信息化改造时的首选。

2. 移动终端将会从多个方面影响到国家安全

移动终端作为信息终端，其传播功能强大、影响面广、隐蔽性强、灵活机动，可以随时进入任何网络，但移动终端的信息传输是开放的无线接入系统，如果疏于管理，将会对国家安全产生重大影响。

（1）存在严重的失泄密隐患。

间谍软件猖獗。最近出现的一款针对窃取移动终端商务信息的"X 卧底"手机间谍软件，借助下载自动安装到移动终端上，就可以窃取该手机收发的所有短消息、通话记录、电子邮件、手机通讯录等所有手机信息，并且把这些数据通过手机 GPRS 上网后发送到指定的服务器，导致重大商务信息泄密。

蓝牙技术泄密。英国 BBC 就移动终端蓝牙泄密问题进行深度调查后发现，利用蓝牙技术和特定软件，能够在无准入密码的条件下进入某些移动终端数据内部，获取该手机的内部信息，或制造攻击。BBC 请安全专家在英国伦敦的大街上随机进行手机攻击，结果他们联系到了 192 部蓝牙手机，其中 54 部在未经持机人确认的情况下，毫无反抗地反馈了手机内部数据。

移动终端录入泄密。在涉密场所使用移动终端进行录音、录像、拍照等功能，成为近几年来泄密的重要途径，即使手机处于关闭状态，仍然可以被遥控开启进行录音、录像、拍照和定位，泄密危险甚至超过上网的计算机。

接入互联网泄密。移动终端可以通过 WiFi 等非授权方式自动接入重要信息网络内网，下载内网的信息，或对重要信息网络直接进行攻击。由于我们不掌握无线接入标准，必要时国外利用无线接入技术，通过手机对重要信息网络攻击的可能性极大。

（2）挑战政府对舆论的掌控力。

直接威胁政府网络封堵措施。随着移动终端的普及，使用移动终端的人，包括潜在的敌对分子、对社会不满人员，每人都可以制作网页，并互相串联，形成对社会稳定的威胁。由于每部手机都能够成为服务器，能够即时向互联网和手机之间传播信息，比博客威胁更大，更难以控制，将直接威胁现行的网络封堵措施，削弱我国网络监控和信息管理能力，对我社会稳定造成严重威胁。

传播速度快，监管难度增大。我国超过 5 亿的手机用户构成了手机"第五媒体"的最大受众群，短信、彩信、手机游戏、手机报、手机电视等成为"第五媒体"的主要内容表现形式。手机的多媒体信息可以彩信的方式进行群发，也可以通过互联网实现多点共享。政府对这类舆论的监督和控制力被严重削弱。

恶意传播，威胁社会稳定和国家安全。如果不法分子故意通过手机制造和恶意传播有害信息，比如记录危机事件现场的文字、声音、图片、影像，就会对公众造成更直接、更严重的心理冲击，加剧负面心理反应，容易引发群体心理危机，将会严重影响国家政治安全和稳定。2001 年菲律宾人用手机短信聚集起百万群众，游行抗议前总统埃斯特拉达，并最终导致了他的下台；"法轮功"反动组织也曾多次利用短信纠集其成员进行非法集会。

（3）严重威胁国家重要人物的个人隐私和安全。

国家领导人的隐私和安全受到威胁。移动终端定位可以远程监控国家领导人的动向和位置，了解机密谈话信息，甚至可以监测领导人的身体健康状况，直接威胁国家领导人的隐私和人身安全。

秘密追踪重要人群动向。通过手机定位，可以掌握一批相关领域人员的整体动向，进而可以判断出国家重大技术或政策的进展情况，掌握最新经济和政治动向。美国正在利用国防部所属的侦察卫星、地面侦听站等，持续对全球生化专家的手机进行监控，秘密追踪全球生化专家的动向。

侵害个人隐私。利用手机定位服务随意查询他人的位置，也会造成侵害他人隐私的行为，处理不当会导致社会恐慌，甚至影响到社会稳定。

3. 国外应对的办法

（1）垄断互联网无线接入标准，控制泄密源头。

垄断无线接入标准。互联网无线接入是移动终端泄密的关键环节，标准对接入信息的控制起决定作用。目前在移动终端无线接入领域的主要四类标准 WiFi 标准、WIAMX 标准、蓝牙（Bluetooth）标准和超宽带技术（UWB）标准都被美国、日本、芬兰等国家垄断。这些国家，特别是美国电子与电气工程师协会（IEEE）的有利条件，强烈抵制其他国家申请类似的国际标准，特别是对我国的 WAPI 无线接入标准进行全方位打压。

大企业联盟垄断无线接入技术。美国、日本、芬兰等国家的大企业通过产业联盟的方式垄断移动终端无线接入的核心技术，通过不断升级标准版本的方式控制无线接入的话语权。

（2）研发核心技术，封堵泄密渠道。

注重芯片技术研发。移动终端领域芯片是移动终端信息安全的核心，除英特尔公司之外，诺基亚、索尼、三星、德州仪器等跨国公司在移动终端芯片领域都有很大的份额，美国、日本、芬兰、韩国等国家都非常重视手机芯片技术的研发和产业化。

垄断操作系统。作为连接硬件、承载应用的关键平台，移动终端操作系统在信息安全方面扮演着举足轻重的角色。现在移动终端的操作系统主要被安卓和 iOS 两个美国公司的操作系统所垄断。

（3）限制移动终端应用，降低泄密机会。

涉密场所限制使用手机。美国、欧洲、日本等国家明确规定，涉密场所严禁带入手机。美国军方对此出台了严格的管制条例。

关键人物限制使用失控手机。欧洲对国家领导人、政府高级官员、涉密人员规定不允许使用国外企业赠与的手机，不允许使用手机进行涉密信息交流。

关键业务限制使用失控移动终端。欧洲不允许政府部门使用失控的移动终端进行信息交流，法国政府就以黑莓手机容易让伺服器所在的美国窃取情报为由，禁止政府高级部门官员使用，避免政府信息泄密。

（4）制定法律法规，强化手机信息监管。

保护个人隐私。美国、日本、英国都针对手机泄露个人隐私出台了相关的法律法规，保护个人隐私。如欧洲的《电信事业个人信息处理及隐私保护指令》、美国的《有效保护隐私权的自律规范》、日本的《个人信息保护法》等。

打击有害信息。美国对关系国家安全的手机有害信息进行严格管制，提供或传播有害信息将被起诉；日本和法国在制定法律的同时，加强对手机有害信息传播的封堵和过滤，对危害国家安全的信息进行严格监控和打击。

实行手机实名制。美国、日本、韩国、澳大利亚等国家的手机实名制对追查有害信息的根源非常有意义。

六、世界发达国家的移动互联网产业政策及其启示

（一）美国的移动互联网政策与战略计划

2011 年 5 月 16 日和 7 月 14 日，美国政府相继出台了《网络空间国际战略》和《网络空间行动战略》两个互联网政策文件。此前，国务卿希拉里·克林顿继 2010 年 1 月 21 日发表《互联网自由与全球言论自由的未来》演讲之后，于 2011 年 2 月 15 日发表了《互联网的是与非：网络世界的选择与挑战》演讲，这是对美国"互联网自由"政策全面而详尽的阐述。与此同步，美国进一步强化监管互联网的专门机构，成立了网络安全执行办公室，美国网络司令部也于 2011 年 10 月全面运行。以上表明，无论是政策的制定，还是执行机构的设置，美国互联网战略已基本成型。美国的互

联网战略是美国传统霸权在互联网领域的新投射，是美国从技术层面、资源层面、信息层面到法理层面抢占全球网络空间制网权和制高点的重大转折，对我国政治、文化、意识形态等领域的安全构成了全方位、多层次的潜在威胁及严峻挑战。

（二）欧洲的移动互联网项目与政策

欧盟《数字化欧洲行动研究计划》（E-Europe Action Plan）中特别开展了一项名为"Mobilearn 行动"的移动学习专项研究计划，研究自 2002 年 7 月 1 日开始至 2004 年 12 月 31 日完成，参与合作研究的有来自欧洲的 9 个国家以及非欧盟的美国、以色列、瑞士和澳大利亚。

2014 年由欧盟委员会共同出资，成立第一个 5G 研究项目"2020 信息社会（METIS）"。欧盟 2014 年投资 5000 万欧元用于 5G 研发，在 5G 方面的目标是研发更高速、更高效、更节能的移动宽带技术。

芬兰政府除了向创新活动提供急需资金和技术支撑外，还致力于通过政策支持来完善国家信息基础设施建设，从而为高新技术产业的发展铺设跑道。芬兰总理办公室曾于 2007 年公布一项名为《国家知识社会推动策略 2007～2015》，期望透过此政策一系列计划的推动，将创新观念转移到产品及服务中，建立交互式的信息基础设施，将芬兰改革成一个具国际吸引力、以人为中心、具竞争知识及服务的社会。

2009 年 6 月 16 日，英国政府推出了"数字英国"计划，概述了英国未来在互联网与通信广播产业方面的战略规划。该计划共有五大目标：一是实现数字网络现代化，升级包括有线网、无线网、宽带网在内的数字网络；二是打造良好的数字文化创意产业环境，广泛吸引国内外投资；三是鼓励从英国民众角度提供数字内容；四是通过打造"泛在网"（无所不在的网络），使绝大多数英国公民参与到数字经济和数字社会中；五是通过有效应用云计算，完善政府电子政务建设。2010 年 12 月 6 日，英国政府宣布一项名为"英国的超快宽带未来"的计划——全面普及宽带网，在 5 年内让全英国每个社区都拥有"数字中心"。英国政府将投入总额 8.3 亿英镑（约 13 亿美元）的资金，还将鼓励私营资金进入宽带建设领域。此外，政府还将协调为移动网络分配更多的无线电频谱。

（三）其他典型国家的移动互联网政策

2009 年 2 月下旬，日本总务省紧急公布了一项宏观性的指导政策"ICT 新政"，希望通过增加信息与通信技术（ICT）产业相关投资，在 3 年内创造出 100 万亿日元规模的市场新需求，以摆脱当时日本正面临的经济窘境。同年 4 月，公布了"ICT 新政"的实施性文件"数字日本创新计划（亦称 ICT 鸠山计划）"纲要。该计划有 9 个行动项目，包括创造新的数字化产业（有效利用无线电频谱，加快研发下一代无线通信技术，创建无线超宽带居住环境）；到 2015 年阶段性建成"霞关云计算"系统（借助云计算等创新型技术建立政府信息系统）；构建先进的数字网络，实现在 2010 年财政年度结束时消除无宽带接入地区和无移动电话接收地区，从而迅速创造一个所有市民都可以使用宽带服务并享受其便利的应用环境。2009 年 7 月，日本 IT 战略本部正式推出至 2015 年的中长期信息技术发展战略，该战略名为"i-Japan 战略 2015"。

韩国资讯通信技术暨未来规划部（MSIP）2014 年已经公布了一项价值 1.6 万亿韩元（约合 15 亿美元）的计划，到 2017 年，其将进行 5G 网络的测试与部署，并在 2020 年推出商用。

1980 年至今，新加坡政府在信息化方面先后提出了 6 个计划，前 5 个分别是 1980 ~ 1985 年的"国家计算机化"计划，1986 ~ 1991 年的"国家 IT 计划"，1992 ~ 1999 年的"IT2000 计划"，2000 ~ 2003 年的"Info-comm21 计划"，2003 ~ 2006 年的"互联新加坡计划"，目前新加坡正在实施的是其电子信息化的第 6 个计划——"智慧国 2015"或"iN2015"。

（四）对我国的启示

政府要制定移动互联网长期发展规划，确立与世界各国同步发展的项目计划。通过政府投资和引导，支持本国研究单位、公司开展移动互联网项目研究。目前要大力提高 4G 网络覆盖及稳定性，注重与产业链的紧密联系，放眼未来 5G 网络，争取在未来 5G 网络市场占据一席之地。

同时，移动互联网安全问题已经成为世界范围的难题，应及早应对。

七、政策建议

（一）加快完善移动互联网发展的法律法规

完善互联网法制，加快制定出台信息安全、个人信息保护等方面的法律法规。修订完善保守国家秘密法、消费者权益保护法以及电子证据等方面的法律法规。综合应用法律规范、行政监管、技术保障和行业自律等措施，遏制网上不良信息的传播，规范网上行为，提供绿色上网手段，提高信息安全意识，保护公众免受不良不安全信息、虚假信息、垃圾信息、恶意信息的危害，努力创造良好的网络环境和积极向上的网络文化氛围。

（二）大力推动移动互联网国产自主创新应用的发展

在软件行业内，移动互联网应用软件是国内外新一轮技术竞赛的争夺点。在大力发展国产软件的政策背景下，我们不能输在移动互联网应用软件这个起跑线上。

建议我国的移动互联网企业借鉴国外先进的技术经验和设计理念，增加移动互联网应用软件的研发投入，积极利用云计算、物联网等新一代信息技术，重点挖掘中国人的日常习惯和兴趣爱好，大范围自主创新国产移动互联网应用软件，迅速占领我国移动互联网软件市场，从真正意义上实现我国移动互联网产业的快速发展。

加大对网络高新技术的研发力度，通过有效技术手段一方面加强对有害信息的监控，特别是针对境内外敌对势力的破坏活动做到及时发现、准确定位和迅速反应，把有害信息第一时间清除出网；另一方面还可针对特定舆论和消息，通过技术手段进行灌水、稀释，降低大众的关注程度。最后，对于新出现的社交网络、微博、微信等网络媒体形式和传播方式，要认真研究，慎重对待，并有技术上的应对措施。

（三）全面保障移动互联网软件的安全质量

质量是用户选择产品的根本依据。只有高质量的国产移动互联网软件，才真正能在市场竞争角逐中获胜。

建议国家继续引导建立我国良性的移动互联网产业环境，鼓励产、学、研、用相结合，支持企业研发移动互联网安全技术，制定企业软件产品安全性自测和强制第三方安全性检测相关制度，加强官方及主流移动互联网软件电子市场的安全质量把关，推动个人信息保护相关法规和标准的制定。

（四）加强自主创新，促进技术和业务融合

移动互联网行业发展的原动力就是创新与融合。政府部门应当继续出台相关政策，促进我国行业健康发展。着力加大对涉及高端技术领域的政策支持。具体做法是可以在我国逐步引导移动互联网产业联盟的形成，加强研发硬件终端核心技术、系统软件；同时，行业主体也需要实现自身产业升级，努力从代工产能化向自主品牌和技术引领进化。

（五）多渠道保障移动互联网安全问题

政府部门应当积极探索安全监管的有效技术和手段，不断推进自主创新，掌握技术主导权，从系统和技术源头来保障安全。另外，需要逐步建立起对移动互联网安全监控的法律法规，保障用户个人隐私和支付安全。此外，行业内部的内容提供商和应用服务商可以建立诚信联盟，共同提升服务品质和安全，以此来促进行业健康发展。

（六）加强网络舆论引导和管理

应区别对待网络对我国政治安全的挑战。在应对网络舆论冲击国家政治安全问题上，应采取"疏堵结合"的方针，政府要利用移动网络的广泛

传播性，广泛建立顺畅的民意表达渠道，引导民众对政治的有序参与，逐步树立政府公开信息的公信力；对国内外敌对势力利用网络恶意攻击我国政治制度、对我进行意识形态渗透、歪曲丑化我政府形象、发布反动信息等行为要严厉打击和封堵。加强对网民的素质教育，提高网民自身素质，强化网络社会责任意识，在自主表达各种利益诉求、进行网络论政和网络评判时，必须严守法律和道德的要求，在充分享受"网络民主"带来的言论自由和信息知情权的同时，履行和承担起与之相匹配的责任。

参考文献

[1] 速途研究院等. 中国移动互联网发展报告（2013）. 北京：社会科学文献出版社，2013

[2] 赛迪智库. 2014 年移动互联网产业发展报告. 2014

[3] 中国移动研究院. 移动互联网价值链与竞争模式. 2012

[4] 工信部电信研究院. 移动互联网的发展及影响. 2014

[5] 中国移动研究院. 移动互联网的特性与发展趋势研究. 2014

[6] 上海推进移动互联网产业发展 2012～2015 年行动计划. http：//www. shanghai. gov. cn

[7] 中国电信研究院. 移动互联网与全业务竞争. 2014

[8] 彭丽琼. 移动互联网发展对我国经济的影响. 学习与思考，2013（6）

[9] 易观国际. 中国移动互联网统计报告. 2013

[10] 知名风投公司. 移动互联网趋势报告. 2014

[11] 艾瑞咨询. 4G 对移动互联网的影响. 2013

我国电子商务的发展特征、亟须解决的问题及对策分析

一、我国电子商务行业的发展现状和发展特征

（一）我国电子商务交易额持续快速增长

2013 年以来，在全国零售业增速放缓的形势下，包括网上零售在内的电子商务交易额保持了快速增长的态势。根据国家统计局发布的《2014 年国民经济和社会发展统计公报》，2014 年我国网上零售额达到 27898 亿元，比上年增长 49.7%，其中限额以上单位网上零售额 4400 亿元，增长 56.2%。网络购物交易额大致相当于 2014 年我国社会消费品零售总额的 10.7%，年度线上渗透率首次突破 10%。另据中国电子商务研究中心的监测数据，2014 年我国电子商务市场交易规模为 12.3 万亿元，同比增长 21.3%，其中移动购物市场交易规模为 9297 亿元，增速超过 200%，成为推动电子商务市场发展的重要力量。2014 年，在线旅游增长 27.1%，本地生活服务 O2O 增长 42.8%，共同促进电子商务市场整体的快速增长。

我国传统电子商务交易平台企业纷纷依托物联网、云计算等新一代信息技术向移动电子商务转型。阿里巴巴、京东商城、唯品会、苏宁易购、聚美优品、1 号店等电商企业纷纷发力移动端，推出了手机客户端和手机网站，不断优化用户体验。阿里无线通过"淘宝＋天猫"提供平台服务，由交易入口向无边界生活圈转型。京东则与腾讯合作，以手机客户端、微

信购物、手机 QQ 购物、微店等全面布局移动端。大量中小企业推出了自身的移动 APP 客户端，有效提高了营销精准度和促销力度。在 2014 年移动购物市场的企业份额中，阿里无线、手机京东、手机唯品会占据前三位，份额分别为 86.2%、4.2% 和 2.1%。

艾瑞咨询统计数据显示，2014 年我国电子商务市场细分行业结构中，中小企业 B2B 电子商务占比为一半，B2B 电子商务合计占比超过七成，B2B 电子商务仍然是我国电子商务的主体，但网络购物在电子商务市场交易规模中的占比持续提升，2014 年的市场份额达到了 22.9%，比 2013 年提高了 4.2 个百分点。2014 年，中国网络购物市场中 B2C 交易规模为 12882 亿元，同比增长 68.7%，远高于 C2C 市场 35.2% 的增幅。预计 B2C 的交易规模在 2015 年将超过 C2C 的交易规模。在 B2B 和 C2C 领域，阿里巴巴是市场领导者；在 B2C 领域，京东商城的市场份额最大，2015 年第一季度的市场份额达到了 56%。

电子商务的持续快速增长不仅创造了"双十一"等新的消费时点，带动了城乡居民消费，同时也带动了电子支付、导购服务、数据分析、云服务、电子商务代运营服务、资格认证、网店装修、网络模特等新兴服务业态的发展，产生了良好的经济和社会效应。电子商务成为提振内需的重要途径，也成为我国新的经济增长点。

总体而言，我国电子商务持续快速增长的原因主要有下述一些方面。

一是企业用户和消费者对于互联网和网上购物的接受程度逐步提高，传统企业大规模进入电商行业，在线销售类活动不断增加，电子商务的应用领域不断拓展和深化。除了从传统市场销售渠道转移到电子商务的消费需求之外，还开拓了新的市场空间。2013 年，麦肯锡国际研究院调查测算的结果是：中国约 61% 的网购消费取代了线下零售，约 39% 的网购消费则是如果没有网络零售就不会产生的新增消费。按此比例推算，2014 年我国通过网络购物新增消费额 10880 亿元，发展电子商务对于扩大消费的作用非常明显。

二是我国网络购物用户规模持续快速增长，为规模效应和网络效应的发挥奠定了坚实的基础。2012 年 12 月，我国网络购物用户规模为 2.42 亿人，2013 年 12 月达到 3.02 亿人。根据中国互联网络信息中心（CNNIC）发布的《第 35 次中国互联网络发展状况统计报告》，截至 2014 年 12 月，我国网络购物用户规模达到 3.61 亿人，较 2013 年底增加 5953 万人，增长率为 19.7%；我国网民使用网络购物的比例从 48.9% 提升至 55.7%。截至 2014 年 12 月，我国团购用户规模达到 1.73 亿，较 2013 年底增加 3200 万人，增长率为 22.7%。与 2013 年 12 月底相比，我国网民使用团购的比例从 22.8% 提升至 26.6%。

三是我国电子商务行业积极开展技术创新、商业模式创新、产品和服务内容创新，移动电商、跨境电商、社交电商、微信电商成为电子商务发展的新兴重要领域，将进入加快发展期。我国移动互联网用户规模迅速扩大，为移动电子商务的发展奠定了庞大的用户基础，移动购物逐渐成为网民购物的首选方式之一。移动电子商务不仅仅是电子商务从有线互联网向移动互联网的延伸，它更大大丰富了电子商务应用，今后将深刻改变消费方式和支付模式，并有效渗透到各行各业，促进相关产业的转型升级。艾瑞咨询预测未来几年中国移动购物市场仍将保持快速增长态势，年复合增长率为 48%，2018 年我国移动购物市场交易规模将超过 4 万亿元。

四是我国电子商务的发展环境不断优化。"十二五"以来，我国电子商务相关的法律法规、政策、基础设施、技术标准等环境和条件逐步得到改善。随着国家监管体系的日益健全、政策支持力度的不断加大、基础设施的进一步完善、电商企业及消费者的日趋成熟、电商企业和电商平台向三四线城市甚至农村市场的扩张以及国际化战略的布局，我国电子商务将迎来更好的发展环境，继续保持较高的增长速度，在促进发展方式转变、扩大内需、增加就业等方面将发挥越来越重要的作用。预计中国电子商务 2015～2020 年的年均复合增长率保持在 20% 左右。

（二）我国电子商务服务业逐步发展壮大

电子商务服务业包括三类：一是电子商务交易平台服务；二是以电子

支付、物流配送、数据分析、云服务、资格认证、网店装修等为代表的电子商务支撑服务业；三是以电子商务代运营服务、导购服务、网络模特、互联网金融等为代表的电子商务衍生服务业。在支撑我国电子商务快速发展的同时，电子商务服务业自身也逐步发展壮大。目前，我国电子商务服务商已经形成一个体量庞大的新兴群体。电子商务服务业所发挥的作用大大超出了商业本身，是信息化、网络化、市场化、国际化条件下一个重要的资源配置途径。

1. 电子商务交易服务

这一领域具有代表性的电商企业和电商平台有阿里巴巴、京东商城、苏宁易购、腾讯电商、敦煌网、我的钢铁网、唯品会、亚马逊中国、当当网、国美电商、1号店、易迅网、慧聪网、环球资源、全球纺织网、中国电子电器网、义乌全球网、中国化工网、环球鞋网等。其中，阿里巴巴是世界上第一家年交易额破1万亿美元的电子商务企业。

近年来，我国企业间电子商务（简称B2B）与企业对个人零售电子商务（简称B2C）加速整合，并由信息平台向交易平台转变。个人对个人网络零售业务（简称C2C）在网络零售购物中的比重高达70%以上，占主导地位，但C2C的比重呈下降趋势，B2C的市场份额缓慢上升。我国电子商务交易服务日趋走向平台化、规模化、集聚化，淘宝网、天猫商城等综合性、平台式大型电商企业在市场竞争中越来越显露出优势。京东商城、当当网、1号店、亚马逊中国等B2C商城逐渐向平台演变，允许第三方企业入驻开店。2014年跨境B2C业务在天猫、京东、苏宁等各大网络零售平台上线。阿里巴巴公司的数据显示，2014年"双十一"期间，217个国家和地区的企业和消费者在阿里巴巴平台上进行交易。至此，跨境电商在中国进入全球化大众消费时代。

2. 电子商务物流配送服务

电子商务过程包含着信息流、资金流和物流，而物流作为电子商务最为特殊和必不可少的一个环节，其发展水平也直接制约着电子商务行业"最后一公里"的服务水平，与电子商务行业可谓相生相息。电子商务的发展给快递业带来大量的业务，促进了快递业的高速发展。根据国家邮政局公布的数据，近几年快递行业 50% 以上的营业收入来自电子商务；70% 以上的网络购物需要通过快递完成。2014 年，全国快递服务企业业务量累计完成 139.6 亿件，同比增长 51.9%；业务收入累计完成 2045.4 亿元，同比增长 41.9%。其中，同城业务收入累计完成 265.9 亿元，同比增长 59.8%；异地业务收入累计完成 1130.6 亿元，同比增长 36.4%；国际及港澳台地区业务收入累计完成 315.9 亿元，同比增长 16.7%。

我国电子商务企业采用的物流配送模式主要有自营模式、半自营模式、第三方物流模式、第四方物流模式。电子商务企业根据自身交易规模、发展阶段、资金流等因素，选取不同的物流模式。京东商城、苏宁易购、国美商城等大型电商企业采用自营模式。京东商城积极投资建设物流配送网络和仓储设施，自营的配送业务量已占总业务量的 80%。易讯网、卓越网等电商企业采用半自营模式。半自营模式介于电商物流自营和外包之间，通常是选择核心地区自建物流配送体系，将非核心地区的物流配送业务外包给当地的落地配或第三方。绝大多数中小电商企业采用第三方物流模式，依靠中国邮政、宅急送、顺丰、"四通一达"（申通、圆通、中通、百世汇通、韵达）等快递企业提供物流配送服务。中国邮政、宅急送、顺丰等快递企业采用直营方式，以"四通一达"为代表的多数快递企业通过加盟的方式拓展网点。第四方物流模式主要是指淘宝网采取的"推荐物流"，卖方可以在 C2C 平台上选择淘宝网推荐的快递公司。

3. 第三方支付服务

第三方支付公司是独立于商户和银行，为商户和消费者提供支付结算服务的机构。根据《非金融机构支付服务管理办法》，非金融机构支付服务包括网络支付、预付卡发行与管理、银行卡收单以及其他方式的支付服务等。第三方支付公司可以归为两大类：一类是以银联商务、快钱、汇付天下、易宝支付等为代表的独立于电子商务网站的第三方支付公司，为用户提供支付产品和支付系统解决方案，不具备担保功能；另一类是以支付宝、财付通、易付宝为代表的依托于电子商务网站并提供担保功能的第三方支付公司。目前，第三方支付已从最初的互联网支付发展成为线上线下进一步融合、应用场景更为丰富的综合支付工具，成为我国多层次金融服务体系的重要组成部分。中国电子商务研究中心的监测数据显示，2014年我国第三方支付市场交易规模约为23.3万亿元，同比增长30.2%左右。

4. 电子商务代运营服务

受专业人才缺乏、投入大、运营成本高、经验不足等因素的制约，很多企业的电子商务业务（包括在淘宝、天猫商城、QQ网购等电商平台上开设官方网上商城和旗舰店，开展店铺装修、商品拍摄、客服运营等）外包给电商服务企业，形成了电子商务代运营服务业。兴长信达、杭州熙浪等几家企业能够提供全流程的电子商务代运营服务，上海商派、五洲在线、同创未来等企业在代运营的细分市场上发展成为领军企业。我国电子商务代运营服务业发展潜力巨大，市场规模将会从目前的百亿元数量级逐步向千亿元数量级跨越。

（三）产业融合成为电子商务发展新方向

随着电子商务持续快速发展，越来越多的传统产业涉足电子商务。例如，农业应用电子商务探索农产品信息追溯；制造业开展供应链信息化提升；线上营销、线下成交或线下体验、线上购买的商业模式更是推动了传统商业与电子商务的融合发展。随着一批龙头电子商务平台企业做大做强做长，电子商务深度融合商流、物流、资金流和人流，有效地把商业渠道、物流渠道以及信息渠道进行捆绑，电子商务服务业能否健康有序发展成为决定电子商务成败的关键所在。

近年来涌现出的O2O模式（Online To Offline，线上网店与线下消费融合服务）已在餐饮、娱乐、百货等传统行业得到广泛应用。O2O模式是一个"闭环"，电商可以全程跟踪用户的每一笔交易和满意程度，即时分析数据，快速调整营销策略。也就是说，互联网渠道不是和线下隔离的销售渠道，而是一个可以和线下无缝链接并能促进线下发展的渠道。今后线上与线下将实现进一步融合，各个产业通过电子商务实现有形市场与无形市场的有效对接，企业逐步实现线上、线下复合业态经营。随着移动互联网的兴起，生活服务电商逐渐成为我国电子商务行业的重要增长点。从移动端的情况来看，腾讯凭借微信处于明显的优势地位。微信已从通信工具逐渐发展成为一个多功能的平台，成为移动端的入口级产品，有条件打造生活服务O2O大平台。腾讯微信在2013年9月正式启动面向实体零售业态的O2O项目，天虹商场成为全国范围内第一家与腾讯微信达成战略合作的百货企业。2014年2月，腾讯投资入股大众点评，占股20%。大众点评在本地生活O2O内容、用户及线下商户等方面将与腾讯旗下的QQ、微信等社交平台进行深度合作，打造中国最大的O2O生态圈。腾讯还与恒大地产联手进军社区O2O。此外，苏宁云商的推出代表着传统零售商的蜕变，从实体向线上线下转型，全面转变为互联网零售企业，未来线上主要功能是引流、下单和支付，线下门店将主要承载服务和体验功能。

电子商务的营销应用模式不断推陈出新。新兴的模式有：M2C模式，即从工厂直达消费者的电子商务创新模式的应用；C2B模式（消费者对企业），即从消费者开始进行产品的设计制造，将商品的主导权交给消费者，实现个性化定制和消费者主权。今后，这些营销应用模式将进入快速推广阶段。越来越多的传统行业将试水电子商务，包括服装鞋帽、纺织化纤、数码家电、农林畜牧、食品、建材、五金、机械等领域。传统商业企业有着良好的信誉及售后服务，线下渠道管理经验成熟，将线上线下相结合，可以完善传统零售连锁企业的渠道整合，弥补渠道布局与区域覆盖空白，适应新形势下市场竞争的要求。

二、当前我国发展电子商务亟须解决的问题

我国电子商务在发展过程中遇到了一些障碍性因素和亟须解决的问题，主要体现在下述方面。

（一）行业管理体制不适应电子商务的发展特点

电子商务跨行业、跨领域发展，商业模式不断创新，许多业务在政策未明确的范围内发展，发展改革委、公安部、财政部、商务部、工信部、文化部、人民银行、银监会、工商总局等部门均有相应的管理职能，但部级协调机制缺失，多头管理和监管真空并存。目前的行业管理体制还不适应电子商务的发展特点，难以及时应对和有效解决电子商务发展过程中出现的各种问题。

（二）商业规则尚不完善

近年来，国务院和有关部委出台了一系列关于电子认证、网络购物、网上交易、支付服务等的政策、规章和标准规范，优化了电子商务的发展环境。不过，由于电子商务是新兴业态，目前适应电子商务发展的商业规则尚不完善，具有权威性、综合性的电子商务法律法规还是空白，部分规章和标准缺乏可操作性，难以有效规范电子商务交易行为。

（三）网络交易投诉持续增加

近年来，与电子商务相关的网络售假、网络欺诈、信息泄露、虚假促销、发货迟缓、质量问题、侵犯知识产权、不正当竞争等问题明显增多。"中国电子商务投诉与维权公共服务平台"检测数据显示，该平台 2014 年收到全国各地用户通过在线递交、电话、邮件、微信、微博等途径进行的投诉累计逾 10 万起，同比增长 3.32%。其中，网络购物投诉占 47.55%，生活服务 O2O 占 24.24%，移动电子商务投诉占 12.36%，物流快递投诉占 6.77%，支付、P2P 等互联网金融类投诉占 2.95%。退换货物、退款问题、网络售假、质量问题、虚假促销、发货迟缓、信息泄露、网络诈骗、售后服务、订单取消为 "2014 年度十大网络零售热点投诉问题"，退款问题、团购欺诈、霸王条款、信息泄露、发货迟缓、售后服务、发票问题、团购售假、退改签难、质量问题为 "2014 年度生活服务电商十大热点投诉问题"。网络交易具有虚拟性、开放性、跨地域性的特点，处理网络交易纠纷的难度大、成本高。

（四）电商交易企业的盈利能力普遍不强

阿里巴巴、京东商城、苏宁易购、腾讯电商、敦煌网等电商交易企业在促进我国电子商务发展方面发挥着重要作用。近年来，价格战是电商交易企业快速扩张的主要手段。持续的价格战使大多数电商交易企业处于资金紧张的状态，盈利能力普遍不强。比如，京东商城 2010～2012 年的净亏损分别为 4.12 亿元、12.84 亿元和 17.29 亿元，2013 年京东商城的交易额突破了 1000 亿元，但只实现了微利。长期经营亏损或微利，不仅削弱了电商交易企业自身的可持续发展能力和创新能力，而且削弱了电商平台对产业链的整合和带动作用。

（五）物流配送成为制约电子商务发展的重要瓶颈

我国物流业发展基础较差，物流配送效率低下，是制约电子商务发展的重要瓶颈，主要表现在：一是快递行业的服务能力不能满足电子商务的需求。我国快递企业的数量超过 1 万家，但市场集中度低，现有加盟制经营模式导致快递服务质量普遍不高。二是仓储设施少，且现代化程度低，立体仓库、自动分拣等现代化设备未普及。三是区域发展不平衡。快递公司主要为大中城市提供服务，中国邮政之外的快递公司几乎没有覆盖农村地区的快递网点。

此外，电子商务基础设施落后、信用服务体系不完善等问题也制约着我国电子商务的发展。

三、促进我国电子商务健康、可持续发展的对策建议

我国电子商务发展空间大，今后仍将保持快速增长态势，在促进发展方式转变、扩大内需、增加就业等方面将发挥越来越重要的作用。建议加大政策支持力度，充分释放电子商务发展潜力，提高我国电子商务发展质

量，促进我国电子商务健康、可持续发展。

（一）加强顶层设计并制定有关加快电子商务创新与发展的具体政策措施

近年来，我国信息化建设由原先的以应用推广为主要特征的外生信息化向内生信息化转变，信息化成为内生于各行各业业务发展的核心要素。在这个转变过程中，电子商务发挥着重要的作用。电子商务不仅成为新一代信息技术应用创新的重要领域，而且日益与各传统行业深度融合，并由此衍生出大量新型的现代服务业态。建议国家从促进经济转型升级的战略高度，加强顶层设计并制定有关加快电子商务创新与发展的具体政策措施，充分发挥电子商务在促进中国经济转型升级方面的重要作用。

（二）完善电子商务行业管理体制

目前，电子商务仍是处于成长阶段的新兴行业，在行业管理中，应继续坚持边发展边规范、规范适应发展的原则，支持行业创新发展。建议基于"简化市场准入，强化业务监管"的思路，建立电子商务监管的部级协调机制，将各项监管职能有机衔接、深度整合，完善监管手段，培育统一的电子交易管理体系。要处理好政府市场监管职能与电商平台基于自身平台化优势而具备的公共管理功能之间的关系，充分发挥电商平台在规范电子交易市场方面的作用。监管部门与电商平台一起加强交易信用管理，形成监管合力，充分发挥现代信息技术的作用，全时监测并有效打击网络售假、网络欺诈、侵犯用户隐私等网上违法违规交易行为，及时处理网络交易纠纷，构建可信、安全、便利的网络购物环境，保证网络交易安全、保护消费者权益。在电子商务违法行为执法上，进一步强化区域之间分工合作的协调和联动机制，应对跨区域的违法问题，提高执法效率。

（三）加强电子商务立法和标准规范体系建设

加快《电子商务法》等电子商务相关法律法规的起草和修订工作，保障与规范电子商务发展。针对电子商务发展过程中亟须解决的问题，研究制订《支付机构网络支付业务管理办法》《电子商务小额争议解决办法》等部门规章。建立与完善电子商务标准化工作组织与机制，开展电子商务标准化的系统研究，制订出台各细分领域的电子商务标准规范，同时，加强电子商务标准规范的试点验证工作。积极参与国际标准化组织或机构制定电子商务标准规范相关工作，大力推进电子商务领域的国际交流与合作。

（四）推进电商平台配套服务体系建设

认真贯彻执行《"宽带中国"战略及实施方案》，尽早实现"三网"融合，加强移动互联网等信息化基础设施建设，为电子商务发展提供便利条件。增强网络覆盖能力，提升宽带接入水平，尤其要提高无线网络、无线通信等基础设施建设水平。在继续推进宽带网络提速的同时，加快扩大宽带网络覆盖范围和规模，深化应用普及，增加用户的移动网络容量，促进资费的合理下调。加强农村地区信息基础设施建设，改善上网条件，促进农村电子商务发展。综合采取财政、金融、税收等方面的支持政策，推进电商平台配套服务体系建设，增强电商交易企业的可持续发展能力和创新能力，充分发挥其对相关企业、产业创新发展的龙头牵引作用。

（五）优化电子商务物流配送体系

快递业务量与日俱增，然而现代物流和城市配送却普遍投资不足，尤其是与百姓日常生活息息相关的"最后一公里"物流配送的重要性日益凸显，其现代化程度和通畅程度已经成为制约物流产业发展的关键因素。今后要鼓励和支持地方在城市规划、仓储设施建设等方面，为电子商务企业提供配套服务，保障开展电子商务所需的仓储配送用地，完善跨区域分拨中心、公共配送中心、末端配送点三级网络体系建设，推动解决物流配送"最后一公里"问题，统筹规划新建社区内的自提柜、自提点，引导物业与物流的有效合作，避免各个物流企业在社区内重复建设自提柜，提高物流配送效率，逐步形成满足电子商务发展需求的物流配送体系。鼓励零售企业强化物流能力建设，通过门店开辟配送点、自提点，并将自建、自用的物流配送体系向行业、社会开放，以有效减少配送线路数、车辆数，提高效率、降低污染、缓解拥堵。启动农村流通设施和农产品批发市场信息化提升工程，鼓励和支持电商参与农产品流通和农村物流体系建设。引导社会资金投资建设智能物流信息网络，实现制造企业、电商、电子商务服务企业、物流企业的信息共享。

（六）完善电子商务信用体系和认证体系

电子商务信用体系是建立长效监管机制、从源头上规范电子商务市场经济秩序的重要支撑。建议开展电子商务信用评价指标、信用档案等标准研究，建立统一的信用评价和奖惩规则。建设电子商务信用基础数据库，建立公开、透明、动态的企业信用记录。健全部门信息共享和协同监督机制，推动建立面向第三方信用服务机构的信用信息采集、共享与使用机制，形成政府主导、多方参与、标准统一的电子商务信用体系。

增强对电子商务资产的保护，明确电子商务企业在网上创立的商品品牌、商品设计以及自建网站本身设计的知识产权。进一步加强电子商务领域的知识产权保护，加强部门联动、社会监督，建立公平竞争、诚信守约的市场环境。

逐步整合目前国内基于不同技术标准建立的安全认证体系，建立全国范围内的电子商务安全认证体系。推进认证平台建设，完善电子认证基础设施，开展电子认证加密技术研究。在鼓励创新的同时，加强交易主体身份认证管理。加强信息安全防范，引导电子商务企业完善数字认证、密钥管理等安全服务功能。健全信息安全管理制度与评估机制，提高电子商务系统的应急响应、灾难备份、数据恢复、风险监控等能力。

（七）支持支付服务业的产品和服务创新

加快建立由网上支付、移动支付、固话支付以及其他支付渠道构成的综合支付体系，为电子商务提供安全、高效的资金结算服务。鼓励银行拓展电子银行服务业务，强化在线支付功能。鼓励银行加强与电子商务企业的合作，发展电子票据、移动支付等新型电子支付业务，推出适合电子商务特点的支付产品和服务。加强第三方支付平台建设，引导第三方支付机构在依法合规经营的基础上，加快产品和服务创新，做大做强非金融机构支付服务市场。

参考文献

[1] 国家邮政局. 2014 年邮政行业运行情况. www. spb. gov. cn, 2015 年 1 月 15 日

[2] 荆林波，梁春晓. 中国电子商务服务业发展报告 No. 2. 北京：社会科学文献出版社，2013

[3] 来有为. 加快新兴现代服务业发展需进行制度和政策创新. 中国发展观察，2013（6）

[4] 来有为，戴建军，田杰棠. 中国电子商务的发展趋势与政策创新. 北京：中国发展出版社，2014

[5] 隆国强等. 大调整时代的世界经济. 北京：中国发展出版社，2013

[6] 中国电子商务研究中心. 2014 年度中国电子商务用户体验与投诉监测报告. http://www. 100ec. cn, 2015 年 3 月 18 日

[7] 中国电子商务研究中心. 2014 年度中国电子商务市场数据监测报告. http://www. 100ec. cn, 2015 年 4 月 8 日

我国跨境电子商务产业发展分析及其政策选择

一、引 言

近几年，在传统外贸增速放缓的同时，跨境电子商务作为一种新型国际贸易形式增长迅速，成为我国对外贸易扩张的一个热点。据《中国电子商务报告》，2011年我国跨境电子商务交易额达到1.6万亿元，同比增长33%，2012年的全年交易额突破了2万亿元大关，同比增长超过25%。这种趋势变化体现了以下市场和技术条件变化：首先，国际经济持续低迷导致外贸订单出现"短、小、快"的趋势，"外贸碎片化"带动了一大批国内中小微外贸企业的发展，跨境电子商务成为其开拓海外市场的便捷渠道；其次，随着国内经济的快速发展，人们对生活品质越来越注重，庞大的中产阶级消费群体对海外奢侈品、高品质的食品、农产品等有着强大的进口需求，跨境网购是其满足需求最便捷的一种方式；最后，互联网、电子支付、智能移动等技术的发展为跨境电子商务提供了技术支撑。

跨境电子交易虽然增势迅猛，但相较于进出口贸易，跨境电子商务进出口规模还非常小。2013年中国进出口总额为41600亿美元，跨境网络零售交易额为214亿美元，只相当于进出口总额的0.5%。此外，我国企业参与跨境电商的比例还非常低，交易方式和商品结构比较单一，这表明我国跨境电商仍处于发展的初期。由于跨境电子商务已成为对外贸易的一个崭新发展方向，其快速发展及其影响广受关注。

从业务属性上来讲，跨境电子商务是电子商务面向海外市场的自然延伸，我国跨境电商也正是在国内电子商务长足发展的基础上快速发展起来的，所以对跨境电子商务的分析研究可以依托电子商务的研究框架。本报告的研究按照以下步骤展开：首先分析国内电子商务发展的基本特征和发展逻辑；在此基础之上分析我国跨境电子商务发展的模式；然后根据跨境电子商务发展模式展望跨境电子商务的发展趋势；最后提出促进我国跨境电子商务发展的战略思路与政策发展方向。

二、我国电子商务发展的基本特点与模式

近年来，我国电子商务发展的势头更为迅猛，总体规模越来越大。自2004 年以来，我国电子商务交易额一直在快速增长，除少数年份外，年增长率在 30% ~40% 左右。2013 年交易额突破 10 万亿元，达 10.28 万亿元。十年间，交易额增长了 10 倍。

（一）基本特点

我国电子商务最初从模仿他人模式起步，在此后十余年的发展过程中，我国电子商务企业结合国情，不断融合创新，业已形成相对稳定的市场格局，并发展出独具中国特色的服务业态与盈利模式。具体而言，我国电子商务发展呈现出以下特点。

1. B2B、B2C 和 C2C 三大电子商务市场格局基本形成

在堪称中国电子商务元年的 1999 年，马云在杭州创立阿里巴巴电子商务 B2B 网站，中国第一家在线销售软件图书的 B2C 网站 8848、第一家 C2C 电子商务网站易趣网、第一家 B2C 网上书店当当网也于同期成立，B2B、B2C 和 C2C 三大电子商务形式在我国正式开启。经过十几年的竞合，我国电子商务市场已经形成了相对稳定的市场格局。根据中国电子商务研究中心的监测数据，2013 年电子商务市场细分行业结构中，B2B 电子商务

占比 80.4%，网络零售交易规模市场份额达到 17.6%，网络团购占比 0.6%，其他占 1.4%。在每一市场基本都形成了阿里巴巴独占鳌头的市场格局。

B2C 电子商务的竞争最为激烈。2003 年之后，同品类商务网站展开了激烈竞争，如当当、卓越、贝塔斯曼的网上书店之争，青旅在线、亿龙网和携程网等旅游电子商务网站企业的竞争。全球 B2C 巨头亚马逊进入中国市场，进一步加剧了电商市场的竞争。随着中国网络购物人数的快速发展，新一批 B2C 电商快速崛起。京东商城、凡客诚品、唯品会、新蛋、红孩子等垂直电商大量涌现。2008 年，阿里巴巴推出淘宝商城，进入 B2C 市场。越来越多的传统企业，如方正、联想、海尔等制造企业，苏宁和国美两大家电零售巨头，中粮等食品类企业，李宁、七匹狼等服装类企业等开始开展不同形态的电子商务。经过激烈的价格比拼和融合淘汰，B2C 市场集中度呈现加强趋势①：2013 年第三季度，前十大 B2C 平台市场份额之和达到 89.7%，其中，天猫占 51.1%、京东占 17.5%、腾讯占 6%。

阿里巴巴在 B2B 核心业务盈利稳定后，于 2003 年上线淘宝网，进军 C2C 市场。阿里巴巴同年创建的独立第三方支付平台工具支付宝因采取担保交易模式，让电子购物变得简单高效，极大地推进了电子商务的发展，并迅速改变了 C2C 电子商务市场格局。2003 年，eBay 易趣作为 C2C 市场龙头，份额高达 90% 左右。到 2005 年底，据易观国际数字，淘宝 C2C 市场份额已达 57.74%，eBay 易趣降至 31.46%，拍拍网 3.76%。到 2008 年底，淘宝 C2C 市场份额高达 86%，拍拍网 7.2%，eBay 易趣退居第三，仅占 6.6% 的市场份额。2006 年当当网进军 C2C 市场以失败告终，2008 年百度推出 C2C 平台百度有啊，挑战淘宝网，也宣告失败。于是淘宝网迅速结束了 C2C 市场的争夺战，稳居中国 C2C 市场龙头。根据中国电子商务研究中心监测数据，2013 年底，C2C 市场淘宝占比 96.5%，拍拍网占比 3.4%，易趣网占比 0.1%。

---

① 商务部：《中国电子商务报告（2013）》。

2006 年，阿里巴巴在 B2B 市场一枝独秀的局面被打破，慧聪网的买卖通以及万网支持下的买卖网势力逐渐崛起。2009 年，中国制造网在国内 A 股市场上市，成为 B2B 市场第五家上市公司。中国电子商务研究中心监测数据显示，2013 年，B2B 电子商务服务商营收（包括线下服务收入）份额中，阿里巴巴继续排名第一，市场份额为 44.5%；后续排名分别是上海钢联（我的钢铁网）、环球资源、慧聪网、焦点科技（中国制造网）、环球市场、网盛生意宝，市场占比分别为 10.6%、7.1%、3.6%、2.4%、1.7%、1.3%。

2. 电子商务经营呈现出平台化趋势

B2B 和 C2C 电子商务都是以第三方平台的方式经营的，而 B2C 大都以单品类、垂直电商的运营方式起家。2010 年以后，主要 B2C 垂直电商纷纷向平台化转型，并走向线上、线下的融合。

根据中国电子商务研究中心监测数据，2013 年底，我国 B2C 网络零售市场上排名第一的是天猫商城，占比 50.1%；京东商城名列第二，占比 22.4%；位于第三位的是苏宁易购，占比 4.9%，后续排名依次为腾讯电商（3.1%）、亚马逊中国（2.7%）、1 号店（2.6%）、唯品会（2.3%）、当当网（1.4%）、国美在线（0.4%）、凡客诚品（0.2%）。这其中，除了天猫商城，其他各电商都是垂直电商起家的。从 2010 年起，无论是京东商城、当当网、凡客诚品等以电商起家的垂直电商，还是苏宁易购、国美在线等以零售商起家的垂直电商，或是亚马逊中国等外资背景的垂直电商，都纷纷开放平台，引进品牌商，推进平台化。1 号店也于 2010 年开放平台。

在排位前十的 B2C 电商中，唯品会是迄今为止唯一一个没有开放平台、始终坚持自营的电商。这家以非标品和限时出售为商业模式的电商走了一条特色化道路，为垂直 B2C 提供了一种可能的生存方式。

除了上述通过平台化在 B2C 电商大战中生存下来的电商之外，众多的小型 B2C 垂直电商，要么被收购，如自有品牌电商贴身服饰维棉、家纺优雅 100、女装品牌初刻、男装品牌 NOP 和母婴品牌红孩子都被收购；要么成为平台电商的入驻商家，如优购、好乐买、酒仙网、麦包包等均入住天猫；要么被淘汰。

3. 电子商务的发展催生大量新型服务业态

作为商品、物流、资金、技术服务等多要素构成的一个综合交易过程，电子商务本身就是一种新型服务业态。电子商务的不断演进发展，催生了更多的新型服务业态。这些新业态具体包括两类：一类是电子商务支撑服务业态，如电子支付服务、物流服务、认证服务、云计算服务等；另一类是电子商务衍生服务业态，如电子商务运营服务、电子商务信息技术服务、电子商务营销服务等。

就支撑类服务业态的发展来看，电子商务的发展不仅催生支付宝、财付通、好易联、快钱等众多第三方电子支付工具，也使服务于电子商务的快递服务和电子认证服务业得到快速发展。近年来，为了解决网络瓶颈，云计算成为电子商务平台的重要战略方向。2009 年，阿里巴巴集团成立阿里云计算公司，之后京东商城和苏宁易购先后推出云计算服务；2013 年，微软、IBM 和亚马逊等国际巨头也开始进入我国的云计算市场。

就衍生类服务业态的发展来看，随着大批品牌企业、制造企业和中小企业开展电子商务以及国际品牌商进军我国电子商务市场，专注于网店运营、营销推广、视觉设计和客服外包等电子商务运营服务商快速崛起，"平台＋插件"的移动信息技术和 O2O 技术支持等信息技术服务有了不断扩大的发展空间，全网营销、移动营销、社会化导购和网店模特等电子商务营销服务作为全新业态也得到了快速发展。

4. 电子商务的发展促进了产业融合

电子商务发展促进产业融合体现在两方面。一是电子商务（尤其是B2B）进一步促进上下游企业之间的供求关系，围绕最终产品的生产制造而在整个产业链上优化重组，从而促进产业分工，加速产业集聚，优化资源配置效率。二是电商平台企业出于自身业务发展需要而进入相关行业。如阿里巴巴进入物流业，建立菜鸟系统，整合国内五大快递企业（顺丰、圆通、中通、韵达、申通），打造所谓的"中国智能物流骨干网（CSN）"，

试图提供在全国任何一个城市 24 小时送达的物流服务。此外，据报道①，
从 2013 年到 2014 年 5 月，阿里巴巴将 A 股上市公司恒生电子、华数传媒
和 H 股上市公司中信 21 世纪、银泰的部分股权收入囊中，涉资超 150 亿
元；包括未上市公司在内，阿里巴巴并购涉资超过 400 亿元。通过上述运
作，阿里巴巴的庞大版图包括了电商平台、O2O 生活服务、社交平台、娱
乐视频、医疗健康、互联网金融、在线旅游、物流平台八大领域。另一方
面，也存在电子商务支撑服务业反向地向电商渗透与融合。如快递巨头顺
丰速运凭其庞大的网络、冷链物流和航空货运等复合优势，于 2012 年上线
网络生鲜市场顺丰优选；2014 年在全国铺开名为"嘿客"的便利店，进军
O2O 市场，意欲打造一体化供应链服务，实现为客户提供"信息、资金、
物流"三流合一的闭环商业模式。

5. 电商企业殊途同归，形成日益趋同的发展模式

在电商发展初期，支撑电子商务的商品、物流、资金、技术服务等各
要素只是独立运作或有限合作，随着市场规模的日益壮大以及市场竞争的
加剧，电商企业不断将网络交易相关的全产业链整合起来以获得更大的利
益。另一方面，电商平台所入驻的大量中小企业本身就是一个巨大的资
源，为电商平台企业通过开展各类定制服务以获得利润提供了非常有利的
条件。为此，在充分掌握店商的详细交易数据并以此建立其交易信用数据
库（诚信档案）的基础之上，利用电子支付工具、借用商业银行已经发展
成熟的供应链金融，为入驻店商企业提供信用贷款，也就成为电商平台企
业业务发展的自然的逻辑过程。

目前，国内几大电商平台企业基本上都是在这个平台的演进逻辑上发
展过来的。例如，马云在创建 B2B 的网上交易平台后，为解决网络交易的
信用问题，于 2002 年 3 月推出了"诚信通"；为了提高支付的便捷性和解
决交易安全问题，于 2004 年创立第三方支付平台——支付宝；为了解决平

---

① 唐振伟："互联网巨头着力整合产业链，'不惜代价'并购将成主线"，《证券日报》2014
年 5 月 14 日。

台上的小微企业的融资需求，分别于 2010 年、2012 年成立浙江阿里巴巴小额贷款股份有限公司和重庆市阿里巴巴小额贷款股份有限公司；为了向天猫、淘宝平台上的店商及店商服务商提供 IT 基础设施和数据云服务，于 2012 年 7 月推出聚石塔平台……马云将这个业务发展逻辑表述为"平台、金融、数据"。

另一家龙头电商企业京东尽管以自营模式起家，但是在业务发展方向上与平台电商起家的阿里巴巴如出一辙：在构建日益完善、开放的快递物流体系的基础上，收购网银在线以发展属于自己的第三方支付体系，并联合中国银行推出"供应链金融服务"，利用京东的规模和信用帮助供应商从银行获得资金；投巨资在内蒙巴彦淖尔和江苏宿迁建设两个云计算中心，为入驻企业提供第三方云存储和大数据分析服务。其他颇具规模的 B2C 或 C2C 电商企业也基本沿着这个逻辑在发展、扩张。

（二）我国电子商务发展的平台演进模式

我国电商企业日益走向统一的发展模式，即首先通过开放平台、增规模、扩品类实现平台化，然后在延长产业链和扩展业态的过程中寻找价值增长点，由此形成特色化经营。遵循这一模式，电商企业基本沿着平台逻辑、产业链逻辑、工具逻辑、特色模式逻辑发展、演进。

1. 平台逻辑

以自营为主的垂直电商因为品类单一，规模小，难以形成规模和信息优势。与之相对，综合性第三方平台形成巨大的向心力，将制造商、批发零售商、消费者、单品类垂直电商等裹挟、吸卷其中。多品类综合性经营有利于发现商品和价格，形成信息优势；开放性平台吸引更多的入驻商家，有利于形成规模优势，压低商品和服务价格。规模优势还为产业链融合和工具扩展提供市场基础。对于以标准品为主的电子商务交易而言，规模或基于规模的流量成为电商企业生存的基本条件。所以，构建第三方平台或垂直电商平台化，吸引入驻网店达到一定规模，通过价格战促进交易规模达到一定水平并保持快速增长势头，是电商发展的基本逻辑，即平台逻辑。

2. 产业链逻辑

平台价格战的结果是，谁都无法通过网络交易本身赢利，电商平台必须围绕占据优势地位的平台，延长其上下游产业链条。从上游来看，电商平台与入驻电商甚至生产企业建立更紧密的合作关系，以保证市场供应。从下游来看，电子支付服务业、物流服务业、认证服务业、云计算等信息技术服务业电子商务支撑业态为入驻电商和客户的交易提供更多便利，更为电商寻找价值增长点提供机会。

3. 工具逻辑

电商平台延长其产业链条、培育价值增长环节的重要内容是开发、应用更多的市场工具，包括便捷快速的快递物流、电子支付工具和云计算服务等。这些工具因电子商务而出现或加速发展，在发展到一定程度之后，逐渐成为独立业务，被其他行业所使用，成为独立于电子商务交易的价值增长点。比如第三方电子支付工具、互联网金融、物流网络、云计算产品等。

4. 特色模式逻辑

基于一定交易流量、选定产业链延长方向开发自己的价值增长点，最终构建自己的企业盈利模式是电子商务企业的根本竞争逻辑。也就是说，电商平台之间的竞争，由最初的围绕平台规模的价格战，逐步向经营模式的竞争转变。电商平台需要在其拉长的产业链条上发现并培育出新的价值增长环节，并在这些环节上发展、应用高效的市场工具，从而创造出更大的效益。平台、价值链与市场工具的结合，衍生出独特的市场发展模式。只有这样，电商平台才能不断地打败竞争对手，并日益占据市场主导地位。

我们将上述四个逻辑构成的电商发展模式称为"平台演进模式"[①]，如图1所示。不同的电商平台企业最后都不约而同地按照类似的平台演进模式去规划自身的电子商务业务发展战略，说明平台演进模式本身具有某种合理性。因此，我们可以将平台演进模式看作是电子商务平台发展的动态业务架构。

---

① 陶涛、李广乾："平台演进模式与我国电子商务发展趋势分析"，《中国发展观察》，2015 年第 3 期。

平台、价值链与市场工具的组合形成
独特的市场发展模式，电商平台据此
获得竞争优势并占据市场主导位

特色模式逻辑

在延长的产业链环节，发展、应用更多
的市场工具，培育新的增值服务

工具逻辑

围绕平台延长其上下产业链条
上游：通过入驻网店或生产企业保证市场供应
下游：围绕电子交易衍生更多服务业态和企业

产业链逻辑

入驻网店达到一定数量，
交易规模达到一定水平并保持快速增长势头
价格战是最主要的平台竞争手段

平台逻辑

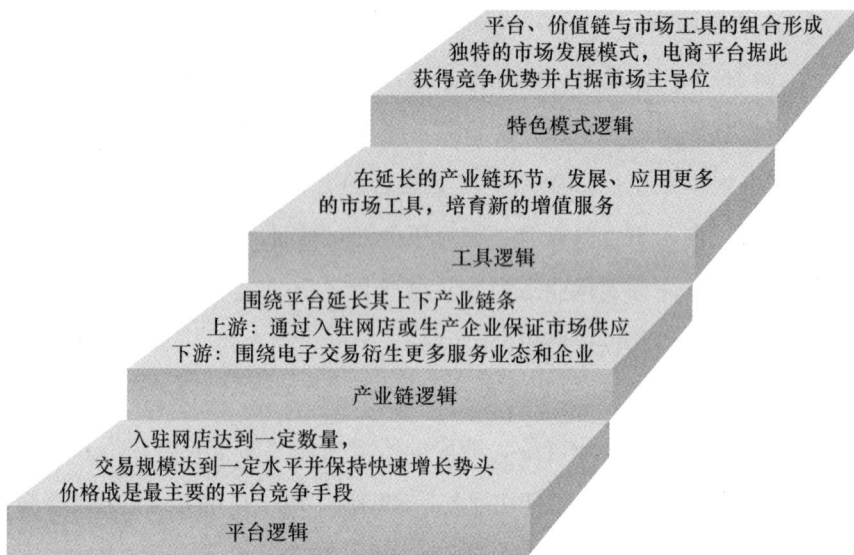

图1　我国电子商务发展的平台演进模式

实际上，平台演进模式不仅是电商平台企业基于电子商务产业链的价值分布而采取的一种非常理性的战略选择，也是其应对市场竞争的客观需要；与此同时，物联网、云计算和大数据等新一代信息技术也为构建这种动态业务架构提供了现实的可行性。平台演进模式的日趋成熟表明，我国电子商务平台企业开始从简单、残酷的价格竞争向更高端的架构、模式和体系的综合竞争转变。

三、我国跨境电子商务发展现状

相较于国内电子商务的蓬勃发展，我国跨境电子商务起步晚，规模小，近几年才呈现出爆发式增长，总体来说还处于上升期的初级阶段，还没有成形的发展模式和行业格局。

（一）国内电子商务发展和跨境电商优惠政策出台促进跨境电子商务迅速扩张

国内电商在发展到一定阶段后开始向跨境电子商务扩张。如电商龙头阿里巴巴虽然较早启动了跨境电子商务，但是早期运作并不成功，直到淘宝、天猫在中国市场上获得了巨大的成功后，阿里巴巴开始将它们的成功经验复制到跨境电商平台。2007 年，淘宝全球购上线，复制淘宝在国内的C2C 模式，为国内消费者代购国外商品搭建平台。2010 年一淘网上线，搭建中国进口商品的 B2C 平台，为消费者提供导购决策。同年，全球速卖通上线，为中国商家出口商品搭建平台，主要以批发零售体积小、附加值较高的产品为主。2014 年 2 月，天猫国际上线，复制天猫在中国市场的模式，为国外知名商家向中国消费者出售商品提供服务。此外，少数外资电子商务企业基于自身优势而开展的跨境业务。例如，2006 年 eBay 联合易趣的国内 C2C 业务落败于淘宝之后，把目标转向利用自身平台优势将中国企业和出口商与其他国家的消费者连接起来，上线 eBay 中国跨境 B2C 业务，开始了从国内 C2C 到跨境贸易 B2C 的转型。

2011 年以来，在中央及各地政府的大力推动下，跨境电子商务的行业规范和优惠政策相继出台，逐步扫除跨境电子商务的障碍，激发各种跨境电子商务业态不断涌现。越来越多的贸易公司转变业务发展方向，在传统贸易方式日益萎缩的前提下，开始有意识地向跨境电子商务转型。一些具有电子商务或对外贸易经验的创业者直接搭建跨境电子商务平台，或成立为跨境电子商务提供解决方案的服务商。上海、重庆、杭州、宁波、郑州5 个跨境电子商务试点城市都搭建了跨境电子商务平台。

通过上述各种方式搭建的跨境电子商务平台企业在 2013 年已超过5000 家，境内通过这些平台开展跨境交易的企业已超过 20 万家①。跨境电商的涌现，促进了跨境电子交易的爆发式增长。2011 年我国跨境电子商务交易额达到 1.6 万亿元，同比增长 33%；2012 年的全年交易额突破了 2 万亿元大关，同比增长超过 25%；2013 年跨境网络零售交易额为 214 亿美元。

---

① "2013 年商务工作年终述评之十二：跨境电子商务发展取得阶段性成效"，http：//www. mofcom. gov. cn/article/ae/ai/201312/20131200435235. shtml。

（二）跨境电子商务总体规模小，市场集中，仍处于上升初期

跨境电子商务近几年虽然增速快，但总体规模还非常小。2013年，中国进出口总额为41600亿美元，跨境网络零售交易额为214亿美元，只相当于进出口总额的0.5%。从企业的参与率来看，2013年我国企业参与跨境电子商务的总体水平不足3%。从市场结构来看，跨境电商交易高度集中于B2B市场和出口市场。如表1所示，2008年B2B跨境电子商务占比近100%。近几年随着B2C和C2C跨境电子商务的启动和发展，B2B市场占比有所下降，但依然处于绝对主导地位。跨境电子商务交易中进口比重很低，出口居主导，占跨境电子商务交易额的90%以上，从2008年的占比95.2%稍降低至2012年的90.2%。

表1　　　　　　　　　　　　我国跨境电商交易结构

	2008 年	2009 年	2010 年	2011 年	2012 年
B2B 占比（%）	99.3	98.7	97.7	96.8	95.4
出口占比（%）	95.2	93.9	93.5	92.4	90.2

资料来源：艾瑞咨询：《2012～2013年中国跨境电商市场研究报告》。

总体上看，我国跨境电商规模依然较小，企业参与跨境电商的比例低，交易方式和商品结构单一，表明我国跨境电商仍处于发展初期。

（三）跨境电商的主流模式从信息服务平台向交易平台转换

根据《2012～2013年中国跨境电商市场研究报告》，我国跨境电子进出口目前大致有四种运营模式。大宗B2B跨境电商多以提供信息服务、撮合交易的经营模式为主，不断涌现的小型B2B和B2C电商则向集交易、支付和物流为一体的交易平台扩张。

第一种是大宗交易平台（大宗B2B）模式。以阿里巴巴国际市场、环球资源、中国制造网、环球市场集团、Direct industry等为典型代表。传统跨境大宗交易平台通常覆盖互联网、线下展会、纸质出版物等多种渠道，为境内外会员商户提供网络营销平台，传递供应商或采购商等合作伙伴的商品或服务信息，并最终帮助双方完成交易。参与者包含卖家、买家和

B2B 服务提供商。其中，卖家是指在交易过程中生产和出售产品或服务并由此获利的企业，它们通过 B2B 服务平台获取相应的买家信息，并将自身的信息传递给买家；买家是指在交易过程中因自身需求购入产品或服务的企业，它们通过 B2B 服务平台获取相应的买方信息，并将自身的信息传递给卖方；B2B 服务提供商是指连接产品或服务卖家和买家的纽带。该模式的盈利模式通常包含会员费和营销推广费用等。

第二种是综合门户类跨境小额批发零售平台模式，即独立第三方销售平台小宗 B2B 或 C2C，如阿里速卖通、敦煌网、易唐网等。平台一方是作为卖家的国内外贸企业，另一方是作为海外买家的消费者。平台运营商不参与物流、支付等交易环节，通过在交易价格的基础上增加一定比例的佣金获取收入。

第三种是垂直类跨境小额批发零售平台模式。电商自建 B2C 平台，联系国内外贸企业作为供货商，买断货源，自建物流、支付和客服体系，将产品销往海外。因为是自营，盈利来源主要是销售收入。采取这类模式的跨境电商有兰亭集势、米兰网、帝科思、Chinavasion 等。

第四种是专业第三方服务平台模式。电商不直接或间接参与任何电子商务的买卖过程，为从事小额跨境电子商务的企业提供通用的解决方案，收取服务费，或与企业实行业务收入分成。四海商舟、递四方等是这类服务商的典型代表。

2003 年之前，我国跨境电商主要为企业及产品信息提供网络展示平台，不在网络上涉及任何交易环节。2004 年敦煌网上线后，跨境电商平台开始摆脱纯信息黄页的展示行为，将线下交易、支付、物流等流程实现电子化，逐步实现在线交易平台。目前跨境电商正在经历从信息服务到在线交易、全产业链服务的产业转型。

（四）跨境电子商务进口规模很小，出口结构单一，集中于传统优势产品

当前，我国跨境电子商务进口贸易主要集中于由于政策因素导致国内外价差较大的奢侈品及部分特殊产品，例如牛奶等农畜产品等。跨境电子商务进口业务的总体规模不高。

当前我国通过跨境电子商务出口的主要产品类别是"3C"电子产品、服装、美容保健等商品，集中于传统优势产品。图2显示了2012年阿里巴巴国际市场的交易产品类别比例，前5位产品分别是服装服饰、手机通信产品、计算机网络产品、美容保健产品和消费电子产品。

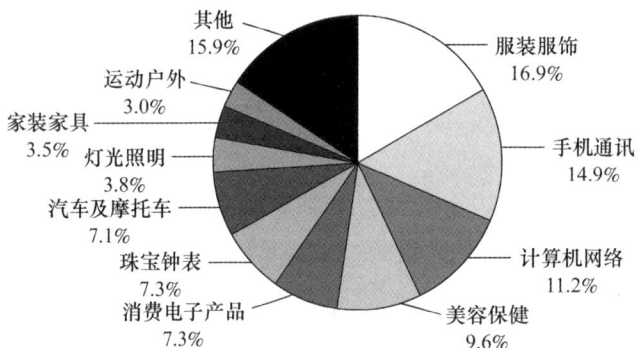

图2　阿里巴巴国际市场交易产品类别（2012年）

资料来源：艾瑞咨询：《2012～2013中国跨境电商市场研究报告》。

2014年上半年敦煌网销售额前10位的产品类别（如图3所示），分别是消费电子产品、手机及手机附件、计算机网络、婚礼用品和美容保健等。总体来说与阿里巴巴类似。

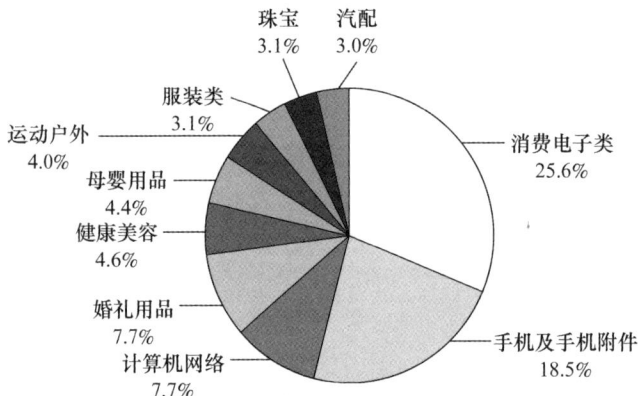

图3　敦煌网销售额前10类商品（2014年上半年）

B2C跨境电商兰亭集势的交易商品也是以服装和电子通信产品为主。

表2所示的兰亭集势收入构成中服装和电子产品的销售收入占比为70%上下。

表2		兰亭集势销售品类的收入构成比		单位:%
品　类	2010 年	2011 年	2012 年	2013 年
服　装	34	40	40	30
电子通信	44	32	21	
配　件	3	10	20	70
家　居	7	12	11	
其　他	13	6	7	

资料来源: 安信国际。

从上述出口品类来看，跨境电子商务主要促进了传统上具有出口优势的小型劳动密集型企业的出口，使那些由于劳动力成本上升、人民币升值以及其他成本上升因素导致成本优势不再的小微企业得以进入或重新进入出口市场。

四、我国跨境电子商务发展面临的障碍与问题

虽然在技术上跨境电子商务与国内电子商务没有太大差异，但是跨境电子商务的国际贸易性质使其面临更多的环境与市场因素的限制。

（一）在跨境环节上普遍存在清关难、退税难、结汇难问题

跨境电子商务交易多以快件或邮递模式出口，报关主体是快递、邮政公司，因而电商的出口记录不能反映在海关系统内。另外，清关时间长，且无法进行外汇核销及获得退税补助等。这导致了跨境电子商务在跨境环节上普遍存在清关难、退税难、结汇难问题。

这几年来，国家相关职能部门围绕通关、检验检疫、电子支付与汇兑、信用管理、退税等环节相继出台了一系列政策文件，完善跨境电子商务发展的整体环境，并在上海、重庆、杭州、宁波、郑州5个城市开展跨

境电子商务试点工作，积极探索促进跨境电子商务发展的管理模式。这5大城市积极落实试点工作，在跨境电子商务服务工程上已各有成效。

上海电子口岸会同上海海关共同推动，重点研究、推进以快件形式进境的一般进口跨境电子商务模式。计划通过行邮税网上征缴的办法，通过与大型跨境电子商务网站合作，在国内消费者网上购物成交的同时，提示消费者已购商品应缴关税情况，为国内消费者提供透明、快捷的缴税通道。

重庆建立地方法规《重庆市国际电子商务交易认证管理办法》作为政策支撑，采取以电子交易记录取代传统贸易中的商业合同、以电子支付记录取代传统贸易中的银行单据及收汇单据等方式来开展国际电子商务交易认证工作。

2012年，杭州市政府印发《杭州市跨境贸易电子商务服务试点实施方案（2012.8～2014.8）》，确定了杭州试点的主要目标、主要任务、试点时间和保障措施。2013年7月，中国首个跨境贸易电子商务产业园在杭州开园。产业园定位为集跨境电商、保税仓储、跨境金融支付为核心的产业集聚区。在产业园区，海关的"集中申报"改为"分送集报"，为企业提供通关便利；园区的海关、国检、外管等部门建立了信息化共享平台，帮助企业解决结汇退税等难题。目前已经吸引了阿里巴巴、全麦、创梦谷、顺丰、圆通、探骊、邮政EMS等跨境贸易电子商务产业企业陆续入驻。

宁波市专门成立了试点领导小组，由市政府下发《关于推进宁波市跨境贸易电子商务服务试点工作的通知》，推进试点工作。有关部门和相关区域也将出台一系列实质性举措，扶持跨境电子商务发展，如建立国际邮件互换局和国际邮件交换站、打造跨境贸易电子商务出口基地、建设跨境贸易电子商务服务平台等。

2013年7月，郑州"E贸易"业务在河南保税物流中心启动试运行。河南保税物流中心内设立了"国际大仓库"，供货商通过电子商务获得中国境内买家的购物单，从国外原产地委托物流公司将货物运至新郑国际机场，再到河南保税物流中心转关、申报，同时由海关、质检等部门监管，接受检验检疫部门的抽样查验，再终端配送到中国境内买家手中。保税物流中心还提供完善的退换货与维修机制，应对跨境电子商务面临的物流成本高、时间长、产品出现质量问题难退换等问题。

跨境电子商务试点城市推行的"清单核放、汇总申报"模式虽解决了"三难"问题，但总的来说，模式推广有待扩大，相关细则仍需进一步完善，尤其是需要推进海关系统与跨境电商平台的信息连接。

（二）跨境物流费用高、时间长是跨境电商普遍存在的问题

跨境物流是跨境电子商务最为重要的影响因素。由于是跨国运输，距离长，成本必然大大高于国内快递成本；加之跨境电子商务交易订单金额较小，相对而言物流成本更显高昂。

国内物流公司虽然提供跨境物流快递服务，但在国际覆盖范围、物流配送效率、物流信息采集等方面与国际物流快递公司相比存在较大差距，难以有效满足电商企业的需求[1]。所以，当前我国跨境包裹的主要承运商是联邦快递（FedEx）、联合包裹（UPS）、敦豪速递（DHL）、天地快运（TNT）等外资国际物流快递公司。另外，中国邮政早已经发展出一套完备的、标准化的小件物品邮递网络，近年来也在积极应用信息技术手段进行现代化改造；更为重要的是，邮政网络已经遍布世界各个角落。因此，对于国际小件包裹来说，邮政物流也是不错的选择。根据笔者在绥芬河调研跨境电子商务发展情况时所获得的材料，目前中国邮政已经在绥芬河口岸建立了一个专门处理跨境电子商务国际小包裹业务的公司，据该公司介绍，近年来，通过绥芬河口岸发往俄罗斯的跨境电子商务国际小包裹数量在翻倍地增长，而传统的邮政包裹业务量连跨境电子商务国际小包裹日处理量的零头都不到。所以，目前跨境电商订单主要通过国际快递和邮政小包两种方式投递。国际快递时间短，但运费高，甚至高于商品的价格；邮政小包裹在重量上受限制，运输时间也较长。

---

[1]　来有为、王开前、李广乾："我国跨境电子商务的发展形态面对的主要挑战与政策建议"，《中国经济时报》，2014 年 6 月 17 日。

此外，出口商品运送到境外依然要依托进口国的国内物流系统。在俄罗斯、巴西等跨境电子商务需求不断扩张的新兴市场，国内物流配送网络不通畅，针对这些新兴市场的跨境物流成本问题更为突出。因此，如何降低运费、缩短快递时间是跨境电商普遍存在的问题。

（三）跨境电子支付面临更大障碍

跨境电子商务的电子支付涉及本外币的兑换，以及国外用户的电子支付应用条件，因而要比国内电子商务的电子支付问题复杂。从行业发展来看，主要有两种形式，即虚拟银行（含银行卡、信用卡）的网络支付和第三方电子支付。但是，从发展趋势来看，第三方电子支付正在日益占据电子商务及跨境电子商务的主要地位。就我国国内情况来看，截至 2013 年，支付宝以 46.4% 的在线支付市场份额远超银联的 13.1%。

这种发展趋势使得各大跨境电子商务企业以及大型 IT 企业，都在发展自己的第三方电子支付工具。就国内来看，经过几轮的第三方支付牌照的发放，几乎所有的大型电子商务企业都已经有了自己的第三方电子支付工具。国外的情况也是如此，例如，除了 eBay 的 PayPal 外，Amazon 也在 2014 年 8 月推出自主移动支付服务工具。

从整个国际跨境电子商务行业发展来看，我国第三方电子支付企业将面临远比国内更加激烈的市场竞争。多年前，我国第三方电子支付企业就开展了跨境电子支付相关业务。2007 年，支付宝与中国银行等银行合作，推出跨境支付业务，自 2009 年开始，支付宝提供国际银行卡在线支付服务，支持在淘宝网及其他商户使用 VISA、MasterCard、JCB 卡进行网上支付，目前已经覆盖全球大部分国家和地区。2011 年，财付通与日本恒生软件株式会社、境外电子支付提供商 CYBERSOURCE、ASIAPAY、美国运通等机构展开合作，实现了网购跨境支付[1]。2013 年 9 月，支付宝、财付通

---

① 谢尔曼、黄旭，"跨境支付放牌：第三方支付迎来业务蓝海"，《上海证券报》，2013 年 11 月 15 日。

等 17 家第三方支付企业获得跨境电子商务外汇支付业务试点资格企业。但是，从市场来看，我国电子支付企业的地位仍然很低，美国 eBay 旗下的 PayPal 则因为在国际跨境电子商务市场的广泛市场联系，在跨境电子支付方面仍然处于绝对领先地位①；而且，为了保护自身的垄断地位，PayPal 于 2011 年 8 月终止与阿里巴巴在全球速卖通业务上的支付合作。因此，今后我国电子支付工具要在全球跨境电子商务市场得到大发展，还将面临不小的困难。

（四）非统一大市场是限制跨境电商扩张的根本问题

无论是清关难、退税难、结汇难问题还是跨境物流和支付问题，通过政策调整和完善、通过企业投资和技术处理，随着消费者支付习惯的改变，通关、物流和支付问题将会不断得到解决或改善。限制跨境电子商务长足发展的根本问题还是跨境电商面对的不是统一的大市场。

在一国的国内市场上或者像欧盟那样的统一大市场上，有统一的法律制度和市场机制，生产要素可以自由流动，有完善的物流条件和相对一致的文化和消费习惯，电商平台比较容易通过平台演进发展模式形成竞争优势。而跨境电子商务跨市场、跨国家、跨语言、跨文化、跨海关等，除了欧盟和美、加等大国外，没有统一的大市场，每一个市场上都需要新的战略、投资、布局。这就加倍提高了电子商务交易成本，大大增加了跨境电商成功的难度，降低了跨境电子商务推进的速度。

（五）网络虚拟性和信用体系、追溯体系等不完善是跨境电商发展的重要桎梏

由于网络虚拟性及开放性，参与者信用的不确定性是电子商务发展中的桎梏。有能力网购而不进行网购的消费者主要担忧的就是信用及安全问

---

① 李志豹，"国内第三方支付发力跨境业务 竞争领域细分化"，《中国企业报》，2011 年 12 月 6 日。

题。网络欺诈、假冒伪劣侵权一直是跨境零售电子商务的顽疾。

目前，我国从事跨境电子交易出口的以中小微企业为主，企业实力和信誉良莠不齐。我国行业评级和信用体系不完善导致商户信用和产品质量方面的信息不对称，也使一些电商商户在融资和行政管理绿色通道方面存在困难。在一些欧美发达国家，零售业服务水平较高，普遍采用无条件退换货行业规则。电子商务的特点也决定了退换货比例较高，因此跨境电子商务的退换货率也一直呈增长趋势。但是由于涉及跨境通关和物流，退换货很难有一个顺畅的通道返回国内，这就降低了我国跨境电子商务出口产品的吸引力。

目前正在试点的跨境电子商务产业园有利于降低国内购买者对境外商品质量、商户信用的信息不对称问题，但是如何提高国内产品对外国消费者的信息不对称问题还有待进一步解决。

五、我国跨境电子商务发展的趋势与模式分析

上述分析表明，我国跨境电子商务的发展一方面受益于国内电子商务大力发展的积累和经验，另一方面又受到跨境电子商务自身发展环境的限制。因而，我们在分析和把握我国跨境电子商务发展的趋势以及可能的发展模式时，既要借鉴国内电子商务发展的基本模式，又要考虑跨境电子商务发展内外环境的限制与变化。

（一）海外本地化服务是跨境电商拓展产业链和创新工具的主要方向

由于非统一的大市场，跨境电商难以像国内电商那样实现全产业链。面对境外的本地市场环境和本地电商的竞争，尽快推行海外本地化服务是跨境电商的一大趋势。

2014 年底，eBay 与中国跨境电商整体解决方案提供商万邑通信息科技有限公司签署战略合作协议。根据协议，万邑通将立足海外仓、依托大数据、以优化买家体验为核心，提出一站式跨境供应链解决方案，为 eBay 卖

家提供涵盖国际海空运、海外仓储和"最后一公里"派送的全套服务。以解决跨境电商地域长、环节多的困难，实现海外市场的本地化服务，把跨境电商的供应链短板转化为"本地竞争优势"。

一段时间内，海外仓将是跨境电商实现本地化服务的主要工具。越来越多的跨境电商将通过建立或利用海外仓储的方式加快商品配送速度，降低跨境物流成本，同时提升退换货体验，从而获得在境外市场的本地化竞争优势。2014年，我国大龙网与 XRU（俄速递）在俄罗斯联合建立"海外仓"；中国（杭州）跨境电子商务综合试验区申报正式获国家批准，计划三年内浙江省将省级跨境园区在 2014 年首批认定公布 10 家的基础上扩建到 100 家，并建成覆盖五大洲主要出口国家的 60 个公共海外仓。阿里旗下的跨境电商平台全球速卖通也开始整合专业海外仓服务商，2015 年 2 月 6 日宣布新增美国、英国、西班牙、法国、德国、意大利、俄罗斯、澳大利亚、印尼 9 个海外发货地，速卖通卖家可以针对这 9 个国家及辐射区域提供本地化物流及服务。

如何降低跨境运输费用、缩短运输时间是跨境电商进一步发展必须解决的关键问题。对于那些已经在国内建立起完善的物流快递网络的国内大电商平台来说，迫切需要做出决策是继续利用价格高的国际物流公司，还是挑选跨境电子商务潜力较大的国家和地区投入巨资构造自己的物流体系，还是另觅其他更优的方式。

跨境电商选择哪种方式解决跨境电商物流问题，由其预期收益与预期成本之间的比较决定。假定预期收益为 R，预期成本为 C，那么只有当某种方式的 R＞C 时，跨境电商才会选择。其中，预期收益的影响因素包括所在国家或地区的人口规模、经济发展水平以及信息化发展指数等，预期成本的影响因素则包括人口密度、空间距离、劳动力成本以及管理成本等。根据目前跨境电商的规模和主要增长地区的特征，比如欧美等国的订单比较分散、俄罗斯的幅员过于辽阔、印度的信息化水平较低等，无论是对于以小额国际包裹为主的 B2C 还是以小额批发业务为主的 B2B 平台，都不适合投入巨额资金在境外建立自己的物流体系。

针对海外零售跨境交易，海外仓模式是一段时间内较为现实的选择。卖家租用跨境电子商务服务商的海外仓储，将货物存储到主要出口地的当地仓库。在买家下单后第一时间做出快速响应，及时进行货物的分拣、包装以及递送。这样有利于解决跨境电子商务发货慢、物流贵的难题。

我国目前主要由跨境电子商务服务（递四方速递等）商或第三方海外仓储提供海外仓服务。随着跨境电商平台设立海外仓，我国跨境电商在一段时间内将出现大电商平台和跨境电子商务服务商海外仓并行发展的格局。

（二）国外市场国内化和国内市场国际化将是跨境电商扩大规模的主要趋势

为了突破非同一大市场的局限，电商在涉足和扩大跨境电子商务、推进国际化时，一方面吸引外国卖家和电商入驻国内平台，另一方面入驻外国的本地电商平台，将是跨境电商扩大规模的一个趋势。除了电商平台外，从事跨境电子交易的卖家也将更多地入驻外国的第三方平台，这样，就形成了国外市场国内化和国内市场国际化。

目前，有很多外国人在淘宝开店，特别是义乌的中东人；也有外国人做速卖通。中国人在国外开淘宝店做代购业务越来越多，2万家左右的大陆卖家入驻eBay。这种本国商家入驻外国电商、外国商家入驻本国电商的国内国外联动的交叉模式能克服非统一市场的缺陷。首先，能解决信任问题和支付问题，物流也不再是最大的障碍；其次，本土化服务和营销也能得到充分实施；再次，大批量正规通关可以解决各国政府在税收和政策上的担忧；最后，入驻商家只有融入国外成熟的电商体系当中，才能把风险降到最低。这种电商的国际化过程将加剧跨境电商之间的竞争。

（三）跨境电商的竞合加剧，国内大电商或将主导跨境电商业务

本地化服务和国际化的发展趋势将加剧电商平台企业之间的竞争，促进它们加快拓展更多的区域市场、丰富交易品类，不断发掘新的产业价值环节和链条，提高自身的竞争力。此外，跨境电商平台企业不仅面临来自

国内同行的竞争，也面临国际同行的竞争。日益激烈的竞争将导致大范围的兼并重组，或将形成国内大电商主导跨境电商业务的格局。

与国际电商巨头亚马逊和国内电商巨头阿里巴巴相比，兰亭集势、敦煌网、大龙网等跨境电商显得体量不足。在新一轮扩张性竞争中，如果没有正确的战略定位，不能抓住发展机遇，极有可能上不了更高台阶而被收购。兼并重组具体形式还包括，跨境垂直电商被阿里巴巴或其他跨境大电商收购；国内电商和跨境电商之间的大规模兼并重组；传统零售企业或者生产性企业通过收购电商平台来快速布局电商，强化市场占有率和领导力，如百年裤业收购环球易购；国内的淘宝品牌或垂直品牌被收购等。

由于国内大电商在平台、产业链、工具和价值增长点上有优势，更有可能在跨境电商竞合中胜出，主导跨境电子商务格局。

（四）跨境 B2C 市场将呈现爆发式增长

未来随着海外推广、交易支持、在线物流、在线支付、售后服务、信用体系和纠纷处理等服务的不断完善，中国跨境 B2C 市场将会迎来爆发式增长，在中国跨境电商市场中的份额不断提升，为中国中小企业带来新的盈利增长点。

首先，由于互联网的开放性，B2C 模式可轻易突破国界限制，充分利用发展小众、长尾、细分的利基产品市场，这与企业在有限的区域市场内面临激烈的市场竞争相比，无异能够创造更多的商业机会；其次，B2C 网上零售一方面可以有效掌握市场信息，把握经营产品流行趋势，另一方面通过建立 B2C 网上直销树立企业品牌，走向国际市场，摆脱传统模式下代工的尴尬地位；最后，相较于传统跨境模式，B2C 模式可以跳过所有中间商，从而赚取高额利润。

（五）跨境电子交易进口的增速将进一步提高

当前，我国跨境电子商务进口贸易主要分布在奢侈品及部分特殊产品，例如牛奶等农畜产品等。对于奢侈品来说，国家产业政策的限制导致国内产品价格比国外同类产品价格高出许多，使得国内民众对国外产品产生大量需求。但是，由于跨境电子商务的生态环境尚未健全，特别是快递运输、信用与质量保证等因素难以确保客户权益，因而跨境电子商务进口业务的总体规模仍然不高。一些地区所开展的促进跨境电子商务进口的上述措施也将日益发挥作用，跨境网购将日益规范和可靠，这些也将直接促进跨境电子商务进口。如2014年8月，上海自贸区管委会、上海市信息投资股份有限公司（信投公司）与美国亚马逊公司签署了关于开展跨境电子商务合作的备忘录。亚马逊将正式在上海自贸区设立国际贸易总部，发展跨境电子商务、跨境贸易和跨境金融业务，把全球的商品进口到中国，同时将中国卖家的商品卖到全球。

另外，在以TPP、TTIP和TISA谈判为代表的新一轮区域化浪潮中，今后我国将加快与其他国家和地区签订自由贸易协定（FTA）的步伐，在这种情况下，跨境电子商务进口将变得越来越便利和快捷，国内民众通过网购购买的国外产品的类型将越来越多、金额将越来越大。另一方面，一些地区所开展的促进跨境电子商务进口的上述措施也将日益发挥作用，跨境网购将日益规范和可靠，这些也将直接促进跨境电子商务进口。

未来几年中，B2C市场扩张和跨境进口增速这两股重要力量将推动跨境电子商务爆发式增长。根据艾瑞咨询公司预测，2016年，我国跨境电子商务将从2008年的0.8万亿元增长到6.5万亿元，年均增速近30%。

六、促进我国跨境电子商务发展的政策措施

从发展趋势来看，未来，我们应该积极应用我国在电子商务市场方面的巨大优势，去克服我国跨境电子商务发展方面的瓶颈和短板。从基本思路来看，应从物流、资金流、管理流和信息流这四个方面进行展开，重点克服通关、跨境物流与支付国际化等方面的障碍。

（一）制定跨境电子商务发展战略和规划

经过这些年的发展，跨境电子商务规模快速增大，对国际贸易和国内经济产生日益重要的影响。但是，当前我国对未来跨境电子商务的发展仍然缺乏总体部署和清晰的发展定位，虽然出台了不少政策文件和促进措施，但都只是立足工作层面，着眼于解决具体的单项政策的实施问题，没有从战略上去全面系统地认识跨境电子商务对对外贸易、国内产业结构与区域经济一体化的影响，为此需要开展以下工作：一是加强对跨境电子商务问题的理论研究；二是明确跨境电子商务在对外贸易发展中的地位及其作用，特别是在克服区域贸易壁垒方面的积极作用；三是加强跨境电子商务的顶层设计，从信息技术、标准规范、电子交易流程以及信用保障、售后服务等诸多方面进行统筹规划。

电子商务和跨境电子商务已经成为我国的重要领域，无论是从体量还是从信息化应用水平来看，都已经走在世界前列。为此，我们应该在电子商务这个"21世纪新议题"① 上，在WTO以及国际区域经贸规则谈判中，抢先占据主动，基于国家跨境电子商务发展战略，率先提出促进电子商务国际化发展的新议题、新构想、新规则。

（二）促进跨境电商快递物流体系建设

跨境电商快递物流体系建设包括两个方面，一是国内电商快递物流体系建设，二是国外电商快递物流体系建设。就国内电商快递物流体系建设来看，国家与区域性的物流体系建设规划，要充分考虑跨境电子商务发展的需要，从空运、地面运输以及海运等各个方面加强规划，为跨境电子商务的快速发展提供国内基础设施保障。就国外电商快递物流体系建设来看，国家有关部门应该加强协调，共同支持、促进电商企业在国外建立快递物流体系。为此，可以考虑设立跨境电子商务发展基金，专门就跨境物流体系建设提供支持，并鼓励国内电商、物流企业在跨境物流体系建设方

---

① 冼国义："如何看国际经贸规则的新动向"，《学习时报》，2013年12月24日。

面加强合作，共同建设海外电商物流体系。在各类区域经济发展战略（如"一带一路"即丝绸之路经济带和21世纪海上丝绸之路，区域全面经济伙伴关系即 RCEP 等）中，充分考虑跨境电商物流体系建设的需要。

加快中国邮政的机制体制建设，促进其跨境电商快递物流体系建设。中国邮政要将电子商务跨境物流体系建设作为新的业务发展重点，充分利用国际电信联盟（万国邮联）国际邮件网络完善的优点，加强电子商务快递物流体系业务发展，通过不断应用信息技术和标准化管理制度，加快国际小包送达速度。

加强国际合作，促进全球跨境电商物流体系建设。为充分应用中国邮政的全球网络优势，要求在国际电信联盟层面加强合作，率先提出促进全球跨境电子商务发展的总体架构、技术框架、标准规范等，并基于国际电信联盟，推动各国建立全球统一的国际邮包公共信息平台。

（三）促进我国第三方电子支付工具的国际化进程

在美国第三方电子支付工具占据国际跨境电子商务市场主要份额的前提下，我国第三方电子支付工具要获得更大发展空间，必须得到国家的大力支持，在竞争白热化的情况下，我国必须抢占移动支付市场的有利地位。

首先，从跨境电子商务外汇支付业务试点资格企业入手，积极扩大我国第三方电子支付工具在国际跨境电子商务市场的份额。为此，可以考虑在跨境电子商务进口与出口中，对于选择采用这些获得试点资格企业的电子支付工具进行支付的交易（无论是 B2B 还是 B2C、C2C），给予一定的鼓励和支持（如根据交易笔数或交易金额，给予一定的优惠，也可对经销商给予更高的出口退税率）。

在这个政策过程中，涉及几个主体：跨境电商平台、产品售卖方、产品购买方、电子支付机构、商业银行等。其中，产品售卖方、产品购买方都应该是获得该政策优惠的对象。为实施该优惠政策，可以成立一个中国第三方电子支付发展基金，由电商平台、第三方电子支付机构以及金融外汇管理部门等共同发起成立，并通过合理方式运营。

其次，采取针对性的鼓励措施。如根据各国消费者的支付意愿与习惯（如因为信息化条件不足，仍然过于依赖本地特定的银行卡与信用卡），支持我国第三方电子支付工具作为第四方支付工具，整合这些国家或地区的第三方支付方式，为这些国家的消费者在跨境支付与跨境电子商务中提供支付服务，实现"企业一点接入，全球客户本土支付"的效果①。

再次，鼓励和支持国内已经获得支付牌照的企业积极应用第三方电子支付工具拓展移动跨境电子商务市场。一是加强我国电子商务企业在国内移动支付市场的领先地位，继续大力发展各类移动支付工具，如二维码支付、近场支付（NFC）、指纹支付等。其中，尽快重启中国人民银行于2014年3月暂停的二维码支付业务，做大我国在二维码支付的领先地位。二是在国家层面，加强与韩国、日本以及部分欧洲国家的支付机构合作，推动二维码支付的标准制定与业务合作。三是加强各相关支付部门的合作，尽快制定移动支付发展战略与规划，推动移动支付在国内、国际跨境电子商务市场的发展。四是加强移动支付机构之间的合作，建立移动支付联盟并与国际移动支付的相关国家、地区和机构合作，抢先在国际跨境电子商务市场发起移动支付并占据有利地位。五是将我国第三方电子支付工具逐步地纳入人民币国际化战略，在跨境支付、结算方面充分地考虑我国第三方电子支付工具的应用。

（四）充分应用国内市场对国外产品的巨大需求，克服我国跨境电子商务发展瓶颈

首先，充分认识跨境电子商务进口与跨境电子商务出口的性质。我们不仅应该利用这种差异去管理、调节未来的宏观经济，还应该利用这种差异去克服我国跨境电子商务发展所面临的短板，例如电子支付等，加强我

---

① 谢尔曼、黄旭："跨境支付放牌：第三方支付迎来业务蓝海"，《上海证券报》，2013年11月15日。

国第三方电子支付工具在这些国家和地区的应用。更为重要的是，我国有关政府部门可以以此去同我国跨境电子商务进口数量较大的国家和地区加强合作，就跨境电子商务进出口问题达成一系列的制度安排，如第三方电子支付、跨境电商物流、产品纠纷处理、知识产权保护等，以促进我国跨境电子商务的发展。

其次，促进我国跨境电商平台的国际化推广。鼓励和支持跨境电子商务进口商通过我国跨境电商平台（不仅包括阿里系、京东系的综合电商平台，也包括像敦煌网等的专业科技电商平台）促销、进口，并在国内物流体系、通关、支付、信用管理、纠纷处理等方面出台相应政策并提供具体的支持。

（五）加强跨境电商平台与国内制造业的深度融合

鼓励跨境电商平台组织国内各行业企业（特别是中小企业）开展行业性的对外电子商务，加强跨境电商平台与国内制造业企业的紧密联系。鼓励和支持跨境电商平台企业综合运用广告营销、大数据分析技术、行业性专业性的产品推介和国际展销会、仓储物流以及其他各类工具和手段，促进国内行业性产品的跨境电子商务，加强国内行业与国外市场的紧密联系。

（六）加强跨境电子商务试点工作，不断完善相关政策

加快总结跨境电子商务试点城市的发展经验，评估各项相关政策措施的有效性，并及时地对一些政策进行适当调整。建立跨境电子商务区域发展评估体系，并在此基础上尽快放大跨境电子商务试点范围。

跨境电子商务工业园区将是我国跨境电子商务发展的一种重要形式，为此需要建立和完善跨境电子商务工业园区建设规范，明确相关发展指标和标准，并以此加强对跨境电子商务工业园区的规范管理。

基于跨境电子商务发展的顶层设计，梳理近年来各部门所出台的有关跨境电子商务发展的政策措施，加强各措施之间的衔接与协调，根据新一

代信息化发展趋势与跨境电子商务发展规律及其国际竞争状况，制定综合、系统的跨境电子商务促进政策体系。

（七）进一步改进国内电子商务环境，促进跨境电商出口

国内电子商务环境会直接或间接地影响我国跨境电子商务的发展，为此首先需要从优化国内电子商务发展环境出发，为促进跨境电子商务提供坚实的发展基础。

第一，加强电子商务征信系统建设。加强工商、质检、海关、商务等部门协作，建立国内电子商务与跨境电子商务一体的电子商务征信系统，并将其作为国家社会信用体系建设的重要内容。

第二，严格知识产权执法。加强各地知识产权保护执法力度，严厉打击电子商务和跨境电子商务中的假冒伪劣和违反知识产权行为。

第三，发挥跨境电商平台的统合功能，构建新型的电子商务治理体系。电商平台已经成为政府、市场、第三方（非政府机构）之外的第四方，正在承担部分的公共管理功能。为深入发展电子商务和跨境电子商务，有必要构建政府、市场、第三方与电商平台之间的电子商务高效治理体系，合理、有效地处理相互之间的关系。为此，在不断地减少政府行政审批事项、发挥市场的决定性作用的同时，有必要赋予跨境电商平台以更多的公共服务功能，发挥其在征信系统与信用体系建设、产品质量标准与规范管理、知识产权保护以及其他方面的积极作用。

我国互联网金融现状、问题和对策

2007 年左右我国开始出现从事网上借贷的互联网金融企业——宜信、拍拍贷等，随后互联网金融开始稳步发展。2012 年以来，互联网金融的模式、企业和产品出现井喷式创新和发展。

一、我国互联网金融的发展现状

到目前为止，尚未有大家普遍认可的互联网金融定义。一方面，互联网金融还处于快速发展阶段，创新理念、模式和产品不断涌现，仍在不断变化，还无法给其一个准确的定义。另一方面，人们对互联网金融的体悟不断深入，其本质属性不断被揭示出来。为了研究方便，这里有必要对互联网金融进行非常不成熟的界定。互联网金融是指在互联网上借助云计算、大数据等技术手段，实现资金和风险在时空和个体上的重新配置。

（一）互联网支付体系

金融系统是借助货币，在支付清算体系基础上演化来的。支付体系的发展，是互联网金融快速发展的基础和前提，也是其独立演化的关键之一。网络上的第三方支付、银行现有的支付清算体系（含银联）以及移动运营商（手机）相互合作，为互联网金融搭建丰富多彩的支付体系。这是一个重构的过程，支付体系的基础性和规模性还没有充分显现，需要通过时间来选择最有效率的网上支付方式和运营商。但互联网金融已经具有了相对独立于银行支付清算体系的支付体系，具有独立"开花结果"的基本条件。

1. 第三方支付

国内第三方支付发展迅速。截至 2014 年 9 月，持有央行颁发的第三方支付牌照的企业已达 269 家，机构数量已超过美国、欧洲、日本等主要经济体的第三方支付机构的数量总和。2006～2012 年，我国第三方支付企业网上支付交易规模年复合增长率高达 110%。2013 年末，我国第三方支付市场规模 16 万亿元，同比增长 60%；其中互联网支付业务 150 亿笔，金额 8.96 万亿元。无论是用户数、交易笔数还是交易金额，均领先全球。2014 年前三季度，共发生支付金额 24.1 万亿元。

国内第三方支付平台，可进一步分为以下四种类型。一是平台依托型。这类第三方支付平台依托成熟的电商平台，通过与各大银行、通信服务商合作，搭建"网上线下"全覆盖的支付渠道，如阿里巴巴的支付宝、腾讯集团的财付通、盛大集团的盛付通等。二是行业应用型。这类第三方支付平台通过深度行业挖掘，为供应链上下游企业提供一揽子服务，如汇付天下、快钱和易宝。三是银行卡收单型。这类第三方支付平台为银行卡提供收单服务，如拉卡拉。四是预付卡型。这类第三方支付平台面向企业和个人发行预付卡，如资和信、商服通、百联集团等。

2. 移动支付

移动支付是允许用户使用其移动终端（通常是手机）对所消费的商品或服务进行账务支付的一种服务方式，或实现货币交换的体系。随着互联网企业向移动互联网的转变，移动应用商店的快速普及和 NFC 等支付技术的广泛应用，移动支付顺应消费者的需求迅速增加。中国互联网络信息中心的数据显示，近年来，手机购物、网上银行、手机支付等移动金融相关业务的用户规模增速均超过 80%。其中，手机网上购物的使用率从 2011 年的 6.6% 上升至 2013 年的 15.2%，使用人数从 2347 万上升到 6549 万；

手机在线支付的使用率从 8.6% 上升至 15.5%，手机网上银行的使用率从 8.2% 上升到 16.9%。

目前，移动支付行业的发展尚处于起步阶段。移动支付 2010~2014 年的复合增长率达到 60%。2013 年，全国共发生电子支付业务 257.8 亿笔，金额 1075 万亿元，同比分别增长 27.4% 和 29.5%；移动支付业务 16.74 亿笔，金额 9.64 万亿元，同比增长 212.9% 和 317.6%。当前，中国移动支付主要有以下两种模式，一是商业银行与移动运营商和网上应用产品生产商合作，推出支付产品。二是第三方支付通过开发诸如二维码（腾讯的微信）、声波当面付（阿里巴巴的支付宝移动端）、近端 NFC 等渠道进行支付。当前，移动支付行业出现以下两个变化。一是依托电信运营商的无线网络和多应用服务管理平台，将银行卡、公交地铁卡、会员卡、记分卡、企业门禁卡等集成至 SIM 卡中，为客户提供一卡多用的综合服务。如"银联钱包""支付宝钱包""微信银行"。二是移动支付应用向金融理财、保险和生活服务等多领域拓展和延伸。

（二）基于网络社会和网络技术的金融形式

1. P2P 网络借贷

P2P 网络借贷是指资金借入者和借出者（主要是个人）利用网络平台实现资金借入和借出的撮合、资金转移以及记录。其中，认证、记账、清算和交割等流程均通过网络完成。

P2P 网络借贷引入中国后发展迅速。2010 年，我国网络借贷平台仅有 20 家左右，2012 年末，P2P 网络借贷平台超过 200 家，可统计的平台线上借款余额 100 亿元，投资者超过 5 万人[①]。2013 年，我国网络借贷行业继续爆发式增长，交易规模达到千亿元。2014 年 8 月底，运营的网络借贷平台共 1357 家，行业贷款余额 580.9 亿元，大部分机构运营时间不超过

---

① 第一财经新金融研究中心：《中国 P2P 借贷服务业白皮书 2013》，中国经济出版社 2013 年版。

2 年。

我国 P2P 活动的特点主要如下。

第一，作为融资方（贷款客户）和投资者（理财客户）之间的纽带，以"线上"和"线下"以及混合方式为投融资双方建立联系。"线上"指利用互联网和相关软件技术，完成投资者招募、融资者信用评级、资金定价、贷后风险管理等活动；"线下"则指通过开发独特的商业模式，主要通过公司职工进行征信、评级、招募、贷后管理等活动。由于纯"线上"方式难以解决风险控制问题，目前发展相对缓慢，"线下"和混合模式则发展较快。

第二，P2P 公司的贷款客户集中于正规金融机构不愿顾及的群体，甚至比小贷公司的客户层级更低，主要是小微企业、店主、城镇低收入居民和农民工创业者等。根据这类群体的特点和需求，P2P 贷款轻抵押、重信用，额度小、速度快。绝大部分 P2P 公司单笔贷款额在 5 万元以内，以 1 万 ~2 万元的居多。贷款周期短的只有几分钟，长的也不超过 7 天，且多为信用贷款。与英美 60% 以上为消费借贷不同，我国 P2P 公司的借贷结构为：个人消费 12%，网店周转 32.5%，企业周转 29.6%，个体店 19.3%，这表明我国尚有大量企业经营性资金需求未得到满足。

第三，P2P 的贷款利率与小贷公司相当，在 20% ~30% 之间。形成较高利率水平的原因，一是 P2P 的客户基本不可能从正规金融体系获得贷款，客户对贷款利率的敏感程度远低于较高层级的企业；二是经营风险较大，需要用高利率覆盖高成本；三是从资金来源看，如果收益偏低，也很难吸引到足够的理财客户。贷款收益的分配为，理财客户 10% ~12%，P2P 公司 10% ~18%。从还贷方式看，为规避风险，均采取每月支付本息的做法而不是到期一次清收。

第四，尚未形成行业统一的商业模式，但大多 P2P 公司的收入主要靠收取管理费。P2P 公司为客户提供的服务一般有三类：一是为投融资双方提供信息，帮助双方建立联系。二是为保障投资人利益，多数公司在提供信贷中介的同时也提供风险管理服务。这类服务包括贷前、贷中和贷后三个环节。贷前进行客户信用分析、行为分析、欺诈检测、社交网络分析；贷中进行客户个人信息认证、第三方数据比对与分析、其他用户信息反馈；贷后进行催收、失信信息网上曝光、为投资人提供联系工具等。此外，有不少公司还为投资人提供了担保承诺。三是通过第三方支付平台，为投融资双方提供结算服务。为应对可能发生的风险，部分 P2P 公司还提取了风险准备金。

第五，从地域看，P2P 活动多集中在东部地区。其原因主要是东部地区经济基础好，创业者多，借贷人文化程度较高，信用基础较好。

第六，作为一种新兴的金融中介业态，在一些地区得到了地方政府的认可。例如，2012 年 4 月上海工商局批准"拍拍贷"公司更名为"上海拍拍贷金融信息服务有限公司"，允许其从事金融信息服务。一些 P2P 公司正在向外伸出触角，寻求更广泛的合作。例如，畅贷网与西安担保公司建立合作关系，由后者为投资人提供贷款担保。有的 P2P 公司已与银行等金融机构建立合作关系，利用 P2P 的风险管理技术，以批发的形式介入微金融领域。

2. 众筹

众筹既包括债权、股权众筹，也包括商品众筹，还包括公益性众筹。据零壹财经统计，截至 2014 年 11 月，股权众筹融资平台已达 27 家，如"点名时间"、追梦网、淘梦网、乐童音乐、众筹网等。其中，"点名时间"从 2011 年成立至今，已发起项目 80 余个，完成融资项目 50 多个，成功筹资项目 30 多个；至 2014 年底，"天使汇"已累计有 1.5 万个创业项目注册入驻，创业者会员超过 6 万人，认证投资者达 1000 人，通过互联网股权众筹平台发布的项目已达近 5 万个，累计融资总额超过 13.2 亿元。

股权众筹融资的需求巨大，但投资者并不活跃。清科研究中心发布的《2014 年中国众筹模式上半年运行统计分析报告》显示，2014 年上半年，国内股权类众筹融资需求 20.36 亿元，实际募集的资金仅 1.56 亿元，市场资金供给规模仅仅占总需求的 7.66%，大部分投资人对众筹仍持观望态度。2013 年底到 2014 年初仓促建立起来的一批众筹网站在无人问津的情况下惨败收场，行业渐趋理性。小额众筹仍然是主流，但许多 VC、PE 开始介入众筹创业领域。据统计，2014 年投融资案例仅有不足 10% 的案例额度低于 150 万元，"天使轮"的平均额度已远超 50 万～150 万元。众筹合投逐渐成为风投创业的一种趋势。

另外，由于我国对非法集资有严格的管理，使得股权众筹始终谨慎开展。三年来，股权众筹一直缺乏明确的法律定位。《公司法》规定，有限责任公司股东人数不得超过 50 人，股份有限公司股东为 2～200 人；《证券法》规定，向不特定对象发行证券或向特定对象发行证券累计超过 200 人的，均构成"公开发行"。如果操作不当，融资企业有被认定为非法证券发行的嫌疑，甚至有构成非法集资刑事犯罪的风险，众筹平台有共犯的风险。

商品众筹在我国发展较为迅猛，涉及的领域从绿色食品、农产品，时尚设计、创意产业，拓展到艺术、影视、音乐、出版、建旅馆、买房买地等领域。

3. 互联网保险

2013 年底，经营互联网保险业务的公司 76 家，互联网保费收入 317.9 亿元，3 年时间增长近 10 倍。2013 年，保监会批准设立由"阿里、腾讯、平安"为主要股东的第一家专业互联网保险公司——众安在线财产保险股份有限公司，通过网络实现承保、咨询、理赔、退保、投诉等业务全流程管理。"众安在线"主要通过互联网经济的参与方，包括互联网平台、互联网服务提供商、电子商务商家、网络购物消费者、社交网络参与者等公司和个人客户。目前主要涉及责任险和保证险，并进一步探索虚拟货币盗失险、网络支付安全保障责任险、运费保险、阿里巴巴小额贷款保证保险等保险产品。

4. 互联网理财

这里指的互联网理财，并不是传统金融机构借助互联网进行传统产品的营销，而是互联网与理财的结合。这是互联网从投资者的角度，为投资者，特别是众多的小微投资者的"碎片资金"提供专家理财服务。目前主要表现为各种"宝宝"类产品。

根据融 360 监测的 58 个宝类产品，义举宝类产品发行主体，可将宝类产品分为基金系、银行系、第三方支付系及代销。2014 年上半年，基金系发行的宝类产品占总数的 50%，银行系占 21%，第三方支付占 17%，代销类占 12%。第三方支付系宝类产品虽然数量最少，但是在平均产品吸存规模和单只基金的规模上却排在首位。见表 1。

表 1　2014 年上半年各系列宝类产品规模对比（剔除重复资金来源）

宝宝类型	资产总规模（亿元）	产品数量	基金数量	平均产品规模（亿元）	平均基金规模（亿元）
基金系	1578.43	21	21	75.16	75.16
银行系	285.67	8	8	35.71	35.71
代销系	238.71	4	7	59.67	34.1
第三方支付系	6446.27	6	8	1074.38	805.73

资料来源：作者整理。

宝类产品的购买和提现门槛较低。0.01 元和 1 元是较普遍的购买门槛，占 65%。单日提现额度为 5 万元，占 32%。这表明互联网理财目前还是以余额理财为主。各类宝宝产品变现速度可分为四类，实时到账、实时到账（有条件）、延时到账、隔日到账。一般来讲，货币市场基金赎回是 T+1 到账可用，T+2 可取。不论是哪种变现速度，都说明"宝宝类"产品的发行机构垫付资金，承担了一定的流动性风险。

（三）比特币、虚拟货币等互联网货币雏形

货币凝聚着人类无差别的普遍信任，在形式上以现金等形式存在，有不同的信任层级，最高层级的是国家信用，之后有银行和商业信用。传统上，货币主要由央行、银行为主导，并引入少量的商业信用（如商业票据）等。随着网络社会的形成和互联网金融的盛行，很多信誉良好、有支付功能的网络社区可以发行自己的货币，称为"互联网货币"。目前我国市场已存在大量互联网货币雏形——虚拟货币，如腾讯 Q 币、新浪 U 币、

魔兽世界 G 币、亚马逊币、脸谱币等，其中最著名的是比特币。互联网货币广泛用于网络经济活动，并在网络社会与央行法定货币相竞争。

比特币（Bitcoin，BTC）是一种源代码，可以为公众使用的、基于网络的、点对点的匿名虚拟货币（Virtual Currency）。比特币由中本聪（Satoshi Nakamoto）于 2008 年设计开发，是世界上第一个去中心化的分布式匿名数字货币。

社会公众可以通过两种方式获得比特币，一是通过在电脑上执行公开的复杂算法生成，俗称"做矿工挖矿"。比特币诞生的前 4 年有 1000 万个比特币被制造出来，这个数值的半衰期为 4 年，最终比特币的总量将于 2014 年趋近于 2100 万个，此后数量不再增加[①]。二是通过比特币中国、Mtgox. com 等专门交易平台用其他货币购买，俗称"做商人购买"。

比特币具有以下基本特征。一是非主权超国家性。比特币是全球网络发展的产物，不属于某个国家所有。二是去中心化。比特币的发行和支付没有中央银行等管理部门充当中央控制中心，其转账支付由网络节点集中管理。比特币系统是通过整个网络的分布式数据块来记录其交易，并由整个比特币系统共同承担交易风险。三是匿名性。从技术上讲，比特币的交易各方可以通过随意变化收款地址来隐藏自己的真实身份。传统的电子货币严重依赖账号系统，必须收集交易双方的个人信息来完成交易，而比特币通过公开密钥技术不再依赖账号系统，交易双方可以随意生成自己的私钥，随后将与私钥对应的公钥告知付款人即可收到款项。下次再使用时，可以重新生成一对公私钥进行交易。这种一次一密的做法可以做到完全匿名交易，难以跟踪。四是具有网络健壮性。比特币完全依赖点对点网络，无发行中心，这意味着除非全球持续断电或屏蔽掉整个互联网，否则外部世界无法对其实施关闭。五是非唯一性。作为一种无准入门槛的虚拟货币，由于比特币的源代码对外公开，经过参数修改，可以制造出功能类似

① 截至 2013 年 12 月 2 日，全球共有比特币约 1206 万枚，历史最高值为 1206.9 美元，2013 年 11 月以来的平均价位为 599 美元，以 2013 年 11 月平均价格计算，比特币经济总值为 72.2 亿美元，折合人民币约 440 亿元。

的其他网络虚拟货币,见表2。

表2　　　　　　　主要网络虚拟货币概览

货币	符号	时间	市值 (亿美元)	官网	作者
比特币	BTC	2009	72	bitcoin/org	Satoshi Nakamoto
莱特币	LTC	2011	2	litecoin/org	Coblee
IFC	IFC	2012	0.4	ifccoin/org	ifccony
Namecoin	NMC	2011	0.14	dot-bit/org	Vinced
PPCoin	PPC	2012	0.12	ppcoin/org	Sunny King

资料来源:作者整理。

随着接受主体和范围的不断扩大,比特币的货币属性正不断增强。自诞生以来,比特币在全球的接受程度和交易范围显著扩大,目前已有200多个国家的商户接受比特币,交易平台遍布全世界,数量已达数十个,每天兑换现金超过10万比特币,且还在快速增长。由于具有便利廉价的支付特点,在程序员群体中用比特币支付工资、偿还债务已成为时尚。比特币正逐渐具备一般媒介物的功能。Dorit 和 Adi(2012)的研究还发现,截至2012年5月13日,全球网络挖掘出的比特币绝大多数并未参与各类交易,而是作为价值储藏手段保存起来。电子货币与虚拟货币的区别见表3。

表3　　　　　　　电子货币与虚拟货币的区别

	电子货币	虚拟货币(比特币)
货币形式	数字货币	数字货币
计价单位	法偿货币(如美元、人民币等)	无法偿地位的货币
可接受性	被发行人以外的机构接受	一般限于特定的虚拟社区,伴随使用范围扩大和被公众了解,可接受性可能显著提高
法律地位	受监管	不受监管
发行人	依法设立的电子货币发行机构	非金融私人公司
货币供给量	某一时点固定,但央行可根据经济发展需要跨时期加以调整	逐渐增加,但总量设定上限(2100万枚),没有中心发行管理机构对供给量进行调整

	电子货币	虚拟货币（比特币）
赎回可能性	提供以面值赎回保证	不提供保证
是否受监管	是	否
主要风险类别	操作风险	法律风险、信用风险、流动性风险和操作风险（欺诈风险）

资料来源：欧洲央行（2012）和作者整理。

（四）为互联网金融提供服务的中介机构——互联网金融门户

随着互联网金融的兴起，各种专门为互联网金融服务的中介机构也开始逐步兴起。目前最主要的是互联网金融门户网站。互联网金融门户是指利用互联网进行金融产品的销售以及为金融产品销售提供第三方服务的平台，其核心是"搜索+比价"，价值体现在渠道和信息。目前，针对信贷、理财、保险、P2P等细分行业，已有融360、91金融超市、好贷网、银率网、格上理财等。互联网金融门户既不负责金融产品的实际销售，也不承担任何风险，无论是资金流动还是交易签约，均不通过门户网站本身完成。

二、我国互联网金融快速发展的原因

互联网金融是我国目前在金融领域唯一跟上国际前沿的创新。国际上是传统金融充分发展，社会信用体系高度发达，在网络越来越普及的环境下，诞生了以互联网、社会信用体系为基础的、服务于个人和小微企业的金融形式。根据国外互联网金融发展的逻辑，我国当前并不具备互联网金融快速发展的条件。我国的传统金融还很不发达，甚至存在一定的金融抑制。

（一）网络社会的发展

互联网金融在我国的萌芽与发展，与国际社会相似，首先也是我国网络社会的形成和发展。我国的网民群体广大，以互联网为平台的电子商务活跃，物流体系的发达为互联网与现实社会的联通提供了重要保证。最重要的是，随着互联网社会的逐步普及，大数据挖掘和复杂网络运算技术的发展，逐步形成了互联网思维模式，为网络社会的独立发展提供了基础。在这样的背景下，为网络社会提供资金联通的互联网货币、支付和金融服务就成为应有之义。

一是参与互联网的人群大幅扩大。截至 2014 年 6 月，我国网民规模达 6.33 亿，其中手机网民 5.27 亿。二是互联网商业形态的发展。平台公司和以互联网为依托的各类公司大量涌现。2013 年，电子商务市场交易规模 10.2 万亿元，同比增长 29.9%。2006 ~ 2012 年，我国网络零售额复合增长率为 99%，大约是美国的 8 倍。截至 2013 年底，我国 B2B 电子商务交易额达 8.2 万亿元，同比增长 31.2%，网络零售市场交易规模达 1.89 万亿元，同比增长 42.8%。2012 年，我国网购用户人均年网购消费金额达 5203 元，增长 25%。三是物流体系的联通和发达，进一步促进了网络社会与现实社会的连接。我国电子商务企业通过自营、半自营、第三方物流、第四方物流等模式进行配送。2007 ~ 2012 年，我国快递行业业务订单年均增长 37.3%，2013 年我国规模以上快递服务企业业务量累计完成 91.9 亿件，同比增长 61.6%；业务累计收入完成 1441.7 亿元。四是互联网思维、基于互联网的大数据和复杂网络技术的发展，为互联网社会形成相对独立的社会提供基础。

（二）金融抑制和金融转型

我国互联网金融快速发展，其发展规模和速度甚至超过了发达国家，如美国、英国和欧盟等。如果进一步考察我国互联网金融的发展，可以发现，互联网金融承接了大量金融转型和原先金融抑制的领域。

首先，互联网金融在一定程度上解除了金融抑制。金融领域在我国属于政府严格管制的领域，金融机构、金融业务甚至从业人员都有严格的准入要求。我国传统的金融体系服务于原有的经济增长模式和经济主体——

政府集中资源办大事，大量金融资源由国有银行汇集，在行业目录引导下，经国有企业投入到特定行业上。虽然我国民营经济已经在经济中发挥越来越大的作用，但所能获得的金融服务严重不足。互联网金融主要服务于小微企业和个人，绝大部分属于民营企业。这弥补了我国原有金融体系的不足，具有巨大的市场需求，从而受到广大客户的欢迎。虽然 P2P 的贷款利率很高，但仍有很多企业为其送锦旗。

其次，互联网金融承接了金融转型的部分金融功能。我国目前正处于从银行为主的间接金融向与市场相互补充的直接金融过渡，从政府高度管制的金融体系向市场发挥主导作用的金融体系过渡。在这过程中，大量金融业务从银行体系转移出去，通过各种非银行金融机构，以契约的形式开展。大量的政府管制，通过活跃的金融创新，被有效规避。互联网金融具有巨大的灵活性，承接了大量这些转移出来的业务。

总之，我国互联网金融的快速发展，在某种程度上是金融自由化和金融转型的一个呈现，其快速发展也加剧了我国的金融自由化和转型。

（三）金融监管竞争和容忍度上升

从管理部门来看，一方面，我国在很多领域存在多头管理，监管竞争普遍存在。虽然我国仍存在一些画地为牢的监管竞争，但市场的发展，也推动了有助于监管效率提升的监管竞争，债券市场、证券市场等领域表现得较为明显。另一方面，我国管理部门开始认识到现有的金融体系不适应经济转型发展的需要，目前的管理体制也不利于金融转型发展，开始重新认识民间金融，对各种金融创新持有更加开放的态度。即使是美国金融危机爆发后，绝大部分都认为是由于金融创新过度导致了美国金融危机，但面对中国金融业的发展，仍能坚持中国的问题并不是金融创新过度，而是创新不足。民间金融发展上，在市场舆论压力下，越来越给予宽容的法律解释。如超过 4 倍的利率不再认定为违法，而是不受法律保护；对个人和个人之间的借贷，对不超过一定人数的集资形式，不再认定为非法集资等。这些逐步宽松的解释，给互联网金融的发展提供了法律基础。

三、互联网金融的影响

近些年来，我国互联网金融快速发展，虽然规模上还尚未成为主体，但对传统金融领域和社会的影响已逐步显现，需引起高度重视。互联网金融是互联网社会发展到一定程度的产物，是互联网社会的一种深化，有助于形成互联网生态。互联网适应经济、金融和社会的转型，互联网金融的发展必然加速这种转型。当然，在互联网金融发展初期，更多变为互补性，在互补中实现自身的发展，最终显示出其革命性替代性。

（一）第三方支付体系发展可能产生的影响

到目前为止，第三方支付只是代替客户与商业银行为核心的支付清算体系建立关联性。第三方支付机构代替客户成为商业银行支付清算的对手方，并通过在不同银行开设中间账户来实现资金轧差，是在传统的"客户－银行－央行"三层支付清算体系中嵌入新一层级，实现"客户－第三方支付－商业银行－央行"四层支付清算体系，第三方支付体系本质上并没有脱离传统支付体系并要最终依靠传统支付清算体系。由于第三方支付机构集约化处置资金流和支付清算业务，使得支付清算体系的效率和便利性有所提高，对商业银行是一个很好的补充和完善。

但需要引起关注的是，第三方支付目前正试图逐渐摆脱对商业银行支付清算体系的依赖，形成自己的支付闭环。目前除了没有拥有实体账户介质外，第三方支付机构所具备的虚拟账户储值、支付结算、转账汇款等业务功能已与商业银行账户功能十分接近。例如，支付宝、财付通和快钱等既可为个人客户提供信用卡免费跨行还款、转账汇款、缴费等多项支付服务，也可针对企业客户提供大额收付款、一对多批量付款等资金结算服务。更重要的是，由于商业银行账户管理受到监管部门严格管制，目前还不能开立共同账户，但第三方支付却已广泛使用并开发出具有广泛市场需要的共同账户。一旦这些第三方支付企业借助有效手段实现清算划拨和备付金自我关系，形成新的支付链条，第三方支付完全可以抛开现有银行支付清算体系独立运作，对商业银行支付中介地位产生根本性冲击。

现代货币体系和金融理论是建立在央行－商业银行主导支付清算体系基础上的，一旦第三方支付替代商业银行成为支付清算的主体，那么货币创造、流通的主战场将发生变更，从而影响国家的货币创造、流通和管理。

（二）对银行、证券、保险等传统金融业务的影响

互联网金融已以第三方支付等互联网支付清算体系为基础，部分还利用网络虚拟货币为依托，发展出信贷、股权和债权融资、保险、理财等金融业务，形成了相对独立的业态。互联网金融与传统金融领域，服务的客户群体、服务的方式相对独立略有交叉，两者之间表现出较多的互补性。随着网络社会的普及、网络金融具有的可拓展性及我国金融的转型，互联网金融的优势将不断得到凸显，对传统金融业务的替代性将不断增强。目前还无法对未来的金融形态做出准确判断，但这两种类型相互融合、相互竞争，却是长期趋势。

当前，受业务规模和商业模式的影响，这些互联网业态对传统金融行业虽有一定影响，但还不具有颠覆性。2014年上半年，我国各类网络融资新增约1000亿元，仅占同期社会融资规模的9‰，整体规模和影响还十分有限。

传统金融机构和互联网金融相互学习、相互借鉴，目前它们的互补性超过竞争性。

一是两者在商业模式和技术上相互借鉴，共同提高。如在风险控制上，一些电商小贷对小微企业进货、销货、商品交易、资金周转和归集等商业行为进行全数据挖掘处理，运用一套无担保、无抵押、纯信用的评估模型，决定企业信用评级及是否发放贷款。这种模式打破了地域空间限制，克服了小微企业信息不完整、不准确、不及时等缺陷，为信用风险管控提供了另一个思路。商业银行也在积极借鉴，不但完善原有的供应链金融，还与大量的商业中心合作，开发更有针对性地信贷产品。在审批机制上，互联网金融依托云计算技术将众多信息点汇集为几项关键指标，建立起标准化的在线批量审批模式，促进了审批效率的有效提升。在信贷对象上，一般户均贷款余额不超过 4 万元，期限最长不超过一年，"贷小、贷短、贷分散"的特点十分突出。商业银行也在学习网络思维，运用大数据挖掘技术重构信贷经营管理模式和融资产品创新。

二是传统金融机构和互联网金融深度合作，实现两者业务上的互补。如大量基金管理公司与互联网金融合作，开展各种"宝宝"理财业务，又如部分城商行、农商行将"三农"、小微企业贷款外包给 P2P 公司，保险公司开始给一些 P2P 产品提供保证保险等。

当然，互联网金融也给传统金融机构带来了巨大的冲击，目前最主要的冲击来自于对商业银行存款业务的冲击。一些第三方支付机构在没有认证客户身份的情况下，构建了虚拟账户体系，形成了支付性的存款性账户，但既不缴纳存款准备金，也无需支付客户利息。一些互联网企业推出了一些低门槛、随用随取、联通消费的资产服务类产品，吸引了大量长尾客户的理财资金，分流了商业银行存款。互联网理财分流的银行大量低成本活期存款，绝大部分又以协议存款形式回流至商业银行体系。2013 年以来，商业银行的储蓄存款出现大规模、持续的外流，给商业银行吸收稳定存款带来巨大的冲击。

四、我国当前互联网金融发展的主要问题及政策应对

（一）我国当前互联网金融发展存在的主要问题

我国互联网金融发展迅速，但也存在大量问题。

首先，从行业发展本身来看，最大的问题是良莠不齐。互联网金融是市场自发产生的，在法律法规上并没有为其设置任何门槛。各种经历背景的人，带有各种不同目的的人，广泛参与到互联网金融行业。这是这个行业充满活力的原因，但也使得这个行业良莠不齐。一些带有不良目的的企业和个人参与到这个行业，一些对金融根本没有认识也没有能力管理好金融风险的企业和个人参与到这个行业，再加上这个行业的风险较大，一些

有管理经验和能力的人，在市场大幅波动的环境下也面临巨大的风险。这导致这个行业出现了较为复杂的发展局面，目前为止，已有100多家P2P公司出现"跑路"现象。这个行业还处于初步发展阶段，尚未形成成熟的商业模式，也没产生能在市场中发挥主导作用的领军企业。整个市场都还在摸索过程中，这是一个行业风险和市场风险都最大的阶段。在我国"父爱式"金融管理的环境下，很容易产生"一刀切"的应对方式，从而使得这个行业被扼杀在摇篮之中。

其次，缺乏必要的法律保护。我国对民间金融缺乏清晰明确的法律规范，使得这些自发产生的金融形式长期处于灰色地带。非法经营、高利贷、非法集资始终是互联网金融发展过程中不得不小心翼翼处理的议题。互联网金融企业也在通过各种渠道，希望能找到"婆婆"，给予一定程度的保护（部分还有希望引入政府担保的意味，但还不是主流）。

最后，在互联网金融监管上尚未达成共识。国务院已明确支持我国互联网金融的发展，并将这个行业的发展和对第三方支付的管理交由人行负责，将对P2P网络借贷的管理交由银监会，将众筹的管理交由证监会。目前这些部门都在积极研究这些行业的管理规范，但均未对外正式公布，在核心监管原则上仍缺乏共识。

（二）政策应对

互联网金融行业是一个新生事物，国际上也缺乏成熟的管理经验，我国更是在摸索之中。当前的政策应对，需要以谦卑的心态，认真学习互联网金融的脉动，从而能够适时适当应对，需要一个发展的眼光。

（三）互联网金融管理的基本原则

1. 规范与发展并重，但侧重发展

任何一个行业的发展，在不同的发展阶段，其规范和发展的重点不同。对于成熟行业，规范的色彩更重一些，但对于新生行业，本身尚未定型，需要给行业的创新和发展留出足够的空间，发展的色彩会更重一些。

对于互联网金融行业，宜发展和规范并重，但需更重视发展问题。对此，一是更重视"原则"管理，各种政策规定可以相对灵活，可适时根据市场变化调整。二是重视发挥自律组织的作用，更加柔性管理。三是区分违法和违规。充分利用市场和司法系统的力量，打击诈骗、暴力侵权等违法行为，发挥市场信誉的约束作用。

2. 尊重互联网金融行业特性

我国已有一套对银行、证券、保险的金融监管体系，但这套体系适应于传统金融特点且符合我国过去金融发展需要。随着我国金融自由化和转型，这套金融监管体系的缺陷日益暴露，需要适时调整。考虑到互联网金融的特殊性，对传统金融行业的管理框架可能并不完全适应互联网金融。如果简单地将现有监管体系延伸到互联网金融领域，既不利于现有金融监管体系的转型，也不利于真正防范互联网金融的风险，还有可能扼杀互联网金融的活力。互联网金融的监管，需要尊重互联网金融的本质特征，从实质重于形式的角度，试行功能性监管。

具体而言，应关注互联网金融以下特性：一是投资者和消费者的分散、小额和大众，中小投资者和消费的保护问题突出；二是体验式服务模式，消费主体和付费主体相分离；三是跨界融合，大量通过技术、合同等融合，日新月异；四是明显的规模经济，容易引发自然垄断；五是技术和数据安全更加突出，包括个人隐私保护问题。

（四）对我国互联网金融发展的政策建议

1. 灵活界定各类互联网金融的性质

在法律界定上，宜采取"实质重于形式"的原则，重"行为、功能"，轻"机构"。

例如，可将 P2P 网络借贷链条作为一个整体，灵活界定 P2P 网络借贷的性质。当前，宜明确其不得以任何形式归集使用或受托管理客户资金，不得以自身名义开展存贷款业务。但允许其根据业务发展需要，申请成为接受更为严格监管的银行、证券公司、资产管理机构等。

又如，私募股权投资与众筹应适用不同的监管理念。私募股权投资是通过限定投资者资格（合格投资者）或者投资者的数量，借助投资者自身的风险识别、管理能力以及形成较为熟悉的小团体，来控制风险，并减少不必要的信息披露要求。众筹的发展显然与这种管理理念并不完全吻合。我国目前已在试行私募股权管理办法，众筹的管理如果沿用私募股权的管理思想，完全可以引用私募股权管理办法而无需另外出台专门针对股权众筹的管理办法。众筹的原意，便是大量小额投资者的资金筹集，因此，从小额公募的视角规范股权众筹可能是合适的。2012 年 4 月，美国总统奥巴马签署了《创业企业扶助法》，确立了众筹平台作为新型金融中介的合法性，允许小企业以众筹形式向社会公众出售股份，解除了私募发行中不得公开宣传与一般劝诱的限制，极大促进了美国股权众筹的发展，为众筹行业的发展提供了前瞻性监管指引。我国可以充分借鉴。

2. 区别对待，分别立法

如众筹中的公益型（捐赠型）众筹和商业型众筹，其设立目的和运作方式不完全相同，宜采取不同的管理方法，分别由不同部门立法加以规范。对于商业型众筹，目前有商品众筹和股权众筹。其中，商品众筹以实物商品和服务（俱乐部会员等）作为回报形式，与股权众筹以资金筹集、运用和分配有较大的区别，建议也要采取不同的方式管理。

3. 尽快设置必要的行业准入门槛

P2P 发展迅速，但鱼龙混杂，发展初期很容易陷入“一粒老鼠屎，坏了一锅粥”。这可能是由于公司动机不纯，以欺诈、卷款逃走为目的，也可能是公司风险管理不善又过度扩展，最终陷入庞氏骗局。在明确银监会为 P2P 网络借贷行业监管主体后，宜尽快就 P2P 公司的注册资本、净资产规模、主要经营团队的从业经验和金融专业能力、IT 设备的完备性和安全性、风险管理能力等方面，设置必要的行业准入门槛。

4. 宜以“行为监管”为主，保持必要的灵活性

如 P 2P 网络借贷不是以自身资本金吸收风险损失，且不具有系统重要性，并不需要持续关注资本金等审慎监管指标，宜重点对其行为加强管理。一是要求客户资金由第三方机构封闭托管结算，P2P 公司不宜对共同账户具有直接的控制权。二是对投资者（资金提供方）的投资需有强制分散要求（如至少需要投资多少个项目，每个项目投资金额不得超过投资金额和项目总金额的一定比例），对所投资项目的融资规模有上限规定。三是确保项目与投资者之间的严格对应，不设立资金池和资产池，不在金额、期限上拆分项目，宜对平台公司参与项目二级转让有严格限制。四是严格限制消费类信贷的利率上限。五是要有严格、明确和统一的信息披露，如对不良贷款率的计算方法等。六是加强消费者保护，特别是隐私信息保护，防止买卖消费者信息获利，防止恶性讨债。

与债权众筹管理相类似，股权众筹首先应以单个明确的公司或项目作为筹资对象，不可设置资产或项目池（不论是边界清晰或者不清晰，否则就成为资产证券化）。其次，投资者单笔投资的金额要有最高限制，如不超过 2 万元。对投资者的投资总额要有强制性的分散性要求，如要求投资者投资股权众筹，至少要分散到 10 家以上，且每家投资金额占比不得超过总投资总额的 20% 以上等。投资的资金要有第三方托管机构（第三方支付）。对投资者需要有一些必要的信息披露要求等。

5. 为互联网金融的规范发展创造更好的环境

一是加快线上线下社会信用信息系统的互通共享。二是加快互联网相关法律法规的完善，如电子合同、电子签名、电子证据等。三是成立行业协会，推行行业自律和互助，提高行业协会的权威性。

【专栏1】　　　　美国对人人贷行业的监管

由于人人贷借贷行业规模不断增加，且运营模式持续演化，现阶段还难以确定何种监管框架是最优的。目前美国并没有专门针对人人贷设定监管目标、机构和手段，而是借助已有的法律法规和监管机构来规范和管理人人贷行业。即通过 SEC 和州证券监管机构，要求人人贷平台满足信息披露要求、反欺诈要求和其他责任；由联邦存款保险公司和犹他州金融机构部（UDFI）对银行业金融机构第三方关系的监管，保护人人贷行业的借款人。消费者金融保护局（Bureau of Consumer Financial Protection）在借款人保护方面发挥作用。

具体而言，在联邦政府层面，与其他发行证券的公司一样，SEC 对人人贷借贷的监管，集中于公司和发行票据的信息披露，而不是检查和监管公司的运营或审查发行票据的质量。由于 Prosper 和 LendingClub 均持续发行新票据，所以需要不断向 SEC 更新各自的募集说明书。

《1933 年证券法》豁免了某些类别证券（如在全国性交易所上市的公司证券）在州证券监管机构注册。但是，由于 Prospe 和 LendingClub 发行的票据不符合豁免标准，两家公司不得不逐个地在州监管机构注册。

在州层面，不同州的规定存在差异。有些州只要求信息披露；有些州除信息披露外，还需由监管机构判断人人贷公司是否公平、公正、合理地发行"证券"；有些州还对投资者设置财务合适性标准（financial suitablity standards），如规定投资者的最低年收入或总财富，投资占年收入或总财富的最高比重等。州证券监管机构并不检查出借人是否遵守这些适宜性标准，人人贷平台公司也未被要求核实出借人是否符合这些标准。但是，人人贷公司需要出借人证明他们符合标准。

此外，由联邦存款保险公司（FDIC）、消费者金融保护局和州监管机构，共同履行消费者保护职能。许多联邦及州监管机构与消费者信贷和电子商务相关的法律，在监管 Prosper 和 LendingClub 中也发挥了重要作用。这些法律要求债权人披露贷款条款，禁止歧视和约束债务催收行为。这些法律也禁止不公平的和欺诈性行为，要求公司保护个人财务信息、采用反洗钱程序和满足电子交易的要求等。

美国国内对现有人人贷管理模式仍有争议。一种观点认为，现有监管体制充分保护了投资者利益，与传统的借款人（borrower）和投资者保护框架一致。另一种观点认为，在现有监管体制下，向证监会注册的方式缺乏灵活性，给人人贷公司增加了额外的成本。提议由单一机构，如消费者金融保护局，负责投资者和消费者保护，并要证券法对人人贷公司进行豁免。

【专栏2】 英国的监管

英国于2013年10月24日发布《关于众筹平台和其他相关活动的规范行为征求意见报告》，2014年3月6日，金融行为监管局（Financial Conduct Authority，FCA）发布《关于网络众筹和通过其他方式发行不易变现证券的监管规定》。

英国的有关法律认为，投资类众筹平台应该拥有比现在更加广泛的客户群，但是应当确保投资者能够理解并承受其中的风险；寻找合适的保护投资者权益的方法，众筹平台进入这一领域并不应制造更多的限制条件或障碍。纳入监管的对象：P2P网络借贷型众筹和股权投资型众筹，从事以上两类业务的公司需取得FCA授权，对于捐赠类众筹、预付或产品类众筹不在监管范畴内，无需FCA授权。

具体而言，英国对P2P网络借贷监管的内容包括五项。最低资本要求：静态最低资本和动态最低资本孰高法（静态2017年4月1日前2万英镑，之后5万英镑；动态根据借贷资产总额，采取差额累计制）。客户资金：网络借贷平台如果破产，应当对已存续的借贷合同继续管理，对贷款管理做出合理安排。争议解决及补偿：没有二级转让市场，投资者有14天的冷静期，不纳入金融服务补偿计划（Financial Services Compensation Scheme，FSCS）范围，但在公司投诉无法解决的情况下，可通过金融申诉员投诉。信息披露：用通俗易懂的语言告知；与存款利率对比，公平清晰无误导；平台上的任何建议视作销售行为。报告：定期向FCA报告相关审慎数据。

对于投资型众筹，其监管规定主要包括三项。投资者限制：必须是高资产投资人（年收入超过10万英镑，或者不含常住房产和养老保险金的净资产超过25万英镑）；经金融服务管理局（Financial Services Authority，FSA）授权的机构认证的成熟投资者。投资额度限制：非成熟投资者（投资众筹项目2个以下），投资额不得超过净资产的10%；成熟投资者不受限。投资咨询要求：平台需对项目提供简单说明，如果构成投资建议，需再向FSA申请投资咨询机构的授权。

我国信息消费发展研究

一、大力发展信息消费的背景和意义

（一）信息消费的发展背景

信息消费是新一代信息技术产业、现代服务业和战略性新兴产业的重要组成部分，是一种直接或间接以信息产品和信息服务为消费对象的经济活动。信息消费所涉及的产业具有产业链长、附加值高、资源消耗低等特点，其通过产业链延伸与关联带动效应，成为促进经济转型的重要推动力量。

全球已经步入后经济危机时代，但世界经济仍具有许多不确定性因素，各国都在加快促进经济转型、调整产业结构。全球范围内，信息消费每增加100亿元，能带动国民经济增长300多亿元。在美国、日本的人均信息消费支出分别为3400美元和2400美元。根据OECD的测算，2012年，美国、日本、德国、英国和韩国ICT支出分别达到1.2万亿美元、3851亿美元、2274亿美元、2008亿美元和936亿美元，占GDP的比重分别达到7.66%、6.46%、6.69%、8.23%、8.10%，对经济发展的促进作用十分明显①。而物联网、云计算、移动互联、大数据、智慧城市等新一

---

① 工业和信息化部电信研究院：《关于促进信息消费扩大内需的若干意见》解读。

代信息技术被视为科技界的又一次革命，带来了全球技术格局、产业格局的深刻变革，加速了技术创新和商业模式创新的融合，是带动国家经济复苏、培育经济增长点的重要手段，信息经济、平台产业成为产业竞争制高点。IBM、微软、Google、Amazon、HP、Apple、Verizon 等跨国企业都在积极部署，培育新业态、拓展新领域、创新商业模式，力图占领发展先机，形成新的竞争优势。

在全球经济环境、技术格局发生重大变革的大背景下，我国经济发展也正由出口外向型向更多依靠内需的经济转变，内需刺激消费已经成为我国经济转型升级的战略基点。国务院发布了《"宽带中国"战略及实施方案》《关于促进信息消费扩大内需的若干意见》《信息化发展规划》等一系列相关政策的颁布实施，传递出国家大力推动信息消费发展的积极信号。目前，虽然我国人均信息消费支出仅为 190 美元，但信息消费具有良好的发展基础及巨大的发展潜力和空间。2012 年我国信息消费占 GDP 的比重为 3.3%，拉动 GDP 增长 0.63 个百分点，带动相关产业新增产出9200 亿元。2013 年，信息消费整体规模达到 2.2 万亿，同比增长超过28%[1]。截至 2014 年 6 月，我国使用网上支付的用户规模达到 2.92 亿，较2013 年底增长 12.3%。移动支付用户规模达到 2.05 亿，半年度增长率为63.4%，网民手机支付的使用比例由 25.1% 提升至 38.9%[2]。2013 年，中国电子商务交易额超过 10 万亿元，电商已经到一个临界点和引爆点，其中，B2C 是 1.3 万亿元，占全部商品零售总额的 10% 以上，B2B 突破 8 万亿元，相比工农业电商总额的 60 多万亿元，比例也超过 10%。信息消费正逐渐显现出带动经济发展的强大作用。

2013 年 8 月，国务院发布了《关于促进信息消费 扩大内需的若干意见》（国发〔2013〕32 号），提出了指导思想、发展原则、发展目标等总体要求，提出了"加快信息基础设施演进升级""增强信息产品供给能力"

---

① 鲁春丛：《信息消费的前景和经济贡献》，2013 中国通信业发展高层论坛。
② 中国互联网络信息中心：《第 34 次中国互联网络发展状况统计报告》。

"培育信息消费需求""提升公共服务信息化水平"等重点任务，提出"深化行政审批制度改革""加大财税政策支持力度""切实改善企业融资环境""改进和完善电信服务""加强法律法规和标准体系建设""开展信息消费统计监测和试点示范"六大举措。为落实国务院《关于促进信息消费 扩大内需的若干意见》的精神，2013 年 12 月，工信部网站正式公布了首批国家信息消费试点市（县、区）名单，北京、天津、重庆、深圳、宁波、厦门和大连等 68 个城市榜上有名。2014 年 12 月，工信部又公布了第二批国家信息消费试点城市名单，36 个城市列入试点城市之列。信息消费试点城市的试点内容以地方政府、行业、企业、社区为主体，重点围绕建设宽带和 TD-LTE 等信息基础设施、开发智能信息产品、培育新型信息消费示范项目、整合政府公共服务云平台、拓展中小企业电子商务服务平台、引导信息消费体验等开展试点示范。信息消费试点城市活动将在加快形成便民惠民新机制和发展特色、增长潜力和创新能力等方面积累经验，并按照"先试点、后示范"的原则逐步有序展开。与此同时，各省市纷纷结合云计算、大数据、物联网等技术和产业发展，出台了信息消费发展指导意见。

（二）大力发展信息消费的意义

信息消费是我国新经济常态下，我国加快发展方式转变、推动产业结构升级、实现创新发展的重要驱动力量。当前，全球市场环境正发生重大变革，我国经济发展也正由出口外向型转向更多依靠内需的经济。在这样的大背景下，扩大内需、刺激消费已经成为我国经济转型升级的战略基点。我国进入了中等收入国家，大众的消费需求、消费结构、消费能力、消费水平都在变化，从温饱型消费到享乐型消费，对信息消费提出了新的、更高的需求；企业对信息消费的强烈需求，无论是经营决策、产品设计、生产管理、售后服务，都离不开信息消费；政府对信息消费的需求也有更为迫切的需求，政府在社会管理、公共服务、市场管理、宏观决策过程中，离不开信息消费。从外需到内需、投资拉动到创新驱动，我国经济发展方式转变、经济转型、产业结构调整，需要扩大内需、增加出口、刺激投资，信息消费都能起到积极作用。信息消费将培育新经济增长点，驱动中国经济创新发展。当前投资拉动作用减弱、出口低迷的形势下，促进信息消费不仅对扩内需、稳增长具有重要作用，也有利于国民经济持续健康发展，建立促进信息消费持续稳定增长的长效机制，对促进我国消费结构升级、打造中国经济升级版具有重要意义。

信息消费具有很强的关联带动效应，有利于加快培育战略性新兴产业。信息消费是我国现代服务业和战略性新兴产业快速发展的结果，它所涉及的产业具有产业链长、附加值高、资源消耗低等特点，其通过产业链延伸与带动效应，将成为我国经济转型中内需驱动的重要推动力量。信息消费的产业关联效应具有涉及面广、影响力大、波及时间长等显著特点，对国民经济其他部门的带动作用显著；而且，信息消费的提升有力地刺激供给，为新的信息技术提供创新环境，信息技术得以不断更新换代、蓬勃发展，并通过资本体现式技术进步的方式进入生产领域，为经济提供永不耗竭的增长动力。初步估算结果表明，2012 年，信息消费对经济增长的直接贡献为 0.24%，产业关联效应的贡献达到 0.50%，对经济增长的贡献高达 1.70%[①]。信息消费是推动我国经济转型升级的重要抓手，可以在提高消费结构的同时，通过需求与供给的自我平衡机制，反作用于产业结构，使得较低层次产业中的资金、人才、技术向更高的产业转移。不仅如此，信息消费是促进就业的有效途径。消费结构升级促进劳动力素质提高，进而缓解结构性失业。我国消费结构与产业结构、就业结构的变动方向基本是一致的。2012 年，信息消费直接新增就业 330 万人，间接带动上下游产业新增就业 690 万人。

信息消费是推进"两化"深度融合、工业转型升级的重要支撑。信息消费对扩大内需有拉动作用，能够有效推动城镇化、工业化和农业现代化发展。以软件服务业为例，软件技术在工业领域的集成应用，加快制造模

---

① 工业和信息化部电信研究院：《2013 十大关键词专家点评：信息消费》。

式向数字化、网络化、智能化、服务化方向发展，推动了工业结构优化升级。软件技术创新势头迅猛，促进研发设计活动不断加快、资源配置不断优化、生产组织模式不断变革和市场体系不断完善，成为推进"两化"深度融合、催生第三次工业革命的主体力量。软件产业已成为我国战略性新兴产业的重要组成部分，各地把软件产业作为转变经济发展方式的重要抓手。近年来，我国软件和信息技术服务业在电子信息产业中的地位和作用大幅提升，比重由2000年的5.8%上升到2013年的25%，而美国软件产业占信息产业的比重超过70%。伴随着信息技术产业服务化、融合化、网络化的转型和升级，我国软件产业占电子信息产业的比重会进一步提高，软件产业在现代信息技术产业体系中的地位将进一步巩固和提高。软件技术的快速创新，既催生物联网、云计算、移动互联网等新兴产业不断涌现，也带动信息技术服务、电子商务、数字内容产业等现代服务业快速发展，使其成长为先导性、支柱性的战略性新兴产业。如云计算改变了信息资源交付和使用模式，用户不必再把所有资料、数据存储在自己的硬盘内，而是能够通过网络随时随地获取所需服务，形成庞大的云服务市场，创造了新的消费热点。

除了巨大的经济价值，信息消费还有重大的社会价值，发展信息消费对完善社会管理、公共服务具有重要意义。发展信息消费，能够很好地支撑和服务于社会事业、民生事业、生态事业、政府改革事业的发展。信息消费的社会价值，是服务企业、服务政府、服务民生，满足政府管理创新、公共服务、社会管理的需求，满足企业公共服务的需求，满足大众对信息消费的需求。信息消费的社会价值，还体现对生产关系改革的推动。在信息消费内容的开发、存储、传输、加工中，运用了云计算、大数据、移动互联网等新一代信息技术，它们代表了先进的生产力，使政府、企业应用IT的模式会发生彻底变革，对政府、企业的业务流程带来革命性变革。由于生产力的革命性变革，会对生产关系、意识形态带来巨大变革，对现行制度、管理、法律、规范带来巨大冲击，比如云计算的市场准入制度和市场规范，互联网金融、打车软件对现行管理制度提出的挑战等。

二、信息消费的相关理论研究

（一）信息的基本概念

信息已经成为信息经济的一种重要战略资源，或者称其为数据资产，它与物质、能量同等重要，人类的生存和发展依赖物质、能量和信息。但是对"信息"还没有一个特定的、公认的定义，不同的人、不同的领域有不同的解释。学术界一种普遍性的认识是，信息不是实体，是反映一切事物属性及其动态的消息、指令、数据和信号中所包含的实际内容。信息消费涉及的信息范畴，是指信息经济领域、信息论领域的信息范畴，现代网络条件下，我们处在信息爆炸时代，以移动互联网为例，信息涉及：微信、微博、位置、游戏、新闻、移动支付等各种信息，语音、文字、图像、视频等各种信息，结构化、非结构化、半结构化的数据形态，原始信息、半成品信息、加工后信息等各种碎片化的数据。

信息也没有统一的分类方法，难以列举穷尽。有各种信息分类的方法，比如：物理信息、化学信息、生物信息、生态信息、经济信息、政治信息、文化信息；物质信息、意识信息、生理信息、心理信息、思维信息；编码信息、准编码信息、非编码信息；整体信息、局部信息；低层信息、高层信息；宏观信息、中观信息、微观信息；输入信息、输出信息；模拟信号、数字信号；文本信息、图像信息、视频信息、语音信息、位置信息；结构化、半结构化、非结构化的信息；公开信息、商业信息、涉密信息；生产、生活、管理的信息。在信息科学领域，韦沃尔的分类具有典型性，即语法信息、语义信息和语用信息。

信息的基本属性是价值与共享性，信息的属性包括六点。一是普遍性：同物质、能量一样，具有普遍性，是一种客观存在。二是价值性：使用价值和价值，数据是资产、是资源。三是依附性：信息不同于物质，存在需要载体，云计算平台、智能手机、平板电脑、其他移动智能设备都是依附的载体，信息处理需要载体、信息存储需要载体、信息传输需要载

表1　　　　　　　　　　　　信息的几种经典定义

作　者	定　义
信息论奠基人香农（Shannon）	"信息是不确定量的减少""信息是用来消除随机不确定性的东西"（信息的作用）
控制论创始人维纳（Norbert Wiener）	"信息就是信息，既非物质，也非能量""信息是人们在适应外部世界，并使这种适应反作用于外部世界的过程中，同外部世界进行互相交换的内容和名称"（信息的本质）
著名信息学专家钟义信教授	"信息是事物存在方式或运动状态，以这种方式或状态直接或间接的表述"（信息的来源）
美国信息管理专家霍顿（F. W. Horton）	"信息是为了满足用户决策的需要而经过加工处理的数据"。简单地说，信息是经过加工的数据，或者说，信息是数据处理的结果
经济管理学家	"信息是提供决策的有效数据"
电子学家计算机科学家	"信息是电子线路中传输的信号"
辞海（1999年普及版）	（1）音讯："消息"。（2）通信系统传输和处理的对象，泛指小溪河信号的具体内容和意义，通常必须通过处理和分析来提取
新华词典（2001年修订版）	（1）音信：消息；（2）信息论中指用符号传送的报道，报道的内容是接收符号者预先不知道的。（3）事物的运动状态和关于事物运动状态的陈述
……	……

资料来源：csip。

体、信息服务需要载体。四是共享性：同一信息可以同时或不同时、同地或异地被多个人共享，价值在于分享。信息的共享性是区别于物质、能量所特有的特征。五是时效性：过时的信息价值打折扣或者失去价值。六是真伪性：信息有真、有伪，去伪存真，才能正确决策。

现代网络条件下的信息有其特有的特征。一是以数字技术为基础。比特（0、1）是现代信息技术的基础，信息的编码、压缩、存储、传输、处理都基于比特来完成。二是形式的多元化。图像、视频、声音、文本，结构化、非结构化、半结构化的文件，数字和模拟信号，等等。三是部署的网络化。信息的生产、部署、传输、存储、交易、支付、服务都基于网络。四是载体的平台化。云计算资源池、大数据处理平台、电子商务平台。五是数据的海量化。网络信息大爆炸时代，信息碎片化、海量化，需要大数据、云计算技术的支撑。六是消费模式的创新化。免费时代，共享信息的免费大餐，依赖商业模式创新。七是参与性。企业、政府、公众都成为信息的生产者、消费者。在信息社会里，由于信息网络的发达，厂商及消费者之间双向快捷的交流成为可能。厂商能迅速掌握消费者的需求信息，就能按照订货生产适销的产品，减少存货积压。而且利用信息网络的数字经济领域，追加生产和销售成本几乎等于零，这样就可以使厂商大幅度地降低生产成本，提高收益，同时又能为消费者进行多样化选择提供极大的便利，使他们能获得最大限度的满足。可见，消费的信息化使消费者与生产者之间的界限变得模糊，消费者可通过信息网络加入到生产者的生产活动过程中，参与商品的设计和质量监督。消费者与生产者共同创新，有利于增加信息和物质财富。

（二）信息消费的内涵

信息消费是一种直接或间接以信息产品和信息服务为消费对象的经济活动，是指消费主体购买和使用信息商品和服务的总和，是消费主体将自身的信息需求诉诸信息市场来寻求满足的特定方式。由此可见，消费主体从市场上购买和获得的是信息商品（产品）和信息服务，信息消费包含了对信息产品的消费和信息服务的消费，信息的消费主体包括居民、企业和政府部门对信息产品或信息服务的最终使用。

因此，我们在研究信息消费业时候，要对信息消费产品、信息服务做出明确的、准确的界定，以正确引导信息消费业的发展。

（三）信息消费的特征

信息消费具有一般商品的基本特征，即使用价值和价值。作为信息消费中的信息，具有商品的二重性，即使用价值和价值。使用价值是信息作为商品的自然属性，也同样具有稀缺性。作为商品的信息，我们要研究信息的生产、交换和消费等全过程。

作为网络环境下的信息消费，有如下特征。

（1）消费模式、商业模式创新。作为商品，信息具有交换价值，但是在网络新模式下，商业模式的创新造就了信息的免费大餐，带来的冲击是：要研究传统商业模式如何创新、突破，研究传统的产业管理思维如何创新、突破，研究传统的统计指标、统计方法、统计制度如何创新、突破。

（2）生产服务的一体化。信息内容产品和信息内容服务往往一体化，企业会加速垂直整合。从消费的网络关联性看，云、管、端日益融合，主要信息产品或服务的消费都经由这三个环节联动完成，信息产品与信息服务的消费是紧密耦合的。这种强耦合性，使得信息消费对自身ICT产业带动能力强劲，信息消费增长，带动效应最明显的就是设备制造业，通过乘数效应促进消费。

（3）消费需求的多元化。各类消费主体，比如政府、企业、大众。各种消费内容，比如图像、视频、声音、文本；结构化、非结构化、半结构化的文件。

（4）信息消费基于网络实现。从消费形态来看，信息消费多是依托网络发生，网络已经成为生产供给与信息消费的综合平台，目前消费主题基于各种互联网、移动互联网、物联网、通信网络等完成消费行为。信息消费具有独特的网络效应，即信息产品和信息服务的价值一定程度上取决于使用该项产品与服务的用户规模，用户数量越多，该项产品和服务的价值就越高，对消费者的效用和吸引力越大。

（5）信息消费基于平台提供。云平台、大数据处理平台、电子商务平台是消费的平台，信息消费体现了平台经济的经济学特征，比如马太效应、边际成本为零、平台和服务锁定等等。

（6）信息消费的内容海量化。网络信息大爆炸时代，信息碎片化、海量化，需要大数据、云计算技术的支撑，实现智能化处理。

（7）消费的移动化。移动互联网成为重要的消费平台，目前我国手机普及率已达到87%，智能机普及率接近25%，智能手机替代功能手机的步伐正在加快。作为新兴信息产品消费的代表，智能手机广泛普及，将激发新一轮的大规模信息消费热潮。

（8）本地化优势明显。有利于发挥本地文化、本国历史、本土市场的优势，阿里、腾讯、360等企业的成长、发展史证明了这一特征，只要抓住国内大市场优势，就能成就一个巨大的市场、造就一批伟大的企业。

（9）全球化特征显著。信息领域的技术、市场、人才等要素配置全球化，而资源配资的主体就是跨国公司；技术上来衡量，网络无国界，同样，信息跨国界、信息无国界，信息服务具有全球化特征。

（四）信息消费业分析

作为一种新兴业态来考察，信息消费业还有许多理论和实践问题没有解决。

（1）信息消费业如何界定？什么是信息消费业？信息消费业的内涵和边际是什么？目前，具有统计意义的信息消费业并没有界定清楚，产业统计方法和指标无法统一。

（2）信息消费业和信息消费服务业究竟如何界定？信息消费范畴的信息产品是信息内容产品，还是信息电子产品？信息消费范畴的信息服务业是什么？目前行业主管部门界定的信息产品是平板、智能手机、可穿戴设备等电子产品，这种信息产品的界定范围、统计口径值得商榷；对信息服务的界定，存在同样的边界不清的问题。

（3）信息消费的经济核心价值是什么？是关注信息消费业自身GDP贡献，还是更加注重信息消费的乘数效应，重视对上下游关联产业的带动？实际上，发展信息消费不是为了或者说不仅仅为了发展那些可统计的信息消费业态，我们要研究其带动效应、乘数效应。

从经济角度衡量，信息消费业的内在发展逻辑（或者说意义）主线有三条。一是发展信息消费内容产业和相关的信息消费服务业，培育新一代信息技术产业，这是信息消费业自身发展的问题，信息消费对市场需求的直接带动、对经济结构优化的直接带动。二是通过信息消费业发展带动相关终端、硬件、软件（不包括数字内容）、通信网络（不指网络内容增值服务）的发展，这是发展信息消费对现代信息技术产业体系完善的贡献。三是通过信息消费业与传统产业的融合，带动传统产业的改造升级和融合创新，这是发挥信息消费的渗透性、融合性，对传统产业生产力提升的共享。信息消费更大的经济价值，体现在信息消费的经济驱动模式或者叫需求驱动模式，发挥其乘数效应，对内外需市场、上下游产业的带动，产业的发展逻辑和管理支持的导向及理念要与之对应，发展信息消费业是通过丰富内容带动市场需求，丰富服务带动关联产业。

要准确理解信息消费业的内涵，关键是要理解什么是信息消费范畴下的信息产品？什么是信息消费范畴下的信息服务？在信息消费范畴下，信息产品、信息服务有其特定的内涵。

1. 信息产品

在信息消费范畴下，信息产品只能是信息内容产品，不是信息电子产品。动漫、游戏、数字影音、数字出版、数字学习、空间地理信息、图片内容、视频内容、公共信息资源等信息内容产品是信息消费范畴下的信息商品（产品），以及内容管理信息平台、工业设计、信息处理等软件技术和产品，不是集成电路、平板显示、平板电脑、智能手机、智能电视等电子产品和设备。目前，行业管理者泛化了信息产品的内涵和边际，把信息内容、软件、信息承载设备都列入信息产品，这种理解是不准确的，放大了信息产品的边界。信息内容产品、信息内容产业和 CPU、计算机整机、交换机、路由器、智能手机是关联产业，但是不能将所有的信息电子产品和装备列入信息消费业里面。正是由于信息消费也具有很强的产业关联带动作用，所以对电子消费类产品具有很强的融合带动作用。

2. 信息服务

在信息消费范畴下，信息服务是指信息内容的生产、销售、交易、技术支撑、设计测试等服务。目前，行业管理者把信息服务看成是网络增值服务（网络视频、网络购物、微媒体、手机支付、手机视频）和信息内容服务（视频、语音、图片、数字影音、数字游戏、数字动画和数字学习等数字内容服务），这种理解是不全面的。在信息消费范畴下，实际上信息的生产、存储（自己存储不是信息服务）传输（通信业）、支付、销售、服务、测试、设计等各个环节，都有第三方的专业厂商提供服务。例如，信息数据编辑、整理、分析、挖掘等数据加工处理服务，如海量公司、搜狐、知微等服务提供商提供信息处理、信息加工等服务；人口、地理、医疗、社保等信息资源深度开发和社会化服务；企业和政府的网络舆情分析，可以委托第三方为客户服务；产品设计、IC 设计的外包服务等。

（五）信息消费产业链分析

信息产业链包括生产和销售两个环节。生产过程是指利用信息技术，对信息资源进行生产、收集、整合并制作成信息成品（包括数字化的信息产品和特色化的信息服务）。销售环节是指依托信息技术手段和工具提供给信息消费主体使用的过程。该过程可以简单地用图 1 表示，即信息消费产业链。

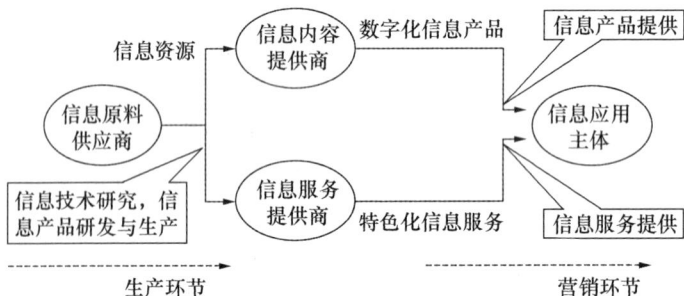

图1　信息消费产业链示意图

资料来源：csip。

在图 1 中，信息原料供应商提供的信息资源来源于图书档案行业、视听传媒行业、新闻出版行业、文化艺术行业等，它们将具有自主知识产权的内容文化、艺术、科技、教育课程、游戏娱乐等信息资源优价提供给信息内容提供商和信息服务提供商；信息内容提供商和信息服务提供商利用信息技术提供商研发的信息技术成果和信息产品，以及信息设备提供商提供的配套设施，分别进行数字化信息产品和特色化信息服务的生产；然后，依托电信运营商和物流产业部门将信息成品提供给信息消费主体。其中，信息技术支撑整个信息消费产业链正常运行，电信运营商提供重要的网络基础和信息利用平台，物流部门是信息原料和信息成品的重要供应渠道。只有各个环节和所有配套支撑环境优良运行，整个信息消费产业链才能有效运转。

完整的信息消费产业链包括三个结构性实体要素，即信息消费者、信息消费品和信息消费环境。

1. 信息消费者

信息消费者是信息消费的主体，分为个体消费者和组织消费者。个体信息消费者是指购买和使用信息产品或服务的个人或用户。个体消费者购买信息产品或服务是为了自己或其他用户的使用，或者是将其作为礼物赠送给亲朋好友。组织消费者主要是指为做到正确决策而购买或使用信息产品或服务的政府机构、企业、事业单位等。

2. 信息消费品

信息消费品是信息消费的客体，是信息消费者消费的终极产品，既包括有形的信息商品，也包括无形的信息服务，二者不可分割。

3. 信息消费环境

信息消费环境是指影响人类信息消费活动的一切自然、社会因素的总和。它是对消费者有一定影响的、外在的、客观的制约因素，赋予信息消费活动特定的时空和社会经济背景，影响着信息消费的方式、结构以及质量和效果。它主要包括消费的自然环境和社会环境。由于信息消费本质上是精神消费，受社会经济因素影响较大。信息消费的社会环境主要包括信息市场环境、信息技术环境以及人文信息环境等。

（六）信息消费市场

信息（或称之为数据资产）是大数据时代重要的资产，是一种重要的战略资源，是一种生产资料（企业和政府）、生活必需品（大众）。投资者、经营者、消费者、政府等市场主体都是信息消费的主体，用于社会管理、公共服务、生产经营、决策分析、生活娱乐等不同的目的。作为用来交换的商品，信息消费中的信息同样具有商品的普遍特征，即价值和使用价值。

信息消费市场包含了组织市场和消费者市场两大类。

组织市场是指一切为了自身生产、转售或转租或者用于组织消费而采购的一切组织构成的市场，主要包括生产者市场、中间商市场和政府市场。各类企业的投资决策、经营决策、产品设计、生产管理、售后服务都离不开信息。政府在履行社会管理、公共服务、市场管理、宏观决策过程中，需要产生信息消费行为。

消费者市场是指为满足自身需要而购买的一切个人和家庭构成的市场。信息消费的大众市场与吃穿住行一样，信息成为生活、工作、娱乐的必需品。信息消费是以人口为基数，甚至超越人口基数的大市场（移动互联网市场），这是一个特殊的消费者市场。

三、国际信息消费发展情况

（一）国际信息消费总体情况

国际经验表明，当一个国家或地区可比价格人均 GDP 处于 5000～10000 美元时期时，居民消费类型、消费结构将会发生重大变革，服务消费增长速度明显快于耐用消费品和非耐用消费品，通信、娱乐服务等消费增速显著提升。以美国为例，在支出法 GDP 中，平均最终消费率为79.3%，投资率为20.5%，净出口率为0.3%，消费投资比高达3.8∶1，消费在国民经济中占据主导地位，是经济增长的主要力量，而投资及出口的作用较弱。在个人消费支出中，服务性消费支出不断增长，占个人消费支出的比重由 1962 年的48%提升至 1978 年的55%[①]，通信服务、娱乐服务等成为拉动美国经济增长的新动力。从信息产品和服务的供给而言，20 世纪90 年代中期互联网商业化以来，信息产业对美国名义经济增长

---

① 辛勇飞、孙克："信息消费：发达国家水平如何"，中国信息产业网，2013 年10 月10日。

的贡献率迅速提高，从 6.2% 提升至 15%，信息产业在经济中所占的份额比过去美国经济的三大支柱产业（钢铁、汽车和建筑业）所占份额的总和还要大。

信息技术相关产品和服务日益成为主要国家新的需求热点，经济社会发展对信息技术相关产品和服务的需求不断提升。根据经合组织 OECD 测算，2008~2012 年，全球企业和消费者对信息技术相关产品和服务的需求（ICT spending，ICT 支出）稳中有升，规模由 3.63 万亿美元增长到 4.41 万亿美元，与 GDP 的比值由 5.91% 提高到 6.14%，其中居民消费规模为 1.44 万亿美元。国民经济发展水平与对信息技术相关产品和服务的需求呈现较强相关性，2012 年，美国、日本、德国、英国和韩国 ICT 支出分别达到 1.2 万亿美元、3851 亿美元、2274 亿美元、2008 亿美元和 936 亿美元，占 GDP 比重分别达到 7.66%、6.46%、6.69%、8.23%、8.10%。同期，我国 ICT 总产出占 GDP 的 6%，剔除外销和库存，实际 ICT 消费支出会更低。特别是考虑到我国人口基数庞大，人均 ICT 支出水平与发达国家的差距会更显著。

从典型信息产品和信息服务的消费数据看，发达国家信息消费层次较高，智能终端、移动互联网与电子商务等新兴信息服务和产品成为最显著的消费热点。西欧、北美智能手机出货量占比分别在 2010 年和 2011 年超过 50%，英国、德国、韩国使用便携式设备上网的用户占比均已达到 50% 左右。我国尽管在 2012 年智能手机出货量占比也超过了 50%，但国内移动用户中智能手机普及率仅在 25% 左右，远低于发达国家 50% 的水平。在网络购物方面，欧盟与美国的在线零售市场处于快速增长态势，2000~2012 年，美国电子商务零售规模从 50 亿美元扩大到 530 多亿美元，电子商务占零售总额的比重由不到 1% 提升至近 6%，英国、德国的在线零售额占零售总额的比例达到 10% 左右①。

---

① OECD 相关测算。

（二）各国信息消费发展现状

1. 美国信息消费发展情况

美国信息消费对经济的带动作用十分明显。美国人均信息消费支出为3400美元。根据OECD的测算，2012年，美国ICT支出高达1.2万亿美元，远远高于其他发达国家，是排在第二位日本的3倍多。

（1）重视基础研究，制定技术标准，夯实信息产业发展基础。从20世纪90年代开始，美国就积极推动信息产业发展。20世纪90年代初，美国政府发起了NII、GII等计划，众多极具前瞻性的重大科技项目先后启动，保证了美国的信息产业始终处于全球技术领先的地位。1997年美国国家科学基金会等12个部门联合实施了《计算、信息与通信计划》，并于同年发布了"全球电子商务框架"，1999年发布了《21世纪信息技术计划》。这些战略推动了美国在计算机硬件和软件的研究与开发，进而促进了全球电子商务的发展。

美国非常注重将国内的技术推广到全世界。1987年，联合ISO和IEC两大国际组织，成立了"信息技术国际标准第一届联合委员会"，之后还相继出台系列法案扩大美国在计算与通信技术领域的优势。2004年，美国投入巨资推行一系列包括信息技术在内的、被称为"美国创新的基础"的重大研究发展计划，确保在信息产业核心技术标准方面的领先地位。

此外，美国于1993年成立了内阁级的国家科技委员会，该组织成为在原有的白宫科技政策办公室和总统科技顾问委员会之外的最高级别的跨部门研发战略制定部门，从组织层面支持信息产业发展。

（2）完善法制环境保护知识产权，促进信息消费产业技术不断创新。美国政府通过制定一系列的推动企业革新和创业的政策，大力鼓励市场自由化和规范化的市场竞争机制。1996年，美国颁布了新的电信法案，修改了限制市场自由、开放和竞争规则的条款，增加了企业保护区、专利法、反垄断法、移民法、雇佣信息查询和雇主附加值服务、金融援助、地方政策鼓励等。这些灵活的信息产业政策对国家战略的实施有着至关重要的作用。

另外，美国政府还通过加强对知识产权保护的方式，将长期积累储备的重大科技成果加以保护，强化美国的知识产权优势，保证美国企业与政府信息产业在全球的统一战略，更好地适应信息产业国际竞争加剧的形势，实现国家整体战略的利益最大化。

（3）资本集聚和产业集聚推动中小企业持续创新，成为信息消费产业发展的不竭动力。资本集聚成为高新技术成果的孵化器。推动美国快速步入信息社会，民间资本的介入在其中起到了尤为重要的作用。美国几乎90%的高科技公司都是按照风险投资的模式发展起来的，著名的微软、英特尔、戴尔、雅虎等就是其中的佼佼者。通过风险投资创立起大量的高科技公司，极大地促进了美国高新科技成果的市场转化和商业化进程。

"硅谷效应"的不断扩张为信息消费产业增添创新动力。20世纪60～70年代，微电子技术迅猛发展，一大批初具产业规模的高新技术公司纷纷涌现并集聚在硅谷。美国的硅谷不仅创造了新公司和新经济，更重要的是创造了支持这种新的产业核心技术发展的完备系统，目前"硅谷效应"已被世界许多国家和地区纷纷效仿。美国的中小企业产生了绝大部分的国民经济增长值，也创造了绝大部分新的就业机会。尤其在网络经济等新兴产业中，成千上万家小型企业源源不断的创业活动，成为推动美国经济发展的核心力量。

2. 韩国信息消费发展情况

近几年，韩国信息消费发展十分迅速，成为推动韩国经济转型升级的重要力量。

（1）移动网络进入4.5G时代，网络升级刺激智能手机消费。据经合组织发布的报告显示，韩国消费者月平均无线数据使用量达1.2GB，远高于其他国家，这正缘于韩国超高的移动网速、智能手机的迅速普及，以及移动终端和因特网的高使用率。

韩国智能手机的普及率全球最高，更换频率也是全球最快。可以说，通信网络的不断升级，以及手机终端的推陈出新是刺激韩国用户频繁更换手机终端的主要原因。手机生产商为迎接4.5G时代竞相推出新品，而其丰富的功能对用户，尤其是年轻人构成极强的吸引力。据调查，智能手机在 20～29 岁年龄段中的普及率高达 94%。

（2）智能手机推动移动支付，推动信息消费发展。高速网络和智能手机的普及为移动支付手段的开发提供了重要前提。目前韩国每家银行都有自己的手机银行软件，通过软件用户可以查询账户明细，进行转账操作，完成购物支付，实现缴费缴税等功能。2012 年，韩国银行移动终端处理业务量已占整体业务量的 26%。同时，韩国手机银行软件的安防措施也很到位，软件不仅会要求用户下载签名数字证书，还会自行为用户安装安全防护软件，确保客户信息不被泄露。

而且，韩国的新款手机都带有 NFC 功能，这些手机系统中都内置有"Smart Wallet"（手机钱包）和"Mobile T-Money"（移动交通卡）软件。Smart Wallet 软件几乎与韩国各主要百货公司、超市、餐厅、影院、加油站等消费场所都有合作关系，用户可以通过它整合各处的会员卡、打折卡、消费券等，非常方便；同时该软件与一些银行也有合作，用户可以将这些银行的信用卡、借记卡信息输入，在消费结算时使用。Mobile T-Money 则可以用来乘坐地铁、公交、出租车，在 CU 等便利店同样可以作为结算手段，用户直接用手机背面贴合刷卡机就可以刷卡或是充值。有了这两款软件，用户再也不需要带着厚厚的钱包装着各种卡片，随身只用带一部手机就可以潇洒出行。2013 年，韩国移动购物市场的交易规模达到 1.3 万亿韩元，已对传统信用卡构成了威胁。韩国信息通信产业的下一个目标是在2020 年实现 5G 移动通信技术的商用化，相信这将成为韩国信息消费增长的一个新的助推力。

3. 英国信息消费发展情况

作为老牌工业强国，面对信息技术的高速发展，信息成果的快速涌现，英国也不甘落后，正在加紧布局信息消费，改善经济结构，提升消费层次。

（1）数字出版发展迅速，网络购物成为首选。一本书，一把雨伞，一身深色西装或一袭黑色长裙，一直是英国人标志性的形象。然而如今这一传统已经被打破，雨伞、西装、长裙仍在，但是在地铁里手捧书籍阅读的英国人变得越来越少，取而代之的是掌上电脑或者智能手机。高科技改变了英国人的阅读习惯，同时也给英国带来了新的发展机遇，而促进信息消费，正是英国政府和企业重点发展的领域。与英国人新的阅读习惯相关联的是这个国家数字出版业的迅速崛起。来自亚马逊的统计数据表明，目前英国电子书销售额已经超过了纸质图书。同时，英国主要媒体都加快马力向数字化转型。据报道，英国每日邮报集团的在线广告收入的增长已经能够基本抵消纸质报纸广告的下滑。出版商的发展已经走到了一个重要的拐点。

英国数字出版的高速发展仅仅是当前英国信息产业发展状况的一个侧面。在日常消费领域，英国消费者的网购数量已经超过他们去实体店的购物数量。调查显示，消费者们将在网络上实行他们57%的购物计划，剩下的43%在实体店内完成。从销售看，厂商们高度重视现代信息的传播能力，不仅借助亚马逊等知名购物网站营销其产品，许多品牌厂家则建立自有品牌销售网站，为消费者提供更放心的服务。

（2）制定相关扶持政策，促进信息消费发展。自2008年起，英国政府先后出台一系列促进电子商务发展的相关法规和政策。特别是2002年英国政府根据欧盟《电子商务指令》制订了《电子商务条例》，内容包括对网上信息和服务提供者要求、对网上商品和服务的描述、网上发布广告的要求、在线合同订立的原则、在线争端解决以及网上订单取消等内容。实践证明，英国政府一系列法规的出台，有效地保护了电子商务的顺利发展，使英国成为世界上少有的几个具有成熟电子商务环境的国家之一。

同时，英国政府积极为信息消费打造平台。继3G之后，英国政府当前正在着力建造4G移动网络，"宽带英国"是英国政府当前正在积极建设的重大工程。"宽带英国"计划由欧盟委员会于2012年11月20日批准。目前，"宽带英国"项目已启动2/3，90%的英国家庭将接入超高速宽带。目前，该项目已与29个地方当局展开合作，剩下的15个地区项目也将很快上马。

4. 俄罗斯信息消费发展情况

2013 年 8 月，俄罗斯政府批准了《2018 年前信息技术产业发展规划》，在政府的大力扶持下，俄罗斯信息技术产业将驶入快车道。

（1）加快推进宽带网络建设。为了加速 4G 网络的推广，早在 2012 年，俄罗斯就开始对铺设 LTE 网络频段分配进行了招投标，加快 LTE 网络的建设。2013 年 7 月，俄罗斯通讯与大众传媒部基于"发展宽带接入，消除数字鸿沟"的目标，拟成立一个新的国有控股企业，负责统筹 LTE 网络建设，先期投资将达 600 亿卢布，计划完成 3 万个基站建设。

（2）电子支付方兴未艾。要享受到便捷的信息服务，必须依托于逐步完善的电子支付系统。近年来，俄罗斯电子支付业务发展迅猛，2012 年俄罗斯电子支付总额同比增长 34%，达到 1667 亿卢布。目前，已形成了"Yandex. money"、WebMoney 和 QIWI 三大网络支付平台，控制了 80% 的电子支付业务，极大地方便了网络消费者。2013 年 7 月，俄罗斯储蓄银行完成了对俄最大搜索引擎"Yandex"旗下"Yandex. money"公司近 75% 股份的收购，标志着消费者将享受到更为便利的在线支付服务。

（3）手机软件发展迅速。得益于智能手机及平板电脑用户增加，手机银行、支付系统的发展，俄罗斯手机应用软件市场也步入了高速发展期。2012 年，俄罗斯手机应用软件市场同比大涨 3 倍，达到 1.37 亿美元。数据显示，2012 年全世界手机应用软件市场总值约为 78.3 亿美元，尽管俄罗斯仍落后于世界平均水平，但有咨询公司预测，近两年俄罗斯手机应用软件市场规模将保持每年倍增。

（三）发达国家促进信息消费的政策要点

主要发达国家高度关注信息产业及相关消费的培育发展，纷纷将新一代信息技术产业的战略部署与信息相关消费的培育发展相结合，围绕基础设施、关键产品、应用服务等关键领域，制订出台国家战略、行动计划和实施政策，激励市场需求与引导社会投资并举，力图加快形成新一代信息技术的产业竞争优势和市场规模优势。

一是将信息基础设施的改造提升作为培育产业、激发需求的优先选择。欧盟在 2012 年 12 月评估"欧洲数字议程"后，提出宽带网络是数字经济的基础，将扩大宽带服务作为 ICT 领域今后两年最优先的工作。

二是注重加强新兴信息产品与服务的培育引导。巴西 2013 年 3 月 13 日公布了为国家宽带计划（REPNBL）而制订的特别税收制度，2016 年底前购买的相应产品和服务预计将获得总额达 60 亿巴西雷亚尔（约 28 亿美元）的税收减免。

三是更加强调公共信息资源的开放与共享。主要发达国家将促进信息资源共享作为培育发展信息技术产业和信息相关消费的重要途径，近期面对大数据应用的兴起，政府公共信息资源的进一步开放成为新的趋势。

四是将信息技术纳入实现经济长期增长的总体战略布局。美、欧、日、韩、澳、加、巴等国家的信息技术产业布局均着眼于长远发展，以加快信息通信技术驱动的产业升级和经济社会发展模式创新，塑造国家长期综合竞争优势，并实现经济社会的可持续发展。如 2010 年，欧盟发布《欧洲 2020 战略》，将信息技术产业和应用作为欧洲 2020 年发展战略最重要的 7 个计划之一；日本在《增长战略》中也将"实现世界最高水平的 IT 社会"与改革、创新等并列为重振产业的 6 项计划之一。

（四）各国的经验总结

（1）加大互联网基础网络建设是推进信息消费的基础。想要更快地看到信息消费带来的市场增长的显著成果，必然要将互联网基础网络建设提高到重要的位置。提高带宽速率和互联网普及率，加快城市重要公共区域实现无线网络覆盖，实现宽带应用深度融入生产生活，是推进信息消费的重要环节。

（2）扩大新兴信息技术应用是信息消费增长的动力。大力发展物联网、云计算、移动互联网等新兴建设，将物联网技术、云计算平台、传感技术进一步广泛应用到生产和生活系统中去，加快城市智慧物流体系、智慧制造体系、智慧贸易体系、智慧能源应用体系、智慧公共服务体系、智慧社会管理体系、智慧交通体系、智慧健康保障体系、智慧安居服务体系、智慧文化服务体系的建设，扩大信息消费的深度和广度。

（3）普及信息消费概念，改变信息消费习惯。加快普通用户对信息消费的概念和应用的理解，培养良好的网络利用习惯。推广和建立网络消费、网络医疗、网络教学、网络政务、网络办公的习惯，使利用网络获取信息和消费信息成为生产、生活中不可或缺的一部分。

（4）制定并落实相关政策措施，促进产业快速发展。欧美等国信息消费发展迅速的一个重要原因是产业促进政策能够根据产业发展的实际需求及时制定，并能够真正贯彻和实施在产业发展中。而且，随着产业发展的思路不断调整和完善，成为产业持续发展的有力保障。

四、我国信息消费发展的现状和存在的问题

（一）我国信息消费发展的现状

1. 我国信息消费市场需求巨大

目前，我国正处于居民消费升级和信息化、工业化、城镇化、农业现代化加快融合发展的阶段，虽然我国人均信息消费支出仅为 190 美元，但信息消费具有良好的发展基础及巨大的发展潜力和空间，信息消费也逐渐显现出带动经济发展的作用。2013 年，信息消费整体规模达到 2.2 万亿元，同比增长超过 28%。其中，信息产品消费规模达到 1.2 万亿元，同比增长超过 35%，智能终端成为信息产品消费的热点；信息服务消费规模超过 1 万亿元，同比增长超过 20%，移动数据及互联网业务等非话业务成为主要增长动力。此外，电子商务持续高速增长，2013 年电子商务交易规模突破 10 万亿元[①]。截至 2014 年 6 月，我国使用网上支付的用户规模达到 2.92 亿，较 2013 年底增长 12.3%。移动支付用户规模达到 2.05 亿，网民

---

① 工业和信息化部："2013 年信息消费达 2.2 万亿同比增长 35%"，中国新闻子网 2014 年 2 月 18 日。

手机支付的使用比例达到38.9%。随着我国对信息消费支持力度的增加，信息消费发展潜力巨大，发展空间十分广阔①。

2. 发展信息消费具有良好的产业基础

发展信息消费需要的四个产业基础已经基本形成。第一，从信息通信服务业看，基础电信业持续稳定增长，2012年收入首次突破万亿元大关。同时，以互联网为主的增值电信业高速增长，2012年收入2600亿元，增速32%。第二，电子信息业产业基础雄厚，2012年，收入达到11万亿元，增幅超过15%。其中，软件业实现收入2.5万亿元，同比增长28.5%；手机、计算机和彩电产量占全球出货量的比重均超过50%，国内智能手机出货份额达55%，年出货量达到2.58亿。第三，信息消费具有坚实的用户基础，移动互联网用户高速扩张，移动智能终端渗透率快速提升。截至2014年6月，我国手机网民规模达5.27亿，较2013年底增加2699万人，网民中使用手机上网的人群占比由2013年的81.0%提升至83.4%，手机网民规模首次超越传统PC（不包括平板电脑）网民规模②。第四，用户消费行为和性质已经发生了本质的变化，居民100元的信息服务支出中，非语音支出占50元以上，居民向基于数据的消费转变、升级具备了消费行为基础。

3. 商务类应用大幅提升

移动支付用户的大幅度增加也带动了电商类应用、旅游类应用和团购类应用等商务类应用的增长。电商类应用：截至2014年6月，我国手机购物用户规模达到2.05亿，半年度增长率为42%，是网购市场整体用户规模增长速度的4.3倍，手机购物的使用比例由28.9%提升至38.9%。团购类应用：截至2014年6月，我国手机团购用户规模达到1.02亿，半年度增长率为25.5%，手机团购的使用比例由16.3%提升至19.4%。旅游类应用：截至2014年6月，我国手机预订机票、酒店、火车票或旅行行程用户规模达到7537万，较2013年12月增长2980万人，半年度增长率为

---

①② 中国互联网络信息中心：《第34次中国互联网络发展状况统计报告》，2014年7月。

65.4%，我国网民使用手机在线旅行预订的比例由 9.1% 提升至 14.3%。

4. 网络基础设施进一步完善

随着"宽带中国"战略及"宽带中国 2013 年专项行动"的全面实施和落实，截至 2013 年 12 月，我国 4M 以上高速率宽带接入用户占比达到 78.8%，在 2011 年底的时候，4M 以上速率用户占比仅为 40%，2012 年底的时候上升到 60%。这几年宽带发展还是取得了比较大的成绩，3G 网络已覆盖全国所有乡镇，4G 商业化全面启动，拉开了 4G 发展的大幕[①]。

5. 信息消费相关企业发展迅速

在国家鼓励政策的支持下，信息消费概念股备受关注，无论是持续的时间，还是资金的关注程度，信息消费无疑是 2013 年 A 股市场上最受关注的板块之一。与信息消费紧密相关的计算机、通信、电子设备制造、软件及信息技术服务业等上市企业发展迅速，成为完善产业链条、促进产业升级的关键力量。

（二）我国信息消费发展存在的问题

1. 信息消费水平和层次偏低

随着经济的快速增长和信息技术不断更新，我国的信息消费发展十分迅猛。然而，与美、日等发达国家相比，我国的信息消费还存在着相当大的差距，美国、日本的人均信息消费支出分别为 3400 美元/年和 2400 美元/年，而我国仅为 190 美元/年。而且，我国信息消费的层次也较低，不少家用电脑只停留在"游戏"上。根据 CNNIC 调查报告的有关数据显示，除了即时通信和搜索引擎之外，中国网民对各类网络应用频率最高的分别是网络新闻、网络音乐、博客、网络视频、网络游戏和微博，都远远超过了 50%，而电子邮件、电子政务、网络购物、网上支付等频率相对较少。由此可见，中国的网络使用主要还是停留在初级应用阶段。

---

① 中国互联网络信息中心：《第 34 次中国互联网络发展状况统计报告》，2014 年 7 月。

2. 网络资源还有待大力开发

足够高的、可靠的、低成本的、容易获取的带宽资源，是信息消费发展的前提和基础。尽管我国宽带普及率近年来快速提高，但与发达国家的差距仍十分明显。以宽带为例，OECD 的普及率为 25.66%，我国宽带普及率仅为 OECD 国家平均值的一半；而且，近四成用户仍使用 4Mbps 以下宽带接入，速率远低于发达国家的 10Mbps 主流接入速率。以目前全球互联网网速排名来看，韩国以平均 17.2 Mb/s 的网速排名世界第一，日本排在第二位，为 11.7 Mb/s。然后是中国香港（10.9 Mb/s），而我国内地的平均网速只有 1.7 Mb/s，这与韩国、日本相差将近 10 倍，全球排名第 98 位，远远落后于全球 3.1 Mb/s 的平均网速[①]。从比特率、结构速率来讲，我国的宽带也存在较大差距，宽带发展还存在地域性不平衡、城乡不平衡的现象。

3. 信息消费相关概念普及度不高

对于中国目前信息化推进的程度来看，对于互联网、移动互联网、物联网、大数据的概念仅限于被 IT 业内人士，信息技术发达的城市所认知和理解。信息消费的概念和应用对于中国广大的消费人群而言渗透率并不高，而且对于网络利用的习惯也亟待培养。网络消费、网络医疗、网络教学、网络政务、网络办公的习惯要逐渐的推广和建立，利用网络获取信息和消费信息成为生产、生活中不可或缺的一部分。因此，加深对信息消费的认识和深入培养信息消费的习惯是进一步扩大信息消费市场的关键。

4. 信息消费者的权益难以保障

随着信息通信产品及服务的普及，信息消费领域尤其是网络购物、互联网服务及通信服务领域的消费者权益问题尤为突出。近年来，网上购物类申（投）诉受理量以年均 40% 以上的升幅高速增长，通信服务投诉、互联网服务投诉时有发生。互联网宽带接入故障、移动信号不佳、手机上网速度不稳定、垃圾短信泛滥、经营者未经消费者同意擅自更改通信套餐业

---

① 蓝汛研究：《2014 年全国网速指数报告》。

务等都是亟待解决的实际问题。

5. 相关法律法规等制度亟待完善

针对市场上涌现的关于网络购物、互联网、通信服务等大量的投诉，以及个人信息的泄密，网络支付安全的问题等，究其原因主要是目前我国网络管理法律基础薄弱，网络零售领域法律缺失、监管体系不完善，尤其是个人信息保护、网络信用、电子支付、网络消费监管等方面的相关法律法规不够完善。信息消费的服务创新与现行管理存在严重冲突，例如滴滴打车软件的推出与现行城市交通管理的冲突，二维码支付和虚拟信用卡对现行金融制度的挑战。不仅如此，信息消费领域的市场准入、市场规范等制度也亟待完善，比如云计算服务商的市场归入和市场行为规范，网络环境下对企业不正当竞争、对市场垄断的界定等问题。总之，信息消费制度建设相对落后，导致"消费陷阱"、虚假信息等现象大量存在，网络诚信体系不健全，个人信息保护机制不完善，极大影响了消费者的消费意愿。

6. 信息安全和数据资产的挑战日益凸显

在基于网络融合日益普遍的趋势下，信息安全事故的破坏性越来越大，信息安全问题也越来越成为焦点。"震网""棱镜门"等事件给我们敲响了警钟，信息安全问题已经成为事关经济、社会、国防安全的"第一安全"。但是我国在安全策略上处于被动防守地位，信息安全面临的形势空前严峻。我国信息产业在芯片、操作系统、数据库、基础软件等产业核心环节上竞争力较弱，国外关键软硬件技术和产品长期主导国内市场和应用，我们不具有自主的控制和安全保障能力。目前，我国政府、军队、电力、金融、交通等重点行业的关键信息基础设施，绝大部分是基于国外的芯片、操作系统和数据库，存在着重大的信息安全隐患。同时，在云计算时代，黑客和网络犯罪分子能够基于网络、通过云计算模式获得空前的超级计算能力，加大了网络犯罪的破坏力，网络信息安全面临严峻挑战。大数据、云计算时代，不仅仅是网络安全、信息安全、个人隐私、个人信息保护、声纹安全等问题，数据资产的安全问题越来越严重，要提高到议事日程。比如，云计算模式下的设计软件云应用模式，客户的数据都存在云端；又如，网络环境下金融安全问题。它们都涉及数据资产的安全。

五、我国发展信息消费业的对策建议

促进信息消费、发展信息消费业，需要从制度、政策、市场环境、文化、人才、投资环境、基础设施、载体建设入手，完善发展环境，推动创新发展。

（一）深入实施宽带接入战略，着力加强网络基础设施建设

加快宽带网络升级改造，推进光纤入户，统筹提高城乡宽带网络普及水平和接入能力。推进下一代广播电视网规模建设。持续推进电信基础设施共建共享，统筹互联网数据中心（IDC）等云计算基础设施布局。积极开展智慧城市试点示范建设，支持公用设备设施的智能化改造升级，加快实施智能电网、智能交通、智能水务、智慧国土、智慧物流等工程，加快信息消费相关基础设施的演进和升级。

（二）大力发展信息产业，扩大信息产品供给

加快产业结构更新和升级，增加投入，加强信息装备建设（通信设备、计算机、信息处理设备和网络设备）和信息服务基础建设（如数据库的建设和更新，印刷文献资源建设等），促进信息消费基础设施建设。推动基础电信运营商增强基础电信服务能力，规范互联网信息服务企业的竞争和服务行为，拓展移动电子商务应用，重点培育面向城市社区和农产品的电子商务，向人们提供多样化的优质公共服务。引导信息消费的不断发展和升级，加强有偿信息服务部门形象和信誉的塑造，增强用户对信息消费的认可，提升信息消费水平。

（三）降低信息消费成本，丰富信息服务的内容

大力推广适销对路的智能手机、智能电视等终端产品，支持数字家庭

智能终端研发和产业化，面向移动互联网、云技术、大数据卫星导航等热点研发各类新型信息消费电子产品。在政策、资金、人才等方面制定优惠政策，加快西部地区和落后地区的信息基础设施建设。降低信息消费成本，使大多数家庭和贫困者都有能力消费信息，尤其降低农村电话费、手机话费、网络接入费和使用费的价格。加强相关网站建设，结合宽带网的优势和特色，为广大用户提供互动性强、视频和音频相结合的多媒体信息服务。加快信息科技与文化产业的融合，大力发展文化创意产业。

（四）转变政府管理理念，加强政府数据开放

各级政府应不断提升政府管理能力和服务水平，提高公共信息资源开发利用效率。逐步向公众开放各类可共享资源，加大公共安全、公共服务、交通服务、教育科技、金融服务、能源环境、健康卫生、文化娱乐等领域数据和信息的开放程度和范围，促进政府部门间数据共享交换，发挥企业在信息加工和信息传播方面的优势，并通过各种数据增值服务带动信息消费的快速发展。

（五）改革信息管理体制，规范信息市场

建立全国统一的信息产业管理机构，综合运用政策、法律、经济等手段。协调各地区和部门之间的合作，避免信息项目的重复建设。在满足公益性信息需求的同时，运用经济杠杆（如税收、工资、价格等）合理调节信息需求的总体结构。制订合理的信息产品交易制度和规则，引入竞争机制，打破垄断。建立公平、公正的市场竞争和交易秩序。通过设置专门的信息产业监督机构，制定新兴服务领域的市场准入，规范企业竞争行为，规范信息消费市场，为信息消费提供良好的市场环境。

（六）强化各类制度建设，为信息服务业发展保驾护航

加强数据信息安全保护、信息安全保障、个人信息隐私保护、信息消费者权益保护等法律法规制度建设。加强知识产权特别是数字资产保护，

以及企业的规范、用户的行为规范；加大知识产权保护力度，引导标准、专利等产业联盟健康有序发展。

（七）大力发展安全可靠的关键软硬件，保障信息安全

立足自主创新，加大研发投入，加快安全可靠、自主可控的CPU、基础软件、整机、大型应用系统等软硬件发展，确保各个等级、各个层次的信息安全。要加快自主可靠的国产关键软硬件应用推进，按照"政府引导，市场推进；应用导向，突出重点"的原则，以党政机关为应用重点，以整体集成为应用方向，强化制度、法规、标准、技术、资金、人才等措施保障，结合"核高基"等重大专项的实施，加快制定应用推广计划和方案，通过先试点、再示范、后推广的方式逐步推进，在政府机关和关系国计民生的重点领域大力推广国产关键软硬件应用，不断提高产品成熟度、可靠性、安全性，增强系统整体集成应用和协同运行水平，提高服务保障能力，保障信息安全。

六、研究结论

加快发展信息消费业是我国新经济发展常态下，我国加快发展方式转变、推动产业结构升级、实现创新发展的重要驱动力量。信息消费具有很强的关联带动效应，有利于加快培育战略性新兴产业。信息消费是推进"两化"深度融合、工业转型升级的重要支撑。除了巨大的经济价值，信息消费还有重大的社会价值，发展信息消费对完善社会管理、公共服务具有重要意义。发展信息消费能够很好地支撑和服务于社会事业、民生事业、生态事业、政府改革事业的发展。目前，我国正处于居民消费升级和信息化、工业化、城镇化、农业现代化加快融合发展的阶段，信息消费具有良好的发展基础和巨大的发展空间。信息消费对扩大内需有拉动作用，能够有效推动城镇化、工业化和农业现代化发展。

要理清信息消费发展的思路、逻辑，必须对信息消费的内涵、边界有

清楚的认识。因此，信息消费业的理论研究具有重要意义。在现代信息网络环境下，信息消费由信息产品消费和信息服务消费两大部分组成；信息消费范畴的信息产品的核心是信息内容产品，不是信息电子产品；信息消费范畴的信息服务，是信息内容服务、信息内容外包服务、技术解决方案服务提供等内容；发展信息消费不要或者不仅仅要关注产业自身的产值和GDP，其经济价值是其对产业的关联带动、乘数效应；数据是资产，内容丰富服务，服务创造价值，内容和服务带动软硬件现代信息技术产业体系，内容和服务提升传统产业。

发展信息消费业，需要从制度、政策、市场环境、文化、人才、投资环境、基础设施、载体建设入手，完善发展环境，推动创新发展。通过立法，强化个人信息和个人隐私保护，强化信息安全和数据资产保护力度。要通过完善财税政策，营造良好的政策环境。加快实施"宽带中国"，为信息服务提供良好的基础设施环境。

信息化条件下服务外包产业发展及政策建议

一、引　言

本报告所指的服务外包界定为离岸服务外包。

服务外包既是信息化发展的必然结果，也是国际分工深化的具体体现。从服务发包方的角度看，服务外包指的是企业将原本由自身承担和提供的业务和业务流程剥离出来，外包给专业服务提供商完成的经济活动。互联网和信息技术的发展为离岸服务外包提供了技术基础。信息技术的革命性发展使得企业内部的许多服务流程和服务工序也像制造业领域的可分割环节一样逐步模块化和标准化。在信息化条件下，通信和网络技术的快速发展使得企业内部的研究、开发、设计等工作，都可以在多个地点同时进行并实现全球交付和全球资源共享，同时也形成了和谐的供应链关系。可以说，信息技术决定了服务外包的内涵和外延，并驱动着服务外包产业不断升级和发展，而服务外包又在真正意义上推动跨国公司在全球范围内的资源配置和优化整合。

新一轮信息技术的发展与应用，正在颠覆和重构传统服务经济的价值观念和商业模式。服务外包的本质是技术驱动的服务，是基于信息技术平台对工作任务进行数据化以及将已经数据化的信息进行加工处理和传输的过程。信息技术使得今天几乎所有的产业都已经或正在移植到信息化的平台上，成为所有产业共同的基础和工具，因此基于信息技术的服务外包将不断得到深化和发展。特别是，以云计算、物联网、大数据为代表的新一轮信息技术的创新与应用，正在颠覆和重构传统服务经济的价值观念和商业模式，架构在云端服务上的移动交付和社会媒介的高速发展，一方面为服务外包提供了巨大的市场空间，同时也在不断地催生着新业态和新模式。

现阶段发展服务外包产业对于我国经济转型升级具有重要意义。我国服务外包产业自 2006 年起步，在信息技术的推动下快速发展，已经从一种简单的商业模式发展为横向联结各传统垂直行业，涵盖离岸与在岸、接包与发包的独特产业体系，在促进经济结构调整和产业升级中发挥着重要的作用。在经济进入新常态的背景下，我国能否在新一轮信息化浪潮中促进服务外包产业快速发展，使之成为现代服务业发展的新引擎、对外贸易增长的新亮点和扩大就业的新渠道，对于我国服务贸易发展、实现价值链升级战略、建设创新型国家具有十分重要的作用。

二、信息化条件下全球服务外包发展趋势

随着全球产业价值链的形成和新一轮信息技术的革命性发展，服务外包的核心驱动力以及发展趋势都在发生着深刻的变化。

（一）服务外包核心驱动力发生深刻变革

1. 信息和通信技术是服务外包发展的技术驱动力

通信技术基础设施的建设与完善为服务外包市场逐步走向成熟建立了网络与信息化的基础，而信息通信本身革命性的发展使得很多服务活动的贸易、运输和存储成为可能，也使得跨国通信和信息交流的边际成本大幅度下降甚至接近于零，空间与地理距离所造成的不经济降低到了最低限度，很多基于互联网和通信技术的服务可以在全球范围内低成本开展贸易。同时，在全球范围内竞争的激烈以及企业降低成本的需求是服务外包

发展的市场驱动力。经济全球化的进一步深化使得全球市场情况瞬息万变，全球范围内的竞争更加激烈，企业为降低成本，往往聚焦开发核心技术，把一般技术的生产和服务外包出去，以最大限度地保持和提升企业的竞争力。

2. 基于技术的服务创新成为服务外包的核心驱动力

经过服务外包在全球范围内20余年的快速发展，特别是随着产业价值链在全球范围内的形成以及大数据、云计算等新技术的创新应用，企业服务外包的关注点已经由单纯的降低成本转变为获取专业的服务支持，要求服务外包的接包企业一方面必须具备良好的技术水准，同时必须具备专业化的服务能力。服务外包发包企业与接包企业的合作模式由发展初期的项目合作、单纯的合同关系演变为战略依存和战略合作伙伴关系，很多服务外包接包企业已经成为跨国公司全球产业价值链上不可或缺的重要组成部分。

（二）信息技术推动服务外包进入3.0时代

服务外包是信息技术和互联网双重技术发展下的产物，其发展必然会依赖于信息技术的变革和进步。在大数据、物联网、移动互联和云计算等新技术的推动下，基于云平台和云模式的服务外包已经大量出现，并正在成为服务外包产业发展的重要趋势，带动服务外包产业进入3.0时代。所谓的服务外包3.0时代，是相对于服务外包1.0时代和服务外包2.0时代而言的。服务外包1.0时代起源于20世纪60年代，是随着计算机为代表的IT技术革命的兴起而同步进入商业领域；1.0时代服务外包的核心来自于企业降低成本、提高核心竞争力的需求。服务外包2.0时代起步于20世纪90年代，重要特征是离岸服务外包在全球的蓬勃发展，发达国家的公司将非核心的软件项目和业务流程通过外包的形式发包给成本较低国家的公司承担。在这一阶段，成本优势不再是最重要的因素，技术和人才成为最关键的竞争因素。服务外包3.0时代始于2010年前后，其标志性事件是亚马逊推出弹性云服务。在这一阶段，大数据、云计算、移动互联网等新一代技术的创新与应用成为 3.0 时代的关键驱动力，推动着服务外包的交易模式、交付模式、服务模式和定价模式发生根本性变化。

（三）服务外包的发展趋势

随着新技术、新产品、新业态、新商业模式的大量出现，生产小型化、智能化、专业化成为产业组织的新特征。服务外包未来的发展也将呈现新的特点和发展趋势。

1. 信息技术成为驱动服务外包的主要力量

服务外包的本质是技术驱动的服务。以大数据、移动互联等为基础的 ICT[①] 第三方平台技术正在引领服务外包的发展；预计到 2020 年，全球 ICT 市场中 40% 的份额将是第三方平台带来的，而 2020 年这一数字只有 20%[②]。随着智能服务的日益普及，云计算在服务外包中的地位日益重要，服务外包企业的特征由最初的"全员雇佣、按人计价"转变为"众包交付、按需使用"，基于云服务的模式日趋成为产业的主流。服务外包企业将建立标准化的统一外包服务处理平台，通过标准化、模块化和流程化将服务集成到统一云平台上。据国际数据公司（IDC）预测，到 2018 年全球近 50% 的企业将自身的内部应用和基础设施转移到云计算环境中。

2. 服务外包业务领域不断拓展

在新技术推动下，全球产业链逐渐形成并且分工逐渐细化，服务外包加速向产业价值链上下游两端延伸。随着全球范围内服务贸易的快速发展，服务业已经完成了从以产品为中心到以客户为中心的转变，更好地满足客户的需求成为企业成功的重要因素。在新技术的推动下，全球产业链逐渐形成并且分工逐渐细化，服务外包加速向产业价值链上下游两端延

---

① ICT 是信息、通信和技术三个英文单词的词头组合（Information Communication Technology, ICT）。它是信息技术与通信技术相融合而形成的一个新的概念和新的技术领域，也是在线测试仪的简称。

② IDC：《中国服务外包产业国际竞争力报告 2014》

伸。服务外包涵盖的领域越来越广泛，信息技术外包（ITO）由软件编码和软件测试等发展到软件平台和数据中心的运营维护等。除信息技术外包（ITO）外，业务流程外包（BPO）和知识流程外包（KPO）涵盖了研发与设计、风险管理、会计服务、金融分析、人力资源管理、法律服务等服务领域，正在为更多的行业提供专业化的服务。

3. 业务模式与商务模式发生深刻变革

新兴技术发展将进一步改变服务外包的商业模式，交付模式和定价模式。这些变革势必深层次影响全球市场格局。一是服务外包合作模式的创新。单一的合作模式将被多元化的商务模式所取代，供应方之间，甚至是互为竞争对手的供应方，通过建立企业联盟、合资企业、合作企业、虚拟组织等形式，协调合作，共同提供外部服务。二是服务外包交付模式的创新。由单纯的项目外包扩展到离岸开发中心和全球交付的方式，由单纯的离岸模式扩展为在岸与离岸的混合模式、近岸与在岸结合的多层次模式。三是服务模式的创新。越来越多的 IT 服务提供向业务流程领域拓展，BPO 与 ITO 双向渗透趋势明显，"整合式外包"在创新、成本、灵活性等方面具有优势，成为软件与信息服务外包新的增长点。

4. 跨界融合不断加速

在泛信息化和泛服务化的趋势下，所有产业的边界正在被打破，跨行业的合作以及跨界融合成为产业发展的重要特征[1]。对于服务外包企业而言，跨界融合更多地体现出从资源、市场到管理、文化全方位的融合，体现为服务外包企业在资源整合和提供整体解决方案的能力。例如，服务外包与云计算、大数据等新技术的融合，与电子商务、互联网等关联产业的融合，与金融、制造业等垂直行业的融合等，都使得服务外包产业的边界更加模糊，服务外包的内涵与外延正在被改写。此外，发包商与接包商的边界也在发生变化，例如，亚马逊作为传统意义上的发包商，正在提供云计算的外包服务，亚马逊公司认为这一业务已经成为该公司规模最大的业务之一。

---

[1]　"鼎韬观点：3.0 时代服务外包产业的十大趋势"，中国外包网 2014 年 1 月 21 日。

三、我国服务外包产业发展现状

（一）我国服务外包发展的纵向比较

1. 我国服务外包产业的发展历程

我国承接服务外包起步于软件外包。1984年，中国软件行业协会成立，这是我国软件行业起步和发展的标志性事件，此后软件的研究和应用逐步展开。随着对内改革、对外开放的不断深入，我国软件企业的出口能力逐渐增强，也为承接软件外包以及其他形式的服务外包奠定了基础。加入世界贸易组织后，我国软件企业依靠低成本、高素质的劳动力资源等竞争优势发展和沉淀了一些具有竞争优势的软件企业，这些企业在特定的领域内实现了技术的创新，软件出口的层次不断提升。同时，中央政府的政策导向更加明确，创建服务外包基地城市和软件出口创新基地。在国家的政策引导和支持下，我国企业承接的服务外包规模不断扩大，领域逐步拓宽，呈现出强劲的发展势头，进入了稳步增长阶段。2008年以来，我国从财政支持、税收减免、金融支持等方面减轻企业发展的资金压力，从人才培育、基础建设等方面为企业的发展提供良好的环境。现在的服务外包政策契合了我国产业结构转型的要求，引导服务外包产业充分发挥信息技术承载度大、附加值大、资源能源消耗低等特点，对服务业发展和产业结构调整发挥了重要的作用，我国服务外包产业的整体竞争力得到提升。

2. 我国服务外包产业的发展现状

（1）业务规模不断扩大。2008～2014年，我国离岸服务外包执行额由46.9亿美元增长至559.2亿美元，年均增幅超过51.1%[①]，占全球离岸服务外包市场份额由2008年的7.7%增长至2014年的28%左右，提高了20个百分点，成为仅次于印度的全球第二大服务外包承接国。2014年，我国承接了近200个国家（地区）的服务外包业务，合同额718.3亿美元，同

---

① 中华人民共和国商务部网站。

比增长 15.1%，其中美国、欧盟、日本占比超过 62%①（见图 1）。

（亿美元）

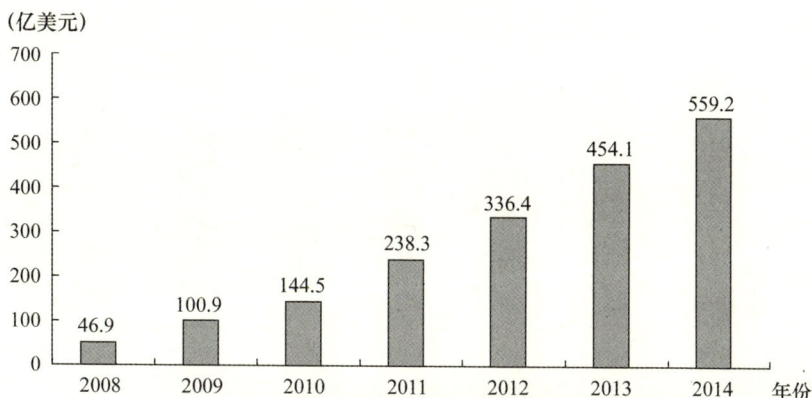

图 1　2008～2014 年我国离岸服务外包执行额情况

（2）产业集聚效应突出。北京、上海、大连等 21 个示范城市企业数量和从业人员数量占全国的 70% 以上，业务规模占比超过 90%，逐步由同质化竞争格局向格局特色、差异化的竞争发展格局转变。

（3）企业实力明显提升。2008～2014 年，我国服务外包数量由 3302 家增至 28127 家，增长 5 倍多，平均每年新增企业超过 4000 家，其中新创业企业近 5 成（见图 2）。16 家企业的员工人数超过 1 万人，其中文思海辉员工总数已超过 2.5 万人；年营业收入超过 1 亿美元的企业近 30 家；通过软件能力成熟度集成（CMMI）等各类国际资质认证 7283 项②。

（4）承接服务外包业务结构逐步优化。发包市场从以日本、美国为主，扩展到北美、欧洲、亚洲、大洋洲等近 200 个国家和地区（见图 3）。产业结构从初期的软件编码、程序测试，发展到以信息技术外包（ITO）为主体，金融外包、医药研发、流程管理、工业设计等多元并进格局，业务结构逐步优化（见图 4）。

（5）经济社会贡献日趋明显。发展服务外包产业既顺应了全球经济发展趋势，也适应了我国经济社会发展新形势新要求，促进了我国经济结构

---

① 中华人民共和国商务部网站。

② 《中国服务外包发展报告 2014》。

（家）

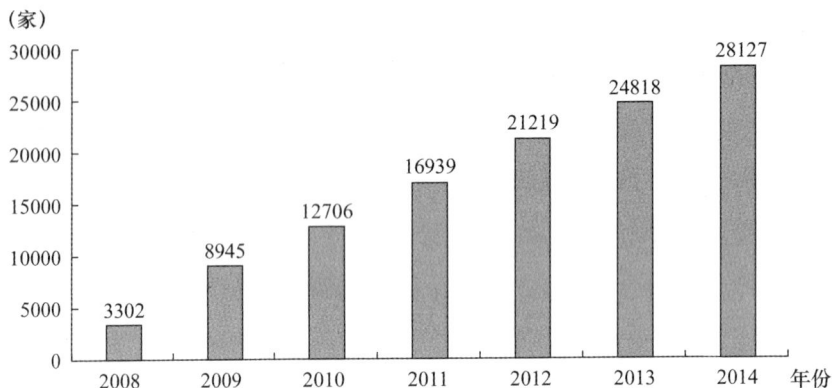

图2　2008～2014年中国服务外包企业数量

（%）

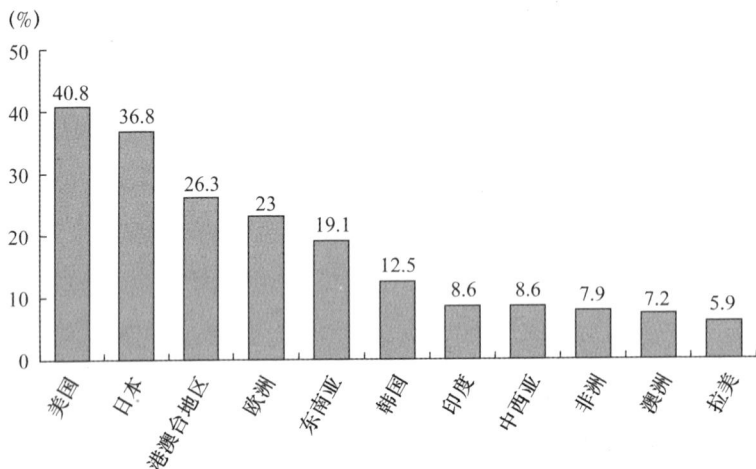

图3　2013年中国服务外包企业的国际市场分布

战略性调整和科学发展。服务外包成为对外贸易增长的新亮点。2008～2014年我国承接离岸服务外包执行额年均增速51.1%，远高于同期货物贸易和服务贸易增速。服务外包成为服务业发展的新引擎。据测算，2013年我国服务外包产业（含离岸和在岸）执行额约1.1万亿元人民币，相当于GDP的2%和服务业国内生产总值的4.3%，拉动GDP增长约0.6个百分点。利用国际市场需求创造了大学生就业机会[①]。截至2014年底，我国服

---

① 《服务外包对经济社会贡献调查报告》，2014年。

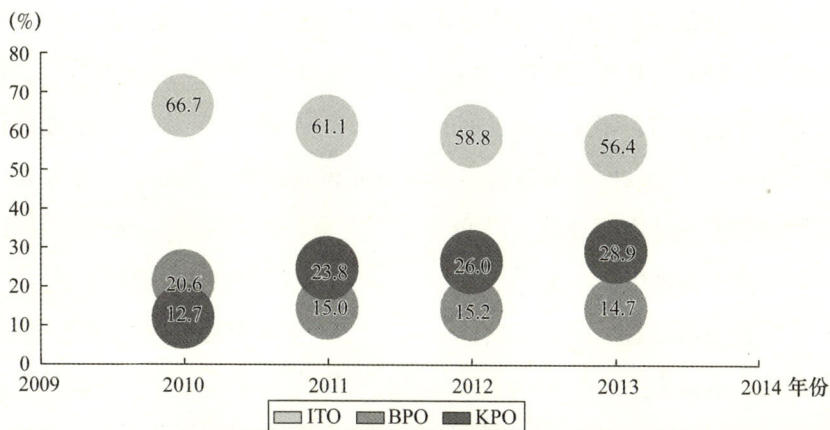

图4　2010～2014年中国服务外包产业价值链结构

务外包产业吸纳大学生就业404万人。参照印度等国1:3.32经验数据测算，我国服务外包产业间接带动约1340万人就业；预计2015～2016年还将提供约120万个大学生就业岗位，相当于同期毕业生总数的8.5%左右，服务外包已经成为吸纳大学生就业的重要渠道（见图5）。

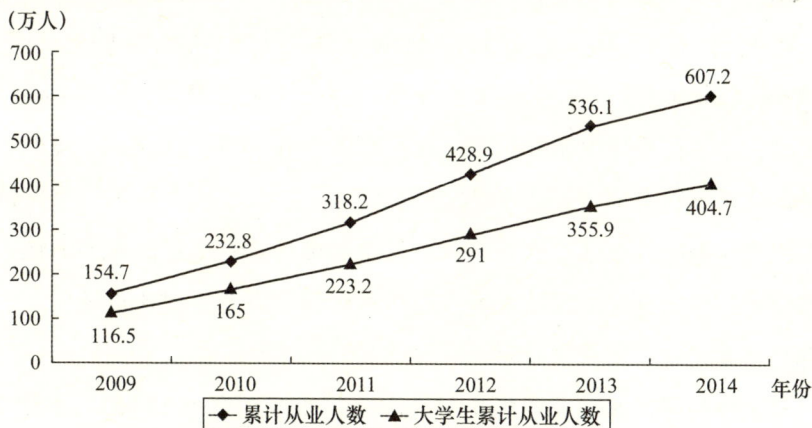

图5　2009～2014年服务外包累计从业人员

（二）我国服务外包发展的国际比较

2014年我国占全球市场份额的28%左右，成为仅次于印度的第二大服务外包承接国。对中印两国服务外包发展模式的分析显示，中印两国承接服务外包无论是在国家的宏观层面还是企业的微观层面，都存在较大差异。

从产业基础看，中国制造业在国民经济中占主导地位，信息产业的硬件基础良好，信息产业硬件产品如计算机、手机等产量居世界首位，市场主要集中在国内；印度经济发展的脉络没有从第一产业到第三产业的递进模式演进，工业发展明显滞后，其服务业得到跳跃式发展，服务业在印度国民经济中占据主要地位，信息产业的发展以软件为主，国内市场较小，其软件产业发展以出口为主。

从发展阶段看，印度实施"以高科技服务业带动国家其他产业发展"的战略，承接服务外包起步于20世纪70年代，单从起步时间看比中国早15年左右，同时印度利用"千年虫"危机等机遇得到快速发展。中国实施"以制造业为发展核心"的发展战略，形成了适应制造业发展的政策体系，但尚未形成以服务外包为发展引擎的高技术服务业政策顶层设计和发展政策体系，因此无论从承接服务外包的发展阶段还是从承接服务外包的成熟度看，印度都要超过中国。

从国际市场占有率看，2006年中国承接软件外包的总额约60.6亿美元，印度约181亿美元，分别占全球软件外包市场比重的8.33%和24.89%；2013年中国承接离岸服务外包业务454亿美元，印度约为860亿美元，分别占全球离岸外包市场规模的27%和51%。中国和印度服务外包的国际市场占有率均保持在稳定增长的水平，但印度多年来一直保持全球最大离岸服务外包承接国的地位，在国际市场具有举足轻重的地位；相比较之下，中国外包的国际市场占有率尽管稳中有升，但比重较低，这一指标与印度之间有较大的差距。

从企业的研发实力和现场交付能力看，印度在全球70多个国家（地区）设立了560个交付中心提供现场服务，在全球范围内提供现场服务的能力强；我国企业境外交付中心不足30家。企业规模方面，2013年中国服务外包企业共24818家，从业人员536万人，企业平均人数215人，其中最大的企业文思海辉员工总数约2.5万人，企业营业收入5.3亿美元；印度共有承接服务外包企业1000多家，平均规模在800人左右，其中最大的外包企业塔塔咨询服务公司总人数超过27万人，营业收入超过116亿美元。企业接包能力方面，2011 年中国服务外包十大领军企业的人均营业额为 3.37 万美元/人，而印度为 4.48 万美元/人；同时，印度企业的接包能力较强，业务流程外包所占的比重较大，而中国服务外包企业业务多集中于中低端。产业集中度方面，服务业是规模化效应十分显著的产业，产业集中度是服务产业在某一区域成熟与否的重要标志。以 2011 年数据为例，2011 年我国服务外包十大领军企业的业务总额为 25.9 亿美元，占当年中国服务外包企业合同执行总额的 8.03%；而印度前 8 家服务外包企业收入总和占产业总规模的 44%～47%。2013 年中国企业规模情况见图 6。

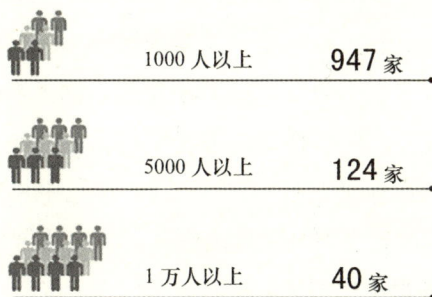

图 6　2013 年中国 1000 人以上规模企业数量

　　通过比较可以看出，我国服务外包无论产业基础还是国际占有率，无论从专业服务能力还是国际市场竞争力等，都不具备明显的竞争优势。与印度、爱尔兰等服务外包强国相比，我国企业承接服务外包还存在较大差距。另外，中国企业普遍缺乏在国际市场进行品牌宣传的意识和能力，导致发包企业难以获得中国接包企业在技术和质量水平方面的信息，从而难以在国际市场上建立起对中国企业的信任和关注。

四、我国服务外包发展面临的机遇与挑战

（一）我国服务外包产业面临着难得的历史机遇

　　（1）全球服务外包产业空间巨大且进入快速发展期。据国际数据公司（IDC）预测，2020 年全球离岸服务外包市场总额将近 5000 亿美元，中国

服务外包产业综合竞争力将超过印度成为全球第一。

（2）服务外包产业正加速推动服务业的全球转移。在这一阶段，新的国际贸易规则正在孕育之中，发展服务外包产业已经成为提升中国服务业在全球价值链中位置的重要抓手。

（3）新一代信息技术革命为中国等后发国家带来重要机遇。以云计算、物联网、大数据为代表的新一轮信息化浪潮中，世界各国处在同一"起跑线"上，谁能在新技术中抢得先机，谁就能在新技术变革中掌握主动，就能在承接服务外包方面增强竞争力。

（4）新一轮改革开放为服务外包产业发展带来重要机遇。十八届三中全会决定全面深化改革开放，将进一步提高服务业开放水平，为我国服务外包产业发展提供更为广阔的空间。2014年底，国务院常务会议专题研究部署加快发展服务外包产业、打造外贸竞争新优势问题，并印发了《国务院关于促进服务外包产业加快发展的意见》，这是中央政府第一次将服务外包产业上升为国家战略并对加快发展服务外包产业做出全面部署。

（5）国内服务外包市场需求的持续扩大。信息消费、智慧城市和新型城镇化等将进一步释放国内服务外包市场需求，"一带一路"战略、自贸区发展战略等的推进实施，将带动更加广泛的服务外包整体需求。

（二）服务外包产业发展面临着诸多挑战

（1）人力成本增长过快。人力资源成本占服务外包企业成本的60%～70%。我国人力成本优势正在逐步减弱，与印度等国差距扩大，国际竞争力有所下降。大部分企业的利润率由原来的20%以上下降至10%左右，快速上升的人力成本使我国企业竞争优势逐步丧失。

（2）高端人才缺失。服务外包产业的核心生产要素是合格的人才。近年来，我国承接离岸服务外包业务量和从业人员规模快速增长，但熟悉国际商业规则的中层复合型人才和具备丰富经验的领军型人才匮乏问题突出。印度第二大服务外包企业印孚瑟斯（INFOSYS）认为，其核心竞争力是多年培养的2700名45～60岁的银发族员工，而这正是制约我国服务外包高端化进程的重要问题。我国服务外包产业中高端管理人才紧缺，企业育人难、留人难现象普遍。

（3）创新能力不足。面对全球信息技术革命浪潮，服务外包企业要从"劳动力套利"阶段转向"技术应用"。我国服务外包企业技术创新能力薄弱。文思海辉等 8 家企业从海外"集体退市"，主要原因是企业集成能力和提供整体解决方案的专业水平较低，导致盈利收缩、成长缓慢。

（4）总包能力较弱。我国在岸服务外包市场潜力巨大，但机构和企业的主动发包意识有待加强。一方面，目前金融、电力等领域大型企业均由内部提供信息技术等服务，如中国工商银行内部信息技术部门近 6000 人，国家电网则高达 2 万人。这阻碍了我国服务外包企业总包能力的提升。另一方面，我国国内大型机构发包的"一手包"项目多为跨国公司承接，再转包给国内企业，致使我国企业成为跨国公司的"成本车间"。2014 年京东商城物流管理项目由跨国公司承接后转包给国内企业。

（5）营商环境亟待优化。尽管我国知识产权保护明显改善，但数据安全、隐私保护等法律体系有待进一步健全，企业诚信体系建设滞后。服务外包发展初期的支持政策多是借用制造业和货物贸易政策，与服务外包企业轻资产、重人才的特点不相适应，存在政策"玻璃门"现象。企业的融资难问题依然突出。目前资本市场融资功能未能有效发挥，企业过多地依赖信贷等间接融资，而我国金融体系以有形资产抵押获得银行贷款作为主要融资途径，大多服务外包企业是以人才、知识产权等为资本要素的轻资产企业，难以获得直接贷款的支持，同时也难以进入国内外上市等其他融资渠道。

（6）境外投资并购障碍多。在欧美日等发达国家并购服务外包企业是我国国际服务外包规模迅速扩大、推进产业高端化的有效途径，但因国内层层审批、手续复杂、购汇时间长等，不少企业丧失良机。

五、促进我国服务外包产业发展的政策建议

（一）对已有服务外包政策的简要评估

我国服务外包政策全方位制定始于 2006 年。商务部等部委联合启动的

服务外包"千百十工程"，极大地促进了我国服务外包产业发展，在我国服务外包产业发展中具有里程碑意义。在随后的几年里，我国政府制定了服务外包产业发展规划，在资金扶持、金融服务、税收优惠、人才培养、改善基础设施环境等方面陆续制定、出台了一系列产业促进政策，形成了以"千百十工程"为基础、涵盖财政资金、税收减免、投融资支持、研究开发扶持、人才培养、基础设施建设等全方位支持体系。整体来看，有关支持政策经历了由"粗"向"细"的转变，由最初的支持服务产业发展到明确将服务外包作为扩大开放和促进服务业发展的重点，从中央政府宏观层面的鼓励支持意见到国家相关部委和各级政府出台多项具体促进政策，各项政策也在根据产业环境的变化、企业发展需要的变化而不断调整完善，支持的行业由单一的软件、集成电路扩展到研发外包、供应链外包等多个领域。

在政策的推动下，我国服务外包产业的整体竞争力逐步提升，政策的效果明显。同时，也应看到，在国际服务外包市场不断扩大的背景下，中国内需市场在不断地成长，服务外包促进政策需要适应环境变化及时调整。一方面，我国大型服务外包龙头企业较少，大部分服务外包企业仍属于中小企业，因此，扶持与促进政策需要有广泛性，要能够惠及更多服务外包企业，一些政策需要在到期后继续延长。另一方面，由于人力成本、商务成本等的快速上升，使得我国服务外包企业整体的利润空间被大幅度压缩，以替客户降低成本为目的、以"三来一补"模式为代表的离岸服务外包2.0时代已经终结，服务外包企业面临转型升级的压力，产业发展已经或正在进入"瓶颈期"。从单一大型企业到整个行业同时面临转型升级的考验，要突破会遇到多种困难，这就需要丰富、创新扶持政策，为企业发展创造更好条件和成长空间。此外，我国具有与印度等国不同的优势与特征，特别是我国拥有强大的内需市场，需要政府部门着力在宣传、培育和引导在岸服务外包市场方面出台政策措施。

（二）制定服务外包发展的国家战略

在中国经济进入新常态的背景下，应该从中国社会经济发展的全局来考虑和定位服务外包发展问题，从国家层面制定服务外包发展战略。一是国际竞争力提升战略。适应泛信息化和泛服务化趋势，培育和壮大市场主体，全面提升服务外包企业的技术水平、全球交付能力、集成解决方案能力和国际竞争力。二是国际市场多元化战略。适应全球服务业加速转移趋势，在继续深耕美欧日市场的同时，围绕国家新战略，进一步拓展"一带一路"沿线国家市场，寻找市场机会、挖掘市场潜力，构建多元化市场格局。三是在岸市场培育战略。立足巨大的内需市场，在鼓励企业转变观念、购买专业服务的同时，鼓励政府部门、事业单位购买专业服务，加强管理创新，构建数字化服务平台。四是"中国服务外包"品牌树立战略。将"中国服务外包"的整体形象嵌入到全球服务外包产业链，整合政府、服务外包企业、行业研究机构等的力量，强化国际市场品牌宣传意识，树立中国服务外包整体形象，发布中国服务外包企业的技术与质量信息，获得国际市场的关注与信任。

（三）发展目标

"十三五"期间，通过实施国际竞争力提升战略、国际市场多元化战略、在岸市场培育战略以及中国服务外包品牌树立战略，培育 10 家左右的集成服务水平高、具有国际竞争力的大型服务外包企业[1]，50 家左右的创新能力强、专业化程度高的中型服务外包企业[2]，以及一批"专、精、特、新"的小型服务外包企业。离岸服务外包产业规模持续扩大，年均增长 20% 以上；在岸市场与离岸市场协调发展，年均增长 15% 以上。服务外包产业结构进一步优化，高技术含量、高附加值的服务外包业务占服务外包总额的 40% 左右。中国服务外包品牌初步树立。

（四）政策建议

服务外包产业已经或正在进入向产业链高端转型的发展阶段。云计

---

[1]　大型服务外包企业指的是员工人数万人、年营业额在 2 亿美元以上的企业。

[2]　中型服务外包企业指的是员工人数 5000 人、年营业额 1 亿美元以上的企业。

算、移动互联等新技术的应用和发展，为服务外包产业的转型升级提供了巨大的空间和机遇。未来政策要立足于服务外包产业发展战略，加大对服务外包产业转型发展的政策引导与支持，同时，抓住云计算、大数据等新技术所带来的市场扩张机遇，破局现有发展的"瓶颈"，提升产业的国际竞争力。建议如下。

1. 鼓励企业创新

鼓励和支持服务外包企业核心技术研发投入。鼓励基于云计算和大数据的硬设备、基础软件、开发工具、应用软件、信息服务等新产品、新业态的研发和创新。鼓励供应商和国内企业联手开发现有云资源和大数据，利用政策吸引国外先进的开发技术和开发经验。为企业和从业人员专利注册、获得国际标准和资质认证提供支持和帮助。

2. 支持企业开拓市场

加大国际市场开拓力度，将承接国际服务外包纳入多双边经贸合作机制。对企业开拓国际市场给予资助，鼓励服务外包企业海外并购，参考矿产、石油等资源类海外并购国家政策和政策性银行金融支持政策，制定服务外包企业海外并购支持政策。

3. 推进离岸与在岸服务外包协调发展

中国具有巨大的服务外包在岸市场规模，在岸市场是国际市场的重要组成部分，发展潜力巨大。政府要积极培育在岸市场，鼓励政府机构和各类企业创新管理运营理念、购买专业服务，要通过协调发展离岸与在岸市场，特别是依靠庞大的在岸市场需求带动服务外包企业的成长，从而推动整个服务外包产业的发展壮大。

4. 优化市场竞争环境

重点做好以下五个方面。一是建立健全知识产权保护体系，进一步完善保障卖家的知识产权和信息安全、保护买卖双方权益。二是建立健全诚信体系，通过建立企业信用记录和信用评级等方式加强诚信体系建设，褒扬诚信、惩戒失信，营造公平竞争的营商环境。三是完善通关便利化措施，将承接离岸服务外包所需的设备、样本、试剂等纳入海关监管目录，并提供临时进出口监管、快速检验检疫等通关便利。四是尽快设立全国性的服务外包行业协会，构建与国际接轨的服务外包技术标准化体系，加强行业自律，支持企业和从业人员获得国际标准和资质认证，开展企业承接服务外包能力评估。五是制定服务采购指引，发布行业发展最佳实践黄皮书，为国际市场采购提供诚信、质量和技术参考。

5. 加强部门协调

目前，国际服务外包与在岸服务外包分属于不同的主管部门，服务外包政策涉及财政、税收、金融等多个部门，应加强不同部门间的协调配合，形成政策合力。

6. 改善服务外包的金融服务

创新金融服务，如通过设立产业发展基金的方式引导社会资金投入服务外包产业。引导国内外资本投入服务外包产业，对企业利用贷款在境外并购、建立交付中心、扩大承接国际服务外包项目和提高服务能力等方面给予贴息，对承接项目的前期投入给予合同质押贷款和贴息支持。

参考文献

[1] 隆国强. 着力提升中国国际分工地位. 经济参考报, 2012 – 9 – 25

[2] 李钢, 李西林. 服务外包产业：中国经济升级版的新动力. 中国流通经济, 2013 (27)

[3] 王伶俐. 中印服务外包的比较研究. 北京：对外经济贸易大学出版社, 2011

[4] 中国服务外包研究中心. 中国服务外包发展报告, 2009 ~ 2014

[5] 王颖. 发展与创新——苏州服务外包产业的成长实践与转型突破. 苏州：苏州大学出版社, 2014

[6] 天津鼎韬. 服务外包对经济社会贡献度调查报告. 2014

[7] IDC. 中国服务外包产业国际竞争力报告. 2014

[8] 中华人民共和国商务部网站

加快发展 3D 打印　促进产业转型升级

全球科技进步的趋势表明，3D 打印、智能机器人、人工智能识别等智能制造技术以及能源、材料等技术的突破将会掀起新一轮工业革命，其历史意义将不亚于计算机等重要发明对人类经济社会的深刻影响。从 1946 年第一台计算机的发明，到 20 世纪 80 年代个人计算机开始在企业和家庭普及，计算机经过 30 多年的发展，其技术原理、产品概念均发生了多次升级换代，最终得以发展成熟。而 3D 打印过去 20 多年的发展历程，也与计算机诞生后的早期发展史相类似——成本不断降低，产品不断丰富，从实验室走向国防领域，再运用于重要的政府部门、企业机构和高等院校。

大量研究显示，3D 打印大约还需要 10 年就会发展成熟。未来 5～10 年，将是 3D 打印产业化的关键时期。因此，我国应主动适应新一轮科技革命和产业变革的大趋势，针对 3D 打印发展的制约因素，遵循新技术、新产业的发展规律，采取科学的战略举措，在新一轮工业革命的技术产业竞争中赢得主动权。

一、3D 打印作为智能化制造的重要技术，将对产业转型升级产生深刻影响

3D 打印是"增材制造"（Additive Manufacturing，或译为"添加制

造"）的通俗称谓，是以材料逐层添加为基本特征的加工制造方式。我国在相当长的一段时间内，曾以"快速成型"来统称这一类加工制造方式。目前，3D 打印技术运用范围广泛，产业化路径日渐明朗，但产业整体规模十分有限，仍处于起步阶段。在日益扩大的应用需求拉动下，3D 打印未来将会在材料、速率、稳定性、智能化等方面取得持续进步，深刻改变人类生产生活方式和组织方式。

（一）3D 打印将加快制造业转型升级

从本质上看，3D 打印是信息技术在制造过程中的应用，是一种更高程度的数字化、智能化制造，提高了生产制造的自由度，因而有学者认为，在以"信息技术深度运用"为内生动力的第三次工业革命中，3D 打印是标志性技术之一。其核心理念是：将"数字世界"和"现实世界"更加紧密地联系起来，缩短从设计到产品所需要的时间周期，并且实现设计创意的广泛传播。

3D 打印对产业格局的主要影响有两方面。第一，企业研发设计的信息化程度进一步提高，提升制造业的整体效率。3D 打印可以运用到绝大多数制造业门类中的产品研发、试制环节。第二，对于一些发展相对停滞、盈利空间收窄的传统制造业门类，3D 打印可能会带来个性化、服务化制造的机会，重新提高产业的整体附加值水平。对于高端的装备制造业而言，3D 打印更是一种研发利器，缩短产品研发周期，加快产品升级换代的速度。

（二）3D 打印将催生新兴产业群体

在 3D 打印技术诞生的前 20 年，虽然光电测控和材料技术领域不断取得进步，但 3D 打印并未产业化。其原因是，当时信息技术还不够发达，计算机的运算分析能力不足，运用计算机进行数字设计尚未成为制造业的主流，设计创意也无法通过互联网广泛传播。

进入 21 世纪后，这些配套条件都已逐步具备。更重要的是，随着电子商务的兴起，个性化、服务化的生产制造可以捕捉市场的"长尾"需求。而3D打印无疑成为个性化生产制造的最佳工具，其发展前景开始为制造业所重视。目前，3D打印可用的材料种类日益丰富，技术体系更为多元，产业化发展已经出现三大路径。

一是围绕3D打印技术本身，构成一个新兴产业群体，包括3D打印机制造、3D设计与打印控制软件开发、3D打印材料合成。3D打印机目前已经出现了多个市场层次，从1000美元左右的家用娱乐型3D打印机，到百万美元的金属激光熔融加工设备，各类3D打印机都找到了各自的市场定位。未来随着3D打印材料种类的增多，3D打印机制造业的市场细分程度还会进一步提高。另一方面，不同企业生产的打印机，往往又需要相匹配的3D打印控制软件。这些软件未来的不断升级，并且与数字设计软件更好地融合，也将是一个有较大市场空间的信息技术服务行业。

二是以3D打印制造技术为主体，发展多种多样的服务业，包括制造业领域的生产性服务业、面向消费者的服务业。在3D打印普及运用的初期，一定会出现一批专门从事3D打印服务的成功企业。目前，已有一些企业购置了不同类型的3D打印机，建成3D打印服务中心，向制造业企业提供产品原型试制、模具快速制造服务，取得一定的经济效益。面向消费者的3D打印服务业也在发展中，例如3D照相馆、个性化工艺品网店已经陆续出现。

三是在其他产业中，相对密集地运用3D打印技术，对专门从事3D打印的企业形成有力的支撑。例如，在飞机的部分零部件制造、赛车制造，以及一些生物科技行业，都需要密集地使用3D打印技术。此外，高校在建筑、美术、医学等多个学科的教学科研中，都可使用3D打印，也会产生操作层面的新技术、新用法。以上这些领域应用3D打印的经验、数据积累，可以作为知识产权，再转移到3D打印基础研发企业，获得一定的经济回报。

（三）3D打印为各国制造业发展提供了重要机遇

国际金融危机爆发以来，各国普遍认识到制造业对一国的重要意义。

发达国家大力推进再工业化、再制造化，许多新兴经济体也把加快发展工业、建设制造业强国作为国家重要战略。借助 3D 打印，发达国家和发展中国家都将获得新的发展机会。发达国家由于综合成本较高，很难在制造业领域构成完整产业链。3D 打印可以一步制造出较为复杂的结构，减少零部件数目，缩短产业链的环节，摆脱对发展中国家的依赖；同时，如能充分发挥研发环节的优势，还能继续保持高附加值的地位。另一方面，发展中国家在制造业领域的原有研发积淀不足，制造工艺上的"软实力"难以在短时间内实现赶超。如果能充分运用 3D 打印的"逆向工程技术"，可以一定程度上弥补在基础工艺和能力的劣势，更好地发挥在制造成本上的竞争优势。

二、3D 打印技术和产业发展的主要趋势

（一）3D 打印技术在多个领域的研发进展，将为 3D 打印产业化打下更加牢固的基础

由于产业应用尚处于初期阶段，3D 打印技术还存在较多缺陷，限制了进一步的广泛运用。随着 3D 打印市场的逐步扩大（见图1），企业取得充足的收入和利润后，会结合市场需求，不断投入到后续的研发中，使技术不断改良、进步，乃至升级换代。

第一，新材料技术的进步，未来将提升 3D 打印材料的经济性，有利于 3D 打印的持续发展。首先，由于 3D 打印基本都会涉及物理或化学变化，必须有较高的能量输入，这也是 3D 打印的主要成本之一。因此，寻找合适材料，设法降低能源消耗，是重要的研发方向。其次，在打印的过程中要控制声、光、粉尘污染，并以较低成本回收利用打印出的废品，也依赖于新材料技术。从目前情况看，金属材料、碳纤维、传统和新型有机材料等几大类材料都有各自优势，将得到进一步发展。一些 3D 打印企业也可能会专注于某一类材料，形成近乎垄断的技术优势地位，并且提供与之配套的打印机、打印控制软件等产品，牢固占据一个细分市场的整条产

（万套）

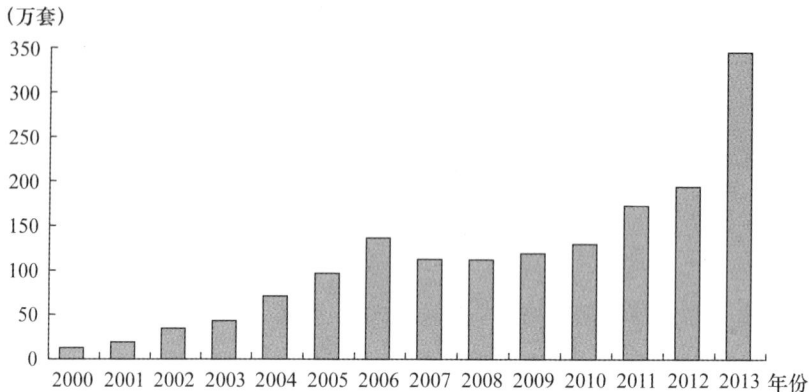

图1 全球金属3D打印机销售套数

资料来源：Wohlers Associates. 3D Printing and Additive Manufacturing State of the Industry：Annual Worldwide Progress Report，2014。

业链。

第二，3D打印的生产速率提升，是提高经济产出的一个关键因素。目前，3D打印节省时间主要体现在加工步骤的减少，例如免去了单独开模的时间、将多个零件改为一个整体来加工等等。但是，就加工一件产品的时间来看，3D打印的速度仍然十分缓慢。一台打印机单位时间内的产量十分有限，整个产业的最终产出也就难于与传统制造相提并论。未来10~20年内，3D打印与传统制造方式将会更加紧密地结合起来，在同一个产品的加工中，分别完成各自擅长的工序；一台打印机同时打印多种材料的技术也会趋于成熟。3D打印在产品直接制造上的运用范围将进一步扩大。

第三，在3D打印研发和应用企业的共同推动下，3D打印直接制造的产品质量稳定性有望继续改善。目前，3D打印加工的不稳定性有多个方面的原因。从原理上看，打印机本身的稳定性不足，材料与打印技术的匹配度不高，都可能导致产品质量下降。而应用者购买的原材料精细度、均一度不够，设计的形状不适于某种3D打印技术，或者对打印机的保养不善，也都会带来潜在的产品质量问题。由于原因复杂多样，所以需要一批3D打印研发和应用企业，在实际运用中不断总结归纳，积累经验，才能逐步解决问题。

第四，3D 设计和打印软件的兼容化、智能化，将会进一步降低 3D 打印的进入门槛。尽管很多非专业人士都可以自己完成简单的 3D 设计和打印，但目前还是会有一些不便：3D 打印软件与人们常用的设计软件还有一定的差异，需要花时间去学习；当人们自行设计的结构不合理时，需要打印软件判断出来，并且帮助修改设计方案。这就需要大众化的工程制图软件、美术设计软件，在未来的升级换代中，主动吸纳 3D 打印的相关功能，将"傻瓜型"的操作方式延伸到 3D 打印领域。

（二）3D 打印在诸多行业都已形成明确的、具体的功能定位

目前，3D 打印技术已经在诸多行业领域得到应用。从整体上看，3D 打印应用的广度很大、深度不足，仍然处于局部环节、少数细分市场的地位，尚未成为一项主流的技术。未来需要进一步挖掘潜力，使 3D 打印在若干行业领域成为一项难以替代的核心技术。图 2 显示，目前 3D 打印最终产品的销售收入在 3D 打印产品整个销售收入中的比重不断提升，2012年已达到 28%。

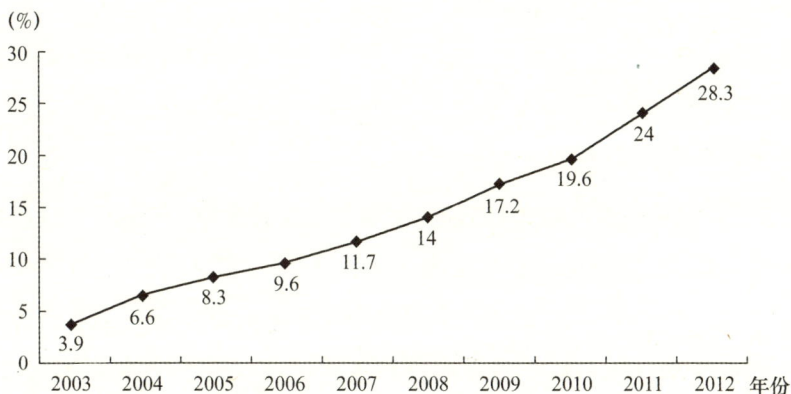

图 2　3D 打印最终产品占 3D 打印产品销售收入比重

资料来源：Wohlers Associates. 3D Printing and Additive Manufacturing State of the Industry：Annual Worldwide Progress Report，2014。

航天器、大飞机、导弹、赛车等特种装备制造，是 3D 打印的应用前沿，涉及的材料种类多，加工难度大，附加值最高。在原型试制与测试、

特殊结构零件的直接制造上，3D 打印已经体现出效率优势。未来 3D 打印如果能克服在加工稳定性方面的不足，则有望成为特种装备制造业的核心技术。

在汽车、家电、手机等一系列主流的民用制造业领域，市场竞争日趋激烈，企业可以针对消费者的个性化需求，另辟蹊径，在研发设计中利用 3D 打印定制一些外观模型、概念产品，以及个性化的装饰结构。可以预计，这类应用将会持续扩展、深入，成为 3D 打印产业附加值的支柱。

在生物、医疗领域，3D 打印处于蓬勃发展的态势，前景广阔。3D 打印制成的仿生结构，已经成功用于骨质结构替代、手术辅助工具、外科美容矫形等多个方面，成为高端医疗服务中不可或缺的技术。随着技术的成熟、成本的降低，未来有望造福于更多患者。而生物细胞的 3D 打印，则很可能在未来数十年后发展成为新一轮科技和产业革命的核心技术。

文化创意产业对 3D 打印的应用仍处于发展初期，例如在电影拍摄、舞台灯光造型等领域，有一些成功的案例。未来随着人们收入水平的提高，3D 打印还将在时装和首饰设计、乐器制造、个性化工艺品制作等领域"大显身手"，成为差异化程度高、市场需求旺、盈利能力强的一类制造技术。数字设计创意方案的在线销售，也将成为电子商务的一个重要组成部分。

（三）发达国家占据 3D 打印技术和产业发展优势，国际竞争日益激烈

美国是 3D 打印技术的主要起源地，3D 打印技术体系较为完整，应用的领域最为广泛，3D 打印产业化的积淀最为深厚。近几年来，新能源技术和智能制造技术被美国视作振兴实体经济的两个"拳头"。美国政府从国家战略高度看待 3D 打印技术，成立"国家增材制造创新研究院"，力图振兴传统制造业一度密集、现在有衰落态势的美国中部"铁锈地带"。资本市场也极力追捧 3D 打印企业 3D Systems 和 Stratasys，使这两家行业巨头在全球范围内并购整合的步伐有所加快，投入持续研发的信心进一步提高。

欧洲 3D 打印产业的特色是，3D 打印机的制造商大多同时从事 3D 打印服务，形成了 3D 打印产业链的纵向一体化。虽然欧洲 3D 打印企业大多是各自为战，尚未出现跨国联合的大企业，但企业的业务规模也不容小觑。以德国 EOS 为代表的几家企业，相对专注于高端打印设备的制造，在一些高性能材料的 3D 打印技术上甚至领先于美国。而且，欧洲 3D 打印研发中重视节能环保理念、个人创意，其人才储备、技术储备普遍较为充足，可持续发展的能力较强。

日本在 3D 打印领域起步相对较晚，核心技术相对缺乏。但由于日本国民收入水平较高、技术认知能力强，很快支撑起了医疗、文化等领域对 3D 打印的应用，产业发展态势迅猛，规模仅次于美、欧。松下作为大型制造业企业进入 3D 打印领域，在 3D 打印的应用方式中有较大创新，值得我国企业借鉴。

三、我国 3D 打印发展现状及机遇

（一）我国在 3D 打印领域取得了原创性的研发成果，产业化发展已经起步

我国一些高校从 20 世纪 90 年代开始，引进国外尚不成熟的"快速成型"技术，而后开展独立自主的研发工作，是世界上最早具备 3D 打印能力的国家之一。虽然我国 3D 打印技术尚未达到世界领先的水平，但与其他具有战略意义的新兴技术、新兴产业横向比较，3D 打印与发达国家的差距相对较小。在金属材料和生物细胞打印等领域，我国处于"第一集团"中，在一些局部环节甚至占优。

我国目前有近 20 所高校开展了 3D 打印的相关研究，至少有 5 所高校分别研发的 3D 打印技术得到了产业应用，且技术侧重点不同，未来有望形成优势互补的格局。反观美国，3D 打印技术主要起源于麻省理工学院，后续研发的主阵地是企业。从这一点看，我国的 3D 打印研发人才培养基数更大，能够满足产业化的需求。

除了高校培育的几家 3D 打印企业以外，一些留学归国人才引进技术进行创业，也成功研发生产了 3D 打印机。部分企业的中小型 3D 打印机已实现出口，成功打入美、欧市场。

2012 年，中国 3D 打印技术产业联盟成立，各高校、企业首次汇集在一起，共商中国 3D 打印的未来发展大计。产业联盟的成立，对于产学研合作、开展对外交流、防止内部恶性竞争都大有助益。

近两年来，在中央和地方政府的密切关注、鼓励帮扶下，一批研发和运用 3D 打印技术的小微企业开始迅猛发展。特别是在国家自主创新示范区，资金、技术和人才密集，3D 打印已成为创业的热点。其中的典型案例包括：在上海张江，打印出简易房屋的"上海盈创"；在北京中关村，开发出智能 3D 打印机的"奥德莱（AOD）三维打印"；在武汉东湖，生产多种彩色 3D 打印材料的"斯瑞迪三维打印耗材"；等等。

（二）我国 3D 打印出现了"新产业""旧模式"的发展态势

尽管我国 3D 打印技术的研发较为全面，基本掌握了主要的几项核心技术，拥有自主知识产权，但 3D 打印产业的发展明显落后于发达国家，在研发投入、市场需求、资金支持、设计能力方面存在许多薄弱环节。主要有以下表现。

第一，研发投入不够，特别是持续研发能力较弱。自主研发 3D 打印机的企业多而不强，能够投入研发的财力有限，难以集中力量攻克重要的技术瓶颈。一些关键部件的核心组成部分，如伺服电机、大功率激光头、液体材料喷嘴等，进口产品仍是首要选择。

第二，3D 打印机的生产与国内市场需求脱节。我国生产 3D 打印机主要以桌面型、教学型为主，制造和销售的 3D 打印机缺乏技术特色，仍然是依靠成本低、产量大的优势来打开市场。国产 3D 打印机难以满足我国制造业加快研发设计、实现产业升级的需求，高端打印机仍然主要依靠进口。

第三，资本市场对 3D 打印自主创新能力建设支持不够。目前沪深股市虽有较多企业涉足 3D 打印，但并不是以 3D 打印为主营业务，绝大多数都不具备完整的 3D 打印研发能力。即使得到资本市场的支持，在短时间内也不能成为 3D 打印产业的中坚力量。从事直接投资的产业投资基金，则对 3D 打印的认识不足。3D 打印企业间的并购整合进度缓慢，产业集中度低，自主品牌缺乏国际认可。

第四，数字设计的理念普及度较低。特别在民用制造业领域，企业运用 3D 打印进行研发的意识不强。企业没有高水平的数字设计人才储备，即使引入了 3D 打印机，也无法真正发挥出 3D 打印的优势。

（三）3D 打印在我国产业升级中具有重要的应用价值

当前，我国正处于产业转型升级的关键时期，3D 打印作为智能制造的关键技术，蕴含着巨大的应用空间。

一是开辟一个新的高端制造业领域，提升我国制造业的价值链层次。我国制造业产业链完备，市场机遇较多，在未来几年很可能跃升为全球最大的 3D 打印机市场和 3D 打印材料市场。抓住这两个市场，就能在制造业的增量中占得"大片实地"，提高我国高端制造业在整个制造业的比重。

二是变制造业为服务业，改变大企业管理者的思维方式。虽然我国制造业规模庞大，但企业大多习惯于大批量的产品出口，没有意识到"解决方案出口"能够提高利润空间、延伸对产业链的控制权。应用 3D 打印进行研发，是解决方案产业、服务化制造的一个重要表现形式，也是我国制造业领军企业管理者应有的战略意识。

三是形成示范效应，改变"中国制造"的国际印象。我国在战机和火箭的研发、制造中，成功运用 3D 打印技术，就引起了美国的关注。如果在民用制造业也能出现这样的成功案例，应用 3D 打印在局部领域取得一两个突破性的研发进展，走在发达国家的前面，也势必吸引全球目光，引发我国其他企业的效仿，从而鼓励、带动一大批企业走转型升级之路。

四、发展我国 3D 打印的政策建议

（一）以市场需求为导向，立足实际发展 3D 打印

我国 3D 打印行业的发展，应坚持市场起决定性作用和更好地发挥政府作用，推进产学研一体化，以市场需求为根本出发点，实现技术研发的不断深入、应用范围的逐步拓展、产业规模的持续增长。

一是努力寻求核心技术突破的重点方向，占据 3D 打印技术和产业的全球制高点，避免 3D 打印走上"高端产业、低端环节"和"新产业、旧模式"的老路。要切实吸取我国发展一些战略性新兴产业的教训，防止出现新的产能过剩。从 3D 打印行业布局开始，就要着眼长远，减少概念炒作。企业不要一哄而上，一味求大、求快、求全，而是要准确判断 3D 打印行业中未来技术创新最密集、升级换代最快、平台效应最强、经济附加值最高的细分环节。例如，3D 打印机的加工稳定性、3D 打印材料开发中的物理和化学性质测试、3D 打印设计软件的智能化自动校正，就是需要长期研发才能攻克的重要环节，也很可能是决定各国 3D 打印行业竞争力的要素。

针对我国 3D 打印行业发展的现状，与行业相关的联盟、协会等组织应充分发挥协调作用，在研发导向、技术甄别、质量鉴定、标准制订等方面，提出切实可行的方案，增进各成员单位之间的交流，找到各自的优势，避免重复建设带来的恶性竞争。从事 3D 打印行业特别是打印机制造业的企业，要对国外企业的研发方向保持关注，适当调整研发和营销战略。面对国际巨头的扩张态势，我国 3D 打印企业应正视自身研发积累薄弱、持续研发能力不足的现实，在国内市场深耕细作，找到一些有特色的市场需求，针对需求开展研发，力争在少数的细分环节确立技术优势，从而保住我国 3D 打印行业在国际竞争中的一席之地。

二是科学布局 3D 打印产业园区，促进高校、企业、地方政府的紧密合作，加快我国 3D 打印技术的产业化。当前，3D 打印产业化需要循序渐

进。已经建立的诸多 3D 打印科技（产业）园区，应充分考虑本地经济发展水平、主导产业集群、交通便利程度、科技研发软实力等条件，从 3D 打印机制造产业、3D 打印材料合成加工业、大型装备零部件数字制造服务业中，明确选择一两个作为龙头产业，提高产值密度；同时带动测控仪器、激光成像、特种化工、工业机器人等配套产业的发展，增加园区的整体产业规模，带动所在区域的产业升级。

园区发展的关键在于技术转化。一方面，在已有技术的产业转化中，充分发挥高校多年来积累的技术优势，以高校为主要推动力，为园区发展奠定基础。地方政府紧密对接高校科技成果转化需求，在园区规划、配套设施建设上提供相应支持。园区应提供技术合作、科研成果转让的平台，吸引社会资本投资入驻。另一方面，在持续研发和新技术的产业转化中，坚持市场导向，由企业发挥主导作用。企业根据市场需求，委托高校完成一部分研发任务。高校在园区设立研发实体，派出研发人员，协助企业完成研发任务，加强专业人才的培养和就业输送，实现 3D 打印的产业规模和人才梯队同步增长、持续发展。

三是深入挖掘传统产业应用 3D 打印的潜力，重视在传统制造业普及"数字设计服务"等新业态，依靠中小企业拉动整个行业的需求。我国 3D 打印产业规模要进一步扩大，赶超发达国家，从长远看还是取决于中小企业对 3D 打印的广泛应用。未来，3D 打印要促进我国传统产业转型升级，起到主体作用的也将是大量从事制造业的中小企业。在文具玩具、家用百货、服饰鞋帽等传统制造业领域，应用 3D 打印进行工艺设计，企业可以形成独特的产品风格，从而提升产品附加值，变同质化竞争为差异化竞争。

要推动传统制造业领域的中小企业应用 3D 打印进行研发设计，关键在于数字设计意识、数字设计能力的强化。企业应切实意识到，从产品加工和质量控制的成本上看，传统制造业具有规模经济的特征。面对我国劳动力成本上升的趋势，中小企业不适合用机器替代劳动力，因而难以与大企业长期抗衡，唯一的出路就是产品设计的细分化、差异化。因此，中小企业的生存之道就是引进数字设计人才，专注于产品设计和原型验证环节，而后交给大企业去批量生产、营销推广。经过一段时间的发展，这些中小企业将转型为数字设计服务企业，获得进军相对高端产业的能力，从而跟上我国产业转型升级的整体步伐。

（二）聚焦重点行业，在更多细分环节谋求率先突破

从市场需求和战略需要出发，以航天军工、生物医疗、文化艺术三大产业为主要前进方向，引领 3D 打印的研发和应用，努力成为 3D 打印产业化的全球领军者。

航天军工领域研发和应用 3D 打印的主要方向有三个。第一，结合"选择性激光烧结"等技术的特点，努力攻克一批高性能材料的合成和加工技术。特别要在碳纤维、玻璃纤维、特种金属材料以及耐高温的有机高聚物等种类上，尽快缩小与发达国家的差距，全面实现国产化，扩大我国 3D 打印加工高性能材料的目录，夯实航天军工领域运用 3D 打印的基础。第二，自主研发 3D 结构扫描分析软件，提高我国企业的"逆向工程"技术能力，加快关键零部件的仿制速度。在航空发动机等领域，取彼之长，补己之短，弥补我国研发起步晚、综合研发基础薄弱的劣势。第三，大力建设空气动力学实验场所，广泛运用 3D 打印测试件的方法，提高我国的空气动力学零部件研发速度，为提高战机、火箭、战术导弹性能打下坚实基础。

生物医疗领域研发和应用 3D 打印的主要方向是：第一，继续加大对生物细胞 3D 打印技术的研发，巩固我国在一些领域的局部优势，为我国生命科学领域的基础研究工作提供关键的实验材料。争取在未来 10～20 年内，增大人造动物组织的尺寸，设法实现多种细胞的组合打印，制造出成本相对低廉、可供实验研究用的人造动物器官。第二，扩大 3D 打印在特种医疗服务中的应用，提升我国医疗技术的国际声誉。寻找更为合适的材料，降低人造骨骼的制作和植入成本，增加人造骨骼的生物功能属性，实现近乎完全的生物活性。与此同时，逐步将义齿、义肢、手术辅助材料制

造技术发展成熟，接近甚至纳入常规医疗的范畴。第三，继续普及牙齿矫正、其他整型美容术对 3D 打印的应用，提高经济效益，以支持 3D 打印在相关领域的研发。

文化艺术领域应用 3D 打印的主要方向是：第一，在高层次美术设计领域运用 3D 打印，提高奢侈工艺品的艺术设计附加值。未来需要在珠宝首饰、高档钟表、艺术时装等领域从事工艺设计的专业人才中，开办培训项目，普及数字设计技术和理念。在产品制作中，根据所选材料的性质，分别利用 3D 打印进行造型设计或者直接制造，实现手工制作与 3D 打印相得益彰。第二，在考古研究和文物仿制领域运用 3D 打印，突出中国特色。3D 扫描和打印技术可以仿制文物，用于考古学者、文物鉴定专家的教学与研究工作。还可以与旅游业融合发展，在不同的景区、博物馆展出珍贵文物的仿制品，或仿制成高档的定制纪念品进行销售。第三，将 3D 打印普通工艺品服务作为重要的创业途径。掌握数字设计技术的大学生，可以通过电子商务平台提供个性化的文体用品、小工艺品和家居饰品制作服务。3D 打印技术还应与激光蚀刻加工、数码印染等技术联合运用，制作出更加丰富的个性化产品。

（三）理顺体制机制，构建完善的政策体系

从全球范围看，3D 打印产业仍处于萌发阶段，技术和产业仍可以自发生长，遇到的瓶颈、障碍尚不突出；3D 打印对经济社会的一些负面作用尚未显现，发展 3D 打印的整体环境十分有利。但相对于少数发达国家而言，我国 3D 打印技术和产业确实面临着"由被动变主动""由后发变引领"的艰巨任务，需要加强顶层设计，未雨绸缪，趋利避害，及时补充相应的法规政策，促进我国 3D 打印的健康、持续发展，使 3D 打印在我国经济发展方式转变、产业结构升级的中心任务中发挥更大的作用。

在产业政策方面，建议将 3D 打印纳入重大基础制造技术和战略性新兴产业的行列，与高端制造业融合发展。在《国家增材制造发展推进计划》等战略规划的基础上，进一步细化 3D 打印关键技术研发扶持方案，

鼓励航空、光机、材料等领域一些具备研发基础的中央企业，加大对3D打印技术的研发投入。财政资金只能用于关键技术的研发补贴上，而不是鼓励打印机制造、材料生产的盲目放量。对于产业中后端的环节，应坚持市场竞争原则，实现优胜劣汰，加快资源整合。

在科技和知识产权政策方面，建议加快3D打印技术标准的制订，并推动我国技术标准的国际化。建立数字产品（设计）知识产权保护机制，为3D设计方案的有偿转让和使用提供交易平台。鼓励产学研一体化，深入推进高校科技成果产业转化的激励机制改革。此外，对于拥有一定核心技术、处于初创阶段的企业，以及经营自主品牌、享有国际知名度的企业，要通过技术进步奖励等办法，加以扶持和保护，协助企业防止关键技术人员流失，并防范国外竞争对手的恶意倾销和并购。

在教育规划和改革中，建议将3D打印相关的激光扫描、数字设计、材料分析应用等专门技术，打造为职业技术教育的特色专业，培养一大批适应市场需要的人才。在普通高等院校的机、电、信息等工程专业，以及美术、生物等相关专业，开设增材制造课程，普及数字设计的基本意识。同时，增设专业学位门类，鼓励几家具有3D打印研发基础的高校，探索与企业联合培养工程硕士、工程博士等专业学位研究生，输送更多的高层次研发人才。

在国家安全法规和政策方面，建议将3D打印机和数字设计成型控制软件纳入国家信息安全体系，推动关键硬件、软件的全面国产化。特别是3D设计和打印软件要有自己的完整体系，防止企业研发方案外泄。对于运用金属材料及特种合成材料的高端3D打印设备，建议公安部门对进口和销售实行备案制度，防止不法分子利用3D打印技术制成枪支、重武器零部件。

在环境保护、安全生产等方面，要尽快开始讨论3D打印废料回收方案，要求原材料生产企业建立材料循环利用装置，做好回收废料的准备；未来3D打印产业规模扩大后，确保金属、塑料、合成树脂等废料都能重复利用。与此同时，采用先进技术，检测3D打印机可能产生和释放的微细粉尘颗粒，制订 3D 打印机环保标准，保护打印机操作人员、研发管理人员的身体健康。

参考文献

［1］王雪莹.3D 打印技术与产业的发展及前景分析.中国高新技术企业，2012（26）

［2］王忠宏，李扬帆，张曼茵.中国 3D 打印产业的现状及发展思路.经济纵横，2013（1）

［3］王忠宏，李扬帆.3D 打印产业的实际态势、困境摆脱与可能走向.改革，2013（8）

［4］Wohlers Associates. 3D Printing and Additive Manufacturing State of the Industry：Annual Worldwide Progress Report，2014

［5］贺超良，汤朝晖，田华雨，陈学思.3D 打印技术制备生物医用高分子材料的研究进展.高分子学报，2013（6）

［6］Morgan Stanley Research. MedTech：3D Printing – A Solution for Innovation. 2013

［7］黄健，姜山.3D 打印技术将掀起"第三次工业革命"? 新材料产业，2013（1）

［8］UBS Global Research. How disruptive is additive manufacturing? 2013

［9］Anderson E，Additive Manufacturing in China：Threats，Opportunities，and Developments. SITC Bulletin Analysis，2013